HERMANN KESTEN

DIE ZWILLINGE
VON NÜRNBERG

NEUDRUCK NACH DEM TEXT
DER ERSTEN EUROPÄISCHEN AUSGABE
AUS DEM JAHR 1947
MIT EINEM NACHWORT VON WOLFGANG BUHL

HERAUSGEGEBEN
IM AUFTRAG DES ARBEITSKREISES
HERMANN KESTEN, NÜRNBERG,
VON WOLFGANG BUHL UND ULF VON DEWITZ

HERMANN KESTEN

Die Zwillinge von Nürnberg

ROMAN

W. TÜMMEL, NÜRNBERG

DER ARBEITSKREIS HERMANN KESTEN, NÜRNBERG, DANKT
DER KULTURSTIFTUNG DER SPARKASSE NÜRNBERG,
DER KOST-POCHER'SCHEN STIFTUNG,
DEM KULTURREFERAT DER STADT NÜRNBERG
SOWIE DER STIFTUNG BUHL
FÜR DIE GROSSZÜGIGE FINANZIELLE UNTERSTÜTZUNG

1. Auflage Mai 2003
© 2003 by Hermann Kesten Erben

Gesamtherstellung und Verlag:
W. Tümmels Buchdruckerei und Verlag GmbH & Co. KG, Nürnberg

Printed in Germany

ISBN 3-921590-00-0

INHALTSVERZEICHNIS

1. KAPITEL

DER SCHNEESTURM

*D*er Maler Lust fürchtete sich in diesem Leben vor gar nichts mehr.

Seit drei Wochen ging er mit seiner gewöhnlichen Heiterkeit durch Frankreich und Deutschland. Er besaß nichts als sein Leben, und einen alten Soldatenmantel.

Den Mantel hatte ihm einer geschenkt, im Gefangenenlager bei Nancy. Als der Leutnant Lust eines Nachts, trotz dem scharfen Verbot des französischen Lagerkommandanten, seinen Ziegenstall mit den hundertzwanzig schlafenden Gefangenen verlassen hatte, um unter einer riesigen Ulme gelassen zu den Sternen aufzublicken, sprach ihn ein Mann im Finstern um eine Zigarette an und fragte, da Lust ihm Feuer gab: „Frierst du? Und hast du keinen Mantel?"

Als Lust antwortete, er habe in der Tat keinen, sagte der Mann: „Nimm meinen!" und zog schon seinen Mantel aus und erklärte, weil Lust sich sträubte: „Ich brauche ihn nicht mehr!" und hielt den Mantel so dringlich hin, daß Lust nicht anders konnte, als ihn nehmen.

„Wie heißt du?" fragte er seinen Gönner.

„Der Fürbringer bin ich. Gefreiter Fürbringer. Aus Aschaffenburg. Nämlich ein Gärtner."

„Dank schön, Fürbringer!"

„Kannst ruhig Josef sagen!" erklärte der Mann, und als Lust erwiderte, er heiße Ferdinand, antwortete der Gefreite:

„Weiß schon!"

Nach einer Pause sagte er noch: „Wenn einer nämlich Kinder hat, sieben mit Gottes Hilfe, und da ist das Haus, und ein Stück Feld, und was die Marie ist, so schreibt sie bloß, sie kann es allein nicht mehr schaffen. Da hat sie einen Russen. Das gefällt mir nicht."

Nach einer langen Pause sagte Lust: „Gut Nacht also, Josef!" und kehrte mit dem geschenkten Mantel in seinen Ziegenstall zurück.

Der Leutnant Lust hatte von Anfang an darauf bestanden, mit seinen Leuten zu schlafen, ihre magre Kost zu teilen, mit ihnen im Wald zu arbeiten. Ein paar von den Gefangenen hatten ihn dafür gelobt. Die meisten sagten, an seiner Stelle hätten sie nicht so gehandelt. Ein paar hetzten gegen ihn. Dieser Mantel war das erste Zeichen einer besondern Zuneigung. Lust schlief im Mantel. Es zog im Stall durch die zerbrochenen Fenster.

Am andern Morgen fehlte der Gefreite Fürbringer beim Appell. Bald wußte es jeder Gefangene, daß sie den Fürbringer bei einem Fluchtversuch erschossen hatten. Es war aber schon kein Krieg mehr, und noch lange kein Frieden. Die Nacht darauf war Leutnant Lust ausgebrochen, allein, wie der Fürbringer, aber mit mehr Glück, oder weniger Skrupeln.

Durch Frankreich war Lust nur nachts gewandert, immer nach Osten. Er kannte ein paar Sterne, die halfen ihm. Über Tag schlief er in leeren Waldhütten oder zerschossenen Scheunen. In einem Kahn ruderte er über den Rhein, beim Morgengrauen, angesichts einer französischen Wache.

Der Franzose, ein älterer Mann mit Brille, drohte aufgeregt mit dem Gewehr.

„Weißt du nicht", schrie Lust im schönsten Pariser Argot, „daß es jetzt aus ist mit der Schießerei, Bruder? Und was zahlt man dir für einen Toten?"

Die Wache vergaß zu schießen. Lust verschwand im Gebüsch am rechten Rheinufer. Im übrigen vermied er auch die deutschen Behörden, Zivil und Militär, die heimlich Kaisertreuen und die vorlauten Revolutionäre mit den roten Armbinden, die Herren Soldatenräte. So ein deutscher Revolutionär blieb ein Bürokrat und kam vielleicht auf den Gedanken, ihn den Franzosen zurückzuschicken, zwecks Aburteilung, nicht wegen der Flucht, natürlich, sondern wegen der ‚Nebenumstände'.

Einmal war Lust in eine größere Stadt gegangen, nach Aschaffenburg, und es war ihm nicht bekommen. Seitdem blieb er auf der Landstraße. Auf dem Weg nach Nürnberg überfiel ihn ein Schneesturm. Den ganzen Tag hatte ein scharfer Wind geblasen. Der Himmel ging immer tiefer, als wollte er gleich herabstürzen. Mit einem Mal hatte der Wind ganz nachgelassen. Es war so still, daß Lust sein

Blut in den Ohren dröhnen hörte. Ein gelbes Licht schien mit jeder Minute intensiver. Dann wurde der Himmel in rasender Geschwindigkeit schwarz. Die Wälder standen wie versteinert. Alles ward so drohend finster. Dann fielen ein paar Schneeflocken, es sah nur lächerlich aus, nach all der Wut und Drohung. Dann kam der Sturm, mit einem Schrei, so scharf und plötzlich, daß es Lust vorkam, als höbe es ihn und die Wälder in die Luft. Dann senkte sich der ganze Schneehimmel herab, die Schneewolken zerbrachen lautlos, mit einer stürzenden Sanftmut, schon kam der Schnee mit Hagel vermischt und zerschnitt dem Leutnant das Gesicht, er war blind und ohne Atem, der Sturm schlug ihn wie mit Hämmern, als wollte er ihm alle Knochen zerbrechen. Lust keuchte und schluckte seine Tränen und den Schnee. Als der Sturm schon wieder nachließ, drückte er noch da und dort hohe Tannen zu Boden und legte ganze Reihen von Fichten wie Streichhölzer um.

Lust fror und schwitzte. Er sah und hörte nicht mehr. Er hatte den Sinn für die Richtung und das Gefühl der Zeit verloren. Es war, als hätte er neue, ganz andere Sinne. Er wartete, bis ihn ein Baum erschlug oder der Schnee begrub. Der Wind schrie, die Wälder heulten. Lust fühlte eine große Begier, in den weichen Schnee sich fallen zu lassen. Aber er ging weiter, aus Wut, daß eine Handvoll Schnee denselben Leutnant Lust umbringen sollte, der vier Jahre lang in Rußland und Frankreich gekämpft hatte, und davon gekommen war, beinahe heil. Mit 29 Jahren sollte er sterben, weil ein kalter Wind in Deutschland wehte? Wenn er davonkam, wollte er den Schneesturm malen. Da fiel ihm ein, daß er mit einer halben rechten Hand kein Maler mehr sei, und wollte schon hinsinken, als er, weit im Weiten, Stimmen wie von jungen Mädchen hörte.

Langsam kam er zu sich, wie aus einem Traum. Eine neue Wärme prickelte ihn wie mit Nadelstichen. Wieder vernahm er die Stimmen von Mädchen, ganz nahe nun. Mit unendlicher Mühe öffnete er die Augen. Schließlich gewahrte er, daß er zwischen Mädchen eingezwängt saß, ihnen halb im Schoß. Er hielt es für eine Halluzination aus dem Schneetraum eines Erfrierenden. Plötzlich wurde er gewahr, daß er fuhr; er saß in einem fahrenden Lastautomobil, auf dem ungewöhnlich breiten Führersitz. Und die Mädchen waren wirklich, sie lachten und sprachen, er verstand nichts. Aber er spürte das Rütteln des Wagens, und fühlte die tauben Hände und Füße wieder, sie prickelten und juckten schier unerträglich. Im gespenstischen Licht der Scheinwerfer sah er durch die Glasscheibe des Führerkastens die schiefen Fichtenwälder und bemerkte, daß der Schneesturm aufgehört hatte, wie mit einem Schlage, als hätten sie nur ihn gejagt, die schreienden Dämonen.

„Schneller!" befahl Lust dem Chauffeur, den er jetzt erst erblickte; der Chauffeur trug eine Soldatenmütze und eine schwarze Binde über dem einen Auge. „So fahren Sie schneller!"

Erst nach einer Weile fragte der Chauffeur: „Wieviele hast du umgebracht, Kamerad? Weil du gar so eilig bist?"

Da schrie Lust wütend: „Heuer erst zwei!"

Das Mädchen neben ihm lachte hellauf, als hätte sie grad entdeckt, was für eine Wonne das Leben sei.

„Finden Sie das komisch?" schrie Lust und spürte den weichen Körper des Fräuleins warm wie im Bett. Es war angenehm und auch peinlich. „Bin ich komisch?" fragte er unermüdlich.

Das Fräulein lachte nicht mehr. „Um ein Haar hätten wir Sie totgefahren, wenn nicht die zwei Mädchen auf Ihrer andern Seite Sie gesehn hätten! Besser komisch als tot!"

„Da sind zwei?"

„Wir sind bloß Schwestern," entgegneten die beiden Mädchen rechts von ihm.

„Sie haben mir also das Leben gerettet!" erklärte der Leutnant mit Strenge.

„Wir schrien nur vor Überraschung!" erklärten die Mädchen eilig, wie erschrocken vor der Zumutung.

„Sie haben mein Leben gerettet!" wiederholte er eigensinnig. „Dieses Mordauto wollte mich totfahren!"

„Ich fahre nicht, um Vagabunden totzufahren!" erklärte der Chauffeur mit Hochmut. „Ich fahre für die Tucherbrauerei!"

„Was hat er gegen Vagabunden?" fragte Lust und mußte lachen. „Jetzt merke ich selber, daß ich komisch bin. Auf mich schießen sie seit 1914 mit den großen Kanonen. Das war ich, der seit 1914 in jedem Dreck von Europa lag, mit dem Blech um den Hals, der internationalen Hundemarke. Da mußte ich marschieren, requirieren, füsilieren, krepieren. Und besiegt ist Deutschland doch!"

„Jammer genug!" meinte das Fräulein. „Aber warum diese jähe Eile nach dem langen, lustigen Soldatenleben ...?"

„Das kam über mich," gab der Leutnant zu. „Ich muß wieder mal 'ne Stadt sehn! Lichter am Abend. Die gewaschenen Leute ... Mädchen... Mein Vater versprach mir mal, in einer Woche darfst du Karussell fahren. Vor dieser Woche stand ich wie vor einem Berg. Aber diese fünf Kriegsjahre kommen mir vor, als wär' ich vorige Woche auf den Friedhof gegangen. Fräulein! Sind Sie für die Revolution? In Aschaffenburg hab' ich sie mir angeschaut. Im Kaffeehaus hing ich den Mantel über den Stuhl, fein säuberlich, und sage: Ober, ein Bier! - Da kamen sie, fünf mit einander, und rissen mir die Epauletten ab, fein säuberlich, und die schwarzweißrote Kokarde. Die bessern Leute im Kaffeehaus sahn weg, peinlich berührt. Nur eine Kriegerswitwe am Tisch nebenan, schwarzes Kleid, dekolletierter Busen, schrie: ,Hunde! Seht ihr nicht, daß der Herr Leutnant ein Kriegskrüppel ist?' Mir haben sie nämlich zwei Finger an der rechten Hand abgeschossen - fein säuberlich.

,Verzeihung, Herr Leutnant,' sagte der eine aus der Fünfergruppe und stand stramm. ,Es ist nämlich Revolution.' – ,Rührt euch!' sagte ich und verließ das Kaffeehaus. Auf der Straße lief mir der Kellner nach. ,Herr Leutnant, Ihr Bier!' Ich hatte es nicht getrunken, ich sollte es nur bezahlen. Feine Wirtschaft – eure Revolution. Kam ich dazu nach Deutschland? Ich bin nämlich in Frankreich geboren – von deutschen Eltern. 1914 fuhr ich nach Deutschland und meldete mich freiwillig. Ich kam in die Kaserne und an die Front. Jetzt sehe ich erst richtig Deutschland, auf den Landstraßen. Schönes Land! Aber was für Leute!

Sag' ich zum Kellner in Aschaffenburg: ,Das Bier zahle ich. Aber ihr seid mir armselige Optimisten. Die Borte tut's nicht. Da müßt ihr uns schon das mörderische Herz aus dem Leibe reißen, wenn ihr die Welt mit Gewalt verbessern wollt'. ,Kellner!', fragte ich. ,Sind Sie für die Revolution?' – ‚Natürlich', sagte er. ‚Und es darf keinen Unterschied mehr geben in der Welt.'

Da warf ich zwei Groschen aufs Pflaster. ‚Ihr Trinkgeld!' sage ich. Der Tropf hebt es auf!

Für solche ging ich in den Krieg. Ich war nämlich ein Maler in Paris, und zwanzig Jahre alt. Ich ging in den Louvre und sah mir die Meister an. Ferdinand! sagte ich zu mir. Du wirst es besser machen!

Dann haben mir meine französischen Schulfreunde vor Verdun zwei Finger von der rechten Hand weggeschossen, dann nahmen sie mich gefangen und steckten mich wie einen Affen hinter Draht. Dann kam der Waffenstillstand. Und wir warteten. Da waren noch Paragraphen zu regeln. Die reichen Leute waren noch nicht einig, wieviel Kohle, Kühe und Eisenbahnwagen die Deutschen liefern sollten. Guter Gott! Wir haben in Europa genug Kühe gemolken und geschlachtet! Und dafür mußten jetzt noch Hunderttausende von uns verkommen und verrecken? Ich hielt es nicht aus. Leben ohne Freiheit ist nichts. Da lief ich zum zweiten Male aus Frankreich fort. Ich kam zum zweiten Mal nach Deutschland. Nun wundern Sie sich, daß ich eilig bin, bevor sie mich wieder mit einem Gewehr auf Weltreise oder hinter Draht in einen neuen Käfig schicken?"

„Bitte, Herr Leutnant!" begann eine der Schwestern in einem Ton, als spreche sie von Wundern. „Waren Sie wirklich in Aschaffenburg? Wir sind nämlich aus Aschaffenburg."

„Sei gescheit!" bat die andre.

„Der Herr Leutnant ist ein guter Mensch – das hört man gleich," behauptete die erste. „Gelt, Sie verraten uns nicht? Meine Schwester hat immer gleich Angst. Wir sind nämlich Zwillinge."

„Alles aussteigen!" rief der Fahrer. Schon hielt das Lastauto, schnaufend wie ein Asthmatiker.

„Hast du kein Herz im Leib?" schrie der Leutnant aufgebracht, „jagst uns im Schneesturm auf die Landstraße?"

Der Fahrer stieg behende aus, öffnete auch die andre Tür. Nach den Mädchen bequemte sich auch der Leutnant. Der Chauffeur stieg auf und fuhr ab; schon war der Wagen weg.

Da stand Leutnant Lust mit drei Mädchen im Schnee. Der Himmel sah ganz aufgeklärt aus, wie das achtzehnte Jahrhundert. Der Mond schwamm im Nebelschein, und ein paar goldne Sterne funkelten, wie zur Erinnerung, daß es mit unserer dunkeln Erde nicht abgetan sei.

„Der böse Mensch!" rief Lust.

„Murren Sie wieder?" fragte das spöttische Fräulein. „Wir sind bereits in Nürnberg, eine Stunde vom Hauptbahnhof. Der brave Mann hat erst mich, dann diese Aschaffenburger Zwillinge, zuletzt Sie, Herr Leutnant, auf der Landstraße aufgelesen. Da sagt einer Dankeschön! Zweihundert Meter weiter ist übrigens eine Gendarmeriestation, da suchen sie in jedem Auto nach Hamsterern. Überhaupt gefällt mir Ihre Weltanschauung nicht. Kamen Sie mit Pensionsanspruch auf die Welt? Gott ist kein Versicherungsagent. Sie haben gelitten – das Übliche. Sie leben! Sie können noch was Gescheites lernen! Und Gutes tun! Lieber lamentieren Sie! Nein! Sie gefallen wir nicht. Da wissen Sie es nun!"

„Schön!" antwortete Lust. „Sie kennen den Weg? Fräulein!"

Das Fräulein hob einen Rucksack auf. „Ich wohne um die Ecke. Und geheiratet habe ich vor fünf Jahren!"

„Darum der eheliche Predigtton!" antwortete der Leutnant. „Und das Unverblümte!"

„Wohin wollen Sie? Haben Sie eine Adresse?"

„Nein!"

„Fünf Minuten von hier ist der ‚Rote Löwe‘."

„Ich trau' mich in kein Gasthaus!" gestand der Leutnant. „Da hätt' ich gleich mit der Eisenbahn fahren können!"

„Woher kommen Sie?" fragte die junge Frau, unwillkürlich leiser.

„Aus dem Gefangenenlager bei Nancy. Als ich herausspaziert bin, da ist zwei Wachtsoldaten etwas Menschliches zugestoßen."

„Und Ihr?" fragte sie die Schwestern.

„Wir kommen schon an," antwortete die eine. „Wir sind nämlich Findelkinder!"

„Sei schon still!" bat die andre.

„Bitte, Herr Leutnant!" fragte die erste. „Meine Schwester fürchtet gleich, ich verrat' was. Ich sag' bloß, wir kommen immer an. Ist das ein Geheimnis?"

„Grüß Gott zusammen!"erklärte die andre.

Die junge Frau fragte: „Seid Ihr auch durchgebrannt?"

In diesem Augenblick ächzte der Wind wie ein Sterbender, und schrie mit einem Male schallend, als sollte die Gegend in Stücke gehn. Eine der Schwestern begann zu husten. Ein ganzer Schneeklumpen fiel auf den Leutnant. Die junge Frau rief unmutig: „Bringen Sie die Kinder wenigstens bis zur innern Stadt!"

„Bitte nicht!" bat die eine Schwester.

„Hast du Angst?" fragte die andre. „Er ist ein Leutnant!"

„Eben drum!" antwortete die erste.

Die junge Frau erklärte: „Hier können wir nicht ewig bleiben. Kommen Sie, alle drei!"

„Mit Ihnen gehe ich," versprach die eine Schwester. „Sie sind gut."

„Stören wir nicht?" fragte Lust.

„Mich stört keiner. Nach mir fragt keiner."

„Ihr Mann?"

„Gefallen." Sie ging mit energischen Schritten voran, etwa hundert Schritte von der Landstraße weg. Sie kamen durch einen Vorgarten vor ein einstöckiges Haus mit dunklen Fenstern.

In der Stube sahen sie einander zum ersten Male bei Licht. Lust und die junge Frau wandten eine Weile ihre Blicke nicht voneinander. Schließlich sah sie sich nach den Mädchen um.

„Die hübschen Kinder!" rief sie.

Lust sah die Schwestern an und begann das heiterste Gelächter. „Das ist Spiegelfechterei!" rief er. „Wer ist wer?"

„Nicht auseinander zu halten!" rief die junge Frau.

Lust fragte: „Wo kommt ihr her?"

„Wir sind durchgebrannt!" antwortete die eine, mit einem Knix. „Aus dem Zirkus!"

„Primula!" rief die Schwester.

Die junge Frau hatte im Nu ein Feuer angemacht.

„Wie heißt ihr?" fragte Lust die Mädchen.

„Uli!" sagte die eine.

„Primerl!" rief die andre, mit einem Knix. „Manchmal gebe ich mich für Uli aus, zum Spaß! Lieben Sie keinen Spaß, Herr Leutnant? Mir gefallen Sie nämlich."

„Das sagt man nicht!" rief Uli und errötete.

„Es ist die Wahrheit!" rief Primula triumphierend. „So wahr ich Primula Lust heiße!"

Lust lachte. „Keine Possen! Bist du etwa meine Tochter?"

„Vielleicht?" rief sie und sah ihn prüfend an. „Wir sind nämlich Findelkinder."

Die junge Frau trug Bratkartoffeln mit Rühreiern und Speck auf, einen geräucherten Bauernschinken, saure Gurken und Brot und Butter.

„Alles gehamstert!" erklärte sie stolz. Dann fragte sie den Leutnant: „Bleiben Sie in Nürnberg?"

„Das ist eine ganze Geschichte!" erklärte er.

„Erzählen! Erzählen!" baten die Schwestern. Eine verlangte sogar, er solle sein ganzes Leben erzählen. Und die andre behauptete keck, Bruchstücke eines Lebens wirkten immer satirisch.

„Seid ihr immer so altklug?" fragte die junge Frau. „Wie alt seid ihr denn?"

„Fünfzehn!" antwortete die eine, „siebzehn!" die andre.

„Gibt es verschieden alte Zwillinge?" fragte Lust, da mußten sie alle lachen.

Die eine Schwester erklärte: „Ich heiße Primula, weil ich zuerst zur Welt kam. Meine Schwester heißt Ultima, die Letzte. Ich sage aber Uli zu ihr, um sie nicht an ihre Schuld zu erinnern!"

„Was für eine Schuld?" fragte Lust.

„Ein Mord!" antwortete Primula ruhig.

„Was!" rief die junge Frau und stand ganz blaß auf.

Betroffen schaute der Leutnant auf die Schwestern.

Da begann Uli zu weinen. Ja, gestand sie, sie sei schuld.

„Ein Mord!" wiederholte die junge Frau, und zitterte mit den Händen. „So jung – und schon eine Kindsmörderin?" fragte sie. Und setzte sich wieder und bedeckte ihr Gesicht mit den Händen.

„Keine Kindsmörderin!" schrie Primula. „Sie hat ihre eigene

Mutter ums Leben gebracht!"

„Die Mutter?" fragte Lust.

Die junge Frau tat die Hände vom Gesicht und sah reihum und fragte: „Also lauter Mörder?"

Aber Primula deutete auf ihre Schwester und rief anklagend: „Sie ist das Kind einer Toten!"

„Was heißt das?" fragte der Leutnant und schwankte zwischen Unmut und Lachlust.

„Wir sind Waisenkinder durch Ulis Schuld!" erklärte Primula. „Nach meiner Geburt lebte unsere Mutter nämlich noch, und ich wurde ganz leicht geboren. Aber Uli lag falsch. Und der Arzt sagte: Entweder das Kind oder die Mutter! Und da sagte unsere Mutter: Das Kind soll leben! Und ehe die Operation beendet war, starb unsere Mutter. Uli ist das Kind einer Toten!"

„Ich bin das Kind einer Toten." rief Uli schluchzend. „Ich hätte mich nicht zur Welt drängen sollen! Dann lebte unsere Mutter noch! Und Primula wäre keine Waise! Ich bin schuld. Aber ich will es wieder gut machen an dir, Primula!"

„Man kann nichts wieder gutmachen!" schrie Primula aufgebracht. „Nichts im Leben!"

„Ich will es!" schrie Uli unter Tränen. „Ich schwöre es!"

„Wie willst du es anfangen? Die grauen Kindertage, die Prügel im Waisenhaus? Wie willst du das gut machen?"

„Ich tue es!" schrie Uli. „Ich gebe mein Leben für dich!"

Betroffen schauten der Leutnant und die junge Frau auf die Schwestern.

Plötzlich fragte Lust: „Seid ihr nicht Findelkinder? Woher kennt ihr eigentlich die genauen Umstände eurer Geburt?"

Uli wischte die Tränen fort. Fragend sah sie Primula an. Die erklärte trocken: „Aus mündlichen Überlieferungen!"

Da mußten alle lachen. Lust erhob sich. Es sei Zeit... Und er danke...

Die junge Frau unterbrach ihn. „Wollen Sie nicht bei mir schlafen?"

Sie lächelte, daß es ihm siedend heiß wurde. Da klingelte es scharf zweimal.

Lust stieß den Stuhl um. Er rief: „Polizei!"

Sogleich stürzten die Zwillinge auf ihre Rucksäcke und Mäntel und fragten, wo die, Hintertür sei.

„Licht aus!" rief der Leutnant.

Die junge Frau ging öffnen und kam mit einem Telegramm zurück. Sie warf ihren Gästen einen kuriosen Blick zu, schien zu überlegen, steckte schließlich das Papier in den Ausschnitt ihrer Bluse, und erklärte, leider müsse sie in die Stadt, wolle aber zuvor ihren Gästen die Schlafzimmer zeigen. Wer weiß, wann sie heimkäme.

Die Mädchen und der Leutnant folgten ihr zum ersten Stock, in ein Zimmer, wo ein weißes Bett mit Mullgardinen stand. An den Wänden hingen viele Kupferstiche.

Die junge Frau erklärte, ihr Urgroßvater war ein Kupferstecher. „Er hieß Sebastian Tucher. Der ganze Rechenberg gehörte ihm. Mein Großvater war ein Bierbrauer und ein Ratsherr. Aber mein Vater ward Maler. Er heiratete mit 21 Jahren, ging fünf Jahre später einmal zum nächsten Briefkasten, um einen Brief einzustecken und kam nicht mehr. Ich war vier Jahre alt. Marie, sagte meine Mutter zu mir. Du hast keinen Papa mehr. Da weinte ich herzbrechend. Das Jahr darauf schickte er aus Montreal eine Ansichtskarte. Der arme Papa! Das nächste Jahr kam die Ansichtskarte aus Mexico City, das dritte Jahr aus Rio de Janeiro. Dann nichts mehr. Vielleicht ist er tot. In diesem Zimmer habe ich bis zu meiner Hochzeit gelebt. Es war meine beste Zeit. Hier sollt ihr schlafen, ihr Zwillinge aus dem Zirkus. Im Schrank sind Nachthemden. Das Badezimmer ist nebenan. Gute Nacht!"

Die Mädchen blickten befangen auf die junge Frau. Das eine Mädchen fragte: „Bitte! Können wir nicht für Sie in die Stadt gehn? Ihnen den Gang abnehmen?"

„Den nimmt mir keiner ab," antwortete die junge Frau. Sie gab jedem Mädchen einen Kuß. „Im Wäscheschrank findet ihr ein Körbchen mit Äpfeln. Die sind für euch. Und ich heiße Marie Troll."

„Gute Nacht, Frau Troll!" sagten die Zwillinge.

Sie ging mit Lust zum andern Ende des Stockwerks, zu einer großen Schlafstube. „Sie sollen in meinem Bett schlafen!" sagte sie.

Das Bett stand inmitten der Stube, auf Löwenfüßen, riesig und altväterlich, mit einem rotdamastenen Betthimmel, mit Spiegeln im Rücken, und Federbetten, wie um ein Leben in Wollust zu verschlafen.

„Im Schrank," sagte sie, „finden Sie Hemden meines verstorbenen Mannes. Auch Zivilanzüge. Sie haben seine Statur. Ich lebte sechs Monate mit ihm. Dann kam der Krieg. Er rückte ein und fiel. Er war Leutnant. Wie Sie. Und Maler. Wie mein Vater."

„Und ich."

„Und Sie!"

„Und," fragte Lust schüchtern, „und die Äpfel?"

„Lieben Sie Äpfel?"

Der Leutnant wollte sie umarmen. Sie machte sich los.

„Nicht jetzt!" bat sie. „Ich muß weg!"

„Ich begleite Sie!"

„Unmöglich. Aber ich komme wirklich zurück. Heut. Oder nächste Woche. Oder in vier Monaten. Verstehen Sie?"

„Nein!"

„Tut nichts. Wenn Sie nur warten. In meinem Haus. Solang es Ihnen gefällt. Da sind die Schlüssel. Wenn Sie aber gehn, geben Sie bitte die Schlüssel in der nächsten Villa stadteinwärts ab, da wohnt mein Onkel Martin Tucher. Ich komme auf jeden Fall zurück, Sie verstehn?"

„Nein!"

„Unten, auf dem Flügel liegt ein Notenband: Das Wohltemperierte Klavier von Bach. In dem Band liegen paar Hundertmarkscheine."

Der Leutnant biß sich auf die Lippen.

„Ich bin ohne Vorurteile!" erklärte die junge Frau. „Und Sie kommen aus dem Krieg!"

Sie nahm eine kleine Tasche und gab ihm die Hand.

„Und?" fragte er. „Liebe Marie..."

„Das ist alles. Vorläufig."

„Du hast kein Vertrauen."

„Ich lasse dir mein ganzes Haus!"

„Bleib!"

„Ich darf nicht!"

Er war gekränkt. Ihm schien, er habe ihr viel zu sagen. Warten? Wochen, gar Monate? Auf eine fremde Frau? Sah sie nicht, daß er sie liebte?

Er stand verzweifelt vor dem Lotterbett, indes sie ihm von der Tür her zuwinkte.

„Einen Moment!" rief er. Von dem Augenblick hing alles ab so schien es ihm. Sein ganzes Leben! Nie hatte er einen Menschen so liebgehabt.

„Marie!" rief er. Und als könnte er sie damit zurückholen, fragte er: „Und die Mädchen! Was tue ich mit ihnen?"

„Was für Mädchen?" fragte sie, schon auf der Treppe, er stand auf dem Treppenabsatz und sah ihr nach. Sie lachte plötzlich und winkte ihm wieder zu.

„Diese Zwillinge? Schick' sie fort! Oder behalte sie! Nur verführe sie nicht! Die eine ist nämlich ein Luder, lieber Ferdinand!"

Da war sie zur Haustür heraus. Lust lief die Treppe hinunter. Da war sie im Garten. Er ging bis zur Tür vom Vorgarten. Da war sie auf dem Weg und winkte. Er stand in der offenen Gartentür. Weiter durfte er nicht. Es war ihr Geheimnis. Sie hatte ihm verboten, sie zu begleiten, er hatte kein Recht. Eine fremde Frau. Sie hatte ihn von der Landstraße aufgenommen, einen Vagabunden, so hatte ihn der Chauffeur genannt. Sie ließ ihm ihr ganzes Haus. Zum Teufel mit ihrem Vertrauen! Er liebte keine Häuser, er liebte Marie!

Langsam, wie geblendet ging er ins Haus zurück. Ihm schien, der Schneesturm brause mächtig wie am Abend durchs nächtliche Haus.

Am andern Morgen erwachte Lust mit dem eisernen Beschluß, das Haus zu verlassen.

Was für Abenteuer! Die Marie... dieses fremde Haus! Was? Sehn wie verliebt ich bin, und einfach weggehn?

Als er sich mit dem Messer des toten Leutnant Troll rasierte, fiel ihm sein Traum in der Nacht ein. Im Traum hatte er Marie geliebt, viele Male. Sie war mit Polizisten zurückgekommen, die ihm Handschellen anlegten. Sie stand daneben, schön und frech. Lachend gestand sie: Ich bin der Polizeiminister. Hierzulande fangen wir Mörder. Da umarmte er sie, mit den gefesselten Händen, und liebte sie, viele Male. Sie lachte immer lauter und rief: Gestehe! Ich bin der Polizeiminister!

Im Traum hatte er erwidert: Ich gestehe. Ich liebe dich.

Als Lust ins Eßzimmer kam, standen Butterbrote und ein Glas Tee auf dem Tisch. Da fielen ihm erst die Zwillinge ein. Wo steckten sie? Das Haus war so still. Lust ging in ihre Stube, sie war leer.

Im Eßzimmer fand der Leutnant ein Blatt Papier. Er schrieb an Marie: Lebwohl. Leutnant Lust.

Den Zettel legte er auf den Eßtisch, stellte eine Vase mit künstlichen Veilchen darauf, die würden nicht welken.

In der Haustür wäre er beinahe über die Zwillinge gestolpert. Da saßen sie auf der Schwelle, mit dem Rücken zur Tür.

„Guten Morgen!" riefen sie, wie aus einem Mund. Ihr helles Gelächter stimmte Lust wie mit einem Schlage heiter. Ihr Anblick machte ihn immer lachen. Es tat ihm leid, sie zu verlieren. Ihm erschien, er habe einfach Durst nach Menschen. Hatte er nicht fünf Jahre lang nur Uniformen und Leichen gesehn?

Er bat: „Macht Platz! Ich schließe ab."

„Und Frau Troll?" fragte das eine Mädchen.

„Frau Troll?" fragte er.

„Erwarten wir sie nicht?"

„Kehrt sie überhaupt wieder?" fragte er.

Die Mädchen waren zur Seite gerückt, links und rechts. Mit einiger Vorsicht kam Lust vorbei. Er rief aber: „Könnt ihr nicht gehorchen?"

Freundlich lachten ihn die Schwestern an. Oder lachten sie ihn aus?

„Ich gehe fort!" erklärte er.

„Wir gehn mit!"

„Wohin? Ich suche einen Maler, den ich vor zwei Jahren in Ostende traf, er war Vizefeldwebel in einem andern Regiment. In Ostende saßen wir jeden Abend beisammen, und verbesserten die Welt. Daisler! Das ist sein Name. Er gab mir seine Adresse, in Nürnberg. Nach dem Frieden solle ich sein Gast sein! Deutschland verliert den Krieg, sagte er damals, dann müssen wir den Geist von 1848 erneuern. Und die deutsche Republik wird sich mit den beiden großen Republiken verbrüdern, mit Frankreich und den Vereinigten Staaten.

Ich erwiderte ihm, damals: Die Toten stehn nicht mehr auf. Und nach einer Niederlage will ich nicht mehr leben! Als ich mich am ersten Tage in Deutschland fragte, wo willst du eigentlich hin? Denn ich habe keinen Menschen in Deutschland. Da fiel mir Daisler ein. Gut! Nach Nürnberg also! Aber vielleicht ist er gefallen? Oder verzogen, in eine andere Stadt? Oder er hat sich sonst verändert?"

„Nun haben Sie uns!" erklärte Primula und stand auf. Indes Uli zum Gartenzaun trat, um in den blauen Himmel zu schaun, faßte Primula die Hand des jungen Mannes und führte sie rasch an ihr Herz, vielmehr an die Stelle, wo sie es zu vermuten schien, nämlich ihren Busen. Hastig flüsterte sie: „Ich gehöre dir!"

Verwirrt sah der Leutnant das junge Mädchen an. Schließlich suchte er schweigend den passenden Schlüssel und schloß die Haustür, um zu gehn.

Da setzte Primula sich wieder auf die Schwelle, ihr Gesicht war naß von Tränen.

Lust fühlte, er wußte nicht was. Gestern hatten ihm die Kinder das Leben gerettet. Er kannte den Preis nicht. Aber da weinte ein Kind, weil er wegging.

Er schloß die Tür wieder auf. „Gegen sieben Uhr bin ich wieder zurück. Aber hütet mir das Haus!"

Primula war schon wieder Strahlen und Gelächter. „Ein Pfand!" bat sie.

Lust holte seinen silbernen Bleistift aus der Tasche.

„Mehr besitze ich nicht!" sagte er. „Er stammt noch aus Paris!"

Primula betrachtete eine Inschrift, die eingraviert war. Sie las laut: „La vérité vaut plus que l'amour."

„Die alten Römer sagten es besser!" erklärte Uli. „Amicus amor sed magis amica veritas."

„So könnt ihr Französisch und Latein?"

„Viele Sprachen!" erwiderten die Mädchen und gingen lächelnd ins Haus. Lust stand allein im Schnee. Er sah verwundert drein.

2. KAPITEL

BRÜDER! ZUR SONNE, ZUR FREIHEIT!

*L*ust ging in die Stadt. Sie begann mit Wiesen und Hütten, wie ein Dorf. Eine strengblickende Bäuerin in einem schwarzen Kleid kutschierte einen leeren Bauernwagen, den zwei Ochsen zogen. Vor einem feuerroten backsteinernen Schulhaus stand ein Denkmal von Bismarck, und gegenüber befand sich ein offenes Lager einer Faßhandlung. Dann kamen Fabriken. Dann ward es kleinstädtisch, winzige Wirtschaften, offene Gemüseläden. Unvermittelt wurde die Straße vornehm, lauter Villen mit Marmorportiken. Am Ende der Straße stand ein runder Wachtturm, ein Festungsgraben mit Wall und Allee. Und Lust trat ins Mittelalter. Spitzgieblige Häuser, verschollene Höfe, krumme, mannsbreite Gassen, mit Namen ausgestorbener Handwerke und voller ausgestorbener Gerüche. Da zwischen fuhr mit der halsbrecherischen Geschicklichkeit eines Seiltänzers eine elektrische Straßenbahn und klingelte so heftig, als müsse sie sofort entgleisen und in die armseligen Läden fahren, die den weltberühmten deutschen Ersatz ausstellten, Ersatz und Surrogate von Ersatz, Ersatz-Baum-Wolle und Kunst-Rüben-Marmelade, Kunst-Honig-Ersatz und Kunst-Leder-Imitation. Auf dem Hauptmarkt saßen verbitterte Bäuerinnen und verkauften für schmutziges Papiergeld pfund- und kiloweise grauen Hunger und schwarze Auszehrung, blaugefrorne Kartoffeln, errötende Schweinerüben, vergilbten Kohl und verrottetes Sauerkraut.

Lust bewunderte die Geduld des Volks und die Schönheit der alten Kirchen. Der blaue Himmel lachte, ein steinerner Neptun schwang inmitten seines Brunnens den Dreizack. Lust ging um den Schönen Brunnen herum, die gegossenen Figuren der deutschen Kaiser und der jüdischen Propheten lächelten seit vierhundert Jahren erheitert mit ihren vergoldeten Gesichtern. Plötzlich ward Lust gewahr, daß ihn jemand schon seit einiger Zeit fixierte.

Er sah einen kleinen, hagern Menschen, Mitte dreißig, der in seinem großkarierten Reisemantel zu schwimmen schien. Trotz der

Kälte trug er keinen Hut. Seine dünnen blonden Haare glichen den Nachzüglern einer geschlagenen Armee. Lustig funkelten seine blauen Augen hinter den Gläsern einer riesigen goldenen Brille.

Da stand er, in kniehohen funkelnagelneuen gelben Offiziers-reitstiefeln mit silbernen Sporen, zwischen Körben mit Zwiebeln und Knoblauch. Bequem stützte er sich mit der Rechten auf einen Spazierstock mit goldenem Knauf in der Form eines Löwenkopfs. Mit der Linken aber strich er nervös über sein spärliches Haar, als wolle er eine nichtexistente ungebärdige Locke bändigen. Da stand er ruhig im Marktgewühl und blickte auf Lust.

Am Lächeln erkannte ihn der Leutnant, es war so heiter ironisch, zutraulich sanft, so lebenssicher und liebevoll, und so ansteckend, daß Lust sogleich zu lachen begann und mit ausgestreckten Händen auf den komischen Gesellen zuging. Der Fremde ergriff beide Hände Lusts und schüttelte sie ausführlich und herzlich, nachdem er seinen Stock erst zwischen seine Beine geklemmt hatte, sodaß er wie ein kleiner Junge aussah, der auf seinem Steckenpferd über den Markt reiten wollte.

„Daisler!" rief er begeistert. „Alter Freund! Ist das kein Wunder? Gestern Nacht kam ich nach Nürnberg, um Sie zu finden – und treffe Sie schon am ersten Morgen auf dem Markt!"

„Kein Wunder!" schrie Daisler vergnügt. „Kein Wunder! Vor zwei Wochen kam ich aus dem Krieg heim. Luise, sagte ich zu meiner lieben Frau. Ich muß meinen Freund Lust wiederfinden! Ich muß ihn wiederhaben! – Gewiß! antwortete meine Luise. Wir werden ihn suchen. – Wir werden ihn finden! rief ich und telegraphierte an Gott und die Welt, an sechs Regimenter, und drei Dutzend Kameraden. Ich verzagte vor Ungeduld. Aber Luise sagte: Wir finden ihn!"

Sie traten in eine Wirtschaft. Auf dem Schanktisch stand ein Maßkrug, aus dem der Bierwirt von Zeit zu Zeit einen guten Schluck tat, worauf er sich jedesmal mit dem blauen Schürzenzipfel den Schaum vom Schnurrbart wischte. Eine junge und eine ältere Kellnerin liefen vom Schanktisch zu den Tischen der Gäste, die abwechselnd riefen: Ein Helles! Ein Dunkles! Eine Maß! Ein Kulmbacher! Ein Löwenbräu! Ein Tucher!

„Zwei Tucher!" bestellte Daisler und fragte lächelnd: „Hat Gott Ihr Gebet also erhört?"

„Was meinen Sie?" fragte Lust erstaunt.

„Sie erinnern sich nicht? In Ostende erzählten Sie, jeden Morgen würden Sie beten: Lieber Gott! Laß mich nur heut nicht umkommen! Und Sie erklärten mir, in solch einem Weltkrieg habe Gott ein kurzes Gedächtnis und bringe einen armen Menschen aus lauter Zerstreutheit um. Darum machten Sie mit Gott nur so einen kleinen Handel. Kann er mir einen einzigen Tag versagen? fragten Sie und lachten. Ich habe noch den Schall Ihres Gelächters im Ohr, es klang so lebendig inmitten der toten Greuel. Sie sagten mir, sie wollten heil durch diese Schlammhölle hindurchgehn. Ich will um jeden Preis weiterleben, sagten Sie. Ich will den Frieden sehn, wenn auch mein Herz ausgetrocknet sein wird wie mein Pinsel und vergilbt wie alte Wäscherechnungen.

Und als ich erwiderte, die Welt wird nach diesem Krieg eine schönere sein, und wir werden als bessere Menschen herauskommen, und die Menschen werden aufhören, einander ein Abscheu und ein Schrecken zu sein! – da antworteten Sie mir gräßlich vergnügt: Ja! Weil uns bald vor gar nichts mehr grauen wird! Aller Schrecken wird nämlich gemütlich am Ende. Wir werden weitermalen – und weiter auf einander schießen, in neuen Uniformen, nach einer neuen Philosophie!

Da antwortete ich Ihnen: Graut Ihnen wenigstens nicht vor der Auflösung auf den Leinwänden gewisser deutscher Maler? Und vor dem Chaos in den Büchern und Hirnen gewisser deutscher Theoretiker?

Und Sie sagten, die Welt sei voll von Narren! Und nach dem Krieg sei es an der Zeit, eine neue Richtung in der Malerei zu begründen, und wir zwei seien ganz dazu geschaffen. Und da lud ich Sie ein, mein Gast in Nürnberg zu sein, nach dem Krieg. Da sind wir also beisammen, und der Krieg ist aus. Ich wette, Sie schießen nicht mehr! Und malen wieder. Da wollen wir also der Kunst einen Weg und der Gesellschaft eine bessere Richtung geben? Sie sehen, ich habe mir Ihre Worte gut gemerkt!"

„Wäre alles in Ordnung, wenn nur die Welt wieder in Ordnung wäre!" erwiderte Lust.

„An uns soll es nicht fehlen!" rief Daisler begeistert.

„An mir fehlt es!" antwortete mit trübem Lächeln Lust. Er fand plötzlich den ganzen Mann verändert. Aber so viele Männer erscheinen in umgestürzten Verhältnissen reduziert!

„Ich male nicht mehr!" fügte er angesichts der verlegenen Miene Daislers hinzu.

„Auch Sie malen nicht mehr?" fragte der kleine Maler überrascht.

Da legte Lust mit einer schüchternen Gebärde seine rechte Hand auf den Tisch, vielmehr den Rest, seine drei Finger.

„Granatsplitter!" sagte er sanft, wie zur Entschuldigung.

Daisler fuhr sich verlegen mit seinen Händen in die Haare, stockte inmitten der Gebärde, tat seine Hände untern Tisch, errötete und schloß Lusts rechte Hand in seine beiden Hände. Daislers Hände waren behaarte, energische, braune Hände, mit fünf Fingern an jeder Hand. Da fehlte nichts! Lust sah es genau. Plötzlich beugte sich Daisler über den Tisch und flüsterte dem Kriegskameraden ins Ohr: „Mut! Alter Freund! Wir werden dennoch siegen!"

Lust entzog ihm seine Hand. Schon fragte er sich, was er eigentlich von diesem kleinen, nervösen Mann erwartet hatte. Da war es wieder, dieses menschenhassende Gefühl des Verzweifelten: Mir ist nicht zu helfen!

Daisler rückte mit dem Stuhl näher zu ihm und legte ihm den Arm um die Schulter. „Lieber Freund! Wissen Sie noch Ihr Wort über Goya? Wir gingen am Ufer des Meers. Der Himmel war gelb und grün, wie über Grecos Toledo. Der Wind stieß uns. Sie trugen ein flatterndes schwarzes Tuch um den Hals. Mit heiserer Stimme schworen Sie fluchend, es sei aus mit der Malerei. Keine stofflichen Gründe! Der Stoff sei nichts in der Kunst. Alle Materie sei nur ein Vorwand des Geistes. Ein Seurat könnte sogar eine Giftgaswolke malen. Ein Picasso (ein junger Spanier in Paris, Sie rühmten ihn!) könnte einen Flugangriff auf eine kleine Stadt malen. Hätte nicht Rembrandt einen toten Ochsen gemalt? Und Dürer seine Hand?

Mit der Malerei sei es aber aus, weil es keine Religion mehr gebe! Der tote Christ sei schuld. Das Mirakel habe keine zweitausend Jahre gehalten. Nun sei das Christentum gestorben, wie zuvor die Götter Griechenlands, Ägyptens und der Juden Gott. Ein Jahrhundert, in dem Ihr Schuster den Freidenker macht, und jeder Maler den Antichristen, leidet an Hühneraugen und Kunsttod. Schuster und Maler müssen glauben!

Da rief ich: Goya hat aber den Greuel des Kriegs aufgezeichnet. Und die Malerei hat fortgeblüht.

Da schrien Sie: Goya hat geglaubt! Er hat an die Menschen geglaubt. Für sie hat er die Greuel signiert. Er schrieb darunter: „Ich sah es!" – Er lebte in der christlichen Kontinuität.

Wir aber sind aufgeklärte Nihilisten. Wer von uns glaubt an die höhern Zwecke der Menschheit? Der Zweck heiligt die Mittel? Aber wir haben keinen Zweck mehr und greifen schamlos nach jedem Mittel! Mit leichtfertigem Gelächter berechnen wir den Erkaltungsprozeß unserer Sonne. Und Gott? Nicht einmal ein kleiner Nebel zwischen Sternen, die sich langsam in Gas auflösen! Malen – wenn die Geschichte der Menschheit ein Unfall zwischen zwei Eiszeiten ist? Mein Schuster beweist mir, daß Christus nie gelebt hat, erstens, und zweitens, daß er ein Jude war, und darum besser nie gelebt hätte!

Kunst lebt nicht von Moral! Aber ohne Moral stirbt sie rasch. In einer Welt ohne Zusammenhang und Tradition gibt es keine Kultur, keine Moral, keine Liebe, keine Kunst. Wir haben im Gasangriff gegen den lieben Gott gesiegt. Die Sterne sind tot und längst erloschen. Das Licht, das wir noch sehn, stammt aus der Zeit, da es die Sterne noch gab. Auch dieses letzte Licht wird schwinden. Wir erblinden schon! – Erinnern Sie Ihre finstern Sätze?"

„Obenhin!" antwortete Lust geschmeichelt und verwirrt. Aber, wohin führen Sie mich?"

„Merken Sie meine Absicht?" fragte mit einem verschmitzten Lächeln der kleine Maler. „Ich will Ihnen beweisen, daß Sie Unrecht hatten. Damals blieb ich die Antwort schuldig. Heut ist Zahltag!"

„Wer ist der Gläubiger, wer der Schuldner? Lieber Freund?"

Daisler zahlte. „Mich rufen Geschäfte!" sagte er. „Kommen Sie später zu uns. Wir essen um zwei Uhr. Königstraße 4, fünfter Stock! Aus meinen Erzählungen kennt Sie meine Frau, liebt Sie schon! Sie müssen meine Kinder sehn, Rosa ist schon zehn, Angelika sieben, Michel fünf. Zuhause will ich Ihnen beweisen, daß ich recht habe!"

Lust ging wieder allein durch die Straßen von Nürnberg. Erst sah er die alten Häuser und Kirchen an, dann sah er zu Boden. Unvermutet fand er sich in den Gassen der armen Leute. Da standen Arbeiter und Soldaten müßig herum. Kinder und Hunde schlugen sich um Knochen, an denen nichts mehr zu nagen war. In den Schaufenstern der Lebensmittelläden sah Lust nur Lebensmittelplakate. Die Schutzleute patrouillierten gruppenweis, schwerbewaffnete Bauernsöhne in Uniform, mit kirschroten Gesichtern und wasserblauen verängstigten Augen.

Vor dem Metzgerladen an der Straßenecke sah Lust einen Auflauf. Auf dem Schaufenster stand in Goldbuchstaben: Adolf Dörnberger's Witwe. Charkutier und Geselchtes. Drin hing statt des Dutzends rosig schimmernder, abgebrühter Schweine an Eisenhaken nur ein schwarzumrandetes Schild, gleich einer Todesanzeige: Ausverkauft!

Auf dieses Trauerschild wiesen etwa fünfzig Weiber, ausgemergelte Mütter mit hängenden Brüsten und Strümpfen. Mit hohlen Hungerstimmen schrien sie: Gebt uns Brot! Und Fleisch! Gebt uns Brot! Und Fleisch!

Nur ein ganz junger Polizist stand da und gab acht, daß niemand sich vordrängte. Sein rundes Bauerngesicht schwitzte.

„Gibt es wirklich kein Fleisch?" fragte Lust seinen Nachbarn, einen dicken Zivilisten in einem Pelzmantel.

Der Dicke lüftete seinen runden steifen Hut und knarrte: „Oberstabsarzt Dr. Mayer."

„Was tut die neue Regierung?" fragte Lust. „Die Frauen stehn vielleicht seit sechs Uhr morgens an. Verdammte Metzger!"

Der Dicke knarrte: „Die amtlichen Höchstpreise ruinieren den Mittelstand!"

„Ich sehe weiter!" erklärte Lust. „Depossedierte Bürger, ruinierte

Bauern, die nationale Revolution…"

„Herr Leutnant sind kaisertreu?"

„Ich bin Kriegskrüppel!" Lust hob seine verstümmelte Rechte dem Doktor vor die rote Nase. Der Arzt sah mit medizinischer Kälte auf das triviale Objekt.

„Nur zwei Finger?" fragte er. „Hatten Glück, Herr Leutnant! Manche Kollegen an der Front schnitten aus Prinzip mindestens bis zum Ellenbogen. Könnte Ihnen Geschichten erzählen! Hoffe, Sie haben keinen schlimmern Defekt… im Gemüt, Herr Leutnant! Auch Krüppel haben Pflichten. Nur ein Deserteur hat kein Vaterland!"

„Der erste Deserteur der Deutschen ist ihr Kaiser Wilhelm der Zweite!"

„Herr!" schrie der Dicke empört. Da gab es einen Krach. Leutnant und Doktor vergaßen ihren Disput. Das Schaufenster des Metzgerladens lag in Scherben. Zwei Gassenjungen rauften um das Trauerschild. Die Mütter waren schon im Ladeninnern.

Im Laden warf sich eine elefantenfüßige Frau mit ihren pfundschweren Kraftsuppenbrüsten, vielleicht Adolf Dörnberger's Witwe, gegen ein paar Metzgerburschen in tierblutbefleckten Schürzen, die ihre Schlächtermesser schwenkend die plündernden Mütter zum ehrlichen Zweikampf aufforderten, im höhnischen Nürnberger Dialekt, mit oberpfälzer oder unterfränkischen Anklängen. So weit, so gut!

Um aber der erhabenen Autorität des Gesetzes eine Stimme zu leihn, schoß der junge Schutzmann mit seinem Dienstrevolver in die Luft. Es war ein Schuß mit doppeltem Echo!

Als die Menge auseinanderlief, lagen der Schutzmann und ein halbwüchsiges Mädchen in einem blauweißkarierten dünnen Waschkleidchen auf dem Pflaster, der Schutzmann auf der Nase, als rieche er unterm Pflaster die heimische Erde, das Mädchen aber auf der Seite zusammengekrümmt. Mit der frühreifen Neugier halbwüchsiger Mädchen aus dem Volke, schien sie nach der unanständigen roten Blutpfütze zu spähn, die sie selber gemacht hatte. Ihre armen jungen Augen waren schon blicklos.

Der furchtlose Lust lief, weil er nicht Polizeizeuge werden wollte.

Neben ihm rannte der Dicke, keuchend und mit fassungslosem Geplapper.

„Herr Leutnant! Bitte sehr, Herr Leutnant! Sahn Sie die nackten Beine? Jemand sollte ihren Rock herabschieben. Nicht wegen der Moral! Bitte sehr! In meine Praxis kommen viele Mädchen, die tragen nie Unterhosen – aus ökonomischen und anderen Gründen. Die einen haben kein Geld für Hosen; die andern hoffen, rascher zu Geld zu kommen, ohne Hosen; manche sind bloß leidenschaftlich und wollen keine Minute missen. Die Mädchen sagen wie Molière: Dignus est Intrare! Aber sahn Sie diese nackten Beine? Das war Aufreizung zum Klassenhaß. Unterschenkel wie Oberschenkel, keine Wade, kein Fleisch! Die reinen Zündhölzchen. Unterernährung! sagen Sie vielleicht, Herr Leutnant? Unsinn! Einfach revolutionäre Propaganda des Proletariats! Die Arbeiter versaufen tendenziöserweise ihren Wochenlohn, die Töchter hungern oder prostituieren sich. Durch Gesetz sollte man die öffentliche Zurschaustellung solcher verhungerten Beine verbieten!"

Indes sie durch ein Gewirr hügeliger Gassen liefen, begann es hinten wieder zu knallen.

„Was sage ich?" rief der Dicke. „Die Polizei ist verbittert. Und schießt! Arme Leute sollen gefälligst zu Hause hungern! Sonst macht es böses Blut. Die Polizei schießt – wozu hat sie Gewehre? Sie wird sich für die Unordnung rächen. Das Soziblatt hat einen Protestmarsch der Roten angekündigt. Das gibt Tote heut! Das prophezeie ich, Oberstabsarzt Dr. Mayer!"

Mit einem Schmerzlaut blieb der Dicke stehn. „Sie haben ja ein Herz von Eisen!" schrie er wütend dem Leutnant nach.

Lust war ans Ufer der Pegnitz geraten und kam über eine mittelalterliche Holzbrücke in dunkle Gassen. Ein paar Nonnen schlichen vorbei, wie auf Urlaub aus dem Jahre 1518. Lust stieg zur Burg herauf. Von der Freiung sah er auf die Türme und Kirchen der Stadt, auf den Fluß und die Hügel in der Ferne. Der Schnee schimmerte noch auf den Dächern. Kleine Knaben schrien lustig in der Nähe. Eine schwarze Katze schlich ein paar Spatzen an, die sorglos diskutierten. Dann schlug eine Uhr, viele Uhren antworteten. Es war halbzwei. Lust ging zur Königstraße Nr. 4.

Ein knixendes blondes Dienstmädchen mit einem weißen Häubchen öffnete ihm. An ihrem Schürzchen hingen zwei geputzte Kinder. Das kleine Mädchen fragte zutraulich: „Bist du der neue Onkel?" Der kleine Junge krähte: „Es gibt Pilzsuppe und Sahneeis!" Das kleine Mädchen lachte den Fremden an und sagte mit aller mütterlichen Überlegenheit ihrer sieben Jahre: „Der dumme Bub ist so verfressen!"

„Michel klug!" rief der kleine Junge empört. „Michel sehr klug!"

Daisler empfing seinen Freund im Salon; er trug einen blausamtenen Hausrock und sonnenblumengelbe Hausschuhe; neben ihm stand seine sommersprossige aufgeschossene Tochter Rosa. Er rieb sich die Hände, lachte von Herzen, trank mit ihm im Stehn ein Glas Sherry und ging zum Fenster, um ihm den Fluß zu zeigen. Als sie sich umwandten, stand Frau Daisler im Zimmer.

„Luise!" rief Daisler. „Da hast du Lust! Wie gefällt dir mein Freund? Ist er nicht prächtig?"

„Ich liebe Sie schon lange!" sagte Frau Daisler und reichte ihm freundlich die Hand, und errötete. „Mein Mann hat Sie Tag und Nacht zitiert. Sie sind schon unser Hausfreund!"

Lust, selber kein kleiner Mann, blickte mit Bewunderung zu ihr auf. Sie war einen Kopf größer als er, zwei Köpfe größer als Daisler, übrigens prächtig, bei aller Ausführlichkeit, zierlich blonde Locken und ein süßes Lächeln, mit dem man sogleich gut Freund war. Sie glich einem jener weitläufigen, aber so wohlbebauten Landgüter, in denen man beim ersten Besuch schon sich zu Hause fühlt, jeden Schritt im Voraus kennt, hier die sanften zwei Hügel, dort die dunkeln Büsche, und das Lustgärtlein, die Lieblingsstelle des Hausherrn, und auch mancher Gäste, und so fort. Das prächtige Landgut! dachte Lust.

Der Tisch prunkte mit Damast und Silber, Kristall und Weinkaraffen. An den Wänden hingen Bilder von Feuerbach und Trübner, ein Frauenbild von Goya, Landschaften von Delacroix und Cézanne.

Lust fragte sich, warum er Daisler für einen armen Jungen gehalten hatte? Ein Mädchen trug die Speisen auf.

„Meine Frau besitzt Weinberge bei Würzburg und Güter in der Fränkischen Schweiz. So leiden Küche und Keller keinen Mangel."

Nach dem Essen legte sich Daisler auf den Diwan, die drei Kinder nahmen ihn im Sturm, wie eine Festung. Die Frau saß daneben und überragte alle wie ein heiter, schöner Turm.

In seinem großen Lederfauteuil betrachtete Lust das Familienglück. Daisler und seine Frau hatten dasselbe selige Familienlächeln. Die Kinder blickten gespannt auf den Gast, als würde er gleich zu zaubern beginnen.

„Kinder," hob Daisler an. „Ich wollte, ihr würdet an diesen Tag lange denken. Hier ist Lust. Seht ihn gut an, Kinder. Der ist eures Vaters Freund. Liebt ihn."

„Teurer Freund," sagte Lust gerührt.

„Darf ich," fragte Daisler, „vor meinen Kindern zu Ihnen sprechen? Ich bin es, der beichtet. Ich bin ein Maler, und nicht durch Zufall. Aber als ich 1914 in den Krieg ging, ein Soldat wie Millionen, und 1915 noch lebte, und 1916 die vielen Toten sah, und 1917 mehr Tote, und 1918 die Toten, und mich immer lauter fragte: Wer mordet hier? Und mir viele Antworten gab! Und viele Schuldige bei Namen nannte. Und mir vor meiner ganzen Spezies grauste. Und ich die Fehler unserer Gesellschaft immer besser begriff. Die wahre Krankheit des menschlichen Geschlechts, ein riesenhaftes Fieber, von dem der Krieg nur eines von vielen Symptomen ist. Und als ich nirgends ein Heilmittel fand. Und mir schaudernd sagte: Diese Menschen sind verdammt. Sie verdienen es nicht besser. Da fiel mir eines Morgens ein: Und du? Du der Anklagende? Bist du ohne Schuld? Was tust du, um es besser zu machen? Was tust du? Soll ewig Krieg sein? Soll es immer Armut geben? Und dein Volk, diese Deutschen? Sollen sie in immer neue Abgründe der Erniedrigung fallen? Da tat ich ein frommes Gelübde: Wenn ich lebend zurückkommen würde, zu meiner Frau, zu meinen Kindern, zu meinem Haus, will ich solange keinen Pinsel mehr anrühren, bis ich nicht mein Teil zur Humanisierung der Gesellschaft tat. Da hat eine Welt nun die Deutschen besiegt. Was soll denn aus diesem sonderbaren großen Volke werden, wenn wir Deutschen uns nicht seiner annehmen? Und was soll aus der Welt werden, wenn wir uns nicht um sie kümmern? Der Krieg hat mich zum Pazifisten gemacht. Nun bin ich zum Sozialismus gegangen. Ich lese Saint-Simon, Proudhon, Owen. Ich las Marx. Ich bin kein Marxist geworden. Ich weissage nicht die Entwicklung der Gesellschaft. Ich erstrebe nicht die Herrschaft des Proletariats. Vor dem Krieg war ich ein Individualist. Tue recht und scheue niemand. Damit ging ich in den Metzgerladen und ward ein gelernter Mörder. Sehen Sie meine Hände. Blut klebt daran. Ich kam zurück. Und sehe das Volk hungern. Wenn ich mich vor eine Leinwand stelle und male, werde ich nicht wieder ein Mörder? Können Sie malen, wenn in der Stube daneben eine Mutter keine Milch für ihren schreienden Säugling hat? Da haben Sie meine ganze Philosophie. Sie fragen nach meiner Lösung? Ich bin Sozialist geworden. Nicht um Revolution zu machen. Sondern für Frieden und Brot. Für Freiheit und Liebe. Zuviele Menschen hatten bisher nur die Freiheit, zu verhungern. Zuviele hatten bisher kein anderes Recht als das Recht auf den Heldentod. Ich will einfach nicht mehr zuschaun. Schluß mit den unnötigen Opfern! Schluß mit der Unordnung auf Erden! Und Schluß mit meiner Trägheit! Die Gleichgültigen sind schuldig. Ich will mich nicht von der Gesellschaft korrumpieren lassen. Ich will nicht über dem schönen Traum der Kunst meine Pflicht auf dieser Welt versäumen. Ich will nicht! Und um keinen Preis!"

Daisler hatte sich aufgesetzt, und zuletzt geschrien. Die Kinder waren vor ihm zurückgewichen und saßen nun zu Füßen der Mutter.

Lust schwieg eine Weile betroffen. Schließlich murmelte er: „Uns alle hat der Krieg aufgeregt."

„Sie meinen," fragte Daisler und sprang vom Diwan auf und ging durchs Zimmer, auf und ab. „Sie meinen, wir werden auch alle wieder ruhig werden? Unser Haus brennt. Im Feuer will ich mich nicht einschläfern lassen. Ich sehe in Ihrer Miene die Frage: Was erzählst du mir? Armut gab es immer. Mit Kain begann der Mord. Der Krieg füllt alle Bücher der Historie. Nach allen Kriegen der gleiche kurze Traum vom ewigen Frieden. Wozu neue Lösungen suchen, wo nichts Neues unter der Sonne ist? Als wollte einer eine neue Art erfinden, Kinder zu machen. Hatten wir nicht Spaß genug auf unsere liebe alte

Art? Willst du die Menschen ändern? Ich antwortete: Ja. Man sagte mir: So wirst du die Natur ändern müssen. Ich antwortete: Ich bin dabei! Besser das Unmögliche versucht, als zwischen Mördern sitzend zusehn, wie sie ihre Opfer zubereiten. Im Welttheater werden die Zuschauer die klassischen Opfer!"

„Gut," antwortete Lust und stand auch auf, und ging gleichfalls durch das große Speisezimmer, auf und ab. „Gut," sagte er, „aber was können Sie tun?"

„Alles!" antwortete Daisler.

„Nichts!" rief Lust.

„Gehn Sie mit mir!" rief Daisler. „Werden Sie Sozialist."

„Eine Partei?" fragte Lust und blieb stehn.

„Was erschreckt Sie?" fragte Daisler. „Der deutsche Individualist und seine Sprünge! Am Morgen sagt er: Ich bin, und nichts ist außer mir. Mittags ißt er Sauerkraut mit Wurst. Und schläft nachts abwechselnd mit dem Weltgeist und blonden Mädchen. Heut ist er ein Egoist und macht eine Philosophie daraus. Morgen erklärt er vor sich: Wichtig ist nur die Erkenntnis, daß es nicht auf mein Leben ankommt, und mein Leben erst interessant wird, wo es auf mehr abzielt als auf mich selbst."

„Gut," sagte Lust, „in welche Partei soll ich eintreten? Wo macht man heut Geschäfte mit der Menschenliebe?"

„Genug," bat Daisler ungeduldig. „Ein Dummkopf, wer nie im Leben Menschenfeind war. Wer es bleibt, ist ein Verbrecher. Wer seinesgleichen nicht liebt, ist entartet. Der Unduldsame verdient nicht, Duldung in der Gesellschaft zu finden. Ich war ein Maler, und lebe. Am Tag, da ich aufhörte, ein Menschenfreund, ein Volksfreund zu sein, und meine lebendigen Brüder zu lieben, möchte ich Hand an mich legen!"

„Vater!" schrie die erschreckte zehnjährige Rosa.

„Vater!" schrien Angelika und klein Michel, ahnungslos und erschrocken.

„Still, Kinder!" bat Daisler, und küßte seine Frau und bat: „Kommen Sie mit mir, Lust. Ich zeige Ihnen meine Partei. Ich zeige Ihnen das Gesicht des deutschen Arbeiters."

„Wann kommst du zurück, Carl Hermann?" fragte die Frau.

„Pünktlich zum Abendessen," antwortete Daisler. Schon an der Tür wandte er sich nochmals um und rief: „Liebling!" worauf prompt das Söhnchen und die Frau herbeiliefen, beiden gab Daisler einen Kuß, zu dem Sohn bückte sich der Vater herab, die Frau beugte sich zum Gatten herunter.

In seinem Zimmer zog sich Daisler rasch um. Dann ging er mit Lust fort.

Auf der Straße ward Daisler wieder der alte Kriegsfreund, ohne Bildersammlung, Kinderkollektion und Turmfrau.

Daisler ging mit Lust die Königsstraße hinauf, an der St. Lorenzkirche vorbei. Es schneite wieder in dünnen Flocken.

„Warum lieben Sie die Deutschen eigentlich?" fragte er Lust. „Ich liebe die Franzosen. Von Rabelais bis Anatole France, welche vernünftige Heiterkeit! Von Villon bis Verlaine, der witzige Gesang! Warum kamen Sie eigentlich zurück? Zog Sie das Reich an? Der germanische Urwald? Die deutsche Sprache? Sie lebten in Paris, der Kapitale der Welt. Trieb es Sie von Austern und Champagner zu Hering und Bier? Kennen Sie überhaupt die Deutschen? Vielleicht haben Sie die Germania des Tacitus gelesen? Oder Sie lieben Richard Wagner? Nein? Vor dem Krieg war es peinlich, eine emporgekommene Nation zu sehn, die das Glück schlecht trug. Nun wird unser Volk im Unglück würdelos. 1914 suffisant. 1919 larmoyant. Die Deutschen sind Idealisten ohne Geduld, und Zyniker aus Pedanterie. Sie denken langsam und mit Felsbrocken im Mund. Im Mondschein vergießen sie Tränen aus Rührung über sich selber. Am Morgen gehn sie nüchtern ins Büro, arbeiten mit gründlichem Fleiß, ziehn die Ärmelschoner aus, gehn zu Frau und Kindern, lassen ihre kleinen Töchter auf den Knien reiten, gehn in eine Versammlung, geraten angesichts einer ihrer miserabeln Redner in Ekstase, verlassen in einer Gruppe von acht oder neun das Lokal, umzingeln im Dunkeln einen einzelnen Juden, schlagen ihn zu Brei, tragen die Leiche an den Straßenrand, um den Verkehr nicht zu stören, und gehn im Mondschein ruhig ordentlich nach Hause, um nach ihres Reformators Luther Rezept zweimal wöchentlich beim Weibe zu liegen. Welch große Nation! Sie machen schöne Musik, singen schwermütige Lieder, sind tiefsinnige Poeten und geniale Unteroffiziere. Sie haben nichts erfunden und alles billiger nachgemacht. Mit dem Faust im Tornister und der Faust im Sack! Untertanen aus Begeisterung, halten sie sich für ein Herrenvolk. Fachleute von der Wiege bis zur Bahre sind sie im Bett Dilettanten und wählen Scharlatane zu ihren Führern. Im Grunde eine weibliche Nation! Eitel auf fremde Verdienste, schieben sie ihre Fehler auf Fremde. Die Revolution hassen sie wie die Sünde. Aber politische Morde begehn sie bedenkenlos, wenn nur ein Eroberer die Verantwortung übernimmt. Darum fallen so wenige Opfer in der Revolution, und die fallen, sind von den Linken, die Revolutionären selber."

„Wohin führen Sie mich?" fragte Lust. „Übrigens liebe ich Völkerpsychologie nicht. Ich hatte in Paris einen Freund. Der war Jude. Er schwor, es gebe nichts, was nicht Völkerpsychologen über die Juden gesagt hätten. Wohin führen Sie mich?"

„Zur Fränkischen Tagespost, in der Breitegasse. Das war das erste Blatt, das im Herbst 1918 Kaiser Wilhelm zum Rücktritt aufforderte. Mutige Sozialdemokraten! Der Feuilletonredakteur ist ein Dichter. Er schreibt schlechte Verse, die davon handeln, daß sein Vater am Schraubstock stand, und daß auch Arbeiter Patrioten seien. Der Protestmarsch der Metallarbeiter kommt durch die Breitegasse. Wir können ihn vom Fenster sehn."

Lust hatte im Krieg genug Massenvorführungen gesehn. Und kannte schon einige deutsche Dichter, die Dummköpfe waren. Aber er war Daislers wegen nach Nürnberg gekommen, so wollte er einen Tag mit ihm durchhalten.

In der Breitegasse war es schwarz von Menschen. Sie kamen nur ganz langsam voran. Lust glaubte in der Masse zu ersticken. Aber Daisler schien ganz glücklich zu sein, wie ein Fisch im Wasser.

„Lauter Brüder," sagte er erklärend zu Lust, und wies freudestrahlend auf paar tausend Köpfe.

„Auch Schwestern," gab Lust zu bedenken, dem eine dicke Marktfrau den Ellenbogen vor die Brust stieß.

Hier, im Gewühl, faßte Daisler seinen Freund errötend beim Arm und murmelte: „Übrigens, bester Freund, sind Sie in Nürnberg mein Gast. Ich stehe Ihnen selbstverständlich mit jeder räsonablen Summe zur Verfügung. Wenn ich Geld bräuchte, käme ich zuerst zu Ihnen, selbstverständlich. Das ist abgemacht. Ich besuche Sie morgen. Kein Wort mehr darüber. Ich bitte Sie."

Schon gingen sie an der Druckerei vorbei zur Redaktion. Redakteure rannten mit Druckfahnen, Drucker schlenderten mit Tabakspfeifen vorüber. Daisler und Lust gingen ins Büro des Dichters.

Der Arbeiterdichter trug eine Lederjoppe und Stiefel. Er hatte einen blonden Schnurrbart, aber keine Haare mehr auf dem Kopf. Er empfing sie mit einem eingefrorenen verächtlichen Lächeln und gönnerhaftem Betragen.

„Sie sind gleichfalls Künstler, Genosse, wie war der Name?" fragte er den Leutnant. Lust ließ den Irrtum mit dem Genossen durchgehn.

„Ich bin nur ein Maler," antwortete er mit einer höflichen kleinen Verbeugung.

Der Redakteur machte sie mit drei Herren bekannt, die geistesabwesend grüßten, um sogleich wieder aufeinander einzuschrein. Einer trug Vollbart, einer auf dem Zivilrock das eiserne Kreuz erster, einer ein verträumtes Lächeln im Gesicht. Genosse Übermeier. Genosse Freudenthal. Genosse Busch.

Der Genosse mit dem Kreuz, ein sommersprossiger, rothaariger Herr in den Vierzig, mit goldenem Zwicker, zwinkerte heftig mit den Augen.

„Ich bin Jude," schrie er, „und bin stolz darauf. Ja, ich trage das Eiserne Erster, und schäme mich dessen nicht. Ich bin stets für absolute Mäßigung, und stolz darauf. Ich war Reserveleutnant in der Kaiserlichen Armee, und schäme mich dessen nicht."

Der Redakteur flüsterte respektvoll hinter vorgehaltener Hand dem Maler Lust zu: „Rechtsanwalt Freudenthal, Präsident des Arbeitersportvereins, Sohn der Lederfirma S. Freudenthal und Erben, Millionenfirma!"

„Ich habe," rief Dr. Freudenthal, „dem deutschen Vaterland drei Jahre an der Front gedient. Und bin stolz darauf."

„Und schämen sich dessen nicht?" fragte plötzlich erstaunt der Herr mit dem verträumten Lächeln, er trug eine überlebensgroße schwarze Samtkrawatte und lange schneeweiße Locken. Nun war die Reihe an ihm.

Er schrie: „Diese konstante Mäßigung gewisser Genossen wird nachgerade maßlos. Unser Protestmarsch ist eine stille Geste der Humanität. Die Humanität geht heut im gleichen Schritt mit unseren Metallarbeitern. Lange hat die Humanität geschlafen. Sie muß marschieren. Mäßigung oder nicht! Mit einer gerechten Sache gehe ich allein gegen eine Kanone vor."

Der Redakteur flüsterte: „Gewerkschaftssekretär Busch, von den Metallarbeitern, vorgestern 64 geworden. Der berühmte Johann Busch, der 1904 wegen Majestätsbeleidigung ins Gefängnis ging. Zwei Jahre, er hat sie abgesessen. Beim Abschied fragte der Gefängnisdirektor: Strafgefangener Busch, haben Sie in den zwei Jahren gelernt, wie man von Majestät spricht? Da antwortet Busch: Herr Obergefängnisdirektor Prehammer (so hieß der Mann und war gefürchtet). Ich bereue garnichts, außer vielleicht, daß ich immer noch nicht deutlich genug geworden bin!"

„Mensch," brüllte der Direktor, „wollen Sie jetzt wiederholen, daß Seine Majestät wie Ihre Frau sei, die auch am Ende ihrer Rede nie wisse, was sie am Anfang gesagt habe?"

„Herr Obergefängnisdirektor," schrie Busch, „wiederholen Sie Ihren Vorwurf öffentlich, und ich heiße Sie Genosse!"

Der Direktor, ein langsamer Denker, begriff erst drei Tage später. Busch wurde berühmt durch seine kühne Antwort.

„Genossen," schrie nun der Mann mit dem Vollbart (Redakteur Bröger bezeichnete ihn als den bayrischen Landtagsabgeordneten Übermeier), „Blut wird fließen, sage ich, Genossen, das Blut des deutschen Arbeiters ist, sage ich, wenn er organisiert ist, mir heilig! Ich komme aus München, sage ich, und sprach mit den Genossen Eisner, Kurt und Toller, Ernst. Der Genosse Toller hat mir garnichts gesagt. Und der Genosse Eisner hat mir persönlich gesagt..."

Busch unterbrach ihn. „Der Protestmarsch findet statt, trotz den Äußerungen der Genossen Eisner und Toller!"

„Findet nicht statt," schrie Übermeier.

„Findet statt," schrie Busch und wies zum Fenster.

Die Herrn stürzten zu den Fenstern und öffneten sie. Da hörte man lauten Gesang und den Schall von tausend Schritten. Sie sahn die Arbeiter mit Fahnen marschieren und die ganze Breite der Fahrbahn einnehmen. Zu beiden Seiten auf dem Trottoir liefen junge Mädchen und Burschen mit, und aufgeregte Schulkinder und Polizisten. Der Gesang wuchs an:

> Die Internationale
> Erkämpft das Menschenrecht...

„In Gottes Namen!" sagte in der Redaktionsstube feierlich der Abgeordnete Übermeier. „Ich wasche meine Hände in Unschuld."

„Das erste Mal, seit Jahren, daß er sich die Hände wäscht," flüsterte der boshafte Dichter Bröger.

Alle liefen auf die Straße. Lust marschierte im Zuge mit, ehe er wußte, wie ihm geschah.

Vor ihm, hinter ihm, neben ihm sangen Männer und Frauen:

> Brüder, zur Sonne, zur Freiheit.

Leutnant Lust sang nicht mit. Er liebte Massengesänge nicht. Links von ihm ging Dichter Bröger, und sang. Rechts von ihm ging Maler Daisler, und sang. Daneben gingen zwei grauhaarige Vorstadtmädchen, und sangen. Vor ihm gingen drei Unteroffiziere, und sangen. Und ein Liebespaar, ein hübsches Mädchen von siebzehn oder achtzehn Jahren und ein ebenso alter Student gingen Arm in Arm, und sangen; beide waren barhäuptig und blond.

> Die Internationale
> Erkämpft das Menschenrecht.

Sie kamen zu einem Platz.

„Wie heißt der Platz?" fragte Lust.

„Der Plärrer," antwortete Daisler.

Da standen sie eine Weile und kamen nicht weiter. In ihrer Nähe begann ein neues Lied:

„Deutschland, Deutschland über alles!"

Ein paar Arbeiter im Zug sangen auch dieses Lied mit, naiv oder spitzbübisch. Andere protestierten und riefen: Ruhe! und: Schluß! Viele fragten: Worauf wartet ihr?

Viele schrien: Weitermarschieren!

Plötzlich gab es ein großes Gedränge, ein Hin- und Herschieben in der Masse. Eine einzelne, gellende Stimme schrie. „Judas!" Dann vernahm Leutnant Lust die allzubekannten Geräusche: Gewehrschüsse, das hohle Pfeifen der Kugeln. Der Druck der Menge wurde schier unerträglich. Dann brach sie auseinander. Es wurde leer um Lust. Er sah zu Boden, da lagen drei oder vier Leute neben ihm. Hatte die Menge sie umgeworfen?

„Ach," sagte Lust plötzlich laut. Er sah sie hingestreckt, das blonde Liebespaar, der Junge war schon ganz still, das Mädchen zuckte noch mit dem einen Bein und ruckte noch mit dem Hals, dann lag sie still. Die Köpfe der Liebenden lagen beisammen. Blondes Haar vermischte sich mit blondem Haar. Neben ihnen lag unansehnlich ein dünner Mann, fast wie ein großer Junge. Plötzlich faßte Lust den Redakteur Bröger, der neben ihm stehengeblieben war, bei der Schulter und schrie: „Menschenskind! Sagen Sie doch! Das ist nicht Daisler! Das ist er nicht!"

Redakteur Bröger ließ sich schütteln und sagte nichts. Schließlich ließ Lust ihn los. Er fühlte eine ungeheure Müdigkeit in den Beinen und Armen. Aber er schrie: „Einen Arzt! Man muß einen Arzt holen! Ist kein Arzt da!"

Da legte ein alter Arbeiter neben ihm die Hand auf seinen Arm. „Der braucht keinen Arzt mehr," sagte er ruhig.

„So faßt an," schrie Lust. „Seid ihr nur Tiere? Faßt an!"

Der Redakteur und der alte Arbeiter und noch ein Genosse und Lust faßten den Leichnam Daislers an und hoben ihn auf. Wie schwer der kleine Mann war! Tote sind eine schwere Last. Sie trugen Daisler zu einer Bank und legten ihn nieder und keuchten und sahen einander an, mit fremden, staubigen Gesichtern. Schließlich kam ein Taxi vorüber, die Vier schleppten den Leichnam ins Taxi und fuhren zu einem Krankenhaus. Da nahm man die Leiche nach einigem Parlamentieren schließlich an. Lust rief nach dem Doktor. Es kam einer, prüfte flüchtig den Leichnam und sagte trocken: „Es ist aus."

Lust stöhnte laut. Der Arzt fragte: „Sind Sie der Bruder?"

Lust sah ihn verständnislos an.

Redakteur Bröger gab dem Arzt die Personalien des Toten und die Telephonnummer seiner Wohnung.

„Man muß die Witwe verständigen," erklärte der Arzt nachdem er sich nach den Hinterbliebenen erkundigt hatte. „Wir haben bereits die Polizei angerufen. Die Kommission wird in einer halben Stunde eintreffen. Viel zu tun, heute. Bleiben Sie!" schrie er den alten Arbeiter an, der Miene machte, sich fortzustehlen. „Sie sind Tatzeuge."

„Ich bin Dreher," antwortete der alte Arbeiter. „Ich heiße Oskar Trautwein und weiß von nichts. Ich habe nichts gesehen. Das kann ich beschwören. Ich hab' garnichts gesehen."

„Sei keine Memme, Oskar," redete ihm flüsternd der andere, viel jüngere Arbeiter zu.

„Ich hab' Frau und Kinder," antwortete der störrische Alte. „Ich hab' garnichts gesehn. Ich bin meiner Lebtag kein Tatzeuge gewesen!"

Lust war auf einen Stuhl gesunken. Er starrte zu Boden. Später kam die Mordkommission und nahm alle Personalien auf, erst von der Leiche, dann von den Lebenden und verhörte alle, aber nur flüchtig.

Lust antwortete und wußte nicht was. Die Polizei verschwand. Die beiden Arbeiter waren fortgegangen. Der Arzt hatte sich verabschiedet.

„Worauf warten wir?" fragte Lust den Redakteur Bröger.

„Man hat die Witwe verständigt," antwortete der Redakteur bedrückt, und dann kam sie auch, groß und schwankend, und um den Schrecken zu vervierfachen, mit allen drei Kindern, sie trug einen blauen Federhut, tiptop elegant, die neueste Mode, aber der Hut war verkehrt herum aufgesetzt, und klein Michel hatte nur einen Schuh an. Das Mädchen Rosa stand auf der Schwelle und traute sich nicht weiter, ihr linkes Auge zuckte. Das Töchterchen Angelika schrie wie am Spieß: „Papa! Papa!"

Frau Daisler lief händeringend um den toten Gatten herum, und trat abwechselnd vor den Redakteur Bröger und vor Lust hin, immer mit derselben Frage: „Was habt ihr mit ihm getan, ihr Verbrecher?" um sogleich wieder zur Leiche zu rennen, händeringend und ohne Tränen.

Der Redakteur zuckte jedesmal mit den Schultern und sah auf Lust. Lust war aufgestanden und nahe zur Wand getreten. Er schwieg und hörte mit dem niederschmetternden Gefühl einer ungeheuren Schuld, jedes Mal die gleiche Frage: „Was habt ihr mit ihm getan, ihr Verbrecher?"

Lust fand kein Wort. Schließlich kamen mehrere katholische Schwestern mit großen Kreuzen, und trieben die ganze Familie aus.

Auch Redakteur Bröger und Leutnant Lust gingen. Vor dem Krankenhaus streckte Bröger die Hand aus, aber Lust sah nur mit Abscheu auf die plumpe Hand und ging grußlos fort. Redakteur Bröger starrte ihm mindestens eine Minute lang nach. Schließlich wandte er sich ab und murmelte: „Den hat's."

Lust ging, ohne auf seinen Weg zu achten. Es war dunkel geworden. Ein kalter Wind wehte. Die Straßen waren fast leer. Als er schließlich am Laufer Tor aufblickte, schlug er den Weg zur ‚Villa Marie' ein. Wohin hätte er auch gehen sollen? Und er hatte ja sein Wort den Zwillingen gegeben.

Es war neun Uhr abends, als er im Vorgarten ankam. Weil er die Klingel nicht fand, pochte er an die Tür. Die Zwillinge öffneten ihm, jede trug einen Leuchter mit einer brennenden Kerze. Ein Windstoß löschte die Kerzen aus. Die Mädchen zogen ihn ins Haus und schlugen die Tür zu. Lust stand im Dunkeln.

Plötzlich fühlte er sich von zwei bloßen Armen umschlungen, und einen weichen Körper ganz nahe, er bückte sich, um sich loszumachen, da empfing er einen heftigen Kuß auf den Mund, er ließ sich wie ein Mädchen küssen, mit offenen Lippen. Den zweiten Kuß erwiderte er, und fühlte die Wonne. Dann machte er sich frei.

Gleich darauf kam aus der Eßstube Licht. Die Kinder hatten jetzt erst die Gaslampe angezündet, sie standen zum Verwechseln da, knixten tief vor Lust und sagten wie aus einem Munde und mit einem unschuldigen Lächeln: „Schönen guten Abend, Herr Leutnant!"

„Guten Abend," erwiderte Lust. Er sah verstört aus und blieb mitten in der Stube stehn, wie an einer Wegkreuzung, mit blinden Augen. Die Zwillinge sahen einander ängstlich an.

„Nun gut," sagte der Leutnant. „Da bin ich."

Die Mädchen schwiegen und warteten eine Weile. Schließlich drehten sie ihm den Rücken zu. Da erst merkte er: Die Mädchen hatten sich für ihn umgezogen.

„Hübsch!" sagte er.

Da kamen sie ihm wieder entgegen und lachten. Sie trugen seidene Kleidchen. Hals und Arme waren blank. Die Kleidchen reichten kaum zu den Knien. Die schlanken Beine prunkten mit seidenen Strümpfen. Ihre schweren Zöpfe waren aufgeflochten. Nun hing ihnen das prächtige schwarze Haar herab bis zum Gürtel. Sie sahen so neu aus wie Konfirmandinnen, und auch so lieblich.

„Wie hübsch!" murmelte der Leutnant. Die Kinder freuten sich.

„Der Tisch ist gedeckt," erklärte das Mädchen im roten Kleid.

„Wir fürchteten uns schon. Wir waren so allein im verlassenen Haus," berichtete das Mädchen im blauen Kleid. „Bald wären wir fortgegangen!"

Lust sah die Mädchen an. Welche hatte ihn geküßt. Gleich darauf vergaß er die Mädchen.

Es war so heimelig in der warmen Stube. Eine Kuckucksuhr schlug alle halben Stunden. Die Schwestern bedienten ihn. Sie redeten den ganzen Abend wenig und waren feierlich. Selten lächelten sie, und wie verstohlen. Sie sahen so töchterlich unschuldig aus! Und verrieten eine so reizende Freude über seine Heimkehr.

Nach dem Essen brachten sie ihm Pantoffeln, führten ihn zum Diwan, reichten ihm einen gelbseidenen Schlafrock, zündeten die zwei Kerzen in den Silberleuchtern wieder an, drehten die Gaslampe aus, setzten sich auf zwei Schemel, und begannen mit angenehmen Stimmen zu singen. Volkslieder, von der traurigen Art, die so süß und besänftigend auf ein verwundetes Herz wirkt. Langsam schloß Lust die Augen. Er dachte: Warum soll ich aus meinem Hause fortgehn?

Die lieben Mädchen sangen:

„Und Rosmarin verwelket
Und Liebe nimmt kein End'."

Rosmarin verwelket? fragte sich Lust. Und warum soll ich aus meinem Hause fortgehn? Die Zwillinge sangen leise:

„Und Liebe nimmt kein End'."

3. KAPITEL

DER RICHTER VON ASCHAFFENBURG

*E*ines Morgens stand Lust im Garten. Er blickte über den hölzernen Zaun, über die kahlen Felder, den kahlen Himmel, und sein kahles Leben. Wunderlich leicht ging er durch seine müßigen Tage. Am Morgen sah er zum Fenster hinaus, ob es schneite. Dann zog er die Kleider des toten Leutnants Troll an, setzte sich zum Tisch des toten Leutnants, ging in den Garten, um über den Zaun gelehnt auf die Frau des toten Leutnants zu warten. So ging ein Tag, und wieder ein Tag. Wann kam Marie? Schon saß er eine Woche mit den Zwillingen herum. Schon schmeckte er wieder die Süßigkeit des Lebens, die blanke Lust am Dasein. Schon lachte er zuweilen heiter, wie in den Jahren des Glücks, an den Ufern der Seine. Manchmal stockte er mitten im Gelächter. Da sah er den serbischen Bauern wieder, der im milden Wind des Frühlingsabends schaukelte, am Zwetschgenbaum vor dem Bauernhaus aufgehängt. Er sah den Arm mit den fünf verwelkten Fingern im Priesterwald, der Arm kam aus der Erde hervor, die kalten Finger rührten dich an, wenn du in der Nacht durch den Graben schlichst.

Da lehnte er also am Zaun. Er spürte den kalten Wind. Er hörte die Krähen. Krächzend flogen sie von Baum zu Baum. Was schrien sie? Warum sauste der Wind? Wie eilig war Lust aus dem Lager entlaufen! Und die beiden Wächter? Er hörte noch ihr langsames Gespräch in der Nacht, mit den langen Pausen, ganz nahe in der schwarzen Finsternis, die mit tausend Augen auf ihn starrte. Er hatte die Stimmen der Wächter noch im Ohr, sie aber lagen unter der Erde. War es schade um die Toten? Hätte er ihretwegen umkehren sollen, gefangenliegen im Stall, hinterm Drahtzaun stehn, müßig wartend, und über den Zaun ewig auf die leeren Felder blicken, auf den leeren Himmel, auf sein leeres Leben?

Die Krähen schrien böse. Sie schienen sich versammelt zu haben, um einen fremden Herrn zu geleiten, der quer über die Äcker auf die Villa Marie zukam, geradenwegs auf Lust. Der Herr blieb vor dem

Zaun stehn, zog einen goldenen Zwicker aus einem Futteral, setzte ihn auf die Nase und sagte: „Sie sind Leutnant Lust? Ich suche Sie."

Die Polizei! sagte sich Lust. Der Kerl stand in einer kleinen Wolke aus Aktenmappenledergeruch, Kölnischem Essig und einer gewissen Bedrohlichkeit mit Amtscharakter.

Er lispelte, hatte Schmisse auf den rosigen Kinderwangen und einen runden, steifen Hut auf dem unanständig kleinen Kopf. Mit seiner gefrorenen Würde im Gesicht und Rückgrat sah er wie eine komische Figur aus dem Studentenleben im eben verstorbenen Kaiserreich aus. Wozu die rote Revolution, wenn nicht einmal solche Karikaturen unter den Trümmern der Zeit begraben werden?

„Ich heiße Lust. Was weiter?"

Der Herr lüftete den schwarzen Hut und gab seinen Namen wie ein süßes Geheimnis preis: „Blunck." Ungeniert fixierte er Lust und erläuterte: „Rechtsanwalt Blunck. Ihre Wirtin ist meine Mandantin. Sie schickt mich."

Lust bat ihn ins Haus, bot ihm aber keinen Stuhl an. Der Anwalt tat den rechten kanariengelben Glacéhandschuh in den Hut aufs eichene Büfett.

„Herr Leutnant haben die Villa Marie laut Mitteilung meiner Mandantin für vier Monate gemietet. Insoweit sind Sie an meinem Auftrag interessiert. Was?"

Lust verzog keine Miene. Ihr Anwalt? Ein Auftrag? Und er hatte die Villa gemietet, und gleich für vier Monate? Bedeutete der Termin, daß er vier Monate auf Maries Rückkehr warten sollte? Vier Monate der Folter?

„Meine Mandantin hat mich beauftragt, eine neue Versicherung abzuschließen. Vernünftig! Wie? Der Krieg hat die Reichen bereichert, den Armen das letzte Hemd geraubt. Kurz, die Grundpreise steigen. Was? Da soll ich also Garten, Haus und Hausrat inspizieren! Soll den neuen Reichtum revaluieren! Kluge Frau! Wie? Prachtvolles Weib!" fügte er plötzlich animiert hinzu und rieb sich die Hände... „Trotz gewissen folgenschweren Irrtümern!" Unvermittelt sagte er noch: „Vier Monate gehn rasch vorüber."

„Bitte zu inspizieren," bat Lust.

Er geleitete den Anwalt durch Haus und Garten, indes Blunck sich hier und da Notizen machte.

Beim Abschied sagte der Anwalt lachend: „Wenn das Dach einstürzt, und der Boden unter Ihren Füßen nachgibt, und Sie gar nicht mehr weiter wissen – unser Büro ist Kaiserstraße 7. Was? Anwaltsfirma Blunck und Johst. Immer zu Ihren Diensten, Herr Leutnant. Höhern Orts kennt man Ihre Geschichte, und schätzt Sie doppelt. Übrigens entzückende Mädchen, diese Zwillinge, die bei Ihnen leben. Es sind Zwillinge? Wie?"

„Zwillinge," gab Lust zu. „Heißen Primula und Uli Lust."

„Also Verwandte von Herrn Leutnant Lust? Was?"

„Wie? – Jawohl. Verwandte."

„Wohl Nichten? Was?"

Lust warf dem Anwalt einen kühlen Blick zu. „Wohl aus Bückeburg, Herr Doktor? Wie?"

„Gar nicht!" antwortete der Anwalt betroffen. „Ich s-tamme aus der Sees-tadt Hamburg. Mein Vater ist der bekannte Hamburger Dichter Friedrich Blunck."

„Der vers-torbene?" fragte Lust teilnahmsvoll.

„Vater lebt!" antwortete bestürzt der Anwalt.

„Pardon," bat Lust. „So verwechsle ich ihn mit dem Verstorbenen."

„Es gibt nur Vater – auf seinem Felde, meine ich," entgegnete verwundert der jüngere Blunck.

„Tatsächlich?" Lust schien aufrichtig bekümmert. „Nehmen Sie es leicht, Herr Doktor. Es gibt mehr Unglück auf Erden. Übrigens erfreut, Ihre Bekanntschaft, wie...?"

„Gleichfalls," log der Anwalt. Er schien gealtert vor Staunen.

Lust sah ihm nach, wie er mit steifen Schritten den Hügel hinabwanderte, von einem Zug von schreienden Krähen geleitet, und mit der Entfernung niedlich wie ein Zwerg wurde. Zuletzt sah Lust nur den runden steifen Hut dahinwandeln, gleich einem verzauberten Pilz.

Drei Tage später erschien ein neuer Herr. Er schaute vom Garten durchs offene Fenster in die Stube. Lust saß am Tisch und las, den

Kopf auf beide Ellenbogen gestützt.

„Was lesen Sie Schönes, Herr Nachbar?" fragte der Fremde.

„Den Aristoteles," antwortete Lust höflich. „Seine ‚Politik'. Und wer sind Sie, Herr Nachbar?"

„Gleich!" rief der Fremde und rannte zwei kleinen Mädchen von etwa drei und vier Jahren nach, die deutlich die Absicht verrieten, in einen alten Brunnen inmitten des Gartens hinabzuspringen.

Bald darauf kam er mit den laut protestierenden Kindern in die Stube und setzte sie mit Gewalt neben sich auf den Diwan. Die kleinen Mädchen trugen große rote Schleifen im blonden Haar. Mit weitaufgerissenen blauen Augen sahen sie Lust an. Die größere schlenkerte mit ihren dicken Beinchen. Die kleinere hielt den Daumen im Mund.

Der Fremde trug ein graues, spitzes Bärtchen und einen Schnurrbart, der sein listiges Lächeln verdeckte. Seine großen, blauen Augen unter den enormen, buschigen Brauen blickten umso offener, ganz Menschenfreundschaft und sittliches Feuer.

„Marie schickt mich," gestand er und lächelte verschmitzt. Die kleinen Mädchen begannen fröhlich zu lachen.

„Ich heiße Tucher. Ich bin Maries Onkel. Der Onkel Martin. Ich hab' Marie auf dem Knie geschaukelt. Da war sie ein Kind, Herr Leutnant. Drolliges Kind! Sie hat Humor! Sie schreibt von Ihren edlen Taten, Ihren großen Gesinnungen. Schon bin ich Ihr Bewunderer, Herr Leutnant. Lesen Sie gern? Meine Bibliothek steht zu Ihrer Verfügung. Kommen Sie, wann es beliebt. Also den Aristoteles lesen Sie? Ein nützliches Buch! Darüber wurden die Araber vernünftig. Und durch Vermittlung der Juden ganz Europa! Zehnmal gescheiter als der Plato! Freut mich, daß sie den Aristoteles lesen. Alle Mystik kam mit dem Plato auf, die ganze Höhlenphilosopie. Verdammter Plato!"

Mit einiger Heftigkeit stand er auf und erklärte hastig, wie um Einwänden von Lust zu begegnen: „Marie ist intelligent! Sie durchschaut Menschen. Nur einmal im Leben hat sie sich versehn, mit diesem König von Ansbach, und das bezahlt sie heute teuer. Sie ist erst dreiundzwanzig, sagen Sie vielleicht? Extravagant? Mit einem Hang zu Abenteuern? Weiß ich, Herr Leutnant. Weiß ich alles! Aber kennen Sie eine zweite Frau, so hübsch, mit einem so brillanten Kopf, und soviel Herz? Ich frage Sie: Wiegt ein Fehltritt ein ganzes Leben auf?"

„Gewiß nicht," erklärte Lust, der nicht die Hälfte davon verstand. „Und Marie ist unvergleichlich."

„Meine eigenen Worte!" rief Herr Tucher begeistert. Er nahm eine feierliche Miene an. „Herr Leutnant! Ich bin ein alter Mann. Was habe ich zu verlieren? So sage ich meinen tiefsten Gedanken laut heraus. Mit weniger Geheimnis in der Welt gäbe es bessere Brüder. Mein erster Blick in Ihr Gesicht gab Marie recht. Ich bin nur ein schlichter Kaufmann, aber ohne falsche Scham: Sie gefallen mir!"

„Ich schätze mich glücklich, mein Herr ..."

„Keine Redensarten," unterbrach der ‚alte Mann'. Er schien noch keine fünfzig Jahre gelebt zu haben. „Sie treffen mich jeden Abend zuhaus. Auf bald!"

Freundschaftlich schüttelte Herr Tucher Herrn Lust die Hand. Dann faßte er je ein kleines Mädchen und verließ mit festem Schritt das Haus, im Trab den Garten, und lief im Galopp den Hügel hinunter. „Hoho!" schrie der alte Mann und galoppierte mit den kleinen Mädchen. „Pferdchen, hoho!"

Lust hörte noch lange das Jauchzen der Kinder.

Eine Weile später ging auch Lust den Hügel herab, in Erwartung der Zwillinge, die zur bestimmten Stunde aus der Stadt heimkommen wollten.

„Was sucht ihr denn in der Stadt?" hatte er sie gefragt.

„Einen Agenten," hatten sie geantwortet.

Lust hatte nicht weiter insistiert. Als Primula und Uli ihn von ferne sahen, begannen sie ihm entgegen zu laufen. Er stand mitten auf dem Weg, in einer seiner eigentümlichen Stellungen, ganz im Anschaun eines kahlen Astes versunken. Mit dem Zeigefinger der linken Hand auf den Ast deutend, als wiese er dieses Wunder eines malerischen Objekts einer ganzen Akademie. Seht, o seht! Ein Ast!

„Ferdinand!" rief Primula, zwei Schritte vor ihm. Er erschrak ein wenig, drehte sich den Mädchen zu und schüttelte beiden die Hände.

Wie reizend sahn die Mädchen aus, mit den blitzenden Augen.

„Kinder," rief er. „Ich bin so glücklich!"

„Was ist geschehn?" fragten die Mädchen.

„Marie liebt mich!" rief Lust. „Ich habe Beweise!"

Er erzählte haargenau den Besuch vom Onkel Tucher. Eine Art Schneeregen begann herabzurieseln. Die Mädchen standen stumm im Weg.

„Was fehlt euch?" fragte Lust.

„Wir freuen uns bloß," antwortete die eine mit Grabesstimme.

„Es schneit," bemerkte die andre.

„Wo?" fragte Lust und sah erstaunt in die Luft.

Ausführlich erklärte er den Mädchen, wie wunderbar das Leben mit Marie sein würde. „Wir bleiben alle zusammen. Ich unterrichte euch. Ich lehre euch zeichnen, und denken."

„Kinder!" rief er begeistert. „Ich lese mit euch die besten Autoren. In Grimms Märchen werdet ihr sehen, wie die Welt voller Schrecken ist, außer für den, der das Fürchten nicht lernt. In der Bibel zeige ich euch, wie sogar Gott auf die Juden schimpft. Im Plato lesen wir, wie selbst der Weise sein Leben verkürzt, weil er zu oft andern beweisen will, daß sie unrecht haben. Im Seneca findet ihr, wie langweilig die Tugendhaften sind. Im Horaz, daß am Heitersten die Vernunft lacht ... Kurz, ich mache euch zu schönen Blaustrümpfen! Kinder! Nie will ich euch verlassen. Wie ein Vater will ich gegen die Waisen sein. Nur freut euch heut mit mir! Es ist so traurig, wenn ein Mensch keinen hat, mit dem er seine Freude teilt."

Lust sah nicht Primulas Tränen. Ihm fiel nicht ein, daß geteilter Schmerz halber Schmerz war. Er versicherte: „Ihr seid gute Mädchen, darum mag ich euch."

Die Nacht darauf erwachte Lust von einem Lärm im Haus. Er sprang aus dem Bett, lief zur Tür der Zwillinge und klopfte.

„Ich bin es, Kinder. Schreit ihr im Schlaf?"

„Wir streiten nur," antwortete die eine. „Gleich mache ich Licht."

„So streitet ihr im Dunkeln?" fragte Lust empört.

Schon öffnete eines der Mädchen im leichten Hemdchen die Tür. In der Hand hielt sie den Leuchter. Das Kerzenlicht machte das dünne Hemd durchscheinend. Als sie Lusts Blick gewahrte, schlüpfte sie rasch ins Bett und deckte sich bis zum Halse zu.

Zu seiner Überraschung fand Lust die andre Schwester in Hut und Mantel. Sogar ihr Rucksack lag bereit.

„Aber Kinder!" sagte Lust erschrocken und setzte sich aufs Bett. „Was fehlt euch?"

Er fühlte sich befangen im Schlafzimmer der beiden gar zu hübschen jungen Mädchen.

„So plaudere doch," rief das Mädchen im Bett der Schwester zu.

„Vor allem," fragte Lust, „welche ist Primula?"

„Ich," rief das Mädchen im Bett. „Und ich bleibe bei dir. Wenn Uli schweigt, wird Primula reden. Heimlich in der Nacht will Uli fortlaufen."

Lust stand auf. „Ist das wahr, Uli? Und hast du einen Grund?"

Uli schwieg. Tränen ranne ihr die Wangen herab.

Ratlos stand Lust da. Primula hatte sich im Bett aufgesetzt. Ihre schwarzen Haare hingen ihr die Schulter herab. Durchs dünne Hemd schimmerten ihre Brüste. Verlangend streckte sie die bloßen Arme zur Schwester aus.

Plötzlich stand Uli inmitten ihres Kummers auf. Sie tat den Hut ab und legte ihn in den Schrank. Dann ging sie zur Waschschüssel und wusch sich die Augen. Dann sagte sie mit ruhiger Stimme: „Es ist gut, Herr Lust. Gehn Sie nur schlafen."

„Was heißt das, liebes Kind?"

Uli sah ihn groß an. „Was das heißt? Daß wir verloren sind. Alle!"

Unruhig starrte Lust sie an.

Aber Primula rief ungeduldig: „Gehn Sie nur, Ferdinand! Sie sehn ja, Uli bleibt!"

„Gute Nacht also," sagte Lust und er wiederholte: „Gute Nacht." Niemand antwortete ihm.

Als sie wieder allein waren, zog Uli sich aus und löschte die Kerze. Eine Weile lagen die Schwestern still. Das Fenster war halb gefroren. Durchs glitzernde Glas sahn sie die Sterne grün in der Nacht. Ein eisiger Wind blies durch eine Ritze. So schwarz und still schien die Welt, so verstorben.

Uli flüsterte endlich: „So weit treibst du es also? Klagst deine Schwester vor dem Fremden an?"

„Ich lieb' ihn," antwortete Primula.

„Und unser Leben? Gestern sagtest du noch: Vor uns beiden gibt es keine Schranke. In fünf Jahren sind wir oben. In zehn Jahren kaufen wir die Welt. Sie ist käuflich, sagtest du, mit einer deiner zynischen Redensarten, die ich nicht mag. Was nutzt mir Erfolgt, wenn mein Herz verdirbt? Zusammen wollten wir heraufsteigen, zusammen leben! Für den ersten Leutnant gibst du alles preis."

„Ich lieb' ihn," wiederholte Primula eigensinnig.

„Er weiß es?" fragte Uli.

„Was liegt daran?"

„Er liebt dich?" fragte Uli.

„Er weiß es noch nicht, daß er mich liebt."

„Inzwischen wirfst du dich ihm an den Hals? Wie abscheulich! Siehst du nicht, daß er ein alter Mann ist, fast dreißig! Und gehst schier nackt ihm die Tür öffnen? Willst du ihn verführen?"

„Du bist gemein!"

„Ich?" fragte Uli und schwieg eine Weile. „Wen liebst du? Hast du ihn angesehn? Ihm zugehört? Er ist kein Maler mehr, kein Soldat. Franzose durch Erziehung, wird er aus roher Begeisterung zum Deutschen. Ich sage nicht, daß er schon ein Schurke ist. Ein guter Mensch ist er lang nicht mehr. Die Witwe Marie fand ihn im Schnee und legte ihn auf Eis. In den Kleidern des Toten wartet er auf die Frau des Toten. Der liebt auch Marie nicht. Siehst du nicht, daß der – den Tod liebt?"

„Nie," rief Primula, „nie wird ihn Marie bekommen. Mich liebt er!"

Uli sagte traurig: „Du willst unglücklich werden? Es wird dir glücken! Wie die meisten Unglücklichen wirst du andere unglücklich machen wollen. Es wird dir glücken. Ich sehe Schmerzen und Demütigung – mehr hast du nicht von deiner Liebe. Du wirst immer ärger leiden, andere zerstören, und schließlich dich. Bald sind wir alle verloren. Es wird dir glücken! Und warum?"

„Ich lieb' ihn," wiederholte Primula schläfrig. Plötzlich setzte sie sich auf. „Hast du den Schatz noch?"

Da zündete Uli die Kerze wieder an, zog einen verschnürten Samtbeutel unterm Kopfkissen vor und schüttelte den Inhalt auf die Bettdecke. Goldmünzen klimperten. Mit selbstvergessenen Mienen sahn die Mädchen auf den kleinen Haufen. Sie waren reich!

Endlich fragte Primula: „Wärst du jetzt fortgegangen, ohne mich, mit dem ganzen Schatz? Und mich nennst du eine Verräterin?"

Da begann Uli wieder zu weinen.

„Wie schlecht bist du, Primula! Wenn Großmutter das hörte!"

„Schreibe es ihr! Schon weint sich die alte Frau deinetwegen die Augen blind."

„Meinetwegen?" fragte Uli erbittert. „Bin ich schuld, daß wir von zu Hause durchgebrannt sind? Daß uns Vater ins Kloster stecken wollte? Will ich zum Theater? Trieb ich zur neuen Flucht?"

„Gut," rief Primula böse. „Ich habe die Welt gemacht. Ich bin schuld an allem Übel!"

Schon vergaß Uli ihre Kränkung und umarmte die Schwester. Sie verbarg den Schatz und löschte die Kerze.

„Schlaf," bat Uli, „ich lieb' dich. Keiner ist schuld."

Aber Primula war die Schuldige. Ihretwegen hatte sich sogar ein Referendar totgeschossen. Und Primula war von jedem kuriosen Einfall der Großmutter begeistert. Primula war auf Abenteuer aus. Primula strebte nach Ruhm. Primula zog es magnetisch zum Kolophoniumgeruch, zu den Bühnenbrettern, zum Publikum, zu der ganzen nur durch Eintrittspreise abgesperrten Menagerie. Beide Schwestern wußten es. Nur war Primula zu schlau, etwas zuzugeben, selbst eine Wahrheit. Man muß alles ableugnen. Man muß sogar die andern zwingen mitzulügen, gegen besseres Wissen, gegen das eigene Gewissen. Primula kannte die Tricks der Tyrannen aus Intuition, und aus häuslicher Erfahrung.

Die Zwillinge waren natürlich keine Findelkinder, keine Tänzerinnen. Sie hießen gar nicht Lust.

Ihr Vater lebte. Er war ein Richter in Aschaffenburg, und in seinem Haus ein Tyrann. Er hieß Alfons Kaiser.

Einen Mörder hieß ihn seit sechzehn Jahren die Großmutter,

weil er ihre einzige Tochter geheiratet und nach zehn Monaten begraben hatte.

Er war kein Mörder. Dem katholischen Klerus verdankte er alles, Schulgeld, Universität und Karriere – manchmal schwante ihm, sogar das Leben. Aber zeitlebens war er ein krasser Atheist und durfte es nie heraussagen. Das machte ihn böse.

Er war der Sohn einer Jungfrau, nämlich der Köchin des Bischofs von Aschaffenburg. In der bischöflichen Küche aß der kleine Alfons die fettesten Bissen. Auf den Knien des Bischofs ritt das Knäblein jauchzend. Im Zimmer des Bischofs lernte er das A B C und den Haß auf das Illegitime und Illegale. Aus Haß studierte er die Rechte. Er liebte die Gesetze, litt unter Verfehlungen anderer, war getrieben von der Leidenschaft zu strafen, und dürstete danach, Menschen zu verurteilen. In der Küche der katholischen Kirche ward Alfons Kaiser groß wie ein Baum und stark wie ein Bär, mit Händen und Füßen, breit wie Weihwasserkessel. Im juristischen Seminar ward er zum Fanatiker. Er verschlang Gesetzbücher wie Würste.

Der Amtsrichter Kaiser ward zum Schrecken der armen Leute von Aschaffenburg. Wehe der Greisin, die für das Weihnachtsfest ihrer Enkel ein Bäumchen aus dem Staatsforst stahl! Wehe dem arbeitslosen Vater von sieben Kindern, der dem Bäcker ein Leib Brot herausgeschwindelt hatte! Und dreimal wehe der Verbrecherin gegen das keimende Leben oder gar der Kindsmörderin. Er wütete gegen sie, weil sie zuerst – ohne Konsens von Kirche und Staat – dem Trieb der Natur gefolgt war – und weil sie danach den Trieb der Natur verletzt hatte. In christlichen Zeiten, predigte er, hat man Kindsmörderinnen verbrannt. Man muß die Gesetze reformieren. Mehr Todesstrafen! Keine falsche Gnade! Sie gibt dem Verbrecher nur Gelegenheit zu neuer Untat.

Einmal im Leben übte Amtsrichter Kaiser Gnade. Es war im Frühjahr 1902. Er war 27 Jahre alt und seiner Strenge wegen schon namhaft bei dem schuldigen Teil der Bevölkerung.

Der eisgraue Gerichtschreiber, der bei so mancher Verurteilung heimlich Tränen vergoß, hatte mit zitternder Stimme erklärt, der erste Fall heut sei gar nicht der Mühe wert, ein altes Kleid das Objekt, die Angeklagte eine junge Diebin, fast ein Kind, unschuldig vielleicht?

„Werden ja sehn," erwiderte Amtsrichter Kaiser mit gedehnter Stimme und vertiefte sich in den Akt.

„Angeklagte Lenore Frühling," rief der Amtsdiener.

Ohne aufzublicken, befahl der Richter: „Treten Sie näher! Ohne falsche Bescheidenheit!" Er hörte das leise Rauschen eines Rocks. Aha, das seidene Kleid. Er blickte auf, und war verloren.

Er mußte sich räuspern, als er nach ihren Personalien fragte. Ihre Stimme behexte ihn endgültig.

Sie war siebzehn. Katholisch. Ledig. Wohnhaft bei der Mutter, einer Klavierlehrerin. Die Mutter seit Jahren gelähmt. Das Mädchen war angeklagt, ein seidenes Kleid entwendet zu haben. Das Kleid war im Polizeibericht beschrieben. Tiefer Brustausschnitt. Meergrüne Seide. An der Hüfte gerafft. Rüschen.

Amtsrichter Kaiser blickte auf jene dem tiefen Brustausschnitt entsprechende Stelle. Die Angeklagte trug ein bis zum Hals geschlossenes Blüschen.

„Angeklagte, erzählen Sie einmal ruhig den Hergang!"

Amtsrichter Kaiser spielte mit einem silbernen Papiermesserchen. Er konnte die Blicke von dem süßen Gesichtchen der Kleinen nicht abwenden. Ihre schwarzen Augen funkelten von Lebenslust. Sie schüttelte die schwarzen Locken. Der Richter hörte ihre Stimme und hielt sich mit der Hand am Papiermesserchen fest, aus Furcht, zu fallen. „Kommen Sie zur Sache, Angeklagte!"

Der Richter starrte auf die schlanken, reizenden Beine, die unterm Röckchen deutlicher sich abzeichneten, als wenn das Mädchen nackt gewesen wäre. Ich muß ihr verbieten, daß sie sich bewegt, dachte der arme Amtsrichter. Wenn sie sich bewegt, ist die Grazie ihrer Hüften unwiderstehlich. Das ist offene Verführung. Kann man das nicht verbieten?

„Kommen Sie zur Sache, Angeklagte!"

Der Richter hielt sich mit beiden Händen an der Tischplatte fest, um nicht aufzuspringen und das Mädchen anzufassen. Ich habe es nicht gewußt, daß es nichts Schöneres auf Erden gibt als den weiblichen Körper. Lieber Gott, nur mit der Spitze des kleinen Fingers sie anrühren, ihr Haar, ihre Wange. Warum darf ein Richter einer Angeklagten nicht die Hand geben? Die Gesetze reformieren! Ihr Lächeln. Mein Gott! Das ist Zauberei!

„Kommen Sie zur Sache, Angeklagte! Wie war das mit dem Kleid? Mußte es aus Seide sein?"

Ich höre genau zu. Sie ist ein Kinderfräulein. Aus dem Schrank nahm sie das seidene Kleid ihrer Dienstherrschaft, um zum Tanz zu gehn. Wußte sie nicht, daß sie gar keine seidenen Kleider braucht?

„Angeklagte, sprechen Sie die volle Wahrheit. Der Schrank, aus dem Sie das seidene Kleid entliehen, war stets geöffnet? Geben Sie das nur zu! Und Sie hatten die bestimmte Absicht, nach der Rückkehr vom Ball das seidene Kleid wieder in den Schrank zurückzuhängen. Geben Sie das furchtlos zu. Gut. Sie hat es zugegeben," fuhr der Richter den Schreiber an. „Haben Sie das notiert?"

Der Schreiber nickte.

„Als Sie den Ball um ein Uhr morgens verließen und statt zu Ihrer Herrschaft zu Ihrer Mutter schlafen gingen, mit dem Kleid aus meergrüner Seide auf dem Leibe, da waren Sie verschlafen und beschwipst, geben Sie das ruhig zu, Angeklagte. Das wirkt nicht strafverschärfend. Im Gegenteil. Sie waren in jener Nacht Ihrer Sinne nicht mehr mächtig. Ist das zu Protokoll genommen? Gut. Als die Polizei am andern Tag zu Ihrer Mutter kam, brachten Sie sogleich das seidene Kleid und händigten es freiwillig und unaufgefordert der Polizei aus, zwecks Rückgabe an Ihre gewesene Dienstherrschaft, die freilich und immerhin Anzeige auf Diebstahl erhoben hatte."

„Herr Amtsrichter," sagte das junge Mädchen mit Tränen in den schönen Augen. „Ich bin keine Diebin. Das schwöre ich vor Gott dem Gerechten. Und ich habe mein ganzes Geld immer der Mutter abgeliefert. Herr Amtsrichter! Das bin ich bereit zu beschwören. Nämlich, daß ich keine Diebin bin. Und muß ich gleich ins Gefängnis?"

„Die Angeklagte hat kein Recht zur Eidesleistung. Das hohe Gericht sieht von der Anklage des qualifizierten und des einfachen Diebstahls ab. Die Angeklagte wird zur chemischen Reinigung des von ihr entliehenen meergrünen Seidenkleides, beziehungsweise zur Tragung der Kosten einer solchen chemischen Reinigung verurteilt!"

„Verurteilt!" schrie das Mädchen, und wandte sich vom Richter ab und mit gerungenen Händen dem Gerichtsschreiber zu. „So hat er mich doch verurteilt! Muß ich gleich ins Gefängnis? Darf ich meine Mutter nicht mehr sehn? Bitte, sagen Sie ihm doch, daß ich nicht gleich ins Gefängnis gehen muß. Sagen Sie ihm, daß meine Mutter gelähmt ist. Sie hat nur mich auf der Welt. Sagen Sie ihm das. Du lieber Gott. Bin ich jetzt eine Diebin?"

Der eisgraue Gerichtsschreiber wischte sich heimlich die Augen mit seinem Handrücken.

„Sie können gehen," sagte er. „Sie sind freigesprochen."

„Und muß nicht ins Gefängnis? Nicht heut, nicht morgen?"

„Niemals," erklärte der Gerichtsschreiber.

„Aber er hat gesagt: Verurteilt!"

„Nur zu den Kosten der chemischen Reinigung des seidenen Kleides."

„Freigesprochen!" rief das Mädchen. Sie bückte sich blitzschnell über die große, behaarte Hand des Amtsrichters Kaiser und küßte sie mit heißen Lippen. Dann rief sie: „Dank schön, Herr Amtsrichter!" Dann war sie schon zur Tür hinaus, als Amtsrichter Kaiser erst das Geschehene erfaßt hatte und ihr nachrief: „Das ist aber verboten, Fräulein!"

Die Nacht darauf saß Amtsrichter Kaiser bis zum Morgen am offenen Fenster. Er sah in die Sterne; er sah in die aufgehende Sonne. Am nächsten Abend ging er in der Dunkelheit zum Haus, wo Lenore mit ihrer Mutter wohnte. Da stand er auf der Straße, viele Stunden lang, den Hut in die Stirn gedrückt, mit emporgeschlagenem Mantelkragen.

Er schlief diese Nacht nicht, und auch die folgenden Nächte nicht. Alle Abende stand er gegenüber dem Fenster ihrer Stube. Er sah die Lampe hell werden. Er sah einen Schatten zuweilen hinterm Vorhang. Er sah die Lampe ausgehn.

Nach einer Woche ging er abends ins Haus, die Treppe hinauf, und schellte.

Lenore öffnete. Sie erkannte ihn nicht.

„Ja?" fragte sie.

„Dr. Kaiser," sagte er. „Kann ich Frau Frühling sprechen?"

Da erkannte sie seine Stimme. Er sah, wie sie zu zittern anfing.

„Sind Sie nicht..." fragte sie.

„Amtsrichter Kaiser."

„Werden Sie mich wieder verhören?" fragte sie mit einem ganz hohen Stimmchen.

„Ich komme privat."

„Einen Augenblick bitte," bat das Fräulein, und schlug die Tür vor ihm zu.

Amtsrichter Kaiser wartete nach der Uhr zehn Minuten. Eben wollte er wieder schellen, da öffnete Lenore zum zweiten Mal.

„Verzeihung. Und Mutter läßt bitten."

Durch einen finstern Flur kamen sie in eine helle Stube mit einem Klavier, zwei Kanarienvögeln, drei Zimmerpalmen und zwei Dutzend gehäkelten Deckchen.

In einem Rollstuhl saß Lenorens Mutter. Sie hatte fast dasselbe Gesicht wie Lenore. Nur waren ihre schwarzen Locken schon silberig.

„Nehmen Sie bitte Platz, Herr Amtsrichter. Entschuldigen Sie, daß ich sitzenbleibe. Ich bin nämlich gelähmt. Was führt Sie zu armen Leuten? Suchen Sie bei mir Klavierunterricht? Oder offerieren Sie Lenoren eine Stelle als Dienstmädchen?"

„Ich komme," sagte Amtsrichter Kaiser mit erstickter Stimme und stand auf, „um Sie um die Hand Ihrer Tochter zu bitten."

Es herrschte ein langes Schweigen. Endlich sagte Frau Frühling leise: „Eine Diebin?"

„Ich habe sie freigesprochen."

„Sie sind Beamter. Meine Tochter ist Dienstmädchen."

„Kinderfräulein!" sagte der Amtsrichter.

„Sie war ein ganzes Jahr Tänzerin in einem Wanderzirkus."

„Ich weiß," antwortete Kaiser. „Die Polizei hat mich gut bedient."

„Lenore ist meine ganze Stütze."

„Ich verpflichte mich," antwortete der Richter, „Sie solange ich lebe, in meinem Hause zu halten und wie eine Mutter zu behandeln."

„Der Standesunterschied!" sagte Frau Frühling.

„Meine Mutter war Köchin. Ich bin ein uneheliches Kind," gestand der Richter. „Die Kirche protegiert mich."

„Lenore ist nicht religiös."

„Sie ist unabhängig," versprach der Richter. „Ich kaufe ihr zur Verlobung eine Lebensversicherung. Sie muß nur Sonntags mit mir zur Kirche. Mehr verlangt Gott nicht. Und einmal im Monat zur Beichte. Mehr verlangt die Kirche nicht."

„Kennen Sie überhaupt Lenore? Sprachen Sie mit ihr schon?"

„Unaufhörlich. Seit dem ersten Blick auf sie."

„Lenore? Davon hast du mir nichts erzählt."

„Ich spreche zu ihr bei Tag und bei Nacht. Ihr Bild verläßt mich nicht. Sie hat mich behext. In Person sprach sie zu mir nur vor Gericht. Da war ich ihr Richter. Da geschah es. Mit dem ersten Blick."

„Da sahn Sie einen Fall von hundert. Die Mädchen aus dem Volk kommen so leicht unter die Räder."

„Gestatten Sie, daß ich widerspreche. Ich sah das Mädchen, mit dem ich das Leben teilen will, von dem ich Kinder haben will, legitime Kinder."

„Sie ist erst siebzehn."

„Junge Mütter sind die besten. Wie alt waren Sie, als Sie Ihr Kind zur Welt brachten?"

„Neunzehn. Aber ich liebte meinen Mann. Er war ein Primgeiger am Stadttheater zu Worms. Wäre er nicht im Rhein baden gegangen und dabei elend ertrunken, drei Jahre nach unserer Hochzeit, so wäre er heute berühmt. Er hatte eine große Zukunft vor sich."

„Er ist ertrunken. Ich bin 27 Jahre alt und Amtsrichter. Ich stehe unmittelbar vor der Beförderung. Ich habe eine große Zukunft vor mir. Die Kirche liebt mich. Ich kann hoch steigen. Die Kirche regiert im Königreich Bayern. Mit Lenore als meiner Frau bin ich in zwanzig Jahren Justizminister und reformiere die Gesetze. Als ich Ihre Tochter verhörte, sah ich sie nackt. Pardon – ich spreche von ihrer Seele."

„Um so schlimmer," erwiderte Frau Frühling, grimmig lächelnd. „Warum es Ihnen verbergen, Herr Amtsrichter. Sie machen keinen günstigen Eindruck auf mich. Sie sind zehn Jahre älter als Lenore. Sie haben einen schlechten Ruf. Die armen Leute von Aschaffenburg heißen Sie den Bluthund. Von der Stunde an, da die Polizei zu Lenore kam, bis zum Tag Ihres Freispruchs, habe ich Sie gründlich hassen gelernt. Jeder, der in die Stube kam, und in meine Stube kommen nur arme Leute, und ich bin stolz darauf, ich hasse die reichen Leute, was tun sie mit ihrem Geld, ich hasse auch die Kirche, was tut sie mit Gottes Lehre? Warum macht sie Kompromisse auf Kosten vom lieben Gott? Aber wer immer zu uns kam, sagte: Wenn nur Lenore nicht vor den Amtsrichter Kaiser kommt, vor den Bluthund von Aschaffenburg. Denn da ist sie verloren. Und dann kriegte sie die Vorladung vors Gericht, und wir lasen es schwarz auf weiß. Lenore kommt vor den Amtsrichter Kaiser. Da haben wir gebetet, Lenore und ich: Lieber Gott, laß ihn sterben! Laß ihn von einem tollen Hund gebissen werden, oder von einem Dachschiefer erschlagen. Und dann kam der Morgen von dem Tag. Und in aller Frühe öffnete ich das Lokalblatt und suchte Ihre Todesanzeige; denn Sie konnten ja am Tag zuvor gestorben sein! Sie waren nicht tot! Vielleicht, sagte ich zu meiner Tochter beim Kaffee, trifft ihn der Schlag unterwegs. Vielleicht fällt er tot im Amt um. Wie sehr habe ich Sie gehaßt, Herr Amtsrichter. Ihnen gebe ich meine Tochter nicht!"

„Ich habe Lenore freigesprochen!"

„War sie denn schuldig?"

„Ich sprach Recht."

„Ist es also Ihr Verdienst?"

„Ich bitte um eine Gnade," sagte der Amtsrichter Kaiser.

„Keine Gnade!" schrie die gelähmte Frau. „Keine Gnade für Verbrecher im Talar! Keine Gnade für die Schlächter der Armen."

„Ich bin kein Schlächter," sagte Amtsrichter Kaiser mit tonloser Stimme.

„Ich nehme ihn," sagte plötzlich Lenore. Sie war während des ganzen Gesprächs schweigend auf dem Klavierstuhl gesessen, mit gekreuzten Beinen und Armen. Nun stand sie auf und sah blaß und hinreißend schön aus.

„Ich nehme ihn," sagte sie.

„Kind!" rief Frau Frühling. „Er wird dich umbringen."

„Ganz gleich," sagte Lenore. „Mir gefällt er. Er hat mir gleich gefallen, beim ersten Blick im Gericht. Ich nehme ihn."

Sie nahm ihn. Die Hochzeit war vier Wochen später. Kaiser war inzwischen Oberamtsrichter geworden. Er nahm eine neue Wohnung am Waldrand, mit dem Blick über das Maintal und die Stadt Aschaffenburg.

Zehn Monate waren sie verheiratet, zehn glückliche Monate. Wie er versprochen hatte, nahm er Lenores Mutter in die neue Wohnung, sie bekam zwei eigene Zimmer, war die Herrin im ganzen Haus. Es war rührend, die Liebe des großen Kerls zu dem jungen Mädchen zu sehn. Er hing ihr am Rock wie ein kleiner Junge. Wenn nicht die Mutter acht gegeben hätte, wäre er jede freie Stunde im Tag mit dem Mädchen zu Bett gegangen.

„Er wird dich noch umbringen," sagte Lenores Mutter zu ihr. „Ich habe schon viel im Leben gesehn. Aber nicht solche mörderische Liebe. Das ist wie ein Baum, der brennt. In einem Jahr wird er dich zu Asche machen."

„Ich bin stark," erwiderte Lenore lächelnd. „Und ich lieb' ihn. Ist er nicht mein ehelicher Mann? Ich tu' alles für ihn."

Sie hatte ein Dienstmädchen. Aber sie kochte für ihn, buk für ihn, spielte Klavier für ihn, tanzte für ihn, legte sich für ihn zu Bett, wann immer er sie bat. Als ihr Arzt ihr bestätigte, daß sie schwanger sei, ward Oberamtsrichter Kaiser schier närrisch. Er faßte sie behutsamer als ein Veilchen an. Er duldete nicht mehr, daß sie für ihn kochte. Er ging mit ihr zum Bazar und kaufte Babywäsche. Er ging mit ihr über die Felder im Licht des sommerlichen Himmels, und es war nicht deutlich, ob er ihr mit Stolz den blauen Himmel zeigte, als hätte er ihn kraft seiner Liebe gezeugt, oder als zeigte er mit größerm Stolz sie dem Sommerhimmel und den lachenden Feldern. Seht, Felder und Himmel! Wie schön ist Lenore! Und Lenore ist mein Weib.

„Wirst du," fragte sie, und blickte mit zärtlichem Spott zu ihm auf, „Minister sein und das Gesetz reformieren?"

„Erst werde ich Vater! O das Glück. Ein Kind von dir!"

In den zehn Monaten seiner Ehe ward der strenge Richter ein

milder Richter. Es sprach sich nicht so rasch herum; denn die Kunde unserer guten Handlungen geht zu Fuß, und die Fama unserer bösen Taten fliegt.

„Ein guter Richter," erklärte Alfons Kaiser seiner jungen Frau, „kann auch mit strengen Gesetzen gnädig sein. Ich sitze im Gericht, und die armen Leute treten zitternd vor meinen Tisch. Die Augen gehn mir auf. So viel Unglück. Und wer ist schuldig? Ich frage dich, Lenore. Wer ist schuldig?"

Am 16. Januar 1903 gebar Lenore, dank einem Kaiserschnitt, zwei gesunde Mädchen. In der Taufe erhielten sie die Namen Primula und Ulrike. Am 28. Januar 1903 starb Lenore am Kindbettfieber. Nur Fremde folgten ihrem Sarg. Die Mutter war gelähmt. Der Gatte lag mit einem Nervenfieber im Spital. Drei Wärter mußten ihn halten.

Als er sechs Wochen später nach Hause kam, hatte er graue Haare. Er setzte sich pünktlich zu den Mahlzeiten zu Tisch, mit Lenores Mutter, er sprach mit ihr nie von Lenore, sondern von Ereignissen in Aschaffenburg, oder von Musik, die er liebte. Nach acht Tagen hielt es die gelähmte Frau nicht mehr aus. Seit acht Tagen hatte der Oberamtsrichter nicht nach seinen Töchtern gefragt. Wenn Säuglingsgeschrei in die Stube scholl, hatte er nicht den Kopf gehoben, als käme der Lärm vom Nachbarn. Hatte er vergessen, daß er zwei Töchter hatte? Frau Frühling sah ihren Schwiegersohn an, seine plötzlich ergrauten Haare, die Gruben unter seinen geröteten Augen, den herabgezogenen Mund, das schwarze Band um den Rockärmel, die schwarze Krawatte. Wie sie ihn haßte. Wenn er nicht die Tochter geheiratet hätte, lebte Lenore noch. War er nicht der Mörder Lenores?

„Willst du nicht deine Töchter anschaun?"

Er saß da und stocherte mit der Gabel im Braten herum, ohne zu essen.

„Die Töchter anschaun?" fragte er und legte die Gabel auf den Teller, faltete die Serviette und stand auf. „Wo sind sie?"

Die gelähmte Frau deutete auf die Tür, die zum Kinderzimmer führte. Ohne ein Wort ging er in die Kinderstube. Plötzlich begann die Großmutter, von einer unerklärlichen Furcht gefaßt, zu zittern. Der Mörder! Was wird er den Kindern tun? Er wird ihnen doch nichts antun?

Nach zehn Minuten kam der Oberamtsrichter zurück. Schweigend setzte er sich wieder zu Tisch, breitete die Serviette wieder aus, ergriff die Gabel, stocherte im kaltgewordenen Braten, ohne zu essen.

Als er ins Amt gegangen war, und die Großmutter vor der Wiege ihrer Enkelkinder saß und in die spiegelnden blauen Säuglingsaugen und auf die geballten vier Fäustchen sah, sprach sie zuerst ihre dumme Angst aus. Meine süßen Kinder. So hat er euch doch nicht zum Fenster hinausgeworfen! Vielleicht wäre er dazu fähig? Aber wir wachen über euch. Ich und eure guten Engel. Zwei Engel zur Linken, zwei Engel zur Rechten, zwei zu Häupten und zwei zu Füßen.

Ganz verlor sie die unsinnige Furcht nie, er werde den Kindern etwas antun, auch als sie später seine heftige Liebe zu den Töchtern sah.

Er wurde eifersüchtig auf die Großmutter. Als die Kinder stehn und gehn konnten, und zu sprechen anfingen, vergaßen das Kindermädchen und die Großmutter, den Kindern das Wort Papa beizubringen. Wenn der Richter zu den Kindern kam, liefen sie eilig wackelnd und stumm vor ihm fort, zum Schoß der Großmutter. Mit einem dünnen, bösen Lächeln sah der Oberamtsrichter auf seine Schwiegermutter.

„Du entfremdest mir die Kinder absichtlich."

„Du lügst," sagte die Großmutter. „Die Kinder fühlen, daß sie Waisen sind. Sie fürchten sich vor deinen großen Händen. Damit hast du ihre Mutter in den Tod getrieben."

„Mit den Händen?" fragte der Richter und lächelte sein dünnes, böses Lächeln.

„Hast du nicht Angst," fragte die Großmutter, „vor der Strafe Gottes?"

Der Amtsrichter warf der Großmutter einen grübelnden, beschäftigten Blick zu. Er sagte schließlich: „Du bist nicht mein Richter." Dann verließ er die Stube.

Seitdem verging kaum ein Tag, daß nicht die Großmutter den Richter einen Mörder geheißen hätte. Aber sie erreichte nicht einmal, daß er sie aus dem Hause trieb, oder die Mahlzeiten nicht mit ihr teilte. Mit zerstreuten, grübelnden Blicken, sah er über sie hinweg. Aber er vergaß seine Rache nicht.

Die Zwillinge bekamen die schönsten Kleidchen, die teuersten Spielsachen, abwechselnd französische und englische Gouvernanten. Zeitweise kam ein Hauslehrer und brachte ihnen Latein bei. Landgerichtsrat Kaiser (er wurde befördert und war berühmt für seine Strenge) schickte seine Töchter zum Tanzlehrer, zum Singlehrer. Die Großmutter gab ihnen Klavierunterricht. Später schickte sie der Vater ins Gymnasium. Er war ein guter Vater. Er sparte kein Geld. Nur mit Liebkosungen geizte er. Zögernd und schwerfällig legte er seine breiten, nach Tabak riechenden Hände auf die kleinen, seidnen Wangen der Zwillinge. Die Mädchen fürchteten sich vor ihm, vor seinen unwillkürlichen Seufzern, vor gewissen wilden Blicken, vor der Strenge in seinen Augen und in seiner Stimme. Vor allem fürchteten sie sein dünnes, höhnisches Lächeln. Dabei sahn sie genau, daß der Vater sie liebte, auf seine Weise. Die Großmutter warnte sie: Nehmt euch kein Muster am Vater!

„Euer Vater hat ein schlechtes Gewissen," sagte sie zu den Kindern. „Er schlägt die Armen mit der Schärfe des Gesetzes."

Primula machte große Augen. „Warum schlagen sie nicht zurück? Geschieht ihnen recht!"

Aber Uli weinte. Die Armen! Sie fragte: „Und was tut das Gesetz gegen die reichen Leute?"

„Dummerchen," erwiderte die Großmutter. „Die reichen Leute machen die Gesetze."

Primula patschte vor Vergnügen in ihre dicken Kinderhändchen. „Und wenn ich groß bin, mach' i c h die Gesetze."

Mit elf Jahren ließ sie sich bereits von einem Jungen aus der Nachbarschaft küssen.

Der Landgerichtsrat, der Primula mit ihrem Gymnasiasten eines Abends erwischt hatte, stellte die Großmutter zur Rede.

„Du verdirbst meine Töchter absichtlich."

„Und?" fragte die Großmutter höhnisch. „Deshalb bekommen sie doch einen Mann. Auch Lenore bekam einen."

„War denn Lenore verdorben?" fragte der Landgerichtsrat.

„Hast du sie vielleicht für unschuldig genommen?"

„Ich war unschuldig," antwortete Landgerichtsrat Dr. Alfons Kaiser, „mit 27 Jahren."

„Und bist zum Mörder geworden!"

Landgerichtsrat Kaiser sah auf das überraschend junge, schöne Gesicht der Großmutter. Manchmal vergaß der Richter schon die Züge seiner toten Frau. Auf ihrer Photographie sah sie ihn fremd und mit einer gewissen Kritik an. Jetzt fand er sie im Gesicht der Großmutter und in den Gesichtern seiner Töchter. Landgerichtsrat Kaiser seufzte laut ohne es zu merken. „Ach Gott," sagte er. Die hellen Tränen rannen ihm das Gesicht herunter. Mit einem sonderbaren Haß sah ihn die junge Großmutter weinen.

Als die Zwillinge 15 Jahre alt waren, machten sie schon Furore in Aschaffenburg. Männer von 14 bis 74 Jahren stellten ihnen nach. Uli schlug die Augen nieder, aber Primula lachte alle an und warf ihnen Blicke zu. Gymnasiasten gingen wie Schildwachen vor der Villa des Landgerichtsrats auf und ab. Ein Referendar am Landgericht stellte mit dem Mut der verzweifelten Liebe den Vater im Justizpalast und bat um die Hand seiner Tochter.

„Ich habe zwei Töchter," antwortete der Richter.

„Ganz gleich," antwortete der verwirrte Referendar, „geben Sie mir eine, geben Sie mir jede."

„Kaltwasserkuren tun manchmal Wunder," antwortete der Vater.

Der junge Mensch schoß sich drei Tage später eine Kugel in den schwachen Kopf. Primula hatte sich eines Abends an der Endhaltestelle der Straßenbahn von ihm küssen lassen.

„So unglücklich verliebt," sagte der Landgerichtsrat Kaiser nachdenklich bei Tisch, „und nicht einmal ins Herz geschossen!"

Die Großmutter wartete, bis die Kinder zur Schule gegangen waren. Dann sagte sie zum Landgerichtsrat, der eine Zigarre rauchte und die ‚Frankfurter Zeitung' las: „Wie sprichst du zu deinen Töchtern?"

Sie sprach es nicht aus, aber er las es von ihren Lippen, das Wort: Mörder.

Landgerichtsrat Kaiser legte die Zeitung weg und stieß eine kleine Rauchwolke aus. Er sah prüfend das Gesicht der Großmutter an. Zeigte es Lenores Bild? Er drückte die halbgerauchte Zigarre aus.

„Ich habe beschlossen, die Kinder nach Speyer zu schicken, in die Klosterschule der Ursulinerinnen."

„Was?" fragte die Großmutter und hielt ihren Rollstuhl mit beiden Händen.

„Du siehst es selber. Die Kinder sind groß, und wild geworden. Sie haben keine Erziehung. Jede Woche bringt der Briefträger heimliche Liebesbriefe ins Haus. Ich fange sie ab. Gut. Aber wie lange noch? Primula hat einen leichtfertigen Zug. Soll sie eines Tages mit einem unehelichen Kind heimkommen? Mit diesen Händen müßte ich sie erwürgen. Und es gibt tausend Wege der Verführung."

„Ich kenne nur einen Weg, Kinder zu kriegen," sagte die Großmutter. „Und was um der Kirche Segen kam, erhielt meistens Gottes Segen doppelt. Besser eine Mutter mit sechzehn, als eine Jungfrau mit sechzig. Besser illegitim in den Himmel, als legal zur Hölle! Besser zur Unzeit geliebt, als mit trockenem Herzen Haß zu säen. Aber was fühlst du für deine Töchter?"

„Für wen anders führe ich dieses fürchterliche Leben seit fünfzehn Jahren? Wen habe ich sonst auf der Welt? Für wen arbeite ich, für wen spare ich? Glaubst du, ich wäre nicht Lenoren nachgegangen, ohne die Kinder? Sahst du nicht, daß ich Lenoren liebte, mehr als mein Leben, mehr als mein Amt? Einmal im Leben sprach ich frei, wo ich verurteilen sollte. Dort wo ich sündigte und genoß, dort schlug mich Gott. Mir blieb vom Leben mein Amt, und meine Kinder. Ehe sie mir hier verderben, schicke ich sie für drei Jahre ins Kloster zu den Ursulinerinnen. Jedes Jahr zu Weihnachten dürfen sie für eine Woche nach Haus. Im Kloster wird man sie besser erziehen! Und bewahren!"

„Niemals!" rief die Großmutter. „Die Kinder mir fortnehmen! Willst du Nonnen aus ihnen machen? Ihnen die schöne Lust am Leben nehmen?"

„Ich habe sie angemeldet. Richte ihre Sachen, wenn ich bitten darf. Sie reisen in zehn Tagen. Ich bringe sie nach Speyer. Mahlzeit!" sagte der Richter und ging ins Amt.

Das war der Schlag! Die Rache für fünfzehn Jahre! Die Kinder ins Kloster! Fort von ihr! Um sie als Bigotte wiederzusehen! Hab' ich sie darum zu heiteren Menschen erzogen? Die Großmutter rang die Hände.

Sie kannte Alfons Kaiser. „Ihr müßt fliehn," erklärte die Großmutter den Zwillingen. „Ich gebe euch Geld. Ich gebe euch meinen Segen. Geht nach Worms, ans Stadttheater. Sagt, daß ihr die Enkeltöchter vom Primgeiger Frühling seid. Man hat ihn nicht vergessen in Worms! Ihr habt ein Dutzend Talente. Ihr tanzt, ihr singt, ihr habt hübsche Beine, das Herz auf dem rechten Fleck, Mut im Leib, und Tradition. Großvater spielte die erste Geige, Mutter tanzte im Wanderzirkus. Da kann es nicht fehlen. Oder wollt ihr im Kloster verderben? Ich weiß nicht, wie ich ohne euch leben soll. Was tut's? Ich schicke euch in die Welt, halbe Kinder. Gott wird euch schützen. Alles besser, als daß man euch das Herz versteinert. Er will euch zu seinesgleichen machen! Weil er nicht zu leben versteht, will er euch das Leben stehlen, eure jungen, fröhlichen Jahre! War eure Mutter eine Betschwester? Soubretten sollt ihr werden, lachen sollt ihr! Ihr seid fürs Theater geboren. Ruhm und Reichtum erwarten euch!"

„Und der Vater?" fragte Uli. „Wird er nicht leiden?"

„Der Blutrichter von Aschaffenburg? Der Schuld ist am Tod eurer Mutter? So liebst du ihn?"

„Er ist mein Vater," antwortete Uli schüchtern. „Und die Schuld tragen wir. Wären wir nicht zur Welt gekommen, hätte die Mutter nicht die Welt verlassen müssen. Und Vater ist kein böser Mensch. Er ist nur streng, nur unglücklich. Er liebt uns, auf seine Weise!"

„Ich gehe also allein nach Worms, zum Theater," erklärte Primula hochmütig.

„Unsinn," sagte die Großmutter. „Uli liebt dich. Nie wird sie dich im Stich lassen."

„Nie!" versprach Uli.

Am Stadttheater zu Worms blieben Primula und Uli sechs

Wochen. Der Oberregisseur, Dr. Adrian Wurmbrandt, hatte sie sogleich für die Operette engagiert.

Der Detektiv Hermann Messerschmidt entdeckte sie in einer Aufführung des „Rastelbinders". Er telegraphierte dem Vater. Landgerichtsrat Dr. Kaiser sah andern Abends im Stadttheater zu Worms seine Töchter halbnackt und geschminkt auf den Brettern hüpfen.

Nach der Aufführung ging er hinter die Bühne, sprach mit dem Oberregisseur Wurmbrandt ein ernstes Wort und stieg mit den Zwillingen in den Nachtzug nach Aschaffenburg.

„Müssen wir nicht mehr ins Kloster?" fragte Uli.

Der Zug rüttelte. Die Lokomotive pfiff. Eine schwache Lampe verdüsterte das Abteil. Primula und Uli saßen links und rechts am Fenster und starrten in die schwarze Nacht. Primula biß sich die Lippen blutig. Uli weinte.

Der Vater sagte: „Ich habe mir die ganze Aufführung angesehen. Guter Gott! Ich habe mich den ganzen Abend geschämt. Ihr habt ja keinen Funken Talent!"

„Bist du uns böse, lieber Vater?" fragte Uli.

„Bereut ihr?"

„Bereuen?" rief Primula. „Es war himmlisch!"

Als die Großmutter mit ihnen allein war, rang sie die Hände. „Unglückliche! Ihr habt euch fangen lassen. Morgen will er euch nach Speyer schleifen. Jetzt auf vier Jahre! Die schönsten Jahre! Im Kloster alt werden, hinter Gittern. Eures Vaters Gewohnheit, andere Leute hinter Gitter zu schicken! Meine Großmutter gab mir einst fünfzig Golddukaten, für den äußersten Fall. Die gebe ich euch heute. Jeder Dukaten ist jetzt im Krieg zweimal so viel wert. Schreibt mir postlagernde Briefe auf der Köchin Namen. Sie ist im Geheimnis. Der harte Mann! Liebst du deine Töchter gar nicht? fragte ich ihn. Ich hasse ihn! In diesen vier Jahren Krieg läuft er nur noch in Uniform, der Herr Kriegsgerichtsrat! Aus Begeisterung fällt er Bluturteile! Einen Arbeiter, der streikt. Eine Kriegswitwe, die ihren Hunger herausschreit. Mütter, deren einzige Söhne fielen, und die rufen: Nie wieder Krieg! Er schickt sie ins Zuchthaus. Da findet er einen armen Deserteur. Euer Vater schickt ihn ins Zuchthaus. Warum geht euer

Vater nicht an die Front?

Diese Deserteure, sagt er mir. Da gießen sie sich kochendes Öl in die Ohren. Es sind entsetzliche Schmerzen. Sie machen sich taub. Wieviel Angst muß ein Mensch haben, um soviel Courage zu bekommen. Und die Deserteure, die auf verrückt gehn. Die eiserne Entschlossenheit, jahrelang im Irrenhaus Tolle nachzuäffen. Wie leicht verliert einer darüber den Verstand! Warte bis zum nächsten Krieg. Da reformiere ich die Gesetze. Aufs Schafott mit Revolutionären! Feiglinge an die Mauer und erschossen! Ist es nicht zum Lachen (fragt er mich), daß Millionen in den Krieg gehen, und soviele nur aus Furcht? Auch ich fürchte mich, sagte er mir, und machte seine wilden Augen. Gehöre auch ich ins Zuchthaus? Jede Nacht habe ich denselben Traum: Der Feldwebel kommt und bringt mir einen alten Türkensäbel und sagt: K. V. I. An die Front! Und ich fange zu laufen an, und der Feldwebel läuft mir mit den Säbel nach, und ich laufe, laufe... Ich wache auf, in Schweiß gebadet und will über mich lächeln und sage mir: Du mußt doch sterben. Und spüre Todesangst, in mancher Nacht fünf Minuten lang. In mancher Nacht zehn Minuten lang. Das ist entsetzlich lange. Zehn Minuten Todesangst kann den stärksten Mann umbringen. Ich haben den Verdacht, sagte er, daß auch hinter unserer Justizmaschine nur ein großer Haufen Angst steckt.

Da habt ihr das Selbstporträt eures Vaters: Ein Feigling, der Feiglinge ins Zuchthaus schickt. Ich habe ihn studiert. Er ist ein Atheist. Und seine Töchter schickt er ins Kloster. Ich wollte, er wäre euer Vater nicht! Flieht! Noch heute Nacht! Ich habe alle eure Kritiken gesammelt. Glänzende Kritiken! Ich wußte es. Reichtum und Ruhm winken euch. Das Blut eurer Mutter. Eures Großvaters Erbe. Da habt ihr meinen Segen. Und die Dukaten."

Nachts verließen die Kinder das Vaterhaus. Primula lachte, als die Köchin die Hintertür aufschloß, Uli weinte.

Es war Winter. Der Schnee lag hoch. Sie fuhren in die Fränkische Schweiz, bis Streitberg, und logierten im „Goldenen Löwen". Neben dem Dorf standen die Hügel im Schnee und in der Ferne sah man die schwarzen Wälder. Freitags gab es Forellen blau, Samstags Schlachtschüssel, Sonntags Gänsebraten. Nahe dem Ort lag die Tropfsteinhöhle. Die Besichtigung kostete zwanzig Pfennige. Der Kirchner gab den Schlüssel zur Höhle. Sie gingen mit Kerzen und dem Hund des Wirts hinein. Der Hund hieß Waldmann, ein moosbrauner Dackel; wenn er bellte, schien ein Regiment von Hunden in der Höhle zu bellen.

Das ist die Wilde Jagd, erklärte Uli. Primula sang die Arie aus dem ,Rastelbinder'. Von den wunderlichen Kalkgebilden tropfte es unermüdlich. Im Kerzenlicht zogen große ängstliche Schatten an den Höhlenwänden vorüber.

Am Sonntag gingen sie durch den hohen Schnee zum Bahnhof. Dort war die übliche Promenade der jungen Leute vom Dorf. Vor dem Bahnhof standen scharenweise die jungen Mädchen. Unternehmende Burschen kauften an der Bude Bier und Frankfurter Würstchen. Man musterte die Fremden, die ankamen und abfuhren. Uli und Primula sahen sogar einen Staatsanwalt aus Aschaffenburg, mit Frau und fünf Töchtern. Die konnten ihren Aufenthalt dem Vater verraten. Im Dorf mußte man sich treffen, spätestens vor der Binghöhle.

Die Zwillinge rannten zum ,Goldenen Löwen', packten die Rucksäcke auf, zahlten dem Wirt und gingen zu Fuß die Landstraße nach Nürnberg entlang. Am Nachmittag ward der Himmel schwarz. Ein Auto brachte sie fast bis Erlangen.

Als der Schneesturm losbrach, nahm sie der Lieferwagen der Tucherbrauerei mit. Da kamen sie neben Marie zu sitzen, später schrie Ferdinand. So gelangten sie in die Villa Marie. Schon zehn Tage lebten sie da.

An diesem Nachmittag hatten sie zum ersten Mal einen Theateragenten aufgesucht. Der Agent, ein alter Mann im Gehrock, mit schwarzen Fingernägeln und roter Trinkernase, hatte sie gar nicht lange reden lassen.

„Singt!" befahl er.

Sie sangen.

Er reinigte sich inzwischen die Fingernägel mit einem Taschenmesser. „Wandelt!" befahl er.

Die Mädchen sahen ihn mißtrauisch an.

„Wandelt!" schrie er. „Auf und ab! Könnt ihr nicht spazieren gehn im Zimmer?"

Die Mädchen gingen im Zimmer spazieren.

„Genug," erklärte der Agent, zog einen Kamm aus der Hose und begann seine grauen Locken zu kämmen. „Und jetzt die Röcke hoch!"

„Wie bitte?" hatte Primula gefragt. Aber Uli ging schon zur Tür.

„Muß man euch alles doppelt sagen, weil ihr Zwillinge seid?" schrie der aufgebrachte Agent und setzte einen Kneifer auf die Nase. „Die Röcke hinauf, sage ich, und hurtig!"

„Altes Schwein!" sagte Primula und folgte Uli, die schon aus dem Zimmer hinausgelaufen war.

Der Agent schlug die Hände über dem Kopf zusammen.

„Und sowas will zum Theater! Jungmädchenträume! Wahrscheinlich haben sie nur krumme Beine!"

Auf dem Heimweg erklärte Uli: „Wir müssen weg von Nürnberg!"

„Wohin?" hatte Primula gereizt gefragt.

„Ich weiß nicht," gestand Uli. „Nach Berlin vielleicht? Aber ich fürchte mich in dieser Villa Marie. Ich habe Angst vor deinem Maler Lust. Da ist kein Segen dabei."

„Unsinn!" hatte Primula geantwortet.

Aber in der Nacht hatte Uli sich angekleidet. Sie beschwor die Schwester: „Fliehen wir! Der liebt dich nicht. Der wird dich verderben!"

Sie hatten geschrien, bis Ferdinand in ihre Stube gekommen war, und Primula ihm zuliebe Uli verraten hatte. Da sah Uli, daß Primula verloren war.

4. KAPITEL

DER ENGEL MIT DEM SCHMUTZIGEN GESICHT

*L*ust saß schon in aller Frühe am Fenster und las im Aristoteles, und im Plato; mit ihren Taten und Tempeln, Knaben und Tänzerinnen, Straßenphilosophen und Berggöttern erschienen sie ihm wirklicher als seine mordmüden Zeitgenossen und die sonderbar nichtigen Geschäfte seines eigenen geretteten Lebens.

Da wandelte er langsam in der Akademie neben dem Stagiriten und sprach über Tiere und Tyrannen, über Poetik und Politik, und die Eigenschaften der Meteore. Da saß er unter den weithingebreiteten Ästen der hohen Platane, im dichten Gras des sanften Abhangs zum durchsichtig reinen Flüsschen Ilissos, neben Sokrates und Phaidros und sprach von der Liebe. Da schlang er den Arm um die Schulter des schüchternen Xenophon und lauschte dem denunziatorischen Witz des Aristophanes oder den dunkeln Tönen des Flötenbläsers. Und er vergaß seine Zeit. Verdammte Zeit! O schläfriges Jahrhundert!

Später ging er in den kahlen Garten. Träg vor Trauer lehnte er sich an den Zaun und blickte auf die leere Straße.

Auf dieser Straße wird sie eines Abends kommen, ich werde wie jetzt am Zaun stehn und den Wolken nachsehn, die eine Weile am Himmel verschwimmend ruhn und fortziehn. Oder ich schaue aufs Gewimmel der Ameisen herunter, der Staatsbürger unter den Tieren. Mit einem Mal klopft mein Herz – und ich sehe Marie. Ich sage: Da bist du endlich. Und küsse sie, küsse sie. Und ziehe sie an der Hand ins Haus, die Treppe hinauf, ins Schlafzimmer und aufs Bett. Und liebe sie, liebe sie! Was für ein Narr war ich! Ich ließ sie gehn, ohne sie geliebt zu haben. Ich liebe sie, liebe sie, Marie!

Lust schämte sich. Ihm kam vor, er habe wirklich nach ihr gerufen, ganz laut. Er beschloß, nicht auf die Straße zu blicken. Wenn er nicht hinsah, kam sie vielleicht. Vielleicht ging sie schon auf der Straße. Marie!

Lust blickte auf. Sein Herz begann eiliger zu schlagen, er sah ein Auto, es bog ein, zur Villa Marie. Es war ein Mercedes, und hielt grad vor Lust. Ein breitschultriger Herr in mittleren Jahren stieg aus.

„Grüßgott!" schrie er und winkte mit der Hand, als nehme er Abschied. „Ich hab' einen Durst, Leutnant! Einen Durst! Was für ein Bier ist im Haus?"

„Nur Flaschenbier! Von der Tucherbrauerei!"

„Einen Durst hab' ich!" wiederholte der Fremde und wischte sein rotes rundes Gesicht mit einem seidenen Tuch. Lust führte ihn in die Stube, schenkte ein und fragte, nachdem der Fremde getrunken hatte: „Wer sind Sie?"

„Der König von Ansbach!"

„Ist Ansbach ein Königreich?"

„Haha!" machte der Fremde, ohne eine Miene zu verziehn. „Mit Witzen fängst du die Fraun? Deine Sache. Jeder hat seinen Weg bei den Weibern. Und der süße Zweck heiligt alle Mittel. Ludwig König, so heiße ich. Zwanzigtausend Arbeitern geb' ich Brot, und ein paar ihrer Töchter sogar seidene Hemden. Ich hab' fünfzig Fabriken. Alle Welt heißt mich den König von Ansbach. Die Marie... wieviel weißt du von uns beiden? Was hat sie dir erzählt? Und war nicht der werte Name Lust? Wohl ein nom de guerre?"

„Ihnen ist der Krieg wohl sehr gut bekommen?"

„Ich habe fabriziert. Fürs Vaterland, Herr! Granaten, Stiefel, Glühlampen, Maschinengewehre, Flugzeugmotoren. Der König macht alles. Vor dem Krieg habe ich selber zugefaßt. Sehn Sie – ehrliche Arbeiterhände. Da klebt Schweiß dran... prost, Herr Leutnant!"

Lust öffnete eine zweite Flasche Bier.

„Bin ich vielleicht hübsch?" fragte König und grinste selbstzufrieden. „In ganz Ansbach gibt es keine Frau, die nicht zu Bett geht mit mir, wenn ich ihr mit dem Goldfinger winke. Alles hat seinen Preis. Das ist meine Religion. Bar ist am billigsten. Kasse, Herr Leutnant... und was kosten Sie?"

Lust wies auf die Tür. „Hinaus!" sagte er.

König blieb ruhig sitzen. Er rief: „Spaß, ein Leutnant! Ich gehe noch lange nicht. Bruder, was taugst du? Mischst Farben und Lichter? Spaß, ein Maler! Wir Männer von Morgen haben ein Herz für die Kunst. Aber parieren muß sie! Bist du nicht überhaupt ein halber Franzos? Du brauchst also kein Geld? Da hab' ich schon ganz andere gekauft. Namen nenne ich nicht. Wie willst du sonst mit Menschen fertig werden? Außer – du bist ein Mörder. Leutnant! Nur die dümmsten haben diesen Umweg nötig. Er sieht so kurz aus. Meist dauert er am längsten! Und wenn er nur vier Monate dauert! Hab' ich recht, Leutnant?"

„Das will ich hoffen!" sagte Lust ruhig und musterte den zweideutigen Kerl scharf von oben bis unten.

„Ich kaufe alles: Den Mann von der Steuer und den Minister, Parteiführer und Kirchenfürsten, Staatsaufträge und besonders gern Überzeugungen, heilige am billigsten. Ich kaufe die ganze öffentliche Meinung vom Lokalblatt bis herunter zum größten Journal. Reiche sind nämlich bestechlicher als Arme! Ich fresse Fleisch von jeder Sorte, auch geschminkt und gepudert! Marie und ich sind Freunde, möchte' ich sagen. Der bin ich verfallen. Marie könnte alles aus mir machen. Sogar scheiden lasse ich mich für sie!"

„Verheiratet sind Sie also auch?" fragte Lust.

„Nominell!" erklärte der König von Ansbach. „Meine Frau ist nämlich blind. Das arme Luder liebt mich. Gehn Sie mit einer Blinden gern zu Bett? Ich betrüg' sie nicht. Das wär' nicht fein bei einer Blinden. Aurora heißt sie. Und weiß alles. Ludwig – sagt sie – amüsiere dich, so lang du kannst. Das ist ein Witz – Sie verstehn. Das Leben ist ein Dreck – sagt sie – nämlich mit einer Blinden. Sie sagt immer: Ludwig erzähl'! – Ich erzähl' ihr alles haargenau. So eine Blinde ist peinlich. Das Detail – sagt sie – ist die Würze. Erzähle Details! Was hab' ich sonst vom Leben? – sagt sie. Wenn sie so jammernswürdig durchs Haus geht, blind mit den Augen und mit den Händen sehend, und ich zum Trost ihr sage: Du Stückchen Unglück! – da sagt sie: Ludwig! Sag' das nicht! – Und sie weint – Herrgott, Mensch! Zusehn, wie eine Blinde blutige Tränen weint – das schneidet ins Herz. Ludwig – sagt sie und weint laut. Ludwig – sagt sie – ich bin ja so glücklich. Ich hab' ja dich – sagt sie. Sag' ich: Schon gut, Aurora! Und halt' bloß die Schnauze! – sag' ich. Dann tastet sie mit ihrer Hand nach meiner – so eine Blinde hat zwanzig Augen. Und erfaßt meine Hand. Und küßt sie – eine Blinde, Herr. Da müssen Sie schon verzeihn, die kommen auf komische Ideen. – Armes Luder! – sag' ich ihr bloß. Hab' ich recht? – Mach' noch 'ne Flasche auf!"

„Genug gesoffen!" erklärte Lust schroff. „Ich kann Sie nicht mehr riechen! Gehn Sie!"

„Macht nichts, Leutnant. Ich kenne dich jetzt. Grüß dich Gott und auf Wiedersehen!"

„Hoffe nicht!"

Lust stand vor dem Besucher auf, und öffnete die Tür weit, und ging ihm durch den Garten vorauf und sah zu, daß der Fremde auch in seinen Wagen stieg und abfuhr. Als das Auto verschwand, war ihm schwer ums Herz.

Er ging in die Stube zurück, setzte sich wieder ans Fenster und griff von neuem nach dem Plato. Mitten im „Gastmahl" saß aber der König von Ansbach, im Unterkleid und den Mischkrug in der Hand.

Am Nachmittag brachte ein asthmatischer Briefträger einen Brief für den Leutnant Lust.

Der müde Greis wischte sich das Gesicht mit einem großen, roten Sacktuch.

„Wohnt jetzt ein Leutnant Lust hier?"

„Wohnt hier!"

„Was für Leute es jetzt gibt!" erklärte der Briefträger gutmütig. „Schad' um die feinen Villen! sag' ich immer. Wenn so eine Über-schwemmung sich verläuft, wimmelt es in der Flur von Geziefer: Feldmäuse, Igel und besonders Ratten. Pfui Teufel! sag' ich bloß. Und der neue Mieter, frag' ich!"

„Bin ich!" sagte Lust freundlich. Hastig öffnete er den Brief. Das Papier hatte einen schwachen Duft nach Veilchen, halbwelk und süß. Aber er kam nicht von Marie.

Die Witwe seines toten Freundes Daisler schrieb. Lust hatte es unterlassen, ihr Trost zuzusprechen. Nicht schlecht – entschuldigte sich Lust vor sich – nur träge ist man.

Die Witwe Daisler schrieb kurz: Ich muß Sie wiedersehen, teurer Freund, im Auftrag meines teuren Toten!

Beide waren ihr teuer, der tote Gatte und sein lebendiger Freund?

In ihrer Stube mit den lachenden und unsterblichen Gemälden empfing ihn Witwe Daisler in einem schwarzen, seidenen, tiefdekolletierten Kleid und mit unvermuteter Ruhe.

Sie erzählte ihm sogleich, sie habe die Kinder und die Mädchen fortgeschickt, um mit ihm ganz allein zu sein. Sie kämen erst abends wieder. Sie sprach von Daisler, als hätte er sich nur verspätet. Unwillkürlich sah Lust zur Tür, ob der Freund nicht bald eintreten würde, der gute Daisler mit seinen dünnen wehenden, blonden Haaren und den immer offenen Armen, der scharfzüngige Schwärmer. Als hätte erst der Tod die wahre Intimität geschaffen, nannte er ihn beim Vornamen, Carl Hermann. Die Witwe dagegen sprach mit einer gewissen Schonung von ihm, als hätte er Konkurs gemacht. Mit einer nachsichtigen Distanzierung nannte sie ihn nur: Daisler.

Es stand auf dem Tisch eine Kaffeemaschine, der Wasserkessel war gefüllt, sie ließ es aufkochen, drehte inzwischen die Kaffeebohnen durch die Kaffeemühle, roch mechanisch am gemahlenen Kaffee, schloß den Behälter der Kaffeemühle mit dem gemahlenen Kaffee wieder ab und goß, statt den Kaffee aufkochen zu lassen, das pure kochende Wasser in Lusts und ihre Tasse. Die Witwe Daisler hatte den Kaffee – und eine ganze Welt vergessen.

„Nehmen Sie Sahne und Zucker?"

Lust dankte. Er trank aus Pietät das pure Wasser.

Die Witwe nahm Sahne und Zucker, mechanisch. Sie trank das gesüßte Wasser mit Sahne. Sie hatte den Geschmack – und eine ganze Welt verloren.

Die Witwe erzählte: „Ich sitze neben Ihnen, lieber Herr Leutnant. Ich trinke Kaffee. Das ist die Ruhe einer Gestorbenen. Ich bin eine Tote, lieber Leutnant. Als Sie vor zehn Tagen mit Daisler fortgingen, versprach er mir, zum Abendessen heimzukommen. Sie waren Zeuge, lieber Lust! Sonst hat er Wort gehalten. Er nahm alles ernst. Ein anständiger Mensch. Ich sitze und frage ihn: Wolltest du vielleicht gar nicht mehr heimkommen? Die Leute sagen: Nur der stirbt, der will. Jede Nacht liege ich im Bett und wage nicht, mich umzudrehen.

Elf Jahre lang lag er neben mir im Bett. Ich sage, hinter dir liegt er. Und lausche ob ich seinen Atem höre. Und habe Angst, mich zu bewegen. Die Toten haben kalte Füße. Seit elf Nächten liege ich bei einem Toten. Und bevor ich einschlafe, tut er es mit mir. Ich wehre mich nicht. Er ist mein Mann. Ich bringe mich nicht um. Ich habe drei Kinder. Aber ich bin eine Tote. Fassen Sie mich an, lieber Lust. Ich bin wie Eis. Fassen Sie mich ruhig an."

Die Witwe hatte sich zu Lust herabgeneigt, als suche sie in seinen Augen des toten Gatten Bild. Ihre gefärbten Lippen lächelten unsäglich traurig. In ihren Augen lag ein ertrunkener Schein. Ihr kurzes Kleid war heraufgerutscht, ihr Bein überm Strumpf entblößt. Lust sah ihre Brüste mit den festen Spitzen. Große Trauer sieht der Wollust gleich. Lust begehrte mit einem Mal die große, prächtige Frau. Als die Witwe mit ihrem süßen, traurigen Lächeln wie eine Litanei die unsinnigen Worte wiederholte: „Fassen Sie mich ruhig an, mein Lieber. Ich bin wie Eis—", da faßte er sie an.

Er tauchte seine linke Hand in ihr Kleid wie in einen Brunnen. Er faßte ihr Brust wie einen Vogel, der auffliegen könnte. Mit einem lockeren, lüsternen Griff fühlte er das warme, zitternd Lebendige, die Wonne, die in seiner Hand sich regte. Die Witwe schloß die Augen. Sie rührte sich nicht, auch als seine Lippen ihren Mund anfaßten. Sie war übrigens nicht kalt wie Eis, eher hinschmelzend wie Eis.

Schon bereit, auf sie zu fallen, ließ er sie ergrausend los, als er im Schatten neben dem Fenster den Vizefeldwebel Daisler in Uniform sitzen sah, mit abgewandtem Gesicht. Der Anblick hätte Lust nicht abgehalten; denn seine plötzliche Gier schien unwiderstehlich, und die brennende Scham steigerte sie; aber Daisler sprach, mit einer vernebelten, eintönigen Stimme. Lust verstand nur die letzten Worte: „... und gab den Rapport meines Lebens falsch."

Ihn sprechen zu hören, ging über die Kraft Lusts. Er riß seine Hand so brutal von ihrem Fleisch weg, als ob es brennte. Statt die Hand aus dem Ausschnitt zu ziehn, zerriß er geradenwegs den dünnen Stoff und entblößte ihre Brüste.

Lust fühlte, wie seine Haare buchstäblich aufstanden, was er bisher für eine Redeblüte gehalten hatte. Er sah zu seiner grenzenlosen Erleichterung, als er zum Fenster ging, keine Spur von Daisler, der ja seit elf Tagen tot und seit zehn Tagen sechs Fuß tief vergraben war.

Aber als die Witwe ruhig fragte: „Was meinte Daisler? Wieso gab er den Rapport seines Lebens falsch?" – da ging Lust rückwärts zur Tür, die Augen starr auf die aufgeregten Brüste der Witwe gerichtet. Erst auf der Schwelle kehrte er sich ab und lief wie um sein Leben, die Treppen hinunter, zur Insel Schütt und zur Pegnitzbrücke, und starrte so verloren ins Wasser, daß zwei patrouillierende Schutzleute mit der väterlichen Empfindsamkeit der Polizei, neben ihn sich stellten und ihn baten, es noch einmal durchzudenken. Schaudernd blickte Lust in die trüben, verwaschenen Wellen des Flusses und in die schmutzig roten legalen Gesichter der Polizisten. In ihren blauen, blinzelnden Augen las er deutlich die Vokabel: Lump.

Woher wissen sie? Und bin ich wirklich schon ein Lump? Ein paar Schritte weiter setzte er sich unter einen Kastanienbaum auf eine Bank. Er schloß die Augen. Da schien ihm, als setzten sich die Polizisten links und rechts von ihm. Mit geschlossenen Augen erkannte er, daß der eine sein Engel, der andre Satan war.

Satan schwieg und lächelte.

Der Engel mit dem schmutzigen, roten Gesicht hob die Hand auf. Er sagte: Der Hölle entronnen, läufst du in die Hölle zurück. Profitierst von der bekannten Schwäche von Witwen? Ich habe im Schlachthaus dein Blut gespart. Um Zeit zu gewinnen, hast du die Wächter umgebracht. Was tust du mit deiner blutigen Zeit?

Ach, seufzte Lust. Bin ich verdammt?

Der Engel schwieg. Und Satan? Lust öffnete die Augen. Er saß allein auf der Bank. Der Wind rauschte in den dürren Ästen der Kastanie. Es begann zu regnen. Die Laternen gingen eine nach der andern an. Von ferne schimmerte der Fluß. Zwei Schutzleute gingen vorbei. Sie warfen Lust keinen Blick zu. Da ging Lust langsam heim.

In der Villa Marie empfingen ihn die Zwillinge mit Gelächter.

„Die Preußen wollten uns stürmen!" rief Primula. „Wir haben die Belagerung abgeschlagen."

Uli fragte: „Sind alle Menschen lächerlich?"

Lust warf einen scharfen Blick auf Uli. Ihre Miene schien unschuldig.

„Es gibt nichts Komischeres," erklärte Uli, „als die Formen der Liebe bei den zivilisierten Völkern."

„Ich habe nämlich beschlossen," gestand Primula, „einen großen Mann aus dir zu machen, Ferdinand."

„Er hat eine natürliche Anlage," erklärte Uli. „Er ist träge, wie jeder große Mann. Unzufrieden, wie jeder große Mann. Monomanisch, wie jeder große Mann. Fehlen nur die Taten."

„Und das Ideal!" rief Primula. „Du vergißt das Ideal! Und das bin ich. Eine Weile, und er merkt, ich bin seine Prinzessin."

„Sie ist verzaubert."

„Ich bin es," rief Primula. „Bei meinem Degen! Ferdinand! Töte den Drachen, und küsse die Prinzessin auf den Mund."

„Ich habe Hunger," erklärte Lust.

„O Poesie!" rief Primula. „Schüchtern holde Freundin! Hinter den Türen stehst du und lauschst, hinter jedem dunkeln Gesträuch, hinter vielen Worten. Wer sich umschaut, sieht dir ins süße Gesicht. Aber die meisten gehen gähnend an dir vorbei. Sie haben in Prosa gelebt und sind prosaisch verstorben."

„Es waren Berliner," erzählte Uli, indes Lust sich zu Tisch setzte. „Der ältere, Hauptmann von Ollwitz, hatte wenigstens einen Schnurrbart im Antlitz. Das gab ihm einen menschlichen Zug. Der andre, Oberleutnant von Putwitz, hatte alles Physiologische im Gesicht, Augen, Nase, Lippen, Ohren; nichts Generelles fehlte, aber das Ganze war irgendwie mißglückt, wie auf Probe gemacht. Wir wollten ihn trösten und verwiesen ihn aufs nächste Mal, da werde er besser ausfallen; aber glaubt so ein Berliner an die Wiedergeburt? Von Ollwitz lud uns in ein Kabarett, den „Wintergarten", ein, von Putwitz in die Oper. Wir dankten, wir sind Waisenkinder, waren noch nie im Theater. Ollwitz ließ seine Visitenkarte!"

„Woher hatten die Burschen meine Adresse?"

„Hast du Angst vor den Preußen?" fragte Uli.

Lust schob ein großes Stück Schinken in den Mund.

„Was wollen Sie?" fragte Primula. „Geschäfte oder freundlichen

Umgang?"

Lust schob seinen Teller fort. „Habt ihr Kaffee gemacht? Diese Deutschen kenne ich langsam. Sie haben keinen Witz, das macht sie komisch. Sie nehmen Details ernst, das führt sie weit. Was werden die schon wollen! Entweder soll ich in einen Verein eintreten. Oder ich soll Deutschland retten. Oder die Welt erobern. So oder so, ein verlorener Tag!"

„Laß Preußen warten!" bat Primula. „Komm morgen mit mir in den Wald!"

Am andern Morgen war der Himmel blau. Nach dem Frühstück gingen Lust und Primula in die Wälder. Auf den Feldern lag noch der Winternebel. Aber die Lüfte waren schon wie verzaubert vom Frühling. An einer Waldschneise sahn sie ein paar Rehe stehn und, wie von Tiergöttern gewarnt, plötzlich fortspringen. Ein Hund lief ihnen nach, kläffend wie ein schlechtes Gewissen.

Sie gingen quer durch die Wiesen. Von fern sahst du erst einen Kirchturm, von nah sahst du den Friedhof erst, mitten im Dorf. Die Bauern haben Gott und ihre Toten vor der Tür.

Lust und Primula lachten, aus lauter Vergnügen am Leben. Sie gingen ziemlich schnell, als hätten sie nur noch dreißig Jahre, um anzukommen. Erst gingen sie Hand in Hand, dann Arm in Arm, und endlich verschlungen. Sie stiegen auf einen kahlen Hügel. Oben war es hell und windig. Und Wolken im Blau. Unten gingen die dunkelgrünen Nadelwälder stundenweit. Der große Blick und ein kleiner Fluß, und die Dörfer. Der Gesang der Vögel. Und die Landstraße mit den Alleen ins tiefe Land hinein. Ein paar Birken standen wie flüsternde Mädchen beisammen. Davor war eine weiße Bank, mit eingeschnitzten Namen in Herzen, und mit Versen. Lust und Primula setzten sich ins dichte Gras daneben, und aßen belegte Brote, und tranken von derselben Stelle der Thermosflasche den heißen Kaffee.

Lust legte sich auf den Rücken und sah in den Himmel hinein, in das schwimmende Blaue. Später schloß er die Augen. Und vergaß die deutschen Nadelbäume und die lachende Primula. Und ihm kam vor, er sei wieder siebzehn. Und sitze in den Laubwäldern bei St. Germain. Neben ihm liege Nicolette im Gras, die Pariser Gymnasiastin mit den langen, schwarzen Haaren und den zärtlichen Augen. Durch alle Wälder von Paris war er mit Nicolette gegangen. Alle zehn Minuten hatte ihn Nicolette hinter einen Baum gezogen und ihn schweigend und zeremoniös geküßt. Mit welcher Vorsicht hatte Nicolette ihre dünnen Arme um den siebzehnjährigen Gymnasiasten Fernand Lust geschlungen, den Externen vom Lycée Henri Quatre am Boulevard St. Michel. Wie langsam hatte sie ihre kindlich roten Lippen seinem Mund genähert. Wie behutsam ihn geküßt, um nicht in den feurigen Abgrund hinunter zu stürzen; denn die gescheite Nicolette, die einzige Tochter eines reichen Apothekers, wußte, mit der Unschuld werde sie wohl ihr ganzes Erbe verlieren, die blühende Apotheke in der Rue Drouot am rechten Ufer der Seine und das welkende Herz ihres Vaters. Darum riß sich die rechnende Nicolette alle zehn Minuten von Ferdinands Brust los.

„Ma petite Nicolette..." murmelte Lust selbstvergessen, und legte den Arm um Primula.

Diese sagte empört: „Ich heiße Primula. Und wer ist Nicolette? Ferdinand! Du mußt mir alles erzählen!"

Lust schwieg und steckte sich eine Zigarette an.

„Wer ist Nicolette?" fragte Primula.

„Sie ist tot."

„Hast du sie sehr geliebt?"

„Sie starb an einer Halsentzündung. Am Sonntag zuvor hatte ich den ganzen Tag auf sie gewartet, im Café Bompard in St. Germain. Am Abend ging ich allein und wütend heim. Im Park der Tuilerien setzte ich mich vor einen Brunnen. Die Sterne waren grün, das schwarze Wasser floß von Schale zu Schale des Brunnens und plätscherte sanft, die Blätter an den breiten Bäumen säuselten im Dunkeln, und ich weinte. Ich war ein Gymnasiast. Ich schwor: Nie wieder liebe ich einen Menschen wie Nicolette. Wer liebt, wird verraten."

„Hieltest du deinen Schwur?"

„Am Donnerstag danach rief man mich aus der Griechischstunde zum Direktor. Monsieur Talard sah an mir vorbei.

Monsieur, gehen Sie zur Rue Drouot, zur Nr. 17. Sie haben drei Tage Urlaub. Mademoiselle Nicolette liegt im Sterben.

Ich ging den Boule Miche hinunter. Die jungen Leute saßen auf der Straße vor den Cafés. Von der Seinebrücke sah ich über der Notre Dame eine Krähe. In den Arkaden der Rue Rivoli drängten sich lauter alte Leute, Scharen von rüstigen Greisen und die vielen alten Frauen.

Ließ Nicolette mich rufen? Oder ihr Vater? Ich sah ihn nur einmal von weitem, im Tabac de Luxe Ecke Rue des Martyrs. Er hielt mit der Hand seinen breiten grauen Bart und trank einen Pernod. Seine vollen Lippen glänzten wie roter Lack.

Der Vater öffnete mir die Tür. Wortlos führte er mich in ein enges, mit schweren Möbeln verstelltes Zimmer. Ich wand mich zu einem Sessel durch und wartete, eine Stunde, zwei Stunden. Es roch nach Kampfer und Kamillen. Dann kam er wieder und führte mich wortlos ins Krankenzimmer, und verließ mit der Krankenschwester, einer Nonne mit einem guten, blassen, bäurischen Gesicht, die Stube.

Langsam ging ich zum Bett. Die paar Schritte schienen ein ganzer Weg. Vor dem Bett stand ich still und wartete. Schließlich faßte ich schüchtern die Hand Nicolettes, die auf dem Bett lag, gelb und klein. Ihre Hand war heiß und feucht.

Nicolette sah mich an, als erkenne sie mich nicht. Sie sah entstellt aus. Ich räusperte mich und sagte: Nicolette.

Als sie nicht antwortete, fragte ich, nur noch aus Angst vor dem Schweigen: „Wie fühlst du dich? Nicolette."

Sie schwieg. Ich ließ entmutigt ihre Hand fallen.

„Ich bin es! Fernand. Ich bin Fernand. Dein Vater sagt, bald bist du gesund, bald. Nicolette! Weißt du, unser letzter Spaziergang durch St. Germain, und das Licht zwischen den Bäumen, und das Eichhörnchen. Und vorigen Sonntag habe ich bis zum Abend auf dich gewartet, im Café Bompard, bis sechs Uhr abends, und in den Tuilerien saß ich vor dem Brunnen, und ..."

Ich konnte nicht weitersprechen. Ich sah die Veränderung. Es ist nicht viel. Kleine Zeichen. Der Tod spricht manchmal mit so banalen Mitteln. Ich sah ihn. Ich hatte Angst vor ihm. Und er verwirrte mich, so daß ich sie und ihn schon verwechselte, und Angst vor ihr bekam. Heimlich wischte ich meine Hand an der Hose ab. Ich fühlte immer noch ihren Schweiß an meinen Fingern. Ich wußte, ich mußte sie küssen. Sie wartete darauf. Ich konnte es nicht. Vorsichtig setzte ich mich auf den Rand ihres Bettes, um Zeit zu gewinnen und lauschte ihrem pfeifenden Atem!

Endlich sprach sie. Sie sagte: „So sag' doch, daß du mich liebst, Fernand, sag' es endlich!"

„Ich liebe dich."

„Und sag' auch, daß du jeden Eid für mich schwören willst! Sag' auch das!"

Ich hörte den alten Klang ihrer Stimme, es war ihre helle, leichte, liebe Stimme wie immer, und da fühlte ich meine ganze Liebe wieder. Mit zerreißender Schärfe spürte ich, so sehr hatte ich sie noch nie geliebt! Ich sagte: „Nicolette! Alles schwöre ich!"

Ich saugte mit der Zungenspitze meine Tränen auf. Im Zimmer war es ganz still. Nur am Fenster summte eine große Fliege. Das Summen klang schamlos laut.

„Du mußt schwören!"

„Alles schwöre ich."

„Ich habe Papa erzählt, daß ich jeden Sonntag statt zur Cousine Amélie in die Wälder ging, wo du mich verführt und jeden Sonntag gehabt hast. Vater ist fromm, er hat es mir selber gesagt, daß ich bald sterben muß. Er stand vor meinem Bett, mit Schaum auf den Lippen, und hat mich verflucht. Gerade am Sonntag hast du gesündigt! Gerade am Sonntag! Geh auf die Straße, um zu sterben! Und ich wäre auch auf die liebe alte Rue Drouot gegangen. Ich bin zu schwach. Aber morgen, oder am Sonntag, wenn ich erst tot bin, wird er dich fragen. Schwöre, daß du ihm alles Bestätigen wirst. Schwörst du?"

„Aber," sagte ich. „Nicolette...".

„Armer Kleiner! Hast du Angst, sie schmeißen dich aus dem Lycée?"

„Ich schwöre," sagte ich und weinte schon offen.

„Daß du mich verführt hast. Wiederhole!"

„Daß ich dich verführt habe!"

„Daß du mich jeden Sonntag gehabt hast! Wiederhole!"

„Daß ich dich jeden Sonntag – aber Nicolette!"

„Ja?"

„Warum erzählst du das deinem Vater?"

„Ist es d e i n Vater?"

„Nicolette?"

„Gilt dein Schwur nicht?"

„Ich habe geschworen!"

„Also geh! Ich kann dich nicht mehr ansehn."

„Aber ich liebe dich, Nicolette..."

Ich kniete vor ihrem Bett. Ich wollte ihre Hände küssen. Sie zog sie fort.

„Geh!" sagte sie. „Du siehst so gesund aus!"

Als wir sie begruben, und ich dem Vater die Hand zum Beileid reichte, vor der frischen Grube, auf einem neuen Friedhof in der Nähe eines Bahndamms, ein Güterzug fuhr gerade mit Lärm vorbei, der Heizer auf der Lokomotive nahm seine Mütze ab, da sagte ihr Vater unbekümmert laut: Morgen Nachmittag, punkt sechs in der Rue Drouot!

Bis zuletzt wußte ich nicht, was ich sagen würde. Ich erkannte den Alten in seiner eigenen Wohnung erst beim zweiten Blick. Er hatte sich am Morgen nach dem Begräbnis seiner einzigen Tochter den Bart abschneiden lassen. Er sah viel jünger aus, wie ein Provinzbösewicht, und abscheulich würdelos. Er führte mich ins Zimmer, wo Nicolette gestorben war. Auf einen Stuhl vor ihrem verwühlten Bett mußte ich mich setzen.

„Rauchen Sie?" fragte er und hielt eine Schachtel mit Zigaretten vor mich hin. Als ich danach griff, zog er sie weg und schob sie in seine Tasche. Er hatte einen Zettel in der Hand und las vor:

„Name: Ferdinand Lust. Abkunft: Deutscher. Religion: katholisch. Beide Eltern: tot. Beruf des Vaters: Weinhändler. Beruf der Mutter: unbekannt. Eltern hinterließen: kleines Vermögen, von dessen Zinsen der Sohn lebt. In Paris, als Externe am Lycée Henri Quatre, Boulevard St. Michel... Stimmt?"

„Stimmt!"

„Seit wann kennen Sie meine Tochter?"

„Seit elf Monaten."

„Und trafen sie regelmäßig Sonntags?"

„Sonntags."

„Und?" fragte der Vater.

Nun der graue Bart fehlte, schimmerten seine Lippen so rot, als hätte er einen Lippenstift benutzt. Sein falsches Gebiß lachte wie auf einer Dentistenreklame oder im Mund eines Filmstars. Seine Äuglein funkelten böse. Vielleicht hätte ich nichts weiter gesagt, wenn er noch den respektabeln grauen Bart getragen hätte. Aber in dieses schamlos nackte Gesicht sagte ich mitleidlos, was ich Nicolette geschworen hatte.

„Und?" fragte ihr Vater und kam langsam auf mich zu, als wollte er mich nur im Notfall mit Schlägen zum Geständnis zwingen.

Ich sagte, meinem Schwur gemäß, rasch und fühllos: „Ich habe Nicolette verführt. Jeden Sonntag habe ich sie gehabt. Im Wald..."

„Keine Details!" schrie der Vater. Plötzlich hatte ich die Empfindung, daß er überlegte, wie er mich am schnellsten umbringen könnte. Ich sprang voreilig auf und ging rückwärts zur Tür. Mit heiserer Stimme flüsterte ich: „Jetzt muß ich aber gehn, zu meinen Aufgaben..."

Langsam folgte er mir zur Tür.

Schon vor der Treppe hatte ich das schreckliche Gefühl, er ziele mit dem Revolver auf meinen Rücken. Blitzschnell drehte ich mich um. Er stand mit hängenden Armen da. Sein Gesicht war von einem wütenden Schmerz entstellt. Ich wollte den Mund öffnen, ihm gestehn... da warf er die Tür zu.

Ich sah ihn nie wieder. Der Schuldirektor fragte nichts. Und nichts geschah. Nicolette war tot. Ich ging nicht mehr in die Wälder von St. Germain. Bald verließ ich das Lycée. Ich ging auf die Académie des Beaux Arts.

Aber das Schreckliche: Ich hatte gelogen. Nie habe ich Nicolette gehabt. Sie starb unschuldig.

Begreifst du sie? Haßte sie ihren Vater? Oder mich, weil ich sie nicht verführt hatte? Da ließ sie die Apotheke zurück, und die Mitgift, samt ihres Vaters Herz, und die ganze schöne Welt, sie starb mit siebzehn Jahren, und hatte sich aufgespart – für den Tod."

„Ich begreife sie," erklärte Primula.

„Seit damals fürchte ich mich vor den unschuldigen Mädchen."

„Auch vor mir?" fragte Primula. Sie saß auf seinem Schoß. Er ließ sich küssen. Er wiegte das schöne Mädchen wie eine Puppe im Arm. Langsam erwiderte er ihre Küsse. Langsam sank die Sonne am Himmel herab. Langsam schaukelnd wehten die kahlen Zweige im Wind. Langsam kroch eine Schnecke vor ihrer Bank zur andern Seite des Pfades.

„Ma petite Nicolette," flüsterte Lust.

„Ich heiße Primula."

„Bist du sicher? Und verwechselst dich nie mit Uli? Besonders am Morgen, im Bett?"

Primula setzte sich auf, zog einen Kamm hervor und begann sich zu kämmen. Dabei sang sie mit einer angenehmen Stimme:

„Von meinem breiten Lager bin ich vertrieben.

Nun sitz' ich an der Erde, Nächte gequälet...

Du hast mir mein Geräte verstellt und verschoben...

Ich such und bin wie blind..."

„Liebst du mich?" fragte sie.

Lust stand auf und ging den Hügel hinab. Trällernd folgte ihm Primula. In der Hand hielt sie einen dürren Ast, den sie mit ihren bunten Haarbändern umwickelt hatte. „Das ist mein Thyrsos," rief sie. „Ich diene Dionysos." Sie sang:

„Es war ein Knabe frech genung.

War erst aus Frankreich kommen.

Der hat ein armes Mädel jung

Gar oft in Arm genommen.

Und liebgekost und liebgeherzt.

Als Bräutigam herumgescherzt.

Und endlich sie verlassen..."

Im Tal kam sie zu Lust. „Bist du mir böse, Ferdinand?"

Lust strich ihr übers Haar. Er murmelte: „Ma petite."

Sie lächelte glücklich.

Die Sonne ging unter. Zwischen Buschwerk gingen sie Hand in Hand, müd von der Wehmut des Heimwegs.

„Du kennst unser Leben nicht," erklärte Primula mit einem plötzlichen Eifer, als müßte sie jetzt den Theatervorhang aufziehn. „Du kennst unser Leben nicht. Im Findelhaus aufwachsen! Im Haufen leben. Die Wassersuppen. Du hast lauter Vorgesetzte und keinen Respekt. Wer nicht stahl, hungerte. Barmherzigkeit macht nicht satt. Wer stahl, wurde geprügelt, im Namen Gottes... Wer log, wurde gelobt. Wer nicht log, wurde bestraft; als Lügner. Was einer tat, war Sünde. Was einer nicht tat, war Faulheit. Jeder galt für ein Beweisstück verbrecherischer Erbanlagen. Ein Bauer kaufte Uli und mich vom Findelhaus, da waren wir zehn Jahre alt. Statt daß er bezahlte, zahlte ihm die städtische Waisenhausverwaltung jeden Monat zehn Mark für uns beide. Der Bauer hieß Backzahn. Für die Nacht sperrte er seine Frau in den Ziegenstall. Sie war so groß wie ein zehnjähriges Mädchen und zweimal so alt wie er. Er war Knecht bei ihrem ersten Mann. Die Leute sagten, er hätte die Bäuerin verleitet, ihrem ersten Mann giftige Pilze in die Suppe zu geben. Ein Jahr nach dem Tode des Bauern heiratete der Knecht die Bäuerin und übernahm den Hof. Die beiden Kinder der Bäuerin starben rasch hintereinander. Pilzsuppen."

„War es ein großer Hof?" fragte Lust.

„Zwanzig Morgen," sagte Primula. „Sieben Kühe. Zwei Gäule. Und Ziegen. Und Hühner natürlich. Wir waren Knecht und Magd, Uli und ich. Von vier Uhr früh bis zur Dunkelheit. Backzahn stank nach Schnaps und Sprichwörtern. Er sagte: Wo kein Kläger, kein Richter. Und: Gott hat gegeben, Gott hat genommen. Er brannte heimlich Schnaps. Er kochte. Er trug auf. Die Bäuerin ließ er nie zur Küche. Pilzsuppe haßte er. Nach der Abendsuppe setzte er sich in die Stube, und wir mußten vor ihm tanzen bis wir umfielen. Er sagte : Umsonst ist der Tod. Und: Im Schweiße deines Angesichts mußt du dein Brot verdienen. Wir hungerten. Backzahn war geizig. Er sagte: mir kam meine Sach' teuer zu stehn. Und: Wer heut schenkt, bettelt morgen.

Und: Erst die Arbeit, dann das Vergnügen.

Nach sieben Monaten nahm uns der Dorfpfarrer fort. Uli und ich haben alles gesehn. Ich kenne die Menschen. Es gibt von allen Sorten. Der Pfarrer war evangelisch und hieß Jakob Fürbringer. Nach drei Wochen in seinem Haus sagte die Frau Pfarrer, wir verdürben ihre Kinder. Wir lachten zu oft, sangen zu viel, und tanzten. Darum seien wir verdorben. In der Nacht stritten der Pfarrer und seine Frau so laut unsretwegen, daß die sieben Pfarrerskinder in den Hemden und der Größe nach vor der Schlafstube sich aufstellten und laut weinten. Die Zwillinge müssen aus dem Haus! schrie die Frau Pfarrer. Sonst gehe ich mit meinen sieben Kindern ins Wasser!

Am andern Morgen brachte uns der Pfarrer ans Ende vom Dorf, zum reichen Juden Jakob Lust. Er hatte ein zweistöckiges Haus neben der Doktorsvilla, und einen schönen Garten, und eine Maschinenfabrik in Aschaffenburg. Als der Pfarrer mit uns kam, schaute Jakob Lust zum Fenster heraus. Er trug ein Samtkäppchen auf dem Kopf. Neben ihm saß seine Frau.

„Guten Morgen, Herr Lust," sagte der Pfarrer. „Da bringe ich Ihnen zwei Christenkinder. Erst dienten sie bei Bauer Backzahn. Drei Wochen hielt ich sie. Nun duldet's die Frau Pfarrer nicht mehr. Da hab' ich gesagt: Wenn die Christen nicht mehr Christen sind, bring' ich die Kinder gleich zum Juden."

„Hanna," fragte der Jakob Lust seine Frau. „Siehst du nicht, daß sie Zwillinge und wohlbeschaffen sind?"

„Bin ich blind, Jakob?"

„Hanna," sagte der Jude zu seiner Frau. „Wenn du nicht blind bist, mußt du sehn, daß Gott den Pfarrer und die Zwillinge geschickt hat."

„Vielleicht schickt Gott die Zwillinge," antwortete die Frau, „aber den Pfarrer hat seine Frau geschickt, das sagt er selber."

„Goldne Worte, Hanna. Aber Gott schickt doch vielleicht auch den Pfarrer. Gott kennt viele Wege, und Umwege."

„Du redest," sagte Frau Lust. „Du könntest jahrelang so reden. Siehst du nicht, daß die Kinder hungrig sind? Ich habe Karpfen in Zwiebelsauce. Ich habe Huhn. Und weißes Brot. Öffne die Türe schon."

Sechs Jahre blieben wir beim Juden. Wir hießen Roßhäupter. Mit so einem Namen machen Findelkinder kein Glück, sagte Lust und adoptierte uns. Er hatte vier Kinder mit seinem Weibe Hanna."

„Wie hießen die Kinder?" fragte Leutnant Lust.

„Moritz," sagte Primula, ohne zu zögern. „Moritz und Wilhelm, und Ruth, und Ida; sie sind alle verbrannt, in einer Nacht, mitsamt dem Haus. Jakob Lust und seine Frau waren nach Aschaffenburg zu einer jüdischen Hochzeit gefahren. Nur die Magd blieb bei den Kindern. Als das Haus brannte, sprang sie aus ihrer Dachkammer und brach ein Bein. Seitdem hinkte sie. Die Kinder verbrannten."

„Alle vier?" fragte Leutnant Lust.

„Moritz verbrannte," erzählte Primula. „Und Wilhelm auch. Und Ruth und Ida. Als die Eltern fröhlich von der Hochzeit heimkehrten, rauchten die Trümmer noch ganz lustig. Herr Lust baute ein neues Haus. Frau Lust bezahlte die Klinik fürs Dienstmädchen. Die Kinder ersetzte ihnen niemand. Viele Jahre lang hielt Frau Hanna die Leute auf der Dorfstraße an. Sie sagte: Alle vier Kinder. Und am selben Tag. Unbegreiflich. Ich bin einfach keine Mutter mehr, unbegreiflich. Die Leute antworteten: Da müssen Sie sich halt trösten. Und: Da gibt es halt keinen Trost.

Frau Lust erzählte: Ja. Aber es war am selben Tag, Sie verstehn. Und das Dienstmädchen brach nur ein Bein. Sie hinkt, Sie verstehn. Und ich bin einfach keine Mutter mehr. Sie verstehn.

Ja. Ja! antworteten die Leute und wurden ungeduldig.

Sie gab es auf, die Leute auf der Dorfstraße anzusprechen. Später tröstete die Zeit sie. Unbegreiflich. Aber wir verlangen nichts besseres als Trost. Nur der Papa Lust sagte manchmal: Wenn nur Moritz lebte. Oder wenigstens der kleine Wilhelm. Es ist nicht nur wegen der Kinder. Aber wer wird Kaddisch nach mir sagen?"

„Was ist Kaddisch?" fragte Leutnant Lust.

„Das ist der Juden Totengebet. Der Sohn spricht es ein Jahr lang nach dem Tod des Vaters an jedem Morgen und an jedem Abend, damit die Seele des Vaters nicht leiden muß. Darum wünscht sich jeder Jude einen Sohn. Der Sohn kann Kaddisch nach ihm sagen."

„Nun seid ihr meine Töchter," sagte Frau Hanna zu uns.

Wir zogen den Papa Lust vor. Er las uns aus vielen Büchern vor. Er lehrte Uli Latein, Französisch, viele Sprachen. Manchmal hörte ich zu. Er war ein herzensguter Mann und hat mir Uli ganz verdorben. Fürs Leben nämlich. Er fütterte sie mit falschen Prinzipien. Nun will sie immer gut sein. Will sich stets für andere opfern. Kommt man so im Leben voran? Ich weiß es besser. Im Findelhaus lernte ich die Technik des Lebens. Ich war ganz allein. Uli hat nämlich mich. Sie liebt mich, vergöttert mich. Sie ist fein heraus. Wen habe ich? Nur dich. Ferdinand. Nur dich lieb' ich wahrhaft auf der Welt. So du mich nicht liebst, mag ich nicht leben. So du fortgehst, geh ich ins Wasser."

„Wie die Frau Pfarrer?" fragte Leutnant Lust lachend. „Mit allen sieben Kindern?"

„Mit Kindern und ohne Kinder," antwortete Primula ernsthaft. „Du weißt nicht, was Liebe ist."

„Vielleicht weiß ich es nicht. Du aber wirst erst wissen, was Liebe ist, wenn du einen Mann und Kinder hast."

„Kinder hat man rasch," antwortete Primula. „Und es gibt Vorgefühle, schärfer als alle spätere Erfahrung."

„Hast du Aristoteles gelesen?" fragte Lust.

„Weiß nicht. Vielleicht hat ihn Uli gelesen. Sie liest viel, und ich weiß es dann. Wir sind uns näher als gewöhnliche Schwestern."

„Was geschah mit eurem Adoptivvater?"

„Der Jude starb," antwortete Primula mürrisch.

„Und seine Frau?" fragte Lust.

„Sie starb. Am gleichen Tag."

„Und?" fragte Lust.

„Das übliche," antwortete Primula. „Da kamen Verwandte und machten einen Prozeß und gewannen. Wir erbten nichts. Alles tot, alles weg – wie ein Traum."

„Ein Märchen vielleicht?"

„Du glaubst mir nicht?"

„Du schlachtest deine Juden reihenweise. In deiner Geschichte liegen mehr Tote herum als beim Shakespeare."

„Glaubst du mir nichts?" fragte sie lachend. „Zu viele Tote? Aber die Leute sterben fleißig. Wenn ich eine Biographie lese, muß ich immer am Ende lachen. Wozu fünfhundert oder tausend Seiten? Ein Satz hätte genügt."

„Ein einziger Satz?" fragte Lust.

„Du glaubst es nicht? Nimm ein Beispiel. Nimm alle Helden, Attila, Cäsar, Napoleon, Bismarck. Was weißt du bessres über jeden zu sagen, als: Er ist gestorben. Nimm unsere Helden von heute. Würde man nicht von jedem gern sagen: Gott sei dank. Er ist gestorben? Und Christus selber? Was sagen die Christen zum höchsten Ruhm von ihm? Er ist für uns am Kreuz gestorben."

„Du lästerst!" rief Lust. „Du kommst noch ins Gefängnis."

„Macht mich das schlechter? Und wenn du mich nicht liebst, und ich ins Wasser gehe, und jemand denkt an mich und fragt: Wie geht es Primula? – Primula, wird man antworten – sie ist gestorben! – und das wird eine gute Antwort sein!"

„Bist du so böse?"

„Ich bin, was du aus mir machst. Aber liebe mich. Und ich mache einen großen Mann aus dir!"

DER KÖNIG VON ANSBACH

*A*m Abend berichtete Uli, Hauptmann von Ollwitz sei nochmals dagewesen und habe den Leutnant Lust für den andern Tag höflichst in des Hauptmanns Wohnung eingeladen, pünktlich um vier.

„Er wird alte Kameraden und eine neue Aufgabe finden," hatte Ollwitz gesagt.

„Soll ich wirklich das Vaterland retten?" fragte Lust.

In der Wohnung des Hauptmanns führte ihn ein Bursche in Uniform in den Salon. Eine starkgeschnürte Blondine erhob sich vom Klavier. Der Hauptmann werde in fünf Minuten kommen. Sie bot ihm Zigaretten an. Ob er Musik liebe?

„Gewiß, Frau Hauptmann."

Sie setzte sich ans Klavier. „Ich spiele Schumann für Sie." Darauf spielte sie Schumann. Sie spielte gar nicht schlecht.

Lust betrachtete zerstreut jenen schön ausladenden Teil der Frau Hauptmann, vermittels dessen sie saß; es war ihre eindruckvollste Partie. Spielte sie darum? Nach fünf Minuten brach sie ab und drehte sich auf dem Klavierstuhl um.

„Verheiratet, Herr Leutnant?"

„Keineswegs, Frau Hauptmann."

„In festen Händen?"

Lust lächelte amüsiert. Die Blondine musterte ihn mit trägen, saugenden Blicken. Sie hatte große, schmachtende, blaue Augen, und den Busen zur Hälfte unbedeckt.

Sie sagte: „Ollwitz meint, der Krieg sei ein Stahlbad. Manchmal nennt er ihn einen Jungbrunnen. Er wurde 1917 verwundet. An einer delikaten Stelle."

„An der Westfront?" fragte Lust.

„Ich spreche nicht von der Gegend. Die Gegend ist gleichgültig. Ich bin eine Soldatenfrau und weiß Opfer zu bringen."

Die Blondine stand auf und breitete ihre angenehme Fülle nahe vor dem Leutnant aus. Mit tränenerstickter Stimme rief sie:

„Aber es hat Grenzen. Alles im Leben hat eine Grenze, Herr Leutnant. Ich spreche als moderne Frau zu Ihnen? Und Sie sind heil heimgekommen?"

Sie wartete keine Antwort ab, setzte sich wieder zum Klavier und sagte über die Schulter weg: „Nehmen Sie morgen den Tee bei mir, Herr Leutnant. Ollwitz reist heute Abend nach Berlin. Für drei Tage. Ich erwarte Sie. Jetzt spiele ich Franz Liszt."

Sie spielte Liszt. Dann kam Hauptmann von Ollwitz. Schweißperlen bedeckten seinen dicken, roten Hals.

„Gertrude! Du gestattest, daß ich dir den Herrn Leutnat entführe."

Sie drehte sich auf dem Klavierstuhl um und reichte dem Leutnant die Hand zum Kuß. Es war eine elegante Hand, lange, intelligente Finger, eine duftende Haut.

Der Hauptmann brachte ihn durch einen Flur in ein verrauchtes Zimmer, angefüllt mit Offizieren. Ollwitz führte ihn gleich in den nächsten Raum, wo um einen runden Tisch drei Offiziere saßen.

Lust kannte sie alle, den Hauptmann Heiß, den Gründer des Freikorps „Reichsflagge", den Hauptmann Röhm, und den Oberleutnant Bruch. Sie waren aus seinem Regiment, sie hatten ihm übers Rote Kreuz ins Gefangenenlager Nachrichten und Pakete zukommen lassen, er hatte einem Offizier seines Regiments seine glückliche Flucht beschrieben, seitdem stand er wieder, ohne nur einen von ihnen wieder gesehen zu haben, mitten im Netz dieser beziehungsreichsten aller Gesellschaften der Welt, nämlich des deutschen Offizierskorps.

Ollwitz und Lust setzten sich dazu.

„Bier oder Schnaps?" fragte Ollwitz.

„Beides," antwortete Lust. Er wollte sich schnell betrinken.

Hauptmann Röhm war mitten in der Erzählung... „wir ganzen Fahnenjunker mitten in der Turnstunde ohnmächtig. Ich war selber Rekrutenoffizier. Mein Ideal: Soldaten fürs Leben zu machen. Als ich noch Fahnenjunker war, zu Ingolstadt, im Königlich Bayerischen 10. Infanterieregiment Prinz Ludwig, nachmals König, ging ich mit meinem Busenfreund von Klett, dem ‚schönen Ernst', beim Mondschein an der Donau spazieren, und wir träumten zusammen von unerhörten Taten, um den nächsten Krieg zu beschleunigen. Da hatten wir den Krieg nun. Und er ging falsch aus. Der süße Ernst! Vor Verdun gefallen."

Lust schüttete sein Glas Schnaps ins Glas Bier und trank hastig.

Hauptmann Heiß hielt die Reitpeitsche in der Hand. „Offiziere müssen lernen zu sterben," erklärte er.

Hauptmann Ollwitz erklärte: „Ich bin Soldat. Ich kenne keine Kompromisse. Ich betrachte die ganze Welt von meinem soldatischen Standpunkt aus. Bewußt einseitig. Ich sehe, daß die Deutschen die besten Soldaten der Welt sind. Diese Niederlage war ein Mißgriff der Welthistorie. Unsere Aufgabe, die Geschichte zu korrigieren! Wir sind schon dabei, Herr Leutnant. Der Name unserer Organisation ist: Bayerisches Freikorps für den Grenzschutz Ost. Aufstellung im Truppenübungslager zu Ohrdruf in Thüringen, unter Oberst von Epp und Major von Hörauf. Oberst von Epp hat sich persönlich nach Ihrem Verbleib erkundigt. Höhern Orts sind Sie gut angeschrieben! Das Generalkommando in Weimar, General der Reichswehr von Lüttwitz, liefert Gewehre, Uniformen, Pferde, Geld. Begriffen?"

Hauptmann Röhm trank sein Glas leer. „Der Trick der Drückeberger, Deserteure und Schieber vom November 18, Revolution genannt, führt uns Soldaten aufs Feld der Politik. Wir sind Soldaten, zuerst und zuletzt, und bleiben es, selbstredend. Der Mann, der mit seinem Leib sein Vaterland deckt, hat jeden Anspruch auf die Staatsführung."

Hauptmann Heiß erklärte: „Deutschland ist im Felde unbesiegt geblieben. In Rußland regieren Asiaten und Juden. Frankreich ist vernegert und ausgeblutet. England ist voll von Krämern und Pazifisten. Wir sind die Herrennation. In fünf Jahren, in zehn Jahren, in zwanzig Jahren, ist Europa eine deutsche Provinz, die andern Erdteile deutsche Kolonien. Wir werden strengere Herren sein als diese bigotten Angelsachsen mit ihrem müden Blut. Wir haben im Krieg keine moralischen Anfechtungen. Und für uns ist der Krieg eine natürliche Dauerform des Lebens."

Oberleutnant Bruch gestand, man stelle sich alles zu schwer vor. „Sie werden sehen. Alles ist ganz einfach. Es gibt keine Komplikationen in der Welt. Schwierigkeiten und Komplikationen sind Augenfehler oder Rechenfehler. Begriffen? Wir werden aufrüsten. Ist das nicht simpel? Die christliche Welt ist impotent. Sie weiß nicht, zu widerstehn. Das ist ganz einfach. Wir sind die großen Heiden. Wir werden das Christentum wie ein Maske vom Gesicht Deutschlands abreißen. Übrigens sehnt sich die Welt nach deutscher Ordnung, deutscher Sauberkeit und deutscher Pünktlichkeit. Und es wird am deutschen Wesen noch die ganze Welt genesen. Das hat der Herr von Geibel geschrieben. Ein Preuße, der in München gelebt hat. Prachtvolles Resultat. Nehmen Sie noch ein Bier, Herr Leutnant, oder lieber Schnaps?"

„Beides," sagte Lust.

Nach dem sechsten Glas Bier mit Schnaps ging Lust Arm in Arm mit Ollwitz ins Badezimmer. Seite an Seite kotzten sie in die Badewanne.

„Verstanden?" fragte Ollwitz in den Pausen seiner eruptiven Aktivität. „Begriffen?"

Als Lust heimkam, brachten ihn die Zwillinge zu Bett. Zwei Tage lang hatte er Kopfweh.

Eine Woche später besuchte ihn Herr von Ollwitz. Lust schickte die Zwillinge fort.

„Herr Leutnant, ich komme in einer persönlichen Angelegenheit."

Wollte der Hauptmann ihn fordern, weil er nicht zum Tee seiner Frau erschienen war? Alles im Leben hat Grenzen. Ich werde mich nicht schlagen.

„Es betrifft einen Ehrenpunkt, Herr Leutnant. Darf ich offen reden? Kein Offizier darf gewisse Grenzen überschreiten. Herr Leutnant! Darf ich Sie fragen, in was für Beziehungen Sie zu dieser, äh, zu dieser, äh, Marie Troll stehn?"

„Herr Hauptmann sprechen von Frau Troll?"

„Bewahre! Sind Sie gottbehüte verwandt mit..."

„Frau Troll ist eine Reisebekanntschaft."

„Sie kennen sie schon lange?"

„Nicht sehr lange."

„Intim?"

„Herr Hauptmann!"

„Ich frage: Intim?"

„Niemals! Auf Ehre!"

„Gottseidank. Herr Leutnant wohnen angenehm hier?"

„Habe Mietsvertrag bis Ende Mai."

„Mietsvertrag? Kolossal angenehm. Ändert ganzes Bild beträchtlich. Sie lesen die Lokalpresse?"

„Selten. Ich bekomme Kopfweh von schlechtem Deutsch."

„Haben Sie den Prozeß dieser Marie Troll in der Lokalpresse verfolgt?"

„Ich weiß von keinem Prozeß."

„Ja weshalb glauben Sie, daß die Person sitzt?"

„Sitzt? Wer sitzt? Wo sitzt?"

„Wollen Sie sagen, daß Sie nicht wissen, daß Ihre schöne Vermieterin im Frauengefängnis zu Ansbach sitzt?"

„Das ist nicht wahr!" schrie Lust. „Das ist nicht wahr!"

„Herr Leutnant Lust!"

Aber Lust hatte sich auf den Diwan gesetzt und wiederholte stöhnend: „Marie im Gefängnis! Marie im Gefängnis!"

„Lieber Leutnant! Beruhigen Sie sich! Konnte ich wissen, daß Sie nicht wissen, was alle wissen? Nun wissen Sie..."

„Bitte, mich allein zu lassen!" bat Lust, ohne den Blick zu erheben.

Kopfschüttelnd verließ ihn der Hauptmann. „Wenn alle Leute wissen, konnte ich wissen..."

Am Abend ging Lust zu Herrn Tucher. Nun schien ihm, er sei absichtlich jeder Information über Marie aus dem Weg gegangen. Eine Verbrecherin? Im Gefängnis? Warum? Und dieses ominöse Telegramm an jenem einzigen Abend mit Marie! Dieser suspekte Anwalt Blunck? Dieser Biedermann Tucher? Dieser Schieber König aus Ansbach? Der bärbeißige Chauffeur aus dem Schneesturm? Sie saß? Vier Monate vielleicht? Nachdem Hauptmann Ollwitz ihn verlassen hatte, wollte Lust das Haus abschließen, die Schlüssel zum Onkel Tucher tragen. Aber die Zwillinge? Aber Marie?

Abends ging Lust ohne die Schlüssel. Tucher empfing ihn, als hätten sie vor fünf Minuten ihre Unterhaltung unterbrochen.

„Sie leidet, schreibt sie. Vielleicht verstehn Sie Marie tiefer, weil Sie Marie lieben. Aber ich weiß, wie geduldig Marie war. Sie schreibt, sie fühlt sich schuldig. Ich sage: Wehe über diese Gesellschaft und ihre zweifelhafte Moral. Das Gute ist so gebrechlich. Die Bösen sind wie Granit. Aus Ungeduld mit unserm persönlichen Leben haben wir zu viel Geduld mit unseren Institutionen. Die bewaffnete Ungerechtigkeit, sagt Aristoteles über den Staat, ist am ärgsten. Da fällt mir eine Geschichte ein. Aber vielleicht sind Sie ungeduldig?"

„Ich? Ich wäre ungeduldig?"

Sie saßen im Gartenzimmer, zwischen Büchern und Blumen, und tranken Portwein.

„Es ist eine lehrreiche Geschichte," erklärte Tucher. „Der König von Makedonien hatte den verbannten Euripides an seinen Hof geladen. Eines Tages verglich Euripides mit seiner gewöhnlichen Aufrichtigkeit Athen und Makedonien, worauf der junge Höfling Dekamarchus, ein makedonischer Patriot, vor allen jungen Damen erklärte, daß der große Euripides ein kleiner Lügner sei, der aus dem Mund röche. Euripides ging zum König und beschwerte sich. Der König ließ den jungen Höfling Dekamarchus verhaften und dem Euripides zur Bestrafung ausliefern. Euripides ließ den Höfling auf öffentlichem Markt auspeitschen. Aus Rache wurde der Höfling Dekamarchus das Haupt einer Verschwörung gegen den König und stürzte ihn."

„Die Geschichte steht beim Aristoteles!" sagte Lust.

„Ganz recht. Aber was folgt aus der Geschichte? Hätte Euripides seine Zähne besser geputzt, so hätte es in Makedonien keine Revolution gegeben? Oder was? Wie handelte Euripides? Wie ein großer Dichter? Wie ein vorsichtiger Emigrant? Da sitzt er auf den Stufen eines halbbarbarischen Tempels, der berühmte Euripides, der Verfasser der Alkestis, der Medea, der Iphigenie in Aulis, und in Tauris, der Elektra, der Troerinnen, der Bacchantinnen, des gekrönten Hyppolit, und von fünfzig verlorenen Tragödien, ein namhafter Emigrant aus Athen, ein Gast des Königs von Makedonien! Da stehn vor ihm die makedonischen Gerichtsbüttel und ziehen dem gewissen Dekamarchus, ihrem Landsmann, aus guter makedonischer Familie, auf offenem Markt das Gewand vom Leib. Da steht der nackte Höfling, unter dem Himmel seines Landes, und bekommt Prügel! Und warum? Für ein offenes Wort gegen einen davongelaufenen Tragödiendichter. Stellen Sie sich bitte zwei kokette makedonische Damen vor, so hübsch Sie wollen, die an der Seite des lokalen Aristophanes vorübergehn. Errötend und nicht ohne Wohlgefallen mustern sie die Blöße des gutgebauten Höflings. Die Hübschen fragen: Was geschieht hier? - Nichts von Belang! antwortet der Satiriker. Ein Tragödienschreiber aus dem Ausland läßt einen lokalen Kritiker auspeitschen.

Die Damen mit den rotgefärbten Fußnägeln und goldenen Spangen und der lokale Spötter gingen lachend vorbei. Als sie im Rücken das Heulen des Geprügelten hörten, behauptete der Satiriker, das sei kein Schmerzgeheul, das seien die Verse des Emigranten Euripides. Der spottende Kollege hatte unrecht. Da schrie schon die Empörung gegen die Willkür der Könige. Da heulte schon die Revolution. Da machte man mit Prügeln aus einem literarischen Spötter einen Tyrannenmörder. Sie fragen vielleicht, wozu die zweideutige Fabel? Aber die Wahrheit ist nie simpel. Das Leben – wie jedes Kunstwerk – hat mehr als einen Sinn."

„Was lehrt die Fabel?" fragte Lust.

„Daß man alles wichtig nehmen muß," antwortete Tucher. „Oder daß nichts wichtig ist. Der gewisse Dekamarchus unterschätzte die Macht emigrierter Poeten. Der König unterschätzte die Folgen willkürlicher Prügel. Euripides unterschätzte den Einfluß der Kritik."

„Man darf also nichts unterschätzen?" fragte Lust.

„Ja, aber Dekamarchus überschätzte die Freiheit der Rede unter Königen. Der König überschätzte seine Macht. Und Euripides überschätzte die Dauerhaftigkeit ausländischer Regierungen."

„Was lehrt also die Fabel?"

„Daß selbst die Weisen nicht weise genug sind. Euripides, der Maler der Leidenschaft, wußte seine nicht zu zügeln. Der Meister des Worts ließ wegen eines Worts einen anonymen Kritiker prügeln. Statt ihn mit einem Witz umzubringen, prügelte er ihn in die Nachwelt. Der alte Poetenfehler! Was sie anfassen, wird unsterblich. Und was ist der tiefere Fehler? Ungeduld! Hüten Sie sich davor, lieber Freund! Sie ist der böse Feind. Aber ich sehe, mein Wein schmeckt Ihnen nicht?"

Lust hatte sich erhoben. Er fragte: „Warum sitzt Marie eigentlich im Gefängnis?"

„Hat sie Ihnen das nicht erzählt?" fragte Tucher verblüfft. „Wegen Abtreibung natürlich!"

„Natürlich? Erscheint Ihnen eine Kindsmörderin so natürlich? Und wann wird sie... ich meine, kommt sie frei?"

„Am 31. Mai!" rief Tucher. „Das wissen Sie doch? Fahren Sie nicht nach Ansbach, um sie abzuholen?"

„Wie, sagten Sie, hieß doch dieser gewisse Tyrannenmörder?"

„Dekamarchus. Aber... Sie sehen mit einem Male so blaß aus! Ist Ihnen nicht gut?"

„Und Sie verurteilen die Person nicht?"

„Wen?"

„Ich meine – diesen Dekamarchus?"

„Menschen verurteile ich selten. Viel häufiger verurteile ich ihre Handlungen."

„Und wie denken Sie über den Mord?"

„Mord?" fragte Tucher.

„Ja... zum Beispiel Tyrannenmord."

„Ich bin kein Rigorist," antwortete bedächtig der alte Tucher. „Muß ich aber Strenge üben, so lieber gegen die Tyrannen. Die gemeine Welt ist streng gegen die Opfer der Tyrannen."

„Wissen Sie," fragte Lust, „daß Sie bei den Leuten der Gerechte heißen?"

„Die Leute tun es zum Spott!" erklärte lächelnd der alte Tucher.

„Aber Sie sind ein Gerechter! Und wissen Sie, daß Marie mir nichts erzählt hat, gar nichts? Nicht einmal, daß sie ins Gefängnis ging! Nicht einmal, daß sie abgetrieben hat! Nicht einmal, wer der Vater dieser vereitelten Frucht war?"

„Hat er Sie nicht besucht? Er war bei mir und sagte, er würde Sie aufsuchen."

„Wer?" schrie Lust.

„Der König von Ansbach!"

Lust begann zu lachen. Inmitten des Gelächters brach er ab und setzte sich. Er starrte Tucher mit wilden Augen an.

„Dieses Schwein ist der Verführer Maries? Ihr Liebhaber? Er? Er ist es?"

„Sagte ich Ihnen nicht, daß dieser Mensch Maries größter Irrtum war, und daß sie diesen Irrtum teuer bezahlt?"

„Ich verstand es nicht. Marie hat mir gar nichts erklärt. Gut! Sogleich bringe ich Ihnen die Schlüssel zur Villa. Genug. Ich habe genug. Verstehen Sie. Ein König! Und mir nichts sagen!"

„Ich verstehe Sie nicht," erklärte Tucher. „Aber wenn Sie sich setzen wollen und ein Glas Rum mit mir trinken, will ich Ihnen diese Geschichte, so genau ich sie weiß, erzählen, und Sie werden Marie besser verstehn. Sagte ich Ihnen nicht, daß Ungeduld unser ärgster Feind ist? Erzählte ich nicht darum die Geschichte von Dekamarchus?"

Lust setzte sich. „Bin ich nicht geduldig?" fragte er. „Vier Monate auf eine Frau zu warten, die man einen halben Tag lang sah, ist das nicht geduldig? Ich weiß. Vor gewissen Gefühlen schwindet die Zeitrechnung dahin, und andere Begriffe gelten. Ich liebe Marie. Aber hätte sie mir nicht mehr erzählen müssen?"

„Vielleicht hatte sie keine Zeit?" fragte Tucher. „Und vielleicht ist diese Geschichte mit dem König von Ansbach schneller zu erzählen, als zu erklären? Die Behandlung der Zeit ist das gefährlichste epische Problem. Manchen Geschichten bekommt die epische Verkürzung großartig. Manche werden durch die notwendige Abbreviatur salzlos und alles scheint dumm und roh. Daß Marie eine Kriegswitwe ist, wissen Sie?"

„Das weiß ich."

„Sie hat kein Glück," erklärte Tucher, „aber sie verdiente es."

„Gut," sagte Lust, „aber dieser König!"

„Ich bin dabei! Marie hat eine Schulfreundin, namens Rosa. Diese Rosa hat den Pfarrer Sonntag in Ansbach geheiratet, sie hat schon fünf Kinder mit ihm, aber er ist ein sonderbarer Heiliger. Er predigt gegen den Krieg, er saß schon drei Monate im Gefängnis deswegen, dann ließen ihn die Militärrichter wieder laufen. Er nimmt alles wörtlich, sogar das Wort Gottes. Es ist eine Art von Halbanalphabetentum. Er kann zwar lesen, liest aber nicht mit dem bekannten Augenzwinkern der gebildeten Leute, die immer zu sagen scheinen: Halb so schlimm, halb so ernst, halb so wahr. Sie glauben an den Himmel zur Hälfte, an die ewigen Wahrheiten zur Hälfte, an Gott und seine zehn Gebote zur Hälfte, und an den Teufel überhaupt nicht; denn würden sie sonst so leichtfertig sündigen? Mit einem Wort: Pfarrer Sonntag ist ein Heiliger. Natürlich nennen ihn seine Feinde einen Narren. Weil Heilige sich gern verkleiden, trägt er einen blonden Bart und halblange Haare, die seine großen Ohren verdecken. Er heißt Gottfried Sonntag. Als Marie in der Schwärze ihres Unglücks saß, und allen Bekannten Briefe schrieb, worin sie jeden fragte: Was für einen Sinn hat es, weiterzuleben?

Da antwortete diese Schulfreundin Rosa: Komm für ein paar Wochen zu uns nach Ansbach. Gottfried wird dich trösten.

Marie fuhr nach Ansbach, ins Pfarrhaus. Sie hat es mir gut genug geschildert. So ein pazifistisches Pfarrhaus vor dem Ende eines blutigen Kriegs! Der verrückte wehende blonde Bart in einem Ort, wo es keine jungen Leute mehr gibt! Dieser Strom von Tränen und Anklagen durchs ganze Haus, das ein Durchgangsbahnhof war, ein Narrenhaus, ein Kloster, eine geheime politische Zentrale und eine Krippe. Da wimmelte es von eigenen Kindern, von Waisenkindern, von Märtyrern und Spitzeln, die so oft Hand in Hand auftreten. Da tagte der Verein von protestantischen Jungfern. Das Generalkommando stellte Rückfragen. Der Oberkonsistorialrat visitierte und warnte. Dazwischen liefen Sozialisten mehrerer Richtungen, leicht Verwundete, Spiritisten und andere Geisteskranke, alte Waschfrauen mit aufgestülpten Ärmeln und Röcken, und Waschfrauen mit Schnurrbärten und in Generalsuniformen, Deserteure aus Angst, die voller Mut jeder Gefahr trotzten, nur nicht auf dem Schlachtfeld, und ängstlich zitternde Deserteure aus Überzeugung, solche die Schule machen wollten und solche mit Verfolgungswahn gegen andere Deserteure. Da brachten fromme Bauern dem Pfarrer jeden Monat ein Ei für Gotteslohn und die fünf Kinder vom Herrn Pfarrer. Und das Klappern der Schreibmaschine am Tag vor der Predigt. Die Besuche in den Spitälern! Und der ewige Gang zum Friedhof, die Toten sind die besten Klienten eines Pfarrers.

„Wann hat dein Gottfried Zeit, dir Kinder zu machen?" fragte Marie ihre Freundin Rosa.

Ins Pfarrhaus kam auch mehrmals eine Blinde. Sie war nicht blind geboren, sondern durch Methylalkohol in einem Kriegsersatzschnaps erblindet, zur selben Zeit, als ihr Mann, der Ludwig König, reich ward. Ludwig wird immer reicher, sagte die Blinde, ich werde immer ärmer. Sie küßte dem Pfarrer die Hände und bat flehentlich, eine halbe Stunde schweigend im gleichen Zimmer mit ihm sitzen zu dürfen. Das gibt mir Kraft, erklärte sie. Da weiß ich, daß es Heilige gibt.

Es war eine gute Frau, sie brachte immer Hände voll Geld für die Armen mit. So saß sie also eine halbe Stunde im Zimmer des Pfarrers, und danach eine oder zwei Stunden im Zimmer der Frau Pfarrer, am Kaffeetisch. Marie schenkte ihr Kaffee ein. Die Blinde streichelte Maries Hände. Sie haben so junge und verzweifelte Hände, erklärte sie. Die Blinde verliebte sich in Marie. Sie las ihr aus der Hand mit den fühlenden Fingerspitzen. Eine große Liebe, prophezeite sie, und ich sehe drei Männer, ich sehe Schnee und Reichtum. Sie lud Marie in ihr Haus. Außen war es noch das alte Haus des Werkstättenkönigs. Innen schaute es wie in einer Antiquitätenhandlung aus. König kaufte, wie alle klugen Leute im Krieg, Sachwerte, Möbel und Bilder, Tapeten und antike Silbergeräte, und füllte das Haus. Die Blinde konnte sich aber von ihrem alten Hausrat nicht trennen. Den kenne ich, sagte sie. Den habe ich so oft angeblickt. Mit meinen sehenden Augen. Den behalte ich.

Eines Abends behielt die Blinde Marie zum Essen da. Sie sei abends immer so allein. Ihr Mann laufe dem Leben nach. Mit fremden Frauen, sie wisse es. Denn er erzähle ihr jedes Detail.

„Das ist aber grausam!" rief Marie.

„Glauben Sie?' fragte die Blinde. „Aber ich fürchte mich viel mehr, ihn sonst ganz zu verlieren. So eine blinde Frau ist wie ein Goldfisch in einem Aquarium. Täglich bringen sie ihm Futter und erneuern das Wasser. Einmal vergessen sie alles, tagelang. Erst wenn der Fisch stinkt, erinnern sie sich. Zu spät."

„Sie sind kein Goldfisch!" rief Marie.

„Aber blind," sagte die Blinde. „Ich bin blind."

Marie diskutierte mit ihr. Sie sollte dem Mann verbieten, ihr etwas von seinen moralischen Unredlichkeiten zu erzählen. Der Ehebruch ist eine große Sünde, erklärte Marie.

„Nicht wenn die Frau blind ist," erklärte Frau König. „Sie vergessen, daß die Frau blind ist."

„Ich sage es Ihrem Mann," rief Marie, „daß er ein Schurke ist."

Darüber kam unvermutet König nachhause.

„Ist etwas geschehn?" fragte die Blinde.

„Nichts" antwortete König, „nur wartete die junge Blonde, die Frau von Staatsanwalt Poppe mit der Lohnfrage nicht einmal bis nach dem Abendessen. Das verdroß mich für einmal. Da ließ ich sie sitzen."

„Und schämen Sie sich nicht?" fragte Marie und begann eine moralische Diskussion, die drei Wochen dauerte. Es ist die Straße, auf der die meisten weiblichen Moralisten fallen! Einen Mann retten... Später sagte mir Marie, über nichts schäme sie sie sich so sehr, als daß sie mit der Ankunft des Mannes sogleich die Blinde vergessen habe – vergessen über dem banalsten Mann auf Erden. Blinde sind feinfühlig. Diese muß es in fünf Minuten gemerkt haben, was sich da abspielte, und später bekam sie ja die detaillierten Berichte ihres Gatten.

Und Maries Selbstvorwürfe: ‚Die Blinde brachte mich in ihr Haus.' Marie klagte vor mir: ‚Die Blinde. Wegen der Blinden schäme ich mich,' sagte mir Marie. Aber sie schämte sich ohne Maß wegen dieses Königs. Sie hat darüber kaum gesprochen. Das Gewaltsame hat ihr wohl imponiert. Und daß König so leicht Geld macht. Und daß er so gerade durch die Hecken und Schlingwege unserer Zivilisation durchgeht, wie ein Tank, ohne Umweg, und mörderisch, das hat ihr vielleicht ein paar Tage lang gefallen. Später hat sie mir erzählt: Keine zehnmal war ich mit ihm zusammen, – und ein Kind! Sie hat mir alles erst gestanden, als der Prozeß schon drohte. Da kam sie, zu spät, um Hilfe. Sogar den Anwalt hatte sie schon – ich mag diesen Blunck nicht."

„Ich auch nicht," gestand Lust.

„Der Johst ist schlimmer, das ist nämlich sein Kompagnon. Als ihr der Doktor bestätigte, daß sie schwanger war, da hatte sie mit dem König schon gebrochen und war schon wieder in Nürnberg. König kam eine Zeit lang alle Tage vor ihr Haus. Sie hatte es zugesperrt. Und sie stand im ersten Stock am Fenster. Er stand stundenlang auf der Straße und bettelte, laß mich nur herein. Aber sie ließ ihn nie wieder herein. Sie begann, ihn fürchterlich zu hassen. Zuerst, als sie erfuhr, daß sie ein Kind von ihm haben sollte, wollte sie ins Wasser gehn. Dann lief sie zu fünf Ärzten und bettelte, sie zu befrein. Sie traf nicht die richtigen, obwohl sie freigebig Geld offerierte. Marie hat mir später erzählt, sie habe sich ausgemalt, wie sie diesen kleinen König gebären würde, wie er in der Wiege schon sie auslachen würde, ein Betrüger in der Wiege, und wie er groß und ein Mörder würde. Sie übertrieb die Fehler des Herrn König und steigerte seine Laster ins Grandiose. Sie sagte, sie sei dem Wahnsinn nahe gewesen. Die leiden, übertreiben immer. Ich glaube, sie hat viel gelitten. Beim zweiten und letzten Besuch im Haus des Herrn König hatte sie den Arzt der Blinden getroffen, einen jungen Mann, der hinkte. Ihr waren seine zitternden Hände und durstigen Augen auf gefallen. Wolfsaugen, sagte Marie. Warum zittern die Hände des Doktors so? fragte sie Herrn König. König lachte höhnisch. Ein Kartenspieler, sagte er. Er verliert in einer Nacht, was er in zwei Monaten verdient. Und weil er hinkt, traut er sich nicht, die Weiber anzufassen. So frißt er sie mit den Augen.

An ihn erinnerte sich Marie in ihrer Verzweiflung. Sie war schon gewitzt genug, zum Doktor wegen ihrer Kopfschmerzen zu kommen.

Kopfschmerzen? fragte der Doktor und seine Hände zitterten

stärker. Marie war an die rechte Stelle gekommen, ohne es zu wissien. Sie begann einen Flirt mit ihm. Es war gar nicht nötig. Er besuchte sie paarmal in der Villa. Er verschlang sie mit den Augen, nichts weiter. Endlich gestand sie ihm ihren Zustand und ihren Wunsch.

Er zuckte die Achseln. Warum nicht? Fünfhundert Mark.

Sicher, sagte sie. Zahle ich voraus?

Die Hälfte, sagte er. Morgen um vier Uhr in meinem Sprechzimmer.

Ich habe Angst, gestand sie.

Pah! Sie sind die erste nicht.

Sie haben große Praxis darin?

Hunderte, sagte er gleichgültig, und ein Dutzend Kundinnen mindestens dank Königs Anstrengungen.

Des Doktors Hände zitterten. Mit diesen zitternden Händen wird er mich verbluten lassen. Marie fürchtete des Doktors Schlamperei. Der Doktor war leider nur zu ordentlich, ein Pedant, wie sich bald herausstellen sollte.

Herr König hatte durch Zufall oder Spione erfahren, daß der Doktor paarmal mit Marie Nürnberger Nachtlokale besucht hatte. Halbtoll vor Eifersucht, fuhr König nach Nürnberg, und lauerte ihr stundenlang im Regen auf. Als er sie endlich auf der Landstraße, nahe ihrem Hause stellte, schrie er wie von Sinnen. Jetzt weiß ich, warum du nicht mehr mit mir zu Bett gehst. Du treibst es mit dem Doktor. Mit dem Kartenspieler, dem Engelmacher! Gib es zu! brüllte Herr König.

Ja, erwiderte Marie, aus beleidigtem Stolz oder Rachsucht oder Widersinn. Ich gebe es zu. Mit dem Doktor, ja.

Da wurde der König still. Du gibst es zu? fragte er und strich sich fortwährend seinen verregneten Mantel glatt. Du gibst das zu?

Ja, sagte Marie. Mit dem Doktor. Es ist wahr.

Und ich, sagte König, der ich schon meiner Frau gesagt habe, daß ich mich scheiden lasse, um dich zu heiraten! Bei den Tränen der Blinden! Marie! Ist, es wahr?

Mit dem Doktor? fragte Marie. Ja. Das ist wahr.

Darauf ging König. Er entfernte sich stillschweigend. Er fuhr nach Ansbach und ging zum Amtsgericht und erhob eine Anzeige gegen den Doktor Abel Kaltwasser, so hieß der junge Arzt. Die Anzeige ging auf wiederholte Abtreibung.

Als die Polizei wie üblich um sechs Uhr früh zu Dr. Kaltwasser kam, war es ein voller Erfolg. Der Arzt leugnete zwar alles und benahm sich mit höhnischer Kaltblütigkeit, trotz seinen zitternden Händen, aber im Schreibtisch seines Sprechzimmers fanden sie die ganze Buchhaltung über hundert Fälle; mit wissenschaftlicher Genauigkeit war einfach alles vermerkt, Vor- und Zuname, Alter, Stand der Patientinnen, soziale Lage, Zeitpunkt der Schwangerschaft und der Operation, medizinische Komplikationen, nachherige Todesfälle und Honorare. Die Polizei brauchte nur das gesamte Material der Staatsanwaltschaft zu unterbreiten. Die Kriminalbeamten gingen zu den Mädchen, Ehefrauen, Witwen, Töchtern und Müttern, und vernahmen eine nach der andern, eine Pastorengattin sprang vom dritten Stock durchs Fenster, die Tochter eines Warenhausbesitzers nahm Gift. Danach ging die Polizei behutsamer zu Werk. Es ward ein berühmter Prozeß. Dreiunddreißig Frauen traten als Zeugen und Angeklagte auf, eine davon war Marie. Als Herr König erfuhr, daß auch Marie zu den Opfern seiner Denunziation gehörte, begriff er bald, daß er sich doppelt geirrt hatte. Schamlos fuhr er sogleich zu Marie. Was soll ich für dich tun? Ich kaufe den Staatsanwalt. Das Gericht. Ich kaufe den Justizminister. Mir ist's um keine Million schade. Ich gebe ein paar Fabriken drein, um mein Verbrechen wieder gutzumachen.

Denunziant! sagte Marie. Gottseidank, das Kind ist ausgekratzt.

Ich wußte es, rief König und schlug sich mit den mächtigen Fäusten auf die Brust. Nun wird sie dich hassen, sagte ich mir. Aber du bist schuld. Warum hast du mich angelogen? Und dieser elende Dr. Kaltwasser! Dieser Buchhaltungswahnsinn von Verbrechern! Ein pedantischer Narr!

Ich liebe ihn, erklärte Marie. Ich werde mit ihm sogar schlafen. Ich gehe ins Gefängnis für ihn.

Sie schickte König fort. Er sandte ihr die teuersten Anwälte. Sie warf sie zur Tür hinaus. Vor Gericht versuchte König, sie zu schützen. Er hatte richtig mit dem Staatsanwalt und einem der Richter verhandelt. Aber Marie gestand alles heraus. Warum wollten Sie Ihr Kind nicht gebären? fragte man sie.

Weil sein Vater ein Schwein ist! sagte sie.

Sie bekam vier Monate Gefängnis. Da sitzt sie nun, im Frauengefängnis zu Ansbach, und denkt nur an den Leutnant Lust. Den König habe ich schon dreimal zum Haus hinausgewiesen, er sagt mir: Ich muß Marie heiraten. Und ich werde Marie heiraten. Und meine Frau will das auch. Wir lassen uns scheiden, der Prozeß läuft schon. Und dann heirate ich Marie. Sie wird mich noch lieben. Aber Marie liebt nur den Leutnant Lust, sagte ich zu ihm. Marie liebt nur den Leutnant."

Tucher schwieg. Lust erhob sich. Schweigend gab ihm Tucher die Hand. Die hundert Schritte durch die Nacht taten Lust wohl. Der Himmel schien voller mit Sternen zu hängen, es funkelte, leuchtete, blitzte. Plötzlich mußte Lust lachen. Wollte er eine Jungfrau für sein Geld? Der Wind wehte sanft. Lust atmete mit einem Mal befreit. Kannte er denn nicht die trüben, verworrenen Lebensläufe seiner Zeitgenossen und Genossinnen? Nach dem Krieg kommt die Revolution. Nach der Revolution die moralische Schlamperei. Nach der moralischen Schlamperei kommt die neue Ordnung. Bagatell. Bagatell. Aber ich lebe. Ich lebe und die tausend Sterne mir zu Häupten. Manchmal ist mir sogar, als trüge ich ein paar Sterne in der Brust. Das macht mich inwendig so hell und heiter.

Zu Haus fand er ein Telegramm vor. Es lautete:

Erbitte freundlichen Besuch für Samstag Teezeit Luise.

Erst nach einigem Nachdenken kam Lust darauf, daß die Witwe Daisler Luise hieß.

Luise fürchtete also kein Gespenst? Er beschloß, sie um Rat zu fragen. Er wußte nicht mehr wohinaus mit seinem Leben.

Sollte er anfangen, mit der linken Hand zu malen? Aber er haßte die Dilettanten. Die Hand macht den Maler.

Primula führte ihn in den Wald. Es war lauter Frühling in der Luft. Der Himmel war fröhlich. Sie legten sich ins Moos unter eine Birke.

Er küßte ihre Lippen, den Hals, und tiefer. Später fragte sie: „So liebst du mich endlich?"

Da stand er auf und ging quer durch den Wald. Vor einer Schonung stand er still. Die Luft flimmerte. Eine kleine Wolke schwamm ganz hoch. Ein Vogel probte geduldig seine vier Töne. Die jungen, nackten Bäumchen sprachen unaufhörlich zueinander, lauter keimende grüne Vorfreude!

„Mehr will ich nicht vom Leben," sagte Primula. „Nur dich!"

„Einen Krüppel?" fragte Lust. „Sieh mich an!"

„Was sagst du?" fragte sie erschrocken.

Da erklärte er ruhig: „Man muß eine simple Seele haben, und lustig sein ohne Grund, und ohne gestern und morgen leben, um es lange angenehm auf Erden zu finden. Siehst du nicht, daß mein Leben verpfuscht ist? Der nackte Zweig, und die blaue Luft – keiner könnte das malen wie ich. Und mir haben sie die Hand zerschossen!"

„Lieber Freund," sagte Primula lachend und weinend, „wir werden ein Kind zusammen haben, wenn du nur willst! Und mit der Zeit mache ich einen großen Mann aus dir. Schon hast du die Bitterkeit der großen Männer!"

„Könnte ich nur nach Paris zurück," erklärte Lust. „Einem Serben, einem Neger erlauben sie, nach Paris heimzukommen. Auch wenn du das erste Mal nach Paris kommst, hast du das Gefühl, du kommst heim. In der Stadt wohnen Millionen Ausländer, und die eingeborenen Franzosen sind wie auf der Durchreise, mit dem Hut auf dem Kopf sitzen sie auf ihren Kaffeehausterrassen und trinken Anis und Kümmel. Nur ein Deutscher bekommt kein Visum nach Paris. Das ist der Witz der Zivilisation. In ein paar Stunden fliegst du von Berlin nach Paris, wartest aber zuvor ein Jahr auf das Visum. Jeder Privatmann zahlt heut für die Fehler seiner Regierung. Ich bin gegen die Regierung meines Landes. Nutzt nichts. Ich muß büßen. Siehst du, früher gefiel mir die Welt. Ich liebte das reine Wohlgefallen, das uneigennützige Interesse an Menschen. Vielleicht hat Gott uns nach seinem Bild gemacht. Nur vergriff er sich im Stoff – der alte Dilettantenfehler. Wenn ich am Meer stand, und der Wind wie ein Bruder auf Flügeln kam und ging, und das Licht vom Himmel auf mich schien, aus gleichem Stoff wie ich gemacht, und ich merkte, wie meine unsterbliche Seele in mir sich regte, da sagte ich mir: Ich bin einer der Söhne Gottes. Ich bin ganz zuhaus im Leben. Die Erde gefällt mir nämlich an allen Stellen. Wenn ich über die Straße gehe, in einem Fenster steht ein dreijähriges Kind und greift mit der kleinen Hand nach einer Wolke und singt, oder ein junges Mädchen geht vorüber, ich sehe ihr Lächeln und ihre hohen Beine, und ihr Röckchen wippt, oder ein alter Mann mit Bart geht auf einen Stock gestützt, er blickt zur Erde, als suche er die ruhige Stelle schon aus, plötzlich schaut er auf, du siehst seinen tiefen Blick, gemischt aus Todesfurcht und tapferer Weisheit, trotz allem, siehst du, da lieb' ich die Leute. Und bin es zufrieden, daß es allerorten davon wimmelt wie von Fliegen und Vögeln, und daß sie leben, siebzig und achtzig Jahre lang, und sterben heil und gesund, im Besitz aller zehn Finger jeder. Hätte ich doch lieber den halben Fuß verloren, oder beide Beine! Darf man einem Maler die rechte Hand zusammenschießen? Und wer hat mich kaputt gemacht? Du! Du und deine Brüder!"

Er stand vor Primula, als wäre sie ihm Rechenschaft schuldig. Das Mädchen hatte Tränen in den Augen. Der Tag war schon hinuntergegangen. Eine sanfte Röte verblaßte am Himmel. Der Vögel geschwätziges Gezwitscher klang schon aufgeregt und nachttrunken.

„Sei fröhlich," ermahnte sie Lust und schüttelte sie wie ein junges Bäumchen, zärtlich und eifersüchtig. „Du hast deine zehn Finger!"

Am Samstag regnete es den ganzen Tag in Strömen. Der Wind zerrte an den neubelaubten Bäumen. Lust rasierte sich erst mittags. Er spritzte Parfum ins Haar und auf den Rock. Vor dem Spiegel schnitt er fleißig Grimassen, als probiere er ein neues Gesicht aus.

Die Witwe saß im Kreise ihrer Kinder. Diesmal reichte sie ihm echten Kaffee. Zum offenen Fenster kam das gewaltige Rauschen des Regens herein. Lust empfand eine seltsame Rührung. Diese Bäume schienen ihm gespenstisch und vertraut wie vergessene Gegenden der Jugend. Er saß träumend und empfand eine dieser geschwinden Zaubereien der Zeit, da Minuten wie Äonen erscheinen. Die Schmerzen sind wie Zugvögel aufgeflogen. Der Uhrschlag der Sorge tickt nicht mehr. Deine Seele fühlt das heitere Schweben des Erdballs.

Die Kinder saßen wie behext oder eingeschlafen da. Die Witwe lächelte still. Ihre Haut war weiß und rosig. Sie schien großartiger als je. Lust fand ihr Lächeln wie einen totgeglaubten Freund wieder. Er blickte auf ihren Busen und ihre Beine, sie hatte nichts zu verbergen, alles war groß und köstlich.

„Wir wurden das letzte Mal unterbrochen, lieber Lust."

Unwillkürlich blickte Lust zum Fenster. Diesmal sah er keine Gespenster.

Die Witwe faßte seine Hand und führte sie an ihre Brust.

„Fühlen Sie," bat sie naiv, „was ich empfinde."

Lust fühlte.

„Glauben Sie nicht an Gott?" fragte die Witwe.

Lust zog seine Hand fort und blickte auf ihre runden Knie. Jetzt erst gewahrte er, daß ihre Beine nackt waren. Schöne Beine! Glaube ich wirklich nicht an Gott? fragte er sich besorgt.

Die Witwe seufzte. Ihre Augen wurden feucht.

„Wenn die Kinder und ich bei Tische seinen leeren Stuhl sehen... Manchmal fürchte ich mich, die Tür zu öffnen... vielleicht steht er hinter der Tür? Er lebt als Schatten mit uns. Es ist so unheimlich, mit dem Schatten zu Bett zu gehn, mit dem Schatten zu speisen. Ist es so, Kinder?"

„So ist es," antwortete Rosa, die Zehnjährige, mit Überzeugung. Die kleineren Kinder nickten gewichtig.

„Leben Sie mit uns," bat die Witwe und errötete auf eine reizende Weise. „Teilen Sie unsere Bestrebungen, und unseren Besitz!"

„Ich bin beschämt," begann Lust...

„Ich bin 29 Jahre alt," gestand sie und errötete stärker. „Daisler war der einzige Mann in meinem Leben. Ich bin eine Frau... und das Leben muß doch einen Sinn haben?"

„Gut," sagte Lust, „aber..."

„So gern würde ich in Ihrem Herzen den leeren Platz Daislers ausfüllen, Ihr Freund sein – und Ihre Freundin!"

Die Witwe stand auf, zusammen mit den drei Kindern.

„Wenn Sie wiederkommen wollen, zögern Sie nicht, aus falscher Scham! Nur recht geschwind in unsere offenen Arme, Freund!"

Lust verneigte sich tief. Das Töchterchen Rosa bot ihm die Wange. Angelika warf ihm Kußhände zu, Michel flüsterte ihm ins Ohr: „Komm schon heute Abend, lieber Onkel! Es gibt Mohntorte mit Mirabelleneis!"

Im rauschenden Regen ging Lust durch die dunkeln Gassen. Es war ihm wunderlich zumut. Er war ausgegangen, um eine Stunde bei dieser großen, prächtigen Frau zu liegen. Sie aber bot ihm die Erziehung ihrer Kinder und den Genuß ihrer Güter und ihrer ausführlichen Person an. Ich bin ein entschlossener Müßiggänger, sagte sich Lust, und passe nicht in diese fleißige Zivilisation, die unsere aufstrebenden Väter gebaut haben, mit Fahrstühlen für sozial Gehobene und Empfängnisverhütung für ausgelassene Backfische, mit Margarinefabriken und Luftbombardements fürs platte Volk, mit unsaubern Rassepredigern und konterrevolutionären Regierungen, die straflos morden. Ist diese Zivilisation wert, daß man für sie stirbt? Es müßte eine bessere geben, unbestochene Götter, eine dauerhafte Gerechtigkeit, und Liebe ohne Ansteckungsgefahr. Und ich? Was habe ich angefangen mit meinen blutig gewonnenen Tagen?

Eine junge Frau, mit Namen Marie, leiht mir ihr Haus. Zwei Zwillinge geben sich in meine Hand, und eine gibt sich hin. Ein wiedergefundener Freund bietet mir sein Geld und seine Ideale. Kameraden wollen mit mir zusammen Deutschland retten. Ein Anwalt offeriert mir seine Hilfe. Ein alter Mann mit Namen Tucher offeriert mir seine Bibliothek. Ein Kriegsgewinnler offeriert mir Geld. Die Witwe Daisler will ihre Güter mit mir teilen. Das Glück jagt mich und wird mich noch zur Strecke bringen. Eine Fülle von kleinen Wundern – und keines schmeckt mir!

Triefend vor Nässe langte Lust vor der Villa Marie an. Die großen Bäume schüttelten unmutig ihr Laub. Aber der starke Wind bog sie mit Gewalt zur Erde, als müßte er sie sonst zerbrechen. Mit tausend Stimmen ächzten sie und bückten sich. Gewaltsam und schreiend hoben sie sich wieder auf. Lust sah sie mit Rührung an. Ihr meine grünen Freunde, hohe Bäume, bückt euch vor dem großen Wind!

Er lehnte die Wange an den nassen, harzduftenden Stamm eines der windgeschüttelten, lautaufrauschenden, grünen Riesen und umarmte ihn zärtlich. Armer grüner, festgewachsener Bruder. Bücke dich! Bücke dich tief!

Schließlich ging er erheitert ins Haus. In der Stube war Licht. Als er eintrat, saß am Tisch Marie.

6. KAPITEL

ES BRENNT

*M*arie setzte sich im Bett auf. Es war finster im Schlafzimmer. Ihr war, als hätte sie es klopfen hören. Wie eine Beschwörung flüsterte sie Ferdinands Namen.

Lust wachte auf. Mit der Hand tastete er nach ihr. War Marie wirklich bei ihm?

Sie flüsterte: „Ich träumte vom Gefängnis. Im Traum lag ich schlaflos auf der Matratze meiner Zelle und hörte wieder das Klopfen. Sie klopfen bei Tag und Nacht! Da! ich könnte schwören, da sei es wieder! So verfolgt es mich!"

Schon klopfte es lauter. Das war kein Traum. Es klang wie von Fäusten.

„Das sind die Zwillinge!" erklärte Lust.

„Klopfen sie in der Nacht? Ist das eine Gewohnheit?"

„Es brennt!" rief es vor der Tür.

„Das ist ein Spaß!" erläuterte Lust und begann zu lachen. „Ein Spaß der Zwillinge!"

Marie warf ihr Kissen gegen die Tür. „Die Schamlosen! Sie hassen mich!"

„Es brennt!" schrien die Zwillinge vor der Tür.

Lust lachte aus vollem Halse. „Ein poetischer Spaß! Und Poesie ist schamlos, wie die Natur!"

Er stieg vorsichtig aus dem Bett. Aber statt zur Tür, tappte er zum offenen Fenster und zog die Gardinen auf. Er dachte, sie hätten verliebterweise in den hellen Mittag hineingeschlafen. Aber es war Nacht und stockfinster. Nachdenklich starrte er ins laue Dunkel und erläuterte: „Nur die echte Poesie ist schamlos; sie zeigt die Natur nackt. Obwohl sie der Natur zuweilen zum Verwechseln ähnlich sieht, ist sie am weitesten von ihr entfernt, nur Kunst."

„Es brennt!" schrien die Zwillinge und hämmerten an die Tür.

Marie lief zur Tür. Lust wollte sie zurückhalten. Der Ruf sei nur metaphorisch. Kinder (und junge Völker) liebten Metaphern. Die

Tür war gar nicht verschlossen. Lust hatte eine Kerze angezündet, er hielt sie, als wollte er Marie beleuchten. Rauch stieg in Schwaden die Treppe empor.

Die Zwillinge standen in ihren Mänteln und mit den Rucksäcken wie fertig zur Abreise. Schweigend musterten sie das nackte Paar. Der Rauch machte alle husten. Marie war vor Entsetzen sprachlos. Sie deutete auf die Treppe, ihr Finger schien die Flammen zu rufen.

Lust sprach als erster. „Saht ihr nicht, daß es brennt? Warum kamt ihr nicht einfach herein?"

„In Ihr Schlafzimmer?" fragte Primula. „Oder in wessen Schlafzimmer?"

„Treibt ihr mit Feuer Scherz?" rief er und trat plötzlich einen Schritt zurück, als sehe er Gespenster. „Ihr seid... ihr seid angekleidet?"

Aber Marie zog die Zwillinge ganz in die Stube und verriegelte die Tür hastig.

„So," sagte sie zufrieden, als sei nun das Feuer ausgeschlossen. Dann deutete sie auf die brennende Kerze und rief, als wäre die Kerze am Feuer schuld: „Auslöschen!"

Lust blies die Kerze aus. Im Dunkeln hörten sie das Feuer.

Marie sagte, als begriffe sie es jetzt erst: „Ferdinand! Mein Haus verbrennt!"

„Auch wir verbrennen!" erläuterte Lust. Da schienen alle erst auf den Gedanken zu kommen.

„Zu Hilfe!" riefen die Zwillinge und rannten zum offenen Fenster und blickten hinab.

Aber Lust fragte sie bekümmert und halblaut, indem er zu ihnen trat: „Kinder, was habt ihr getan?"

Dabei beugte er sich gleichfalls zum Fenster hinaus.

„Gib acht! Du bist im ersten Stock!" antwortete ihm Uli, als hätte sie es eben entdeckt. „Springst du herab, kannst du ein Bein brechen."

„Auch den Kopf!" sagte Primula. „Warum schliefst du nicht unten, Ferdinand?"

„Seit zweihundert Jahren steht das Haus, und hat nie gebrannt!"

sagte zur Entschuldigung Marie.

„Um so schlimmer! Einmal mußte es brennen!"

„Aber es brennt unten!" rief Marie.

„Unten!" wiederholte Lust.

„Werft die Betten herunter! Obwohl sie lieber verbrennen sollten!" rief Primula.

Wer?" fragte erschrocken Lust.

„Du fragst noch?"

„O Primula! Was hast du getan!"

„Was?" fragte Uli zornig.

Eine Stimme kam vom Garten. „Marie! Marie! Lebst du?"

„Onkel Martin! Die Treppe brennt!"

„Habt ihr keine Leiter?" rief Tucher.

Lust antwortete: „Hinterm Haus! Am dritten Baum!"

„Rechts oder links?" fragte der alte Tucher und rannte schon. Nach einer Weile, die ihnen endlos schien, hörten sie ihn wieder. „Wo seid ihr?"

Da drängten sie sich ans Fenster, schrien und stießen sich, lachten und weinten. Unten richtete Tucher die schwere Leiter auf. Lust erfaßte sie, und lehnte sie ans Fensterbrett. Tucher rief: „Nur Mut! Und Marie voran! Wo bleibt Marie?"

„Zuerst die Kinder!" sagte sie.

Aber die Zwillinge schrien: „Wir sind keine Kinder mehr!"

„Keine Kinder mehr!" pflichtete Lust bei. „Seht! Sie kamen völlig angekleidet! O begreifst du nicht! Völlig angekleidet!"

„Ferdinand!" rief Primula und ballte die Fäuste vor seinem Gesicht. „So sprich ihn aus, deinen Verdacht! Sprich ihn aus!"

„Antworte nicht, Primula!" rief Uli schluchzend.

„Aber hast du ihn verstanden?"

„Hör' ihn nicht. Das ist ein böser Mensch!"

„Aber du, Uli? Auf wen wartest du? So rette dich! Um dich wäre es schad!"

„Nach dir!" sagte Uli.

„Marie!" schrie Tucher.

Da lief Primula mit dem Gleichmut der Verzweifelten die Leiter wie eine Treppe hinunter. Tucher drückte sie an sein Herz und fragte:

„Bist du es, Marie?"

Im Zimmer hörten sie schärfer das Sausen der Flammen. Eben als Uli herabkletterte, vernahmen sie in der Ferne das scheppernde Rasseln der Feuerwehr, den klingelnden Notschrei. Uli fiel von der letzten Sprosse ins nasse Gras. Tucher schloß sie in seine Arme und fragte: „Bist du es, Marie?"

Marie und Lust stritten oben im Zimmer. „Es ist mein Haus, das brennt! Gäste voran!"

Lust wollte sie mit Gewalt durchs Fenster heben. Sie sträubte sich mit Händen und Füßen. „Was liegt an einer Kindsmörderin! Laß mich verbrennen!"

„Ich will nicht leben ohne dich!" rief er.

Tucher schrie: „Marie! Marie!"

Sie fragte: „Und diese Zwillinge?"

Tucher schrie: „Marie!"

„Welche von beiden?" fragte sie. „Du mußt antworten! In dieser Minute noch! Mit welcher hast du es? Oder mit beiden?"

„Glaubst du, ich fürchte mich vor dem Feuer?" fragte Lust ruhig.

Da beugte sich Marie zum Fenster hinaus.

„Komm herab!" schrie Tucher.

„Onkel Martin! Lauter Verräter in der Welt! Es ist eine böse Welt!"

Tucher begann die Leiter heraufzuklettern. Da stieg Marie endlich herab. Sie ließ sich in Tuchers Arme wie in einen Teich fallen. Er herzte sie und streichelte sie und küßte sie und fragte wieder und wieder: „Bist du es, Marie?"

Schon stürzte ein schwerer Regen herab. Sogleich langte die Feuerwehr an, mit lautem Licht und hellem Lärm. Die Feuerwehrleute sprangen mit Axt und Helm, und manche mit Bärten, von den rotlackierten Wagen. Schon schleppten sie Leitern und Eimer. Ihr Hauptmann schrie Kommandos, auf die keiner hörte. Das Wasser spritzte und gurgelte. Abwechselnd ward es hell und dunkel, es regnete und rauchte.

Primula schrie gellend: „Ferdinand!" und wollte sich ins brennende Haus stürzen, und rang mit Uli, die sich an sie hängte und sie umklammerte und hielt.

Und Marie schrie, „Ferdinand!" und wollte ins brennende Haus rennen und rang mit dem alten Tucher, der mit beiden Armen sie umklammerte.

Und Marie machte sich los und stürzte sich auf Uli und riß sie an den Haaren und schrie: „Du hast ihn umgebracht! Du bist schuld! Verdammte Primula!"

Aber Primula riß sich von Uli los und stürzte zur Leiter, ihr nach rannte der Feuerwehrhauptmann, hinter ihm Tucher, hinter ihm Marie und Uli. Da erschien Ferdinand oben im Fensterbogen und ließ sich die Leiter herabgleiten. Er sprang von halber Höhe herunter, schwenkte ein Bündel im Arm und rief: „Marie!" Schon rannte sie ihm in die Arme.

Primula hob ihren Hut auf, der ins nasse Gras gefallen war. „Uli! Komm fort!"

„Gleich!" sagte Uli. Sie trat vor den alten Tucher und verbeugte sich feierlich vor ihm und sagte: „Sie sind ein guter Mensch. Und haben unser Leben gerettet. Dank schön!"

Der alte Tucher hob verlegen die Hände empor. „Ich?" fragte er. „Die Nacht war so schwül, und ich wälzte mich schlaflos im Bett. Da ging ich in meinen Garten, um zu meinen Bäumen zu reden. Ich spreche manchmal zu ihnen, weil sie grün, und immer da sind, und mit tausend Blättern Antwort geben. Meine Bäume standen so still in der, feierlich dunkeln Nacht. Ich redete zu ihnen. Sie schwiegen. Ich schüttelte sie. Aber sie murmelten einsilbig, und schliefen fort, unterm schwarzen Himmel. Da ward ich verzagt. Da liegst du, und willst schlafen. Und überdenkst dein Leben. Und bist ein alter Mann. Und dein Leben? Am Himmel kein Stern. Da kamst du mir in den Sinn, Marie! Ich öffnete das Pförtchen und ging paar Schritte die Straße hinauf, nach deinem Fenster sehn. Und sah einen Schein im Haus. Er ging her und her. Sind's Kerzen? Da stieß eine rote Flamme ans Fenster, ich lief in mein Haus zurück, telephonierte der Feuerwehr, griff nach den Stiefeln und sprang zu euch, und da bist du,

Marie! Da bist du!"

Marie blickte nach ihrem Haus. Da waren nur Rauchwolken und Wasserwolken. „Mein Haus verbrennt, Onkel Martin!"

Aber Lust rief: „Halt!"" und lief den Zwillingen nach, die paar Schritte zur Straße getan hatten, um wegzugehn. „So lassen wir euch nicht fort! Erst müßt ihr Rede stehn!"

„Was, Herr Lust? Noch nicht genug?" fragte Uli und stampfte mit dem Fuß auf.

„Der Boden brennt ihnen unter den Füßen!" rief Marie.

Da kam der Feuerwehrhauptmann zu ihr und salutierte. Er prüfte sie sorgfältig, als wäre sie ein Feuer. Ihr seidenes, regennasses Hemd verhüllte wenig. Höflich erkundigte sich der Hauptmann, ohne einen Blick von ihr abzuwenden, ob sie sich wohl fühle, und ob alle Bewohner gerettet seien. Die Schlacht sei so gut wie gewonnen! berichtete er. Er war so dürr, als hätte er im ganzen Weltkrieg nur die eiserne Ration gegessen. Während er Marie mit seinen flammenden Augen verschlang, bohrte er selbstvergessen in seiner langen Nase.

Marie machte ihm Komplimente. Nur gute Menschen gingen zur Feuerwehr.

„Vielleicht, Fräulein? Vielleicht bin ich ein guter Mensch? Aber denken Sie, ich lösche nur von Berufs wegen? Ich handle aus Inspiration! Sehn Sie einfach einen Künstler in mir, Fräulein! Feuer und Wasser geben einen großartigen malerischen Effekt. Ohne meinen Vater selig wäre ich ein Albrecht Dürer heute! Mein Vater war ein Tyrann, Fräulein! Nach dem Abendessen hat er regelmäßig meine Mutter und mich verhaut. Er brauchte das. Ein Sulla. Später traf ihn der Schlag."

„Aber mein Haus? Werden Sie es retten?"

„Ihr Haus?" antwortete erstaunt der Hauptmann und rieb mit Daumen und Zeigefinger seine knochige Nase. „Das da brennt? Vergessen Sie es! Es gibt so viele Häuser in der Welt. Fräulein! Wie steht es mit Ihrem Herzen? Ich bin ledig. Und falls Sie frei sind..." Der Hauptmann verlor sich in Betrachtungen. Der alte Tucher legte seinen großblumigen Schlafrock um Marie.

Da entfernte sich der Hauptmann kopfschüttelnd. Gleich darauf vernahm man seine Kommandos. Prompt begann es wieder zu regnen.

„Kommt in mein Haus!" bat Tucher.

Marie lächelte… „Das war nämlich unsere erste Nacht…"

Da reichte Lust ihr sein Bündel. „Deine Kleider, Marie!"

„Meinetwegen bliebst du so lang im brennenden Haus?" Sie fiel ihm um den Hals. Ihr war jeder Grund recht. Dann liefen alle durch das nasse Gras. Die triefenden Bäume rauschten so laut.

„Was für eine Nacht!" sagte Marie.

„Die schönste meines Lebens," erklärte Lust, und schrie: „Au!"

„Was fehlt Ihnen?" fragte Tucher.

„Primula hat mich in die Hand gebissen!"

„Woher weißt du im Finstern," fragte Marie, „daß es Primula war?"

„Oder Uli," sagte Lust.

„Und tun das die Mädchen schon lang?" fragte Marie.

„Lachen Sie über uns?" fragte Primula. „Sie haben kein Recht."

„So? Ich habe kein Recht?"

„Nein," antwortete Primula. „Er gehört mir."

„Wer?"

„Sie wissen es längst. Warum fragen Sie also?"

„Hörst du, Ferdinand?" fragte Marie,

„O Primula!" rief Uli. „Was hast du getan?"

„Was hat sie getan?" fragte Marie geschwind.

„Kinder," bat der alte Tucher. „Hier könnt ihr nicht länger streiten."

„Warum nicht?" fragte Marie.

„Willst du im Regen ertrinken?"

„Warum nicht?"

Da trieb Tucher alle mit Gewalt ins Haus, in ein großes Zimmer, er machte Licht und zwang alle, sich um einen runden Tisch zu setzen, dann ging er, um Zimmer richten zu lassen, kam mit Decken zurück, und mit Schnaps.

„Dankt Gott!" bat er.

Da begann der Streit.

Marie fragte die Zwillinge: „Warum habt ihr mein Haus angezündet?"

Die Zwillinge starrten sie an.

„Ich sollte wohl bei lebendigem Leib verbrennen?"

„Sie nicht," antwortete Primula, „sondern Ferdinand!"

„Verbrennen?" schrie Lust und schauderte.

„Bei lebendigem Leibe!" antwortete Primula.

Tucher rang die Hände vor Entsetzen.

Marie sagte: „Ich habe euch von der Straße aufgelesen, im Schneesturm. Ich habe für euch Feuer gemacht. Ich gab euch meine Hemden, einen Apfel obendrein. Vier Monate lang schlieft ihr in meinem Haus, und aßt mein Brot. Habt ihr darum mein Haus angesteckt, und kamt dann reuevoll, und wolltet mich retten?"

„Nicht Sie!" antwortete Primula. „Sondern den Ferdinand!"

„So liebst du ihn also?" fragte Marie und stützte sich mit beiden Armen auf den Tisch. „Wahnsinnige! Liebst du ihn?"

„Ich lieb' ihn," erwiderte Primula.

„Um meinetwillen, schweigt!" bat Tucher.

„Warum?" fragte Marie, und setzte sich wieder zurück. „Das ist interessant. Fast wäre es ihr geglückt, der feurigen Jungfrau. Brandstifterin, pfui! Mein armes Haus! Ich hatte es lieb, wie ein Kind. Schau sie an, Onkel Martin. Das war nämlich unsere erste Nacht. Ihn wollten sie umbringen. Mich gaben sie drein. Schweigen? Die Polizei soll kommen, in diese Stube da, und sie beide abholen, um sie ins Gefängnis zu werfen, wohin sie schon lange gehören! Onkel Martin! Da sitzt eine Mörderin am Tisch."

Primula sah Marie steif ins Gesicht. „Ich werde mein Kind nicht umbringen!"

Marie versuchte aufzustehen. Sie fiel auf ihren Stuhl zurück. Ihr ward schwindlig. Mit beiden Händen klammerte sie sich am Tischrand. Sie schwankte auf ihrem Stuhl. Mehrmals setzte sie zum Sprechen an. Schließlich brachte sie ein paar Worte heraus. „Bekommst du ein Kind von ihm?"

„Ja," gab Primula zur Antwort.

„Wahnsinnige," rief Lust. „Was sagst du da?"

„Du? Du nennst mich eine Wahnsinnige?" fragte ihn Primula. „Wir waren heut in der Stadt, beim Doktor. Du kannst ihn fragen. Beim Doktor Hintner waren wir. Fräulein, hat er gesagt, Sie bekommen ein Kind. Und wie ich geweint hab', hat er gesagt: Ihr Kind wird stark sein."

Marie war aufgesprungen. Sie ging um den Tisch herum und blieb vor Primula und Uli stehn. „Steht auf!" befahl sie. „Neben einander. Ich will wissen, ob man es sieht? So schaut alle! Sieht man es schon?"

Die Zwillinge waren aufgestanden, scheinbar gehorsam, oder stolz auf das künftige Kind, oder selber neugierig, ob man es sehe; wer weiß aus welchem Grund? Sie standen zum Verwechseln da, bescheiden, hübsch, und ganz unschuldig.

„Das sind doch Kinder," murmelte der alte Tucher bekümmert. Er deutete auf die Zwillinge und murmelte: „Und hübsche Kinder!"

Marie tat ein paar Schritte zurück, um sie besser zu mustern. Sie antwortete: „Hübsche Kinder! Sie haben den Teufel im Bauch!"

Plötzlich stampfte sie mit dem Fuß auf. „Verdammte Zwillinge! Man sieht keinen Unterschied. Lügt ihr?"

„Fragen Sie ihn," antwortete gleichmütig Primula und deutete auf Ferdinand.

Marie sah ihn an. Da saß er und hielt seine Hände weit weg, als wären seine Hände die Schuldigen.

„Schau ihn an," sagte Marie. Sie fühlte sich mit einem Mal schwach in den Beinen. „Das ist nämlich mein Liebhaber, Onkel Martin. Bevor ich ihn in mein Bett ließ, heut nacht, da... was hast du da gesagt, Ferdinand?"

Sie rieb ihre Wangen, als störten sie die Tränen im Gesicht.

„Ich hab' gesagt," erklärte sogleich bereitwillig Lust: „Schick' mich fort, Marie. Oder laß mich da. Alles eins: Vier Monate hab' ich auf dich gewartet. Vier Jahre wart' ich, wenn es dir gefällt."

„Das hat er gesagt!" bestätigte Marie. „Und als ich ihn weiter gefragt habe: So sehr liebst du mich, Ferdinand? Und sahst mich damals nach dem Schneesturm nur ein paar Stunden lang? – Da ... was hast du da gesagt, Ferdinand?"

„Ich – hab' ich da gesagt – hab' nur dich, Marie. Liebe ist ein rasches Geschäft. Menschen macht man in paar Minuten! hab' ich gesagt. Alles Große geschieht im Augenblick. Ich bin dein Mann, Marie! – hab' ich gesagt. Nun weiß ich erst, warum ich in der Welt bin und im Krieg war, und gerettet bin, und im Gefangenenlager die zwei Wächter umgebracht hab', und so eilig war, und im Schneesturm nicht umgekommen bin, und vier Monate müßig gewartet hab'! Nun ist mir nichts leid! – hab' ich gesagt."

„Hörst du, Onkel Martin? Verstehst du? Ich hab' ihn gefunden – im Schneesturm, auf der Landstraße, die Nacht bevor ich ins Gefängnis ging – meinen Mann! Mir gehört er! Keine andere soll ihn haben!"

Tucher deutete auf Primula. „Siehst du nicht, wie blaß sie wird?"

Marie ballte die Fäuste. „Sie hat ein Kind!" sagte sie. „Und von ihm!"

„Er ist mein Gatte!" antwortete Primula. „Kann ein Leutnant eine Person aus dem Gefängnis heiraten, eine Kindsmörderin? Schaudert dir nicht vor ihr, Ferdinand? Und wen bringt sie morgen um?"

Lust lächelte unwillkürlich. „Ich kann doch keine Zwillinge heiraten?"

„Und verführen?" fragte Uli.

„Sie hat mich verführt! Und mit Gewalt!"

„Was für ein Mann!" rief Uli.

Tucher wiederholte erstaunt: „Ein Mann!"

Marie trat so nahe vor Uli, als wollte sie das Mädchen mit ihren Blicken anzünden. Sie fragte: „Bist du also nicht nur doppelt, und überflüssig? Bist du auch bös? Und giftig?"

„Wie kannst du vergessen, daß du zu Kindern sprichst?" fragte Tucher.

„Kinder?" fragte Marie. „Oder Huren?" Sie ging zu ihrem Onkel und deutete auf Primula, als hätte sie eine große Entdeckung gemacht. „Die wird ein Kind haben. Und ihr Kind wird leben!"

Sie setzte sich wieder und starrte vor sich hin. Dann faßte sie Lust an der Schulter und schüttelte ihn. Sie fragte: „Du verschmähst also keine? Ein sauberer Liebhaber! Wie lange treibst du es schon mit ihnen? Von der ersten Nacht an? Seit ich mein armes Haus verließ? Schon damals hattet ihr Angst vor der Polizei! Und es war nur der Telegraphenbote, der klingelte, und jenes Telegramm brachte, das die Firma Blunck und Johst mir schickte. Meine Anwälte hatten nämlich eine Eingabe um Begnadigung gemacht, oder wenigstens um Strafaufschub, aber hatten es verschlampt, mir die Ablehnung rechtzeitig mitzuteilen – saubere Firma! Im letzten Moment erinnerte sie erst ihr Bürovorsteher! So mußte ich mitten in der Nacht zum Bahnhof. Ich erreichte den Nachtzug nach Ansbach. Und kam am andern Tag in aller Frühe ins Gefängnis, mit leeren Händen. Aber man geht in jedes Unglück ungerüstet. Später besuchte mich der Herr Dr. Blunck paarmal in meinem Gefängnis. Er versuchte, sich zu entlasten und mich zu küssen – saubere Firma! In jener ersten Nacht lagst du wohl schon bei diesen Kindern? Geschwind zu Bett? Was? Du eiliger Engel!"

„Gab ich mich je für einen Engel aus?"

„Aber warum hast du mich nicht verbrennen lassen?"

Marie begann wieder zu weinen. Sie streckte die Hände zum alten Tucher hin und bat: „Jage uns fort! Siehst du nicht, daß lauter Mörder um deinen Tisch sitzen?"

Da stand der alte Tucher auf und wollte reden. Ehe er noch zu Wort kam, klingelte es scharf zweimal.

„Die Polizei!" rief Primula. „Wirst du immer bei mir bleiben, Uli?"

„O Primula!" flüsterte Uli, und faßte die Hand der Schwester. Ein junges Dienstmädchen im roten Unterrock meldete Herrn Gohlke.

„Gohlke?" fragte Tucher. „Wie sieht er aus?"

„Sehr hübsch," sagte das Mädchen. „Er trägt nämlich Uniform!"

„Die Polizei?" fragte Tucher. „Und mitten in der Nacht? Ich lasse bitten!"

Der Feuerwehrhauptmann trat ein, dürr und lächelnd. Er salutierte. „Gohlke!" sagte er. „Für Freunde: schlechthin Gohlke. Für Fremde heiß ich: Dr. Gohlke! Erschrecken Sie nicht! Manche Leute erschrecken, wenn sie mich sehn. Aber das Feuer ist, an sich, ein Segen. Schönes Fräulein, hier ist meine Visitenkarte, mit Adresse und Telephon. Das Haus muß freilich geräumt werden! Sogleich, würde ich sagen."

„Mein Haus soll ich räumen?" fragte Marie und griff mechanisch nach der Visitenkarte des Hauptmanns, worüber sie die Decken fallen ließ und wieder im Hemd stand. Der Hauptmann verlor sich im Anblick.

„Herr Hauptmann!" rief Lust.

Da erwachte der Brandmeister. Er stammelte: „Ihr Haus? Vergessen Sie es! Eben fuhren wir ab, und ich werfe einen letzten Blick zurück, und sehe – was? Ihren Dachstuhl brennen, Herr Tucher!"

Tucher rannte schon zur Stube heraus, man hörte ihn rufen: „Kinder! Meine Kinder!"

Der Feuerwehrhauptmann schlug die Hacken vor Marie zusammen. „Fräulein!" sagte er. „Ihren Arm bitte!"

Marie gab ihm den Arm, und den andern Arm ihrem Lust. So schritt sie aus dem zweiten brennenden Haus, fast nackt und feierlich. Noch ehe sie aus der Stube waren, rief Primula: „Und kennt man schon den Brandstifter dieses Hauses?"

Niemand antwortete. Im selben Augenblick gingen alle Lampen aus. Uli hielt immer noch die Schwester. Sie drückte die arme, kalte Hand des betrogenen Mädchens. „Hier sind unsere Rucksäcke!" flüsterte sie. „Ich habe die ganze Zeit scharf auf sie aufgepaßt. Da ist ein offenes Fenster. Gib acht beim Heruntersteigen. Halte dich nicht am Efeu! Fang die Rucksäcke! Niemand darf uns sehn!"

Sie schlichen eine Hecke entlang, zu einem Gartenpförtchen, da standen sie zwischen den Äckern. Ein dünner Regen fiel. Primula schlug den Weg in die Stadt ein. Die Bäume rauschten wie erschrocken. Schon waren die Schwestern am Bismarckschulhaus. Ihre Schritte hallten in der öden Straße. Das Pflaster glänzte in der Nähe der Laternen schwarz und feindlich. Manchmal kam hinterrücks ein Wind und faßte mit feuchten, schwülen Fingern nach den Mädchen. Nach einer Weile fragte Uli: „Gehst du zum Bahnhof?" Sie hielt den Ort, um abzufahren, für die schönste Stelle von Nürnberg. Diese Stadt hatte ihnen kein Glück gebracht.

„Wohin willst du fahren?" fragte Uli.

„Da sind viele Gleise. Da legen wir uns einfach hin."

Uli fühlte ihren Mund pilzig werden. Sie hatte das Wort ‚Sterben'
auf der Zunge. Sie zählte vor Angst die Schritte, die Laternen. Ihre
Schritte hallten so laut. Sie würden noch die Stadt aufwecken. Sie sah
zu den blinden Fenstern empor, ob schon Leute herabschauten. Sie
sah sich um. Ein Mann folgte ihnen in einiger Entfernung.

„Und... muß es sein? Nie mehr die Sterne sehn? Und das eigene
Gesicht im Spiegel? Und dein Kind, Primula? Vielleicht wird es ein
lustiges Kind sein, und wird lachen? Diese blinkenden Geleise. Der
Zug fährt über uns hin. Ich bin tot. Und du lebst vielleicht... verstüm-
melt vielleicht, aber du lebst! Willst du das?"

„Sei unbesorgt! Ich überlebe dich nicht, Uli!"

Uli sah sich um. Der Mann folgte ihnen in der gleichen Entfernung. Es regnete stärker. „Und... muß es sein?"

„Aber? Soll ich gemein werden? Kennst du nicht die Rechnung
meines Lebens? Ferdinand? Er will mich nicht! Und hast du nicht
selber gesagt, Uli: Er hat eines Mörders Augen? Und er will mich
nicht. Und Marie? Sie liebt meinen Lust. Aus Eifersucht geht sie zur
Polizei. Für Brandstiftung kommst du ins Zuchthaus. Zehn Jahre,
oder zwanzig Jahre."

„Wir sind unschuldig. Hast du das vergessen, Primula?"

„Du! Du bist unschuldig!"

„Du kriegst ein Kind, Primula! Aber das Haus haben wir nicht
angezündet!"

„Ich weiß! Aber ich habe es ihnen gestanden!"

„Was sagt man nicht alles im Zorn!"

„Erzähle das einem Richter! Ich wollte, ich hätte das Haus angesteckt! Dann glaubten sie an unsere Unschuld! Kennst du die Richter
nicht?"

„Du bist unschuldig!"

„Und das Kind? Ich kann es abtreiben wie Marie! Uli? Soll ich
mein Kind umbringen? Wie Marie?"

„Lieber sterben!" rief Uli erschrocken.

„Du sagst es!" erklärte Primula zufrieden. „Aber hast du Angst?
Arme Uli! Wir sind nur zusammen geboren, nicht zusammen gebun-

den!"

„Schweig! Ohne dich weiterleben? Ich möchte leben! So gern! Aber nie ohne dich! Hörst du?"

„Ich höre? Warum schreien?"

Mehrmals hatten die Mädchen nach dem Mann, der ihnen auf den Fersen war, sich umgeblickt. Jede hoffte, die Schwester sähe ihn nicht. Aber je rascher sie gingen, um so rascher folgte ihnen der Mann.

„Siehst du ihn?" fragte Uli endlich.

„Kriminalpolizei!" flüsterte Primula.

„Oder ein Räuber?"

„Lauf!"

Hand in Hand begannen sie zu rennen. Ihnen schien, als hörten sie das Klappern der Sohlen des Manns immer dichter hinter ihnen, als komme er immer näher. Daß er sie schweigend verfolgte, erschreckte sie zehnmal mehr. Ihre Herzen hämmerten, der Schweiß rann ihnen am ganzen Körper herab, ihre Beine drohten zu brechen. Endlich konnten sie nicht mehr. Sie blieben keuchend stehn und sahn sich um. In der Ferne ging der Mann, kam näher, war unmittelbar vor ihnen – und ging vorüber, ohne sie eines Blickes zu würdigen. Bei der nächsten Ecke bog er nach links und verschwand.

„Gerettet!" rief Uli. Die Mädchen fielen einander in die Arme. Sie begannen zu lachen, unaufhaltsam, wie gestoßen und gekitzelt. Da fiel ihnen ein, daß sie unterwegs waren, um sich umzubringen. Da faßten sie sich bei der Hand, und weil es gerade wieder stärker zu regnen anfing, setzten sie sich auf eine Stufe in einem geschützten Torgang, nahe beisammen, und schauten einander beim Schein einer Laterne ins Gesicht, und begannen verzweifelt zu weinen.

Schließlich hatten sie keine Träne mehr. Mühsam standen sie auf. Sie fühlten sich zerschlagen. Es war schon heller. Ein milchiger Schein kam vom Himmel. Die Sterne wurden blasser. Eine schwarze Katze lief ihnen entgegen.

„Gib acht," sagte Uli. „Wenn sie unsern Weg kreuzt, bringt es Unglück." Da erinnerte sie sich, daß es auch kein Unglück mehr für sie geben würde, und um abzulenken, fragte sie: „Ist es noch weit?"

Endlich langten sie an. Die Laternen gingen schon aus. Ein paar Arbeiter kamen vorbei, vielleicht von einer Nachtschicht. Eine einzelne schwarze Kutsche, dichtvermacht und ohne Kutscher, stand vor dem Bahnhof.

Primula und Uli gingen zu einem Schalter. Hinter dem Schalter saß ein alter Mann und schlief. Seine Lippen zitterten, als würde er im Schlaf weinen. Primula zog einen Hundertmarkschein aus ihrer Tasche und legte ihn vor den Schalter.

„Zwei Karten!"

Der Beamte fuhr aus dem Schlaf und glotzte verblüfft auf die Zwillinge.

„Ja," sagte er, und beugte sich vertraulich näher, „man wird alt."

„Zwei Karten," sagte Primula.

Der Beamte machte ein böses Gesicht. „Der Zug nach Berlin geht erst in einer Stunde." Er holte den Hundertmarkschein herein, warf ihn in eine eiserne Kassette, nahm zwei Fahrkarten, legte sie auf das Schalterbrett und bedeckte sie mit der linken Hand. „Ich bekomme noch eine Mark neunzig," erklärte er streng.

Die erschrockene Primula suchte das Kleingeld und fand es nicht. Da ließ der Beamte das Schalterfenster mit einem Knall herab. Nun hatte er Fahrkarten und Geld.

Endlich fand Primula in ihrer Tasche die Mark aus Aluminium und neun eiserne Zehner, und klopfte ans Schalterfenster, ohne Erfolg. Als Primula schon die Hoffnung aufgegeben hatte, ging das Schalterfenster mit einem Ruck auf, der Beamte strich das Kleingeld ein, schob die Fahrkarten verächtlich hinaus, sagte mit einer schnarrenden Stimme: „Bahnsteig sieben," und ließ das Schalterfenster wieder herabfallen.

Primula und Uli standen bestürzt mit zwei Fahrkarten dritter Klasse nach Berlin.

Uli seufzte. „Willst du nach Berlin?"

Primula warf ihr einen seltsamen Blick zu. Uli begann zu zittern. Dann gingen sie durch die Sperre. Auf dem Bahnsteig war es kalt. Sie waren die einzigen.

„Wir sind zu früh dran," sagte Uli.

Sie ging bis an den Rand des Bahnsteigs und starrte auf die nassen Geleise. Sie funkelten, fett und feindlich.

„Hast du Angst?" fragte Primula ihre Schwester.

Erschrocken schüttelte Uli den Kopf.

„Das dauert eine Sekunde," erklärte Primula. „Und dann wird der Zug in Berlin mit zehn Minuten Verspätung ankommen."

Ein Eisenbahner mit einer Laterne im Arm und einer Schaufel schlürfte müde vorüber, und verschwand wieder. Der Morgen dämmerte grau herauf. Alles war gesagt. Die beiden armen Mädchen warteten. In der Mitte des Bahnsteigs war eine große Uhr angebracht. Von Zeit zu Zeit warf Uli einen ängstlichen Blick auf die Zeiger, sie krochen unmerklich.

„Ich bin müde," murmelte Uli und sah auf eine Bank, in der Nähe.

„So setz' dich."

Uli rührte sich nicht. Auf einer schwarzen Schiefertafel stand mit Kreide angeschrieben: D-Zug nach Leipzig und Berlin, 6 Uhr 27. Es war noch eine halbe Stunde hin, dreißig Minuten, jede Minute wie ein Tag leer und lang. Da kam ein zweiter Eisenbahner, warf einen inquisitorischen Blick auf die beiden Mädchen, ging zur Schiefertafel, stieg auf eine kleine Leiter und schrieb unter die Zeile: D-Zug nach Leipzig und Berlin, sechs Uhr 27, mit Kreide groß die Worte: Eine Stunde Verspätung. Dann warf er einen neuen Blick auf die Mädchen und ging eine Treppe hinunter zu einer Unterführung.

Der Tod hatte also eine Stunde Verspätung. Gerettet, für sechzig Minuten gerettet! Nun merkte Uli, was für ein Unsinn es war, mit siebzehn Jahren sterben zu wollen. Primula bekommt ein Kind. Ein Grund, um leben zu bleiben! Sie bekommt ein Kind! Warum ich nicht? Ich würde es gerne großziehn! Schande! Aber ein Kind bekommen ist natürlich. Fahren wir nach Berlin! Was haben wir in Nürnberg verloren? Herrn Lust? Lust ist der Vater. Aber ein Vater, der es nicht gewesen sein will! Ich will dem Kind Mutter und Vater sein. Ich liebe schon die kleinen Füße, die Fingerchen, sein Lallen, die großen, offenen Augen.

„Primula," flüsterte Uli. Sie sah sie von der Seite an und erschrak.

Primula hatte um den Mund und in den Augen schon Merkmale einer Toten. Uli dachte: Die stirbt mir ja im Stehen. Wenn der Zug kommt, und sie sich hinwirft, wie... wie vor Gott, wird er nur paar lebendige Därme zerquetschen. Die Seele meiner Schwester stirbt, und ich will nach Berlin fahren. Man kann einen Menschen nicht mehr lieben, als ich Primula liebe, und ich kann ihr nicht helfen? Die Zeiger laufen plötzlich. Lieber Gott! Lieber Gott!

„Primula!" sagte Uli. „Willst du nicht weinen? Weinen hilft!" Primula antwortete nicht. Hörte sie noch?

Der Bahnsteig belebte sich. Leute mit Koffern kamen, Leute mit Kindern, auch ein paar Leute mit Gesichtern. Und Uniformen: Gepäckträger, Eisenbahner, Zeitungsverkäufer, Schokoladebuben, Polizisten. Es hatte aufgehört zu regnen. Zwischen Gewölken ging die Sonne auf. Es war schon 7 Uhr 17, keine Zeit zu verlieren.

„Primula," sagte Uli. „Du mußt zuhören. Ehe es zu spät ist! Und mußt folgen! 7 Uhr 18! Die Zeit, hörst du?"

„Ich weiß," antwortete Primula, ohne die Schwester anzusehn. „Die Angst. Mach' dir nichts daraus. In zehn Minuten ist alles vorüber. Denk', du fällst, oder du fliegst..."

„Primula," rief Uli. Sie versuchte, die Schwester vom Rand des Bahnsteigs wegzuziehn. Sie schämte sich vor Primula. Und sah auf die fliegenden Uhrzeiger, 7 Uhr 20. Wie kam sie dazu, Primula in den Tod zu folgen? Uli wollte gar nicht sterben. Sie hätte nichts versprechen dürfen. Nach dem versprochenen Ja war es schwer: Nein zu sagen... 7 Uhr 21. Wann kam der Zug? Fand der Tod keine neue Verspätung?... 7 Uhr 22.

„Primula!" rief Uli, als wäre ihre Schwester taub. „Weißt du schon, wir fahren wirklich nach Berlin!... 7 Uhr 23. Nach Berlin!"

„Still," bat Primula. „Ich habe dieselbe Angst. Aber du wirst sehn. Ganz leicht wird es sein. Hab' nicht so schreckliche Angst! Denke, wie verzweifelt ich bin. Und daß wir verspielt haben! Und daß wir jetzt sterben müssen. Und daß alles nur ein Augenblick ist! Vielleicht liebst du mich gar nicht, Uli?"

„7 Uhr 24," antwortete Uli. „Lieber Gott! Rette uns! Laß den Zug verunglücken! Laß ihn nie nach Nürnberg. Laß ihn einen Umweg machen ... 7 Uhr 25. Wann kommt der Zug?"

„In zwei Minuten," antwortete Primula.

„7 Uhr 26," sagte Uli. Schon sahen sie in der Ferne den Zug. Primula faßte Ulis Hand fester. Sie zog die Schwester näher zum Rand. Uli sah nichts mehr als den dampfenden, donnernden Dämon, mit kohlschwarzen, riesigen Flügeln.

„Hilfe," sagte Uli. Sie schloß die Augen und wartete auf das letzte, zermalmende Gefühl.

Was?... Sie öffnete mit schrecklicher Mühe die Augen. Zehn Schritte vor ihnen sah sie die Lokomotive. Die Lokomotive stand und keuchte. Die Leute drängten sich, schweigend. Uli wollte schreien. Nun merkte sie den Schmerz. Primula grub ihre Nägel tief in Ulis Hand. Es schmerzt sehr. Was? fragt Uli. Was? Primula lacht, und lacht, und lacht. War sie verrückt geworden?

„Primula?" schrie Uli.

Da deutete Primula auf die Menge vor der Lokomotive. „Sahst du? Die Frau sprang vor uns unter den Zug. Die Lokomotive, hielt, zehn Schritte vor uns! Sahst du? Da tragen sie die Frau. Ist die tot? Eine fremde Frau! In einem grauen Mantel! Wer gab ihr das Recht?"

„Gerettet!" sagte Uli laut. „Lieber Gott, ich danke dir. Gerettet! Guter Gott. Und wir fahren nach Berlin!"

Plötzlich begann Primula zu brechen. Uli hielt ihr mit beiden Händen den Kopf.

Der Zug nach Berlin ging mit einer Stunde und zehn Minuten Verspätung. Primula und Uli saßen, allein in ihrem Abteil, so eng beisammen, als fürchteten sie, an einen imaginären Nachbarn zu stoßen, etwa den Tod, den ewigen Nachbar.

Uli lächelte, als sie durchs schmutzige Fenster die Blumen in den Tälern sah, die Kirchtürme, den Fluß, die grünen Hügel, über denen die Sonne mit ihrer alten Munterkeit hochstieg. Sie spürte ein Entzücken über Fluß und Hügel und Sonne, das ihr wehtat.

Über Primulas Wangen rannen die Tränen. Im grellen Licht schien ihr die ganze Welt leerer. Als sie das Fenster öffnete, sah sie Ulis Angst. Primula wandte ihr ein haßverzerrtes Gesicht zu. Gleich darauf lächelte sie, mit einer übermäßigen Anstrengung. Sie nahm ihre Handtasche und verließ das Abteil. Uli hätte ihr nachlaufen mögen, um jeden Schritt zu bewachen. Aber kein Wächter schützte vor diesem Abgrund. Immer war es nur ein Schritt: Ein offenes Fenster, eine Brücke, ein Gasschlauch, ein Strick – so billig ist der Tod. Und immer würde Uli der Schwester folgen in den Fluß... durchs offene Fenster... vor den fahrenden Zug.

Gestern erst hatte ihr Primula gesagt: Uli, ich glaube – ich bekomme ein Kind!

Uli hatte sie nur angesehn. Schließlich sagte sie: Gut! So bekommen wir ein Kind!

Ein Kind von Ferdinand, sagte Primula. Für ihn will ich es haben? Aber vielleicht ist es nicht wahr? – ich habe Angst...

Am Nachmittag waren sie beim Arzt. Er wusch sich die Hände und sagte: Gratuliere! Sie bekommen ein Kind!

Abends kamen sie in die Stube. Primula rief schon von der Tür! Ferdinand! Weißt du, daß ich... da sahn sie Marie am Tisch sitzen. Da waren sie stehngeblieben. Die eine Schwester wurde blaß, die andre rot. Uli hatte einen Knix gemacht.

Marie hatte sie nur angestarrt, ohne Gruß, ohne Lächeln.

Endlich sagte sie: Seid ihr immer noch da?

Als Lust kam und alle vier um den Tisch saßen, begannen Lust und Marie ohne Scham das streng rituelle Geschäft der Liebe, erst mit Blicken und Worten; dann legten sie Hand an; dann gingen sie zusammen zu Bett.

Als dann Primula und Uli einander in die blassen Gesichter sahn, in ihrem Schlafzimmer, das mit einem Schlage fremd und öde war, mit dem Bett, das ihnen nicht gehörte, begann Uli zu weinen, und Primula bat sie schluchzend, nicht mehr zu weinen. Sie umarmte Uli zärtlich, und sagte: Jetzt müssen wir stark sein.

Guter Gott! rief Uli. Sahst du je auf deiner Erde ein Mädchen so kalt betrogen?

Primula war in ihrem Zimmer vom Fenster zur Tür, von der Tür zum Fenster gegangen, eine Schildwache des Unglücks.

Plötzlich erklärte Uli: Wir müssen fliehn.

Noch in der Nacht! rief Primula. Bevor ich ihn wiedersehe!

Und wir werden unser Kind allein haben, sagte Uli. Und es aufziehn, wie es uns gefällt.

Aber? fragte Primula. Ist er nicht der Vater?

Sag' es ihm nie! rief Uli. Hörst du? Es ist unser Kind! Nie soll er davon wissen!

Als sie aus ihrer Stube geschlichen waren, und das Feuer sahn, aber die Treppe noch nicht brannte, und sie erst zur Stube Maries rannten, um Lust zu retten, und dafür Lust sie Brandstifterinnen hieß, und als Primula im Zorn ihr Geheimnis preisgab, und dann Lust sie eine Wahnsinnige nannte, und als auch Tuchers Haus zu brennen anfing, und sie wirklich flohn, da wären sie schließlich beide beinahe vor den Zug gesprungen, um zu sterben.

In diesem selben Zug nach Berlin fuhren sie jetzt – und war es nicht besser so? Uli fühlte eine unpassende wilde Freude: Sie würden ein Kind haben!

Ein junger Mann kam ins Abteil und lächelte.

„Da bin ich!" sagte er.

Geschwind ging er zum Fenster und warf auf die vorüberrollende Gegend den mißtrauischen Blick eines Aftermieters, der die Aussicht aus einer Hinterstube prüft. Sein Mantel, den er nach der Art der Pariser Studenten und Maler über die Schulter gehängt trug, schien im Wind zu wehn.

„Guten Morgen, Uli!" rief er. „Wie fremd du schaust! Sag: Guten Morgen, mein Freund! – Spielst du?"

Sanft nahm er ihre Hand.

„Spielst du die Überraschung? Trefflich! Du zeigst jene kleine Übertreibung, die in der Kunst erst den Eindruck vollkommener Natürlichkeit schafft."

Als er sie küssen wollte, stieß sie ihm die Fäuste vor die Brust.

„Spielst du eine Puritanerin?" fragte er lachend.

Uli musterte ihn wütend. Sie kannte ihn gar nicht. Er war zierlich, mittelgroß, etwa 25 Jahre alt, mit zu dünnen Beinen oder zu engen Hosen. Er trug das seidig blonde Haar gescheitelt und hatte eine lange, intelligente Nase. Er hatte Züge eines Fuchses. Aber die scharfen, blauen Augen verrieten eher Melancholie als Schläue.

Uli stand auf und faßte die Notbremse.

Der junge Mensch hob mit der Gebärde eines Photographen die Hand wie einen Schirm vor die Augen.

„Sind Sie ein Narr?" fragte Uli. „Woher wissen Sie überhaupt meinen Namen?"

Der unverschämte Mensch klatschte vor Vergnügen in die Hände. „Eine zweite Duse!"

Er bot ihr eine Zigarette an.

„Und deine Schwester?" erkundigte er sich. „Und Lust?"

„Sind Sie von der Kriminalpolizei?" fragte sie.

„Sehe ich so ordinär aus?"

„Erwarten Sie Komplimente?"

„Blieb Primula in Nürnberg mit ihrem Maler? Einmal sprachst du mit solchem Feuer von ihm, daß ich eifersüchtig wurde. Nun wirst du rot. Gib endlich zu, daß ich dir gefalle!"

„Sie sind frech! Ich kenne Sie gar nicht."

„Du willst sagen, ich bin unbekannt? Geduld! Ein paar Jahre nur! Oder hältst du mich für ganz talentlos? Frechheit und eine Spur Talent machen in unserm vulgären Jahrhundert mit Gewalt berühmt."

Da kam Primula zurück.

„Da sind Sie!" sagte sie und reichte ihm die Hand. „Ich suche Sie im ganzen Zug. Wo waren Sie?"

„Ach!" sagte der junge Mann und ließ die Hand Primulas nicht los, und wandte den Blick von Primulas Gesicht zu Uli, und sah wieder auf Primula, und bat Uli um Verzeihung, und fragte Uli: „Habe ich Sie erschreckt, Fräulein Primula?" und ließ endlich Primulas Hand los und sagte zu Primula: „Liebe Uli! Das ist ein Zauber. So schön – und doppelt! Du sagtest immer, es sei komisch, wie ähnlich Ihr Schwestern euch seid. Aber es ist gar nicht komisch, sondern – gefährlich!"

Da er Primulas Hand wieder faßte und nochmals Primula Uli nannte, setzte sich Uli und sagte spöttisch: „Erst verwechseln Sie uns. Dann verwechseln Sie unsere Namen. Wissen Sie, wer Sie sind?"

„Ich heiße Richard Musik. Hat Ihre Schwester Uli Ihnen nie von mir erzählt, Fräulein Primula?"

„Ich heiße Uli!" sagte Uli.

Musik wandte sich zu Primula. Er fragte: „Ist das wahr?""

Primula errötete. „Ich bin Primula," bestätigte sie.

„So hast du mich betrogen!"

„Mich, mich hat man betrogen!" rief Primula heftig. Schnell setzte sie sich neben Uli. „Bist du mir böse?" fragte sie die Schwester. „Es war ein Spaß. Und so konnte ich freier über Lust sprechen. Du verstehst?"

„Ein Spaß!" rief Musik. „Alles ein Spaß?"

„Ein Kollege," erklärte Primula. „Er spielt in Berlin."

„In Steglitz," korrigierte der junge Mensch.

Primula erklärte: „Er wird uns seinem Direktor empfehlen. Ich erzählte dir schon alles."

Der junge Mensch lächelte.

„Meine Schwester," sagte Primula, „das bin ich. Und ich bin sie. Eher hat einer vor sich selber Geheimnisse, als meine Schwester vor mir. Ist das nicht wahr, Uli? Das war am Sonntag vor zwei Wochen, am Platnersberg. Ich traf Herrn Musik ganz zufällig beim Tanz, in dieser komischen Waldwirtschaft. Beim dritten Walzer fragte er mich, wie ich heiße. Ich antwortete: Der Zwilling heißt Uli. War es so?"

„So ungefähr," gestand Musik. „Später saßen wir am Waldrand und sahn zu, wie die Sonne hinter den Bäumen unterging. Die Frösche schrien wie rasend. Der Himmel schien sich selber in Brand setzen zu wollen, so rot war er. Kein Wind im Gras und in den Blättern. Wir küßten uns. Ganz zufällig."

Musik stand auf, lehnte sich ans Fenster und sah nachdenklich auf die Schwestern.

„Ich glaube nicht an Zufälle!" rief er. „War es nur ein Spaß von Primula, mir vorzumachen, sie sei Uli? Aber ein Name spielt eine große Rolle für Verliebte. Ich sagte zu dem Mädchen meiner Träume: Uli. Ich bin an diesen Namen gewöhnt. Vielleicht ein Dutzend Mal fragte ich mich, in düsteren Momenten: Liebst du Uli?"

„Hat er Talent?" fragte Primula ihre Schwester.

Uli antwortete: „Ein gutes Organ. Ich würde sparsamere Gesten empfehlen."

Musiek lachte. Er sagte: „Ich bringe Sie in meine Pension. Der Direktor vom Schloßtheater zu Steglitz heißt Moritz Fechter. Er saß mit mir auf der Schulbank."

„Und gerade heute," fragte Uli entsetzt, „gerade heute fahren Sie nach Berlin?"

Uli konnte nicht glauben, daß Primula gleichzeitig einen Selbstmord und eine gemeinsame Eisenbahnfahrt mit einem jungen Mann geplant hätte. Sie tat der Schwester unrecht. Primula hatte den Selbstmord nie geplant. Nach Berlin wollten die Schwestern schon lange fahren, teils um dort leichter unterzutauchen und zu verschwinden, teils um schneller heraufzukommen und bekannt zu werden. Uli vergaß, daß ein Mensch gleichzeitig zwei widersprechende Pläne im Herzen wälzen konnte.

Auf dem Wege zur Brücke, von der ein Selbstmörder in den Fluß springen will, um seinem Leben ein Ende zu machen, sieht er eine Wäscherei, die verspricht, Oberhemden um zwei Pfennige billiger zu waschen, und der ökonomische Selbstmörder blickt auf und merkt sich die Hausnummer, fürs nächste Mal, wenn er seine Hemden waschen läßt, er merkt sich die Hausnummer und geht zum Fluß und springt von der Brücke und klammert sich im Ertrinken an die Hausnummer der Wäscherei und denkt: Breitegasse 66 und geht unter.

Musiek fragte: „Was erschreckt Sie? Habe ich zuviel verraten?"

„Ist es Ihr erstes Engagement?" fragte Uli.

„Mein zweites," antwortete Musiek und setzte sich wieder. „Ich war Kriegsfreiwilliger und habe vier Jahre in der blutigen Farce ‚Deutscher Weltkrieg' mitgespielt, im Kostüm eines Leutnants. Nach vier Jahren ununterbrochener Erfolge wurden wir zuletzt ausgepfiffen. Ein Maskenhändler zahlte mir hundert Mark für meine Uniform, meinen Säbel und meine Orden. Ich mag keine blutige Rolle mehr."

„Haben Sie einen Agenten?" fragte Uli.

„In einer Berliner Zeitung las ich eine vernichtende Kritik über die Regie von Moritz Fechter im Steglitzer Schloßtheater. Auf dem Gymnasium spielte Fechter den Don Carlos, und ich seinen Vater Philipp. Ich telegraphierte ihm. Darauf schickte er mir einen Jahresvertrag und das Reisegeld. Nun bin ich also Schauspieler."

„Dieses Jahr!" sagte Uli. „Was wollen Sie aber nächstes Jahr machen?"

„Glauben Sie, ich wollte als Mime sterben? Ich schreibe ein Stück. Auch Molière stand auf der Bühne. Auch Shakespeare."

„Es ist keine Schande," gab Uli trocken zu. „So mancher ehrliche Bühnenarbeiter stand auf den Brettern."

„Im übrigen," sagte Musik, „habe ich beschlossen, mich nur mit Maß am allgemeinen Geschäft der Menschen zu beteiligen. Mit Blut am Kleid rannte ich vier Jahre lang durch Europa und schoß auf meine fremden Brüder. Isokrates sagt: Ein schuldiger Mensch stirbt vielleicht, bevor ihn die Vergeltung erreicht; das Volk aber, das für lange Zeiten unsterbliche, muß die Rache der Menschen und Götter erdulden. Soll ich das am Gewissen kranke Deutschland heilen? Die Menschen sind Possenreißer. Ich bin durch ihre heuchlerische Schule gegangen. Ich habe gelernt, über ihre blutigen Späße zu lachen. Bin ich nun unmoralisch, wie... Primula?"

„Wer meine Schwester kränkt," sagte Uli, „kann nicht mein Freund bleiben."

Sie lächelte und reichte Musik ihre Hand, die er behutsam küßte.

Primula ging auf Zehenspitzen zum Fenster. Sie sagte: „Es wird regnen. Ich rieche es in der Luft. Aber nach dem Regen wird die Sonne wieder scheinen."

7. KAPITEL

DER JÄGER RUNGE

*I*n Berlin regnete es. Musiek nahm die Mädchen in ein Taxi. Im Tiergarten hörten sie das Tacken eines Maschinengewehrs. In der Kantstraße ging dem Chauffeur das Benzin aus. Sie gingen zu Fuß den Kurfürstendamm hinauf. Die Autobusse glichen fahrenden Rednertribünen. Man sah durch die Scheiben die schattenhaften politischen Diskussionen. Manche Gesichter trugen den Stempel einer Partei.

Die Pension Luitpold befand sich am Lehninerplatz. Die Wirtin stammte aus Bayern. Ein Dienstmädchen aus Ostpreussen führte die neuen Mieter in ihre Stuben, die nebeneinander lagen. Durch die Fenster erblickte man die Bäume. Es waren ganz gewöhnliche Bäume, mit grünen Blättern.

Es war zehn Uhr abends. Die Schwestern nahmen den jungen Mann in ein Kaffeehaus. Sie kamen frisch aus der Provinz, sie wollten keine Stunde verlieren. Die armen Bäume auf der Straße rochen nach Benzin. An der ersten Ecke bettelte ein Kriegsblinder, an der zweiten Ecke ein Schüttler, an der dritten Ecke ein Krüppel ohne Beine auf einem Brett mit vier Rädern. Der Nachthimmel sah rötlich aus, als hätte er Scharlach. Es regnete nicht mehr. Hustende Zeitungsfrauen verkauften die abscheulichen Nachrichten von morgen. Der Kellner im Kaffeehaus brachte mit der erzieherischen Strenge eines Lehrers einen deutschen Tee, den lauen Sud eines heimischen Krauts. Er stammte aus Sachsen und lispelte. Neben ihnen sprachen Gäste im Nürnberger Dialekt. Die Schwestern und Musiek lachten ununterbrochen, teils über die fremden Sitten und Gebräuche, teils ohne Grund. Um ein Uhr morgens gingen sie nach Haus. Auf der einen Seite des Platzes patrouillierten zwei junge Schutzleute, auf der andern Seite zwei ältere Damen in einladend kurzen Röcken.

Am nächsten Tag nahm Musiek die Zwillinge nach Steglitz. Lange betrachteten sie das Denkmal vor dem Theater, eine Figur aus Erz stemmte einen schweren Gegenstand in die Luft.

„Wer ist der Herr?" fragte Primula. „Was tut er?"

Musiek erklärte nach einem flüchtigen Blick, es sei Bismarck, der für seine zweibändigen Erinnerungen einen Verleger suche.

„Falsch," rief Uli. „Es ist Schiller, wie er einen Stein nach einem gewissen jugendlichen Schauspieler schleudert, der König Philipp gespielt hat."

Eine riesige Marmortreppe führte zu dem kleinen Theater. Musiek und die Mädchen gingen durch die Seitentür in der Nebengasse, durch scharfriechende Korridore und über verstaubte Treppen, sie hörten Berliner Dialekt aus den Schauspielergarderoben, und Bühnendeutsch im Gespräch eines Bühnenarbeiters und einer Souffleuse. Musiek öffnete aufs Geratewohl eine Tür und prallte zurück. Ein alter Mann stand nackt vor einem halbhohen Spiegel und beklopfte seinen spitzen Bauch. Der alte Mann fragte, ohne sich umzudrehen und von seinem kummervollen Geschäft abzulassen: „Sind Sie es, Frau von Ribbentrop?"

„Ich heiße Musiek," antwortete der junge Mann.

„Sind Sie die neue Abortfrau?" fragte der bekümmerte Greis.

„Ich bin der jugendliche Liebhaber," antwortete Musiek.

„Zum Teufel," schrie der erboste Greis, „ich habe die Abortfrau rufen lassen! Sind Sie die Abortfrau?"

„Heißt sie Ribbentrop?"– fragte Musiek.

„Sie heißt sogar Luise von Ribbentrop," antwortete der nackte Greis und warf einen gleichgültigen Blick auf die Zwillinge, die ihn fassungslos anstarrten. „Die Alte hat sich den Adelstitel gekauft, hätte ihre Spargroschen besser anlegen sollen! Es zieht!" schrie er plötzlich hysterisch.

Musiek warf die Tür zu. Schließlich kamen er und die Schwestern in den dunkeln Zuschauerraum und setzten sich in die nächste Reihe. Auf der notdürftig erleuchteten Bühne standen junge Männer und Mädchen, die einer nach dem andern redeten, übertriebene Gesten machten, fortwährend die Gruppierung änderten und einander weder zu verstehn noch zu lieben schienen, so daß man sich fragte, warum sie so lange blieben, bis man darauf kam, sie seien dafür bezahlt. Mit einem Male wurden sie laut. Ein junger Mann in Uniform trug beißende Urteile über einen gewissen Karl vor, einen Fabrikanten, von dem sich herausstellte, daß er des jungen Menschen Vater, aber glücklicherweise nicht auf der Bühne war. Denn plötzlich begann der junge Mann einen Plan vorzutragen, wie er den Vater erschlagen und dessen Vermögen einer jungen Person ausliefern wollte, die des Geldes bedürftig schien, da sie nicht mal Strümpfe trug, und ihr grüner Pullover einen vollen Busen, aber keinen Luxus zeigte; diese Person verriet offen einen reglementierten Erwerb, und versteckte edle Empfindungen. Der Jüngling schien das Mädchen, das sein Brot mit den Beinen verdiente, aus einer idealen Entfernung zu lieben. Im zweiten Akt kam der Vater dem armen Mädchen platterdings sehr nahe. Daraus schloß der Sohn auf die Notwendigkeit der Revolution. Ein zweites Paar erging sich auf der Bühne in so erhabenen Wendungen, daß nichts zu verstehen war.

Primula fragte flüsternd Musiek: „Begreifen Sie?"

Musiek erklärte, in expressionistischen Dramen gelte Verständlichkeit für ein reaktionäres Laster.

Mitten in der Handlung erhob ein großer, schwerer Mann, zwei Reihen vor den Zwillingen, der durch sein Schnaufen und seine halblauten Bemerkungen herabsetzender Natur sehr gestört hatte, plötzlich ein unanständig lautes Geschrei:

„Krautbusch! Mehr Licht! Alle Schluß! Krautbusch soll kommen!"

„Ein Geisteskranker?" fragte Uli. „Warum braucht er plötzlich Krautbusch?"

Mit einem Male wurde es hell im Zuschauerraum.

„Moritz!" rief Musiek.

Der Dicke öffnete stumm die Arme, mit einer breiten Geste, wie um die Menschheit zu umarmen. Musiek ging zwei Reihen vor und lehnte sich ergeben an den Bauch des Dicken. Der faßte ihn, drückte ihn, schob den Freund auf Armeslänge weg, und prüfte ihn, als wollte er ihn kaufen. Schließlich rief er mit allen Zeichen äußersten Entzückens: „Was haben sie aus dir gemacht, Richard? Hauptsache, du lebst. Jetzt lachst du mich aus, weil mir die hellen Tränen über die Backen laufen? Auf der Schulbank sahn wir uns zuletzt, vor – warte mal – vor fünf Jahren, was warst du hübsch, Mensch! Du hast ja eine lange Nase bekommen. Musiek! Und du sagst nichts? Was soll die falsche Reserve? Hab' ich dir eingeschüchtert, Mensch? Hab' ich mir verändert? Scharfe Luft, in Berlin! Hab' ich mir verändert? Und die beiden identischen Damen? Dein Fräulein Braut? Respekt! Bedienst du beide? Eine engagiere ich vom Fleck weg. Hat sie Talent?"

„Welche?" fragte Musiek.

„Das ist deine Sache," antwortete der junge Direktor. „Wie heißt denn das charmante Doppelwesen?"

„Primula Lust," sagte Primula mit einem Knix.

„Ulrike Lust," sagte Uli mit einem identischen Knix.

„Ein Engel," behauptete der Direktor. „Hat sie Talent?"

„Du fragst erst?" rief Musiek.

„Später, Kind!" sagte Fechter, der prinzipiell die Schwestern in der Einzahl behandelte, „später wirst du mir vorsprechen. Oder morgen? Es kommt alles in Ordnung. Musiek, wie trägst du den Mantel? Diese welschen Sitten hören in meinem Hause auf. Nimm die Adresse von dem Kind. Aha. Du hast sie. Schlecker! So vergiß nicht..."

Aber Direktor Fechter vergaß seinen Satz. Auf der Bühne war ein kleiner Mann mit einer großen Glatze und einer roten Nase aufgetaucht, der mit trüben Augen in den Zuschauerraum schaute, als suchte er sich zu besinnen, wo zum Teufel er sich befand. Er ging mit seltsam gespreizten Beinen, als sei die Bühne ein Schiff im Sturm. Mit einer großen Kühnheit kämpfte er um sein Gleichgewicht. Direktor Fechter begann ein dumpfes Seufzen, das wie ein unterdrücktes Geheul klang. Wie ein getroffener Tank wankte er schwer rollend der Bühne zu, nun schrie er, mit aufgehobenen Händen: „Krautbusch! Wieder betrunken! Und Sie wollen der Inspizient des einzigen Theatergenies von Berlin sein?"

Der Inspizient starrte maßlos verwundert auf den schreienden Dicken. Plötzlich schien er ihn zu erkennen; denn mit einer akrobatischen Gewandtheit drehte er sich um und lief schwankend zur Kulisse hinaus. Direktor Fechter ging ihm nach, mit lautem Stöhnen und Brummen, wie ein erzürnter Bär.

„So ist er immer," erklärte Musiek begeistert den Schwestern.

„Ist er nicht großartig?"

„Wer?" fragte Uli. „Krautbusch?"

„Mein Freund Moritz!" rief Musiek lachend.

In der Pension fanden sie an der Table d'Hôte die Schauspielerin, die es in dem jungen Stück mit dem Vater trieb und mit dem Sohne hielt. Sie trug den grünen Pullover und immer noch keine Strümpfe. Sie war ganz jung und dünn, und sehr graziös, trotz ihren vollen Brüsten. Ihre Haare waren rot, die Augen grün. Sie kam auf Primula zu und sagte: „Wir müssen Freundinnen werden. Sie haben einen Zauber im Gesicht. Ihre Schwester sieht wie ein Duplikat von Ihnen aus. Haben Sie auch identische Gefühle? Und schlafen Sie mit denselben Männern? Sicher kommen Sie beide aus einem Ei?"

„Ich komme aus Aschaffenburg," antwortete vergnügt Primula.

„Das ist ohne Belang," versetzte das entschiedene Mädchen. „Ich heiße Tilde von Techow. Ich kenne eine Sekretärin von Max Reinhardt. Ich werde ihm eines Tages vorsprechen. Dann werde ich sehn, ob er Talent hat? Moritz Fechter wird dich engagieren. Oder deine Schwester. Du hast ihm gefallen. Das sah jeder. Seid ihr eifersüchtig aufeinander? Sag ruhig Tilde zu mir."

Sie deutete auf Musiek, der an der andern Seite des Tisches, neben Uli saß.

„Eine interessante Nase!" erklärte Fräulein von Techow. „Schläfst du mit dem Jungen?"

Primula lächelte.

„Er ist in deine Schwester verliebt. Wie lange kennt ihr ihn? Du wirst mir später eure Geschichte erzählen. Ist dir auch schon aufgefallen, daß die Leute umso weniger zu erzählen haben, je interessanter die Zeitläufte werden? Du siehst aber gefährlich aus, wie … wie eine Brandstifterin."

„Ich bin keine Brandstifterin!" erklärte finsterblickend Primula.

„Ich spreche in Metaphern," erwiderte das grünäugige Kind.

„Meine Schwester Uli liebt die Poesie," antwortete Primula.

Fräulein von Techow war unbeirrt. „Auch unsere Table d'Hôte ist komisch. Putzige Leute! Unsere Pensionsinhaberin, die Frau Sedelmayer, hat alle legalen Laster und treibt alle erlaubten Geschäfte.

Sieht sie nicht wie die erste deutsche Frau aus, der es glückte, Pastor zu werden? Das schwarze Kleid über der Knochensammlung. Die Porzellanbäckchen! Das Lorgnon, das sie nur zur Nase hebt; sie sieht besser als ein Luchs! Die schrille Stimme des Sittenpredigers! Das abgerissene Gelächter! He! he! worauf sie sich ruckartig vorbeugt und dir tief in die Augen blickt – eine Karikatur; aber gelungen! Der runde Herr neben ihr, mit den grauen Locken und der schwarzen Krawatte, nur Geist und Fett, ist der bekannte Sittengeschichtler Dr. Ignatz Wolfsgruber. Frau Sedelmayer hat ihn einem durchreisenden Pensionsgast abgekauft, einer Baronin Zillertal, die mit ihm aus Innsbruck aufbrach, um in Amerika ein neues Leben zu beginnen. Die Sedelmayer soll der Baronin Zillertal fünfhundert Dollar bezahlt haben. Jetzt gehört Sittengeschichtler Wolfsgruber zum Mobiliar. Die Sedelmayer hätte ein Haus für das Geld haben können, Wolfsgruber war ihr lieber. Sie war viermal fleischlich verheiratet, jetzt hat sie Wolfsgruber, Kognak, und die Christian Science. Dr. Ignatz Wolfsgruber hat sieben Bücher publiziert, mit ausgewählten Illustrationen aus der Skatologie, er ist eine Weltautorität."

Primula fragte: „Ist das Essen reichlich?"

Tilde von Techow erklärte: „Die Sedelmayer ist der Ludendorff des Lebensmittelschleichhandels. Sie hat einen Koch, namens Josef, er ist ein junger Romanschriftsteller aus dem Rheinland. Er hat Talent, für Saucen. In der Küche tippt er seinen Roman. Wir können ihn besuchen. Er ist homosexuell."

Drei junge Dienstmädchen in weißen Schürzchen trugen Josefs Meisterwerke auf, und sammelten ohne Strenge Brot- und Fleischmarken ein. Der Münchener Universitätsprofessor Bachhuber, der für ein Jahr am Kaiser Wilhelm Institut über Mücken arbeitete, zwickte jedesmal das hübscheste Dienstmädchen in die rundeste Stelle und wiederholte mit schallendem Gelächter: „Für dös Fleisch tät' ich die doppelte Portion Fleischkarten spenden, Fräulein Suuuhsan!"

Das Dienstmädchen lächelte jedesmal geschmerzt. Sie hatte strahlende blaue Augen und ein süßes Gesicht.

„Muß man so schön sein," fragte Primula, „um in Berlin Dienstmädchen zu werden?"

„Susanne?" fragte Tilde von Techow. „Sie ist die Witwe eines Helden. Ihr Mann war der berühmte Franz Schultz, der U-Bootkommandant. Er soll über hundert Schiffe versenkt haben. Dann ging er unter, großartig, was? Susannes Vater war Geheimrat. Sein Grundsatz war: Ich dien', (mit Gehalt und Pension). Susanne erbte seinen Grundsatz, nimmt Geld von keinem, und tut es für jeden. Pfui Teufel!"

„Ist Selbstlosigkeit ein Laster?" fragte Primula.

„Jeder Akt ohne Preis ist eine Ausschweifung," antwortete Tilde von Techow ungeduldig. „Aber das gehört zum ABC."

„Du hast einen Plan fürs Leben?" fragte Primula neugierig.

„Ohne Plan ist das Leben Pfuscherei," rief Tilde.

Die rothaarige Kleine löffelte ihr Kompott aus, indes sie – plangemäß – mit ein paar Studenten am andern Tischende kokettierte.

Die Fenster standen offen, die Bäume schauten herein. Zwischen dem Klappern der Bestecke hörst du das Zwitschern der Vögel im Laub, und das nervöse Hupen der Autos, die vom Grunewald kamen. An den Wänden hingen Ölbilder: Italienische Landschaften und nackte Berlinerinnen. Der Tisch war mit Damast und Silber gedeckt.

Musik und Uli saßen wie im Traum. Sie redeten eifrig und lächelten selbstvergessen.

Tilde von Techow führte die neue Freundin auf ihre Bude. An den Wänden hingen Kupferstiche, Kant neben Beethoven, Nietzsche neben Richard Wagner.

„Ich will die Hetären der Weltliteratur spielen, ‚Kleopatra' ‚Fräulein Julie', Gretchen', Cressida'. Ich habe Talent für Huren." Das rothaarige Kind saß im Türkensitz auf einem Sofa.

Primula gestand: „Ich beneide dich um dein Leben, Tilde. Es muß verworfen und großartig sein!"

Tilde lächelte verächtlich. Sie erwiderte: „Ist nicht das Leben jedes Menschen schrecklich? Aber warum verworfen? Ich bin noch unschuldig."

„Warum sprichst du so ausgelassen?"

„Ich merke es nicht. Natürlich bereite ich mich vor. Ich weiß, daß ich in eine Schlacht gehe. Im Krieg will ich Waffen haben und meinen Feind kennen. Mein Fall soll ein Triumph werden. Ich werde nicht schwach werden vor lauter Lust. Ich habe mich geprüft und vorbereitet. Ich studierte jedes psychologische Detail im vorhinein und kenne die idiotische Phrase, die der Mann erwartet, und die er nicht erwartet. Ich weiß, wie man gebärt, wie man abtreibt, ich habe die Adressen für den besten Scheidungsanwalt, für die Hebamme zwecks heimlicher Geburt, für die Hebamme zwecks Fruchtbeseitigung. Willst du das Bild meiner Mutter sehen?"

Tilde holte eine Mappe mit Photographien und zeigte ihrer neuen Freundin das Bild einer Frau mit einem strahlenden Puppengesicht und einem mageren Körper. „Sieht sie nicht wie meine Schwester aus? Hier sind wir beide im Badeanzug. Du würdest sagen, sie sei die Tochter, weil ich den größeren Busen habe. Ich habe alles versucht. Umsonst. Er ist gar nicht häßlich. Willst du sehen?"

Tilde zog den Pullover aus, und betrachtete mit Kummer ihren Busen im Spiegel. „Ist er nicht hübsch?" fragte sie. „Nur viel zu groß. Meine Mutter ist Witwe, die Arme."

Tilde setzte sich, ohne, sich zu bekleiden. „Meine Mutter ist zum vierten Male Witwe. Nur das erste Mal hat sie ohne mich einen Mann gefunden. Der Himmel weiß wie. Mein Vater starb, als ich fünf Jahre alt war – ein Oberleutnant, ich erinnere mich an ihn. Er hatte meine roten Haare, meine grünen Augen. Aber von wem habe ich den großen Busen? Mutter hat Brüste wie Billardkugeln.

Die nächsten drei Gatten suchte ich aus, ich überzeugte sie, daß sie ohne Mutti nicht leben könnten. Nur begräbt Mutti ihre Männer zu rasch. Keiner lebte länger als sechs Jahre mit ihr. Einer starb nach fünf Wochen. Das war kraß. Ein Maler – er schwor, die Revolution werde kommen. Welche? fragte Mama. Ganz gleich, sagte er. Bin ich ein Prophet? Irgendeine Revolution!

Das was 1913 in Ragusa. Erst schneiden sie uns das Bankkonto ab, dann den Kopf, sagte er und schüttelte sich. Sein Vater fabrizierte Bleistifte, und verdiente Millionen.

Dieser Prophet hieß Johannes Steppke. Er malte Kornblumenfelder, und das Meer.

Meine Mutter sagt heute noch: Ohne seine Millionen – die sie erbte – hätte sie die bloße Existenz von Maler Steppke vergessen. Er ist eine schattenhafte Figur – als Toter; im Leben wog Kunstmaler Steppke zweihundert Pfund. Mutti sagt: In Alpträumen erinnere sie sich sehr deutlich an ihn. Mutti ist neununddreißig Jahre alt – ein Kind. Jeden Morgen besucht sie mich. Ich muß ihr die Haare kämmen. Sie hat wunderschöne Haare, bis zum Gürtel. Mit großer Rührung sagt sie: Mein Seliger. Natürlich weiß man nie, welchen der vier sie im Kopf hat. Viermal hat sie schon geerbt. Der letzte starb im St. Gotthardtunnel, am Herzschlag. Mutter und ich waren in Oslo, zum Skifahren. Sie hat Glück im Pech.

Tilde, sagt sie. Arbeit ist keine Schande. Du bist eine Waise. Das gibt dir eine große Verantwortung. Dein armer Vater – das war doch derselbe, der beim Manöver vom Gaul fiel?

In letzter Zeit weint sie oft. Eine Witwe bin ich, sagt sie. Ich muß ihr einen neuen Mann suchen. Nur sind Männer eigen. Mancher erfährt, daß Mutti den fünften Mann sucht, und wird verzagt und forscht heimlich nach den Krankheiten der vorigen Gatten. Mutti ist erstaunt. Kind! Wieso erkundigen sie sich nach den Toten? Meine Gesundheit ist wichtig.

So ist sie: Illusionen und Ideale. Tilde, sagt sie immer. Vergiß nie, daß du aus einer der ältesten preußischen Familien stammst.

Aber bin ich einmal einundzwanzig, und ist erst mein Erbteil ausbezahlt, richte ich mir eine Wohnung ein, mit Zofe und Freund. Jetzt muß ich meine Turnübungen machen. Du gestattest?"

Unverzüglich zog sich Fräulein von Techow splitternackt aus und begann auf dem Teppich eine Reihe präziser Körperübungen. Sie drückte das Kreuz ein. Sie hob das linke Bein kerzengerade in die Höhe, ließ es fallen, hob das rechte Bein, das linke, das rechte.

Vierzehn Tage später verließ Primula heimlich und in der Frühe die Pension Luitpold. Sie fuhr mit der Hochbahn zum Bahnhof Friedrichstraße. Der Himmel war schwül, aber Primula hatte sich entschlossen, einen Teil des Weges zu Fuß zu machen. Sollte sie mit einem Taxi ins Schlachthaus fahren? Sie wollte sich vorbereiten, ehe sie anlangte, an ihrem obskuren und vielleicht tödlichen Ziel, einer von Tildes unfehlbaren Adressen: Hebamme Tulpenmilch, Stettinerstraße 3, fünfter Hof, Parterre links, Tür 3 B.

Primula ging über die Brücke, die lärmende Straße hinunter; über dem Fluß schrien die Möwen. War es nicht dumm, mit siebzehn Jahren unters Messer zu gehn?

Die Häuser wurden breiter und staubiger.

Ein Friseur stand vor seinem Laden, über seinem Haupt blitzte das Messingbecken, plötzlich grinste der Friseur.

Primula ging schneller. Vor einem blumengeschmückten Schaufenster blieb sie eine Minute lang stehen, atemlos, es war ein Sargladen, bei Abnahme von drei Särgen für Erwachsene in Ihrer Familie erhalten Sie einen Kindersarg umsonst, treten Sie ein, ergreifen Sie die schöne Gelegenheit!

Primula blieb nach einer Weile wieder stehen, vor einem Messerladen, vorne hing ein Hirschfänger, sicher wird sie verbluten und die Hebamme stopft vor Verzweiflung Tücher in Primulas Schoß.

Primula ging weiter. War das die Liebe wert? Unter den Bäumen, im frischen Gras, zwischen den Käfern und Grillen, heimlich in seinem Bett, die Seligkeit, wenn sie seine Hand hielt, sein Lächeln, die lieben Lippen, der helle Schein auf seiner Stirn, wenn er nachdachte, seine wunderlichen redenden Gebärden – wie sie alles besaß – und verlor. Liebte sie ihn noch – und wo war er? Der Herr Leutnant...

Die Stettinerstraße beginnt, aber sie nimmt kein Ende. Eins, und einunddreißig, einhundertsiebenundzwanzig, einhundertneununddreißig. Ein Metzger kam vor die Tür seines Ladens, in der Hand sein Messer, und lachte. Primula lief weiter.

Sie hatte keine Zeit. Direktor Moritz Fechter hatte ihren Vertrag unterschrieben. Nicht Uli, sie hatte er gewählt. Diese ist die Geniale! hatte er gesagt. Ich engagiere nur Genies. Sonst könnte ich ja ein gemeines Geschäftstheater eröffnen wie die drei Dutzend anderer Theaterdirektoren von Berlin, und Millionen oder Bankrotte sammeln. Aber wäre ich dann Moritz Fechter, das einzige revolutionäre Theatergenie in Berlin?

Nun war Primula ein Genie: hatte sie Zeit, Mutter zu werden, mit siebzehn?

Stettinerstraße zweihundertundeins, Stettinerstraße dreihundertundeins, die vielen Kinder auf der Straße, liefen ihr heut alle Kinder von Berlin über den Weg? ... Stettinerstraße vierhundertundeins, jetzt war sie gleich da, jetzt sollte sie umkehren, und morgen wiederkommen, nun kannte sie den Weg, aber würde sie ein zweites Mal den Mut finden? Und hatte sie nicht Zeit, nach der Untersuchung wegzulaufen?

Primula schleppte einen unsichtbaren Sack auf dem Rücken, ihre Schuhe waren Steine, war sie schon gelähmt, wie Großmutter? Hinter einem Vorhang im dritten Stock blickte ein Mann herab, sah wie ihr Vater aus, lächelte. Wozu die vielen Menschen, wenn keiner half? Sterben allein, und leben allein? Auch von Uli war sie verlassen worden...

Stettinerstraße fünfhundertunddreißig, Primula wußte die Adresse noch, fünfter Hof, Parterre links, Türe 3 B. Auf der Tür steht: Hebamme und Geburtshilfe. Die Hausnummer ist fünfhundertunddrei ... und ... dreißig! Ein Haus wie das andere. Stettinerstraße fünfhunderunddreiunddreißig. Primula trat ein. Zweiter, dritter, vierter Hinterhof, es wurde immer schmutziger, Ratten und Grammophongeschrei. Ein kleines Kind führte einen Betrunkenen an der Hand, der Betrunkene blieb bei jedem zweiten Schritt stehn, das winzige Mädchen, etwa drei oder vier Jahre alt, stieß ihm den kleinen Schuh in die Wade und fluchte gräßlich, bis der Betrunkene zwei Schritte weiter machte, ängstlich lächelnd, und die Hand vor das Gesicht hielt, als sollte er Tritte ins Gesicht bekommen. Aber das Kind reichte ihm bis zum Knie.

Fünfter Hinterhof, das war nicht der letzte. Und soviele Türen, Parterre links. Da stand 3 B. Primula trat ein.

Es war halbfinster, und roch nach Kraut. Da stand: Hebamme und Geburtshilfe. Primula drückte zaghaft auf die Klingel. Die verdammte Klingel begann zu gellen, und hörte nicht mehr auf, wie eine Alarmklingel. Primula schloß die Augen, roch neue Gerüche, süßliche, wie nach Blut, oder Chloroform. Sie hörte einen Atem hinter der Tür, jemand lauschte ohne zu öffnen, ihr ward unheimlich, die Beine trugen sie nicht fort, sie waren wie Watte.

Da ging die Tür mit einem Ruck auf. Ein Soldat stand im Rahmen, groß und breit wie die Türe.

Primula wich einen Schritt zurück, stammelte: „Ich habe mich geirrt!"

„Wieso?" sagte der Soldat, und faßte das Mädchen am Arm.

„Die Hebamme!" sagte Primula.

Der Soldat sagte: „Sie sind richtig!" und zog das Mädchen wie eine Puppe herein, haute die Tür zu und erklärte grinsend: „In der Stube sitzt sie."

Da er wie ein Schrank die Eingangstür verstellte, floh Primula besinnungslos in die Stube. Die Stube war leer. Sie war so öde, daß man es auf den ersten Blick sah. Das vergitterte Fenster ging auf einen Hühnerstall im sechsten Hof, die Hühner gackerten.

Im Zimmer war es halbdunkel. Vor dem Fenster stand ein breiter Diwan, mit einer schwarzen Wachstuchdecke zugedeckt, als lägen Leichen darunter. In der Ecke war eine Art Küchenschrank, offen, mit ärztlichen Instrumenten, Medikamentenflaschen und Wattebäuschen. Gegenüber war ein Wasserhahn, mit einem eisernen Wasserbecken. In kurzen, regelmäßigen Abständen fiel ein Tropfen herab, in der Stille lärmte jeder Tropfen.

Auf einem ungestrichenen Tisch in der Mitte der Stube lag ein großes Brotmesser. Daneben war ein Zinnteller mit Sauerkraut, ein Küchensalzfaß aus blauem Porzellan, auf einer Zeitung ein Laib Brot und ein Ende einer Hartwurst, von der feuchten Decke hing eine Gaslampe wie ein Galgen. Die Stube hatte nur eine Türe, davor stand der Soldat, breit wie ein Schrank.

„Wo ist die Hebamme?" schrie Primula. Sie hatte den seltsamen Namen vergessen.

„Ist sie nicht in der Stube?," fragte der Soldat kalt. „So kommt sie gleich!"

Primula starrte ihn wie gelähmt an. Er sah wie eine Wachsfigur aus dem Panoptikum aus, sein Kopf war zu klein, und rund wie eine Kegelkugel, und so glänzend glatt, entweder kahl oder rasiert. Die Gesichtszüge waren ebenmäßig. Sein Blick war glitzernd, der Mund wie bei einem Mädchen, rote, trotzige Lippen, sein Kinn so weich, als wollte das Wachs zergehn. Die feldgraue Uniform war so zerknittert, als hätte er darin seit Wochen auf allen Feldern rund um Berlin geschlafen.

Er lächelte unsicher und tückisch, und sagte: „Setzen Sie sich man, Frollein. Die Mutter kommt wie gerufen."

Primula tat einen Schritt zum einzigen Stuhl. Aber der Soldat hob seine kleine, mädchenhaft weiße Hand und deutete auf den Diwan mit dem schwarzen Begräbnisleilach.

„Da ist der Platz," sagte er. Es war die der Tür fernste Stelle. Obwohl es ihr graute, setzte sich Primula gehorsam auf die bezeichnete Stelle. Der Diwan gab auf eine ekelhafte Weise nach, als hätte er keine Federn. Sie versank hilflos in dem scheußlichen, schwarzen Leichentuch.

Nun setzte sich der Soldat auf den Stuhl, den er näher zur Tür schob, als wollte er von vornherein jeden Fluchtversuch sperren.

Es war schwül im Raum und roch nach Hühnerdreck, Karbol und Knoblauch. Ihr ekelte vor der schwarzen Decke und vor den weißen Händen des Soldaten, mit denen er jetzt wie in Gedanken das Brotmesser nahm. Er spielte eine Minute unschlüssig damit, dann begann er, sich mit dem Messer die schwarzen Fingernägel zu schneiden. Primula sah wie verzaubert zu. Endlich schien er fertig zu sein, behielt aber das Messer in der Hand.

„Ich bin der Jäger Runge," sagte der Soldat langsam, als wäre damit alles erklärt. Dabei beobachtete er mit dem scharfen Blick eines Polizisten die Wirkung seiner Enthüllung auf das Mädchen. Es schien ihn gleichzeitig zu enttäuschen und zu erfreuen, daß sein Name keine Wirkung auf das Mädchen tat.

Ungeduldig klopfte er mit dem Griff des Messers auf den Tisch.

„Ich sage bloß, ich bin der Jäger Runge!"

Als das Mädchen immer noch nicht zu verstehen schien, fand der Soldat das Leben wieder gemütlich. Die scharfe Falte auf seiner Stirn verschwand, die Spannung seines Blicks ließ nach. Er nahm den Laib Roggenbrot wie ein Kind in den Arm und schnitt eine dicke Scheibe ab, zog den Teller mit Sauerkraut heran, faßte das Wurstende, biß ein großes Stück ab, spuckte einen Teil der Wursthaut auf den nackten Fußboden, faßte mit dem Messer eine Portion Sauerkraut, tat es in den Mund und erklärte mit vollem Maul: „Du kannst Otto zu mir sagen."

Primula hatte nicht die Kraft, sich von diesem morastigen Diwan zu erheben. Aber hätte sie die Kraft gehabt, wäre sie doch sitzen geblieben, nun sie einmal so weit war. All dieser Schrecken schien ihr nur ein Requisit zu der widernatürlichen Handlung zu sein, die sie vorhatte, wie der Gestank, wie der fünfte Hinterhof, wie die ausgespuckte Wursthaut auf dem nackten Fußboden, wie der Jäger Runge am Tisch, mit dem Namen Otto.

Der Jäger Runge ging zu dem Instrumentenschrank und holte zwischen Medizinflaschen eine Flasche Bier und ein Glas heraus. Er hielt das Glas gegen das Licht und sah hinein. Er erklärte mit einer gewissen grimmigen Genugtuung: „Wieder schmutzig! Natürlich! So eine Sau! Dabei hat sie das Wasser in der Stube!" Er deutete auf das Wasserbecken, stellte Glas und Flasche auf den Tisch, öffnete die Flasche und schenkte das schmutzige Glas voll, trank es auf einen Zug leer, schenkte das Glas zum zweiten Mal voll, nahm einen Schluck, stellte es auf den Tisch, wischte sich den Mund und fragte Primula: „Hast Durst?" und schob ihr das Glas hin. Primula sah das halbvolle Glas an, sah den Jäger Runge an, und rührte sich nicht.

„Sauf'! hab' ich gesagt!"

Primula rührte sich nicht. Ihre Hartnäckigkeit schien den Soldaten zu beleidigen. Die schwere Falte erschien wieder auf seiner Stirn, er machte einen drohenden Schritt auf sie zu, ballte die weißen, mädchenhaften Hände, plötzlich fing er zu lachen an und setzte sich wieder auf seinen Stuhl. „Weiß schon, das Glas ist schmutzig. Bleibst halt durstig!"

Wirklich fühlte Primula, daß ihr Mund ganz trocken war.

Plötzlich beugte sich der Jäger breit über den Tisch und schob mit dem Ärmel die Wurst, den Sauerkrautteller, und das Glas Bier weg, das Glas fiel um, und der Rest des Biers bildete auf dem Tische eine trübe Lache, aber der Soldat sagte: „Überhaupt spiel' ich mit dir jetzt Trumpf, und die Karten auf den Tisch, Blanko! Und: Wer hat dich geschickt?"

Primula wollte antworten, brachte aber den Mund nicht auf. Der Jäger schrie: „Halt's Maul! Ich weiß schon! Aber mir können sie nicht! Da stehn höhere Mächte hinter mir! Mich können sie alle! Nimm dich in acht, sag' ich bloß. Warum glotzt du dummes Biest? Entweder bist du schlau wie ein Jud oder ahnungslos wie ein Säugling. Ich habe keine Angst. Ich bin ein anständiger Mensch. Ich tue keinem was zuleid. Außer auf Befehl. Befehl ist Befehl. Wenn ich in Uniform bin, und da kommt ein Offizier und sagt: Jäger, hau zu! – haue ich. Wenn er kommandiert: Jäger, stich! Steche ich. Ich haue mit der Knarre und steche mit dem Bajonett. Du verstehst. Wozu gibt es die Offiziere? Ich bin ein gemeiner Mann. Das ist mein Stolz. Und was glaubst du, Puppe? Die verraten den gemeinen Mann? Die Sache Liebknecht war ja arrangiert. Die Angelegenheit Luxemburg gleichfalls. Hast du die Rosa mal gehört? Pfundig. Ich hab' auch den Liebknecht gehört, aber sie war besser, so mit Schmalz und Salz, und Saft und Kraft, und dem jüdischen Dreh! Die Rosa, Mensch, Klasse! Sie war ja nur ein Zwerg, von oben bis unten verwachsen. Daß ich dir die ganze Schande rund heraus sage: Sie war eine polnische Jüdin! Das ist ja das letzte. Schande, sag' ich bloß. Nicht um die Welt möchte ich ein polnischer Jud sein, nicht um hundert Mark bar auf den Tisch da. Die Schweine essen keinen Schinken!"

Der Jäger konnte vor Indignation nicht mehr reden. Obwohl in der Flasche noch Bier war, stand er auf und holte aus dem unerschöpflichen Medikamentenschrank sechs Flaschen Bier, die er auf dem Tisch in einer Reihe aufstellte.

Er sah sie mit Bewunderung an, hob die Hand in ihre Richtung, als spreche er zu ihnen, und wandte sich kichernd zu Primula mit der Erklärung: „Das sind Rekruten."

Er öffnete die zweite Flasche, füllte sein Glas und leerte es. Dann starrte er wieder mißtrauisch auf Primula. Er fragte: „Wer hat dich geschickt? He? Zu dir rede ich, Puppe? Ist das dein Trick? Und mit der Hebamme? Willst du mich ausholen? Ist alles aktenkundig. Alles geregelt! Was der Reichsgerichtsrat Jörns ist ..."

Er trank ein neues Glas Bier. Er stellte es mit einem kleinen Knall auf den Tisch. Der Lärm schien ihn zu erheitern.

„Was die Sache Liebknecht betrifft, so hatte ich einfach Befehl. Strikten Befehl. Von meinen Vorgesetzten: Diesen Lumpen einfach niederzuschlagen. Zuerst kam ein Offizier, den kannte ich nicht, der gab mir den Befehl, die Bande nicht mehr lebend aus dem Haus herauszulassen. Ich sollte von meinem Karabiner Gebrauch machen und schießen. Den selben Befehl gaben mir Oberleutnant Vogel und Pflugk-Harttung. Ich war also neu im Edenhotel, da hat nämlich der Stab der Gardekavallerie Schützendivision sein Quartier. Na, Befehl ist Befehl. Was die Luxemburg anlangt, da kamen gleich mehrere Offiziere zu mir und fragten: Sind Sie nicht der Jäger Runge?

Das fragten sie mich, Puppe! Jawoll.

Und der eine sagte: Ich gebe Ihnen den Befehl, daß die Luxemburg nicht mehr lebend das Edenhotel verläßt. Haben Sie verstanden?

Zu Befehl, Herr Oberleutnant! sag' ich bloß.

Da sagt er: Merken Sie sich das!

Ist das ein dienstlicher Befehl? Hab' ich gefragt.

Jawohl! hat der Oberleutnant von Pflugk-Harttung gesagt. Und Ihr Name wird notiert, hat er gesagt. Wir haben eine hohe Prämie von 150.000 Mark auf diese beiden Köpfe gesetzt. Sie haben strengen Befehl. Dann hat er meinen Namen in sein Notizbuch geschrieben. Das ist dienstlich! hab' ich mir gesagt.

Der Oberleutnant von Pflugk-Harttung hat gesagt: Der Oberleutnant Vogel wird Ihnen die Rosa in die Arme führen, da brauchen Sie einfach nur zuzuschlagen, merken Sie sich das!

Da war mir mulmig. Und der Jäger Dräger sagte: Diese hohen strengen Befehle müssen wir schon ausführen.

Zweimal hab' ich zugeschlagen, mit dem Kolben. Tot war sie noch nicht! Von meiner Schußwaffe machte ich keinen Gebrauch, sondern nur um meinen Befehl auszuführen. Sie fiel um, dem Oberleutnant zu Füßen. Die Offiziere drohten mir, wenn ich nicht zuschlug, mußte ich auch sterben. Also schlug ich zu. Das gibt dir so ein Gefühl im Rücken, wenn du zuschlägst, also gar nicht peinlich, mehr so ein wildes, heiteres Gefühl. So! sagst du, und schlägst wieder zu. Tot war sie noch nicht. Also ich sehe schon, Frollein. Also jetzt interessiert

Sie das. Da erzähle ich Ihnen auch das Detail. Der schönste Mord ohne das Detail ist wie ein Frankfurter Würstchen ohne Senf. Totschlagen kann jeder mal im Leben. Aber wie und warum! Vorher wußte ich nicht so genau Bescheid, da war nur manchmal so ein Gefühl in mir, mulmig, möchte man sagen. Aber nach so einer Sache fängst du zu denken an. Nach einem Mord wirst du gescheit. Du siehst die Folgen, die siehst du. Du fragst nach den Ursachen. Du kommst schrittweise ins Nachdenken. Ist es nicht besser, Otto, hab' ich mich gefragt, rechtzeitig zwei gefährliche Menschen zu beseitigen, wie man so sagt, als das deutsche Volk, das deutsche Volk in seinen Untergang zu treiben? Der Liebknecht. Das war der Karl, was nämlich der Sohn vom Wilhelm war. Weißt du, wer der Wilhelm war?"

Primula schüttelte den Kopf. Ihr grauste stärker, aber sie verlor keine Silbe des betrunkenen Soldaten.

„Du weißt also überhaupt nichts? Der Wilhelm war so ein Sozi, so einer, der den Arbeitern sagt, mehr Lohn, weniger Stunden, und überhaupt sind alle Menschen gleich. So eine Gemeinheit! Was sein Sohn war, der Karl, der war gleich ganz gegen den Krieg.

Der Zuchthäusler! Die haben ihn nämlich ins Zuchthaus gesperrt, weil er resolut gegen den Krieg war. So was. So was. Der Kaiser war für den Krieg, und alle Generäle und die Obersten, und die Hauptleute, und die meisten Leutnants und überhaupt, das Volk, wie man so sagt. Da kam der Karl bald ins Zuchthaus, der Zuchthäusler. Im November 18 machen sie ihm die Tür auf, da kommt er heraus und hört nicht mehr zu reden auf, das war dann die deutsche Revolution. Erst hat er den Bund der Deserteure gegründet, und den Spartakus, und die kommunistische Partei, meistens mit der Luxemburg, dann ist ihr Aufstand zerbrochen, sowas zerbricht bei uns, in Deutschland, auch wenn wir keinen Kaiser haben, und dann sind der Karl und die Rosa durch die Straßen von Berlin gelaufen, in dem schlechten Wetter, da mußt du einen Schnupfen bekommen, es hieß, sie seien ins Ausland geflüchtet, die Lumpenhunde flüchten nämlich immer ins Ausland; die Arbeiter verbluten, o Schande, und die Führer flüchten; der Karl und die Rosa, hieß es, waren geflüchtet, solche Lumpen, und dann waren sie nicht geflüchtet, und der Karl schrieb in der ‚Roten Fahne' noch am 15. Januar, später hab' ich erst alles studiert, mit Schweiß und Preis, Puppe!

Karl schrieb: ‚O gemach! Wir sind nicht geflohn. Wir sind nicht geschlagen. Und wenn sie uns in Banden werfen, wir sind da und wir bleiben da! Und der Sieg wird unser sein! Denn Spartakus – das heißt Sozialismus und Weltrevolution!'

Ein Schmarren! Die von der Bürgerwehr haben sie geschnappt den Karl und die Rosa, in Wilmersdorf, wo die besseren Leute wohnen, also um alles zu sagen, in der Mannheimerstraße 53, in der Wohnung der Frau Markussohn – zwei Wochen vorher hatten sie ihre Kommunistische Partei gegründet – wo waren nun ihre Kommunisten? Der Liebknecht rief immer: ‚Die Revolution ist in Gefahr!' Den Ebert und den Scheidemann hat er ‚die Matrosenmörder' genannt! Der Noske war ja freiwillig der Bluthund. Warum hat der Liebknecht nicht alle verhaftet und an die Wand gestellt, für seine Revolution?

Zu der Bürgerwehr in der Frau Markussohn ihrer Wohnung haben der Karl und die Rosa erst gesagt, sie seien wer anders. Doch dem Karl sein Spezi hat ihn für ein paar Hunderter verkauft gehabt. So beliebt ist das Geld. Aber bei uns: Verräter verfallen der Feme.

Sagt die Bürgerwehr: Du bist Rosa, die blutige Petrolöse. Kehre zur Wahrheit um!

Sagt die Bürgerwehr: Du bist Liebknecht, der Zuchthäusler. Wozu leugnen?

Sagt die Bürgerwehr: Aufhängen muß man alle Spartakisten, eber gibt's keinen Frieden, eher sendet die Entente keine Lebensmittel ins Reich.

An dem Tag haben sie noch einen gefangen, den Wilhelm Pieck – Schwamm über den Pieck. Der hat dem Hauptmann Papst gesagt, er sei gar nicht der Pieck, paar Tage später ist er aus dem Gefängnis geflüchtet, der Feigling.

Der Karl Liebknecht hat geantwortet: Rosa, die haben uns.

Hat die Rosa geantwortet: Karl. Ein Mensch muß leben, wie eine Kerze, brennend an beiden Enden.

Antwortet der Karl: Hörst du, was die sagen? Wir, wir nehmen ihnen das Brot. Ich sage: Der Hunger ist der gefährlichste Feind der Revolution!

Die Rosa hat ein Handköfferchen gepackt, ein Taghemd und ein Nachthemd, eine Zahnbürste obendrein, schau den Luxus von so Volksführern, was braucht sie eine Zahnbürste als Wasserleiche? Überhaupt halten sich die Zähne nicht so lang wie du, wenn du lang lebst. Bist du aber tot, halten sie hundertmal länger als du. Darum bin ich gegen die Zahnbürstenfabrikanten. Und in ihr Köfferchen legt die Rosa obenauf eine Broschüre von dem roten Kaffeehaus-General aus Wien, dem Trotzki. Darauf hat die Bürgerwehr die Verse aus dem V o r w ä r t s aufgesagt, vom L e i c h e n h a u s , daß der Spartakus angefangen hat, aber die Führer sind davongelaufen. Das geht so:

Vielhundert Tote in einer Reih –
Proletarier!
Karl, Rosa, Radek und Kumpanei –
Es ist keiner dabei,' es ist keiner dabei!
Proletarier!

Zickler heißt der Dichter.

Die Bürgerwehr hat den Karl und die Rosa ins Edenhotel abgeliefert. Der Jäger Braunes hat dem Liebknecht bei der Einlieferung zwei Wunden in den Kopf geschlagen. Karl bat um Watte – bekam aber keine; dann wollte er zum Abort – durfte aber nicht. Der Kapitänleutnant v. Pflugk-Harttung sagte: Nein! und: Nein! Dann kamen sie vor den Hauptmann Papst. Großer Mann, der Papst! Ist sitzengeblieben. Wir rannten mit den beiden im Laufschritt durch alle Flure und Gänge vom Hotel, und wo wir durchkamen, standen die Soldaten und Offiziere und schrien: „Die Rosa! Die Rosa!" Wie Pakete haben wir die zwei vor den Hauptmann Papst gestellt. Ein großer Mann! Ist sitzengeblieben. So! sagte er. So schaut die Revolution aus? So verloren?

Wissen Sie nicht, Herr Hauptmann, hat ihm der Liebknecht erwidert, daß Deutschland verloren ist, ohne uns?

Verloren? fragte der Papst. Soll sein verloren! Und kommandiert: Ab die Schweine! Dann schleppten sie sie in eine andre Stube, und wieder schrien sie auf allen Fluren und Gängen: Die Rosa! Da bringen sie die Rosa! Und mir war unheimlich. Und ich ging vors Hotel und stand Posten. Wo sonst der Portier steht. Ich habe am Edenhotel von sieben bis zehn Uhr abends Posten gestanden. Das ist historisch. Das gibt dir so ein warmes Gefühl. Du bewachst das Haus. Und das Haus bewacht dich. Den Liebknecht brachten sie erst. Das war um elf Uhr nachts. Ich stand so klein vor dem riesigen Haus, mit meinem Gewehr. Sie führten ihn in ein offenes Auto. Da war ein Matrose, der hieß von Wutkowski. Dem Karl schlug er zweimal mit dem Kolben übern Kopf. Das war nur ein minderes Geräusch. Im Augenblick macht es dir nicht viel. Nur vorher und danach, sozusagen die Verdauung von so einem kleinen Schlag. Aber der Karl war noch nicht tot. Die Offiziere sahn schweigend zu, einer rauchte. Ich sehe noch alles. Der Karl kickt nach vorn über, mit einem Laut, wie ein Säugling, so quengelig. Im Grund bist du immer enttäuscht. Du hast es dir besser vorgestellt. Die Offiziere saßen neben ihm und vor ihm, und dahinter waren zwei im Wagen, das waren die Brüder von Pflugk-Harttung, was der Kapitänleutnant ist, der heißt Horst, und der Hauptmann ist der Heinz, und die standen, und der Leutnant Liepmann saß neben dem Karl, der Liepmann ist ein Jud, na, ich sag' lieber gar nichts, und der Hauptmann von Rittgens saß vorn und Leutnant Schulze und der Jäger Clemens Friedrich, und der Chauffeur hieß Peschel – alle schwer bewaffnet, möchte ich sagen. Die fuhren ihn also dann durch den Tiergarten am Neuen See lang zur Charlottenburger Chaussee. Wo ein dunkler Fußweg abbiegt, da hielten sie. Panne – kommt vor. Den Karl fragten sie: Kannst noch gehn, he, du? Zwei stützten ihn. Zwei gingen vor ihm. Zwei hinter ihm. Wie im Kinderlied, die Engel. Jawohl, mit entsicherten Pistolen und Handgranaten, halt schwerbewaffnete Engel. Nach ein paar Schritten in so himmlischem Aufzug haben sie dann angefangen mit Kugeln zu schießen, so was kommt wie von selbst. Da müssen paar Kugeln in den Karl gegangen sein. Halt auf der Flucht erschossen, wie man heut sagt. Der Kapitän von Pflugk-Harttung gab den ersten Schuß ab, immer forsch. Inzwischen war die Panne behoben. Automatisch, wie nie gewesen. Sie brachten den Kadaver zur nächsten Polizeiwache.

„Sehn Se mal, Herr Wachtmeister. Was 'ne Fuhre. Ein unbekannter Findling!"

„Zu Befehl, Herr Kapitänleutnant!" sagte der Wachtmeister. „Heutzutage finden Sie alle Tage Erschossene bei Nacht in Berlin."

Da lag nun der rote Karl in der Polizeiwache auf einer Bank in der Ecke, wie ein toter Fisch, kalt und Blut ums Maul geschmiert, der Zuchthäusler, der Friedenshetzer, der Spartakus! Ich hör' ihn noch: ‚Die Revolution in Gefahr! Die zweite Revolution! Die neue, bessere...' Der Jäger Friedrich kam ins Wachtlokal später und hat sich gebrüstet. Dem haben wir ordentlich eine gebrannt, sagt er, und zeigt mir seine Pistole. Die hat mitgeschossen, sagt er, und es war alles sehr künstlich. Aber wo steckt da die Kunst?

Der tote Hund... Und dein Herz wundert sich. Wozu die bluttriefenden Fremdworte, wenn der Regen dich immer noch naß macht? Der Liebknecht war gegen die Regenschirmfabrikanten. Das hat mir der Jörns verraten, der Kriegsgerichtsrat. Ich bin nämlich nur ein gemeiner Mann. Aber ich weiß Bescheid.

Als sie die Rosa Luxemburg zum Edenhotel hinausführten, stand ich also Wache. Sie hatten doch den Kopfpreis von hundertfünfzigtausend Mark auf die Rosa und den Liebknecht und den Karl Radek gesetzt. Da konnte einer sein Glück machen. Mir haben sie zweihundertvierzig Mark für den Liebknecht gezahlt, für die Rosa viertausend. Zweitausend nahm ich nach Flensburg mit, zweitausend gab ich meiner Frau. Was sind heut schon zweitausend? Das hast du bald versoffen. Die haben mir mal hunderttausend Mark versprochen. Als sie die Rosa aus dem Edenhotel herausführten, ging also wieder das Geschrei durch alle Gänge vor ihr her: ‚Die Rosa! Da holen sie die Rosa!' Ich faßte mein Gewehr fester. Der Platz vor dem Hotel war wie ausgekehrt.

Leutnant Vogel führt die Rosa am Arm, grau ihr Haar, grau ihr Gesicht, grau wie der Himmel.

Sie fragt: Führt ihr mich auch gewiß ins Untersuchungsgefängnis Moabit?

Gewiß! sagt Leutnant Vogel. Und sicher!

Herr Leutnant bürgen für meine Sicherheit! sagt sie.

Da hau' ich ihr von hinten mit dem Kolben zweimal auf den Kopf. Ich hab' sie nicht angefaßt, das taten der Jäger Dräger und Janschkow und Peschel. Die Rosa sinkt um, rein ohnmächtig. Die schieben sie ins Auto. Wie der Wagen losfährt, haut ein Mann ihr mit harten Gegenständen auf die Schädeldecke. Beim Abtransport sprang Leutnant Krull auf das linke Trittbrett, und schon in der Nürnberger Straße schoß er ihr mal 'ne Kugel in den Kopf. Wie sie an den Landwehrkanal kamen, standen Soldaten auf der Lichtensteinbrücke herum. Den ganzen Krieg standen an allen Ecken Soldaten herum.

Das Auto stoppt. Oberleutnant Vogel kommandiert: Leute, werft mal die kleine Leiche in den Kanal! Na, das taten sie ja auch ganz ordentlich, erst taten sie ihr schwere Steine in die Bluse, das zieht besser. Du verstehst? Als sie zurückkamen ins Edenhotel, sagten sie: Na, Runge, die Luxemburg, die alte Sau schwimmt schon. Ich fragte: Ja, warum habt ihr sie denn ins Wasser geschmissen? Da sagte der Leutnant Vogel: Die alte Sau hat nicht mehr verdient.

Inzwischen kam ein Offizier und sagte: Sie haben Ihre Sache sehr gut gemacht. Gehen Sie sofort nach oben, vier Treppen, und lösen Sie den Scheißer da oben ab, mit dem da oben ist nichts los. Da ist auch der Redakteur der Roten Fahne, den müssen Sie erschießen. Auf der Treppe kam mir schon der Leutnant Krull entgegen und sagte: Du sollst sofort nach oben kommen und Ordnung schaffen; da ist auch der Redakteur der Roten Fahne, den sollst du erschießen. Ich fragte Leutnant Krull, woher die Befehle kämen, denn ich hätte schon meine Befehle, und Krull sagte: Die Befehle kommen von dem Herrn Hauptmann Papst, die müssen ausgeführt, werden.

Oben stand ein Mann an der Wand. Einer saß daneben. Leutnant Krull nahm mir meinen Karabiner ab, sah nach, ob er geladen war, und sagte zu mir: Ich gehe dreimal hin und her; wenn ich das dritte Mal zurückkomme, haben Sie zu schießen, das ist das Zeichen. Das Personal ist schon oben alles weggeräumt. Das stimmte auch. Der Redakteur der Roten Fahne kam auf mich zu und sagte zu mir: Kamerad, schieß' nicht, ich habe noch eine Aussage zu machen. Er wurde in ein Zimmer geführt und vernommen und dann wieder abgeführt. Darauf sagte ein Offizier zu Leutnant Krull: Sie haben den Mann abzuführen und dafür zu sorgen, daß ihm nichts passiert.

Ich ging auf meinen Posten zurück. Unten sagte Dräger zu mir: Du hast ja deinen Befehl wohl nicht ausgeführt. Du hast ja nicht geschossen. Denn es hat ja nicht geknallt. Dann sagte der Dräger, ich solle Ablösung holen, ihn friere so. Ich ging also ins Wachtlokal zurück.

Am andern Tag haben wir uns alle im W i l d e n M a n n photographieren lassen, waren ja alle schwer geladen, Mensch! Der Kognak und das Bier, alles frei, also sehr nobel! Der Photograph hat gesagt, jetzt das Gruppenbild: Die Retter der Republik. Na, da haben wir alle mal gelacht! Und zu mir sagten sie, weil ich auf dem Stuhl saß, wie aufgeklebt, Runge, warum saufst du nicht, und der Leutnant gratulierte mir, und alle Offiziere gratulierten, und mir werde nichts passieren, sagten sie, und ich werde in ein andres Städtchen kommen, und werde herrlich und in Freuden leben, wie man sagt.

Später saß ja unsere Division über ihre eigenen Leute zu Gericht. Das war halb so gemütlich. Mit einem Mal soll das nämlich ein Mord gewesen sein, die Sache mit Liebknecht, und die Angelegenheit Luxemburg auch.

Das war nämlich so. Zwei Tage nach den Geschichten wurde die Wache abgelöst, und wir wurden nach dem Zoo verlegt. Ich wollte gerne wegmachen, aber die Offiziere ließen mich nicht weg. Ich wollte nämlich Anzeige erstatten. Das ist manchmal nicht übel. Eines Abends im Zoo, als ich vom Posten kam, begegneten mir Leutnant Liepmann und der Jäger Friedrich. Friedrich sagte: Da kommt ja Runge. Leutnant Liepmann sagte: Na, Mann, wo bleiben Sie denn, ich suche Sie schon lange. Sie müssen fort; denn wir fliegen alle ins Zuchthaus, wenn Sie die Wahrheit sagen, und wenn Sie nicht fortkommen. Er ging mit mir gleich zum Werbebüro und brachte mich zu einem Husarenregiment, zum Rittmeister Weber, der wußte schon alles. Ich kam also zum Husarenregiment Nr. 8. Da wurde ich gefeiert, au Backe. Sämtliche Offiziere vom Jägerregiment Nr. 2 drangen auf mich ein, daß ich flüchtig gehen müßte. Wir rückten weiter bis Wünsdorf. Ich kam ja aus dem Dienst nicht heraus. Die Offiziere ließen mich nicht aus den Händen. Eines Morgens reinige ich also die Gulaschkanone. Da kamen zwei kleine Kinder auf den Hof und sagten, Husar Runge solle mal auf die Straße kommen, da warte ein Soldat. Auf der Straße kam mir ein Unteroffizier entgegen und sagte: Mensch, du mußt flüchtig werden. Ich bin hergeschickt auf den Befehl vom Oberst Weichs, vom 8. Husarenregiment, das ist nämlich der Kommandant. Er zeigte mir die Abschrift vom Haftbefehl gegen mich und sagte: Du mußt gleich weg. Er brachte mir einen Fahrschein mit roten Streifen. Ich sollte nach Köln fahren. Außerdem gab er mir 240 Mark, die habe ich quittiert, bei mir aus dem FF. Ich sagte, nun muß ich erst meinen Wachmeister und den Rittmeister Weber in Kenntnis setzen. Rittmeister Weber sagte mir, lassen Sie mal alles liegen und machen Sie sofort weg, und melden Sie sich im Edenhotel. Die wüßten da schon Bescheid. Von da aus gehe die Sache weiter.

Ich schickte also an meine Frau eine Depesche, komme auf Urlaub. Abends um zehn Uhr kam ich an. Am andern Tag ging ich auch ins Edenhotel, und sagte, was meine Frau sagte, daß ich sagte, nämlich, sagte ich, ich will gar nicht flüchtig gehn. Da wurde mir gesagt: Sie müssen weg, sonst fliegen wir ja ins Zuchthaus. Ich blieb mal erst mehrere Tage in der Wohnung vom Leutnant Liepmann, bis es den Hausbewohnern auffiel. Da äußerten sie einen Verdacht. Da mußte ich mich also in einer Kneipe in der Nürnbergerstraße aufhalten, bis die Papiere da waren. Die Papiere lauteten auf den Namen Krankenwärter Dünwald. Die Papiere kamen vom Edenhotel, feine Papiere. Mit selben Papieren fuhr ich in meine Wohnung. Meine Frau sagte: Mann, mit diesen Papieren kommst du nicht weg, das sieht dir jeder an, daß du nicht 28 Jahre alt bist. Ich bin nämlich 45. Das sieht mir keiner an. Ich fuhr nach dem Edenhotel zurück und sagte, was meine Frau sagte, daß ich sagte: Ich weigere mich flüchtig zu gehn. Die Papiere wurden geändert, und da kam mein Alter heraus.

Kurz, ich wurde gezwungen, nach Flensburg zu gehen. Angeben mußte ich, wann der Zug abfährt, und wann ich ankomme. Es erschien ein Offizier, er brachte 4000 Mark, und eine Bescheinigung, ich solle nach Prag fahren, nach dem deutschen Konsulat, die sollten mich da weiter beschäftigen, was ich aber ablehnte, weil das nämlich kein Auslandspaß war. Darauf wurde ich nach Flensburg geschickt. 2000 Mark nahm ich mit. 2000 Mark überließ ich meiner Frau. Ich schickte von Flensburg eine Depesche, komme zurück, kann mich mit dem Geld hier nicht länger halten. Darauf bekam ich eine Depesche: Nicht mehr schreiben, alles verreist. Ich kam in Flensburg mit einem Oberleutnant Sommerfeld zusammen. Der hat mich erkannt. Der hatte ein Werbebüro dort, für die Freikorps. Der warb mich an, und nahm mich mit nach Heide in Holstein, zum Freikorps Bülow. Dort stellten sie mich dem Stab vor und ich wurde gefeiert. Aber zwei Unteroffiziere in der Kaserne haben mich erkannt, das waren zwei Postschaffner, die sagten mir auf den Kopf zu, Mensch, du bist ja der Runge. Das konnte ich aber gar nicht leugnen. Da wollten die Mannschaften mich lynchen. Das war gemein. Ich kam nach Borkholz. Der Stab war nämlich in Wiedingstedt, die wußten genau, daß ich nämlich der Runge war. Auch da wollte die Mannschaft mich lynchen. Das war gemein. Ich sagte nämlich, ich bin nämlich nur der Runge, ich bin nämlich gar nicht der Täter. Ich wurde nach Sonderburg versetzt, und setzte auch selber den Hauptmann von Käppelsdorf in Kenntnis sowie auch den Feldwebel, daß ich nämlich gar nicht der Dünwald bin, ich bin nämlich der Runge. Und vorher lag, ich auch in Mecklenburg auf dem Gut Kalsow bei Kadlow, Kreis Wismar. Da war eine militärische Organisation untergebracht. Die Leute lagen als angebliche Landarbeiter auf den Gütern herum, im Bedarfsfalle waren sie aber Soldaten und bereit. Leiter war der Major Weber. Und da gab es auf dem Gut eine Magd, die war gar nicht von dort. Diese selbige Clementia hat mich sogleich verstanden. Wenn es nur das war, sagte sie, und ließ mich wieder aus dem Stadel heraus. Was so ein Weibsbild sich vorstellt! Aber später, am 11. April, in Sonderburg, da wurde ich verhaftet. Die Kriminalbeamten, die mich nämlich verhafteten, sagten sofort, ich solle schweigen über die Sachen und solle die Tat auf mich nehmen, da ich 100.000 Mark bekäme, und ich sollte keinen andern Rechtsanwalt nehmen wie den Rechtsanwalt Grünspach, der würde mich freibringen. Ich wurde dann am 13. April ins Edenhotel eingeliefert und dem

Kriegsgerichtsrat Jörns vorgeführt. Die Untersuchung war die reine Gaudi. Der Gerichtsrat, wie man so sagt, oder Gerichtsrat Jörns, war also ein sehr feiner Mann, paarmal kam er ganz schlicht privat in meine Zelle. Otto, sagt er zu mir, Sie sind ein Held. Vielleicht wissen Sie es gar nicht. Ne, Herr Rat, sage ich. Beleidigen lasse ich mich nicht. Nach die fünf Jahre Scheiße im Weltkrieg, und das dürfen Sie mich nicht jetzt heißen.

Mensch, sagt er, Runge! Da haben Sie mal die verkehrte Walze. Bei mir anders rum. Bei mir sind Sie ein Held, auch wenn Sie es nicht so verstehn. Und machen Sie mal keine unnötige Brühe, Mensch, es ist schon Brühe genug.

Herr Rat, sage ich, nu dämmert's mir, mit die großen Wörter. Für die 4000 Mark und die 240 Mark alles in allem soll Jäger Runge also jetzt, wo es schief geht, den Kopf hinhalten? Und weil ich nie auspacke? Und wenn man wenigstens eine Versorgung hätt'!

Jäger Runge, sagt der Rat da zu mir, so schlicht von Mann zu Mann, wie ich zu Ihnen rede, Frollein, Jäger Runge! Nehmen Sie mal ruhig die Strafe auf sich. Vier Monate werden es nur. Und es kommt eine Amnestie. Dann sind Sie gleich frei. Und Sie können sich auch immer an uns wenden. Wenn Sie in Not sind, oder so...

Na, in Untersuchung war es ja soweit ganz gemütlich, Zellentür immer offen. Gleich wie ich im Zellengefängnis ankam, drangen alle Offiziere auf mich ein, der Pflugk- Harttung, der Vogel, v. Stiegen, v. Ritgens und Schulz, und fragten, was hast du ausgesagt. Gelogen hab' ich, sag' ich. Und der Kapitänleutnant v. Pflugk-Harttung sagt: Sie haben gut ausgesagt. Er fragte, welchen Anwalt wollen Sie, und, es gibt gar keinen andern, nur den Grünspach. Der war auch bei mir und sagte: So weit ist alles ganz gut gegangen, aber was machen wir nun, um die falschen Papiere aus der Welt zu schaffen? Sagen wir, wir haben sie von Spartakisten gekauft, und Sie sind doch geistig minderwertig. Sie kommen doch frei.

Alle Zellen standen ja Tag und Nacht offen, die Offiziere gingen aus und ein, sogar auf die Straße. Bis ein Uhr nachts war Damenbesuch in den Zellen. Da gab es Weingelage, Frollein. Die angeklagten Herren Offiziere spielten die Richter, damit ich meine Rolle als

Angeklagter lernte. Und wenn ich nicht meine Aussagen endlich richtig hinlegen täte, dann läge mal eine Handgranate im Bett, wenn ich schlafen ginge, und ich sei erledigt. Und die Herren versprechen so was. Und manchmal halten sie so was. Komisch, nicht? Fräulein? Ich hab' auch öfter mit dem Stab im Edenhotel telephoniert. Das hat mir moralisch gefestigt. Besonders wenn der Hauptmann Papst mich am Telephon so richtig runtergeputzt hat. Na, und im Prozeß, da war der Vorsitzende, der Ehrhardt, Herr Kriegsgerichtsrat, sagt man zu ihm. Solche Männer in Deutschland – da beneiden sie uns in der ganzen Welt drum. Sowas macht Deutschland immer groß. Der Ehrhardt hat immer gesagt: Also Sie haben aus eigenem Antrieb gehandelt, Husar Runge?

Herr Kriegsgerichtsrat, habe ich gesagt, ich...

Schon recht und zugegeben, hat er gesagt.

Und so haben sie mich verurteilt – aus eigenem Antrieb.

Hören Se mal das Urteil, Frollein:

Der Jäger Runge – das bin ich! – wird wegen Wachvergehens im Feld, versuchten Totschlags in Tateinheit mit gefährlicher Körperverletzung unter Mißbrauch seiner Waffe in zwei Fällen, in einem Fall mit erschwertem Wachverbrechen und Gebrauch von falschen Urkunden zu zwei Jahren Gefängnis, zwei Wochen Haft und vier Jahren Ehrverlust und Entlassung aus dem Heer bestraft. Bestraft, sage ich. Verstehst du?

Das habe ich auswendig gelernt. Herr Kriegsgerichtsrat, hab' ich gesagt, vier Monate, also soviel sitze ich ab, wie versprochen. Aber warum bestraft? Warum werde ich bestraft? Und der Leutnant Liepmann ist ein Jud, und bekam nur Stubenarrest. Und dem Herrn Oberleutnant Vogel haben der Dr. Grabowski und der Herr Hauptmann Pabst durch das Berliner Polizeipräsidium und die Paßstelle des Auswärtigen Amts einen Paß für Holland fabriziert und ausgestellt, Herr Hauptmann Jansen hat ihn aus dem Gefängnis entführt, und der Vogel, flog mit der Eisenbahn nach Holland. Und ich werde bestraft! Und ich nehme aus eigenem Antrieb von den zwei Jahren nur die versprochenen vier Monate an. Das habe ich gesagt. Oder wollte es wenigstens. Die schneiden unsereinem bei Gericht ja immer gleich das lebendige Wort ab.

Nun sitze ich im Gefängnis. Manchmal lassen sie ja die Zellentür offen und da gehe ich auf Urlaub spazieren. Sie sagen zu mir: Nur nicht erwischen lassen, Runge. Besonders die Mächens sind gefährlich. Da hab' ich hier also meine Absteige. Hier bin ich frei wie der Vogel, wie der Vogel in Holland. Na, Frollein! Was? Da schaust du? Und hättest du gedacht, daß ich der Jäger Runge persönlich bin? Was? Ein Mann! Von mir haben schon viele in Zeitungen geschrieben. Aus eigenem Antrieb. Da siehst du, daß ich ein berühmter Mann bin. Dafür hab' ich dir alles erzählt. Und jetzt leg' dich schon hin! Jetzt wenn ich dich liebe, weißt du, was für ein Mann ich bin, den Rest wirst du empfinden!"

Runge stand auf. Er zog ruhig seine Joppe aus.

Primula wollte aufstehn. Sie fühlte sich gelähmt. Wie ihre Großmutter. Die Beine versagten ihr den Dienst. Sie waren wie Watte. Der Jäger schüttete sich noch ein Glas Bier ein. Als er es zum Mund führte, schrie Primula wie im Krampf: „Halt! Halt!" Der Jäger verschüttete das halbe Glas, und setzte es hart auf den Tisch.

„He!" sagte er. „Schrei nicht! sag' ich."

„Frau Tulpenmilch!" schrie Primula gellend. Plötzlich wußte sie den komischen Namen wieder. „Zu Hilfe! Frau Tulpenmilch! Zu Hilfe!"

„Ne! Ne!" sagte der Jäger. „So brüllen kannst du hier nicht, Puppe. So machste mir das ganze Haus rebellisch. Ich sage, brülle hier nicht. Und was willst du überhaupt von der Tulpenmilch. Die wohnt fünf Häuser weiter. Die Tulpenmilch, die hört dich nicht. Aber auch die Vogel kommt nicht so geschwind!"

Primula hatte aufgehört zu schrein. „Wer?" fragte sie. „Wer?"

„Die Vogel," sagte der Jäger. „Die hier wohnt. Der die Stube gehört. Hebamme Betty Vogel. Die kommt aber nicht vorm Abend zurück. Der mußt du nicht schrein. Was willst du von ihr? Du bist ja soweit ganz sauber. Da brauchst du gar nicht zu schrein. Ein Kind mach' ich dir jetzt, später bringt es die Vogel weg. Ich tu' dir nicht weh. Jetzt warum schreist du dann. Tu die Beine hoch. Es wird dich schon freun. Da kannst du dich ganz auf mich verlassen. Du bist sauber, sage ich. Zu mager vielleicht. Keine Brust, kein Bauch, wenig Waden. Tut nichts. Ich drücke ein Auge zu. So ist der Jäger Runge. Puppe, nu zier' dich nicht."

„Mörder!" schrie Primula und saß und wartete, worauf? „Mörder! Mörder!"

Ihre Stimme schien das einzige Lebendige an ihr, die Stimme und die Augen, deren Blick brannte. Ihr Körper war wie tot. Es war gar nicht sie, die schrie. Der Schrei kam von selber aus ihrer Kehle.

Der Jäger Runge nahm das Brotmesser in die weiße Hand und legte es wieder auf den Tisch. „Wozu das Geschrei?" fragte er ungeduldig. Er stieß den Stuhl hinter sich um. Da stand Primula endlich auf. Plötzlich gehorchten ihre Glieder wieder.

Der Jäger sah sie grinsend an, aber es war ein unheimliches Grinsen.

„Nur keinen Lärm," sagte er. „Lärm mag ich nämlich nicht."

„Du schmutziger Mörder," sagte Primula. Sie stand hinter dem Tisch.

Der Jäger hob grinsend mit beiden Händen den Tisch auf, um ihn zur Seite zu schleudern, oder vielleicht auch auf Primula, sie wußte es nicht, und er wußte es vielleicht auch noch nicht, und Primula wollte schrein, aber jetzt brachte sie keinen Ton mehr aus der Kehle, endlich kam ein Ton, oder schien ihr nur, daß sie schrie, wie in gewissen Alpträumen, wo man schreien will und nur ganz leise stöhnt, sie schrie: „Hilfe!"

Da klingelte es.

„Die Hebamme," sagte Primula, plötzlich wieder mit ihrer gewöhnlichen Stimme und mit ihrer gewöhnlichen Energie. „Lassen Sie sofort den Unsinn und öffnen Sie die Türe. Es ist das Beste für Sie! Marsch!"

Der Jäger begann zu zittern, der Tisch fiel ihm aus den Händen. Es klingelte wieder, nun schärfer, zweimal, dreimal, ununterbrochen.

„Das ist nicht die Vogel," sagte er. „Wenn es die Vogel ist, die hilft dir wenig. Die ist eine Tante vom Oberleutnant Vogel, die hebt dir nur den Rock hoch."

„Öffnen Sie! Und sofort!" schrie Primula. „Ich dulde keinen Widerspruch!" Sie schrie mit der bekannten Kommandostimme eines Leutnants, sie machte es recht täuschend nach, nur war ihre Stimme ein wenig zu hell.

„Ich geh' ja schon," erklärte der verwirrte Jäger Runge mürrisch.

Kaum hatte er die Stube verlassen, als sich Primula auf das große Brotmesser stürzte, und mit dem Messer voran, langsam zur halboffenen Tür schritt.

Da hörte sie Ulis Stimme. „Primula! Bist du da? Primula!"

„Ja! Ja! Ja!" schrie Primula und rannte blindlings zur Haustür.

Jäger Runge griff nach ihr, mit dem Messer stach sie in seine Finger hinein, er schrie. Uli faßte die Schwester, sie rannten schon, durch den Hof, den vierten, dritten, zweiten Hof, sie waren auf der Stettinerstraße und rannten, die Leute auf der Straße sahen ihnen nach, rennende Zwillinge, eine trug ein blutiges Küchenmesser vor sich her. Schon liefen ihnen Straßenjungen mit Geschrei nach, gleich würde ein Schutzmann sie verhaften. Da kam eine Straßenbahn, sie stiegen ein.

„Wohin fahren Sie?" fragte Uli den Schaffner. „Geschwind!"

„Das frage ich Sie," antwortete der Schaffner. „Wenn Sie den Wagen meinen, der geht zur Friedrichstraße. Aber langsam!"

„Zwei Friedrichstraße!" verlangte Uli.

Dann fielen die Schwestern einander in die Arme und küßten sich. Das Küchenmesser, das Primula auf der Schulter Ulis hielt, sah furchterregend aus.

Als sie sich aus der Umarmung lösten, sah Uli endlich das Messer. „Um Gotteswillen wisch das Blut ab. Und verstecke das Messer!"

„Kann ich es nicht wegwerfen?" fragte Primula.

„Was denkst du? Wenn das jemand sieht? Woher hast du das Messer überhaupt?"

Primula trocknete die Klinge mit ihrem Taschentuch und verbarg das Messer unter ihrem seidenen Kostümjäckchen. Dann schwiegen die beiden Schwestern. Am Bahnhof Friedrichstraße stiegen sie endlich aus. Sie gingen am Wasser entlang, zum Tiergarten, Hand in Hand und schweigend.

Nach einer Weile begann Primula der Schwester Vorwürfe zu machen. „Du bist mir nachgegangen."

„Ich ging zur Hebamme Tulpenmilch, Stettinerstraße fünfhundertdreiundvierzig," sagte Uli.

„Fünfhundertdreiunddreißig," verbesserte Primula.

„Da warst du," gab Uli zu, „bei einer andern Hebamme, namens Betty Vogel, die noch übler berüchtigt ist als unsere Tulpenmilch. Was suchtest du bei der Vogel? Wer war der Soldat? Was machtest du mit diesem Brotmesser?"

Primula zog das Messer hervor und sah es an. „Was soll ich damit tun?"

„Wirf es weg!" riet Uli.

„Nein!" rief Primula. „Ich behalte es!"

In der Nähe war ein Papierkorb. Primula holte eine Zeitung heraus und wickelte das Messer sorgfältig ein.

„Auf fünfhundertdreiunddreißig wohnt auch eine Hebamme?"

„Namens Betty Vogel! Wußtest du das nicht?"

„Und die Hebamme Tulpenmilch gibt es?"

„Zehn Hausnummern weiter. Aber du warst nie dort?"

„Woher hattest du die Adresse?"

„Aus deinem Brief natürlich! Du schriebst mir ja eigens die Adresse!"

„Du solltest den Brief erst beim Abendessen erhalten! Ist es so spät?"

„Ich bekam die Adresse nicht zu früh."

„Vielleicht? Aber Tilde wußte das nicht. Sie hat mich verraten. Lauter Verräter! Geht das nun durchs ganze Leben?"

Uli erzählte, Tilde von Techow sei mittags sehr besorgt gewesen, weil ihre Mutter seit einer Woche keine Nachricht gegeben habe. Sie hatte die Mutter nach Dresden gesandt, mit einem Silberlöffelfabrikanten, der sich zuerst in Tilde verliebt hatte – ein alter Mann, erklärte Tilde, achtundvierzig Jahre! – Tilde hatte ihm mit ihrer gewöhnlichen Offenheit erklärt, sie sei unschuldig, sie gehe kein Verhältnis ein, schon gar nicht mit einem Greis. Aber vielleicht wollte er ihr Vater werden? Darauf arrangierte sie ein Essen zu dritt. Der

Löffelfabrikant sah die Mutter und lud sie gleich zu einer Opernfestwoche in Dresden ein. Beide liebten die Musik. Mitten in ihren Erzählungen am Tisch der Pension sah Tilde, wie Uli der Suppenlöffel aus der Hand fiel.

„Ich muß sterben," sagte sie zu Tilde, „denn Primula hat sich das Leben genommen. Darum hat sie mich angelogen. Sie gab vor, sie besuche deine Mutter heute!"

Da erschrak Tilde und rief: „Ich werde euch beide retten!" Sie holte aus ihrem Pullover den Brief Primulas.

„Ich schrieb ihn," erklärte Primula, „für den Fall meines Todes!"

„Ich las den Brief, nahm ein Taxi zur Stettinerstraße fünfhundertdreiundvierzig, zur Tulpenmilch. Mir öffnete eine verhutzelte Frau, mit flinken Augen in ihrem Mausgesicht, und mit den roten Händen einer Waschfrau.

Sie wischte sich die Hände an der karrierten Schürze ab, und sagte: „Und so ein hübsches Kind. So jung..."

Ich war bestürzt. Wärest du dort gewesen und wieder weggegangen, hätte sie geglaubt, ich sei du, und käme nochmals zurück. Und wärest du gerade dort gewesen, hätte sie das übliche Theater mit Zwillingen angestellt. Sollte ich auf dich warten? Wagtest du in der letzten Minute nicht, einzutreten? Ich war verwirrt, das machte die gute Hebamme sicher. Sie führte mich in ein Zimmer, in dem es nach saurer Milch roch. Sie deutete auf eine Chaiselongue.

„Setzen Sie sich, Kindchen. Oder manche legen sich lieber gleich hin," sagte sie.

Sie zog einen weißen Kittel an, wusch sich die Hände mit Kernseife, holte ein Schulheft aus einer Schublade, schloß Fensterladen und Tür, machte Licht und setzte sich zur mir auf die Chaiselongue. Dann sagte sie: „Vertrauen ist das Wichtigste im Leben. Und eine ordentliche Buchhaltung, natürlich. Sie verstehn."

Ich verstand.

„Nur Mut!" sagte sie, „und deutlich Namen und Adresse, und Angehörige, die eventuell zu benachrichtigen wären."

„Nachher," sagte ich.

„Da könnte es zu spät sein," erwiderte sie aufrichtig. „Wie alt sind

Sie?"

„Siebzehn," sagte ich.

„War er bei der Infanterie?"

„Bitte, hören Sie mich erst an!" bat ich.

„Ein Matrose vielleicht?" fragte sie. „Ich bin nicht neugierig. Jetzt, Kindchen, mach' dich frei. Nur keine Angst. Tante Tulpenmilch beißt nicht."

„Frau Tulpenmilch," sagte ich verzweifelt, weil ich nicht zu Worte kam. „Ich persönlich habe nichts!"

Da stand sie auf, zog den weißen Kittel aus, und sagte, mit kummervoller Strenge: „Unter dreihundert Mark kann ich nicht. Alles wird teurer, Fleisch, Kohle, Seife, überhaupt! Zahlt denn der Kerl absolut nichts?"

„Ich," sagte ich.

„Mein letzter Preis: Zweihundertfünfzig. Und nur, weil du so jung bist. Da tut einem das Herz weh. Sonst gehn Sie gleich zur Vogel, Stettinerstraße 533, fünfter Hof, 3 B, auf der linken Seite, Betty Vogel heißt sie, aber schaun Sie erst mal alles an. Überhaupt sind Sie mir viel zu jung. Das bringt kein Glück. Sind Sie schon sechzehn? Anzeigen sollte man alle Lumpen, die sich an solchen Kindern vergreifen. Sicher war es ein alter Mann, die geben Kindern eine Tüte Bonbons" und auf der Kellertreppe. Dann kommt das Unglück zu uns. Nicht unter zweihundertfünfzig! Das bin ich meinem Namen schuldig."

„Ich komme wieder, sagte ich und wollte zur Tür hinaus, aber sie verstellte die Türe.

„Vielleicht gibt er dir das Geld," sagte sie. „Versuch' es. Zweihundertfünfzig. Bar in die Hand, voraus! Sonst ist alles gesund? Herz in Ordnung?"

Ich lief zur Vogel. Ich wußte, du warst dort. Ich sah dich. In Todesgefahr. Dann klingelte ich. Dieser Soldat sah gräßlich aus. Sie ist tot, dachte ich und schrie!

Primula erzählte der Schwester ihre Geschichte und die Geschichte des Soldaten. „Mit dem Brotmesser hätte ich ihn erstochen!"

Sie standen hinter einem Gebüsch am Wasser. Der Himmel war

abendlich grün und gelb und rot. In den Bäumen war ein Schwirren und Schweben, die Vögel pfiffen, ängstlich und klagend, als wäre ein Geier in den Lüften.

Primula und Uli starrten einander ins Gesicht. Beide waren bleich. Ihre Augen funkelten. Ihre Haare hingen wild über Stirn und Wangen.

„Uli!" sagte Primula.

Primula verzog den Mund.

„Hast du Angst, Primula! Um deine Laufbahn? Ich nehme dir die Angst ab!"

„Leere Worte. Was kannst du tun?"

„Alles... viel..."

„Was? Die Sonne geht auf und unter. Hältst du sie auf? Das Leben ist mühselig. Hast du einen Zauber dagegen? Ich habe mit Lust geschlafen. Ich trage die Last. Und du redest. Hätte der Jäger Runge mich nur totgestochen!"

„Du stachst ihn. Mit dem Brotmesser. Er brauchte kein Messer."

„Was habe ich dir getan, Uli? Hätte ich nur den dummen Mut, ins Wasser zu gehn!"

„Ich helfe dir."

„Kannst du die Schande weghalten?"

„Ich kann es. Auf Ulis Namen wird das Kind eingetragen sein. Uli wird die Mutter sein. Deine angebliche Schande, ich mache meine Wonne daraus. Sind wir nicht Zwillinge?"

„Kannst du das?"

„Das Kind stört dich? Ich ziehe es auf. Ich werde für das Kind arbeiten. Ich tue alles für das Kind. Nur lege dich nicht unter das Messer dieser schmutzigen Mörderinnen für 250 Mark. Ich will nicht sehn, wie du verblutest. Oder wie sie dich ins Gefängnis führen. Du sollst nicht durchs ganze Leben mit einem bösen Gewissen gehn. Vater wird mir sagen, du hast deine Schwester zur Kindsmörderin werden lassen. Und Großmutter: So hast du über deine Schwester gewacht? Primula! Wie reizend wird unser Kind sein. Ein süßes Mädchen, sicher ein Mädchen. Wie nennen wir es?"

„Und das Theater? Ich bin engagiert. Nicht du. Das ist meine

Chance in Berlin. Wenn die Chance nie wiederkommt?"

„Du kannst noch eine Weile spielen."

„Und dann?"

„Dann spiele ich für dich, Primula."

„Das willst du. Feiner Plan! Ich soll mit dem dicken Bauch laufen! Du stiehlst inzwischen meine Karriere. Das willst du? Mich demütigen, weil ich mit einem Mann geschlafen habe? Bist du nicht ein Duckmäuser wie dein Vater?... Alle sollen mit Fingern auf mich weisen: Sie schwangeres Fräulein! Brauchen Sie nicht einen Mann zu ihrem Bauch?"

„So werde ich nicht spielen."

„Wer wird spielen?"

„Niemand. Weihnachten wirst du wieder spielen."

„Und die Schande? Und der dicke Bauch?"

„Vielleicht wird man es dir gar nicht ansehn?"

„Und wenn man es sieht?"

„Was liegt daran?"

„Das sagst du. Aber, du wirst keinen Bauch haben."

„Ich habe mit keinem Mann geschlafen!"

„Da fängt das Gespött schon an!"

„Wer wird spotten?"

„Alle. Ich halte es nicht aus."

„So wirst du eben Uli sein. Du wirst sagen, du bist Uli. Ich bin es schon gewöhnt. So werden alle über Uli spotten."

„Siehst du, daß du mir böse bist? Und eifersüchtig? Ja. Wegen Musiek!"

„Weißt du nicht, daß ich nur dich liebhabe, Primula?"

„So sei für mich schwanger!"

„Soll ich mit Männern schlafen?"

„Tu es für mich!"

„Und wenn ich schwanger würde, käme ich zu spät. Du bist mir um Monate voraus."

„Siehst du? Und ich soll mit dem dicken Bauch gehn?"

„Ich werde essen, dick werden und auch einen Bauch haben!"

„Versprichst du? Aber so viel kannst du nicht essen!"

„So werde ich mir einen Bauch ausstopfen! Mit Servietten!"

„Wirst du das für mich tun, Uli?"

Uli sah Primula forschend an. „Das fragst du?"

„Im Ernst tust du es nicht!"

„Das ist nichts!"

„Genau so dick wirst du den Bauch tragen wie ich? Wirst ihn messen? Wirst genau so dick deine Brüste ausstopfen? Wörtlich? Und dir Rouge unter die Augen malen, oder sie blau malen, und auch schwarze Ringe, wenn ich schwarze Ringe unter den Augen habe? Und jede Stunde am Tag?"

„Ringe unter die Augen, in jeder Farbe, jede Stunde am Tag!"

„Und dein Gesicht häßlich schminken?"

„Wenn es dir hilft, Primula!"

„Schwörst du?"

„Ich schwöre!"

„Und wirst die ganze Komödie bis zum Ende spielen, bis zur Geburt?"

„Bis eine Stunde vor der Geburt!"

„Und danach wird es dein Kind sein, für alle Ewigkeit?"

„Mein Kind für alle Ewigkeit!"

„Und die Brust wirst du ihm reichen?"

„Die Milchflasche. Und werde es wiegen, nähren, pflegen, aufziehn, werde arbeiten für das Kind und seine Mutter sein bis zum Tode."

„Aber die Schmerzen?"

„Die kann ich dir nicht abnehmen!"

„Siehst du! Die kannst du mir nicht abnehmen! Und den Kaiserschnitt? Wenn sie ihn machen müssen?"

„Aber vielleicht sind es keine schweren Wehen?"

„Fürchte ich mich vor den Wehen? Vielleicht machst du Spaß?"

„Ich meine es im blutigen Ernst!"

„So schwöre nochmals!"

Uli tat es.

„Du hast geschworen!" schrie Primula. Sie faßte Uli bei den Schultern.

„Ich habe geschworen!" sagte Uli.

Da fiel ihr Primula unter Gelächter und Tränen um den Hals. „So schwöre ich, daß ich nichts gegen unser Kind tun werde. Hörst du!"

„Du hast geschworen!" flüsterte Uli.

Primula machte ein erschrockenes Gesicht, als merkte sie jetzt erst, was sie geschworen hatte. Sie verließen hastig den unheimlichen Ort. Die Frösche schrien drohend und böse hinter ihnen her. Im Tiergarten stöhnten die Liebespaare auf den Bänken. In der Ferne heulte ein Hund. Der Mond stand silbern über den schwarzen Bäumen.

8. KAPITEL

ULIS OPFER

*D*rei Monate später fiel Musiek durch. Das war der Beginn seiner Karriere.

Sein Stück hieß „Der Hund, der bellt". Es war eine Parodie auf die deutsche Revolution von 1918. Keine vierhundert Menschen waren zur Matinee ins Steglitzer Schloßtheater gekommen. Direktor Moritz Fechter fing erst an, durch seine Matineen berühmt zu werden, auf Kosten einiger junger Dramatiker, wilder Jünglinge, von denen zwanzig Jahre später einige im Propagandaministerium von Goebbels, andere in Frankreichs verräterischen Konzentrationslagern vermoderten.

Zehn Minuten lang hatten die Zuschauer inmitten des dritten Aktes geblasen und gepfiffen. Dutzende schrien: Skandal! Und: Vorhang!

Musieks Name war gemacht. Er wurde Dramaturg an einem großen Berliner Theater, das seine nächste Komödie ‚Katzenmusik' zur Uraufführung erwarb. Das neue Stück war eine Parodie auf die Friedensverhandlungen von Versailles.

Auch Tilde von Techow verdankte ihre Karriere dem Durchfall von Musiek. Sie spielte die Tochter des roten Matrosen. Musiek hatte diese Rolle Primula zugedacht. Aber Direktor Fechter ließ Primula die junge Frau des Generals spielen. Vergebens protestierten Musiek und Tilde. Nur Primula war glücklich, weil ihre neue Rolle länger war.

Tilde erhielt die großen Kritiken, und ein Engagement am selben Theater, das Musiek zum Dramaturgen ernannt hatte.

Darauf erklärte Primula, Tilde habe mit Direktor Fechter, mit Musiek, und wahrscheinlich mit einem Dutzend Kritikern geschlafen.

Musiek versuchte, Primula zu trösten. „Du hast genial gespielt. Die ganze Nation ist unkritisch. Der letzte deutsche Theaterkritiker von Vernunft war Lessing. Eben fällt mir ein, er war auch der erste."

Uli bewunderte die Schwester neidlos. Sie fragte Musiek: „Sind die Leute blind?"

Primula fragte Musiek: „Wann kommt deine neue Komödie zur Uraufführung?"

„Ende Januar."

„Januar?" fragte Primula. Besetze die Rollen nicht zu früh. Wir haben erst Juli. Warte bis Ende November."

Ein paar Wochen später saß Musiek in seiner Stube und las laut die Gedichte des braven Manns aus Wandsbeck, Matthias Claudius:

> ‚Ach, es ist so dunkel in des Todes Kammer,
> Tönt so traurig, wenn er sich bewegt
> Und nun aufhebt seinen schweren Hammer
> Und die Stunde schlägt.'

Da klopfte es. Musiek öffnete die Tür und sah einen eleganten Herrn an die Tür daneben klopfen, die Tür der Zwillinge.

„Ist Fräulein Primula Lust zuhause?" fragte der Fremde.

Zur rechten Zeit erinnerte sich Musiek, daß Primula den Theaternamen Lust usurpiert hatte. „Fräulein Lust ist auf der Probe. Kann ich was ausrichten?"

„Gestatten Sie: Mein Name ist Ferdinand Lust."

„Der Leutnant?"

„Sie kennen mich?"

„Vom Hörensagen. Wenn Sie in meiner Stube paar Worte für Fräulein Primula schreiben wollen?"

Musiek bot Lust einen Stuhl, eine Zigarette, und einen Schnaps an. „Ich heiße Musiek."

„Der Autor vom ‚Hund, der bellt!' Ich sah die Uraufführung in Vertretung unseres Theaterkritikers, der den Tag zuvor an der Grippe gestorben war. Ich bin Redakteur an der Berliner Allgemeinen Zeitung, Kunstkritik unterm Strich."

„Sie schrieben über Primula?"

„Nein. Aber warum wollen Sie beweisen, daß die Realität aus lauter Unwahrscheinlichkeiten gemacht ist? Wenn Ihre Personen zu reden anfangen, sagt sich der Zuhörer: So spricht – so handelt kein normaler Mensch... Das sind... Selbstmörder! Nach dem Sprung ins Wasser aufgefischte, wiederbelebte Menschen! Nach einer Weile sagt der Zuhörer: Wie vernünftig diese Verrückten reden! Plötzlich erschrickt er. Er hat sich und seine Redensarten erkannt, und seine Tendenz, in der schwebenden Debatte des Lebens vor jeder tragischen Entscheidung auszuweichen. Nun glaubt er, daß Ihre Menschen echt sind, nur nackter als gewöhnlich in Komödien. Satiriker pflegen die Menschen anzugreifen. Aber Sie greifen Gott an. Sie spielen den Verteidiger der Menschen."

Musik bot seinem Gast eine zweite Zigarette, ein zweites Glas Schnaps, aber keinen zweiten Stuhl an, natürlich, wer sitzt auf zwei Stühlen?

Lust fragte: „Warum schreiben Sie eigentlich?"

„Warum ich lebe? – Meinen Sie das? Oder meine fixe Idee, daß die Natur verrückt ist? – Eben durch die übertriebene Pedanterie ihrer Gesetzmäßigkeit verrät sie ihren eingeborenen Wahnsinn; die moderne Geschichte spricht für diese These! Aber sagen Sie: Was halten Sie vom Talent unserer Freundin Primula?"

„Sie haben ein Verhältnis mit ihr?" fragte Lust brutal.

„Ich will Uli heiraten."

„Darf man zur Verlobung gratulieren?"

„Uli weiß nichts! Sie denkt, ich sei in Primula verliebt."

„Aber? Sind Sie ganz sicher in diesem Punkt? Die lieben Mädchen schauen gar so ähnlich!"

„Schwankten Sie, Herr Lust?"

„Nicht eine Minute."

„So ging es mir – mit Uli."

„Wollen wir nicht Freunde werden, lieber Musik?"

„Haben Sie Frau Marie Troll geheiratet?"

„Nein. Und ich werde es nicht tun. Vertrauen um Vertrauen! Jetzt, da man mir Marie wegnehmen will, merke ich, daß ich immer nur Primula geliebt habe."

„Wollen Sie Primula heiraten?"

„Nach dem ersten Kuß wurde Primula meine Frau. Oder sprechen Sie von Standesamt und Kirche? Bekommt sie nicht ein Kind von mir?"

„Ein Kind? Und von Ihnen?"

„Neuigkeiten?"

„Und doch haben Sie Primula aus zwei brennenden Häusern gejagt? Und sie eine Brandstifterin geheißen?"

„Lieben Sie zum ersten Male, Herr? Sie gefallen mir – aber wo fanden Sie Ihre Ansichten vom Leben? Sie wissen, daß Sie in zehn Jahren Ihre Ansichten von heute nicht mehr kennen werden? Kein vernünftiger Mensch hat zehn Jahre lang dieselben Ansichten. Dafür ist das Leben zu kurz, und unsere Weisheit zu billig! Hören Sie. Ich will Ihnen diese Affäre mit Marie Troll erzählen. Herkules hatte es leicht. Die Tugend sagte zu ihm: Ich bin die Tugend. In jener Nacht, da die beiden Häuser brannten, beschlossen Marie und ich, nach Berlin zu fahren. Marie wollte vor dem König von Ansbach weglaufen, und ich vor mir. Kennen Sie den König?"

Musiek erklärte: „Die Zwillinge schildern Menschen treffend, nur karikieren sie vielleicht?"

„War ich ein Held in Primulas Märchen? Sie macht aus einem Nichts im Nu ein Schicksal. Aber wer hat eine genaue Auffassung der Wirklichkeit? Nüchterne Menschen werden nie mit Menschen von Phantasie einig. Die spotten über den Geist, die keinen haben. Vor paar Wochen saß ich hablos, ein Krüppel, in dieser nun schnöd verbrannten ‚Villa Marie'. Ein Realist hätte keine Mark für meine Zukunft gegeben. Primula sagte: Übermorgen bist du ein großer Mann! Ich bin zwei Monate in Berlin, schon offeriert mir der neue Besitzer meiner Zeitung, der sie soeben für eine Million erworben hat, die Chefredaktion mit 30.000 Mark im Jahr, oder den Posten als Verlagschef mit 48.000."

„Ich gratuliere," sagte Musiek.

„Freilich stellt der Mann Bedingungen!"

„Unmoralische?" fragte Musiek.

„Der Mann will meine Frau. Und ich soll ihm dabei helfen. Ich sagte ihm sogleich: Ich liebe Marie nicht. Marie liebt mich. Sie erraten den Käufer schon?"

Musik starrte Lust an. „Wieder dieser König von Ansbach?"

„Wissen Sie, daß er auch Ihr neuer Chef ist?"

„Mein Chef? Wer?"

„Herr König! In einer schwachen Minute hat er mir gestanden: Der König von Ansbach, sei nichts. Nur eines lohne: ‚König von Berlin'."

„Dieser Schieber?" fragte Musik verächtlich.

„Denken Sie so groß von unsern Deutschen?" fragte Lust lächelnd. „König gestand mir: Im Grunde sei er ein träger Mensch. Aber eher gäbe er sein Leben als sein Ziel auf. Marie ist mein Traum, sagte König. Wer kennt sich in Menschen aus? Um Marie zu gefallen, ging König ins Berliner Kunstgeschäft, wie er es nennt, kaufte die B.A.Z., finanzierte diesen Direktor Moritz Fechter und sein Steglitzer Schloßtheater, und erwarb das Schauspielhaus am Gendarmenmarkt, wo Sie und Fräulein Tilde von Techow engagiert wurden. Ich treffe Tilde zuweilen im ‚Romanischen Café'. Sie ist amüsant. König kaufte ein Dutzend Kunstgeschäfte. Er ist mein Chef. Er ist Ihr Chef. Er ist auf dem Wege, ‚König von Berlin' zu werden. Ein Halbgott unserer Zeit!"

„Die Götter lieben sonderbare Umwege," antwortete Musik.

Lust fuhr fort: „Zufällig las König in der Liste der Redakteure der B.A.Z. meinen Namen. Unverzüglich fuhr er in seinem Mercedes in meine Wohnung.

Marie ist nicht zu Hause, sagte ich ihm.

Er fragte: Ist sie glücklich mit Ihnen? Ich kaufte Ihre Zeitung, die B.A.Z., und sehe, Maries Lust bekommt fünfhundert Mark im Monat! Ich mache Sie zum Chef. Zum Chef der Redaktion! Oder des Verlagshauses. Schreiben Sie gern? Oder verkaufen Sie lieber? Wenn Sie meinen Rat hören: Gehn Sie ins Geschäft! Leitartikel schreiben: Andre handeln, du kommentierst! Mit Scharfsinn über Diebe schreiben! Über publike Lumpen öffentlich gut reden! Politik ist ein Wurstladen, wo alle zwanzig Jahre Großschlachtbetrieb ist! Der Handel, erzählt man mir, machte uns zivilisiert. Ich verstehe nichts davon. Der Gebildete sind Sie, Herr Lust... Ich verstehe nichts davon. Wir Wirtschaftsführer, erzählt man mir, wo wir hintreten, wachsen

Städte. Wir werden die Zollgrenzen abschaffen, die Landesgrenzen, die Kriege. Dann gibt es in der Welt nur e i n e Währung, e i n e Wirtschaft, e i n e n Paß, e i n e n Frieden. Schöner Traum – wir machen ihn wahr. Früher gab es Propheten und Könige und Philosophen. Alle überflüssig! Der Fürst der Wirtschaft..."

„Leider liebt Marie mich, sagte ich."

„Was brauchst du sie, Bruder!" schrie er. Und wollte mich umarmen – oder umstoßen? Nimm dir eine Berlinerin, schreit er. So ein witziges Mädchen, sentimental auf der Börse, keß im Bett! Du bist ihr Typ: Halb Militär, halb Bohème – dann werden sie schwach. Dir laufen sie ins Bett, ehe du hopp! sagst. Heirate eine Berlinerin! Du lachst dich tot!

Er klopft sich auf den Schenkel – und wird ernst. Wieviel wollen Sie für Marie? fragt er. Sie lieben sie nicht. Lieben Sie überhaupt Menschen?

Ich lachte König einfach aus. Ich sagte: Ich schicke meine Kündigung heute an die Zeitung."

„Sie haben gekündigt?" fragte Musiek überrascht.

„Was dachten Sie? Wenn ich Marie hätte verkaufen wollen … Geschäfte mit seiner Frau inseriert man nicht. Ich liefere dem Poeten Stoff."

„Der alte Irrtum!" erklärte Musiek. „Stoff haben wir die Fülle. Die Form macht den Dichter, und der Charakter den Stil."

„Brüderliche Sätze!" rief Lust. „Und sind wir nicht Brüder, als Liebhaber von Zwillingen? Darum rede ich ganz offen. Außerdem werden Sie alles durch Primula oder Uli erfahren! So erfahren Sie es von mir ohne Primulas Märchenstil! Schade, daß Sie keine Possen schreiben!

König kam ein zweites Mal zu mir. Diesmal auf die Redaktion. Der Chefredakteur hatte meine Kündigung nicht angenommen. Aber ich könnte schreiben, was ich wollte. In Verlagen, Zeitungen und Theatern gingen Geldgeber wie Schatten vorüber. Der Junge von der Portokasse hätte mehr zu sagen. Wenn König mich entlassen wollte, ginge der Chefredakteur mit.

König lachte bis zu Tränen. Der edle Mann will Sie auf Ihrem kleinen Posten halten, damit Sie nicht seinen großen wegnehmen! König sagte: Vorige Woche war ich fest entschlossen, Sie umbringen zu lassen. Erschrecken Sie nicht. Meine Frau hat mich davon abgebracht.

Die Blinde? fragte ich. Wie geht es ihr?

Danke der Nachfrage, sagte König. Wir sind geschieden.

Gerichtlich? fragte ich.

Nur gerichtlich, antwortete er. Natürlich lebt sie mit mir in Berlin. Soll ich eine Blinde aus dem Hause jagen? Da wäre ich doch der letzte. Der allerletzte! Wir haben uns scheiden lassen, damit ich Marie heiraten kann. Deshalb bleibt meine geschiedene Frau doch mein bester Freund. Sie heißt Aurora. Ich erzähle ihr alles. Wem sonst? Seit wir geschieden sind, nehme ich sie einfach in meine Luderlokale mit. Als geschiedene Frau kann sie sich alles erlauben. Sie ist so genußsüchtig geworden. Ich bin eine Geschiedene, sagt sie, nun will ich das Leben kennen lernen. Kannst du haben, sage ich ihr. Wenn wir nach dem Nachtmahl vorfahren, gibt ihr mein Chauffeur Anton den Arm, führt sie vor den betreßten Türsteher Peter, er war General, und trägt Uniform, Peter gibt Aurora den Arm und führt sie zur Garderobe, nimmt ihr den Hermelin ab, ich gebe ihr ihren Blindenstock, der Direktor vom Lokal (es heißt der ‚Blinde Kakadu‘, komischer Name) reicht meiner Frau den Arm, der Oberkellner (er heißt Josef, nennt sich Jean) klemmt die Serviette untern Arm und ruft den Weinkellner: Friedrich! Tisch sieben für Herrn König! Ich habe immer Tisch sieben! Meine Frau setzt sich mit dem Gesicht zur Bühne, ich sage: Wie gehabt! Da bringt Friedrich eine Flasche Sekt und eine Flasche Wodka, aus Frankreich und Rußland direkt für mich, sozusagen, meine Frau trinkt ein Glas Sekt, ich trinke zwei Gläser Wodka, aber ich zahle immer die ganze Flasche. Für mich spare ich nicht. Dann kommt der Chef vom Orchester. Ich sage: Hallo, Franz! Und ein Glas für Herrn Schmidt, ein Porto, wie gehabt! Franz trinkt nur Porto im Geschäft.

Er sagt, ich bin so frei, und plaudert fünf Minuten nach der Uhr mit der Blinden. Dann kommen das Blumenmädchen, das Zigarettenmädchen, die auftretenden Künstler, gewisse Stammgäste, manchmal Kunden von mir, so geht es bis zum frühen Morgen, bis wir das Lokal verlassen. Für jeden hat die Blinde ein gutes Wort, und ein Lächeln, dem weiß sie einen Rat, dem steckt sie bares Geld zu. Sie meint, weil sie blind ist, sehe ich nichts. Und die Leute, die kamen, um sie zu trösten, gehen getröstet fort. Sie ist gut. Und schlau! Aurora, sagte ich ihr. Ich werde den Lust umbringen müssen. Tut mir leid für Lust. Ich sehe keinen andern Weg zu Marie.

Sagt sie: Du bist kein Totschläger.

Natürlich, sage ich. Aber wozu habe ich Geld?

Mit einiger Beschämung gestand mir König, er habe mit gewissen Rechtskreisen Fühlung genommen. Was wollen Sie? fragte er. Politik ist der reine Dilettantismus – außer in einem Punkt: Im Geschäft. Die Politiker machen die Völker elend, zugegeben, aber sie machen sie reich. Sagt König: Da komme ich also mit so jungen Leuten in Verbindung, Patrioten heißen sie, kesse Kerle, wollen den ganzen militanten Proletariertraum, den Marxismus in die Luft blasen, so abgebaute Offiziere, wie Sie, lieber Lust, (sagt König zu mir!) so durchgefallene Studenten, stellungslose Winkeljournalisten, abgelehnte Akademieschüler, fortgejagte Volksschullehrer, entlassene Flieger, ehemalige Spionagechefs, kurz Pack ohne Sack, brotloses Gesindel mit bürgerlichen Vorurteilen und Walfischappetit. Sagte ich kürzlich zu einem von diesen Kerlen, daß mir ein Mensch das Mädel nicht hergibt, mit dem ich schlafen will.

Fragt er nur: Chef, was wird gezahlt?

Wofür? frage ich, und weiß schon.

Sagt der Kerl: Verräter verfallen der Feme.

Sage ich: Wieso Verräter?

Sagt er: Eine Leiche stinkt immer. Wer von uns, fragt der Kerl, ist ohne Schuld? Auf wen, fragt der Kerl, fiel nie ein ungerechter Verdacht?

Muß ich mir beschlafen, sage ich.

Sagt der Kerl: Geiz lockt kein Weib!

Sage ich: Überlegen wird man noch dürfen.

Sagt der Kerl: Ich kann ja warten.

Sage ich also zu meiner Frau, im ‚Blinden Kakadu': Natürlich. Ich bin kein Totschläger. Nur hab' ich da einen netten Jungen, der will den Lust im Zug der Politik liquidieren. Setzt sich die Blinde hin und weint, mitten im ‚Blinden Kakadu', wo das Orchester einen Onestep spielt, oder einen Twostep, und Aurora legt den Kopf auf den Tisch, zwischen meine Wodkaflasche und ihre Sektflasche.

Aurora, sage ich, tu mir das nicht an. Und überhaupt vor dem p.p. Publikum.

Ludwig, sagt sie. Du hast alles mit Geld abgemacht. Was ist in dich gefahren? Das kommt von Berlin. Geh nach Ansbach zurück!

Aurora, sag' ich. Weib, sag' ich. Je mehr Blut einer vergießt, um so mehr lieben ihn die Völker.

Sagt sie, und hebt das tränenüberströmte Gesicht, die Blinde, und schaut mit ihren toten Augen mich an, mir ist, mit ihren Tränen sehe mich die Blinde, sagt sie: Ludwig. Du mußt Lust kaufen. Wenn Marie sieht, daß du den Lust billig bekommst, für eine Handvoll Geld, dann wird sie ihn verachten, und dich aus Trotz nehmen. Einer Frau ist jeder Grund recht, um den Mann zu wechseln, meint sie und lächelt mir zu, so schief in meine Richtung. Ein Engel, gut, und schlau...

So schamlos spricht er zu mir, der König von Ansbach. Gefällt er Ihnen?"

„Nehmen Sie seine Drohung, Sie liquidieren zu lassen, ernst?" fragte Musiek.

„Natürlich nehme ich ihn ernst. Ein gefährlicher Mensch! Ich warf ihn zur Tür hinaus. Eine Woche später sendet er die Blinde zu Marie. Ich war auf der Redaktion. Marie erzählte mir das Gespräch. Es war nicht alltäglich!

Erst entließ die Blinde den Chauffeur Anton, der sie am Arm heraufgeführt hatte. Dann fragte sie: „Sind Sie es, Marie?"

Marie sagt: „Ja."

Fragt die Blinde: „Sind Sie allein?"

Marie sagt: „Ja."

Bittet die Blinde: „Geben Sie mir Ihre Hand."

Marie gibt ihr die Hand. Die Blinde fällt ihr um den Hals, schwört, sie sei ihr gut. Sie sagt: Ludwig und ich sind geschiedene Leute.

Gerichtlich. Sie können nichts dafür. Ludwig liebt Sie halt. Wenn ihr erst verheiratet seid, sagt Ludwig, darf ich euch besuchen. König ist der beste Mensch. Man darf ihm nur nicht entgegen sein. Marie? Ehe Sie mir meinen Mann wegnahmen, waren wir schon Freundinnen.

Sagt die Blinde: Schlafen Sie mit meinem Mann!

Das kann ich nicht, sagt Marie.

Einbildung! Millionen Ehefrauen schlafen mit ihren Männern, um Ruhe zu haben, für ein paar neue Handschuhe, um ihn leichter zu betrügen. Wo es nur einen Grund geben dürfte.

Kinder? fragt Marie.

Das sagt der Pfarrer, meint die Blinde. Das Vergnügen, dürfte der Grund sein!

Mir macht es kein Vergnügen. Und Ihr Ludwig ist nicht mein Mann.

Sagt die Blinde: Sehn Sie nicht, daß er ein großer Mann ist? Eine Blinde kann das sehn. Und der Lust, sagt sie! Sehn Sie nicht, daß er ein Verräter ist? Überhaupt ein Maler, sagt sie. Das ist ja bloß vermessen. Das ist nur eine Schattenfabrik, die Malerei. Einer malt seine Hand. Oder einen Hasen. Ein Büschel Gras. Und Dürer soll ein großer Maler sein! Armselige Maler! So ein gemaltes Glas Wasser stillt deinen Durst nicht. Eine gemalte Hand faßt nicht deine Hand, wenn du sie ausstreckst in Verzweiflung. Ein Blick in die Augen eines Kindes, das malt keiner. Gar einen Blick in Ludwigs Gesicht! Wegen der Malerei möcht' ich nicht wieder sehen können. Aber für einen scharfen Blick in Ihr Gesicht – ja! Und Sie, mit Ihren gesunden Augen, sollen ihn nur sehn, den Ludwig, zwei Worte wechseln. Das versprechen Sie einer Blinden. Sonst müßte ich ins Wasser gehn! Wenn ich nicht mal das für ihn erreichen könnte! Ja, Marie? Wissen Sie nicht, daß Sie mir was schuldig sind? Oder? Haben Sie nicht schon mal mit ihm geschlafen?

Sagt Marie: Das ist der Exzeß! Da hört die Gesittung auf, wenn Menschen die Scham verlieren.

Sagt die Blinde: Wenn Ludwig schamlos ist, ist alle Liebe schamlos. Nur daß der König nicht so eine matte Mücke ist, die halb im Schlaf liebt. Mein Ludwig ist nicht aus Versehen gezeugt worden! Er ist in keine Schule gegangen, wenn Sie das meinen. Aber er ist ein Mann!

Ich mag ihn nicht, sagt Marie.

Sie müssen ihn sehn, für fünf Minuten, grad nur einmal, und meinetwegen!"

Musiek fragte: „Aber Frau Troll empfing diesen König nicht?"

Lust lachte. „Natürlich traf sie ihn. Einer Blinden mußt du dein Wort halten, sagte ich ihr.

Außerdem spielten da noch diese 50.000 Mark von der Versicherungsgesellschaft!"

„Die Versicherungsgesellschaft?" fragte Musiek erstaunt.

„Für die ‚Villa Marie'! Maries Haus ist doch abgebrannt. Und sie war gegen Feuer versichert. Die Versicherungsgesellschaft hieß ‚Zum roten Phönix A.G.'. Erst schrieb die Gesellschaft, es sei alles geprüft und in Ordnung, in drei Wochen würden sie die 50.000 auszahlen, da waren nur noch paar Stempel und Schreibereien und Unterschriften. Plötzlich kam ein neuer Brief. Die Gesellschaft sehe sich leider gezwungen, zwecks neuer Prüfung neue Aussagen von Frau Troll zu erbitten, insbesondere im Zusammenhang mit dem Hausbrand bei Herrn Tucher.

Tucher war bei einer andern Gesellschaft versichert. Was hatte das Feuer beim Onkel Tucher mit dem Feuer bei Marie zu tun? Ich sagte zu Marie: Diese Versicherungsgesellschaften sind lauter Betrüger! Dabei hatte der ‚Rote Phönix' einen guten Ruf. Plötzlich sehe ich mir den zweiten Brief nochmals an. Da steht mit großen roten Buchstaben und unterstrichen, als Unterschrift: Ludwig König, Generaldirektor der ‚A.G. Zum Roten Phönix'.

Marie traf den König im Kaffeehaus Dobrin am Tiergarten. Sie saßen auf der Terrasse und blickten auf die Bäume und den Sommerhimmel.

„War mir unangenehm, den Brief herausgehen zu lassen!" erklärte König. „Nachdem ich die Versicherungsgesellschaft – übrigens für einen Pappenstiel – erworben hatte, suchte ich sogleich deinen Fall heraus – natürlich um ihn zu beschleunigen. Da kamen meine Experten und sagten: Hum! Es brennt bei der Nichte! Es brennt bei dem Onkel. In der gleichen Nacht. Der Brand beim Onkel beginnt nach dem Eintritt der Nichte in dessen Haus! Seltsam! Natürlich mußte ich der Untersuchung ihren freien Lauf lassen. Es gibt so viele Versicherungsschwindler. Ich persönlich bin von deiner Unschuld überzeugt. Kann trotzdem peinlich werden. Diese Art Gesellschaften haben forsche Advokaten. Nachdem du einmal vorbestraft bist! Und Lust? Da ist doch was krumm bei ihm! Bei der Gelegenheit könnte er hoppgehn! Wäre mir peinlich!"

Marie hört sich das an. Sie sagt: Die Versicherung schrieb aber nichts von einer Stornierung der 50.000.

Das versteht sich von selbst, erklärt ihr der König.

Du steckst also meine 50.000 einfach in deine Tasche? fragt Marie. Glaubst du? Es gibt die Gesetze.

Da brüllt der König vor Gelächter. Gesetze seien für den kleinen Mann. Oder vielmehr gegen ihn. Die Gesetze dienten nur dazu, um die Schlachtkosten der armen Leute zu vermindern.

Die Schlachtkosten? fragt Marie.

Da schreit der König: Ja glaubst du, es gebe keine Kannibalen mehr? Wir schlachten, salzen sie ein, pökeln sie, rösten sie, richten sie an, mit Essig und Öl und Paprika, und fressen sie! Oder hast du meinen Reichtum unterschätzt? Von einer gewissen Einkommensstufe ab gelten keine Gesetze mehr. Da gibt es nur noch Reichere. Noch Mächtigere. Ich hielt dich für klüger, Marie. Der König kauft alles.

Mich nicht! sagt Marie. Eher töte ich mich.

König sagt: Frauen sind von der Natur zu sinnreich eingerichtet, um lang verbohrt zu bleiben.

Marie hat mir jedes Wort wiedererzählt – am andern Morgen gegen elf Uhr, als sie zu mir heimkam, frisch aus Königs Bett.

Was? fragte ich sie verblüfft. Liebst du ihn?

Bei allem, was heilig ist: Ich hasse ihn wie den Tod!

Die arme Marie! Vielleicht haßt sie den Tod gar nicht so sehr?

Marie bringt mir manchmal den König zu Tische mit. Oder wir gehn zu viert in den ‚Blinden Kakadu‘, mit seiner Blinden der König, ich mit meiner Marie. Oder. sag' ich schon: mit seiner Marie?

Warum tust du mir das an, Marie? frag' ich.

Sagt sie: Eine Frau will spüren, daß ein Mann sie mehr liebt als alles andere in der Welt. Du liebst alles andere mehr als mich! – Ehebruch und Untreue kleiden die meisten Frauen in die kitschrote Farbe der Dreigroschenpoesie.

Sag' ich: Marie. Das ist ungerecht.

Antwortet sie prompt (zu prompt! denk' ich jetzt, früher dachte ich anders darüber!) antwortet sie: Lieb' dich, Ferdinand! Ich liebe dich!

Ist schon gut! sag' ich.

Aber es ist nicht gut!

König fragt mich von Zeit zu Zeit: Chefredakteur oder Verlagschef?

Ich lache ihm ins Gesicht. Ich blieb der fünfhundert Mark Redakteur unterm Strich. Ich lache ihn aus. Er lacht mich aus. Die primitiven Schurken haben das beste Gewissen. Ihre gar zu simple Weltauffassung scheint ihnen immer recht zu geben. Mit ihren allzusimpeln Methoden haben sie immer Erfolg. Da bekommen sie einen unziemlichen Stolz auf ihre Menschenkenntnis. Natürlich haben sie Unrecht. Der Unterlegene fiel aus ganz andern, unendlich komplizierten Gründen. Beweise du dem Sieger, daß er Unrecht hat. Der Sieger glaubt nicht an deine Feinheit. Und die Welt ist neutral. Sie leckt dem Sieger die Stiefeln und legt sich zu ihm ins Bett.

Da fragt also der gefallene Gerechte: Warum war ich gerecht? Und der besiegte Unschuldige fragt: Warum war ich unschuldig? Wer bezahlt mir meine Moral? fragt sich der gestürzte Moralist. Das ganze Leben dauert nur einen Tag. Nachher war es ganz egal, ob du den Tag verschwatzt, verhurt, versäumt hast, oder ob du ihn damit verbracht hast, über den Sinn des Lebens nachzudenken.

Zum König sagte ich: Wer zuletzt lacht... Fragt er: Wer lacht zuletzt?

Marie ist verloren. Wenn ich nur wüßte, was Primula will? Da sind gewisse Zeichen! Zum Beispiel: Ihr Künstlername! Wünscht sie meinetwegen auf der Bühne Lust zu heißen? Und im Leben? Glauben Sie, daß Primula mit mir leben will? Und meine Frau wird?"

Musiek schwieg.

Lust bat: „Wenn Sie wollen, sagen Sie der Primula, sie kann mich immer auf der Redaktion von der B.A.Z. erreichen. Wollen Sie?"

„Vielleicht?" sagte Musiek.

„Tausend Dank!" sagte Lust und erhob sich (viel zu spät! dachte Musiek).

„Herr Leutnant! Erfreut, Ihre Bekanntschaft..."

Schon an der Schwelle fragte Lust: „Waren Sie nicht auch Leutnant?"

„Im Krieg kommt man zu den sonderbarsten Berufen. Ich bin fertig damit!"

„Bis zum nächsten Krieg!"

„Es gibt keinen mehr!"

„Und die Revanche?" fragte Lust „1918 war ein Betriebsunfall. Nur auf dem Schlachtfeld fallen Entscheidungen. Einem Volk wird nichts geschenkt! 1918 war ein strategischer Irrtum Ludendorffs! Aber die Demokratien sind überaltert. Uns gehört die Zukunft! Und die Welt gehört uns! Wir schaffen die zweite, die nationale Revolution. Und das dritte Reich!"

„Spricht schon der Chef der B.A.Z.?"

„Das neue Deutschland spricht!" antwortete Lust und lachte schon wieder. „Vielleicht heirate ich Primula? Dann sind wir Schwäger! Fein? Was? Vielleicht erscheine ich grotesk? Wie unsere Zeit, wie unser Jahrhundert! Wie dieses zerrissene, leidende, wunderträchtige Deutschland! Wie die ganze Menschheit? Und besonders wie die Liebe. Sahn Sie schon mal zu, wie ein Mann und eine Frau die Liebe machten? Junger Freund, eine Groteske!"

Drei Tage lang zögerte Musiek, und wußte nicht, ob er Primula vom Besuch Lusts berichten sollte.

Schließlich erzählte er es Uli. Sie saßen am Kurfürstendamm, nahe der Uhlandstraße, auf der Terrasse von Mampes Likörstube.

„Ich kann Ihnen mehr erzählen. Lust hat die Chefredaktion der ‚Berliner Allgemeinen Zeitung' übernommen. Er hat die Offerte Königs akzeptiert. Frau Marie Troll wird Frau Marie König heißen."

Uli bat: „Erzählen Sie Primula nichts! Ich bin Ihnen meine Gründe schuldig. Darum verrate ich Ihnen heute, was später alle Welt sehen wird. Primula und ich sind gesegnet."

Musiek setzte den Kognak, den er eben zum Munde führen wollte, ganz sachte auf den Tisch. Jeder Tisch im Lokal stellte eine Nachahmung eines Biertönnchens dar, mit einer rotgestrichenen Platte und einer messingnen Balustrade, die es unmöglich machte, den Ellenbogen aufzustützen. Auch war der Tisch zu niedrig, im Vergleich zu den hohen Stühlen, sodaß man keineswegs bequem saß, vielleicht infolge geheimer preußisch asketischer Triebe des Pächters. Uli trank eine Tasse Kaffee. Der Himmel war sommerlich sanft, mit kleinen, weißen Wolken, die vor Hitze zu zerfließen drohten. Die Zeitungsverkäufer rannten mit Extraausgaben. Sie brüllten: ,Der Frieden unterschrieben. Hermann Müller und Bell zeichnen den Vertrag von Versailles!'

Auf dem Kürfürstendamm gingen die Berlinerinnen in Röcken spazieren, die ihre schönen Knie enthüllten. Es sah nach Strandleben aus. Christen und Juden lustwandelten, russische Emigranten und chinesische Studenten, amerikanische Journalisten und preußische Berufsbettler. Die Kellner trugen ihre Plattfüße und die Schieber ihre Glatzen mit Geduld. Die Spatzen diskutierten auf dem Fahrweg, bis ein Pferd einen köstlich dampfenden Roßapfel fallen ließ. Ein Student führte mit verächtlichem Lächeln ein erhitztes Schulmädchen spazieren. Zwei gefallene Mädchen unterhielten sich mit einem Grünen. Zwei Universitätsprofessoren erörterten hitzig die Nachteile von Hosenträgern. Ihnen folgten zwei brillentragende Gymnasiastinnen mit Büchermappen. Die Größere, eine üppige Blondine, rief (und blieb in der Hitze des Disputs vor der Terrasse stehen): „Hegel? Ein Schuldirektor in Nürnberg!"

Die Kleine, eine magere Schwarzhaarige rief: „Und dein Friedrich Julius Stahl war ein Jud, und ein Hegelianer!"

„Aber er war getauft?" rief die Blonde mit schmerzlichen Tönen.

„Der Unterschied?" schrie die Schwarze. „Jud bleibt Jud."

Die Kirche," schrie die Blonde fast weinend.

„Du mit deiner Kirche!" rief die Schwarze. „Sieh mal den Langen dort, mit der Haarmähne und dem Gesicht eines Löwen. Ist er nicht himmlisch?"

„Er ist abnorm," sagte die Blonde im kläglichsten Ton, „man muß ihm die Haare schneiden!"

Dann hüpften sie, friedlich kichernd zur Gedächtniskirche. Berlin schien so normal, wie Berlin in verrückten Zeiten war.

„Liebes Fräulein Uli. Wie bitte? Sie sind – was? Und Primula?"

Sie sah ihn an und lächelte, ein unsicheres, ein wenig ängstliches Lächeln. Sie betrachtete seine gute Stirn, die kluge Nase, den ironischen Mund, die ruhigen Hände, sein blondes Haar, das in einem leichten Wind zu wehen schien. Wo kam der Wind an diesem schwülen Sommertag her? Der gute Junge.

Plötzlich glaubte Musiek zu verstehen. Das schien ihm aber ganz unverständlich. „Man nennt eine Frau gesegnet," sagte er langsam, „wenn sie ein Kind erwartet, aber... beide? sagten Sie?"

„Ja!" gestand Uli. Unter seinem fassungslosen Blick wurde sie langsam dunkelrot. Sie war liebreizend in ihrer Verlegenheit.

Laut sagte er: „Ich weiß ... Primula bekommt ein Kind."

Uli nickte. „Und ich!"

„Aber," fragte Musiek, „zur gleichen Zeit?"

Uli verstand das Verfängliche dieser Frage. Sie schämte sich nicht so sehr des Vorwurfs, einen Mann geliebt zu haben, der nicht ihr Gatte war. Aber in den abscheulichen Verdacht zu kommen, diesem unsympathischen Lust, zur gleichen Zeit offenbar, erlegen zu sein, womöglich im selben Bett, das war ihr in der Seele zuwider, besonders vor Musiek. Besonders? Es liegt an seinen Augen, sagte sich Uli. Es liegt eine brüderliche Schläue in seinem Blick, so eine graziöse Ironie. Und er ist ein anständiger Mensch. Ich möchte nicht gerne unsittlich vor ihm erscheinen. Es liegt sogar etwas Edles in seinem Blick, ein schlauer Edelmut. Sicher ist er ein Freund – wenn es dazu kommt.

Uli seufzte. Sie suchte nach dem richtigen Wort. Sie errötete wieder. „Lieber Richard," (sie nannte ihn zum ersten Male beim Vornamen) „Lieber Richard! Ich bin überzeugt, Sie muten mir nichts Niedriges zu. Das ausgesprochene Wort ist. ohne Scham,' sagt Heine. Lieber halten Sie mich aber für wollüstig, als für unanständig. Unanständig war ich nie, Richard. Ich schwöre es Ihnen."

Musiek sah zum Himmel auf. Er sagte: „Liebes Fräulein Uli! Sie sind – die zärtlichste Schwester auf der Welt."

„Primula ist besser."

„Herr Lust deutete an, er habe Grund, sich für den Vater jenes Kindes zu halten, das Primula erwartet. Er sagte mir wiederholt, er liebe Primula. Er erwähnte, bei einer sonderbaren Gelegenheit, er wolle Primula vielleicht heiraten."

„Bei was für einer Gelegenheit?"

Nun war an Musiek die Reihe, zu erröten. Es war nicht der passende Moment, Uli zu enthüllen, daß er, Musiek, die Absicht gehabt hatte, Uli zu heiraten. Und war seine Absicht dahin? Aber sie bekam ein Kind. Und nicht von ihm. Von wem? War er eifersüchtig? Ja! Es war närrisch; denn er kannte Uli nicht, als das geschah, was sie gesegnet machte. Sollte er nicht lieber aufstehn und dieses schwangere Mädchen sitzen lassen? Aber er liebte Uli. O Gott! Das Unglück! Liebte er Uli schon so sehr? Das Unglück. Dabei fühlte er sich so glücklich in ihrer Nähe. O Gott. So war er obendrein verliebt in sie? Dieses selige Unglück! Liebe, liebe Uli. Liebe...

„Bei was für einer unanständigen Gelegenheit?" fragte Uli. „Haben Sie mir etwas verschwiegen? Sie erröten, lieber Freund! Haben Sie Grund, sich zu schämen?"

„Lust sprach viele Stunden. Glauben Sie, ich merkte mir jedes einzelne Wort? Ich vergaß die Gelegenheit. Aber Lust – Lust hat Karriere gemacht!"

„Um so schlimmer! Diese Karriere...!"

Uli zögerte. Sie hatte sagen wollen: Ich hasse Lust. Aber war es nicht verräterisch, solche heißen Worte zu gebrauchen? Wie leicht schloß man vom Haß auf vorige Neigung? Uli erklärte, Lust sei vom Krieg verdorben, durch den Verlust seiner zwei Finger aus der Bahn geworfen. „Ein Künstler, dem seine Arbeit unmöglich wird aus dem Stoff macht man Tyrannen. Die Wildheit, die sonst ins Kunstwerk strömte, wendet sich nun gegen die Umgebung solcher Menschen. Lust liebt nicht Primula. Es kränkt seine Eitelkeit, daß sie ihm nicht mehr nachläuft. Und er soll Primulas Gatte werden? Sie verdient

einen bessern Mann! Lust ist ein Frauenjäger, ein Mörder! Ich hasse
ihn!"

Da hatte sie es doch gesagt.

„Und das Kind?" fragte Musiek.

„Welches Kind?" fragte Uli zerstreut. Sie errötete. „Sie meinen
Primulas Kind? Dieser Legalitätswahnsinn der Männer! Die Natur
ist weise. Die Natur hat keinen Nachdruck auf die Vaterschaft gelegt.
Primulas Kind wird zwei Mütter haben, Primula und mich. Glauben
Sie, daß ich Talent für eine Mutter habe?"

„Ich warne Sie," erklärte Musiek. „In jungen Jahren spottet man
der Gesetze, die man in späteren Jahren mißbraucht."

„Ich bin gefeit gegen alle Idolatrie. Mein Vater betet schon die
Gesetze wie Götzen an."

„Ihr Vater lebt?"

„Er ist Landgerichtsrat in Aschaffenburg. Die Leute sagen, er sei
der strengste Richter von Bayern. Besonders scharf soll er gegen
Kindsmörderinnen vorgehn. Es tut mir weh."

„Wird er die Kunst, ein illegitimer Großvater zu sein, mit Grazie
üben?"

„Um Gottes willen! Vater weiß nichts. Nicht einmal, wo wir leben.
Wir sind durchgebrannt. Er hat uns ins Kloster schaffen wollen, zu
den Ursulinerinnen. Wenn er wüßte, daß wir ein Kind kriegen! Er
käme nach Berlin, um uns zu töten!"

„Mögen Sie Ihren Vater nicht?"

„Ich lieb' ihn. Und fürchte ihn. Er ist gar zu streng."

„Ein Richter?"

„Ein strenger! Da ist unsere Großmutter anders. Sie denkt vom
Leben groß und frei wie wir. Sie ist noch jung. Und schön! Aber
gelähmt. Ihr schreiben wir insgeheim. Wir schrieben ihr, daß wir
gesegnet sind."

„Schrieben Sie auch von mir?"

„Freilich," sagte Uli. Plötzlich fiel ihr ein, daß sie sogar viel von
Musiek geschrieben hatte.

Musiek lachte wieder. Ihm war leichter ums Herz geworden. Uli
war ja ein Kind, ein scharmantes Kind. Es war schon dunkel, im gan-

zen Land und am Himmel. Auf der Straße war es hell geworden, die grelle Lichtreklame verstreute den Widerschein ihrer bunten, billigen Feuer. Musiek zahlte.

Langsam gingen sie den Kurfürstendamm hinauf. Es war so angenehm, zusammen zu gehn in der heitern Sommernacht, mit den Sternen am Himmel. Die Sterne sahn so klein und vergnügt aus.

„Bald werden Sie nicht arbeiten können," erklärte Musiek. „Wenn Sie Geld brauchen ..."

Uli dankte. „Die Großmutter schickt heimlich Geld."

„Jedenfalls bin ich immer da."

„Ich weiß es," antwortete Uli. Sie fühlte mit einem sonderbaren Vergnügen, wie im Wandeln ihre Hand seine Hand streifte.

Gleich waren sie im Irrgarten ihrer lachenden Gespräche über nichts und die Welt. Seit einiger Zeit führten sie diese Gespräche mit unbegreiflichem Genuß, diese Fortsetzungen eines heiter fließenden, ewigen, intimen Dialogs. Mit zahllosen Argumenten, mit der Enthüllung ihrer kleinsten Geheimnisse, größten Gedanken, und anderer Wunderlichkeiten, mit Anekdoten aus ihrem Leben und Zitaten aus ihrer Lektüre, schienen sie insgeheim einen großen Prozeß gegeneinander zu betreiben, der beide ungeheuer spannte, und den jeder mit höchster Erregung zugleich zu gewinnen und zu verlieren strebte. Jedes Wort, das eines zum andern sagte, schien von absonderlicher Wichtigkeit, und weckte einen langen Nachhall. Jedes von ihnen wiederholte sich im Stillen ganze Gespräche, bei denen es auf irgendwelche vermeintlich bedeutungslose Gebärden oder Worte hinauslief, auf einen seltsamen Blick zur unrechten Zeit, auf ein unerwartetes Lächeln. Einmal richtete Uli ihr Strumpfband ungeniert in seiner Gegenwart. Plötzlich sah sie seinen Blick, errötete und wandte sich um. Dann sagte sie: „Ach, Sie sind mir schon wie ein Bruder."

Über dieses Wort ‚Bruder' grübelte Musiek nächtelang. Manchmal erschien ihm das Wort abscheulich, manchmal ungewöhnlich verheißungsvoll. Einmal lieh er ihr ein Taschentuch, sie hatte Nasenbluten, später sah er, sie hatte das Taschentuch waschen lassen, trug es aber in ihrem Täschchen, obwohl es ein ganz gemeines Leinentüchlein war. Sie begannen auch schon in ‚Kurzschrift' zu sprechen, mit gewissen formelhaften Ausdrücken und anderem Zierat einer Geheim- und Privatsprache. All dies taten sie von selber und unbewußt und wahrten einen großen Ernst dabei und vollkommene Schicklichkeit. Musiek und Uli begannen, ihr unendliches Gespräch so zu lieben, daß sie es entbehrten, wenn es einmal einen halben oder ganzen Tag lang unterbrochen ward. Bald wurde dieses Gespräch der Mittelpunkt ihres Lebens. Sie sagten, wenn sie einen grünen Hund erblickten, oder eine Wolke, die wie ein Haus aussah, oder wenn sie einen hübschen Vers lasen, das muß ich Uli sagen, respektive, das muß ich Musiek sagen. Und sie sagten einander viele Dinge, die kein anderer verstand. Sie lächelten ohne Grund, und lachten über gewöhnliche Worte und Menschen.

Musiek hatte begonnen, seinen ersten Roman zu schreiben. Er erzählte Uli seine Pläne, las ihr seine Entwürfe vor. Sie hörte mit unendlicher Geduld zu, kritisierte seine Szenen, sprach von seinen halbgaren Figuren wie von alten Bekannten. Mitten im Gespräch konnten sie fragen: Was dächte Maximilian Seide? Seide war der Held des Romans von Musiek.

Mit Musieks Roman nahmen auch Uli und Primula an Umfang zu. Lange wartete Musiek auf Ulis Erläuterungen. Da sie schwieg, fragte er nicht. Er hatte manchen Verdacht und viele Zweifel.

Wenn die Arbeit am Roman stockte, begann Musiek unmäßig zu jammern. Er habe kein Talent. Er könne keine Zeile mehr schreiben. Die Worte trockneten ihm unter der Feder ein.

„Gestern saß ich eine Stunde lang über dem albernsten aller Sätze. Ich hatte, sozusagen ohne hinzuhören, niedergeschrieben: ‚Sie hatte ein peinliches Gefühl'. Plötzlich las ich den Satz genau. Ich las ihn mir laut vor. Zuerst stolperte ich bei dem Wort ‚peinlich'. Ich sagte hundertmal: peinlich, peinlich. Wenn du anfängst, den gemeinen Worten ins Gesicht zu sehn, werden sie absurd. Peinlich. Peinlich. Das Wort kommt von Pein. Pein kommt von dem lateinischen poena, die Strafe. Vielleicht sage ich besser: Sie hatte ein penibles Gefühl?' Oder ich übersetze: ‚Sie hatte ein sträfliches Gefühl.' Aber das wollte ich nicht sagen.

Man muß imstande sein, die Nuance zu treffen. Wer ein Wort schreibt, das nicht bis in die Nuance entspricht, soll gar nicht schreiben. Plötzlich merkte ich die leere Dummheit des ganzen Satzes: ‚Sie hatte ein peinliches Gefühl.' Besitzt man seine Gefühle? Und ist es angebracht, von unbestimmten Gefühlen zu reden? Wüßte ich das Gefühl genau zu umschreiben, so bräuchte ich das Adjektiv ‚peinlich' nicht mehr. Dabei hasse ich alles Undefinierte, Unpräzise. Man muß genau schreiben, und immer genauer, und noch genauer!

Was tat ich also mit meinem Satz? Ich strich ihn. Das war meine Arbeit gestern. Soll ich so einen Roman zu Ende schreiben?

Ich hätte nicht die Keckheit, zu schreiben, wenn ich nicht merkte, daß in der Weltliteratur, nach den Bruchstücken zu urteilen, die ich kenne, gewisse Anmerkungen nie zuvor gemacht wurden. Vielleicht habe ich aber nur Stoff für ein paar Aphorismen? Aber die Kürze macht die meisten Erkenntnisse trivial. Wahrheit sieht, in einem einzelnen Satz, wie nichts aus. Ein Satz mehr – oder weniger.

Händler mit Wahrheiten haben zwei Verkaufstricks: Entweder man verpackt die Wahrheit wie ein Zentigramm Radium in dicke Hüllen, aus Angst, sie würde alles durchscheinen und verbrennen.

Oder man schenkt sie den Poeten, die vermittels Fabeln, Symbolen, Bildern und Paraphrasen den Schatten der Wahrheit zeigen. Den Finger Gottes lassen sie sichtbar werden, statt Gott in seiner überwältigenden Größe zu zeigen. Sie lassen das Echo der Wahrheit ertönen, und es tönt hold. Aber die Wahrheit ist kein Konzertstück!"

„Und. Ihr Roman wird dicker?"

Musiek sah mit Rührung auf Ulis Bauch. „Es ist Herbst," sagte er. „Zeit zur Ernte."

Uli sah an sich herab. Errötend sagte sie: „Zeit zur Geburt."

„Und sind Sie sicher, daß Ihr Vater nichts von Ihrem Zustand weiß?"

„Er würde uns töten!"

„Wie, heißt er eigentlich?"

„Kaiser. Landgerichtsrat Alfons Kaiser."

„Und Ihre Großmutter?"

„Frühling... Sie erschrecken mich? Ist etwas geschehn? So reden

Sie endlich!"

„Nichts! Nichts ist passiert. Nur erzählte mir heute Mittag unsere Pensionswirtin, die gute Sedelmayer, daß Gäste aus Aschaffenburg für morgen telegraphisch sich angemeldet haben. Die Pension Luitpold genießt schon internationalen Ruf, sagte sie mit komischem Stolz."

„Aus Aschaffenburg?" fragte Uli.

„Die Sedelmayer las mir vor: Landgerichtsrat Kaiser und Frau Frühling mit Pfleger, zwei Zimmer und eine Kammer, für drei bis sieben Tage."

„Wir sind verloren," sagte Uli.

„Natürlich!" antwortete Musiek. „Ich werde Ihnen aber helfen!"

„Sie sind ein guter Mensch."

„Das ist eine Übertreibung. Ich bin kein schlechter Mensch."

„So geben Sie Ihren guten Rat. Sollen wir Berlin, gar Deutschland verlassen?"

„Vielleicht nach Australien?"

„So weit? Wirklich...?"

„Ich rate Ihnen, in der Pension zu bleiben, und Ihren Vater (und Ihre Großmutter) zu empfangen, wie es Töchtern (und Enkelinnen) ziemt: Liebevoll. Wenn beide in Ihrer Pension wohnen wollen, drei bis sieben Tage lang, so haben sie offenbar freundliche Pläne, zu denen Sie und Primula überredet werden sollen, in drei bis sieben Tagen!"

„Sie sind gescheit, Richard – abgesehen von Ihren epischen Theorien!"

„Gefällt Ihnen mein Roman nicht? Und der Verfasser? Da ist nämlich kein Unterschied zwischen einem Künstler und seinem Werk; sie sind eine Sorte Zwillinge."

„Soll ein hoffendes Mädchen im neunten Monat einem fremden Mann Komplimente machen?"

„Sagten Sie: Einem Fremden?"

„Muß nicht jeder ein Fremder heißen, der nicht der Vater meines Kindes ist?"

„Ich könnte mir Ausnahmen denken, Uli; sozusagen ‚andere

198

Umstände' ..."

„Still!" rief Uli errötend. „Was für Neuigkeiten! Wird Primula nicht erschrecken? Ich habe Angst!"

Die Inhaberin der Pension Luitpold, die gute Sedelmayer, zeigte den Zwillingen mit Stolz das Telegramm: „Gäste aus Bayern!"

„Es ist unser Vater!" erklärte Primula.

„Unsere Großmutter!" rief Uli.

„Das ist mal eine Freude!" rief die gute Sedelmayer. Sie blickte ohne Umschweife auf die Bäuche der jungen Mädchen. „Und eine Überraschung! Doch eine schöne?" fragte sie mit der vorgeschriebenen Neugier der Pensionswirtin.

„Die Überraschung," bemerkte nachdenklich Uli, „ist Gottes drolligste Erfindung. Wenn wir an gar nichts Böses denken, und mit dem ruhigen Fortgang unseres gewöhnlichen Lebens rechnen, überrascht er uns eben."

„Überraschung ist der Trick im Theater," erklärte Primula. „Stellen Sie sich einen ganzen Akt ohne Überraschung vor!"

„Das ist wahr," gab die Sedelmayer zu, die gebildete Gespräche genoß. „Aber sind diese Bühnenüberraschungen nicht stets von langer Hand vorbereitet?"

„Sehen unsere Überraschungen," fragte Primula, und deutete mit einer sanften Geste auf ihren Bauch, „nicht wie von langer Hand vorbereitet aus?"

Die Sedelmayer lachte. „Überlaßt alles mir," bat sie. „Ich werde den alten Herrn schon ins Bild setzen."

„Sie sind unser Schutzengel," versicherte Uli, und mußte selber lachen, weil sie keinen bessern fanden.

Frau Sedelmayer, deren Leidenschaft es war, ihr Leben zu erzählen, bei jeder unpassenden Gelegenheit, gab der armen Primula die zehnte Variante ihrer Lebensgeschichte zum Besten, indes Uli sich still davon machte. In ihrer Stube stand sie am Fenster und sah in den nebeligen Regen. Die Bäume schienen im nassen Wind zu erschauern, sie waren schier nackt. Auf dem Straßenpflaster wehten die fahlen Blätter. Mit dem Regen kam der Herbst herab, und seine süße Schwermut.

Uli begann ein altes Kinderlied zu summen, von der Großmutter Schlangenköchin, die den Kindern Gift in die Suppe streut:

.... die Kinder löffeln hastig stumm
und seufzen noch – und sinken um.
Der Regen fällt ... die Sonne scheint ...
Großmutter sitzt am Tisch – und weint.'

Mit einer vorsichtigen, mütterlichen Gebärde strich Uli sich über den Bauch, als lauschte sie, ob ihr Kind sich rege. Plötzlich griff sie in ihr Gesicht und fühlte Tränen! Weinte sie um ihre Jugend?

Sie ging zum Spiegel und erschrak. Dieser unförmige Bauch? Dieses verzogene Gesicht?

Mit Kunst so gräßlich sich entstellen... Nur die Tücher weg, die Schminke vom Gesicht gewaschen, die Haare artig gekämmt – wenn wenigstens Musiek sie unverstellt sehen dürfte! ... Sie begann zu weinen.

9. KAPITEL

DIE TÖCHTER HIOBS

*D*ie ganze Nacht hatten die Zwillinge auf ein Wunder gewartet.

Lange, ängstliche Nacht! Das Zimmer schwamm wie eine Barke durch schwarzes Wasser. Zuweilen blitzte zwischen Gewölken ein Stern auf. Der Wind, ein Hund, ein schlagender Fensterflügel. Und das rinnende Gespräch, Vorwürfe, Erinnerungen, und die grauen Befürchtungen für morgen. Dazwischen kichern die Mädchen, lachen laut und fahren zusammen. Zuweilen scheint aller Schrecken nur gemalt, gleich darauf alle Hoffnung tot. Lange, ängstliche Nacht!

„Ich spür' es." Primula zeigte der Schwester geheimnisvoll lächelnd die schnellende Bewegung unter der bloßen Haut. „Und ich hör' es sprechen..."

„Es spricht?"

„Ein Wunderkind!" erklärte gelassen Primula.

Die langen Stunden. Grauen steigt und fällt. Die Worte sterben. Tag.

Den ganzen Morgen saßen die Mädchen am Fenster. Der Regen rauschte eintönig heftig. Von der Decke hing ein vergoldeter Vogelkäfig. Dem Vogel, einem Harzer Roller, sträubten sich die Federn. Stundenlang starrte er hypnotisiert auf die Photographien von Ludendorff und Rosa Luxemburg, die nebeneinander hingen.

Musik ging unermüdlich auf und ab, vom Alkoven, hinter dessen Samtportiere die Betten standen, zum Flügel, dessen gelbliche Tasten drohend glänzten, wie von atonaler Musik.

Gegen elf Uhr läutete die Flurklingel. Gleich darauf klopfte, es.

„Vater!" rief Uli.

Herein trat ein zierlicher Junge in Älplertracht. Mit seinen Kniehosen und im grünen Wams mit den Hirschhornknöpfen stampfte er auf seinen genagelten Schuhen in die Stube, als hätte jeder auf ihn gewartet. Höflich lüftete er sein Jägerhütchen mit dem Rasierpinsel und sagte lächelnd: „Grüßgott! Und ich bin so frei. Ich soll nämlich das Fräulein Primula schön grüßen! Und Fräulein Uli besonders! Mit Verlaub, ich setz' mich halt."

Dabei klopfte er gefällig auf seinen nackten Oberschenkel. Jedermann merkte stracks, der Junge war mit der Welt einig. Der nette Anblick erfreute die Schwestern.

Der junge Mensch führte gutmütig seine Konversation fort.

„Also eine Ähnlichkeit – das geht hübsch weit. Sind das die sichtlich ähnlichen Umstände, will sagen, die andern Umstände, also jetzt bin ich selber hinein verwickelt. Was die Umstände vom Herrn Landesgerichtsrat betrifft..."

„Sie kennen Papa?" rief Uli.

„Ob ich ihn kenne? Mit Verlaub. Ob ich ihn intimer kenne? Meinen Sie? Da ist also bei uns auf dem Schloß ein französischer Koch gewesen – jetzt ist er tot. Ein Jammer! Aber wie er noch am Leben war, stand er gern auf der Terrasse am See, besonders am Abend, schaute auf das schwarze Wasser hinaus – Wasser am Abend hat einen melancholischen Zug – und sagte träumerisch: Morgen mittag koche ich also einen Rinderbraten, mit Champignons und einer Weißweinsauce, den Geschmack, sagte er, hab' ich bereits auf der Zunge – so ein Koch war er, und hieß Anatole, mit Zunamen Pleurier, in Lindau begraben – also wenn Sie mich fragen, ob ich den Herrn Landesgerichtsrat bis in den Vorgeschmack hinein kenne, und mit der Sauce, wie der Anatole seinen Rinderbraten vom kommenden Tag, da will ich in aller Bescheidenheit sagen: Nein. Aber vom Gesicht und Gehabe kenne ich ihn wohl und möchte in selbiger Hinsicht sagen: Ein Mann. Kurz und gut. Der es weit bringt. Aber – genau? Vielleicht kennt Herr Kaiser sich selber nicht genau?"

„Sie sind ja ein scharfer Dialektiker," versicherte spöttisch Musiek.

„Wer sind Sie?" fragte Uli.

„Auch das hat der Herr Papa nicht geschrieben?" fragte der junge Mann verblüfft. „Am Bodensee hat er nämlich alles abgesprochen, für Sie und mich."

Uli und Primula tauschten beunruhigte Blicke aus. Was führte man im Schilde?

„Wer sind Sie?" fragte Primula.

„Ja so was. Ich bin der Breitner Schorsch. Der bin ich."

Primula faßte einen schwarzen Verdacht. Sie sah den kecken Jüngling näher an. „Bittschön," fragte sie. „Haben Sie vielleicht einen Zwillingsbruder?"

„Hätte ich gern," antwortete der Junge. „Nach Gottes Ratschluß ward ich das einzige Kind vom alten Breitner. Da kommt mir nun plötzlich ein Verdacht. Sie wissen vielleicht überhaupt nicht, wer der alte Breitner vom Bodensee ist?"

„Schaut er Ihnen ähnlich?" fragte Musiek.

„Das schon! Und ist ein Jugendfreund vom Landesgerichtsrat! Die sind auf einer Schulbank gesessen."

„Zur selben Zeit?" fragte Musiek.

„Erraten!" rief der fröhliche Junge. „Und jetzt komm' ich nach Aschaffenburg! Ins Haus zu Ihrem Herrn Vater!"

Da war das Geständnis! Ein armer Junge, Sohn eines Schulfreunds – da bot man ihm eine Hand, versprach ihm eine Karriere. Vielleicht sollten die Schwestern später um ihn losen?

Der Junge lachte unbefangen. „Übrigens muß der Landesgerichtsrat jeden Augenblick kommen!" erklärte er freundlich. „Er hat Frau Frühling zum Professor begleitet, ist geschwind auf die Redaktion von diesem nationalen Blatt, holt die Frau Frühling ab, und erscheint hier. Inzwischen soll ich halt das Terrain aufklären. Ich muß schon sagen. Der Herr Kaiser hat ja wohl ein gesundes Zutrauen in meine Person. Heut sagt er mir: ‚Schorsch, dich hab' ich ins Herz geschlossen. Einen Sohn müßte man haben!'"

„Was tut Großmutter bei einem Professor?" fragte Uli.

„Was für ein Professor?" fragte Primula.

„Halt der Rosenstrauch. Was sie tut? Wenn ich mir eine diskrete Schilderung erlauben darf, halt die Hand reichen, lieb lächeln, sich ein bisserl entkleiden, undsoweiter, nachher sich ankleiden, die Nasenspitze pudern, Sie verstehen schon!"

„Von wem reden Sie eigentlich?" fragte Uli.

„Ganz recht!" sagte Primula. „Und was, sagen Sie, tut Rosenstrauß?"

„Rosenstrauch! Bittschön."

„Was kann er?" fragte Uli.

„Untersuchen halt. Vielleicht heilen. Sehr berühmt ist er nämlich. Speziell im Ausland."

„Ein Doktor?" vermutete scharfsinnig Musiek.

„Erraten!" antwortete strahlend der muntere Junge. „Sie haben ein hübsches Talent im Raten, Herr... wie war der werte Name?"

„Musiek," sagte Musiek.

Der Junge lachte hell hinaus. „So möchte jeder heißen," rief er begeistert. „Was für ein Instrument spielen Sie dann?"

„Ich schreibe," antwortete Musiek mit trockener Strenge.

„Ein ganz Gescheiter! Jetzt werde ich Umschau halten, ob unsere Zimmer in Ordnung sind."

„Einen Augenblick," bat Primula. „Wie heißt die Zeitung, die Papa aufsuchte?"

„Die Berliner..."

„Allgemeine Zeitung," fiel Musiek ein.

„Erraten!" rief mit Bewunderung der Junge.

„Und der Redakteur heißt Lust," fügte Musiek hinzu.

„Erraten! Das ist schon ein Wunder. Unser Pfarrer sagt, Heilige tun alle Tage Wunder, später bestätigt sie die Kirche, dann sieht die Welt, der Betreffende war seiner Zeit ein Heiliger. Sie sehn aber nicht gerade wie ein Heiliger aus. Ich empfehl' mich; und wenn ich darf, komm' ich wieder."

Kaum war der Junge auf seinen genagelten Schuhen davongestampft, umarmte Uli die Schwester zärtlich.

„Verstehst du den Vater?" fragte Primula. „Warum kommt er nicht zuerst zu uns? Wozu schickt er diesen spaßigen Buben? Was will er von Lust? Und war der Bub erstaunt über unsern Zustand? Und vorbereitet? Warum hat Großmutter uns nicht gewarnt, kein Telegramm gesandt, keinen Brief? Was hofft sie nach einem gelähmten Leben? Sagte ich dir nicht, du solltest ihr nichts von meinem Zustand schreiben?"

„Von unserem Zustand!" erinnerte Uli.

„Es hat geklopft!" sagte Musiek.

„Herein!" riefen Uli und Primula.

Langsam rollte ein Stuhl mit einer Dame zur Tür herein, schüchtern lächelnd folgte der junge Breitner.

Uli lief zur Großmutter und kniete mühsam nieder. Primula war sitzengeblieben. Schweißtropfen glänzten auf ihrer Stirn. Sie hielt die Hände auf ihrem Bauch. Sie versuchte, zu lächeln. Uli weinte. Endlich stand Primula auf, ging langsam zur Großmutter, und fragte: „Hast du uns also verraten, Großmutter?"

„Da kommt der Vater!" sagte Uli.

Er kam mit dem Mantel überm Arm, Hut und Stock in der andern Hand, und sagte, als wäre er an diesem Morgen fortgegangen: „Guten Tag, Kinder."

Die Mädchen standen beisammen, als suchte eine bei der anderen Schutz. In ihrer doppelten Entstellung sahen sie rührend und erschreckend aus.

Der Vater ließ alles aus den Händen gleiten.

„Meine Töchter," sagte er mit einer hölzernen Stimme.

„Nun," rief Primula, „kannst du uns nicht mehr ins Kloster sperren!"

Uli war zum Vater getreten, faßte seine Hand, küßte sie und spürte den leisen Duft vom Tabak. „Wirst du uns verzeihen, Vater?"

Er ließ sie stehn, stellte sich mit dem Rücken zum Fenster und starrte seine Töchter an.

„Hältst du Gericht?" fragte Primula.

Musiek schickte sich an, die Stube zu verlassen. Geübt in tragischen Situationen, sah er die Szene wie auf der Bühne und hatte ein schreckliches Vorgefühl.

„Bleiben Sie!" rief Uli und stellte ihn dem Vater vor. „Primula hat die Hauptrolle in Musiek's Stück gespielt. Er ist unser Freund."

„Den Freunden meiner Töchter schulde ich viel." Der Vater warf einen vielsagenden Blick auf die Mädchen.

Musiek errötete. Gab man ihm die Schuld an einem dieser allzu sichtbaren Prozesse der Natur?

Der Landgerichtsrat gab ihm die Hand. „Sie speisen heut mit uns. Das ist abgemacht. Bei Tisch sehn wir uns wieder!"

„Darf ich Ihnen den Kurfürstendamm zeigen, Herr Breitner?" fragte Musiek.

„Gibt's was zu sehn?" fragte der Junge erstaunt.

„Das Interessanteste auf Erden," antwortete mit großem Ernst Musiek. „Nämlich Menschen."

Vor dem Haus trafen sie Lust, der eilig aus einem Taxi kam. „Ich suche einen Herrn aus Bayern, der in Ihrer Pension wohnt. Quer über meinen Schreibtisch offeriert er mir heut morgen ein Geheimbündnis im Namen eines Herrn von Kahr, eines Führers der bayrischen Katholiken. Der sei der Mann von morgen, ein bayerischer Bismarck. Mein Bayer machte mir einen gewissen Eindruck, vergaß aber seine Brieftasche auf meinem Schreibtisch. Ein zerstreuter Verschwörer! Da trage ich nun die vergessene Verschwörung in der Brieftasche!"

Musiek nahm Lust die Brieftasche aus der Hand. Er erklärte: „Herr Kaiser ist in einer peinlichen Familienunterredung begriffen. Herr Breitner, der Sohn eines Jugendfreundes von Kaiser, und ich speisen heute mit der ganzen Familie. Wir ersparen Ihnen den Gang."

„Meinetwegen!" sagte Lust. „Übrigens! Kein uninteressanter Mensch! Dieser Kaiser! Aber ein Reformator! Das schießt wie Pilze aus dem Boden Deutschlands. Er predigte eine Stunde lang: Deutschland braucht mehr Furcht, mehr Schrecken! Mehr Todesstrafen! Justizminister will er werden und alle Gesetze neu schreiben! Und ich soll ihm dazu helfen. Die konservative Revolution heißt er das. Der Teufel kenne sich in dem aramäisch-chaldäischen Idiom unserer nationalen Revolutionäre aus! Die Tendenz ist klar: Sie hassen die Humanität und verachten das gemeine Volk."

„Was erwiderten Sie Kaiser?" fragte Musiek lachend.

„Ich schickte ihn zu König. Der finanziert auch Staatsstreiche. Kürzlich finanzierte er einen Aufstand in Griechenland; den Griechen ging es um die Freiheit, dem König um Tabaklieferungen. Gestern gestand mir übrigens Marie, sie verachte nun beide, mich und König. Aber Frauen benutzen alles auf dem schlüpfrigen Weg zur Liebe. Trinken wir einen Wermut!"

Lachend traten sie in ein Café.

Nachdem Musik und Breitner das Zimmer verlassen hatten, waren die Zwillinge zaghaft sitzengeblieben.

Ihre doppelte Schwangerschaft wirkte zugleich pathetisch und obszön. Aber trotz ihren Bäuchen sahen die Mädchen lieblich aus.

„Nun eure Geschichte!" forderte der Richter. Er wartete vergeblich. Nach einer Pause bat er: „Erzählt, Kinder!"

Aber die Mädchen schwiegen. Da sah der Vater traurig zu Boden.

Endlich fragte Uli: „Großmama! Warum gingst du zu Rosenstrauch? Bist du krank?"

„Seit zwanzig Jahren bin ich krank! Aber seit ich fromm wurde... Ihr müßt nämlich wissen ... Ich habe mich bekehrt. Ja. War Gott ein Fund der Dummen? Eines Tages brachte Euer Vater den Pater Perkenreither zu Tisch. Gleich vielen Heiligen sieht er wie ein gewöhnlicher Mensch aus, und lacht so fröhlich, und erzählt komische Geschichten. Pater Josef ist der illegitime Sohn eines bayerischen Prinzen. Er empfing mit vierzehn Jahren in der Kadettenschule eines Nachts den Besuch Gabriels. Der Erzengel, ein freundlicher junger Mann in einem roten Mantel, setzte sich auf den Rand des Bettes und sprach Latein. Er befahl dem Knaben, Geistlicher zu werden, und kündigte ihm den Besuch der heiligen Katharina von Alexandria an, sie gehört, wie ihr wißt, zu den vierzehn Nothelfern und verlor leider den Kopf, die Heiden haben sie enthauptet. Pater Josef fürchtete anfangs, die heilige Katharina würde ohne Haupt kommen, oder im Laufe eines ihrer Besuche kopflos werden. Nichts dergleichen. Obwohl die Heilige ihn sein ganzes Leben allnächtlich besucht hat, und manchmal lange auf seinem Bette sitzt und traulich plaudert, ein junges Weib in einem Mantel von nachtblauer Farbe und mit offenem blonden Haar, üppig roten Lippen, wundersanften, ein wenig kurzsichtigen Augen und weißen, runden Knien, die sie zuweilen im feurig frommen Gespräch enthüllt, war sie bislang so delikat, nie den Kopf zu verlieren.

Pater Josef redete mit der heiligen Katharina auch über meine Krankheit. Einmal erzählte er, die Heilige hätte ihn gescholten, daß er mich nicht zu Ärzten gehn heiße. Pater Josef habe geantwortet,

Frau Frühling kann ja nicht gehn. Zu Ärzten, habe die Heilige geschrien. Schick' sie zu Ärzten! und hätte vor lauter Zorn Brust und Schenkel unterm knappen, blausamtenen Mantel entblößt. Ich fragte den Pater Josef: Zu welchem Arzt? Da sagte er mir, es gebe nur einen! Den großen Rosenstrauch in Berlin. Als ich sagte: Rosenstrauch sei vielleicht ein Jud. Die Heiligen würden mich nicht zu Juden schicken, Juden vollbrächten keine Wunder! Da fragte Pater Josef: Warum nicht? Apostel Paulus war ein Jud. Johannes war ein Jud. Christus war ein Jud. Und manch ein Heiliger! So fuhr ich zum Rosenstrauch. Ich hab' ihn gefragt. Ich bin Israelit! hat er gesagt. Und hat mich untersucht. Später hat er mir erklärt: Wunder kann ich nicht tun, aber Sie heilen. Das, sagte ich und faltete die Hände, tut die Heilige Katharina. Sicher, antwortete er, und zwar vermittels Radiumkompressen. Hätte ich nicht fromm werden sollen?"

„Gute Großmama," rief Primula. Und Uli küßte sie leidenschaftlich und sagte: „Wenn du erst geheilt bist, Großmutter! Wenn du erst geheilt bist, lebst du mit uns!"

„Am Bodensee?" fragte die Großmutter.

„Am Bodensee?" riefen die Schwestern.

Der Richter räusperte sich. „So will ich meinen Plan erzählen. Ich kam nicht als Richter. Aber da sitzt ihr und seid beide in Hoffnung. Wer sind die Väter? Hat keiner einen Antrag gestellt? Oder seid ihr heimlich verheiratet? Wovon wollt ihr leben? Was mit den Kindern tun?"

„Es ist alles bedacht," antwortete Primula.

„Seid vernünftig, Kinder! Ich habe ein Herz für euch..."

„Einen Plan hast du auch?"

„Ich bringe euer Leben in Ordnung."

„Danke! Klöster! Gerichtssitzungen! Und Strafen! Wir verbrachten unsere Jugend in einem Zuchthaus. Da siehst du die Folgen!"

„Ist ein Vater schuld an der Lasterhaftigkeit seiner Töchter?"

„Unsere Großmutter war gelähmt. Sie mußte an deinem Tisch sitzenbleiben und von deinem Brot essen. Wir haben gesunde Beine. Wie Stubenpflanzen haben wir in deinem Haus gelebt, wie Geranien, jeden Morgen begießt man sie. Grauenvolles Leben auf einem Fensterbrett! Du hast kein Vergnügen an Menschen. Du schickst sie ins Zuchthaus. Wir entkamen. Was willst du noch?"

„Hab' ich kein Recht?" fragte der Vater.

„Kein Recht!" rief Primula.

„Verdiene ich keinen Respekt mehr?"

„Keinen Respekt!" rief Primula.

„Wir lieben dich, Vater!" erklärte Uli schüchtern.

„Liebst mich?"

„Sehr, Vater!"

Primula rief: „Soll man sein Leben aus Liebe für einen einzigen Menschen vertun?"

„Will ich das für mich?" fragte der Vater.

„Aber wir sollen unser Leben gegen ein Leben aus deiner Fabrik eintauschen! Laß uns mit unsern Kindern!"

„Und euren Liebhabern?"

„Wir haben keine!" gestand Uli errötend.

„Oder kennt ihr gar nicht die Namen der Väter eurer Kinder? Das kommt vor!"

„Du willst uns nicht kränken, Vater? Primula hatte einen Freund, der ihrer nicht unwürdig schien. Er wollte sie heiraten, wenn er es auch nicht mit dürren Worten versprach, nicht direkt, das verstehst du nicht, das sind delikate Sachen."

„Ich verstehe auch delikate Sachen!" sagte der Vater.

„Kurz, sie trennten sich. Und es war besser so!"

„Wußte er, daß Primula ein Kind von ihm erwartet? Und ließ sie im Stich?"

„Es ist besser so. Dir hätte er gefallen, Papa. Aber für Primula war er nicht der Rechte!"

„Das merkte sie – später?"

„Das war Primulas Glück. Du kannst das nicht verstehn, Vater."

„Ich verstehe, Uli. Und wie ist es bei dir?"

Uli ward völlig verwirrt. Sie sah an sich herunter, sie strich mit der Hand über den Bauch. Sie sah Primula an. Primula sah Uli an, mit starren, glänzenden Augen.

„Primula," bat Uli. „Wäre es nicht besser... ?"

Primula preßte die Lippen fest zusammen.

„Uli?" fragte der Vater. „Wie ist es mir dir?"

„Genau so," sagte Uli.

„Was?" fragte der Vater.

„Ja," antwortete Uli und war schamrot. „Verstehst du nicht? Bei mir ist es genau so!"

„Auch ein feiner Mann?" fragte der Vater ruhig.

„Wie?" fragte Uli. „Es war ein Mann..."

„Natürlich. Ich sehe es an den Folgen," erklärte der Vater. „Und nicht der rechte für dich?"

„Nein, sagte Uli und schüttelte heftig die schwarzen Haare.

„Ich verstehe – du merktest es später?"

„Ja," sagte Uli leise und hob den Blick zum Vater.

Der Vater sah gar nicht nach Spott aus.

„Er wollte nicht?"

„Ich weiß nicht," sagte Uli.

„Du weißt nicht?"

„Ich wollte nicht mehr," erwiderte die verwirrte Uli und fühlte immer auf sich die kalten, funkelnden Blicke Primulas.

„Also erwartet jede ein Kind, und keine hat einen Mann?"

„Trotzdem wollen wir deinen Plan nicht!" rief Primula.

„Vater!" rief Uli. „Wir lieben dich."

„Ich glaub' es. Nur vergeßt ihr, daß euer Vater nicht mehr derselbe ist."

„Wer bist du?" fragte Primula.

„Das später," erwiderte der Vater. „Glaubt mir, Kinder, daß ich euch wie mein Leben liebe. Daß meine Vorschläge nur eurem Interesse dienen!"

„Weißt du nicht, Papa," fragte Primula, „daß große Mengen Menschen zum Markt getrieben, gewogen, verkauft, geschlachtet werden – und immer, heißt es, in ihrem eigenen Interesse?"

„Kinder," sagte er mit stockender Stimme. „Zehn Monate lebte ich mit eurer Mutter. Zahlt das ein Leben aus? Mit euch verbrachte ich es. Ich gab euch keine neue Mutter, brachte keine hübschen Erzieherinnen ins Haus. Ich bin kein alter Mann – mit 44 Jahren.

Wenn ich an meine Kinderjahre denke, scheinen sie mir gar nicht fern. Ein treuer Vater – ist das nichts? Nachts im Bett hörte ich meinem Herzen zu, dem ungeduldigen, ein Schlag, und tausend, und tausend tausend, gezählt, gebucht! Was du heute nicht genossen hast, wirst du nie genießen, das Unwiederbringliche, schwarz wie das Niegewesene. Ich sagte mir: Am Morgen stehst du auf und beginnst ein anderes Dasein, mit unbekannten Freuden, mit neuen Frauen. Aber, deine Töchter! Ich begrub die Träume. Liebe macht sich immer bezahlt. Ich führe nicht Buch gegen euch. Ich sage nur, daß ich euch liebe. Ihr habt gewisse Erfahrungen hinter euch. So darf ich euch erzählen: Eines Sonntags nachmittags ging ich mit meiner Frau über die Felder, ich konnte nie genug von ihr bekommen, im Gemüt nicht, und im Fleisch nicht. Wären nicht mein Amt, eure Großmutter und ein gewisses falsches Schicklichkeitsgefühl gewesen, ich hätte neun von den zehn Monaten, die uns vergönnt waren, im Bett mit meiner Frau verbracht. Sie fühlen, sehen, tasten, schmecken, riechen war mir das ganze Leben. Und sie war ohne Widerstand. Als wir in den kühlen Wald kamen, nahm ich sie, aufs Moos sinkend, in meinen Schoß. Mein Mantel deckte uns. Da sah ich, daß ihre Blicke abschweiften. Ihr Lächeln, zitternd vom äußersten Vergnügen, ich sah es genau: Es galt einem andern! Ich fühlte eine eisige Wut. Sie betrügt dich; ich wandte den Kopf, und sah einen jungen Mann am Waldrand sitzen. Er hatte ein Bein übers andere geschlagen. Den Kopf in die Hand gestützt. So saß er und sah vergnügt lächelnd uns zu. Ihm galt ihr Lächeln. Es war schamlos. Was tust du? fragte ich sie. Sie lachte, kokett, und zu laut. Für den andern. Was tust du?

Sie antwortet: Fühlst du nichts?

Du betrügst mich.

Sie fragt lachend: Jetzt?

Jetzt, hier, sage ich, und deute auf den Jüngling. Es war ein schöner Mensch. Er war aufgestanden und näherte sich. Erst nach einer Weile fielen mir sein Hut, die Sandalen und sein Mantel auf. Es war sonderbar, beinahe lächerlich, aber Sandalen und Hut waren in der Art Merkurs geflügelt, und der Mantel eine umgehängte Pelerine, die leeren Ärmel, vielleicht steif gestärkt standen links und rechts ab, wie die Flügel eines – Engels. Seine schwarzen Locken, seine Augen feucht und ausdrucksvoll wie bei Verliebten, seine Lippen sehr rot, und geschwollen wie von vielen Küssen. Er kam zwischen den Bäumen schlendernd immer näher, und hatte einen leichten Gang, als schwebte er übers Gras. Meine Frau hielt mich fester als je, mit abgewandtem Blick und Lächeln. Eben da fühlte ich die Liebe schärfer als je im Leben. Ich schrie: Mit ihm betrügst du mich...!

Da hob sie ihr altes, liebes, spöttisch seliges Gelächter an, so eigentümlich eurer Mutter, und rief: Gabriel ist nur ein Engel!

So kennst du diesen kostümierten Voyeur?

Nur ein Engel! ächzte sie. Unwillkürlich preßte ich ihre Kehle. Ich blickte auf. Da schwebte er mir zu Häupten. Er lächelte wollüstig himmlisch unschuldsvoll. Wer unterscheidet da? Würde er gleich seinen Flügelschuh mir auf den Kopf stellen? Da stieg er auf, über den Wipfeln, stieß mit dem Scheitel an die niedersten Wolken, seine Flügelschuhe ließen eine leuchtende Spur. Müd lag ich in den Armen meiner Frau.

Sie seufzte: Ach! – und es war dunkel im Wald.

Wir gingen heim. Aus einer Scheu, stärker als meine Eifersucht, schob ich von Tag zu Tag hinaus, eure Mutter nach diesem Engel auszufragen. Später kamt ihr. Sie starb. Damals, im Wald, ward ihr gezeugt. So glaube ich. Eine war meine Tochter, eine des Engels Tochter. Eine wird dich noch verraten, sagte ich mir. Dann weißt du, wer des Engels Gabriel Tochter ist. Meine Tochter – glaubte ich – verrät mich nicht! Heut will mir scheinen, ihr seid beide, beide des Engels Töchter, eines abscheulich dunkeln, gefallenen Engels!"

„... nicht deine Töchter?" fragte Uli.

„Muß er uns das erzählen?" fragte Primula die Großmutter.

„Es scheint zum Verfahren zu gehören!" erwiderte diese heiter. „Euer Vater behandelt das ganze Leben gemäß der Zivilprozeß-Ordnung vom 30. Januar 1877."

„Eure Großmutter erzählte, ihr wäret im neunten Monat. Da habe ich einen alten Freund am Bodensee. Er besitzt ein Gasthaus bei Konstanz. Seinen Sohn saht ihr heut."

„Ein lieber Junge!" erklärte Uli freundlich.

„Der alte Breitner erwartet euch. Das Dorf hat eine Hebamme und einen Geburtshelfer, einen Dr. Mosbacher. Es ist alles vorgesorgt. Der Gasthof heißt: ‚Zum Goldnen Engel'. Es gibt da eine Art von Blaufelchen, der Bischof von Konstanz gibt sein halbes Leben drum. Der alte Breitner hat Milchkühe und ein Motorboot. Es gibt Sommergäste im ‚Goldnen Engel'. Ihr bleibt vielleicht das erste Jahr dort, mit den Kindern. Später könnt ihr Boot fahren, schwimmen, kochen lernen. Ihr werdet wie im Frieden essen. Indes zieht der junge Breitner in mein Haus, um die Technische Schule in Aschaffenburg zu besuchen. Das ist mein ganzer Plan."

„Bedankt euch beim Vater. Worauf wartet ihr?" fragte die Großmutter.

„Dränge die Kinder nicht!"

„Meine Tochter war rascher!"

„Zum Sterben?" fragte Primula.

Die Großmutter hob fassungslos die Hände empor, zum Himmel, oder zur weißgetünchten Decke. „Ist das euer Dank?"

„Dank wofür? Für die Blaufelchen im Bodensee? Sollen Uli und ich in ein neues Kloster mit Winterkühen und Sommergästen eilen? Um Boot zu fahren und kochen zu lernen? Ich will auf der Bühne stehn, und heut eine Königin sein, aus Schottland oder vom Nil, und morgen eine Kindsmörderin, die Gretchen heißt und im Kerker weint! Wenn ich auf den Straßen der großen Städte gehe, und die vielen Mädchen sehe, ihren Gang, ihre Gesten, in ihren Augen alle ihre Leidenschaft lese, aus ihrem lauten Lachen alle ihre Abenteuer errate, so will ich am Abend auf dem Theater stehn und sie spielen. Ich will sie spielen, weil ich sie alle liebe. Wunderbar ist der Mensch! Und ich liebe ihn! Ich beobachte ihn. Und mache ihn nach. Einen Menschen nachmachen ist einfach eine Wonne. Ich stelle mich vor tausend Menschen hin und spreche. Ein anderer hat meine Worte aufgeschrieben. Aber jetzt bin ich es, der sie spricht, und jedes Wort ist neu, als hätte niemand vor mir dieses Wort je im Munde geführt. Da sitzt Medea und soll ihre eigenen Kinder töten. Ich bin Medea, die unselige, leidende, redende Medea. Das Messer brennt in meiner Hand, sogleich werde ich es in die Brust meiner Kinder bohren, im selben Moment weiß ich, ich spiele nur, spiele die große Komödie des Lebens – das ist unsägliche Qual und unbeschreibliche Wonne. Ich bin eine große Schauspielerin! Dafür bin ich geboren! Ich werde auch Ruhm und Reichtum haben! Aber Ruhm und Reichtum sind Bagatellen. Ich bin eine Komödiantin fürs Leben! Da ist kein Bodensee groß genug, um meine Theaterlust zu versenken. Wenn es keine Bühne gäbe, ginge ich auf den Markt, um vor den Leuten das Leben nachzumachen. Ich werde mein Kind haben, und eine Woche später auf der Probe stehn und meine neue Rolle kreieren. Und Uli wird mit mir leben, und mit den Kindern. Und wir werden mitten im strömenden Leben sein!"

„Du vergißt," antwortete langsam der Vater, „daß ihr in meiner gesetzlichen Gewalt steht!"

„Du solltest Menschen besser kennen! Du sitzest alle Tage zu Gericht über Leidenschaften. Hast du je gesehn, daß man einen Entschlossenen aufhalten kann? Mit Ketten binden, hinter Mauern bannen, hundertmal jagen und schlagen! Solange noch das Feuer des Lebens in ihm brennt, spottet er eurer Gewalten, und geht frei zwischen euren unsittlichen Sittenpolizisten und den Gemeindehütern eurer verrosteten Tugend hindurch. Deine arme gesetzliche Gewalt. Wer mich nicht überzeugen kann, muß mich töten, wenn ich nicht mehr widerstehen soll!"

„Genug!" entgegnete der Vater. „Ich bringe Güte oder Gewalt! Ihr habt 24 Stunden Bedenkzeit. Nun zu Tisch!"

Indes der Vater den Sessel der Großmutter ins Speisezimmer rollte, folgten die Zwillinge Hand in Hand. Frau Frühling lächelte ängstlich.

Musik und Breitner saßen schon im Speisezimmer. Der Junge war wie einer, der das große Los gewonnen hat, und in eine Trauergesellschaft geriet. Indes seine Tischgefährten ihren Braten zuckerten und die Torte salzten, fand er Zeit, mit Tilde von Techow Blicke zu tauschen.

„Eine Kollegin!" erklärte Uli freundlich.

„Sie sieht lasterhaft aus!" bemerkte, der Vater.

„Garantiert unschuldig!" versicherte Primula.

Der Vater legte seufzend Gabel und Messer nieder.

Der Junge rief: „Herr Landgerichtsrat! Wo ist Ihre Brieftasche?"

Kaiser griff in seinen Rock.

„Keinen Dank!" bat Musiek und überreichte sie. „Sie vergaßen sie auf dem Schreibtisch von Herrn Lust. Er nahm ein Taxi, wir trafen ihn vor der Tür."

„Herrn Lust?" rief Primula verblüfft.

„Du kennst Herrn Lust, liebes Kind?" fragte der Vater erstaunt.

„Ob ich ihn kenne, fragst du?"

„Der drollige Mann!" rief der junge Breitner lachend. „Er sagte: In der Brieftasche liege eine ganze vergessene Revolution!"

„Herr Musiek!" fragte Primula. „Woher kennen Sie eigentlich diesen Herrn?"

„Ein Kollege!" sagte Musiek.

Den Kaffee nahm die Familie im Zimmer von Dr. Kaiser. Musiek und Breitner und Tilde von Techow wurden eingeladen. Das Zimmer glich einem Waffensaal. An den Wänden hingen Schlachtenbilder, in den vier Ecken rosteten Ritterrüstungen.

Tilde von Techow und der junge Breitner bewunderten mit großem Gelächter den alten Kachelofen, auf dessen gebrannten Kacheln biblische Szenen dargestellt waren. Da umfaßte der geblendete Simson die Säulen des Tempels der Philister. Da tanzten die Töchter Israels ums goldene Kalb. Da sprach die Eselin vor der Weinbergmauer zu Bileam, und er sieht nicht den Engel mit dem Schwert. Da steht Daniel glattrasiert in der Löwengrube, die Löwen trugen Bärte.

„Wer ist der fröhliche Alte in der Mitte des Kachelofens? fragte die rothaarige Tilde.

Der junge Breitner wußte es nicht. Da trat der Richter vor den Ofen. „Das ist Hiob!" erklärte er. „Er stützt die Linke auf die goldne Tafel, mit der Rechten hebt er den Becher. Noch sitzt er im Glück, neben seinen geliebten Töchtern, ehe diese und seine Söhne und Hämmel weggerafft werden, im Zug einer Wette des Teufels mit dem Herrn. Seht die bewölkte Stirn des Mannes aus dem Lande Uz. Wie der Becher mit Wein leise zu schwanken scheint in seiner Rechten.

215

Bald wird er sein Unglück mit Spachteln vom Leibe kratzen wollen. Schon gürten seine Freunde ihre langen Gewänder, und machen sich auf, um ihn, der sich im Elend wälzt, zu fragen: Bist du nicht selber schuld? Die alte revolutionäre Diskussion! Die antike Frage: Warum leidet der Gerechte? Warum sind die Bösen Sieger? Unseliger Vater aus Uz! ... Wo liegt das Land? Am Jordan?... Am Main? Seht den Armen! Auch er will seine Töchter nicht verlieren!"

Es herrschte eine schmerzliche, verlegene Stille, wie immer, wenn einer vor vielen seine tiefsten Gefühle schamlos ausspricht.

Nur Musik fragte sich insgeheim: Hatten die Mädchen nicht ihr Talent zur Komödie vom Vater?

Mitten in der Stille kam Frau Sedelmayer und meldete Herrn Lust, schon trat er ein, ihm auf dem Fuße folgten Marie und König und die Blinde.

Der Richter dankte Lust für die Rückgabe der Brieftasche. König stellte dem Richter die Damen vor. Gleich darauf zog er ihn in eine Ecke, wie um ihm Geheimnisse mitzuteilen, sprach aber schamlos laut. „Die Blinde, müssen Sie wissen, war meine erste Frau. Was hätten Sie mit einer Blinden getan, Herr Landgerichtsrat? Unter uns, eine blitzgescheite Verschwörung! Ganz Deutschland hat diese Sozis und ihre Revolution satt! Zurück zum Dreiklassenwahlrecht! Weg mit dem Arbeiterschutz! Gebt uns unsern Kaiser Wilhelm wieder! Herr Doktor Lust – ich heiße ihn Doktor, sonst klingt sein Name zu leichtsinnig – hat mir alles haarklein erzählt, vom Kahr, vom Ludendorff, vom Kronprinzen Rupprecht, vom Bischof zu Bamberg! Mich kann das nur erheitern! Ich bin nämlich der König von Bayern! Ein Scherz, Herr Landgerichtsrat! Weil ich nämlich so reich bin. Und König ist mein Name. Das ist sicher. Heut abend sind Sie mein Gast, Herr Kaiser! Der Kapp speist bei mir. Kennen Sie den Kapp? Der Kapp ist der große Mann! Ich sage bloß: Der Kapp!"

„Der Kapp?" fragte Dr. Kaiser.

„Pst! Man kann uns hören. Das sind Geheimnisse. Mich amüsiert das bloß. Mich amüsiert alles. Ich hab' Menschen gern. Aber echt müssen sie sein! Sind Sie echt? In Ihren Augen spielt nämlich ein geistiger Glanz. Das ist das Verdächtige. Heute abend sind Sie bei mir. Hier ist meine Karte und Adresse. Um sieben Uhr dreißig! Es gibt: Forellen blau mit Kren. Junge Gans. Gänseleberpastete. Alten Bordeaux. Süße Speise. Manchmal denk' ich stundenlang nach, was ich gern essen möcht'. Ich stelle mir ein ganzes Schwein in Brüsseler Sauce vor. Wissen Sie, was eine Brüsseler Sauce ist? Ich weiß es auch nicht! Die Blinde war meine Frau. Jetzt werde ich Marie heiraten. Ihr Mann war Leutnant. Gefallen. Gehört zum Beruf. Da winkt sie mir. Marie ist so diskret. Ich werde sie heiraten. Ich habe es ihr versprochen. Ich warte nur noch, bis sie will. Sie sind ein Richter, sozusagen, ein gebildeter Mensch. Sprechen Sie einmal ein gerechtes Urteil. Worauf wartet Marie?"

Frau König saß neben Frau Frühling. „Sie haben eine gute Hand!" sagte die Blinde zur Gelähmten. „Ich kenne Hände."

„Sie irren! Ich bin eher ein böser Mensch. Zwanzig Jahre lebe ich schon im Rollstuhl. Erst sah ich meiner Tochter zu, dann meinen Enkelinnen. Manchmal habe ich allen Gesunden geflucht. Da brachte ein Junge jeden Morgen die Zeitung ins Haus, ein Betteljunge, ich beneidete ihn. Er ging auf seinen zwei Beinen. Ich war gelähmt. Ich blickte zum Sternenhimmel. Dieses Universum, in ständiger Bewegung – ich bin gelähmt. Meine Tochter war Tänzerin. Sie übte im Trikot, sie war beim Zirkus. Wenn ich ihre nackten, schnellen, weißen Beine sah, geschwind wie Trommelschlegel, das Herz lachte mir im Leibe – und tat mir weh; ich war gelähmt. Als sie im Kindbett starb, saß ich in meinem ewigen Stuhl, er ist aus Holz und Rohr, und rollt – nun war sie auch gelähmt. Die Tote – meine Tochter. Bin ich bös? Ich sehe. Sie sind blind. Es tut mir leid. Aber gelähmt, gelähmt sind Sie nicht! Bin ich nicht bös?"

Die Blinde tastete nach der Hand der Gelähmten. „Unglücklich sind Sie!"

Lust und Marie hatten so eifrig miteinander diskutiert, daß sie weder die Greuel des falschen Rittersaals gewahrt noch irgend eine Person außer Dr. Kaiser betrachtet hatten. Plötzlich deutete Marie auf die beiden Mädchen, die halbversteckt und abgewandt gesessen waren. Marie rief: „Jesus, lieber Lust! Die Zwillinge! Unsere Zwillinge aus Nürnberg!"

Der Richter erklärte: „Meine Töchter. Sie sind beide gesegnet."

Lust tat paar Schritte zu ihnen und stockte. Er rief: „Primula! Wie siehst du aus? Und Uli auch? Wer... und wie?"

„Haben Sie ein Recht zu dieser dummen Frage?" rief Musiek.

„Ich?" fragte Lust betroffen. „Aber Uli? Ach so. Sie gestanden mir doch, Herr Musiek, Sie liebten Uli, aber Uli, sagten Sie, wisse nichts. Wieso aber ... ?"

Uli stand auf. Sie fragte: „Wie wagen Sie es, Herr Lust, in unsre Stube zu kommen?"

„Herr Landgerichtsrat Kaiser lud mich ein, und ich liebe Primula aufrichtig, und ich habe es durch Musiek bestellt!"

„Unser Vater lud Sie ein?"

„Ihr Vater? So habt ihr einen? Und seid keine Waisenkinder? Und Herr Dr. Kaiser ... ?"

„Sie kennen meine Töchter, Herr Lust?"

Da mischte sich Marie ein. „Wir alle kennen Ihre Töchter. Zu genau!"

„Gnädige Frau?"

„Ich heiße Marie Troll!"

„Sehr angenehm. Aber..."

„Ihre Töchter haben mein Haus angezündet. Vorher schliefen sie mit meinem Liebhaber, Herrn Lust. Bisher dachte ich, nur Primula! Der Augenschein beweist, daß Herr Lust die Mädchen manchmal verwechselt hat. Sie sehn sich gar zu ähnlich."

Der Vater starrte die Dame wie ein Gespenst an.

„Im Schneesturm fand ich Lust und Ihre Töchter auf der Landstraße, ohne Geld alle drei, und mit schlechtem Gewissen. Aus Mitleid nahm ich sie in meine Villa, um ihnen eine warme Suppe zu geben. Das war im Januar. Die ungeladenen Gäste blieben bis Mai. Dann zündeten Ihre Töchter aus Eifersucht auf Lust das Dach überm Kopf an."

„Erzählen Sie Märchen, gnädige Frau?"

„Ihre Töchter sind die Märchenerzählerinnen. Sie gaben sich für Findelkinder aus, ein Bauer hätte sie tanzen gelehrt, ein Pfarrer sie zum Juden gebracht, im Zirkus wären sie als Tänzerinnen aufgetreten, Marke: Die Zwillinge aus Aschaffenburg."

„In Aschaffenburg sind meine Töchter geboren."

„Ein Punkt für die Wahrheit!" rief Marie lachend.

„Gnädige Frau," begann Tilde von Techow und schüttelte ihren roten Schopf, „waren wohl nie im Theater? Und hörten nie, daß schon im Altertum Leute Komödie gespielt haben?"

„Schaut das so aus?" fragte Marie und deutete auf die Zwillinge, die wie erstarrt dasaßen. „Die dicken Bäuche?"

„Ludwig!" rief die Blinde und tappte durch die Stube. „Gleich geschieht ein Unheil in dem Zimmer. Führ' uns fort!"

Es ward still. König faßte Marie und die Blinde und verließ mit beiden die Stube. Tilde reichte dem jungen Breitner den Arm, und sie folgten.

Lust und Musik starrten auf den Richter. Der große, starke Mann stand wie in einem Krampf. Die Tränen strömten ihm herab. Er schien es nicht zu merken. Er blickte auf seine Töchter und preßte seine Hände zusammen, daß die Knochen weiß schimmerten.

Auf Zehenspitzen schlichen Musik und Lust aus der Stube.

Ängstlich zärtlich trat Uli zum Vater und rührte ihn schüchtern am Arm. Sie bat: „Weine nicht, Vater!"

Da erwachte der Richter aus seiner Starre. Er faßte Uli bei den Schultern und begann sie zu schütteln, vor, zurück, und vor, zurück, schweigend, in fürchterlich einsamer Beschäftigung, gerade unter der schwankenden Gaslampe. Der Richter schüttelte seine Tochter, als wollte er das keimende Leben aus ihr herausschütteln, ein sonderbarer Geburtshelfer. Uli hielt schweigend dem furchtbaren Druck stand. Es tat entsetzlich weh. Aber sie biß die Zähne zusammen, als käme es fürs Leben darauf an, nicht zu schrein. Er wird mich zerschmettern, dachte sie, und fühlte die ärgste Todesangst. Der Schweiß brach ihr aus. Sie verdrehte vor Pein die Augen. Und noch mit dem fürchterlichen Antlitz des Vaters, über ihr, dachte sie: Welches Glück, daß er nicht Primula zu fassen bekam! Mich mag er zu Tod schütteln! Aber Primulas Kind ist gerettet.

Primula war mühsam herangekommen. Mit beiden Händen ihren Bauch beschützend, stammelte sie: „Du, laß sie los! Du hast kein Recht, sie umzubringen. So laß sie los!"

Die Großmutter hatte krampfhafte Anstrengungen gemacht, sich zu erheben. Ihr schien, ihre Lähmung schreite plötzlich fort, sie konnte die Arme nicht heben, nicht atmen, nicht schrein, war das Stimmband gelähmt? Mit ungeheurer Gewalt war sie endlich aufgestanden, da fiel sie schwer keuchend in den Sessel zurück und fand ihre Stimme, die verlorene wieder. Sie schrie gellend: „Mörder!"

Da ließ der Richter keuchend von Uli ab. Er sah sich mit leeren Augen um, sank in den Sessel und begann zu schluchzen, wie ein verzweifelter Knabe.

„Führt mich hinaus, Kinder!" bat die Großmutter. „Oder ich sterbe."

Da schoben die Mädchen den Sessel der Großmutter zur Tür, und hätten mit dem Sessel und der Großmutter fast die lauschende Frau Sedelmayer über den Haufen gefahren. Uli schloß schweigend der Wirtin die Tür vor der Nase zu. Primula schob den Sessel mit der Großmutter in das Zimmer der Zwillinge, Uli verriegelte die Tür.

In der Stube fiel Primula aufs Bett. Ihr war zum Sterben übel. Uli brachte Essig und Baldriantropfen. Die Großmutter saß in ihrem Rollstuhl mit dem Gesicht zur Wand, wie Primula sie hereingerollt hatte. Endlich sah Uli die unwürdige Stellung der Großmutter und schob den Stuhl herum.

Primula hatte zu weinen begonnen, gab es aber wieder auf. Sie biß die Zähne zusammen. Waren schon die Wehen da? Jetzt durften sie nicht kommen!

Die Großmutter rang die Hände und fragte irgendwelche Nichtanwesenden, was sie getan habe? Habe sie nicht siebzehn Jahre lang gewußt, daß Kaiser ein Mörder sei? Habe sie es ihm nicht hundertmal gesagt? Der Engel, oder Pater Josef, oder die heilige Katharina hätten ihr den Kopf verdreht! So ward sie fromm und blind. Und vergaß, was sie ein Leben lang gelernt hatte. „Seht, Kinder. Da grollen Menschen mit Gott. Wer macht ihr Schicksal, wenn nicht sie selber? Wer begeht ihre Fehler? Nur wollen sie es nicht wahrhaben! Eine Weile lebt man nämlich auch mit seinen Fehlern und Irrtümern ganz gut weiter. Das Gesetz der Trägheit beherrscht unser Leben. Hätte ich mich nur im Anfang gegen diesen Menschen gewehrt und ihm meine Tochter nicht gegeben! Vielleicht lebte sie noch! Wäre ich nur nach ihrem Tode von ihm fortgegangen, vielleicht wäre ich schon tot – oder wenigstens gesund! Hätte ich euch nur als Kinder entführt – aber wovon leben – bin ich nicht hilflos? Wer würde nicht fromm, der seit zwanzig Jahren nicht selbständig vom Fenster zur Tür kommt? Aber mußte ich euch dem Vater denunzieren? Was wird er tun?"

Primula jammerte laut, weil Lust sie in solchem Zustand gesehen hatte.

Uli hatte das Zimmer verlassen. Ihr war plötzlich wieder das Bild des Vaters vor Augen getreten. Eine unerklärliche Angst trieb sie zum Vater. Beschämt stand sie an die Tür gelehnt und lauschte. Eine schreckliche Stille schien im Zimmer zu herrschen, Totenstille. Vielleicht hatte der Vater sich alles zu sehr zu Herzen genommen? Er hatte geweint. Wenn er es nun nicht mehr aushielte! Die grausame Enttäuschung! Die Schande! Wenn er sich was antun würde!

„Vater!" flüsterte Uli vor der Tür. „Vater!" rief sie halblaut. Endlich nahm sie allen Mut zusammen und klopfte, erst leise, schließlich lauter, bis sie mit den Fäusten an die Tür trommelte und „Vater" schrie, „Vater!"

In der äußersten Panik stieß sie die Tür auf. Der Vater saß am Schreibtisch und schrieb ruhig, als hätte er den ganzen Lärm nicht gehört. Nun wollte sie wieder gehn, da sie ihn lebendig sah, und so ruhig... er schreibt. Statt das Zimmer zu verlassen, schloß sie die Tür; statt wegzugehn, kam sie näher; er wandte ihr den Blick nicht zu; sie stand neben ihm und sah zu, wie der Vater flink seine starken, eckigen Buchstaben schrieb, da reihte sich ein Wort ans andere, eine Zeile folgte der andern. Uli legte zaghaft ihre Hand auf des Vaters linken Ärmel und. strich sanft und geduldig auf und ab. So hatte sie als Kind geduldig gewartet, bis der Vater endlich die geheimnisvoll fleißige Feder niedergelegt hatte, mit dem Löscher die Seite trocknete, das kleine Mädchen auf den Schoß nahm und ihr aufmerksam ins Gesicht blickte. ‚Bist du es, Uli?' – Ihr tat es wohl, wenn der Vater es richtig traf mit ihr und sie nicht mit Primula verwechselte, was leicht vorkam, wenn er zerstreut war.

Der Vater hatte zugeschrieben. Nach einer Weile legte er die Feder nieder, trocknete die Seite mit dem Löscher und fragte mit seiner gewöhnlichen ruhigen Stimme: „Bist du es, Uli?"

Uli flüsterte: „Ja." Sie schien zu warten, daß der Vater sie auf den Schoß nahm. Aber sie war kein kleines Mädchen mehr.

Der Vater drehte seinen Sessel halb zurück und sah der Tochter ins Gesicht. Da Uli nicht sprach, sagte er ohne Nachdruck: „Bitte, bleibt in eurem Zimmer. Morgen werdet ihr mehr hören?"

Uli wollte nicht mit dem Vater ungeduldig werden. Glaubte, er wirklich, sie sei darum zu ihm gekommen? Er kann nicht aus seiner Haut heraus, der arme Vater. Immer Urteile, und Strafen? Mehr Strafen! Schärfere Urteile? Armer Vater. War Liebe immer ein Tyrann?

„Vater!" bat Uli, „so begreife..."

„Morgen!"

„Bitte!" flüsterte Uli.

„Glaubt ihr, ich bin aus Stein – wie ihr? Ich habe keine Kraft mehr. Morgen!"

Uli stand mit herunterhängenden Armen. Es begann zu dunkeln. Bald war es Winter. Sie war habsüchtig, für Menschen.

Vielleicht sah sie den Vater nie mehr im Leben? Es war üblich, sich abspeisen zu lassen. Menschen geben schnell auf. Bald war Primulas Kind geboren, und Uli stand blank da, es hatte sie den Vater gekostet, die Großmutter, ihren Freund Musik – und ihr schönes Leben vielleicht?

Da stand die arme Uli, schlechte Komödiantin, mit dem falschen Bauch, und geschminkten Wangen, ausgeputzt, um das Herz des Vaters zu brechen – für eine Laune Primulas. Sie mußte nur den Mund auftun, jetzt! Sie mußte nur die Tücher vom Leib nehmen und sich zeigen, wie sie war, jetzt! Vier Wochen später – und nie mehr würde er ihr glauben. Du hast ein uneheliches Kind geboren. Hast du es umgebracht? Kindsmörderin!

Sie wartete auf das freundliche Wort, um zu des Vaters Füßen zu sinken und ihm alles zu gestehen – sie wartete umsonst. Nie würde er dieses Wort aussprechen. Kannte sie ihn nicht?

Sie trank seinen Anblick mit den Augen. Da war er, groß und

lebendig, noch nicht 44 Jahre alt, und sie würde ihn nie mehr sehen. War es nur ein Rechenfehler?

Alles war falsch in der Welt. Uli hatte das beschämende Gefühl, daß die Sonne fehl am Ort stand. Der Himmel war eine Illusion. Die Menschen tragen Hosen und Röcke, um das Unanständige zu verbergen, den Kitzel und die Verwesung. Als wäre sie zu lange mit Engeln umgegangen, fingen die Menschen an, ihr fatal zu werden.

Auf dem Gipfel ihrer Bitterkeit merkte sie, daß alles ganz anders war, und die Welt vorzüglich eingerichtet, der Himmel war ein blaues Wunder, die Menschen, nach Gottes Bild geschaffen, wandelten im Licht, alles war gut, alles vollkommen, sogar der Vater. Nur Uli war schuld an aller Verzerrung. Uli war schuld, weil sie böse war.

Sie konnte ihre Erkenntnis nicht verschweigen.

„Vater. Jetzt will ich dir alles erklären. Und alles wieder gutmachen. Ich weiß jetzt, daß ich böse bin."

Der Richter schrieb schon wieder, flinke, große Buchstaben.

Uli starrte in seinen Rücken. Erst hielt sie den Mund mit beiden Händen zu, aber die Fäuste hielten ihr Heulen nicht auf. „Vater!" schrie sie und fiel auf die Knie, und rutschte näher und umfaßte das Stuhlbein. Des Vaters Bein anzurühren, wagte sie nicht. „Vater!" schrie sie. „So vergib mir jetzt! Bald wird es zu spät sein!"

Er wandte ihr nicht einmal den Blick zu, als sei er taub oder fühllos. Da hob sie sich auf, mit schmerzenden Knien, und tastete sich zur Tür.

Als die Tür hinter ihr zugemacht war, legte der Richter die Feder weg, und kniete nieder. Er betete wie als Knabe viele Vaterunser. Ächzend auf den ungewohnten Knien, fragte er sich mit Ingrimm: „Warum bete ich? Zu wem? Es gibt keinen Gott... Und vergib uns unsere Schuld... es gibt keinen Gott... und gib uns unser tägliches Brot... Es gibt keinen Gott... wie wir unsern Schuldnern... Es gibt keinen Gott!"

Uli kam mit Tränen in ihr Zimmer. Aber Primula und die Großmutter diskutierten fast heiter die Flucht.

„Natürlich müßt ihr fliehn," erklärte die Großmutter. „Ihr kennt euren Vater nicht. Er kann ohne Erbarmen sein. Ihr dürft mir weder schreiben, noch eure Adresse sagen. So bin ich sicher, euch diesmal nicht zu verraten. Das wird meine Strafe sein. Später müßt ihr wieder schreiben. Das müßt ihr versprechen, Kinder. Vielleicht werde ich gesund? Dann ist alles anders, das ganze Leben, mein Gott! Das versteht ihr doch! Wenn ich nur die Kraft hätte, diesen Mörder zu verlassen! Achtzehn Jahre lebe ich mit Kaiser. Manche verlassen sogar ihre Hölle ungern! Wißt ihr, was die alten Juden taten? Wenn ein Sklave seine Freiheit nicht haben wollte, pfriemten sie ihm das Ohr am Türpfosten des Hauses, damit jeder sähe: Dieser ist lieber ein Sklave geblieben!"

Die paar Sachen der Mädchen waren schnell gepackt. Sie hatten die Lampe nicht angezündet. Der Schein einer Straßenlaterne fiel in die Stube. So konnten sie die Traurigkeit in ihren Gesichtern sehn. Sie saßen vor dem Fenster. Der Nachthimmel schimmerte an den Enden rötlich, wie von fernen Feuern.

Später kam Frau Sedelmayer. Landgerichtsrat Kaiser hätte ihr gesagt, die Damen zögen vor, auf dem Zimmer zu speisen. Herr Musik säße schon im Speisezimmer, mit dem jungen Herrn Breitner.

„Wollen wir sie bitten, bei uns zu speisen?" fragte die Großmutter.

„Nein," entschied Primula.

Uli seufzte. Sie würde also Musik nicht wiedersehn?

Die Zwillinge rollten die Großmutter in ihr Zimmer, halfen sie auskleiden und brachten sie zu Bett. Sie hörten den Regen an die Scheiben schlagen.

„Und wollt ihr bei dem Unwetter in die finstre Nacht, Kinder? Ihr werdet einen Schnupfen bekommen? Und fürchtet ihr euch nicht in der Welt?"

„Es ist in Berlin nicht finster auf der Straße, und wir fühlen uns überall zuhaus."

„Da habt ihr Geld," sagte die Großmutter. „Und habt ihr wirklich ein Haus in Nürnberg angezündet?"

„Du glaubst das?" fragte Uli lächelnd unter Tränen.

„Nein," erklärte Frau Frühling aus voller Überzeugung.

„Also!" rief Primula ungeduldig.

„Aber habt ihr mit demselben Mann geschlafen?"

„Glaubst du das?" rief Uli und stand auf.

„Niemals!"

„Also!" rief Primula erbittert.

„Und warum hast du deinen Lust nicht behalten, Primula?"

„Ich bekomme ihn noch," erklärte Primula", und Marie weiß, daß er mich liebt. Hätte sie sonst die dumme Szene gemacht?"

„Ich habe immer alles verstanden," erklärte Frau Frühling. „Nur Uli verstehe ich nicht. Uli: Kennt wenigstens Primula deine Geschichte?"

„Ich weiß nicht," antwortet Uli und wurde blaß. Sie log nicht; hatte Primula begriffen, was Uli für sie tat?

„Und willst du es nicht deiner Großmutter erzählen?"

„Errätst du es nicht?" fragte Uli. „Du hattest doch auch ein Kind?"

„Ich erinnere mich," antwortete die arme Frau.

Sie gingen bald. Die Großmutter hörte die Tür zufallen. Sie sah die armen, schwangeren Mädchen im Regen gehn, durch die Wüste Berlin. Sie sah die schwarzen Himmel über ihnen. Sie sah ihre schwere Stunde, ihre Verlassenheit. Waren sie nicht Kinder, mit siebzehn Jahren? Sie fühlte Mitleid mit ihnen und mit sich. Kaiser war fortgegangen. Wenn er nicht wiederkäme, wenn er sie im dunkeln Zimmer vergäße. Die Sonne würde aufgehn, sicherlich. Danach würde sie wieder untergehn, die Schatten am Abend würden länger werden, die Nacht auf Katzenpfoten kommen, die endlose Nacht, und nie mehr gehn. Die altbekannte Angst der Gelähmten setzte sich auf ihre Brust, der Alptraum: Vergessen werden. Hilflos im Stuhl verhungern! Fremde Leute, nach Wochen aufgestört vom Geruch, begruben sie mit den stinkenden Kleidern, hastig fühllos.

Sie schrie, aus Angst. Niemand kam. Ausgestorben schien die Pension, als wäre die Pest hindurchgegangen. Sie schien wie eine Leichenhalle, wo jede Leiche in ihrem Schaukasten liegt, ein totes Bild Gottes.

Da spannte sie ihre Kräfte. Du bist gesund. Der Professor hat gesagt, in drei Wochen sind Sie geheilt und lernen Tango tanzen. Du bist gesund. Du kannst gehen.

Und sie ging. Wunderbarerweise tat sie paar Schritte, wie seit zwanzig Jahren nicht mehr. Sie kam zur Tür und fiel ohnmächtig um. Gleich den meisten Wundern auf der Welt, die unbemerkt geschehn, wäre auch dieses Wunder umsonst gewesen, hätte nicht Herr Kaiser seine Schwiegermutter auf dem Teppich ohnmächtig gefunden, als er vom Nachtmahl bei König heimkam.

10. KAPITEL

DIE KONTERREVOLUTIONÄRE

*E*s war ein sonderbares Nachtmahl; dem Richter aus Aschaffenburg erschien es recht berlinisch: Großschnäuzig und grotesk. Nach der unerquicklichen Szene in der Pension Luitpold hatte Dr. Kaiser gezögert, zu König zu gehn. Sollte er dem Verführer seiner Töchter, diesem Lust, die Hand reichen, statt ihn zum Duell zu fordern? Sollte er sich vor der Verleumderin seiner Töchter, dieser Konkubine Marie Troll höflich verneigen?

Was für wüste Menschen? Dem Richter kamen ihre Gesichter merkwürdig vertraut vor. Diese rothaarige, großbusige Tilde! Diese schöne Troll mit den wahnsinnigen Augen! Dieser fettgewordene Sohn des Pöbels, König! Seine scharfsichtige Blinde! Und der Verführer Lust mit dem Monokel!

Lauter Angeklagte! Auf solche Leute blickte er vom Richtertisch herab. Das klassische Personal. Und seine Töchter? Mußte er ihr Urteil sprechen? Zuchthaus, samt Einziehung des Vermögens! Dreizehn Jahre! Dreißig Jahre! Der Tod durch den Strang! Plus zehn Monate Gefängnis wegen mangelnder Kindesliebe!

In berufsmäßiger Wollust ließ er zahllose Angeklagte Revue passieren. Er saß hinter seinem Richtertisch und verlas die Todesurteile. Gegen alle armen Leute! Gegen die Advokaten der armen Leute! Gegen Demokraten und Pazifisten! Gegen alle Ausländer! Gegen jeden Inländer mit einer eigenen Meinung! Zur doppelten Todesstrafe verurteilt: Die Novemberverbrecher! Alle gläubigen Christen! Alle getauften Juden! Die ungetauften Juden! Alle gefallenen Töchter zum Tod verurteilen! Die einen treiben ab! Die andern werfen das Kind in den Abort. Den Tod wegen Majestätsbeleidigung in der Republik! Wegen Aufreizung zum Klassenhaß durch Lohnforderungen! Wegen öffentlicher Äußerung sozialer Gesinnung! Wegen wörtlicher Befolgung der zehn Gebote! Wegen ernstgenommenen Christentums! Wegen unkriegerischer Gesinnung! Wegen privater Wohltätigkeit! Wegen Kirchenbesuchs! Eine weitere Million erschossen wegen geheimer revolutionärer Gedanken! Eine Million erschossen aus Gründen, die auch dem Gericht unerfindlich geblieben! (Schriftsatz verloren! Urteil inappelabel!) Mehrere Tausend antipathischer Kinder erschossen, wegen provokanten Ballspielens auf der Straße! Rückfällige Kinder in großen Töpfen mit siedendem Öl gekocht! Nieder mit sechzig Millionen – wenn es sein muß: Todesurteil durch Weltkrieg! Alle vergangenen und künftigen Revolutionen sind als nicht stattgehabt anzuschaun und mit dem Tod zu bestrafen! Die Todesstrafe für jede Berufung auf die sogenannte Menschenwürde! Wer lebt, wird erschossen!

Landgerichtsrat Kaiser war plötzlich ernüchtert. Er winkte einem Kutscher, der trotz seinem hohen Alter jünger als seine Stute schien. Der Kutscher faßte an den Hut und schnalzte mit der Peitsche. Das Pferd schien nur mit dem guten Willen den Wagen zu ziehen.

„Wohin fahren wir, Alte?" fragte der Kutscher und erklärte zur Entschuldigung: „Ich heiße Willy Meier. Der Gaul heißt Minna Meier. Ich sage Alte zu ihr, weil sie es liebt, wenn einer zärtlich wird."

Kaiser gab die Adresse Königs. Er wollte Deutschland retten; nichts Menschliches sollte ihn aufhalten!

Der König von Ansbach empfing den Kaiser aus Aschaffenburg mit der Speisekarte.

„Wir beginnen mit Austern und leichtem Mosel."

Frau Troll saß zwischen Kaiser und Kapp, Lust zwischen einem Journalisten namens Schnitzler und einem Offizier namens Ehrhardt. Der sagte gleich:

„Ich bin der Kapitän Ehrhardt. Von den Baltikumern. Ich habe Deutschland in der Tasche."

Die Blinde bat um seine Hand. Sie war enttäuscht.

„Sie haben keine langen Finger! Oder sind Sie der starke Mann, den Deutschland mit der Laterne sucht?"

„Sehn Sie das nicht?" fragte der Kapitän bescheiden.

„Pardon!" bat die geschiedene Frau König. „Ich bin nämlich blind."

„Haha! Großartiger Witz!"

„Herr Kapitän! Die Dame ist tatsächlich blind!" bemerkte indigniert sein Nachbar, ein Oberst Reinhardt.

„Tatsächlich blind?" fragte der Ehrhardt. „Das erinnert mich an einen großartigen Witz! In der russischen Armee dienten also auch Weiber! Na! Also da bringen mir meine Soldaten in der Ukraine so einen Gefangenen, dem hatten sie schon die Stiefel und die Hosen ausgezogen, und ..."

Kaiser musterte aufmerksam diese Berliner Gesellschaft. Das Haus, ein Palais am Tiergarten, stammte aus dem achtzehnten Jahrhundert, die Möbel und Gemälde aus dem siebzehnten, die Tapeten aus dem sechzehnten, und die Gäste aus dem neunzehnten Jahrhundert. Aber das ganze zwanzigste Jahrhundert bellte und grunzte im Raum.

Der Kapp – Herr Generallandschaftsdirektor Wolfgang Kapp aus Königsberg – führte das große Wort.

„Er ist magenleidend!" flüsterte Schnitzler seinem Kollegen Lust zu. „Sehen Sie, wie er frißt? Er kann sich nicht beherrschen. Nachts hat er wieder seine Zustände. Wahrscheinlich Krebs. Schade! Aber sonst! Der starke Mann, wie ihn Deutschland braucht. Kennen Sie seine Broschüre aus dem Jahre 1916? Gegen den Reichskanzler von Bethmann-Hollweg! Für den uneingeschränkten U-Bootkrieg! Total falsche Perspektiven. Aber eine nationale Leidenschaft: Herr vom Stein plus Bismarck! Was wir brauchen, Herr... wie war der Name?"

„Lust!"

„Lust? Haben früher wohl Lustig geheißen? Klingt so beschnitten?"

„Ich stamme mütterlicherseits von Martin Luther ab, väterlicherseits von einem Jugendfreund des Judenschlächters Süßmilch. Was haben Sie gegen die Juden?"

„Pardon!" bat Schnitzler. „Aber Antisemiten sind wird doch alle!"

Herr Kapp sprach über sein Lieblingsthema: über sich. Jede Geste sagte: Ich bin der starke Mann. Von Zeit zu Zeit sauste die Faust scharf neben den Suppenteller. Jeder sah mit Rührung: Das war der Mann, der Deutschland retten wollte.

Schon hing eine imaginäre Wolke aus Arbeiterschweiß und

Judenblut im Raum. Es herrschte bereits eine gedämpfte Vorfreude der Rettung.

Kapp, jeder Zoll der kommende Diktator, sprach fließend über nationale Ehre und Pferdezucht, Güterbewirtschaftung und den kommenden Umsturz. Mein Programm, sagte er: Die Kriegsanleihen werden voll zurückbezahlt. Und das Passahmehl für die Juden und ihre Mazzen wird an die hungernden Arbeiter verteilt.

So flink, wie ein Kammerdiener seinem Herrn in die Hosen hilft, reichte Journalist Schnitzler dem Kapp die weichgekochten Pointen und vorgekauten Zitate ins Maul.

Journalist Schnitzler hieß sich einen Sohn der Pußta. Ein Kind hätte ihn für einen getauften Juden aus Budapest gehalten. Von den vier Worten auf seiner Visitenkarte: Siegfried von Schnitzler, Journalist – waren vier dubios. Was liegt an Namen, Titeln, Stand? Wer fragt nach der Identität und Kontinuität einer Person, außer der Polizei, und die Polizei auch nur, wenn die Person ertrunken, erbberechtigt, ermordet oder sonst verdächtig geworden ist.

Beim Braten ging Schnitzler einfach durch und äußerte seine Ideen direkt, ohne den Umweg über Kapp. Der saß mit offenem Munde da und hielt den Vorgang für geistigen Diebstahl.

Herr Schnitzler erklärte heiter: „Zuerst stürzen wir die Regierung Ebert. Dann bereiten wir den Revanchekrieg vor. Immer voran! Das ist die perpetuelle Revolution und der totale Krieg! Nur nicht nachgeben! Keinen Rückfall in Humanitätsduselei! Der Marxismus und die ganzen liberalen Pennbrüder verbreiten ja die reine Sklavenphilosophie. Damit kann keiner die Weltherrschaft antreten!"

Kapitän Ehrhardt erklärte: „Was Sie sagen, ist Sauce. Das ganze intellektuelle Geschwatz ist Brühe und Sauce. Im Truppenlager Döberitz habe ich sechstausend Mann stehen, die „Marinebrigade Ehrhardt", lauter Baltikumer, die besten Judenschläger und Polenschlächter. Kerle, die für einen Taler eine Mutter mit Kind umlegen. Mein Freikorps ist die größte schlagfertige Armee der Weimarer Republik. Da sitzt mein guter Freund, der Oberst Reinhardt, Kommandeur der gesamten Berliner Reichswehrtruppen. Na, fragen Sie ihn mal, wieviel Leute er hat? Vielleicht dreitausend? Und wer zahlt mich? Wer stützt mich? Wer hält mich? Unser Präsident – Genosse Ebert. Unser Reichswehrminister – Genosse Noske. Diese Säulen der deutschen Republik halten sich die konterrevolutionären Garden zwecks Liquidierung jener Revolution, der sie ihre Ämter verdanken. Ich lache bloß."

„Den Ebert habe ich mir gelangt!" erzählte angeregt der Oberst Reinhardt. „Herr Präsident! habe ich gefragt. Wollen Sie nun endlich mal den Revanchekrieg gegen diese Franzosen und Engländer organisieren, oder nicht? Hab' ich ihn wörtlich gefragt!"

„Hat der Kerl überhaupt geantwortet?" fragte Kapp, ein höherer Regierungsbeamter.

„Der Ebert?" fragte der Oberst.

Kapp war zu ungeduldig. Er schrie: „Ich stürze den Ebert. So wahr ich Kapp heiße. Ich habe schon den Bethmann-Hollweg gestürzt."

Von Schnitzler lächelte bloß fatal. Er hatte diese dumme Denkschrift: ‚Die nationalen Kreise und der Reichskanzler' aus dem Jahre 1916 schon satt. Kapp hatte in dieser anonymen Denkschrift den ‚Verein zur raschen Niederkämpfung Englands' übertrumpft, er hatte darin Belgien, Osteuropa samt dem vordern Orient auf dem Papier annektiert, den uneingeschränkten U-Boot-Krieg und ferner eine ‚Maßvolle Neuregelung des Dreiklassenwahlrechts in Preußen' gefordert. Diese Wahlen in Preußen waren zur bessern Kontrolle der Untertanen öffentlich; ein Millionär hatte das Recht auf soviel Stimmen wie fünfhundert kleine Beamten, Bauern oder Handwerker. Stellenweise war Kapp mäßig. Sein Pamphlet endete: „Keine übertriebenen verfassungspolitischen Forderungen!"

Oberst Reinhardt schrie: „Das Lumpengesindel muß weg!"

Dr. Kaiser fragte: „Sie sprechen von der Regierung?"

„Natürlich!" schrie der Kommandant der Berliner Regierungstruppen. „Sie meinen wohl, ich nehme den Mund voll? Ich habe schon neulich vor versammelter Truppe den Reichspräsidenten Ebert, den Reichskanzler Bauer und die andern Sozis in der Regierung Lumpengesindel genannt."

„Das haben Sie vor versammelter Truppe gesagt?" fragte Kaiser. „Aber hat sie nicht ihren Eid dieser Regierung geleistet?"

„Auch ich habe ihn geschworen!" rief der Oberst triumphierend. „Und habe doch ‚Lumpengesindel' gesagt. Darauf hat der sozialdemokratische Parteivorsitzende Scheidemann in einer Rede in Kassel meine Entlassung gefordert. Er hat erklärt: ‚Wer als Offizier freiwillig den Rock der Republik trägt, der soll provozierende Redensarten und provozierende Taten gegen die Republik unterlassen. Wenn er das nicht kann, so zeigt er damit, daß er seine Pflicht nicht kennt, und daß seine Ehrbegriffe in bedenkliches Schwanken geraten sind!' – Was sagen Sie zu diesem Lumpen? Die Sprache dieser roten Kanaille! Abschießen! sage ich immer. Na, man hat mir mitgeteilt: Als dieser Scheidemann nach Berlin kam, rief ihn sein Parteigenosse Ebert telephonisch zu sich und sagte ihm: ‚Du mußt doch berücksichtigen, Genosse Scheidemann, daß Oberst Reinhardt nicht damit gerechnet hat, daß die vor seinen Truppen gemachten Äußerungen an die Öffentlichkeit kommen würden!' – Und der Genosse Noske rief: ‚Du willst uns wohl Knüppel zwischen die Beine werfen, Genosse Scheidemann? Wir denken nicht daran, einen sonst so tüchtigen Offizier nur deshalb zu entlassen!' – Man ist halt unentbehrlich, selbst für dieses Gesindel! – Kurz darauf rief Scheidemann vor dem Reichstag, der parlamentarischen Schwatzbude: ‚Der Feind steht rechts!' Na, da ließ ich mal auf so eine hungrige Arbeiterdemonstration scharf schießen! Und die ganze nationale Presse nannte mich seitdem ‚den Retter Berlins'! Da habt ihr das Gesicht eurer Republik. Das Lumpengesindel will tausend Offiziere einfach aufs Pflaster werfen. Sollen wir vielleicht Damenschneider werden?"

„Dazu braucht es Talent!" entgegnete Schnitzler. „Aber wir müssen die Nationalversammlung sprengen! Die Gegenrevolution! Zwecks Fortsetzung des guten Lebens!"

Der Richter von Aschaffenburg sagte: „Also ich sprach mit Ludendorff über die Gegenrevolution."

Es wurde still am Tisch. Marie warf dem Richter einen neugierigen Blick zu. Der Richter gefiel ihr. Erwartungsvoll sahen ihn alle an. Der Richter sagte kein Wort mehr.

Kapp erklärte schließlich vorsichtig: „Ich bin sicher, der General steht auf meiner Seite."

Kaiser antwortete, mit dem Blick auf den Tisch: „Ludendorff steht auf keines Mannes Seite. Man folgt ihm. Oder man ist gegen ihn. Ich sprach auch mit Herrn von Kahr. Er ist der Retter von Bayern. Eine säkulare Existenz."

„Ihr Bayern seid unvernünftige Leute!" rief von Schnitzler. „Was soll der blauweiße Partikularismus, wenn Europa zu klein wird? Wir werden morgen die Welt erobern! Was soll da eine Mauseprovinz?"

Alle begannen durcheinander zu sprechen. Kapitän Ehrhardt erklärte den respektvoll lauschenden Zivilisten, im Grunde gebe es gar keine zivile Politik. Es gebe nur den Krieg! Und die Intermezzi der Rüstung. Ein Politiker, rechts oder links, sei ein Schädling. Nur Soldaten regierten die Welt richtig!

Herr Kapp äußerte unmittelbar darauf in drohendem Tone: „Das wirtschaftliche Selbstbestimmungsrecht des starken Individuums – das ist die Forderung von morgen!"

„Seid einig, einig!" zitierte Oberst Reinhardt.

Aber Kapp verlor zusehends den Respekt vor den Militärs. Er bellte!

„Die Parole: Einigkeit! Ein Fetzen! Das im Jahre 1806 nach Jena gefallene staatsverräterische Wort: ‚Ruhe ist die erste Bürgerpflicht', ist in der preußischen Geschichte eine unrühmliche Erinnerung!"

Um die Herren abzulenken, begann Schnitzler aus der Geschichte der Republik zu erzählen.

„Scheidemann persönlich hat mir das erzählt. Das war am neunten November 1918. Liebknecht sprach bereits seit einer Stunde von einem Fenster des kaiserlichen Schlosses. Jede Minute rief er die deutsche Sowjetrepublik aus. Sie kam nicht. Sie kam immer noch nicht. Da liefen paar Genossen zu Scheidemann, er saß bei der Wassersuppe im Reichstagsrestaurant.

‚Genosse Scheidemann!' sagten sie. Du mußt reden!'

Da ging er und stellte sich auf die Brüstung des Reichstagsbalkons, er hatte also die gestreiften Hosen an, und das graue Bärtchen unter Nase und Kinn, und den hohen Beamtenkragen um den Hals, und wenig Haare auf dem Kopf. Sie kennen ja alle das sorgenvoll subalterne Gesicht, und er schrie:

‚Das Alte und Morsche ist zusammengebrochen. Es lebe das Neue! Es lebe die deutsche Republik!'

Na, die Leute unten schrien: Es lebe! Nachdem sie fünf Jahre lang gestorben waren, ließen sie jetzt alles leben, wenn man nur sie leben ließ. Scheidemann ging in den Speisesaal des Reichstags zurück und schlürfte seine kalte Wassersuppe. Einige Arbeiter und Soldaten liefen herein und riefen begeistert: Der Scheidemann hat die Republik ausgerufen!

Ebert war also entsetzt. Mit der Faust auf den Tisch gehaut. Den Parteigenossen angebrüllt: Ist das wahr?

Ja, sagt Scheidemann und wischt sich die Suppe aus dem Bart.

Da schrie der Ebert: Du hast kein Recht, die Republik auszurufen. Was aus Deutschland wird, ob Republik oder was sonst, das entscheidet eine Konstituante!

Und irren Sie sich nicht, meine Herren! Der Kerl, dieser Ebert ist nicht einmal gekauft und bezahlt. Alles umsonst! Mit solchen perversen Puppen will das Proletariat siegen? Und so einer soll Deutschland regieren? So ein Pseudo-Mensch!"

„Lumpengesindel!" erklärte mit überzeugter Verachtung Oberst Reinhardt.

„Sehen Sie," sagte Kapitän Ehrhardt. „Da will ich Ihnen eine Geschichte erzählen. Da gehe ich also neulich durchs Lager von Döberitz. Meine Leute scharen sich um mich. Ich habe sie gegen die Litauer geführt, gegen die Letten, gegen die Sowjetrussen, und gegen die Polen, in Schlesien, na Sie wissen ja. Ich frage immer: Ein Pole ist auch ein Mensch? Na, gut. Die Matrosen sind also ängstlich, weil es doch heißt, alle Freikorps werden jetzt aufgelöst. Sind wir Mohren? fragen die Leute. Haben wir unsre Schuldigkeit getan? Vielleicht arbeiten gehn. Wo? Zur See? Da ist keine deutsche Flotte mehr. In die Fabriken? Die sind verwüstet von fünf Jahren Krieg? Und gibt es Arbeit?

Die ganze Marinebrigade schart sich um mich. Herr Kapitän! fragen sie. Wie wird es? Wird aufgelöst? Die ganze Brigade?

Haltet's Maul! sage ich. Und macht euren Dienst! Da gehn die Matrosen und freun sich wie die kleinen Kinder. Ist das nicht wundervoll?"

„Was?" fragte König. „Und hören Se mal! Worüber freuen sich Ihre Matrosen so? Nur weil einer kommt und sagt ihnen: Haltet's Maul? Und warum wollen sie nicht in die Fabriken? Da habe ich also genug Maschinenhallen und neue Maschinen. Was? Deutschland hat nichts als seine Arbeitskraft, da ist kein Hut auf dem Kopf, kein Schuh am Fuß, keine Kohle, keine Wohnungen. Wir müssen produzieren, zuerst und zuletzt, produzieren, produzieren, bis das Volk Futter, Kleider und Betten hat!"

„Das Volk," entgegnete Herr Kapp, „hören Sie bloß damit auf!"

Kapitän Ehrhardt klemmte ein Monokel ins linke Auge „Was denn! Was denn! Nur Austern und keine Gesinnung? Herr, sind Sie national zuverlässig?"

„Bin ich!" sagte König und riß im Sitzen die Hände an die Hosennaht. „Allemal!"

„Herr Lust sagte, Sie wollten der Sache dienen! Mit Gut und Blut!"

„Will ich!" sagte König. „Allemal! Aber – sehen Sie mal, Herr! Ich selber – also stamme aus dem Volke. Uns gibt es! Erlauben Sie mal, meine Damen und Herrn. Also sehen Se mal meine Hände an. Ne! Ich bin nur ein ganz gewöhnlicher Mann!"

König schob mit Vorsicht, aber resolut alle Gläser und Teller, die vor ihm auf dem Tisch standen, mit beiden Ellenbogen nach rechts und links und legte seine riesigen roten Arbeiterfäuste auf den Tisch.

„Ich habe nämlich Schmied gelernt," erklärte er bedächtig.

Die Tischgäste schwiegen. Sie sahn auf die Ausstellung, mit jenem ein wenig strapaziösem Eifer, mit dem Laien in Industrie- und Gewerbeausstellungen umhergehn. Die Blinde, an Königs Seite, blickte in die Richtung seiner Hände, als sähe sie die Hände, und den Amboß, und das Schmiedefeuer, und den Blasebalg, und das rußige Gesicht des Schmieds. Und sie lächelte.

Marie blickte lächelnd auf die Hände ihres neuen Geliebten. Der brutale Stolz auf seine Ordinärheit unterwarf sie immer wieder.

Die Offiziere sahen beifällig auf die Hände Königs. Sie verachteten seit Jahrhunderten ihre Geldleiher und vergaßen, die Darlehen zurückzuzahlen. Früher spuckten sie auf die Juden, jetzt auf die Männer aus dem Volk. Im Krieg würden sie auf die besiegten Völker spucken. Diese Preußen, die ihren Rang auf der Achsel trugen, lebten nur durch die komplette Verachtung der Zivilisation.

Kapp hatte ein Lorgnon aufgesetzt, um die Hände besser zu sehn. Lust und Kaiser sahn in die Luft. Lust dachte an Primula, Kaiser an sein künftiges Justizministerium.

Herr von Schnitzler fragte nachlässig: „Wo stehn Sie eigentlich politisch, lieber König?"

„Für Sie bin ich immer noch Herr König!" antwortete König.

„Selbstverständlich!" erklärte Herr Kapp. „Der Krieg war eine große Zeit. Diesmal muß das Volk die Opfer bringen. Das ist die Stärke des deutschen Volkes: Hören und Gehorchen! Entbehren und Dulden!"

„Lassen Sie lieber die armen Leute mit Maß hungern," bat König, „damit sie Ihnen nicht das Dach über dem Kopf anzünden!"

„Hören wir also den ganzen Abend so ein republikanisches Geseire?" fragte Oberst Reinhardt verdrossen.

„Ich," erklärte König scharf, „diene dieser Republik nicht. Ich empfange weder Gehälter noch Subsidien von ihr. Da sagen sie immer gegen den Ebert, daß er ein Sattler war. Das ist keine Schande, sage ich. Jede Köchin kann Rußland regieren; das hat Lenin selber gesagt. Und jeder Sattler regiert das deutsche Reich. Dümmer als unser Kaiser Wilhelm war, ist schwerlich einer. In Bayern hatten wir sogar einen Verrückten zum König. Natürlich. Ich bin reich. Wer reich ist, braucht nichts zu verstehn. Sein Geld versteht. Krankheit, sage ich, ist eine Schande. Sterben ist eine größere Schande. Armut ist die allergrößte Schande. Wenn die Republik reich wird, dann wird sie keine Schande mehr sein. So denke ich."

„Und wer noch?" fragte von Schnitzler.

„Ich und alle armen Leute!" antwortete König verdrossen.

„Der Schatten Lenins," erklärte Lust lächelnd, „liegt heut über Deutschland. Aber König ist nur ein Spaßvogel. Ich kenne ihn."

„Soso," machte Kapp. „Er sollte lieber in nationalen Fragen kein Zyniker sein."

„Ich, ein Zyniker?" fragte König und stand entrüstet auf.

„Ludwig!" bat leise die Blinde.

Gehorsam setzte sich König wieder, er nahm sein volles Glas Wein und trank ihn wie Wasser herunter. „Ich, der Zyniker?" fragte er. „Wieso ich?"

„Was, meine Herren?" rief Lust und lachte schallend, so daß alle Anwesenden sich mißtrauisch gegen ihn kehrten. Sofort erklärte er ungeniert: „Ich lache nur Herrn König aus. Ein Spaßvogel, sagte ich es nicht? Herr König soll mehr als hundertzwanzig Millionen Goldmark besitzen. So ein Mann macht mal rüde Späße, es ist immer ein Goldglanz dabei. Übrigens weiß König, wenn er nüchtern ist, daß Deutschland uns gehören wird. Und König will auch morgen reich bleiben. Unsere Kavalierstechnik kennt König. Was bei Gemeinen Heuchelei ist, wird bei Adligen zur höhern Ironie. Unsere Dienerschaft ist frech geworden. Die Ratten aus den Kellern sind ans Licht der Sonne gekommen und demonstrieren ihre Überzahl auf allen Plätzen. Wir Kavaliere stehn im Schatten, bis der große stinkende Haufen sich verlaufen hat, die gefährlichsten Ratten zertreten wir nebenbei. Wir spielen das große alte Spiel um die Herrschaft auf Erden. Morgen kehren wir die Straßen aus. Wir fürchten uns nicht vor dem Sklavenaufstand. Kopf ab den Führern! Den Massen die Stiefel ins Gesäß! Meine Damen und Herren! Köpfe müssen rollen! Wozu haben wir das schöne glatte Pflaster?"

„Ganz recht!" sagte Herr Kapp. „Die mit uns bekommen ihren Lohn. Die gegen uns werden liquidiert."

König beugte sich lächelnd über den Tisch und stieß sein Glas Wein mit Maries Glas an und fragte sie: „Ich – bin ich der Zyniker?"

Sogleich hob Marie die Tafel auf. Die Herren rauchten Zigarren, die Damen tranken Kognak.

Schnitzler bewies Lust, daß eben die schwankenden Lebensverhältnisse nach dem Weltkrieg ganz neue schwebende Empfindungen, neue Ideen, neue Stile ins Leben rufen würden. Das ganze moderne Leben würde permanent revolutionär sein!

„Die Revolution ist unausbleiblich!" gab Lust zu. „Sehen wir zu, daß es eine deutsche Revolution wird! Die russische Revolution ist bereits historisch so überholt wie die französische und die amerikanische!"

Herr Kapp und Herr Kaiser zogen sich zu einem Gespräch unter vier Augen in einem Nebenzimmer zurück.

Es dauerte kaum eine halbe Stunde.

Gleich darauf empfahl sich Kaiser. Eine Gegenrevolution erschien ihm simpel, oder diese Führer waren die verkehrten. Was für Gesichter, sagte sich Landgerichtsrat Kaiser, als er vor der Pension seinen Schlüssel suchte. Lauter Angeklagte!

Er fand das Zimmer seiner Töchter schon dunkel und, als er beunruhigt eintrat und Licht machte, leer.

Im andern Zimmer fand er Frau Frühling am Boden liegen, zehn Schritte von ihrem Rollstuhl entfernt.

Zuerst dachte er, sie sei tot.

11. KAPITEL

ICH BIN CÄSAR! ... ALEXANDER!

*D*as schmutzige Leben!" sagte Primula und starrte verzweifelt in den Rinnstein am Kurfürstendamm. Die Laternen drohten, unter den wiederholten Stößen des Winds zu erlöschen. Uli stand neben der Schwester im stürzenden Regen, mit Handkoffer und lila Regenschirm, und sah nur die große böse Nacht.

Primula wollte nur niedersitzen, nach dem Tag schwer von Tränen, nur am Randstein sterben!

Uli schleppte sie paar Schritte weiter. Sie versprach ihr einen Tee mit Rum, eine große Zukunft, ein warmes Bett. „Und denkst du nicht an das Kind?"

„Ich hasse es!" murmelte Primula. Es wird dein Kind sein! Alles willst du umsonst haben. Ein Schmarotzer – das bist du. Ein Efeu!"

Endlich kam ein leeres Taxi. Sie stiegen ein. Drinnen roch es nach Sauerkraut und Tod.

„Zum nächsten Hotel!" befahl Uli.

Das war um die Ecke. Der Chauffeur, ein Vater von sechs Kindern, fuhr sechs Straßen weiter: Ein Brotlaib. Weitere sechs Block: Milch für die Kinder! Noch eine Strecke: Leberwurst! In einem Anfall von Verschwendungssucht hielt er nahe der Potsdamerbrücke.

Eine schwarze Katze wartete am Eingang des Hotels. Sie machte einen höflichen Buckel und ging den Mädchen voran durch einen düstern Gang, auf einem roten zerschlissenen Läufer. In einem Strandstuhl schnarchte ein hemdsärmeliger Junge, dem Anschein nach dreizehn Jahre alt. Er hatte aber eisgraue Bartstoppeln.

Die schwarze Katze sprang dem Jungen auf den Schoß, worauf er zu niesen begann und die Augen aufschlug und verständnislos lächelte.

„Ein Zimmer!" verlangte Uli.

Da glitt er wie eine Maus um die Ecke und kam mit einem Rock mit goldnen Litzen wieder und zappelte sich ab, um in den Rock zu kommen. Da half ihm Uli. Nun holte er geschwind unterm Sessel eine Schildmütze hervor, die er am Hosenbein abstaubte und aufs Köpfchen setzte. Auf dem Schild stand: Zum Hof von London.

„Ein Zimmer für die gnädige Frau?" begann er und machte einen Bückling. „Für länger – oder nur für Passage, gnädige Frau? Nur zu befehlen, gnädige Frau!"

„Ein Zimmer mit zwei Betten!" sagte Uli.

„Mit zwei Betten für die gnädige Frau!" gestand der Greis zu. „Vielleicht mit Bad?"

„Geben Sie nur!" bat Uli.

„Zimmer mit zwei Betten und Bad für die gnädige Frau! Schön und sogleich. Im Augenblick ist keins frei mit Bad, das warme Wasser funktioniert seit heut nicht mehr. Auf jeden Fall wird für die gnädige Frau ein Zimmer mit Bad baldtunlichst vorgemerkt und reserviert!"

„Wir bleiben eine Nacht!" erklärte Uli.

„Schön und sogleich!" erwiderte der Nachtportier und stieg ohne Scham auf den Stuhl, um den Schlüssel vom Bord zu langen.

„Auf jeden Fall wird das erste freie Zimmer mit Bad für die gnädige Frau reserviert. Unser Kundendienst!"

Sein Lächeln wurde immer verschmitzter. Von ihrem Zustand schien er nichts zu merken, nur daß er konstant antwortete: „Gewiß, gnädige Frau!"

Vor Müdigkeit unbeherrscht fragte Primula: „Könnte man ihm nicht einen Groschen reichen, damit er nur aufhört, so blöd zu lächeln?"

„Gewiß, gnädige Frau!" antwortete der Greis, und lächelte.

In der blaugetünchten Schlafstube setzte sich Primula auf eines der weißen Metallbetten. Die Waschschüssel hatte einen Sprung und das selbe stupide Lächeln wie der Nachtportier. Auch der Teppich lächelte, obwohl er so ausgetreten war, daß er lieber hätte weinen sollen. Primula stützte den schweren Kopf in die Hand. Wie kam sie in dieses blaugetünchte Zimmer? Und zu dem großen Bauch? Wer war das Mädchen, das so aussah wie sie?

Sie starrte auf den Teppich und seufzte: „Das schmutzige Leben!"

Am andern Morgen fuhren die beiden Mädchen in den Norden

von Berlin. Uli hatte endlich ihre Maskerade aufgegeben. Primula schien es nicht zu beachten. Der Himmel war grau wie eine schmutzige Bettdecke. Die Häuser froren. Ein paar kahle Bäume hoben ihre Äste verzweifelt empor. Hinter allen Ecken stand der Hunger. Krüppel und Witwen fluchten in langen Reihen vor den Arbeitslosenämtern. Primula belehrte ihre Schwester. „Unter Arbeitern müßten wir leben. Ihnen ist ein uneheliches Kind alltäglich, wie ein Lohnabzug. Wegen eines dicken Bauchs dreht sich keiner um."

Uli stieg immer neue Treppen herab. Primula wartete an allen Ecken. Uli schilderte die Gerüche jeder Wohnung.

Uli schilderte der Schwester die komischen Redensarten jeder Zimmervermieterin, und die Warze auf der Nase, und das falsche Gebiß, und die Kunstblumen auf dem Speisetisch.

Primula fragte jedesmal entsetzt: „Und hier soll mein Kind zur Welt kommen?"

Um keinen Preis ging sie in ein Krankenhaus. „Da machen die Ärzte sich gesund. Die Kranken schafft man hin, um sie loszuwerden. Den Krebs legen sie zur Schwindsucht; wer nicht rasch abkratzt, den schleppen sie unters Messer."

„Es gibt Heilige unter Ärzten!" rief Uli.

„Heilige gegen Honorar? Und Prozente von den Leichenbestattern?"

Einen Tag lang blickten sie ins Leben der armen Leute im Norden. Dann mieteten sie zwei helle Zimmer im Süden, nahe dem Hermannsplatz, bei einer approbierten Hebamme. Das war eine lustige Frau mit einem milchweißen Busen, und den funkelnden Augen einer Fünfzehnjährigen.

„Süße!" sagte sie zu Primula und schien Uli zu übersehn. „Sieh mich gut an! Jeden Tag trage ich eine frische seidene Bluse. So sieht ein Mensch aus, dessen Träume erfüllt werden!"

Schon startete sie mit der Erzählung ihres Lebens. Wenige Menschen ersparen einem den traurigen Bericht. Mit empörendem Stolz begann sie: „Ich war das Kind armer Leute. Mein Traum war, seidene Blusen zu tragen."

Darüber mußte sie selber lachen, und wäre fast erstickt. Uli klopfte sie auf den Rücken, bis sie zur Räson kam. Dann saß sie da und hob die Hände anklagend zum Himmel und fragte: „Ist das Glück so billig?"

Sie hieß Luischen und war eine Perle. Luischen Junggeburth hatte es schriftlich von jeder jungen Mutter, die ihre Dienste überlebt hatte.

Der Umsatz sei gut, sagte Sie. „Freilich frage ich mich: Tun die Leute nichts anderes? Ich meine, neun Monate vorher?"

Mit ängstlicher Prahlerei gestand sie, als Kind habe sie gestohlen, und schien auf Beifall zu warten. Allen Freundinnen trug sie die Puppen fort, um sie im Pavillon zu verstecken, im Garten hinterm Haus. Nach dem Kirchgang jeden Sonntagmorgen schlich sie ins Gartenhäuschen und wiederholte vor den kaltwächsernen, porzellanlächelnden Puppen die Predigt des Pfarrers.

„Ihr habt gesündigt. Gottes Strafgericht wird euch treffen!"

Dann prügelte sie mit einer Haselgerte die armen Puppen. Darüber geriet sie in Schweiß, besonders an Sommertagen, wenn die hohen Wolken am Himmel zu schmelzen schienen, und jedes Blättchen am Brombeerbusch erstarrt schien. Sie schlug zu, erbarmungslos, wie Luther empfohlen hatte, die aufsässigen Bauern zu prügeln. Sie schrie: „Hängen und sengen wird man euch! Vierteilen und achteln! Verkohlen und versohlen! Gottes Arm ist lang, lang. Er schlägt die Ungerechten. Und die Gerechten. Der Rache entgeht keiner!"

Dann begann sie die Puppen zu paaren, sie machte sie schnäbeln und brachte sie zu Bett, damit sie im Dunkeln die Sünde trieben, lang, lang; dann stopfte sie den Puppenmädchen die Bäuche aus, zählte bis neun und half ihnen kunstvoll bei der schweren Geburt.

Spielend kam sie zu ihrem Geschäft. Aber es sei nicht leicht, gestand sie. Nämlich im rechten Moment das Leben zu fassen. Da brauche es eine pfiffige Hand – Philosophie in den Fingerspitzen! Habe sie eine Zeit lang kein Kind zur Welt gebracht, so jücke es sie im kleinen Finger.

„Einen Arzt?" fragte sie verächtlich. „Wir brauchen keinen! Nur glauben mußt du an mich. Wer den Glauben hat, wird entbunden!"

So sprach die Junggeburth. Eine Perle!

Als Primulas schwere Stunde begann, war es nach mäßigen Wehen ein Knäblein und wohlgebildet. Die Hebamme schlug es mit der flachen Hand. Das Kind schrie, wie Uli später behauptete, vor einem unverkennbaren Vergnügen am Leben.

Aber die Wehen Primulas gingen weiter. Da begann die Junggeburth mitten im Schweiß und Schwall wie von der Tarantel gestochen zu lachen. Primula verdoppelte vor Entrüstung ihr Geschrei. Luischen setzte sich auf den nächsten Stuhl, prustete erst vor Gelächter, dann hob sie die Arme zum Himmel, sprang auf, rannte zur Wöchnerin.

Nach einer halben Stunde kam ein zweites Kind zur Welt, lebend: Ein Knäblein.

Primula stöhnte. Uli weinte. Die Knäblein schrien.

„Ich lache mich tot?" rief die Junggeburth und ließ durchblicken, ein gewöhnlicher Geburtshelfer hätte höchstens ein gesundes Kind zur Welt gebracht. Übrigens könnte sie nun doppelte Taxe nehmen. Aber Ehrensache! Den zweiten Knaben habe sie umsonst geliefert! Eine Gaudi! sagte sie.

Die Zwillingsknaben waren nicht zu unterscheiden, aber schon sprachen Primula und Uli jede von ihrem Sohn.

Alles hatte Uli vorbedacht – nur nicht Zwillinge. Sie schrieb im Überschwang ihrer Freude an Tilde von Techow: Nun hat jede von uns einen Sohn, und sind beide selig.

Am andern Tag kam ein Telegramm. Uli zerriß es halb vor lauter Ungeduld. Sie lachte vor Freude, als sie es gelesen hatte. Das Telegramm kam von Musiek.

„Offeriert er mir die neue Rolle?" fragte Primula. Sie warf einen zerstreuten Blick auf die Zwillingsknaben und machte Anstalten, das Bett zu verlassen.

„Er kommt am Nachmittag, um uns eine importante Mitteilung zu machen. Auch gratuliert er," erzählte Uli.

Primula wußte schon, es ging um die Uraufführung des neuen Stücks.

Da Uli auf sei, müsse sie sich auch ankleiden. Sonst durchschaue Musiek ihre ganze Komödie, im letzten Moment. Außerdem müsse sie die Rolle haben.

„Genug Dummheiten!" rief sie und wies auf die vergnügten Zwillingsknaben. „Jetzt beginnt der Ernst des Lebens!"

Primula mußte sich vor lauter Schwäche auf den nächsten Stuhl setzen. Uli rief die Perle zur Hilfe. Luischen verbot der jungen Mutter strikt, heut schon das Bett zu verlassen. Dann lächelte sie verschämt und fragte: „Ist es der glückliche Vater?"

Als nur Uli errötete, erkannte Luischen ihren Irrtum, drohte beiden schelmisch lachend mit dem Finger und war nur mit Mühe aus der Stube zu treiben. Dann entkleidete sich Uli und legte sich neben der Schwester zu Bett. Statt die Schwangere spielte sie nun die Genesene. Wozu wären sie Komödiantinnen?

Also legte jede ein Knäblein neben sich aufs Kissen.

Punkt drei Uhr klopfte es zaghaft. Uli rief: „Herein!"

Als Musiek wieder die liebe Stimme hörte, nach den beklommenen Wochen der Trennung, als er behutsam die Tür öffnete und die beiden kindischen Mütter in den weißen Betten sah, und im selben Blick den Säugling neben jeder, da blieb er blaß und mit funkelnden Augen in der Tür stehn, und schien keines Wortes mächtig. Ihm kam vor, als müsse er sich das Bild fürs Leben einprägen. Noch war er frei, konnte umkehren und fort laufen. Mit dem nächsten Schritte ging er in ein Zauberhaus, aus dem keine Tür herausführte. Sollte er nicht lieber fliehen!

Er sah in Ulis liebe Augen und stieß die Meinung eines Lebens um. Um keinen Preis hatte er je ein Held sein wollen, und nie für eine große Stunde allein leben! Er glaubte nicht an Schicksalsstunden. Jede Stunde seines Lebens sollte gleich heilig sein. Helden lebten für ihre große Stunde – und Fromme für die Ewigkeit. Der Weise richtet sich für siebenzig Jahre ein.

Nun aber sah Musiek, daß diese Minute eines gestörten, peinlichen und vielleicht bestrittenen Glücks der Gipfel seines Lebens war. Und mit hundert Leben begabt, hätte er alle hundert für diese Minute hingegeben!

Eine Minute konnte also zwanzig Jahre Nachdenkens umwerfen? Seit Millionen Jahren rollt die Welt, und er war einverstanden. Er sah im Universum seinen Ort und seine Zeit. Da glaubte er, sein Verhältnis zur Welt zu begreifen, und seines Mädchens erster Blick stieß alles um? War er so schwach? Oder war dies ein Blitz Gottes?

Da stand der gute Junge, als hätte er seine Aufgabe vergessen. Er trug einen blauen Anzug und in jeder Hand einen Strauß Blumen, goldene und lilafarbene. Die Blumen in seinen Händen zitterten.

Da begannen die Säuglinge zu schreien. Er hörte die dünnen, quengelnden, abscheulichen Töne, legte die Sträuße auf einen Tisch und rief freudig lachend: „Die lieben Kinderchen! Wie viele sind es?"

Er trat an Ulis Seite und rief: „Ich gratuliere!" und schaute staunend in das nackte, verdrossene, greisenhafte faltige Gesicht des zahnlosen, haarlosen Säuglings, und auf seine winzigen, gewaltsam geballten, roten Fäustchen.

„Ein Mädchen?" fragte er und fühlte alle Zärtlichkeit vor diesem vaterlosen häßlichen Ding. Da erinnerte er sich der anderen Mutter, und des zweiten Säuglings, und ging behende um die Betten herum, und sah überrascht dasselbe nackte, verdrossene, greisenhaft faltige Gesicht eines zahnlosen, haarlosen Säuglings und die winzigen gewaltsam geballten roten Fäustchen.

„Diese Ähnlichkeit!" murmelte er. „Wie Zwillinge..."

„Du blinder Mann!" rief Uli empört. „Sehn Sie nicht, daß mein Kind mir direkt aus dem Gesicht geschnitten ist?"

„Natürlich!" antwortete der eingeschüchterte gute Junge. „In gewisser Hinsicht ist es sozusagen Ihr genaues Ebenbild."

„Sind nicht beide süß?" fragte Primula stolz.

„Die hübschesten beiden kleinen Mädchen der Welt!" schwor Musik und hoffte, dieser Meineid werde ihm vergeben werden.

„Lieber Musik!" rief Uli in einem sonderbar gereizten Ton. „In der Physiognomie versagten Sie eben. Nun versagen Sie auch in der Physiologie! Es sind Knaben! Verwechseln Sie oft die Geschlechter? Soviel praktische Menschenkenntnis sollte sogar ein Poet besitzen, daß er Mann und Frau zu unterscheiden weiß."

„Knaben..." wiederholte nachdenklich Musik. „Ganz gleich! Ich adoptiere beide!"

„Unsere Söhne?" fragte Primula. „Mit welchem Recht?"

„Sollen sie ohne Vater aufwachsen?"

Die Mädchen schwiegen.

„Wie heißen sie überhaupt?" fragte Musiek.

Primula erklärte, sie hätten für den Fall, daß es ein Sohn würde, an den Namen Alexander gedacht.

„Für beide?" fragte Musiek, worauf ihn Primula verblüfft anstarrte und schließlich ärgerlich ausrief, der andre heiße natürlich Caesar.

„Ganz gleich!" antwortete Musiek und erzählte, er müsse aufs Standesamt, bei der Gelegenheit könnte er die Geburt der beiden Kinder anzeigen.

„Wollen Sie heiraten?" fragte Primula kichernd. „Und eilt es?

Musiek wurde rot. Primula fragte: „Wen heiraten Sie?" und rief, ehe er antworten konnte: „Ich weiß schon! Tilde von Techows Mutter? Oder Frau Sedelmayer? Dann erbt er die ganze Pension Luitpold, und wir müssen aus Geschäftsinteresse bei ihm wohnen!"

„Ich will aber kein Opfer!" erklärte Uli aufgeregt. „Ich will es um keinen Preis!"

„Was für Opfer?" fragte Primula.

„Das verstehst du nicht," erklärte Uli ungeduldig und rief von Neuem: „Ich will kein Opfer!"

Primula starrte die Schwester an. „Nun begreife ich alles!"

„Nichts begreifst du! Was begreifst du?"

„Liebst du ihn? Du liebst ihn also?"

„Ich lieb' ihn?" fragte Uli verlegen. Sie empfand ein bestürzendes, unwiderstehliches Vergnügen an den paar Worten. Sie mußte sie gegen ihren Willen ein paar Mal laut wiederholen, und schüchtern: „Ich lieb' ihn?"

Musiek nahm ihre Hand. Uli war zu schwach, sie ihm zu entziehn.

Primula hob warnend den Zeigefinger. „Ein Leben lang willst du eines Dichters Frau sein? Und wenn ihm nichts mehr einfällt? Ein Leben – Uli? Nimmt man einen Mann zum Spaß? Ein ganzes Leben? Und wenn du ihn nicht liebst?"

„Denkt an die Kinder!" bat Musiek. „Natürlich adoptiere ich beide Knaben. Zwei Söhne? Das ist ein guter Anfang?"

„Liebst du ihn?" fragte Primula besorgt. „Er hat eine angenehme Art zu lächeln. Wenn er spricht, glaubt man, alle Menschen seien im Grunde gut. Und Schurkerei sei nur ein Mißverständnis. Er handelt so gescheit, daß man verführt wird, anzunehmen, er sei wirklich klug. Und vernünftig. Das ist er nicht. Er sieht nur vernünftig aus. In Wahrheit ist er ein Verrückter – wie alle Poeten. Unter den Menschen kennt er sich nicht aus, im Leben findet er sich nicht zurecht – wie alle Poeten. Das ständige Staunen ist die Ursache ihrer Schriften. Und die Begeisterung über das ganz Gewöhnliche. Der soll der Ziehvater unserer Knaben sein? Er ist ja selber hilflos, Ein anständiger Junge – natürlich. Manches spricht dafür, daß er dich liebt, – manches spricht dagegen. Vielleicht will er nur aus Extravaganz zum Standesamt? Vielleicht ist er kinderlieb? Wenigstens versteht er, gute Rollen zu schreiben. Aber ist das ein Grund, um ihn zu heiraten? Ich verstehe dich nicht mehr, Uli. Außerdem hat er eine lange Nase!"

Uli hatte ihre Augen mit beiden Händen bedeckt. Kopfschüttelnd sah Primula auf das kindische Treiben. Sie wandte sich ungeduldig an Musik und fragte ihn: „Wie haben Sie uns denn gefunden?"

„Ich war verzweifelt!" erklärte Musik sogleich. „Euer Vater verhörte mich am Morgen nach eurer Flucht eine Stunde lang. Zuerst wollte er nicht glauben, daß ich eure Adresse oder Absichten nicht kannte. Er verachtete mich als einen verstockten Lügner. Schließlich glaubte er es mir und verachtete mich darum doppelt. Er brachte eure Großmutter ins Sanatorium Rosenstrauch. Euch ließ er durch drei Detektivbüros suchen. Umsonst. Auch ich lief Tag um Tag durch Berlin und hoffte, euch zu sehn. Der junge Herr Breitner und Tilde von Techow waren mein ganzer Trost. Jeden Nachmittag saßen sie im Café Dobrin am Tiergarten, im Hinterzimmer, und aßen Punschtorten und tranken heiße Schokolade und küßten sich stundenlang, auf dem grünen Ecksofa, direkt unterm Bild von Bismarck, einer Reproduktion nach Lenbach. Ich holte sie jeden Abend ab. Wir gingen durch den Tiergarten heim und wir sprachen von euch. Nach einer Woche fuhr euer Vater mit dem jungen Breitner auf und davon. Nun blieb mir nur Tilde. Und eines Tages brachte sie Ulis Brief. Ich gab der lieben Tilde einen herzhaften. Kuß."

„Ihr großer Busen!" rief Primula lachend. „Das reizte ihn!"

Musik griff nach Hut und Mantel und schüttelte Primula viel zu heftig die Hände und versicherte ihr, er sei vollkommen glücklich, und schwor, sie würden Freunde fürs Leben sein, und nächste Woche begännen schon die Proben für sein neues Stück „Katzenmusik". Natürlich bekomme sie die Hauptrolle, er habe sie ihr ja auf den Leib geschrieben.

Er warf einen letzten Blick auf die Säuglinge. Zusehends würden sie hübscher, erklärte er. Die Säuglinge winselten mit ihren dünnen, abscheulichen Stimmen. Mit ihren zornigen Falten auf den Stirnen und dem bittern Zug um den zahnlosen Mund, trugen ihre winzigen Gesichter den wütenden Ausdruck geprellter Greise.

Als Musik schon die Tür hinter sich schließen wollte, rief ihn Uli. Erwartungsvoll kehrte er sich wieder um. „Es war nichts!" gestand sie und lächelte selig.

Als die Mädchen wieder allein waren, mit ihren Knaben, rief Primula: „Wüßte ich es nicht besser, wie du zu deinem Sohne kamst, so würde ich schwören, Musik sei der Vater!"

„Ich lieb' ihn!" wiederholte Uli. Sie sprang erlöst aus dem Bett. Sie war glücklich. Sie hatte wieder eine normale Figur, und rote Wangen, und ein Kind, und einen Bräutigam.

„Musik geht doch nicht wirklich zum Standesamt?"

„Warum nicht? Aber er wird doch nicht unsere Söhne als Alexander und Caesar anzeigen?"

„Warum nicht? Und du glaubst, er wird mich wirklich heiraten?"

„Warum nicht? Wenn du dumm genug bist, ihn zu nehmen? Natürlich kannst du ihn nicht gleich heiraten. Schon an deiner Brust würde er deine Unschuld merken?"

„Nur an der Brust?" Uli wurde rot. Sie rief: „Meinem Mann darf ich nicht die Wahrheit sagen?"

„Niemals!" schrie Primula. „Hörst du? Niemals!"

„Muß ich ihn also betrügen? Soll er auf jene Unschuld eifersüchtig sein, die er mir erst nehmen wird? So schlecht soll ich an ihm handeln? Und wäre er nicht so gut! Und so eilfertig, unsere Wonne mit uns zu teilen, unsere Knäblein! Soll ich diese dumme Komödie sogar vor ihm spielen?"

„Und wer war der Autor dieser dummen Komödie? Geht aller Betrug nur gegen mich aus? Nun diese Bälger glücklich auf der Welt sind, wäschst du dir deine Hände in Unschuld, und läufst mit dem ersten Liebhaber zum Standesamt? Schaun so die Opfer aus? Diese verdammten großen Worte! Als ich mich vor den Zug werfen wollte, und noch allein war, ohne unschuldige Wesen, die von mir abhängen, als ich mich in den Fluß werfen wollte, da stelltest du dich vor mich hin und hieltest mich am Ärmel fest und schworst und versprachst mir den Himmel auf Erden, und schworst, nur für mich und mein Kind würdest du leben wollen. Und jetzt? Soll ich mit den zwei Wickelkindern ins Wasser gehn? Und du schreitest selig lächelnd am Arm deines angetrauten Poeten vom Schauhaus zum Schauspielhaus – von meinem Begräbnis zu seiner Premiere? Und unterwegs sprecht ihr treffend über diese groteske Welt, sprecht druckreif und skeptisch? Und meine ertrunkenen Säuglinge dienen euch zu einer sanft melancholischen Parabel? Und die armen Säuglinge?"

„Ich habe sie geboren!" schrie Uli. „Ich werde zu Musik gehen und ihm sagen: Ich bin die Mutter beider Säuglinge! Es sind Zwillinge, sage ich ihm. Und beide sind meine Kinder!"

Weinend kniete sie vor dem Bette Primulas.

Vier Wochen später war Uli die Frau von Musik, und alle wohnten wieder in der Pension Luitpold. Nur schlief Uli nicht mehr mit Primula, sondern mit Musik (und den beiden Knäblein).

Die Natur, versicherte Musik, habe die Knaben zu Rednern bestimmt. Nie gab es kräftigere Stimmen, wenigstens seien die Knaben objektiv und schrien nachts so laut wie am Tag.

Bei der Uraufführung von „Katzenmusik" saß die ganze Pension Luitpold im Parkett. In der Pause kam Lust hinter die Bühne und prophezeite den großen Erfolg. Primula schlug ein Kreuz. Musik gestand, alles sei mißraten, morgen ziehe er das Stück zurück. Nun erst sehe er klar.

Aber nach dem letzten Akt kam er doch auf die Bühne und verneigte sich mit der Grazie eines angeschossenen Raben. Primula hielt ihn an der Hand fest, damit er nicht davonlaufe. Sie lachte und sah schöner als je aus, und ganz unschuldig und mädchenhaft.

Am andern Morgen lasen Musiek und Primula beim Frühstück ein Dutzend Berliner Zeitungen. Und sie sahen, daß sie berühmt waren!

Eine Woche später erklärte Primula bereits, sie habe Angst, zu fallen. Berlin sei undankbar und vergeßlich. Und sie tat, als sei sie seit zwanzig Jahren auf dem Gipfel. Superklug wie ein alter Künstler erklärte sie, Genie sei nur Fleiß. Im Kaffeehaus hielt sie Vorlesungen über den Ruhm und seine Flüchtigkeit. Sie spielte alle Abende, nahm alle Morgen Reitstunden, Tanzstunden, Fechtstunden, Sprachstunden. Am Nachmittag ging sie zu Tanztees. Nachts klagte sie, wenn sie heimkam, sie habe nichts von den Kindern. Wann immer sie heimkomme, schliefen die Knaben schon. Das tun sie absichtlich, rief sie lachend und musterte Uli mißtrauisch.

Eines Tages saßen Musiek und Uli und tränkten die Knäblein. Jeder hielt eine Milchflasche und ein Knäblein im Schoß. Die Sonne schien hell in die Stube. Die Säuglinge krähten vor Wonne. Da trat Primula Hand in Hand mit Lust ein.

„Wir haben soeben geheiratet. König und Marie waren unsere Trauzeugen. Gleich darauf heirateten König und Marie. Und wir waren ihre Trauzeugen. Nun heiße ich wirklich Primula Lust. Mein Mann zieht in die Pension Luitpold. Frau Sedelmayer ist begeistert. Nach dem Theater feiern wir bei Hiller. König hat uns alle eingeladen. Es gibt Kaviar und Sekt. Marie und ich sind die besten Freundinnen. Die Blinde wird auch kommen!"

Lust lachte schallend. „Habe ich nicht eine tolle Frau?" fragte er. Und schwor: „Primula ist ein Genie. Ehrenwort!" Dann ward er ernst und fragte: „Welches ist mein Sohn?"

„Unser Sohn heißt Caesar!" erklärte Primula mit Stolz. Dann sah sie unsicher auf die beiden identisch blickenden Knaben und fragte Uli verlegen: „Welcher ist es?"

Aber Uli lag bewußtlos auf dem Teppich. Sie war lautlos umgefallen. Musiek und Lust trugen sie auf den Diwan. Sie war von der Milch aus der zerbrochenen Milchflasche begossen. Sie kam gleich wieder zu Bewußtsein. Primula kniete vor ihr und säuberte sie mit einer Serviette, die ihr Musiek gebracht hatte. Sie küßte Uli auf die Wange und flüsterte ihr ins Ohr: „Wir bleiben immer beisammen! Hörst du? Immer!"

Uli lächelte matt. Sie sagte: „Die armen Kinder..."

Primula lachte schon wieder und klatschte in die Hände und tanzte vor den Säuglingen. Der eine Säugling lachte, der andre weinte.

Nun wisse sie es genau, behauptete Primula. „Der lacht, ist unser Sohn. Der lacht, heißt Caesar! – O das prächtige Leben!"

12. KAPITEL

DER KAPP-PUTSCH

*E*ines Tages ging Uli singend durch ihre neue Wohnung. Es war eine langsame, schüchterne Melodie. Ihr ward schwer ums Herz.

Da blieb sie am Fenster stehn. Die Straße hatte eine Miene, jedes Haus ein Gesicht, mit toten Augen.

Alles kam ihr wie versunken vor, aus einer toten Welt. Und sie begann das alte unschuldige Lied vom Anfang. Sie sang, und weinte.

Da setzte sie sich vor ihren Schreibtisch und schrieb einen Brief nach Aschaffenburg.

Lieber Vater –

mein Sohn heißt Alexander. (Caesar heißt Primulas Sohn, die Leute verwechseln unsere Kinder, aber mein Sohn ist klüger!)

Und ich bin eine schlechte Tochter. Und um meinetwillen hast Du geweint.

Ich habe geheiratet. Und bin die glücklichste Frau der Welt. Musik ist der beste Mensch auf Erden. Er liebt die Kinder und trägt ihnen lange Stellen aus dem Plato vor, damit die Knaben nur geschwind Philosophen würden.

Primula bekam ihren Lust und ward berühmt. Jeden Abend lacht und weint sie vor tausend Menschen – in meines Mannes Stück. Schwager Lust sagte: Dein armer Mann wird bald bestraft werden. Wofür? fragte ich. Er hat ein sanftes Herz! antwortete Lust. Und die Welt verachtet gute Menschen, und verfolgt sie. Wir zogen um, weil Lust glaubt, er sei zum Erzieher geboren. In der Pension Luitpold, glaubt er, wären unsre Söhne Roués oder gar Pedanten geworden. Und die ersten Lebensjahre seien entscheidend.

Nun wohnen wir alle in der Villa von Geheimrat Samuel, in der Hohenzollernstraße. Geheimrats hatten zwei Söhne, die sind gefallen.

Schwager Lust klagt, zuweilen spreche er zu seinem Sohn und teile ihm seinen tiefsten Gedanken mit, und vielleicht war es nur der

Neffe? Denn er kennt die Knaben nicht auseinander!

Dein Sohn, sagt ihm Musiek, ist auch der meine, und umgekehrt.

Da habt ihr den Liberalen! ruft Lust. Alles vermischt er, sogar die simplen Gefühle des Vaters. Bist du nicht ein Weltfreund? Und gehörst zu jenen Heuchlern, die sagen, daß sie alle Menschen lieben, weil sie keinen lieben?

Und Lust sagt: Nimm an: eines der Kinder stürbe. Nur Uli kennt sie auseinander. Wird sie nicht einfach sagen: Mein Neffe ist gestorben? Ich werde noch verrückt darüber!

Die Knaben sind gesund! antworte ich. Uli glaubt nicht an den Tod! schreit Lust und lacht. Die Menschen sind ewig – glaubt sie. Nur ihre Götter sterben!

Gestern besuchte ich die Großmutter. Mit anderen Patientinnen saß sie im Wintergarten des Sanatoriums rund um den berühmten Rosenstrauch. Er ließ mir Kamillentee reichen und schwor, er werde die Großmutter in acht Tagen herauswerfen. Ihre ganze Krankheit sei Hysterie. Das sagte er ihr kalt ins Gesicht, und trank einen Schnaps. Er schwärmt für große Taten, ein dicker Mann mit einer roten Warze auf der Nase, und mit einer Tabakspfeife, der in seinem Sanatorium wie in einem Kaffeehaus sitzt.

Großmutter hält ihn für einen Engel, und hat schon bessere gesehen! Er hat falsche Zähne und falsche Augen.

Großmutter kommt zu uns.

Wer sonst soll eure Kinder erziehen? fragt sie. Und Du, lieber Vater? Das schönste Zimmer erwartet Dich. Und der Ehrenplatz am Tisch. Primula und ich werden Dir die Hände küssen. Und inskünftig gehorsame Töchter sein. Komme bald.

Uli, die von Herzen liebt.

Der Vater antwortete nicht.

Die Großmutter kam wirklich nach acht Tagen gefahren, in einer offenen Kutsche, mit Uli und Primula. Langsam fuhren sie durch Berlin. Der Himmel war blau wie ein langer Sommer.

Frau Frühling winkte allen Leuten; den Himmel und die Mietskasernen begrüßte sie wie alte Bekannte. Und Rosenstrauch sagte: Gehen sei ein Glück. Man muß es lernen, wie jedes Glück. Das

Gewicht des Körpers tragen – versteht ihr?

„Wir verstehn," entgegnete Primula und lächelte spöttisch und zärtlich. „Alle Menschen gehn, und tragen die Last des Lebens."

„Ihr versteht mich nicht. Vor dem zweiten Schritt zittre ich. Der zweite Schritt im Leben führt zum Ziel. Oder zum Untergang. Die Wonne: Du gehst. Habt ihr eine Vorstellung davon? Die meisten Menschen behandeln ihren Körper wie ein Mietpferd."

Die Großmutter deutete auf den breiten Rücken des Kutschers, als sei der Mann im blauen Kutscherfrack der Repräsentant der Menschheit.

„Menschen sind dumm! Erst der Asthmatiker merkt, wie süß der leichte Atem ist. Der Magenkranke bleibt an der Straßenecke vor einem Betteljungen stehen, lange, und sieht mit unbeschreiblichen Gefühlen zu, wie der eine trockene Kruste kaut. Und wenn ich endlich auf meinen lieben, grundvernünftigen Beinen gehe, und das zärtliche Zittern der Erde spüre, in ihrem rasenden Lauf um die Sonne, ich spüre schärfer als Millionen durch lange Gesundheit verhärteter Gesunder die Gebrechlichkeit der Erde, und den Wonnetaumel ihres Triumphs über diese Gebrechlichkeit, und ich gehe, und gehe, wie jeder Betteljunge geht, jeder junge Hund, wie das älteste Maulpferd geht, dessen Haut schon langsam in Fetzen reißt, aber noch schreitet es auf seinen eigenen vier Beinen mit der wunderbaren Majestät des Ganges – dann – vergesse ich mein verfehltes Leben. Ich vergesse den Tod meiner Tochter, die Demütigungen, die mir euer Vater zugefügt hat, und die lahmen Jahre. Und den Rollstuhl, die rollende Hölle einer sinnlos alternden Frau. Und ich sage: Das hat sich gelohnt für diese triumphale Stunde, da ich wieder auf meinen eigenen Beinen gehe – es ist nur eine halbe Stunde... vorläufig.

Rosenstrauch sagt, heut und morgen soll ich im Bett bleiben. Den nächsten Tag darf ich spazieren gehen, eine halbe Stunde, keine Minute länger, keine weniger. Und acht Tage so. Die nächsten acht Tage fünfunddreißig Minuten lang. Und so weiter. Und ihr? Seid ihr glücklich?"

Uli drückte der Großmutter die Hände. Primula fragte: „Merkt ihr, daß hinter jedem kahlen Baum schon der Frühling steht?"

Primula sah ihre Schwester an. Sie fühlte Mitleid mit Uli. Ihr kam nun vor, als führe Uli ein geliehenes Leben. Von meinem Überfluß lebt sie. Ich hatte ein Kind zuviel, da hat sie einen Sohn. Ich hatte einen Anbeter zuviel, da hat sie einen Mann. Arme Uli!

Aber Uli lächelte.

„So ein Pferd geht!" bemerkte die Großmutter, und wies auf den alten Kutschengaul, als hätte sie noch nie einen traben sehen. „Es rennt mit seinen gesunden Beinen, und ist glücklich."

Der Kutscher trug die Großmutter auf den Diwan in ihrem Zimmer. Sie war ganz blaß.

„So ein Pferd rennt auf seinen eigenen Beinen," murmelte sie erbittert.

Uli und Primula brachten ihr die Knaben. „Nette Kinder!" äußerte sie. Und fragte, ob sie nicht rasch ein paar Schritte versuchen sollte. Vielleicht täte es ihr seelisch gut?

Man brachte ihr den Rollstuhl. Geheimrat Samuel machte die Honneurs des Hauses. Er war ein würdiger Greis, in einem mausgrauen Gehrock. Er trug den weißen Schnurrbart und Backenbart nach der Mode von Kaiser Wilhelm dem Ersten. Nach zwei Sätzen merkte man, daß er seine Frau in Verdacht habe, sie hätte ihre Hand überall im Spiele, in der Lenkung ihres privaten Lebens und auch der Händel der Welt.

„Ich bin siebzig," flüsterte er allen ins Ohr, mit einem listigen Lächeln, „ich verstehe die Welt nicht mehr. Diese neuen Zeiten," erklärte er, und schnüffelte mit der Nase, als mißbillige er einen penetranten Geruch. Er mißbilligte alle Neuerungen, die Gasbeleuchtung, die Eisenbahnen, die Einigung Deutschlands durch Bismarck, die Feuerbestattung, die drei Kaiser, die Republik, den Krieg, den Frieden, den Vertrag von Versailles und die Lebensmittelkonserven, die er dem großen Pasteur zur Last legte.

„Zu meiner Zeit," erklärte er mit Festigkeit, „gab es das alles nicht. Und haben wir nicht auch mit Ernst gelebt? Heute kocht meine Frau mit Margarine, dank Pasteur und Bismarck. Ich bin dagegen. Gibt es keine Kühe mehr? Da haben Sie die Groteske des Jahrhunderts; Ersatz für Brot und Butter – aber Automobile und Telephon!

Sind Sie schon einmal in einem Auto gesessen? Es schüttelt Ihnen die Seele aus dem Leibe, der Benzingestank vergiftet Ihre Lungen, der Straßenstaub macht Sie blind, aber Sie bilden sich ein, Sie kommen rascher vom Fleck! Tolstoi und Darwin sind schuld! Ich sage Ihnen voraus: In zwanzig Jahren wird kein Mensch mehr Auto fahren wollen. Man wird wieder mit Pferd und Wagen kutschieren, wie unsere Väter auch. Neuerungen halten sich nicht! Das ist die Quintessenz meiner siebzig Jahre!"

Er strich sich den Bart und lächelte verschmitzt. Dann zeigte er den beiden jungen Frauen, die hier wohnten, mit derselben Beflissenheit wie der Großmutter, die alles zum ersten Mal sah, die seidenen Tapeten mit den unmäßig blauen Sommerhimmeln, viel zu grünen Wiesen und viel zu hübschen Schäferinnen. Er zeigte den kahlen Garten mit Marmorstatuen und Himbeerbüschen. Er zeigte die altdeutschen Möbel und die neudeutschen Gemälde.

Vor dem Krieg war er mit 65 Jahren und einem hübschen Vermögen in Pension gegangen. Nach dem Krieg waren die Pension und das Vermögen verfallen, und die Frau Geheimrat kam auf den Gedanken, das Haus zu vermieten. Sie hieß Ida und war klein und schläfrig. Sie liebte harte Stühle, und kuriose Geschichten, die sie mit immer neuen Maximen einleitete.

Nie erfuhr man das Ende ihrer Geschichten. Mitten in der Erzählung begann sie zu lächeln, zu murmeln, sie schloß sanft die Augen, senkte den Kopf auf die Brust und entschlief. Nach fünf Minuten öffnete sie ruhig die Augen, und fragte, als wäre nichts gewesen: Wie gefällt Ihnen meine Geschichte?

„Ihr wollt nicht lange hier wohnen bleiben?" fragte die Großmutter, als Geheimrat Samuel sich empfohlen hatte.

„Nur die nächsten zwanzig Jahre," antworte Uli. „Nur bis die Knaben auf die Universität gehen!"

Am andern Tag blieb die Großmutter im Bett. Lust war zur Nacht nicht nach Haus gekommen. Die Säuglinge weinten. Nachmittags begann das Wasser in den Wasserleitungen zu vertröpfeln, wie eine Quelle, die versiegt. Später kam ein Laufjunge aus der Redaktion, mit einem Zettel von Lust, sie sollten alle im Haus bleiben, die Regierung

Ebert sei geflüchtet. Der neue Reichskanzler Kapp habe den Befehl gegeben, scharf zu schießen, und das Volk sei glücklich.

„Verstehst du das?" fragte Primula die Großmutter. „Wenn das Volk glücklich ist, warum sollen wir dann zu Hause bleiben?"

Sie wären ohnedies zu Hause geblieben, nur das Gas ging aus. Und das elektrische Licht war weg, als hätte es jemand gestohlen. Uli zündete Kerzen. Die Nachbarn erzählten, die Straßenbahnen wären mitten auf der Straße stehngeblieben, und die Autobusse an der erstbesten Ecke, als hätten sie die ewige Fahrerei satt. Die Schaffner gingen pfeifend nach Hause.

„Was pfeifen sie?" fragte die Großmutter wütend.

Die Ladenbesitzer, hieß es, hätten ihre Rolläden mitten in der Geschäftszeit herabgelassen. Die Postbeamten zogen ihre zerschlissenen Lüsterjäckchen und die schwarzen Ärmelschoner aus, und wollten keine Briefmarke mehr verkaufen, die Briefe wurden nicht ausgeliefert, nicht einmal verkehrte Briefe wurden bestellt.

Die Zeitungsfrauen saßen an den Straßenecken, im Regen und im Wind, und hatten keine Zeitungen zu verkaufen.

„Nette Wohnung!" erklärte die Großmutter mißbilligend, als sei nur in dieser Wohnung der Generalstreik ausgebrochen. „Nette Stadt. Habt ihr das oft hier?" fragte sie. „Bei uns in Aschaffenburg könnte so was nicht um sich greifen."

Am andern Morgen kam kein Milchmann. Der Bäckerjunge brachte die frischen Brötchen nicht. Der Kehrichtwagen holte nicht den Kehricht ab. Die Wasserspülung funktionierte nicht mehr. Niemand konnte baden, die Zähne putzen, die Hände waschen, trinken.

„Das ist das Ende der Welt," erklärte die Großmutter. „Ist der Kommunismus ausgebrochen?"

Sie befahl Musiek, er solle am Potsdamer Platz nachfragen, ob nicht der Herr Trotzki im Café Josty Schach spiele. Damit beginnt jede Revolution, versicherte sie, und schwang drohend ihren Krückstock. Als Lust, der nachts um zwei endlich nach Hause gekommen war, in der heitersten Laune und mit einem Schwips, der Großmutter erklärte, es sei nur ein Putsch von rechts, bestand sie seelenruhig auf dem angekündigten halbstündigen Familienspaziergang, und setzte ihn trotz allen Bedenken von Uli durch.

„Die Leute von links sind tugendhaft," versicherte sie, „und bringen Unordnung. Die Leute von rechts sind unanständig, aber sie zerbrechen kein Porzellan. Die Armen machen Revolutionen. Die Reichen machen Kriege. Wenn die Armen marschieren, muß man sein Geld verstecken; wenn die Reichen marschieren, seine Söhne."

Es war ein heiterer Morgen im März, mit einem Schwall von stürzendem Licht, einem Schein wie von vielen blauen Himmeln, einem ziehenden Duft nach Veilchen, und dem Geschrei der Spatzen in allen Vorgärten.

Die Großmutter saß in ihrem feinsten Kleide in einem Zimmer zu ebener Erde. Laut rief sie jeden zu sich, um ihm zu schwören, sie sei ruhig. Sie werde ihren Spaziergang machen, mit der Familie, quer durch den Tiergarten. Sie werde dreißig Minuten lang in derselben Richtung gehen, an immer neuen kahlen Bäumen vorbei. Über jedem Baum sehe der Himmel bekanntlich anders aus. Übrigens sei sie ruhig. Und für den Heimweg werde sie eine Droschke nehmen.

Lust teilte ihr mit, daß auch die Taxichauffeure und Kutscher streikten.

„Um so besser!" rief die entschlossene Großmutter. „Mein Rollstuhl ist wenigstens nicht angetrunken. Primula wird ihn mitführen. Du tust es doch gerne, Kind?"

Es war statt zehn Uhr, wie geplant, schon elf geworden. Die Großmutter hatte sich im letzten Augenblick umgezogen, sie hatte Geheimrats eingeladen, die alten Leute wurden nicht fertig, dann begannen die Säuglinge fürchterlich zu schreien, man mußte sie trocken legen.

Schließlich begann die Promenade. Vor dem Haus hatte sich die ganze Familie versammelt, einschließlich der Samuels. Als von der Matthäikirche die elfte Stunde schlug, erhob sich die Großmutter, mit Hilfe von Musik und Lust, entschlossen aus dem Rollstuhl, stand wie ein Rocher de bronze, sah auf ihre goldene Uhr, die ihr an einer dünnen Kette um den Hals hing und begann zu gehen, einen Krückstock in der Hand, den sie nicht benutzte. Hinter ihr schritten wie bezahlte Wächter Musik und Lust. Die Großmutter ging mit steifem Oberkörper wie ein Gardeleutnant, sie bemühte sich, zu lächeln. Vom zweiten Schritt an war ihr schönes noch junges Gesicht von kleinen Schweißtropfen übersät. Ihre goldene Uhr ging vor ihr her wie ein Schrittmacher.

Uli schob den Kinderwagen und Primula den Rollstuhl, Geheimrat Samuel ging im mausgrauen Gehrock daneben, seine Frau trug eine cremefarbene Robe aus dem neunzehnten Jahrhundert, eine Mantille und einen Straußenfedernhut.

Die Großmutter gab Marsch- und Wetterberichte aus.

„Ganz leicht schreite ich. Seht den blauen Himmel! Merkt ihr die weiche Luft?"

Vor dem Eingang zum Tiergarten blieb sie stehen. Das war ihr Unglück. Da war eine Gruppe von vier blutjungen Soldaten, mit Stahlhelmen und aufgepflanzten Bajonetten. Einer grüßte den Geheimrat Samuel.

„Fritzchen!" rief der Geheimrat, animiert. Er erklärte allen: „Das ist nämlich Fritzchen."

„Wirklich?" fragte Primula.

Der Geheimrat bestätigte, es sei Fritzchen Pietschke, der jüngste Sohn eines ehemaligen Portiers. Er könnte es mit einem Eid bekräftigen, rief er.

„Nicht nötig!" versicherte Pietschke. „Ich bin es nämlich, Herr Geheimrat!"

„Danke, Fritzchen. Und sind Sie jetzt bei den Soldaten?"

„Brigade Ehrhardt."

„So, so." antwortete der Geheimrat. Und wandte sich an seine Mieter. „Er ist jetzt bei den Soldaten."

„Darf ich mir die Frage erlauben, ob Herrn Geheimrat wichtige Geschäfte durch den Tiergarten führen?"

„Tja," antwortete der Geheimrat und wandte sich händereibend zu seiner Frau. „Das ist schwer zu entscheiden. Nicht wahr, Ida?"

„Wir machen einen Spaziergang," erklärte die Frau Geheimrat.

„Da rate ich Herrn Geheimrat, nicht durch den Tiergarten zu gehen, wenn Sie nämlich keine Geschäfte vorhaben. Was unsre Brigade ist, die Brigade Ehrhardt sind wir genannt, wir kampieren also nämlich im Tiergarten, und am großen Stern wollen also nämlich paar Arbeiter und so Gesindel immer die Internationale singen. Das haben wir von der Brigade nicht gern. Da machen wir dann kunstvoll ein Gedränge; ein Schuß fällt immer, wenn man ihn braucht; wer nicht davonläuft, wird auf der Flucht erschossen. Gehen Sie lieber hier lang, da scheint die Sonne genau so schön. Ich sage es bloß vor Herrn Geheimrat wegen der Fruchtbonbons."

„Saure Fruchtbonbons!" rief der Geheimrat mit einer jähen Begeisterung. „O alte schöne Zeiten! Sie sind jung, Pietschke. Sie werden bessere Zeiten sehn. Was meinst du, Ida? Aber sagen Sie, Pietschke! Ich sehe da so ein sonderbares Zeichen an Ihrem Helm, eine Rune sozusagen, ein umgebogenes Kreuz. Was bedeutet das?"

„Das Hakenkreuz?" fragte der Junge und stand stramm vor dem Geheimrat? „Das wissen Herr Geheimrat nicht? Das bedeutet: Tod allen Juden!"

„So. So," sagte der Geheimrat Samuel und wandte dem Jungen ohne Ostentation den Rücken.

Uli schlug vor, gleich nach Haus zu gehen. Die Großmutter warf ihr einen verächtlichen Blick zu und war nicht mehr aufzuhalten.

„Es ist nur wegen der Kinder!" erklärte Uli. Und drehte den Wagen in die Richtung der Wohnung. Da begannen die Knaben zu schrein, als wüßten sie, daß sie um die Spazierfahrt geprellt werden sollten. Und Primula erklärte, ihr Sohn nehme an dem Spaziergang teil.

Da gingen alle zum Lützowufer. Die Straße schien tot wie um Mitternacht, nur daß die Sonne schien.

„Als Jude, sagte Musiek, „wäre ich stolz auf meine Abkunft." „Ich bin siebzig Jahre alt," antwortete Geheimrat Samuel, „und es gibt keine Todsünde, die ich nicht begangen hätte, mindestens in Gedanken, und ich bin nicht der Schlimmste. Stolz? Worauf? Meine Sünden? Meine alten Tage? Gar auf meine Abkunft? Wer hätte keine Abkunft?"

Uli prüfte jede Straßenecke, als kämen alle Gefahren um die Ecke. Primula schob den leeren Rollstuhl. Und Musiek sagte zu Lust, da fährt der Rollstuhl fürs lahme Deutschland.

„Heute," erwiderte Lust, „lernt Deutschland gehen. Kapp ist ein größerer Arzt als Rosenstrauch."

„Ich bin verzweifelt," rief Musiek, „über diesen Putsch des dümmsten Deutschen."

Da erkundigte sich der alte Geheimrat: „Man erzählte mir, Sie seien Pressechef bei Kapp?"

„Ich?" schrie Musiek und blieb stehen, „Pressechef von diesem Narren?"

„Ich spreche von Ihrem Herrn Schwager."

„Was für ein Schwager? Ich habe keinen!"

„Herr Lust!"

„Lust? Natürlich er ... Was sagen Sie? Pardon, Herr Geheimrat! Mein Schwager Lust ist viel zu gescheit. Dieser Putsch von Kapp und Ludendorff ist aussichtslos, dilettantisch, provinziell. Hergelaufene Abenteurer..."

„Ich habe eingewilligt," erklärte Lust finster blickend.

Primula ließ den Rollstuhl inmitten der Straße stehn. Uli hielt den Wagen mit den Säuglingen an. Die Geheimrats standen höflich daneben. Nur die Großmutter schritt durch die einsame Straße, mit ihrem neugelernten maschinellen Gang, als dürfte sie keine Minute verlieren, als wäre jeder Atemhauch dieser abgemessenen halben Stunde köstlich und unwiederbringlich. Sie schien mit diesen läppischen Minuten zu geizen, wie alle tun sollten, wenn sie nur begriffen, wie unwiederbringlich schnell ihr Leben hin ist, verdammt, verkauft, verraten. Das liebe Leben, die fatale Götterspeise, Produkt aus lähmender Langeweile und bestürzender Hast!

„Worin eingewilligt, zum Teufel?" Musiek ballte die Fäuste, als wollte er sich gleich auf den Schwager stürzen.

„Ich bin Pressechef von Kapp."

„Ein Putschist! Ein ... Volksmörder!"

Lust lächelte mit Anstrengung.

„Verzeihung!" bat Musiek. „Du hast uns gut überrascht, lieber Lust!"

„Kapp wird also siegen?" fragte Primula neugierig ihren Mann; sie schien seines Opportunismus und seiner Voraussicht gleich sicher.

„Die Reichswehr steht dahinter. Deutschland hat die Unruhe satt. Die russische Revolution interessiert kein Schwein mehr. England, Frankreich, Amerika fürchten die Armen mehr als die Deutschen; sie lieben ihr Geld mehr als Gott. Die Furcht vor dem Kommunismus ist unser bester Alliierter. Die Deutschen aber – Soziale Sicherheit – das wollen sie. Ihr täglich Brot – das wollen sie. Ruhe und Ordnung – das wollen sie. Da geben wir ihnen ihre totale Ruhe und unsere totalitäre Ordnung."

„Ruhe mit Hakenkreuzen!" rief Musiek. „Und die Ordnung von Dummköpfen!"

„Nichts überschätzen die Vernünftigen mehr als die Vernunft!" entgegnete Lust ungeduldig.

Aber Uli rief: „Die Großmutter!" Sie war in Gefahr, verloren zu gehn. Die ganze Gesellschaft kam in Bewegung, aber in die verkehrte Richtung, zur Bendlerstraße, wo das Reichswehrministerium sich befand. Obwohl alle wußten, daß die Großmutter Berlin nicht kannte, hatte sie alle so eingeschüchtert, daß sie widerspruchslos folgten.

Plötzlich schrie die Großmutter, als stäke sie am Spieß. Die Familie rannte zu Hilfe. Paar Reichswehrsoldaten hielten ihre aufgepflanzten Bajonette der Großmutter vor die Brust. Sie rief: „Die Straße ist frei! Wer zahlt die Steuern? Hier will ich spazierengehn. Die neue Regierung soll sich mit der alten Regierung in den eigens dafür bestimmten Regierungsgebäuden auseinandersetzen und die anständigen Leute im Lande ungeschoren lassen. Die Bevölkerung ist nicht interessiert an diesen Parteikämpfen. Kann ein Privatmann nicht mehr unangefochten leben?"

„Die Straße ist gesperrt!" erklärte eingeschüchtert ein Soldat, mit borstigen blonden Haaren und einem lächelnden Kindergesicht.

„Auf Befehl der Regierung!" erläuterte der zweite, der mit seinem roten Vollbart wie der Großvater des jungen Soldaten aussah.

„Welcher Regierung?" schrie die erboste alte Dame. „Da kann jeder kommen und sagen, er sei die neue Regierung. Nach fünf Jahren Krieg habt ihr nicht eingesehn, daß ihr einfach alles falsch gemacht habt? Eure Zeit ist um!"

„Unsere Zeit kommt erst!" versicherte lächelnd der dritte Soldat, mit Schmiß und Zwicker in der Visage, und einer hellen Gymnasiastenstimme.

Lust reichte der Großmutter den Arm und führte sie weg. Alle vermuteten, nun habe sie genug. Aber sie ging unbeirrt voran. Nach einem kleinen Zögern folgten ihr alle. Sie ging wie ein Automat, und nahm es wörtlich mit ihrer halben Stunde, ohne Rücksicht auf Weltkriege, Revolutionen und Mondfinsternisse.

Weltkriege, Erdbeben, und andere gewaltsame Umwälzungen sind viel zu häufig, als daß ein Privatmann darauf Rücksicht nehmen könnte, ohne sein Leben zu versäumen. Die ruhigen Zeiten sind eine Legende...

Schon ging die Großmutter gradaus zum Lützowplatz, gefolgt von Uli, Primula und der Frau Geheimrat. Hinter ihnen gingen der Geheimrat, der Chefredakteur und der Dichter, und sprachen über Deutschland. Es klang, als stritten sie über Tibet.

Lust verkündete mit großem Gelächter, die deutsche Republik sei auf Reisen gegangen. In drei Tagen werde man sie in die Grube senken.

„Die Republik ist die letzte Rettung der Deutschen!" entgegnete Musik. „Ihr Erbe wird ein Barbar sein! Der General Dickhut-Harrach hat soeben ein Buch publiziert: ‚Im Felde unbesiegt.' Mitarbeiter sind lauter geschlagene Generäle, Hindenburg, Ludendorff, Lettow-Vorbeck. Wenn das arme deutsche Volk ein zweites Mal in den Weltkrieg ginge – was dann? Soll die Welt preußisch werden? Sollen alle Deutschen umkommen?"

Auf dem Lützowplatz wimmelte es mit einem Mal von Menschen. Sie waren im Gedränge, ehe sie es wußten. Wo kamen die Leute her? Zwischen den Zivilisten gingen in Gruppen von acht und zehn die Stahlhelmsoldaten von der Brigade Ehrhardt. Wer nicht achtgab, den pufften sie beiseite, stießen ihn um, traten ihn mit den Stiefeln, Mann, Frau oder Kind, als wären sie in einem eroberten Land. Es lag eine seltsame Stille über dem weiten Platz. Man hörte den Wind, das dünne Weinen eines kleinen Kindes, die Worte eines Betrunkenen am andern Ende. Er wiederholte immer dieselben paar Worte. Aufkoppen will ich! schrie er. Aufkoppen will ich!

Die Großmutter sah auf ihre Uhr, die vor ihrem Busen schaukelte.

„Dreiundzwanzig Minuten erst!" sagte sie. „Ich sehe, ihr habt keine Geduld. Nie hatte einer Geduld mit meinem Leben. Kehren wir also um!"

Es war nicht so leicht. Aus der Straße, aus der sie gekommen waren, quoll Volk wie Wasser bei Überschwemmungen. Schon kam man nur ganz langsam voran, Schritt um Schritt. Schon schrieb die Masse die Richtung vor. Es war ein See von Köpfen. Nur an manchen Stellen quirlte es, wie an Untiefen; das waren die Gruppen von der Brigade Ehrhardt. Die Stahlhelmsoldaten stießen nicht mehr. Sie gingen mit steifen Armen, eng nebeneinander durch die zivile Bevölkerung durch; offen hielten sie die Hand am Revolvergurt. Dicht neben der Familie tauchte so ein Trupp auf. Es bildete sich eine freie Gasse. Aber ein buckliger alter Arbeiter nur in Hemd und Hose, und mit einem Zwicker auf der Nase, wich nicht aus. Da stand er und spie eine Scheibe Kautabak aufs Pflaster und schrie: „Schieß! Ehrhardtkrüppel! Schieß auf Vater und Mutter!"

Aber die Soldaten gingen um den Buckligen herum, als wäre er nur eine Laterne. Es waren ganz andere Leute auf dem Platz als sonst, mehr Arme, mehr Arbeitslose. Sie sahn aus, als warteten sie auf was, als hätten sie eine lange Geduld, als wüßten sie was, als bereiteten sie was vor. Plötzlich hörte man das schrille Tuten eines Überfallwagens. Ehe sich einer besinnen konnte, rannten schon Polizisten mit gezückten Säbeln herbei, brachen sich Raum, und schlugen mit den flachen Säbeln auf Schultern und Köpfe. Die Menge drückte von allen Seiten, als wollten die Leute einander mit Absicht totdrücken. Eine Frau bekam einen Schreikrampf. Ein paar Leute fielen um. Ein paar wurden zertreten. Mitten im Geschrei hörte man ein sonderbares, unangenehmes Geräusch. Das waren Gewehrschüsse. Gleich darauf kam das obszöne Trommeln eines Maschinengewehrs.

Geheimrat Samuel und Frau waren abgetrieben. Musik und Lust hatten die Großmutter untergefaßt. Uli hatte die Kinder aus dem Wagen gerissen. Primula nahm ihren Sohn in den Arm. Oder war es

Alexander? Aber welcher war nicht ihr Sohn? Uli hielt das andere Kind. Der Kinderwagen und der Rollstuhl waren beide schon ertrunken, wie in einem Sturm.

Plötzlich war ein leerer Raum vor der Familie. Es war so unheimlich, daß sie zögerten, als lauerte der Tod in diesem leeren Platz.

Dann liefen sie, und sahen schon einen neuen Trupp von Schutzleuten mit geschwungenen Säbeln, die in der Sonne blitzten. Uli faßte den Rock von Musiek. Musiek schrie: „Mir nach!"

Primula schrie: „Wir müssen weg!"

Musiek schrie: „Ruhe! Nur Ruhe!"

Lust wiederholte: „Hinwerfen müßte man sich, einfach hinwerfen!"

Aber er lief mit den andern, und Musiek rief: „Zum Nollendorfplatz!"

Lust fragte keuchend: „Ausgerechnet Nollendorfplatz?"

„Ins Café Scheuer!" erklärte Musiek keuchend.

Lust rief: „Zum Teufel mit dem Café Scheuer!"

Da standen sie in der Maassenstraße, in einer Nische zwischen zwei Schaufenstern. Da gab es drei Sargläden nebeneinander, scharfe Konkurrenz für die Toten. An jedem Laden standen ausführlich die Vorteile der betreffenden Firma. Es schien, die Toten waren äußerst wählerisch, und genau mit Geld, man mußte ihnen sehr vorteilhafte Angebote machen, um sie zum Kauf zu reizen.

Da stand die Familie. Vor ihnen tauchte eine Horde junger Burschen auf, in alten Zwilchhosen und mit neuen Plakaten: Brot und Freiheit! Die Rote Republik! Bund der Deserteure!

Von der andern Seite kam wieder das schrille Tuten eines Überfallautos, Polizisten mit blanken Revolvern in den Fäusten rannten. Musiek rüttelte an den Ladentüren und Haustüren, alle waren verschlossen. Da blieb also die Familie zwischen dem Laden von Engelbert Müllers Witwe und dem Laden von Gottfried Benn, in seinem Schaufenster war ein Überfluß von Särgen. Uli und Primula standen, jede mit ihrem Sohn im Arm, mit dem Rücken zur Straße, um die Kinder zu schützen. Die Großmutter sagte: „So nehmt ein Taxi. Wie lange sollen wir mitten in der Straßenschlacht stehn?"

Weder Lust noch Musik hörten auf sie. Und Primula fragte: „Ist deine halbe Stunde um, Großmutter?"

Man vernahm das unappetitliche Geräusch der flachen Säbel, die auf die blanken Köpfe aufschlugen. Man hörte es durch alles Geschrei, das übrigens geringer war, als man nach dem ernsthaften Charakter der Auseinandersetzungen hätte vermuten dürfen. Die guten Leute schrien gleichsam künstlich, wie Schauspieler in der ersten Sprechprobe, wenn sie nur angeben.

Die Großmutter fing mit einem Male an, kläglich die Hände zu ringen. Sie bat mit erstickter Stimme: „Vergebt mir! Ich bitte euch! Aber zwanzig Jahre lang gelähmt sein – und mit einem Male gehn. Es war wie ein Rausch. Ich verstehe mich nicht mehr. Und ich will alles tun. Soll ich mit der Faust das Glas des Schaufensters einschlagen, und wir flüchten ins Innere des Ladens?"

„Will sie einen Kindersarg stehlen?" fragte Primula. „Siehst du nicht, daß du ein Mörder bist? Und Uli auch! Uli besonders! Immer mußt du die Kinder am Rockschoß haben! Was schaust du mich so an? Du bist schuld! Das Leben hast du mir vergiftet. Erst wolltest du meinen Mann stehlen. Dann hast du mein Kind entwendet. Ich habe dich satt. Verschwinde endlich! Ich kann nicht ewig wie ein Vexierspiegel aussehn! Ich will nicht mehr verwechselt werden. Verstehst du nicht?"

Es fielen wieder Schüsse, aber wie zögernd, und vereinzelt, als dächte der Schütze jedes Mal lange nach, als koste ihn jeder Schuß Gewissensbisse. Dieses Mal schienen die Arbeiter das Übergewicht zu bekommen. Die Polizisten schrien wie auf der Folter. Ein neuer Trupp fand sich ein, Herren mit Ballonmützen, ihre Gefühle gegen die Polizisten waren schlagender Natur.

„Licht aus! Messer raus!" schrien sie, als sollte die Sonne darüber erlöschen und die Bartholomäusnacht repetiert werden.

„Haut sie! Haut sie! Auf den Deetz!"

Eine Frau, die sich aus dem Fenster im zweiten Stock eines Hauses herabbeugte, als wolle sie gleich aufs Pflaster stürzen, samt ihrer roten Schlafjacke und den offnen Zöpfen, schrie aus schwarzem Mund ununterbrochen: „Franz! Geh nach Haus! Hörst du, Franz! Du sollst nach Haus! Franz! Es ist gefährlich, Franz!"

Die Polizisten, die schon am Boden lagen, schrien aus vollem Hals: „Ergebt euch!"

Die Großmutter weinte. Die Säuglinge kreischten vor Vergnügen. Uli und Primula starrten einander in die blassen, verrückten Gesichter.

Das war die Minute, da Lust und Musik endlich einander die Wahrheit sagten. Vom ersten Augenblick ihrer Bekanntschaft waren sie sich antipathisch. Aber sie hatten sich gesagt: Man muß sich an Menschen gewöhnen. Langsam hatten sie begonnen, jeder des andern Intelligenz zu bewundern. Sie hatten sogar angefangen, ein recht genaues Interesse für einander zu fassen. Sie waren so verschieden, sie hatten so differente Grundsätze, sie suchten, sich hinter die Schliche zu kommen. Wie alle Fachleute waren sie an der Apparatur und der Technik besonders interessiert.

In tausend Jahren gibt es kein Dutzend neuer Ideen. Aber die Denkmoden, die snobbistischen Dialekte des Intellekts, die Schlagworte und gemünzten Phrasen wechseln alle zehn oder zwanzig Jahre und liefern den Stoff für die meisten intellektuellen Fehden. Platos Schüler diskutieren friedlich nach zweitausend Jahren mit den Schülern des Aristoteles. Aber die Schüler des toten Quidam verbannen die Schüler des toten Nemo nach einem halben Jahr, um im nächsten Jahr selber die Prinzipien des toten Nemo zu verfechten und die treu gebliebenen Schüler des toten Quidam umzubringen.

„Ich hasse dich!" erklärte Lust seinem Schwager, ohne daß dieser ihn um Auskunft gebeten hätte. „Du bist ein liberales Gespenst, eine Nachgeburt des Diebes Rousseau. Deine Demokratie ist tot. Wir leben im Zeitalter der Gewalt. Deine Freiheit ist nur ein bürgerliches Vorurteil. Aber der Bürger ist tot! Hast du überhaupt eine politische Idee?"

Musik lächelte höhnisch. Er antwortete leise: „Nach deinen politischen Ansichten fragen dich heute nur Polizeispitzel. Es gibt keine verschiedenen politischen Systeme mehr. Der Freihandel, der Marxismus, die nationalen Revolutionen, der Kapitalismus, der Kommunismus – Gerümpel aus dem neunzehnten Jahrhundert. Es gibt nur die eine stete Straße zur verstaatlichten Sklaverei."

„Kulturbolschewik!" schrie Lust.

Inzwischen hatte der Straßenkampf ein unerwartetes Ende genommen. Nachdem die Parteien, zum Beweis der Güte ihrer Argumente, einander die Augen blau, die Nasen blutig, die Freunde tot geschlagen hatten, liefen sie grundlos in verschiedenen Richtungen auseinander. Übergangslos wie das Scharmützel begonnen hatte, ging es aus. Schon war die Straße leer. Entschlossen schritt die Familie über die herumliegenden Glassplitter, Stöcke, Gewehre, und Leichen. Die Großmutter ging wie gewöhnlich voran.

Unangefochten kamen sie fast bis vor ihr Haus, durch die verödeten, sonnenhellen Straßen, als aus der Bendlerstraße ein Trupp Soldaten losbrach, wie eine Koppel Jagdhunde, mit Geknurr und Gebelle, und scharf zu schießen begann. Schon war die Familie mitgerissen, schon im Tiergarten, von allen Seiten kamen Flüchtende, die Bäume schrien, die Büsche schossen, dazwischen das Gezwitscher der Vögel, und Hundebellen. Die Großmutter lief Hand in Hand mit Lust und Musiek, vor ihnen die Schwestern mit den Knäblein, sie wandten sich rechts, da kamen Laufende, links, da kamen Soldaten, rechts, da flogen Kugeln, links, da wurde anscheinend ein Mädchen genotzüchtigt, schließlich brachen sie in einem dichteren Gebüsch nieder und blieben liegen, keuchend, zornig, beschämt.

Und wieder war es geheimnisvoll stille. Der sanfteste Wind kühlte die erhitzten Stirnen. Der kahle Zweig eines Strauches ging so gemächlich hin und her, so gefällig schaukelnd. Und die losen Haare von Uli und Primula wehten. Die Säuglinge griffen einander vergnügt nach den Augen.

Musiek lag auf dem Bauch. Die Ellenbogen aufgestützt, blickte er auf die Erde, die gelblich grünen Gräser, die kleinen, glatten Kiesel, so ausgewaschen, als kämen sie vom Meerufer, die welken Blätter vom vorigen Herbst, und die glitzernden Spinnennetze, und einen kleinen, blinkenden Knopf aus Perlmutter, Gedenkstein einer Umarmung. Unter einem aufgewühlten, schwärzlichen Brocken Erde liefen aufgeregte Ameisen in geordneten Zügen, eine Arbeitskompanie schleifte den Leichnam einer winzigen Mücke voran.

Musiek wagte nicht, den Blick zum blauen Himmel zu heben. Er fühlte, daß Lust ihm die Hand auf die Schulter gelegt hatte, selbstvergessen. Er hörte den Schwager heftig atmen, verzog den Mund vor einer bitter schmeckenden Trauer, und mußte jählings lachen.

„Du lachst?" fragte Lust.

„Ich bin nicht lustig. Als wir fortliefen, spürte ich durch meinen Schuh hindurch, daß ich auf die Hand eines Toten getreten war. Eine kuriose Empfindung. Ich bin nicht lustig."

Lust hörte ihm nicht zu. Er schüttelte die Faust gegen seinen Schwager und rief: „Ihr wollt nicht sterben für eure Sache. Und nicht einmal töten! Da habt ihr diese Waffe des Generalstreiks erfunden. Und wenn ihr damit siegt... was habt ihr für eine Republik? Eure eigenen Führer glauben nicht an sie. Nimm Ebert! Nimm Noske! Sind das echte Arbeiterführer? Und verteidigen das Privateigentum! Wessen? frage ich. Das ihrer Feinde?"

„Ihr betet die Macht an!" entgegnete Musiek. „Aber eure Gegner sind euch nicht gerecht genug!"

„Wer den Gerechten spielt, muß es ganz tun!" erklärte Lust. „Ohne Kompromiß! Du willst gut sein, und noch Dank dafür ernten?"

„Ich will nach Hause!" erklärte Primula. „Die Kinder kommen um."

Sie erhoben sich, strichen die Erde von den Kleidern. Die Großmutter schwankte einen Augenblick, stand aber gleich wieder fest auf ihren lieben zwei Beinen. Es war ganz still. Nur die Vögel zwitscherten aus jedem Busch und Baum.

Es kam ihnen vor, als hätten sie nie so viele Vögel zwitschern hören, und so süß, und so laut. Aber es war nur das gewöhnliche Geschrei der Vögel im Frühling.

Vorsichtig gingen sie nach Haus. Zehn Schritte vor ihrer Villa, als sie schon zum zweiten Male aufatmeten, und diesmal sich wirklich gerettet glaubten, fiel ein einzelner schwachhallender Schuß, wie aus einem Kindergewehr. Die beiden Mütter rannten mit ihren Säuglingen ins Haus, Lust und Musiek ihnen nach, als sie einen schwachen Laut hinter sich vernahmen, zwischen Lachen und Kreischen, und sich umwandten, und die Großmutter auf dem Fahrsteig liegen sahen. Da hoben Lust und Musiek die Großmutter behutsam auf, brachten sie in ein Zimmer, und legten sie auf einen Diwan.

„Das ist nur die Erschöpfung!" sagte Musiek. „Das geht bald vorüber."

Uli und Primula kamen herbeigestürzt, noch mit den Kindern im Arm.

„Das Bein!" sagte die Großmutter und stöhnte.

Da sahen alle das Blut. Es tropfte vom Diwan herab, den Strumpf entlang. Uli hob den Rock der Großmutter auf. Da sahn sie die Wunde. Musiek stürzte fort, nach einem Arzt. Lust brachte aus seiner Stube ein Verbandspäckchen.

Der Arzt, ein junger Chirurg, frisch aus dem Krieg, säuberte die Wunde. Mit Mühe erhielt man von einem Nachbarn aus seinem Vorrat in der Badewanne einen Krug kaltes Wasser geliehen. Der Arzt erzählte Fronterlebnisse aus der Türkei und Palästina.

„Ist es bedenklich?" fragte die Großmutter.

„Eine Fleischwunde!" antwortete leichthin der Arzt.

Er kam alle Tage wieder. Das Fieber stieg. Das Bein lief blau und schwarz an. Der junge Arzt erzählte immer lustigere Geschichten. Am vierten Tag erklärte er: „Nun! Ins Krankenhaus!"

Die Großmutter begann zu brüllen. Sie wolle nicht fort! Im Krankenhaus werde sie sterben! Sie habe ihr Leben mit den Enkelinnen zugebracht.

„Schickt ihr mich fort?" fragte sie.

Und schrie: „Schickt mich nicht fort!"

„Uli! Du hast ein Herz! Er will mir das Bein abschneiden! Ein Metzger! Ich sah es auf den ersten Blick. Kein Krüppel sein! Ich will spazieren gehn. Soll ich von meinem ganzen Leben nur eine halbe Stunde gehabt haben? Primula! Uli!"

Mit Mühe beschaffte man einen Krankenwagen. Sie schrie, als die Wärter kamen. Sie schrie, als die Wärter sie hinaustrugen.

„Mein Bein! Mein Leben!"

Im Krankenhaus gab sie schon nach zwei Stunden, die Erlaubnis, ihr das Bein abzunehmen.

Sie haben den Brand, sagten ihr die Ärzte. Verstehn Sie? Den schwarzen Brand!

Der junge Arzt schnitt mit den runden Bewegungen eines Damenfriseurs. Nur die Maske, das Messer, die Handschuhe und das Blut bezeugten den Chirurgen. Die jungen Krankenschwestern bewunderten ihn alle.

Am andern Tag besuchten Lust und Musik die arme Patientin. Sie lag in einer privaten Klinik, es wimmelte von bildhübschen Schwestern. Überall standen behäbige lederne Sessel. Die Treppenfließen blinkten wie auf den Bildern der Niederländer. Es roch nach Krankheit.

Die Großmutter hatte sich ausdrücklich den Besuch ihrer Enkelinnen verbeten. Als man ihr die Visite der beiden jungen Männer meldete, erkundigte sie sich genau, ob es keine Blutsverwandte seien.

„Schwester! Nur keine Blutsverwandte!"

Lust und Musik gingen auf Zehenspitzen in den blitzblanken Raum, der einem modernen Metzgerladen ähnelte. Die Großmutter lag ganz klein und eingepackt in den Kissen. Mit Mühe lächelte sie, ein wenig listig. Musik erschrak vor ihrem wachsgelben Gesicht und den glitzernden, wahnsinnigen Augen. Etwas in ihrem Blick erinnerte ihn an Uli.

Die Großmutter hatte hohes Fieber und hielt Lust und Musik offenbar für ihre Enkelinnen.

„Da seid ihr also doch!" sagte sie. „Arme Uli! Armes Primerl!"

Sie winkte Musik, heranzutreten.

„Knie nur hin!" sagte sie.

Zitternd kniete er nieder. Er hatte im Feld viele sterben sehn. Aber dort war ihm der Tod nicht besonders aufgefallen.

Die Großmutter brachte mit Anstrengung ihre Hand an seine Wange und streichelte sie. Er zitterte vor der Berührung und fühlte sie gleichzeitig wie einen Segen, obwohl es bestenfalls nur ein erschlichener Segen war.

„Uli!" sagte die Großmutter zu ihm. „Sie geben mir kein Wasser. Die Regierung hat es verboten. Sonderbar! Bei uns in Aschaffenburg sind wir katholisch. Da reichen sie den Armen und Kranken sogar Milch und Wein. Hier regieren die Heiden und Preußen. Sie geben mir keinen Wein. Die Regierung will mich mit Gewalt verdursten lassen. Es kann ihnen glücken! Rosenstrauch kam vorüber. Er sagte: Alles Hysterie! Halbe Stunde spazierengehn! Keine Minute länger! Keine weiniger! Und auf meinen lieben zwei Beinen! Mehr hab' ich nicht vom Leben. Meine Urenkel werden einander umbringen. Das steht in ihren Augen und Händen geschrieben. Geborene Mörder. Rosenstrauch sagte vorhin: Wozu eine Familie? Alles Hysterie."

Mit einem Male gewahrte sie ihren Irrtum.

„Richard!" bat sie mit ihrer gewöhnlichen gesunden Stimme. „Wirf den Pressechef heraus! Ich mag ihn nicht! Den Volksfeind!"

Lust kehrte sich sogleich um und verließ gekränkt den Raum. Er wußte nicht, daß die Großmutter nur noch zwei Tage zu leben hatte. Sonst hätte er vielleicht mehr Geduld mit der armen Frau bewiesen.

Freilich war er ein ungeduldiger Mensch. Diese Ungeduld war sogar sein Vorzug – und sein Fehler! Die Ungeduld hatte ihn zum Mörder – und frei gemacht.

Musik folgte ihm auf dem Fuße. Er hielt es mit der armen Großmutter nicht mehr aus. Er fühlte, gleich würde er losweinen wie ein Schuljunge.

Kaum hatten die beiden jungen Männer die arme Kranke allein gelassen, so begann sie zu brüllen.

„Primula!" schrie sie. „Sie haben mir mein Bein gestohlen! Die Regierung hat es getan. Aber wozu braucht die Regierung mein Bein?"

13. KAPITEL

DER KANZLER WEINT

*D*er Generalstreik ging durch Berlin. An jeder Ecke blieb er stehn und gähnte – da stockten die Maschinen, die eisernen Rolläden fielen herab, das Wasser versiegte in den Leitungen, das Gas und die Elektrizität versagten.

Der Generalstreik fegte die Beamten aus den Ämtern und die kleinen Mädchen aus den Büros. Er ging in die Häuser der empörten Reichen und wies ihnen, wie schnell eine Wasserspülung außer Gebrauch gerät.

Der Generalstreik ging in die leeren Stuben der Armen und sagte: Hungert! Ich bin euer Bruder! Und die Arbeiter hungerten Tag um Tag mit größerm Stolz. Einer sagte zum andern: Das sind wir, die alles anhalten. Wenn dein starker Arm es will, stehen alle Räder still.

Um den Hunger zu stillen, gab es Abfälle und Gerüchte. Den Durst stillten skrupellose Arme aus der Spree, und arme Reiche mit Rotwein. Man munkelte von Epidemien: Katzen verschwanden spurlos, fromme Nachbarn aßen Hasenbraten. Unrasierte Herren machten ungewaschenen Damen den Hof. Die Armen hungerten mit preußischer Disziplin. Die Reichen aßen lustlos ihre letzten Delikatessen. Beamte und Schulkinder spielten in Hinterhöfen Fußball.

Die von der Brigade Ehrhardt trugen kleinlaut ihre Handgranaten durch das eroberte Berlin. Sie hatten sich alles anders vorgestellt, mehr Löhnung, mehr Plünderungen, mehr tote Juden!

Die alten Arbeiter, mit dem Mitgliedsbuch der sozialdemokratischen Partei in den Revolvertaschen riefen: Schert euch nach Pommern, oder noch weiter!

Die Polizei blickte mit einem versonnenen Lächeln auf Feind und Freund; sie war neutral. Von Zeit zu Zeit zogen arme Frauen mit karrierten Umschlagtüchern zu Plünderungen winziger Kramläden aus; eine Mutter schleppte hastig einen erbeuteten Topf mit Buttermilch, die andre zwei Tüten mit gemahlenem Pfeffer heraus, alles für die hungernden Kleinen.

„Ist dir nicht unheimlich?" fragte Musiek seinen Schwager. „Ein ganzes Volk steht herum und wartet. Worauf? Daß du verschwindest. Du und deine paar Freunde. Und du fürchtest dich nicht?"

„In diesem Leben fürchte ich mich vor gar nichts mehr."

„Euer Putsch ist verloren!"

„Und?" fragte Lust.

„Sei gescheit!" bat Musiek.

„Was heißt das?"

„Kannst du nicht einen Artikel gegen – Kapp schreiben?"

„Ich – sein Pressechef?" Lust begann zu lachen. Der Vorschlag amüsierte ihn.

„Wenn du deine Partei liebst... Tote nützen keiner Partei!"

„Gut, gut. Vielleicht folge ich sogar deinem Rat? Ich bin nämlich dein Freund. Schau mich nicht so entsetzt an. Das ist kein Bestechungsversuch. Wir gehn bald auseinander. Primula will nach Schweden. Deine Republik scheint zwar ungefährlich. Sogar ihre Profiteure verachten sie, vom Reichspräsidenten Ebert bis zum Reichsarbeitslosen Meier. Aber wir müssen auf jeden Fall auseinander; denn meine Frau haßt deine Frau."

„Was?" schrie Musiek so laut, daß zwei von der Brigade Ehrhardt hinter einem Baum Deckung nahmen und die Revolver zogen. Erst als Lust ihnen ärgerlich abwinkte, sahn die Soldaten, daß sie sich geirrt hatten, und gingen laut pfeifend davon.

„Du bist ein schlechter Psycholog – oder blind. Primula haßt deine Frau, weil Uli tut, als seien die Knaben Zwillinge, und sie allein die Mutter. Primula haßt sogar dich, weil du ihr Uli vorgezogen hast; das ist ihr noch nie passiert. Außerdem ist Primula eifersüchtig!"

„Eifersüchtig?" fragte Musiek und fühlte Stiche in den Schläfen.

„Natürlich gefällt mir deine Frau!" erklärte freundlich Lust. „Und wenn sie wollte, würde ich gleich mit ihr schlafen gehn. Da wir schon mal wie Brüder reden... neulich habe ich es versucht. Hältst du deine Frau für tugendhaft? Sie ist es. Solche fängt man mit dem Köder der Tugend. Uli hat eine Leidenschaft, Menschen glücklich zu machen. Wenn ich ihr nur einreden könnte, sie müsse mit mir schlafen, um Primula glücklicher zu machen... Du verziehst dein Gesicht. Ich denke anders übers Leben. Die Sprache ist der große Reaktionär; manchmal braucht sie tausend Jahre, um einen Irrtum wahrzunehmen. Sie hat sich ihm hingegeben!... Sie hat die Ehe gebrochen! ... Lauter Sprachreliquien! Wenn es nicht mehr die längstverbrauchten Ausdrücke gäbe, würde kein Mensch mehr darunter leiden. Wieso betrüge ich einen Freund, wenn ich mit seiner Frau schlafe? Darum lieb' ich ihn nicht weniger. Aber für einen Freund könnte ich sterben! Natürlich lasse ich dich eines Tages wegen deiner liberalen Anschauungen einsperren. Aber die Tür deiner Zelle wird am andern Morgen angelehnt sein. Mensch! Tritt mir mit der Feder entgegen, oder mit der Handgranate! Ich antworte mit Ernst und Eisen. Aber bist du mal in der Falle, rufe mich! Ich hatte mal einen Freund, der stand wo du stehst, und ist einer Idee zum Opfer gefallen. Wie kann einer für eine abstrakte Idee sterben? Daisler hieß er, der bravste Mann auf Erden! Acht Tage nach seinem Tod führte seine junge hübsche großartige Witwe meine Hand an ihren bloßen Busen. Und weiter... Richard! Wir müssen uns trennen! O, absurdes Leben! Eines Tages bringe ich dich vielleicht um? Und noch als dein Mörder werde ich dein bester Freund sein! Lache nicht! Du bist der Klügere, aber ich behalte recht. Ich werde der Sieger sein, auch wenn ich morgen davonlaufe. Vielleicht möchtest du mich jetzt an diese Laterne hängen? Darf ich dir den Bruderkuß geben?"

„Nein!" entgegnete Musiek kalt. „Bist du betrunken?"

„Also bereite Uli auf die Trennung vor. Auch unsern Sohn nehmen wir mit!"

„Uli wird traurig sein, wenn die Kinder auseinander gerissen werden..."

„Sie wird weinen – auf jeden Fall!"

Sie waren vor der Reichskanzlei angelangt. Lust wandte sich ab und ging ins Haus. Musiek sah ihm nach und lächelte bitter. Schließlich kam ein Wachtsoldat und befahl: Weitergehn!

Im Zimmer des Kanzlers traf Lust seinen Kollegen Schnitzler. Dieser erklärte sofort, es sei ein großer Tag. Die Entscheidungen stünden vor der Tür.

Darum komme er eben, gestand Lust.

Kapp stand vor einem Fenster, im Gespräch mit einem Mann, der noch größer war als er. Lust erkannte zu seinem Schrecken seinen Schwiegervater.

„Unser Reichsjustizminister!" stellte Kapp vor.

„Unmöglich!" rief Lust. Kapp blickte erstaunt. Kaiser klopfte Lust gutgelaunt auf die Schulter.

„Der Herr Redakteur ist mein Schwiegersohn," verriet er, als sei damit alles erklärt.

Kapp war nicht beruhigt.

„Aber Lust verschwieg Sie wie... wie einen..."

„Wie einen Verwandten aus der Provinz!" ergänzte Lust und lächelte impertinent.

„Aber die Provinz ist entscheidend!" erklärte Schnitzler mit didaktischem Vergnügen. „Ein alter Sozialdemokrat wie August Winnig hat uns durch seinen Übertritt Ostpreußen ausgeliefert."

„Mein Schwiegervater ist kein Lieferant, kein alter Sozialdemokrat!"

„Aber die bayerischen Katholiken!" rief Schnitzler.

„Die bayerischen Katholiken!" plapperte der Kanzler seinem Pressechef nach und lief mit einem Mal zur Tür.

Ludendorff trat ein. An der Tür blieb er stehn und ließ den Kanzler herankommen. Dann ging er an dem unseligen Kanzler vorbei, durch den ganzen Saal, und setzte sich auf des Kanzlers Sessel.

Mit Ludendorff waren Kapitän Ehrhardt, Kriegsminister General von Lüttwitz und dessen Stabchef Oberst Bauer angekommen. Sie kopierten die schroffe Manier des gestürzten Diktators.

Der unselige Kapp stand erstarrt bei der Tür. Schnitzler lächelte ihm abwechselnd mit Gesicht und Steiß zu und murmelte: „Wir werden das Kind schon schaukeln."

Der Reichsjustizminister dagegen schien den Militärs zu gefallen. Er war hölzern wie Hindenburg, feist wie Ludendorff, und sah energisch wie Kapp aus. Auch sprach er wie mit Messer und Hammer, so scharf und schlagend.

Oberst Bauer, der sich für eine Minute entfernt hatte, kam soeben mit einigen schüchternen Zivilisten zurück.

„Was ist das?" fragte Ludendorff ungeniert.

Oberst Bauer stellte vor: „Eine Abordnung der U.S.P.D., geführt von Herrn William Wauer, dem berühmten Filmregisseur."

Wauer schüttelte sich und seine Locken vor Verachtung. Er hatte Bündel blonder Locken, da fehlte nichts. Er war eine Säule aus dem Romanischen Café.

„Ich merke schon. Man ist hier total kunstfremd. Ich bin nämlich auch der bekannte Dichter Wauer. Auch der führende expressionistische Maler Wauer. Ich bin auch..."

Kapp kreuzte die Arme vor der Brust, nach der famosen napoleonischen Geste und wandte sich leutselig zum jüngsten Begleiter von Wauer.

„Sehe, daß Sie Akademiker sind. Kolossal feiner Durchzieher!"

Wauer schlug mit der Faust auf den Tisch.

„Also haben Sie ein Programm, Herr Kanzler? Oder nicht? Oberst Bauer redet immer von Ihren sozialen Ideen!"

Kapp langte nach einem rosafarbenen Prospekt, der nach Petroleum roch, einem Werk von Schnitzler.

„Unser gedrucktes Programm!"

Wauer schlug es in der Mitte auf, las eine halbe Seite, und machte eine angeekelte Miene, als stinke das Programm.

„Lauter Schlagworte aus dem ,Lokalanzeiger'. Dafür sollen wir Arbeiter den Generalstreik abblasen? Überhaupt, wenn die Herren studierte Soziologen wären, möchten sie vielleicht schon aus wissenschaftlichem Interesse so ein sozialgeschichtlich spannendes Experiment wie unsern Generalstreik hegen und pflegen."

Kapp schien die Sprache dieses Herrn nicht zu verstehn. Er blickte fragend auf Schnitzler; der drehte der ganzen Delegation einfach den Rücken zu. In der Eile deutete Kapp auf die Kehrseite seines Pressechefs.

„Herr Schnitzler steht dem ungarischen Hochadel nahe, Sie verstehn. Alte Schule. Darf ich Sie mit unserm zweiten Pressechef bekannt machen? Herr Ferdinand Lust! Kriegsteilnehmer natürlich. Von der neuen Generation. Wurde in Frankreich erzogen – sozusagen mit allen demokratischen Wassern gewaschen. Bis morgen wird

Herr Lust ein neues Programm entwerfen, sozusagen nach streng modernen Gesichtspunkten, volksfreundlich, usw. Meine Herren! Der Regierung liegt sehr viel an Ihrer diskreten Mitarbeit. Das deutsche Volk heißt Sie in aller Stille willkommen. Speziell Herrn Wauer! Wir brauchen solche Polyfaktoren. Überhaupt, wir fördern alles... den künstlerischen Gedanken, ferner die Poesie, die Malerei und, na, Sie wissen schon! Wissen Sie was? Kommen Sie morgen wieder, lieber Wauer. Ich verhandle auch mit den Gewerkschaften. Auf breiter Basis. Das ist meine Devise. Natürlich diskret! Im Vordergrund bleibt die Idee des Volkstums. Ich habe schon manche Idee. Na, Sie verstehn mich. Was? Haha! Sie sind gelungen, lieber Wauer. Kommen Sie morgen! Kommen Sie übermorgen! Kommen Sie alle Tage, Wauer! Morgen ist alles schon viel klarer!"

„Ist ja stark nötig!" antwortete der freche Wauer, schüttelte seine Locken und entführte seine Delegation unverhofft geschwind.

Sogleich erschien Oberfinanzrat Bang.

„Unser Reichsfinanzminister!" erklärte Kapp.

„So!" sagte Ludendorff und begann, auf der Tischplatte einen Marsch zu trommeln.

„Das macht mich aber nervös!" murmelte Kapp laut genug, um vernommen zu werden. Der General trommelte ruhig weiter.

Oberfinanzrat Bang machte vor jedem der Anwesenden eine steife geschwinde Verbeugung.

Er war ein eleganter kleiner Mann, in den Fünfzigern, mit geklebten, dünnen Haaren, einer silbergrauen Krawatte und Wildlederschuhn. Er setzte eine giftige Leidensmiene auf und zog einen Zettel aus der Brusttasche.

Kapp fragte mit einem verlegenen Versuch zu scherzen: „Sie bringen bereits den Entwurf Ihres Budgets?"

„Es ist die Liste meiner Beschwerden. Bevor ich mit der Verlesung beginne, möchte ich Herrn Reichskanzler darauf hingewiesen haben, daß sich in den Gängen der Reichskanzlei eine geradezu unglaubliche Menge Menschen anstaut. Was soll das? Was will das? Haben Sie keine Bürodiener, Herr Kanzler? Einfach auskehren! Mit eisernem Besen! würde ich ergebenst anraten. Lauter Stellenjäger! –

sah es an den blassen Gesichtern!"

„Stellenjäger sind potentielle Anhänger!" bemerkte trocken der Schnitzler.

„So!" erwiderte Bang. „Und ich denke ans Reich und seine Gesundung. Soll es ewig ein Sumpf bleiben? Ich bin kein Handelsmann von der Pußta. Das Ministerium muß ich vorläufig in Erwägung behalten. Ich kann mich noch nicht kompromittieren. Vorläufig nicht!"

Kapp ließ ihn nicht ausreden.

„Ich verstehe Ihre Bedenken! Das Ganze eilt nicht. Meine Regierung wird erst in zwei drei Tagen komplett sein. Eben ist unser Reichsjustizminister eingetroffen, Herr Dr. Kaiser aus Aschaffenburg."

Bang achtete nicht auf Kaisers Verbeugungen.

„Was? Eilt nicht? In zwei Tagen erst? In drei..."

Kapp gähnte.

„Sie verstehn?" sagte er, und mußte die Hand vor den Mund halten, um nicht laut zu gähnen. „Paar entscheidende Vorverhandlungen noch, na, Sie wissen schon. Auch der brave Wauer kommt morgen wieder. Ist ja alles parat."

„Wer?"

„William Wauer, der berühmte, na, was ist er schon, der von der U.S.P.D., so ein Bonze halt!"

„Was?"

„Morgen sieht alles schon besser aus! Auch mit den Führern der Sozialdemokratie verhandeln wir im Stillen. Na, Ihnen darf ich es ja sagen. Da sind also manche, die sind direkt patriotisch! Juden schalten wir natürlich aus. Einfach diskret!"

„Dann sind wir geschiedene Leute!" schrie Bang und zog ab.

Kapp sah ihm verblüfft nach.

„Schnitzler! Machte ich was falsch?"

Er schlug die Hände vors Gesicht. Der große, breite Mann schluchzte vernehmlich, seine Schultern zuckten.

Dr. Kaiser rannte zu Ludendorff. Er beugte sich über den Tisch, wie um ein Geheimnis zu flüstern, aber er rief nur:

„Der Kanzler weint!"

„So!" sagte Ludendorff und trommelte.

„Alle lassen mich im Stich!" klagte Kapp und nahm die Hände vom Gesicht. Seine Augen waren trocken.

„Soll ich einen Aufruf an die Besten der Nation verfassen? Schnitzler! Lust! So raten Sie mir!"

„Sie hätten diesen Wauer verhaften sollen!" erklärte plötzlich mit seiner hallenden Stimme der Reichsjustizminister Dr. Kaiser. „Geben Sie mir Vollmachten, Herr Kanzler! Auch Herrn Oberfinanzrat Bang hätte ich auf der Stelle verhaftet! Machiavelli schreibt: Reize deine Feinde nicht! Bringe sie um! Oder versöhne dich mit ihnen! Das ist der Schlüssel zur Politik. Geben Sie mir die Erlaubnis, zwanzigtausend Menschen zu verhaften! Eine Woche lang Furcht und Schrecken! Terrorismus im Namen der Regierung! Und wir machen mit unsern Deutschen, was wir wollen!"

Die Militärs hatten Kaisers begeisterten Worten mit Respekt gelauscht. Kapp rang die Hände.

„Zwanzigtausend verhaften? Sie sind ein gefährlicher Mensch! Haben Sie denn Platz genug in den Gefängnissen? Wollen Sie etwa die Strafgesetzordnung verletzen?"

„Im Gegenteil! Ich bereite bereits eine neue Strafgesetzordnung vor. Hier ist der Entwurf! Unterzeichnen Sie das Dekret. Wir werden nur durch Dekrete regieren. Es ist die sicherste Technik. Jeden Tag ein neuer Staatsstreich! Und alles legal!"

Kapitän Ehrhardt stellte sich zwischen Justizminister und Kanzler.

„Einen Moment, Exzellenz! Meine Soldaten fordern ihre fällige Löhnung."

„Lieber Dr. Kaiser!" bat Kapp. „Was tun? Gestern habe ich einen Leutnant zum Reichsbankpräsidenten gesandt, mit einem von mir eigenhändig gezeichneten Zettel, worin ich um eine halbe Million bat. Wissen Sie, was der Havenstein geantwortet hat? Er honoriere Anweisungen vom Kapp nicht."

„Infamie!" rief Kaiser. „Was taten Sie?"

„Ich sandte am gleichen Nachmittag den Leutnant mit einem von mir eigenhändig gezeichneten Zettel und forderte kategorisch zehn Millionen Mark."

„Bravo!" rief Kaiser und klatschte in die Hände.

Kapp lächelte geschmeichelt.

„Man riet mir, Geld unter die Leute zu bringen. Geld! sagte mir Schnitzler. Oder war es Lust? Havenstein fragt also meinen Leutnant: Haben Sie einen ordnungsgemäßen Scheck vom Reichsfinanzminister? Den haben wir nicht, weil Oberfinanzrat Bang sich noch nicht durch uns kompromittieren möchte. Und der Unterstaatssekretär wiederum sagt, er könne nicht die Verantwortung auf sich allein nehmen. Der Leutnant erklärt also Havenstein die Schwierigkeit."

„Na also!" sagte Dr. Kaiser. „Und Havenstein?"

„Havenstein?" fragte Kapp. „Wieso Havenstein?"

„Ja, aber zahlte er die zehn Millionen aus?"

„Havenstein? Trocken erwiderte er meinem Leutnant: Also gibt es kein Geld! – Ich bitte Sie! Ein alter, kaiserlicher Beamter! Ja, ist denn die Welt nicht mehr auf Treu und Glauben aufgebaut? Gibt es keinen Zusammenhalt mehr unter den bessern Leuten? Und jetzt wird der Kapitän dringlich! Was raten Sie, lieber Herr Minister?"

„Erschießen!" antwortete, kalt der neue Minister.

„Was?" fragte erschrocken Kapp. „Den Ehrhardt?"

„Natürlich Havenstein! Einfach erschießen!"

„Ohne Prozeß?"

„Unterschreiben Sie eine Vollmacht – und ich lasse morgen ein Dutzend Havensteins erschießen. Kalten Blutes!"

„Nein!" rief Kapp. „Schließlich ist Herr von Havenstein kein Kommunist. Was werden die Leute sagen? Vergessen Sie die Meinung des Auslands nicht! Das Gewissen der Welt..."

„Ist käuflich!" erklärte Kaiser.

„Und meine Vorverhandlungen?" fragte Kapp unruhig. „Ich darf die Gewerkschaften nicht verstimmen. Lieber Kapitän! Gehen Sie einfach mit einer Kompanie zur Reichsbank und holen Sie das Geld!"

„Bin ich ein Geldschrankknacker?" schrie Ehrhardt wütend.

„Oder ein preußischer Offizier?"

Da schlug Kapp erneut die Hände vors Gesicht und rief zwischen den Fingern „Alle verraten mich. Sie haben ja keine Ahnung, lieber Dr. Kaiser, wie einsam ich bin!"

„Das deutsche Volk steht hinter Ihnen!"

„Wo?" rief Kapp und drehte sich um. Er schien erschrocken.

„Ein kranker Mann!" sagte Ludendorff zum General von Lüttwitz so laut, daß keiner es überhören konnte.

Da trat Schnitzler vor Ehrhardt. Er sagte aufgeregt: „Kanzler Kapp ist ein großer Mann. Jedenfalls ein großer Patriot. Mindestens ein Ehrenmann. Geben Sie unsere Sache noch nicht auf! Ich beschwöre Sie. Mindestens drei Tage noch!"

Kapitän Ehrhardt wandte dem Pressechef den Rücken.

Ein paar aufgeregte Zivilisten kamen herbeigestürzt.

Kaiser zog seinen Schwiegersohn in eine Nische.

„Wer ist das wieder?"

„Paar Minister! Der Herr, der wie eine Karikatur auf einen Berliner Polizeipräsidenten unter den Hohenzollern aussieht, mit den drei Haarsträhnen und dem Vatermörder, ist der Innenminister, Herr von Jagow, der ehemalige Berliner Polizeipräsident unter den Hohenzollern. Der Herr mit dem zu großen Gehrock und dem zu kleinen Kopf ist der Kultusminister Pfarrer Traub. Der Herr mit dem Vogelgesicht und den ausgestopften Augen ist Geheimrat Doyé; er kam zu Kapp und sagte, er wolle nicht sterben, ohne wenigstens einmal im Leben Unterstaatssekretär gewesen zu sein. Natürlich machte ihn Kapp zum Unterstaatssekretär."

„Stehst du eigentlich mit beiden Beinen auf dem Boden unserer Regierung?" fragte mit einem Anflug von Strenge Dr. Kaiser.

„Weil ich Witze mache? Musiek meint, es sei ein Mangel an Humor, zu glauben, man dürfe über das Heilige keine Witze machen."

„Sag' mal! Ist dieser Schwager von dir, dieser Musiek eigentlich Jude?"

„Sein Großvater war Hofprediger in Darmstadt."

„Meine Herren!" rief Kapp. „Der Reichswehrkommandeur von

Sachsen ist soeben eingetroffen. General Märker bittet, an unserer Kabinettssitzung teilnehmen zu dürfen. Er will zwischen uns und der fortgejagten Regierung Ebert vermitteln."

„Was sagte ich?" fragte der Lüttwitz den Ludendorff. „Verdammter Schwachkopf, dieser Kapp. Ich mißtraue allen Zivilisten. Soll man Märker anhören?"

„Natürlich!" rief Kaiser, der sich unversehens den Generälen genähert hatte. „Erst anhören, dann verhaften!"

„Sind Sie verrückt geworden?" fuhr ihn Ludendorff an. „Einen General der Reichswehr!"

Kapp verkündete: „Das Kabinett tritt in Beratung. Bitte ins Bibliothekszimmer, die Herren!"

Lust gab dem Schwiegervater einen Wink. Sie blieben zurück.

Dr. Kaiser musterte seinen Schwiegersohn, als hätte der ihn jetzt erst um die Hand seiner Tochter gebeten.

„Wir sind also verloren!" sagte Lust ruhig.

Kaiser schien nicht überrascht.

„Dieser Vermittlungsversuch von Märker, mißfällt auch mir. Man muß ihn verhaften."

„Man kann kein ganzes Volk verhaften!" entgegnete ungeduldig Lust. „Ich sprach bereits mit dem Adjutanten von Märker. Er hält unsere Lage für schlicht hoffnungslos. Er sagt den Rücktritt der Regierung Kapp in 48 Stunden voraus. Ludendorff schreit den ganzen Tag: Ein General kapituliert nicht! Aber Kapp fällt von einem Weinkrampf in den andern. Er ist außerstande, den Vorgängen geistig zu folgen. Sein Mentor Schnitzler kennt die Diebsregeln der Politik. Er ist skrupellos genug, mit dem Blut der andern zu bezahlen. Aber im entscheidenden Moment läßt er aus. Er hat keine Angst vor der Niederlage. Er sieht einen Ausweg für sich. Wird er nicht Minister, so kann er Tellerlecker werden. Wird er nicht Tellerlecker, kann er zum Film gehn. Wer nicht an seine Unentbehrlichkeit glaubt, taugt nicht zu öffentlichen Geschäften. Obendrein lügen wir nicht genug. Zu kleine Lügen, zu seltene Lügen! Das Volk begreift uns nicht!"

„Du bist ein Pessimist!" rief Kaiser so entsetzt, als hätte er den

Schwiegersohn eines Mordes bezichtigt.

„Im Gegenteil! Wir werden siegen. Nur nicht dieses Mal! Und wir sollten uns aufsparen!"

„Aber wie?"

„Gehn wir zu Horcher! Ich kenne den Hintereingang, und den Besitzer. Austern, Hummern, Rebhühner, Rheinwein, was wir wollen!"

Bei Horcher aßen sie Austern, Hummern, Rebhühner und tranken Rheinwein.

„Schreiben Sie einen Artikel in meinem Blatt!" schlug Lust dem Schwiegervater vor. „Gegen Kapp, natürlich!"

„Das wäre illoyal!"

„Illoyal gegen Kapp? Oder gegen Deutschland? Es muß einen geheimen Nationalfehler der Deutschen geben. Warum haben die Engländer ein Empire – und wir nur drei Dutzend Tyrannen? 1918 verloren wir den Krieg – und bauten auf die Revolution der Bettler. Hatten wir vergessen, daß es deutsche Bettler waren, das heißt Empörer mit den Gefühlen von Untertanen? Als im November 1918 die revolutionären Arbeiter und Soldaten nach Potsdam kamen, vors Schloß, wo die Kaiserin und die Prinzen wohnten, und Einlaß forderten, dachten die Frau und die Söhne des Kaisers, ihre letzte Stunde habe geschlagen. Und man werde sie schlachten, wie die Russen den Zaren und seine Familie geschlachtet hatten. Aber die deutschen Revolutionäre baten um die Erlaubnis, Wache vor dem Schloß stehn zu dürfen, um die Kaiserin und die Prinzen und das kaiserliche Porzellan vor den Übergriffen ihrer eigenen Revolution zu schützen!"

„Du tust dem Volk Unrecht!" erklärte Dr. Kaiser. „Du siehst nur die falsche Sehnsucht der Massen nach dem ewigen Frieden und nach der totalen Sicherheit des Lebens. Das Volk war ausgeblutet und ausgehungert. Es wollte wieder sattwerden und ausschlafen, beim Weibe liegen und kegeln. Was taten wir? Die geschlagenen Generäle schrieben ihre Memoiren. Die Großgrundbesitzer in Ostelbien forderten Geld aus der Reichskasse, um ihren Bankrott zu steuern. Die Schlotbarone und Farbenfabrikanten sahn die furchtbare Arbeitslosigkeit – und vermehrten sie mit Kunst. Wollen sie mit der Inflation und der Schwarzen Reichswehr Deutschland von seinen Ketten befreien?"

„So weit. So gut. Das sagten wir uns alle," bestätigte, Lust. „Darum ritt eines Morgens der General von Lüttwitz vors Schloß, zum alten Ebert, und verlangte als deutscher Patriot: Herr Reichspräsident! Bereiten Sie sogleich den Revanchekrieg vor! Ebert antwortete: Im Gegenteil müssen wir ein paar hunderttausend Soldaten entlassen, auf Befehl der Entente. Und die ganzen Freikorps bis auf weiteres heimschicken. Im Vertrag von Versailles ... Denken Sie auch an die Folgen? fragte Lüttwitz. Und murmelte: Verräter verfallen der Fehme.

Am andern Tag ordnete Reichswehrminister Noske, unser blöder Bluthund an: General Lüttwitz – entlassen! Die Brigade Ehrhardt – aufgelöst! Kapp und Hauptmann Pabst (unser bester Freikorpsführer!) und andere Deutschnationale – verhaften!"

„Ich weiß alles!" behauptete Kaiser. „Aber Noske und Ebert handelten zu spät. Und Kapitän Ehrhardt marschierte. Und eroberte Berlin!"

„Er marschierte zu spät. Und verlor Berlin! Er verdarb die ganze Erhebung!"

„Ehrhardt zu spät! Ehrhardt verdarb! Weißt du, was du redest?"

„Jawohl! An jenem Tag trafen sich der Lüttwitz und der Ehrhardt mitten auf der Heerstraße. Sie stiegen aus ihren Autos und diskutierten im Straßengraben. Lüttwitz fragte: Können Sie gleich marschieren? Sonst ist alles verloren!

Da antwortete Ehrhardt: Ich kann erst morgen marschieren.

Darauf sandten Lüttwitz, Kapp und Ehrhardt ihr Ultimatum an die Regierung erst am andern Tag. Sie forderten nominell den Rücktritt Eberts. Faktisch sollte Ehrhardt die ganze Regierung hoppnehmen. Seine Brigade marschierte gegen Berlin in der Nacht vom 12. zum 13. März. Und Ehrhardt? Blieb im leeren Lager von Döberitz, um noch paar Stunden zu schlafen.

Da schläft er also, schnarcht vielleicht. Plötzlich weckt ihn ein Lichtschein. Er fährt aus dem Schlaf. Jetzt fällt ihm erst ein, daß er allein im verlassenen Lager ist, daß die Regierung vier Schutzleute schicken kann, um ihn zu verhaften. Er zieht seinen Revolver unterm Kopfkissen vor, schreit: Hände hoch! Die Eindringlinge gehorchen. Bevor er schießt, macht Ehrhardt Licht und sieht, da sind keine Schupos, da stehn zwei Generäle und ein Oberst mit aufgehobenen Händen, wie ertappte Einbrecher. Es sind die Generäle von Oven und Oldershausen und ein Adjutant. Ehrhardt legt den Revolver weg, gähnt, sieht nach der Uhr, fragt nach dem Wunsch der Herren.

Die Regierung Ebert schickt uns! erklärt der von Oven. Wir wollen im Namen der Regierung Ebert verhandeln.

Ehrhardt antwortet: Der Stein ist im Rollen. Ich kann ihn nicht aufhalten.

Da sagt der Oldershausen: Also Bruderkampf zwischen Reichswehr und Reichswehr?

Da schießt der Ehrhardt den kapitalen Bock. Er sagt: Ich marschiere also zunächst nur bis zum Tiergarten. Dort erwarte ich bis zum frühen Morgen Annahme oder Ablehnung meiner Forderungen.

Was sind diese Forderungen? fragt der Oldershausen und hört gar nicht mehr hin. Denn schon hat der Ehrhardt verspielt. Dieser jähe Entschluß, bis zum Morgen zu warten, bedeutet die vorläufige Rettung der Regierung Ebert. Unser ganzes Aktionsprogramm hat er so unter den Tisch fallen lassen: Die Verhaftung Eberts, Noskes, des ganzen Reichskabinetts, des preußischen Ministeriums, aller verdächtigen Linksleute, der Journalisten, Dichter, Professoren, der ganzen Schwarzen Liste, (die Schnitzler und ich planvoll entworfen hatten) die Sperrung von Telegraph und Telephon, die Haussuchungen in selbiger Nacht samt paar Dutzend Erschießungen auf der Flucht, (wobei ich nur mit Mühe Schnitzler bewog, den armen Musik von der Liste der vorgesehenen „Erschießungen auf der Flucht" zu streichen). All das war sabotiert. Und von wem? Von Kapitän Ehrhardt! Und warum? Weil der Kapitän schlafen mußte!

In jener Nacht sind Ebert und seine Freunde entflohn! In jener Nacht haben die sozialdemokratischen Funktionäre die Aufforderung zum Generalstreik ins ganze Reich telegraphiert und telephoniert. In jener Nacht haben wir die Konterrevolution, und vielleicht unsere Köpfe verloren!"

„Sind wir wirklich verloren?" fragte Dr. Kaiser, trank seinen Kaffee aus und zündete sich eine neue Zigarre an.

Lust antwortete gar nicht mehr.

„War es also eine Dummheit, daß ich den Posten eines Justizministers akzeptiert habe?"

„Im Gegenteil! Heut wurden Sie ministrabel. Das nächste Mal wird niemand nach den peinlichen Umständen fragen. Sie waren Minister. Also wird man Sie wieder berufen."

„Was tun?"

„Was wollen Sie tun?"

„Wenn wir wirklich verloren sind?"

„Es ist grotesk. Jeder weiß, daß das Leben für jeden schlecht ausgeht. Wenn aber die Reihe an ihn kommt, sucht er nach einer Sonderlösung."

„Ich bin kein Philosoph. Ich sehe, daß dieser Ebert dümmer als wir ist, und wieder zur Herrschaft gelangen soll!"

„Die Zeit ist für ihn. Narren regieren die Welt. Aber die Narrheit hat ihre Moden."

Dr. Kaiser war entrüstet. Er erklärte: „Wer die Macht hat, kann kein Narr sein. Revolutionen sind historische Rechenfehler. Figuren wie Lenin oder Ebert herrschen versehentlich. Trotz gewissen Unfällen bestehe ich darauf, daß wir in einer großen Zeit leben!"

„Wie Sie wollen! Die Minister Wangenheim und Schiele werden morgen ihren Austritt aus der Regierung Kapp veröffentlichen. Wir haben ihre Erklärung im Satz. Werden Sie für uns Ihren Artikel gegen Kapp schreiben?"

„Das hat morgen Zeit!"

„Vielleicht?"

„Du bist nicht sicher?"

„Meine Zeitung erscheint mit Hilfe von Streikbrechern, in einer reduzierten Auflage. Wer weiß, ob die Streikführer nicht morgen unsere Druckerei überfallen und uns zwingen, die „Rote Fahne" zu drucken? Außerdem will Primula morgen oder übermorgen mit ihrem Sohn, ihrem Gatten und ihrem Vater nach Schweden fahren.

Sie sagt, sie liebe Schweden. Stockholm sei eine schöne, stille Stadt, und so sicher, sagt sie."

„Und du? Was sagst du?"

„Ich wollte vorhin meinen Schwager Musik um Rat fragen. Da sah ich in seine linkspolitische humanitäre Miene hinein und fühlte meinen alten brennenden Haß gegen die professionellen Menschenfreunde wieder aufsteigen. Welche Prätention! Sie wollen die Welt mit Hilfe der armen Leute retten. Ich hasse diese Christen und Juden, Freimaurer und Humanisten, Kirchen und Ketzer, das ganze menschenrettende Gesindel. Ich wollte, ich wäre ein alter Germane, ungetauft, unzivilisiert, ungebrochen! Das Christentum hat aus uns allen Sklaven gemacht... krumme Heuchler und schwache Sünder! Da schicken sie Missionare nach China, nach Afrika. Wann wird man endlich die Weißen bekehren? Wieviel echte Christen gibt es in ganz Deutschland? Euer ganzes Christentum paßt vielleicht gar nicht für uns? Und wir brauchen eine neue Religion! Und ein neues Reich, ein besseres, ein drittes!"

„Wir verstehn uns!" erklärte Dr. Kaiser. „Früher war ich ein orthodoxer Hegelianer. Nun lese ich Tag und Nacht Nietzsche. Wen meinte er mit dem Übermenschen? Ich frage mich – und blicke mich um. Und sehe die dummen Massen wie wilde Rattenhorden unsere Städte überfluten. Und sage mir, das sind Untermenschen. Und zögere. Und sage mir: Nietzsche war unser Prophet. Und du, Kaiser! Du sollst der Erzieher der Deutschen werden! Neue Gesetze! Bessere Gesetze! Zerreiße die Tafel des Bundes mit Gott! Dieser Gott ist nur ein Schattenriß des jüdischen Demagogen Moses. Zerbrechen will ich die zehn Gebote. Sie passen nicht für die Deutschen. Da redet ein Gott vom Ochs und vom Esel, und jeder Esel soll Sabbath halten, und jeder Ausländer, und jeder Angestellte, und jede Magd soll gleiches Recht haben wie der Herr! Recht auf Sabbath und was noch! Weißt du was? Gehn wir gleich zu deiner Zeitung! Ich schreibe den Artikel!"

14. KAPITEL

WHEN WE TWO PARTED...
(BYRON)

Als Berta, das Hausmädchen mit dem verfänglichen Lächeln und der roten Schleife im blonden Haar, die Suppenterrine grad vor Dr. Kaiser stellte, klingelte die Flurschelle scharf und hörte gar nicht mehr auf.

„Nicht öffnen!" rief Dr. Kaiser und ließ den silbernen Schöpflöffel auf den Teppich fallen.

Uli war aus dem Zimmer gerannt und brachte den Wagen mit den schlafenden Zwillingen. Fassungslos schob sie den Wagen um den Tisch und bat: „Denkt an die Kinder!"

Musik erklärte zitternd, er sei vollkommen ruhig.

Lust gab vor, er habe es satt, von der Weltgeschichte dauernd den Appetit sich rauben zu lassen.

Und Berta mit ihrem unpassenden Lächeln verkündete: „Jetzt holen sie aber den Herrn!"

Dr. Kaiser warf ihr einen mißtrauischen Blick zu. Seit fünf Tagen im Dienst bei den Schwestern, verkündete sie morgens und abends, sie hasse die Revolution, und sie sei zu was besserm geboren, und ihr Vater sei ein Hauptmann gewesen, bei der Artillerie. Und sie trug Primulas seidne Blusen im Haus und Ulis Hüte auf der Straße, und lachte laut über Musieks Zerstreutheit und Lusts Eitelkeit und zeigte nur vor Dr. Kaiser einigen Respekt. Sie hieß ihn bloß den Herrn und äußerte mit Bedeutung: „Der Herr ist einer! Aus dem Herrn wird was. Nur fehlt dem Herrn was!" Wie um ihn auf die Spur zu lenken, streckte sie ihre vollen Brüste heraus; unterm Kleid trug sie offenbar nichts, als offerierte sie dem nächstbesten Kunstliebhaber ihre angenehmen Formen als Leihgabe. Mißtrauisch musterte Dr. Kaiser diese Formen, das bereite Lächeln, die rote Schleife im blonden Haar.

Primula bewegte die Lippen, als memorierte sie die Fahrzeiten aller Züge nach Schweden; seit drei Tagen war sie eine Expertin für plötzliche Auslandsreisen, sie besuchte Banken, Bahnhöfe, und Reisebüros.

Der Putsch war aus. Kapp, Ludendorff, Lüttwitz waren geflohen. Die linken Zeitungen forderten die Verhaftung der gesamten Führer des Putsches.

„Man wird uns erschießen!" erklärte Primula der uneinigen Familie. „Auf nach Schweden!"

„Wer soll euch was tun?" fragte Uli. „Es ist keine Gefahr! Bleibt! Wir können uns unmöglich trennen!"

„Warum uns trennen?" fragte Primula. „Will Musiek etwa nicht nach Schweden?"

„Er ist Dramaturg. Kann er seinen Posten verlassen? Er ist ein deutscher Dramatiker, der beste vielleicht? Soll er ins Exil, bloß weil die Mörder nicht gesiegt haben?"

„Nennst du Vater so? Oder Lust? Und was kümmert uns überhaupt die Laufbahn dieses Herrn Musiek?"

„Er ist mein Mann!"

„Du willst die Kinder also im Stich lassen? Tausendmal hast du geschworen... Und verrätst bei der ersten Prüfung! War August Strindberg kein Theaterdichter? Du hängst an Musiek? Laß ihn schwedisch schreiben! Und geben Vater, Lust, und ich, ich selber gar nichts auf?"

„Alexander ist auf meinen Namen als mein Sohn eingeschrieben. Dafür habe ich Zeugen!"

„Uli – eine Kindsräuberin? Mein Mann soll ins Zuchthaus gehn, damit dein Mann nicht seine Karriere schmälert? Und er will nicht nach Schweden? So laß dich von dem Lumpen scheiden! Solche Männer liefere ich dir im Dutzend. Noch heut, wenn ich nur den kleinen Finger nach ihm ausstrecken würde... Der? Der will ein guter Mensch sein, sagt: Anstand? sagt Republik? Und macht Witze über alles Heilige? Also du liebst meine Kinder nicht mehr? Ziehst deinen Musiek vor? So fahre ich mit den Kindern nach Schweden, und erzähle Lust alles. Endlich! Hätte ich es nur längst getan! Das war dein teuflischer Einfall... Du hast mich mit Kunst zur Lügnerin gemacht! Und jetzt drohst du! Stellst deine Bedingungen! Hast du nicht von Anfang an meinen Mann gehaßt? Langsam durchschaue ich dich. Gut? Gut bist du? Und freust dich, wenn mein Mann mich betrügt! Mein armer Mann! Habe ich ihm nicht seinen zweiten Sohn einfach gestohlen? Da er ein Kind liebt, warum soll er nicht zwei Kinder lieben? Aber du hast mir eingeredet, er würde stutzig werden, wenn ich ihm die Wahrheit sagen würde. Macht Wahrheit stutzig? Ja, sagtest du in deiner teuflischen Manier, die wie Güte aussieht. Ja, wenn du ihn nicht vorher betrogen hättest... Ich ihn betrogen? – Sind es nicht seine Kinder? – Ja, sagtest du, warst du denn je seiner sicher? Liebt er dich, wie mein Musiek mich liebt? Dein Musiek? Kann er lieben? Da hängt er an seiner kleinen Karriere? Pfui Teufel! Da hast du mir eingeredet, Lust würde an meiner Treue zweifeln! Wenn ich erst einmal anfinge, ihm Geständnisse zu machen, sagtest du... Statt zu glauben, daß Uli nie schwanger war, wird er vielleicht glauben, daß Primula nie schwanger war? Auch müßte ich ihm gestehn, daß ich sein Kind abtreiben wollte! Du sagtest, Lust ist gefährlich, von Natur untreu! Hüte dich! – Ich habe ihm aber alles erzählt! Nur nicht diese Kinderkomödie! Gerade das hätte ich ihm erzählen müssen! Ich hatte Mitleid! Ich dachte, Uli liebt mich, liebt meine Kinder. Ich schwieg. Und jetzt verrätst du! Hast du nicht vorher verraten? Und tatest, als wäre ich die Tante meiner Kinder? Jetzt willst du meinen Sohn stehlen, oder meinen Mann verderben? Willst du mich mit einem Buben fortschicken, und vielleicht mit dem schlechtern? Du irrst! Ich bin eine Mutter! Wirst du mich hindern, meine Kinder zu nehmen? Als ich zuerst kam, mit meinem Mann, da fielst du in Ohnmacht, echt oder gespielt, wer weiß? Wir sind drin, sagtest du, das ist ein magischer Kreis. Und wir bleiben das ganze Leben beisammen! sagtest du! So ist kein Unterschied. Wir ziehen die Kinder zusammen auf. So ist kein Unterschied. Und ich dummes Ding glaubte alles. Und dein Mann? Fragt Musiek nie? Ob dein Kind dein Kind ist? Wer der Vater ist? Ob Lust der Vater ist? Was redet ihr dann im Bett? Merkte er deine Unschuld nicht? Schlaft ihr überhaupt miteinander? Also du gehst nach Schweden! Laß dich scheiden! Geh ihm durch! Nimm Urlaub für zwanzig Jahre! Wenn die Kinder erst groß sind..."

Seit drei Tagen sprach Primula so, wenn die Schwestern allein waren.

Uli rief den Vater um Hilfe an.

Dr. Kaiser meinte, Uli und ihr Knabe könnten ja fahren.

„Aber mein Mann!"

Dr. Kaiser meinte, Uli und ihr Knabe könnten ja bleiben!

Schließlich fragte Primula: „Warum können wir uns nicht trennen?" Und Primula wiederholte ihre Frage. „Warum können wir uns nicht trennen?"

„Die dumme Politik!" rief Uli verzweifelt. „Sie hat unser Leben vergiftet!"

„Du bist schuld!" entgegnete ihr mit kaltem Haß Primula. „Du allein!"

Indessen stritten auch die Schwäger, und der Vater, drei Tage lang.

Lust bemerkte einmal nachdenklich: „Welcher Zusammenbruch!"

„Aber er ist ein Glück!" rief Musiek.

Da begannen Kaiser und Lust die alte Debatte über den mißglückten Putsch. Kaiser, der vier Tage lang Justizminister gewesen war, behandelte Lust, der nur Pressechef war, wie einen subalternen Beamten. Er besprach im Detail jeden Fehler. Es war erstaunlich, wieviele Fehler ein einzelner Mensch in so kurzer Zeit machen konnte. Natürlich rede er nur deshalb darüber, damit die Fehler beim nächsten Mal vermieden würden.

Dieser neuen Gelegenheit schien Kaiser sicher zu sein.

Musiek saß voller Spannung neben seinen Verwandten und studierte sie. Waren die Toten tot – für diese? Sogar die Großmutter vergessen? Habt ihr kein Gewissen? Reizt euch nur die Gewalt?

Er fühlte jene kuriose Scham des bessern Mannes, gegenüber den skrupellosen Schurken, ein Spielverderber zu sein, ein Pharisäer zu scheinen. Mit dem fortschreitenden Leben verstand er immer weniger von Menschen.

Manchmal glaubte er, der Natur hinter ihre trüben Schliche zu kommen. Lachend notierte er ihre Ticks und Tricks, ihre Verschwendungssucht, ihre Schlamperei, den billigen Schund im Ausverkauf einer göttlichen Idee...

Er begann, Prozeßakten gegen alle Menschen, die er kannte, anzulegen. Seine Neugier rettete ihn vor Verzweiflung.

„Tout comprendre, c'est tout pardonner!" sagte er im Café Josty zu Joseph Roth, einem jungen Redakteur des „Berliner Zwölfuhrblatts". Der Freund zog an seinem strohgelben Schnurrbart, leerte ein großes Glas Kümmel, bestellte ein großes Glas mit Anisschnaps, leerte es in einem Zug, und antwortete böse: „Tout pardonner, c'est tout confondre!"

Nun es klingelte, vergaß Musiek sein Menschenstudium.

Berta war inzwischen öffnen gegangen. Schon kam sie zurück und meldete: „Da ist eine Dame, die sieht aus wie eine Frau. Natürlich fragte ich sie nach dem Namen. Da erzählt sie eine lange Geschichte. Ihr Mann sei ein König. Und sie sei eine Blinde!"

„Gottseidank!" rief Dr. Kaiser. „So können wir ruhig die gute Suppe auslöffeln."

Musiek führte die Blinde zu einem Stuhl am Tisch. Uli bat sie, mitzuhalten.

„Essen?" fragte die Blinde und schüttelte sich. „O Gott! Ich kann nicht!"

„Sie bluten im Gesicht? Wer hat sie gekratzt?" fragte Primula.

„Blut?" fragte die Blinde und lächelte. „Ich fiel auf der Straße. Ein Kind sprach mich an. – Sehn Sie nicht gut? – fragte mich die Kleine. – Ich bin blind! sagte ich. – Da sagte die Kleine, sie sei Babett, im nächsten Jahr sei sie schon sechs Jahre alt – mein Gott! im nächsten Jahr... – und sie hatte so eine helle, lustige Stimme, und sie nahm mich bei der Hand und führte mich um zwei Ecken herum, bis vors Haus. Und schellte für mich."

Die Blinde saß in einem langen, schwarzen Mantel, sie weigerte sich, ihn abzulegen. Ein seidener, schwarzer Schal hüllte ihren Kopf ein und fiel ihr die Achseln herab, sie hüllte ihre Hände darein.

Musiek sah zum ersten Male, daß die Blinde schön war. Sie zeigte ihr altes, sanftes Lächeln. Sicher war sie einmal so ein süßes Mädchen aus dem Volk gewesen, wie geschaffen zur Liebe. Da saß sie mit ihren erloschenen, blauen Augen und den rührenden, blassen Lippen. Warum verbarg sie ihre sonst so gesprächigen, flinken Hände?

Da saß sie, so sonderbar sah sie aus, so jung, ... und blind – wie König immer sagte.

„Wo ist König?" fragte Lust.

Die Blinde schien mit einem Male sehr müde. Ein wenig steif und angestrengt hielt sie sich aufrecht bei Tisch, mit der schwierigen Haltung mancher Blinden, die aussehn, als fürchteten sie, gleich in den Abgrund zu stürzen. Sie war so blaß. Ohne ihr sanftes, zutrauliches Lächeln hätte sie unheimlich ausgesehn.

„Ich habe eine Idee!" rief Lust. „Mit seiner kühnen Frechheit, mit seinen wunderlichen Beziehungen, seinem tollen Reichtum ist König der beste Mann, um uns zu helfen!"

Dr. Kaiser rief: „Ausgezeichnete Idee. Bitte ihn herzukommen. Er ist grundgescheit, auf seine simple Weise!"

Lust goß der Blinden ein Glas Wein ein. Das Glas entfiel ihrer Hand, der rote Wein verfleckte die weiße Tischdecke und ihren schwarzen Mantel. Uli drückte eine Zitrone auf die Decke und streute Salz auf den Mantel. Die Blinde vergoß ein paar Tränen.

Primula murmelte gerührt und verlegen: „Aber man sieht die Flecken auf Ihrem Mantel kaum."

„Halten Sie uns nur nicht für Feiglinge, liebe Frau König!" bat Lust. „Aber so dazusitzen und auf seine Verhaftung zu warten... Und vielleicht zappeln wir in einem imaginären Netz? Die Finger könnte ich mir aus Wut abbeißen, daß ich vor politischen Feinden zittern muß, die ich so tief verachte. Konnte Gott mir keine bessern Feinde geben?"

Auch Kaiser schnitt Grimassen des Ekels. Beide schauten auf Musik wie auf den Erzeuger von Marx und der deutschen Republik, den Verlierer des Weltkriegs und Erfinder der Revolution.

Primula hatte sich zur Blinden gesetzt und erklärte ihr: „Sie verstehn? Wir müssen nämlich fliehn."

Die Blinde schien gar nichts zu verstehn. Eben hatten sie gedacht, die Blinde verstünde alles.

Musik strich sich das Kinn. „Der Putsch ist aus. Natürlich muß die Republik alle Rädelsführer vor Gericht stellen. Sonst ist sie verloren!"

Kaiser und Lust tauschten argwöhnische Blicke aus. Was sollten sie von diesem Feind in der Familie denken? Und sie hatten verloren. Und Musik stand auf der Seite der Sieger!

Zwar hatte Kaiser seinen Artikel gegen Kapp noch rechtzeitig vor dem Zusammenbruch in der Zeitung von Lust veröffentlicht, am 16. März 1920. Aber im allgemeinen Tumult war der Artikel vielleicht garnicht beachtet worden?

Es waren schon zu viele von Kapp abgefallen. Um sechs Uhr morgens, am 17. März, fiel sogar die Berliner Sipo von Kapp ab. Ludendorff schrie: Ein General tritt nicht zurück! und kaufte beim Optiker Ruhnke eine blaue Brille, um unkenntlich zu werden. Von Jagow flüchtete ins Schlafzimmer einer Pastorenwitwe, die für Nacktkultur schwärmte. Kapp entkam nach Schweden. Kapitän Ehrhardt drohte erst, alle Reichswehrgeneräle zu erschießen, zog aber dann mit flatternden Fahnen aus Berlin. Als seine Brigade abrückte, spielte vorn die Musik: „Deutschland, Deutschland über alles!" – hinten krachten die Gewehre. Trotz dem Regen war die Wilhelmstraße überfüllt, ein paar Zivilisten spuckten auf die Soldaten; die schossen in die Menge: zwölf Tote. Hinterm Tiergarten gab die Brigade Gruppenfeuer auf die Arbeiter von Moabit: Sieben Tote. General von Seekt, Eberts neuer Reichswehrminister, sprach der Brigade Ehrhardt seinen Dank aus und zahlte die Kapp-Zulage, sieben Mark pro Mann und Tag. Daraufhin erklärten die Gewerkschaften und die beiden sozialistischen Parteien den Generalstreik für beendet; nur einige eigensinnige Zeitungen der Linken forderten immer noch die Bestrafung aller Putschisten.

„Wir müssen nach Schweden!" erklärte Primula vertraulich der Blinden.

„Was können sie mir tun?" fragte die Blinde. „Er ist auf meinen Gefühlen herumgetrampelt – ich habe gelächelt. Ich bin durch die Hölle gegangen – ich habe gelächelt. Das hat er mir immer gesagt: Du bist blind!"

„Ich spreche von uns, liebe Frau!" erklärte ihr geduldig Primula. „In den Zeitungen fordern sie schon die Verhaftung von Vater. Wissen Sie, was das heißt: Ins Zuchthaus gehn?"

„Ich fürchte mich nicht!" erklärte die Blinde, mit schiefem Lächeln.

Es schauderte Uli plötzlich.

Da schellte es wieder.

„Da kommen sie!" sagte die Blinde. „Da holen sie mich. Es war gut, daß ich da war. Du mußt den Herrn Lust sehn, habe ich mir gesagt. Der Herr ist so beteiligt wie du. Glauben Sie nur nicht, daß ich mich fürchte. Doch ist es schwer."

„Sie ist betrunken!" verkündete Primula.

Da begann ein wüster Lärm im Haus. Im Gepolter stürzender Möbel vernahmen sie: „Schlagt die Juden tot! – Wo steckt die Sau, der Musiek?"

Lust und Kaiser hatten plötzlich jeder einen Revolver in der Hand. Ehe Primula und Uli sich ihnen entgegenwerfen konnten, waren sie schon draußen, man hörte einen Schuß, und gleich darauf die Flurtür schlagen.

Schon kamen Kaiser und Lust zurück, mit den Revolvern.

„Seid ihr verwundet?" rief Primula.

Lust und Kaiser schüttelten die Köpfe. Dr. Kaiser erklärte: „Den alten Juden haben sie bös zugerichtet!"

Alle setzten sich wieder um den Tisch, beschämt oder verlegen, als hätten sie eine Familienszene gehabt.

Die Blinde saß unberührt vom Lärm.

„Leute von der Brigade Ehrhardt!" erklärte Lust. „Sie schoben Berta beiseite, drangen zu Geheimrats in die Stube und schrien: Wo steckt der rote Musiek? – Der Geheimrat sagte mit der ihm eigenen Würde, der Herr sei verreist und werde für nächste Woche erst zurückerwartet. Schon lag er auf dem Teppich, sie traten ihm die Stiefel ins Gesicht und stürzten zur Treppe. Da gab Kaiser einen Schuß in die Luft ab. Die Brigadiere, gewohnt, Greisen und waffenlosen Frauen in den Bauch zu treten, zogen sich bestürzt zurück."

„Die Polizei!" sagte die Blinde.

„Die Polizei?" fragte entsetzt Kaiser.

„Damit sie uns verhaften?" fragte Primula.

„Ist Musiek ein Sozi?" fragte Dr. Kaiser.

„Nein!" antwortete Lust für den Schwager. „Aber habt ihr sein Spottgedicht gegen den Putsch in der ‚Weltbühne' gelesen?"

Berta brachte ungerufen den Wagen mit den Knäblein wieder ins Kinderzimmer. Verlegen steckten Kaiser und Lust ihre Revolver ein.

Musiek starrte mit einem eigentümlichen Lächeln auf Lust.

„Was siehst du mich an?" fragte Lust. „Hab' ich dir vielleicht die Spitzbuben auf den Hals geschickt?"

Musiek war indigniert.

„Seht ihr, wie frech und potent eure Freunde noch in Berlin erscheinen?"

„Und das ängstigt dich?" fragte Lust höhnisch.

„Ist es nicht Zeit, daß unser Volk seine Freiheit gewinnt? Natürlich wünsche ich, daß Mitgliedern meiner Familie ihre Strafe erspart bleibt. Das ist ein gewisser Konflikt."

„Und hast du ihn gelöst, deinen Konflikt?"

Die Blinde antwortete, wie zur Sache: „Ich habe ja der Polizei geschrieben, wo sie mich suchen soll. Ich kann nämlich schreiben, wenn ich auch blind bin. Ich schrieb ihnen: Sucht mich in der Villa Samuel am Tiergarten, Hohenzollernstraße. Das können sie nicht verfehlen. Die müssen kommen. Das ist ja ihre Pflicht. Sagen Sie selber. Und die kommen dann da zur Tür herein!"

Die Blinde deutete aber aufs offene Fenster, zu dem nur die Sonne hereinschien. Aber die irreale Richtung paßte zu ihrer irrealen Erzählung.

„Sie ist verrückt!" verkündete ungeniert Primula.

„Da zur Tür kommen sie herein, mit ihren Handschellen, und bringen mich in ihr Gefängnis. Da habe ich manche Vorteile. Wenn es dunkel ist, sehe ich das Dunkel nicht. Wenn es schmutzig ist, sehe ich den Schmutz nicht. Wenn die Wände tropfen, sehe ich die Tropfen nicht. Die Gesichter der Wärter sehe ich nicht!"

„Warum wollen Sie ins Gefängnis, gute Frau?" fragte Lust, und mit einem Mal graute es ihm und er schrie: „Das Tier! Das schmutzige Tier!"

Alle fingen zu zittern an.

Die Blinde sagte: „Ich habe mir die Hände gewaschen. Da ist kein

Blut mehr dran."

Sie hob die Hände zur Nase und schnüffelte.

Lust flüsterte: „Sie kommen nur wegen Marie. Was taten Sie ihr?"

„Kaltgemacht!" erklärte mit einem verrückten Stolz die Blinde. „Obwohl ich nur eine Blinde bin!" Aber die Haare standen ihr auf.

„Verkauft hab' ich Marie. Geliebt hab' ich sie, wie mein Leben. Und verkauft! Wie mein Leben!" rief Lust. „Liebste Marie!"

„Schweig!" schrie Primula.

Aber Lust war nicht aufzuhalten. „So verliebt war sie. Und tat alles für mich. Sie war mein einziges Vergnügen! So vernünftig war sie, so lustig! Wie sie manchmal gelacht hat – und wie sie lieben konnte! Ein Maler hätte sein Meisterbild nach ihr gemacht. Ein Maler... Warum hast du sie gemordet, du blinde Hündin?"

Die Blinde wandte ihre erloschenen Augen in die Richtung, aus der Lusts Stimme kam.

„Ich ging zu König, heut morgen um neun Uhr. Sie lagen noch im Bett. Ich hatte den Schlüssel. Durch drei Stuben schrie der König: Komm! Komm, Blinde! – da tappte ich durch drei Stuben, tappe zur Tür, tappe zu einem Stuhl... Du kommst gerade recht! schreit der König. Und was sagst du zur Marie? – Ist es die Marie? fragte ich mit Bosheit. – Sagt er: Wenn du sie sehen könntest, wärst du eifersüchtig auf sie; wenn sie so nackend liegt – sagt er – und so lacht, wenn einer sie anfaßt – und nicht nur mit dem Gesicht – sagt er – nicht nur mit der Stimme, sondern ihr ganzer Körper lacht! – ihre Stimme ist dann wie ein Gesang, ihr Gesicht ist ein Glanz, es gibt keinen schönern Glanz als auf Maries Gesicht. Aber – sagt er – du solltest sie sehn, wenn einer sie liebt.

Und das schneidet durch mich wie ein Messer, und ich halte es schon nicht mehr aus. Da sagt Marie plötzlich: Jetzt ist es genug! Und ich höre, sie wehrt sich. Dann küssen sie sich. Man hört es ja. Blinde haben Ohren. Und sie fangen zu lachen an, als wären sie die Blinden, und könnten mich nicht sehn. Sie waren so unmenschlich vergnügt! Da stößt mich ein Hammer. Da stoßen mich zwei Engel in den Rücken. Da tappe ich zu ihrem Bett. Ich sage zu meinem Herzen: Das tun sie ja nur, weil du blind bist. König! frage ich ihn. Und will fragen:

Tust du es, weil ich blind bin? Aber ich stammle bloß: Tue es nicht, König. Und ich bin doch deine Angetraute, deine Erste!

Marie ahnte wohl mein weibliches Herz, das mörderische! Denn sie schreit! Ich spüre schon seine heiße Haut, da ist sein Nacken, die Stelle, wo das Haar aufhört, da stoße ich ihm das Messer ins Genick. Aus der Bluse heraus und ihm ins Genick! Das glaubt mir kein Mensch, daß eine Blinde so treffen kann. Das habe ich tausendmal im Traum geübt. Ich drehe das Messer um und um und will es herausziehn und ziehe, aber es steckt fest, und er ist still, da höre ich endlich, daß die Marie schreit. Sie tat es die ganze Zeit, sie hätte nicht schreien sollen. Der Tote ließ sie nicht los, in seinem Todeskrampf. Das gute Kind. Ich kriegte sie am Hals. Ich bin stark. Sie röchelt nur, und verstummt. Da kriegte ich das große Kopfkissen zu fassen, und legte es ihr aufs Gesicht. Man will es sicher haben. Und eine Blinde sieht es ja nicht. Ich konnte es ihr nicht ersparen. Die Dumme! Er war mein Mann. So eine Scheidung ist nämlich nur formal. Ich hatte ihn in der Haut. Das Messer in seinem Hals, und ich spürte den Stich. In meinem Nacken. Die Marie nahm ich nur mit. Wegen der Marie schrieb ich an die Polizei und kam zu Ihnen, Herr Lust. Wegen der Marie bin ich zu verurteilen. Vor Gericht werden sie es mir schon besorgen. Ich nehme ihre Strafe an. Sollen sie mich einsperren. Sollen sie mich töten! Aber an meinem Mann habe ich mich nicht versündigt. Dafür lasse ich mich nicht bestrafen!"

Dr. Kaiser sah in die schreckblassen Gesichter seiner Töchter.

„Jetzt müssen wir doch die Polizei rufen!"

„Welche Polizei? Die Polizei der Republik? Die Polizei von Ebert und Scheidemann? Die werden uns verhaften! Und die Blinde nach Hause schicken! Oder in ein Sanatorium!"

Primula war aufgesprungen, sie ballte die Fäuste gegen die Blinde. „Mußten Sie zu uns kommen?"

„Denkt an die Kinder!" bat Uli.

„Wir müssen fliehn!" erklärte Musik. „Die Polizei kann jede Minute eintreffen!"

Lust hatte die Hände vors Gesicht geschlagen, um seine Tränen zu verbergen. Er seufzte: „Liebste Marie!"

Berta kam zur Stube herein, diesmal ohne zu lächeln. Sie sah von einem zum andern. Dann sagte sie: „So mache ich die Kinder fertig. Wenn Sie wünschen, gehe ich mit Ihnen."

„Sie haben gelauscht?" fragte Primula.

Berta antwortete gelassen: „Man hört Sie durchs ganze Haus. Ein Wunder, daß die Nachbarn nicht zusammengelaufen sind!"

„Werden Sie uns anzeigen?" fragte Primula geradenwegs.

„Ich kündige. Eigentlich könnte ich auch ein Zeugnis verlangen. Ich will aber nur meinen Lohn, nur für die fünf Tage. Eigentlich könnte ich den vollen Monat fordern."

„Vergeßt den Schmuck nicht!" rief Dr. Kaiser seinen Töchtern zu, und verließ schon die Eßstube.

„Und die silbernen Löffel?" fragte Primula. „Jetzt sind sie schmutzig in der Küche!"

„Zum Teufel mit deinen silbernen Löffeln!" rief Lust. „Marie ist tot!"

„So liebst du mich nicht?" fragte Primula und stand ganz töricht mitten in der Stube.

„Denkt an die Kinder!" rief Uli.

„Sind es deine Kinder?" fragte Primula böse.

Da lief Uli hinaus. Musiek folgte ihr. An der Tür rief er noch: „In fünf Minuten müssen wir gehn!"

Gleich darauf saß die Blinde allein in der Eßstube. Schwestern, Schwäger, der Vater und die Kinder waren schon bereit, mit Koffern und Hüten und Mänteln, als Uli fragte, was sie mit der Blinden tun sollten?

Lust und Musiek gingen in die Stube zurück, und faßten die Blinde an, um sie fortzuführen, aber da schrie sie dermaßen und wehrte sich so wild mit Händen und Füßen, daß ihnen wieder graute, und sie von ihr abließen, und ohne sie zur Treppe gingen.

Da klingelte es wieder. In eisiger Bestürzung schlichen alle in die Eßstube zurück, warfen Mäntel, Hüte, Handtaschen in einen offenen Kleiderschrank und gruppierten sich um den Tisch und die Blinde. Inzwischen klingelte es Sturm.

„Nicht öffnen!" schrie Dr. Kaiser.

Diesmal war Musiek entwischt, Uli sprang ihm nach. Unten standen Arbeiter, in Militärhosen und offenen Hemden und mit Gewehren, einer trug eine Handgranate.

„Genossen!" rief Musiek. „Ich bin Richard Musiek! Der Schriftsteller Musiek!"

Einer, ihr Anführer, mit gebrannten, nußbraunen Locken und kleinen, glühenden Augen, antwortete: „Du siehst. Ihr schießt uns alle Tage tot. Kommen wir mal in eure Häuser, so redet ihr, und wollt uns verführen! Und seid mit einem Mal Genossen! Wir wissen, was wir wissen! Diesmal wollen wir euch haun. Hier im Haus sitzt der berüchtigte Kaiser, der Justizminister vom Kapp. Der gesagt hat, man muß uns alle aufhängen. Also geh uns hübsch aus dem Weg, Junge! Mit deiner Mamsell! Wir wollen nur den Mordkerl fassen. Euch soll gar nichts geschehn!"

Uli war wieder die Treppe hinaufgeschlüpft, obwohl einer der Arbeiter auf sie anlegte, und schrie: „Hiergeblieben!"

Schweigend schob sie Kaiser und Lust in den großen Kleiderschrank, tief hinter die alten Kleider und Mäntel, und warf Taschen auf ihre Füße, und weil der Schrank so voll und tief war, und man gar nichts von den Herren sah, hatte sie den glänzenden Einfall und ließ den Schrank offen stehn.

Schon kamen die Arbeiter herein, und wurden still, als Berta den Wagen mit den Zwillingen hereinschob. Ein Arbeiter schnalzte mit der Zunge für Berta, ein anderer tat dasselbe den Kindern zu Gefallen. Als gar die Blinde aufstand und tappend zu ihnen kam und fragte: „Seid ihr die Polizei? So führt mich ab!" – da sagte einer: „Die ist ja blind." Und der zweite: „Die fürchten sich gar nicht vor uns, sondern vor der Polizei!" „Wie wir!" sagte der erste. Sie gingen aus der Stube und hastig durchs Haus, schauten noch in den Keller und auf den Boden, und als sie gar im Parterre den verprügelten Geheimrat Samuel sahn, und hörten, daß die Ehrhardtbrigadiere den alten Juden geschlagen hatten, gingen sie still davon.

Und Musiek kam herauf und fragte: „Wo sind Vater und Lust?"

Da kamen beide aus dem Kleiderschrank heraus, wütend vor Beschämung, und tauschten wieder Blicke untereinander aus. Sie sahn Musiek an, als hätte er ihnen die Arbeiter auf den Hals geschickt. Und Musiek war beschämt, als hätte er es wirklich getan.

Aber nun ergriff Primula ein Kind, und Uli das andre, und die Männer nahmen Mäntel, Handtaschen und Hüte wieder, so gingen sie zum Haus heraus in den Tiergarten. Berta war hinter ihnen hergegangen, vor dem Haus blieb sie stehn und sah ihnen lange nach.

Im Tiergarten fanden sie ein Taxi und fuhren zum Schlesischen Bahnhof und nahmen Zimmer im Hotel „Zur grünen Flasche". Dann brachten sie die Kinder zu Bett und saßen in Mänteln und Hüten herum und froren und sahen sich nicht ins Gesicht, und merkten schließlich, daß sie immer noch auf die Polizei warteten und immer noch einander mißtrauten.

„Wollen wir jetzt nach Schweden?" fragte Primula.

Aber Lust erklärte, die Blinde habe sie schon denunziert. An der Grenze würden sie nur Kriminalbeamte erwarten. Vielleicht glaubte die Polizei sogar, er sei am Mord Maries beteiligt?

„So muß Vater allein nach Schweden!" forderte Primula.

Der Richter schüttelte den Kopf. „Ein deutscher Mann flieht nicht! Das Exil ist die Hölle. Und ich will mich nicht mehr verstecken."

„Und wenn sie dich erschießen?" schrie Primula.

„Sie werden es nicht wagen!"

Auch Lust war der Ansicht. Nur wagte er nicht, seiner eigenen Ansicht zu folgen. Auch er hatte eine Erklärung in seiner Zeitung veröffentlicht, eine Abrechnung mit Kapp und Ludendorff. Der Artikel hieß: ‚Die großen Toten!' – Das waren Kapp und Ludendorff. – Deutschland brauche neue Führer! Und die junge Generation warte auf neue Ideale!

Im Artikel waren Lusts, Kaisers und Musieks Schlagworte bedenkenlos gemischt. Da wurde von jeder Richtung genommen und jedem Geschmack gefrönt. Die Berliner Feuilletonisten schworen, es sei ein neuer Ton. Manche schrieben sogar: Ein neuer Führer! In einem neuen Kostüm war ihnen sogar der Teufel willkommen.

Aber Lust hatte deutlich erklärt, er sei nur Johannes, der Prophet. Der Führer komme bald!

Musik las seines Schwagers Artikel und errötete für ihn. Er sagte: „Ihr werdet statt eines Prätendenten einen Dompteur finden!"

Lust antwortete trocken, dieser Dompteur werde die ganze Welt zu zähmen wissen.

„Wollt ihr die Welt erobern?" fragte Musik erstaunt. Er lachte bitter. Schließlich setzte er Lust auseinander, die Technik dieses Putsches käme um 50 Jahre zu spät, und die Ideen der Putschisten hätten vielleicht einigen Deutschen aus dem Jahre 1820 gefallen. Lebendige Narren wandten sich an die Toten und an die Verschollenen im Land. Groß nennst du diesen Kapp? Er versprach, öffentlich, alle Kriegsanleihen zurückzuzahlen! Mit wessen Geld? Er versprach allen Armen Brot, gebacken aus dem Mehl, das die Juden für ihre ungesäuerten Osterbrote verwenden wollten. Er erließ lauter leere Todesdrohungen. Wer streikt, wird erschossen! Wer Zeitungen liest, wird erschossen! Er druckte Flugzettel: ‚Der Kapitalismus ist der Jude!' und ‚Die soziale Frage ist die Judenfrage!' – Diese Nachttopfdestillate der geistig minderjährigen Geronten Deutschlands nennst du groß?"

Lust konnte nicht mehr antworten. Denn Uli und Primula hatten mit einem Male begonnen, zu brüllen, einander zu drohen, jetzt gingen sie gegeneinander los, die eine schwang einen Regenschirm, (wo hatte sie ihn gefunden), die andere schwang den Waschkrug. Es sah aus, als wollte die eine Schwester die andre umbringen. Lust und Musik liefen herbei, jeder umfaßte seine Frau und drängte sie zurück.

„Du Satan!" schrie Primula.

Beide junge Frauen sahn bei aller Wildheit reizend aus, mit wehenden Locken und glühenden Augen und hochatmender Brust. Aber nun ließ Uli die Arme hängen, wie vor Müdigkeit des Herzens. Ihre Hände bekamen einen verzweifelten Ausdruck, Tränen rannen ihr in Bächen die Wangen herunter.

Musik streichelte sie sanft. Er liebte sie wie nie zuvor. Er hätte ihr diesen neuen, fremden, schrecklichen Schmerz so gerne erspart!

Aber Primula schrie mit drohend erhobenen Händen: „Ich tue es. Ich sage es! Warum soll ich es ihm nicht sagen!"

„Vater!" rief Uli. „Hilf! Richard, hilf! Ferdinand, hilf!"

„Ich mische mich nicht hinein!" erklärte Dr. Kaiser.

Aber Primula schrie: „Ich habe genug fürs Leben! Genug von deiner unerbetenen Güte, genug von deiner opferreichen Liebe! Tausend Opfer bringst du in tausend Tagen, aber du gewinnst ja immer nur!"

„Was?" fragte der Vater.

Primula schrie: „Jetzt sage ich es!"

„Was?" fragte Lust.

Uli war vor ihrer Schwester in die Kniee gesunken.

Primula sah auf die knieende Schwester, in ihr blasses Gesicht, auf ihre bettelnden Hände und den demütig verlorenen Blick.

Ein kleines, böses Lächeln verzerrte die schönen Lippen Primulas. Sie sah sich um, ob auch Lust und Musiek diese Szene sahen. Dann sagte sie mit einer leisen, spöttischen Stimme:

„Du wolltest also mit meinem Leben spielen! Und machtest Kunststücke mit der Natur! Auf Schwindel baust du dein ganzes Leben auf! Und wunderst dich, wenn es zusammenkracht? Warum macht dir dein Mann keine Kinder? Du betrogne Betrügerin! Nichts ist echt an dir. Und da spielst du noch die Gute und die Fühlende? Schaut es doch immer aus, als sei ich die Böse! Was hängst du dich an mich, an meine Männer, an meine Kinder..."

„Schweig!" schrie Uli mit verzerrtem Gesicht, offenbar zum Mord bereit. Primula wich zur Wand zurück.

Sie murmelte: „Das Ding bringt mich um!"

Mit einem Mal verstört, erklärte sie, sie gehe schon. „Ich gehe. Verflucht der Tag, an dem ich je wieder deinen Namen ausspreche! Und frage: Uli? Und wo ist sie?"

„Fluche nicht!" bat Uli. Plötzlich fühlte sie einen Schwindel. Es ward ihr schwarz vor den Augen. Immer noch knieend stemmte sie beide Hände auf den Boden. Musiek faßte sie und half ihr auf und führte sie zum Sofa. Sie sank mit ihrem Gesicht aufs Sofa, und schluchzte laut.

Primula nahm ohne zu zögern eines der Knäblein; Lust und Dr. Kaiser ergriffen schweigend ihre Hüte, Mäntel, Koffer. Hastig wie

Diebe flohen sie, und lautlos.

Als Uli endlich sich aufsetzte, war die Stube leer. Nur Musiek stand am Fenster.

Erschrocken sah sich Uli in dem kahlen, dummen Zimmer um, in dieser sinistern Absteige.

Ihr Herz schlug so schnell, als wäre sie einen steilen Abhang hinaufgestiegen. Sie empfand deutlich die schreckliche Spannung des Vorgefühls vor dem Absturz. Sie wagte nicht zu sprechen, aus Angst, das erste Wort würde ihr die ganze furchtbare Wahrheit enthüllen. Endlich hielt sie es nicht mehr aus. Aber wenn Primula ihr das angetan hatte, mußte sie, Uli sterben!

„Und... unser Sohn?"

Musiek verstand sie nicht gleich.

„Hat sie ihn genommen?"

Musiek sah sie mit einem sonderbaren, mitleidigen Lächeln an. Gleichzeitig fühlte er sich beschämt, er wußte nicht, seinetwegen oder ihretwegen?

„Deinen Sohn?" fragte er, und verbesserte sich sogleich: „Unsern Sohn?"

Er nahm das Kind aus dem Wagen. Uli empfing es mit einem unbeschreiblichen Ausdrucks des Glücks. Dann begann sie krampfhaft zu zittern. Musiek umarmte sie und hielt sie umschlungen, wie um sie vor allen Schmerzen zu bewahren. Langsam ließ ihr Krampf nach.

„Fühlst du auch diese Unruhe?" fragte sie und versuchte zu lächeln, aber es ward nur die Grimasse des Schmerzes. „Das drückt mir aufs Herz. Eine so schreckliche Angst... Ich habe Angst vor dem Leben. Nie fühlte ich sie zuvor. Was wird aus uns werden, Richard? Ich habe Angst vor mir. Was wird aus mir werden? Ist es nicht aus mit uns? Das ganze Leben ist wie eine zugesperrte Stube, und ich stehe davor, und sie haben mich ausgetrieben, und ich weiß, ich komme nie mehr herein. Ist nicht das ganze Leben verloren?"

„Ein neues Leben," entgegnete Musiek, „fängt immer mit Tränen an!"

„Ein neues Leben?" fragte sie, und machte die böse Geste einer

schweren, mutlosen Trauer. „Ach! – es ist das alte Leben nicht mehr.
Ich hing so am alten Leben. Ich habe Primula verloren – ich weiß es!
Und meinen Vater! Ich weiß es! Und ... dich?"

„Ich liebe dich mehr als je!"

„Und meinen... Sohn?"

„Er ist unser Sohn!"

„So ein Druck auf meinem Herzen, Richard! O, mein enges Herz!
Kann ich je wieder froh sein?"

„Sonderbare Mutter! Und wenn dein Kind lächelt?"

„... er hat seinen Bruder verloren!"

„Er weiß es nicht!"

„... seine... Mutter verloren!"

„Uli!"

„Du weißt nicht, wie ich leide! Rührt dich nur das Sichtbare?"

Das Kind war erwacht. Es begann zu schreien. Uli lief hinaus, um
Milch zu besorgen. Die Kellnerin führte sie zur Küche. Die Köchin
erzählte ihr, die Schwester der gnädigen Frau sei schon dagewesen,
mit dem einen Kind, und habe ihm Milch gereicht, und ihr aufgetra-
gen, Milch fürs andere Kind zu wärmen.

Uli war gerührt. Also liebte Primula beide Kinder, auch das aufge-
gebene?

Mit einem Male überkam es Uli, die mit der warmen Milch die
Treppe hinaufstieg, daß Primula mit ihren Vorwürfen recht hatte.
Primula brachte die Opfer. Sie hatte das Geheimnis der Kinder nicht
verraten. Sie ließ ihr halbes Leben, ihr zweites Kind der Schwester.
Nun sah es Uli klar. Sie – Uli – war die Böse. Zwar tat sie das Gute,
aber sie profitierte nur davon, wie andre von ihren Missetaten.

Und Uli erkannte, daß sie einer dieser kleinen Sünden sich
schuldig gemacht hatte, die fast keine Sünden waren, aber zuweilen
grausamer und tödlicher wirkten, als Gift und Dolch! Sie liebte weniger.

Uli gewahrte mit einer Art von Entsetzen, daß sie ihre Schwester
Primula weniger liebte. Sie gewahrte, daß sie ihres Vaters und Lusts
Ideen haßte, und schon nicht mehr genau zwischen Person und Idee
unterschied. Sie liebte ihren Mann mehr als Vater und Schwester.

Sie liebte die Kinder mehr als die Schwester. Primula hatte recht. Uli war eine Verräterin!

Da stand sie vor der Tür des Hotelzimmers, mit der gewärmten Milch, und wagte sich nicht über die Schwelle. Hatte sie ein Recht, dem Kind ihrer verratenen Schwester sich zu nähern? Und vor dem fremden Kind die Mutter zu spielen. Durfte sie das unschuldige Kind betrügen? Und immer weiter lügen? Und wie lange?

Aber die Milch durfte nicht kalt werden. Und da war Musik, er wartete auf sie. Der liebe Musik. Er liebte sie. Zum ersten Male fühlte sie ganz, wie gut er war. Ein unbekanntes, weites, heiliges Gefühl der Liebe füllte sie aus. Sie war so stolz auf ihn. Er war so ein guter Mensch. Wenn nur alle Menschen wie er wären! Wenn nur ich so gut sein könnte wie er!

Die Nacht des Lebens erhellte sich vor ihr. Eine neue Sonne war vor ihr aufgegangen. Es war Tag! Es war... Tag.

Uli trat in die sinistre Stube. Sie sah das unsaubre Bett, die irdne Waschschüssel mit dem Sprung, den halbblinden Spiegel, den müden Fußboden und den ängstlichen Plafond, aber alles schaute nun verändert aus, als würde im nächsten Augenblick ein Windstoß sie forttragen in schattige, grüne Gärten mit Blumen und Marmorbildern, mit einem hellen, rieselnden Waldbach und mit der Fülle der Feldblumen im Juni.

Uli sah mit Wonne, wie das Kind die Milch einsog, wie es satt die Augen schloß und ein wenig weiter trank, und seufzend einschlief.

Musiek erklärte, sie könnten nun in die Villa Samuel zurück, entweder um dort zu übernachten, oder um zu packen und in ein anständiges Hotel zu ziehn. Sie wurden ja nicht gesucht. Sie hatten ja nicht zu fliehen.

„Und die Blinde?"

„Die arme Frau... mir schauderte vor ihr. Wie grausam waren wir, sie allein zu lassen. Was muß sie gefühlt haben, in ihrer doppelten Nacht, wie sie in der fremden Stube dasaß, und auf die Polizei wartete? Da war sie in ihrer Angst zu uns gelaufen, und wir ließen sie im Stich. Und doch schaudert mir jetzt noch vor ihr. Aber die ist längst weg. Die Polizei hat sie abgeführt, lange schon."

Uli wollte antworten, sie fürchtete sich, nach Haus zu gehn, hatte aber auch Angst, ihre Furcht einzugestehen. Also schwieg sie. Und weil sie von Natur eher eine kühne Person war, schämte sie sich ihrer kleinen Feigheit. Ward nicht aus lauter kleinen, sittlichen Nachlässigkeiten der Untergang eines Herzens bewirkt? Sie war auf nichts so begierig wie auf ein vernünftiges, gutes Leben. Von Natur neigte sie zum Guten, nur wußte sie mit einem Male nicht mehr genau, was eigentlich das Gute war. Sie fühlte in sich das Gute, Vernünftige, aber sie verstand nicht, wohin es führte. Sie sah nirgends den großen Weltsinn, dessen kleinster Teil sie war. Sie suchte vergeblich Gott.

Nachdem Musik und Uli ihr Kind und ihre Siebensachen ergriffen hatten, warfen sie noch einen Blick zum Fenster hinaus, über Hinterhöfe, wo Kinder spielten. Ein Stück des ewigen Himmels leuchtete im Licht des allerneusten Frühlings. Dann stiegen sie die Hoteltreppe hinab, der Portier gab ihnen die Rechnung, sie zahlten. Sie gingen im Abendlicht durch die Berliner Straßen. Das Licht vergilbte schon. Verschwunden waren die Gespenster aus den Putschtagen, die Gespenster mit eisernen Kreuzen auf der Brust, die Offiziere im altpreußischen, zweifarbenen Tuch mit den langgespitzten, blinkenden Pickelhauben, mit Gardestern und Gardelitze. Verschwunden waren die Kadetten und Fähnriche mit den schwarzweißrotbebänderten jungen Damen am Arm. Verschwunden die alten Herrn, grauhaarig, bebrillt und gebeugt, im schwarzen Frack, im Zylinder, und mit allen Orden aus der kaiserlichen Zeit! Keine kaiserlichen Fahnen mehr im Wind! Keine brodelnden Feldküchen im Tiergarten! Keine erschlagenen Juden und erschossenen Arbeiter auf den Straßen. Es sah alles wieder wie gewöhnlich aus, im Abendlicht und Dämmer, das gewöhnliche Elend nach dem verlorenen Krieg und den Hungerjahren und der zerbrochenen Revolution und den verwelkten Menschheitsillusionen. Da gingen Uli und ihr Mann mit dem Kind im Arm unter den kahlen Bäumen im Tiergarten, die Lüfte waren mild wie gewöhnlich im Frühling, der Himmel errötete in den hergebrachten verheißungsvollen Abendfärbungen, die Erde roch nach Hoffnung und frischgebackenem Brot, ein paar Vögel zwitscherten noch hastig fröhlich, und die obligaten Liebespaare versprachen den erwünschten Bevölkerungszuwachs fürs kommende Jahr. Da blieb Uli stehn, unter einem kahlen Baum, und fragte in der vollen Empfindung der grauenvollen, grotesken Repetition menschlicher Leiden und Hoffnungen ihren Mann: „Glaubst du an Gott?"

Musik lächelte freundlich. Ihm kam diese abrupte Frage wie eine graziöse Laune eines verliebten Mädchens vor. Er lächelte ihr gerührt zu. Und hätte er nur die Hände frei gehabt, so hätte er sie geküßt. Aber Uli wollte sich nicht abspeisen lassen.

„Du lächelst und wunderst dich vielleicht, weil die meisten Leute in den großen Städten gar keine Zeit haben, vor lauter zerstreutem Leben, sich zu fragen, ob sie an Gott glauben. Ich meine es aber im Ernst. Du bist ein Mensch, der nachdenkt. Du bist gescheit. Also antworte ohne Umschweif! Ich habe heute gemerkt, daß man nicht richtig leben kann, wenn man nicht weiß, was man glauben soll? Mir kommt vor, ich sei gelähmt. wie die arme Großmutter. Vielleicht ist das wahre Leben nichts als ein fortwährendes Anschaun Gottes. Aber gibt es ihn? Und was will er von uns? Wie sollen wir leben? Wem tun wir Unrecht? Wie soll ich meinen Sohn großziehn, wenn ich nicht mal Bescheid weiß?"

Unruhig und schweigend ging Musik neben ihr, mit dem fremden Kind auf dem Arm.

Eben wurden die Laternen angezündet. Ein alter Mann ging mit einem flackernden Lichtstab von Laterne zu Laterne, hob mit dem Stab eines der Fenster der Laternen auf, schob den Gaszünder herab und entzündete die Lampe. Ihr gelber Schein schien so beruhigend in allen lilafarbenen, dämmerigen Straßen, wie ein Abschein eines größeren, helleren, tröstlichen Lichts.

Musik öffnete die Haustür. Es war ganz still im Haus, totenstill. Über die schlechtbeleuchtete Treppe gingen sie in ihre Schlafstube, die Türe stand offen, das Zimmer war nicht gemacht, offenbar war Berta nicht zurückgekommen.

Uli legte das schlafende Kind ins Bett und setzte sich auf einen Stuhl. Sie sagte zu ihrem Mann, sie fühle eine unerklärliche Angst.

„Du bist übermüdet!" antwortete ihr tröstend Musik. Sie solle sich ausziehn und zu Bett legen, er werde Tee machen und etwas zu essen bringen, dann wollten sie schlafen. Am Morgen würde die Welt heller aussehn, und sie wollten weitersehn.

Aber Uli erklärte, ihre Angst komme aus der Eßstube, wo sie die Blinde mittags gelassen hatten. Die Angst komme von der Blinden.

Musik versicherte, die Polizei habe die Blinde schon längst abgeholt.

„Nein!" schrie, Uli. Und die Haare standen ihr auf. „Ich spüre die Blinde!" Ihr war, als müßte sie schreien, vor Grauen. Um ihren Sohn nicht zu wecken, hielt sie sich gewaltsam mit den Händen den Mund zu. Musik ward vom unbezwinglichen Grauen seiner Frau angesteckt. Er sagte: „Das ist unmöglich. Unsere Nerven sind überreizt. Die Polizei war längst da. Und hat die Blinde abgeholt. Die Blinde gab unsere genaue Adresse. Das hat sie nicht erfunden!"

„Die Blinde ist in unserer Eßstube. Ich weiß es. Und wir müssen hinein, um ..."

„Ich gehe hinein, nur um dich zu überzeugen, daß alles Einbildung ist!"

„Ich bleibe nicht allein! Ich gehe mit dir!"

„Aber das Kind?"

„Ihm tut sie nichts. Sie ist ja..."

„Was?" fragte Musik. Aber er wußte es bereits. Er wußte es unumstößlich.

Uli und Musik faßten sich bei der Hand und gingen zögernd und wie gestoßen über den Flur zur Eßstube. Die Türe war zugemacht. Vielleicht eine Minute lang standen sie vor der Tür und wagten nicht einzutreten. Schließlich nahm Musik seinen ganzen Mut zusammen. Er öffnete die Tür, sah in die dunkle Stube, trat vor seine Frau, um ihr den Blick zu verstellen, und knipste das elektrische Licht an.

Die Stube schien leer. Da schrie Uli gellend. Musik fühlte ihre Hand in seiner Hand schlagen und zittern.

Die Blinde hing am Fensterkreuz. Daneben lag ein umgestürzter Stuhl.

15. KAPITEL

DIE PARISER VISITE

*M*onsieur Bonnet – triste comme un bonnet de nuit –, ergriff, kurz nach einem Judenpogrom Hitlers die Gelegenheit, als Außenminister Frankreichs, den deutschen Außenminister, Ribbentrop, nach Paris einzuladen.

Eines Morgens im Dezember 1938 langte wirklich der Berliner Sonderzug in Paris an. Neben Gestapobeamten, begleitete auch Herr Lust den deutschen Minister.

Ferdinand Lust, der sich in diesem Leben vor nichts mehr scheute, war inzwischen Ministerialrat im Propagandaministerium geworden, unter dem infamen Goebbels. Lust nahm seine Frau und seinen Sohn Cäsar auf die Pariser Reise mit. Ich fahre aus Neugier, erklärte er ihnen. Ich werde nie aufhören, über die Menschen zu erstaunen. Wofür sie leben – und sterben! Wie sie lieben – und regiert werden! Gott ist ein Humorist!

Auf nach Paris! rief er. Wir werden lachen! Die Franzosen verlieren jeden Tag eine Schlacht, und wissen nicht, daß sie schon mitten im Krieg sind. Sie warten auf die Kriegserklärung. Der Giraudoux schrieb ein Theaterstück ‚La guerre de Troie n'aura pas lieu'. Paris steht vor dem Fall, trinkt roten und weißen Wein und lacht. Jeden Morgen sagt ein reicher Franzose zum andern, wir haben die größte Armee der Welt, wir dürfen nicht attackieren. Das ist der Humor davon.

Herr Lust unterhielt sich ausgezeichnet im Leben. Ich habe meine Hand im großen Spiel! erklärte er seinem Sohn, einem schlanken jungen Mann mit einem sehr schönen und frechen Gesicht, der ihm mit tödlichem Ernst zuhörte, als schreibe er jedes Wort seines Vaters insgeheim auf, und sitze zu Gericht über seines Vaters Taten und Meinungen. Das störte diesen Vater nicht im Geringsten. Lust kannte keine Furcht. Er war in München Zeuge der Hinrichtung der Tschechoslowakei gewesen, und hatte wie ein Imitator die Szenen seinem Sohn geschildert, mit großem Gelächter. Diese drei grotesken Nachrichter Europas – fragte er – der Komödiant aus Predappio, der Geschichtsprofessor aus La Camargue und der Regenschirm aus Birmingham, sind das die großen Männer, die uns Europa entgegenstellt? Der Führer legt sie alle herein!

Am ersten Morgen in Paris hatte Herr Lust seinen Außeminister zum Quai d'Orsay begleitet. Sein Sohn Cäsar war im „besondern Auftrag" zum ‚Deutschen Haus' gefahren, dem Sitz der Nationalsozialistischen Partei Deutschlands in Paris. Primula saß indes nachdenklich den halben Vormittag am Fenster ihres Hotelzimmers und sah auf den Platz Vendôme, wo die Franzosen den kleinen Kaiser Napoleon auf eine riesengroße Säule abgestellt hatten.

Mittags aßen Mutter und Sohn bei Prunier eine Bouillabaisse. Später gingen sie spazieren, in einem leichten Rausch vom Wein, von der weichen Luft oder dem blauen Zauber der Stadt.

Schwermütig leuchtete die Sonne zwischen breiten Wolken. Sämtliche Flics von Paris schienen unterwegs zu sein. In Trupps von vier und acht standen sie an allen Ecken, über ihre Schultern gehängt trugen sie ihre koketten blauen Mäntelchen, gleich heraufgerutschten Ballettröckchen, und diskutierten mit gallischem Witz.

An der Rue de Rivoli blieben Primula und Cäsar vor der Jeanne d'Arc stehn. Frisch vergoldet ritt die kleine Jeanne auf einem goldenen Gaul, mit dem Spieß in der Hand. Ein Spatz unterm Gaul schien auf den Roßapfel zu warten, der einmal fallen mußte. Vor dem Denkmal gingen wackelnde Tauben, in Trupps von vier und acht, und diskutierten gurrend, offenbar mit gallischem Witz. Und das Licht über den Tauben und dem goldnen Gaul, das Licht in den betrübten Bäumen und am lächelnden Winterhimmel, das Licht war lateinisch... comme d'habitude – sagte Primula.

„Du machst dich lustig über die armen Franzosen, Mama?"

Primula und Cäsar blickten bewundernd auf den Louvre und auf die kahlen Bäume. Sie standen respektvoll vor den Statuen. Der Himmel schien im Licht zu baden; abwechselnd schwebten lichtweiße Wolken herab und stiegen empor.

Primula beobachtete ihren Sohn mit einer unruhigen Neugier. Sie verstand immer noch nicht die neuen deutschen Staatsgefühle.

Aber Cäsar lachte heiter. Er war ein guter Junge.

Sollte ihr Sohn zu jenen Millionen junger Männer gehören, die auf Befehl alles tun, eine Schändung, einen Mord, jeden Verrat?

Primula hatte geglaubt, sie sei blasiert. Angesichts der Seine, am rechten Ufer, fühlte sie einen delikaten Schmerz. Aber der Schmerz war nicht lokalisiert. Um sich zu betrügen, fragte sie ihren Sohn: „Wie alt bist du?" und rief: „Ich will es selber ausrechnen!"

Cäsar war neunzehn Jahre alt. Er fühlte sich ein Jahrhundert voraus.

Sein Vater, der große Herr Lust, war nur ein Ministerialrat. Seine Mutter, die berühmte Primula Lust, unter dem neuen Regime beliebt wie zuvor, war nur eine begabte Aktrice. Dafür hatten sie gelebt? Dafür waren sie alt geworden?

Cäsar verstand sehr wohl, daß es die Zeiten gar nicht mehr gab, in denen die alten Leute fortzuleben meinten. Eine neue urlebendige Zeit hatte neue Menschen geschaffen. Die meisten Leute gingen wie Gespenster durch ein unverstandenes Jahrhundert, das Jahrhundert der jungen Herren ohne Moral. Nicht um alles in der Welt konnte Cäsar begreifen, daß es Menschen auf Erden gab, die wußten, daß sie sterben mußten, so oder so, und daß es keinen Gott gab, und kein Leben nach dem Tode, und die doch für kläglich ausgeklügelte Maximen einer landesüblichen Moral, einer a k t u e l l e n Religion, oder kurzfristiger Gesetze, nicht nach anderer Männer Weiber langten, nach ihrem Geld oder ihrem Acker, ihrem Ochs, oder ihrem Esel, nicht ihrer Nachbarn Blut vergossen, nicht der kleinern Länder Städte plünderten, nicht Königreiche einsteckten, wenn sie zu haben waren.

Am ersten Tag in Paris lustwandelte er durch die heitere Stadt mit dem listigen Behagen eines unerkannten Erben.

„Wir müssen ans linke Ufer!" erklärte seine Mutter. Vergnügt stimmte er zu. Am linken Ufer wohnten die Mädchen vom Mont Parnasse, auch die Nonnen in den ummauerten Klöstern, auch die Studenten, und die Literaten, und die I n v a l i d e n . Cäsar wollte alle sehn! War es nicht eine Inspektionsreise?

Sie gingen also über den Pont des Arts, der für Fußgänger gebauten Brücke, mit ihren grüngemalten Bänken überm Fluß. Ein Wind hatte die Wolken weggeblasen. Ohne Übergang wurde der Pariser Himmel preußisch blau, wie im Auftrag einer fünften Kolonne.

Ein Kohlenschiff schwamm die langsam treibende Seine hinunter, ein Kind stand an Bord, Schiffer gingen hin und her. In der Ferne sah man zwischen den Bäumen der Seine-Insel den guten König Heinrich auf dem alten Pont Neuf, wie er mit seiner usuellen Toleranz auf die grüne eingeschlafene Place Dauphine blickte, und auch der Platz schien ihm eine Messe wert.

„Komm!" rief Primula.

„Du tust, als hätten wir ein Ziel?"

Primula lächelte schüchtern. Der junge Mensch empfand Mitleid mit ihr, zum ersten Mal in seinem Leben. War die Mutter glücklich?

Vor dem Institut ritt ein steinerner Herr. Hinter dem Institut kehrte Voltaire der Akademie den Rücken zu.

In der Rue de Seine schienen die nackten Jungfrauen auf den Gemälden der allerneusten Maler in den Schaufenstern der kleinen Galerien auf Cäsar zu starren. Der große Danton schrie – ehern – am Eck vom Boulevard St. Germain. Der vergoldete Pferdekopf über dem Laden eines Roßmetzgers grüßte Cäsar wie das Haupt Falladas im Märchen. Aber Cäsar schritt verloren im Anblick eines jungen Mädchens vor ihm. Der Gang der jungen Pariserin, die zierliche Gestalt, der extravagante Hut, ihre Locken und der weiße Nacken – in Gedanken zog er das junge Mädchen aus, hörte Musik, sah ein Ballett, schon war es eine große Oper. Als sie das Mädchen überholten, grüßte ihn die Unbekannte mit einem vertrauten Lächeln. Cäsar erwiderte ihren Gruß nur mit einem großen Blick.

„Dieses Gebäude am Ende der Rue de Tournon ist der Luxembourg," erklärte seine Mutter. „Herr von Brosse baute ihn für Marie de Medicis. Den Garten zeichnete Le Nôtre, er hat den Garten der Tuilerien entworfen, den Park von Versailles, und den Park von Fontainebleau."

Das Mädchen, dachte Cäsar. Es ging ins Hotel. Ich muß mir den Namen merken, Hotel Foyot.

„Wir sind da!" erklärte die Mutter, und ging geradenwegs ins

Foyot. Sie gab dem Portier ihre Visitenkarte für Madame Musiek.

Der Portier betrachtete mit einer Art mißtrauischem Vergnügen die Dame und den jungen Mann, als sei ihre Erscheinung ein spaßhafter Trick, hinter den er noch nicht gekommen sei; plötzlich schien ihm ein Licht aufzugehn, er grinste breit, und äußerte, es sei sehr drollig, même formidable! Dann beugte er sich zu Primula, als habe er ihr im Geheimen etwas anzuvertrauen, und versicherte ihr, Madame, die Schwester hätte soeben das Hotel verlassen, die Minute zuvor.

„Und wissen Sie, wohin sie ging?"

Der Portier sah sie prüfend an, wie um sie zu erkunden, dann sagte er: „Nein, Madame."

Während Primula eine Sekunde unschlüssig stand, wie enttäuscht, schlug ihr der Portier vor, zu warten, Madame Musiek wollte in höchstens einer halben Stunde zurück sein.

Der Portier war verblüffend jung, kaum älter als Cäsar, blond, blauäugig; mit einem schlauen Lächeln blickte er dem jungen Cäsar in die Augen. Der hatte eben entdeckt, daß das fremde junge Mädchen in einer Schreibstube zur linken Hand saß, sie schrieb, und blickte von Zeit zu Zeit zu Cäsar auf, mit einem unleugbar vertrauten Lächeln. Als Cäsar sich wieder dem Portier zuwandte, kam es ihm vor, als zwinkerte der ihm offen zu. Cäsar gab ihm einen eisigen Blick, mußte aber gleich darauf lachen, und redete der Mutter eifrig zu, die Tante abzuwarten. Er sprach deutsch zur Mutter, der Portier stand da, als verstünde er kein Wort. Aber als Cäsar aus Zerstreutheit ihm deutsch bedeutete, sie würden warten, vielleicht in der Schreibstube, führte sie der Portier sogleich zum nächsten Tischchen, zwang sie, in der Halle Platz zu nehmen, und sagte in einem akzentlosen Deutsch, hier könnten sie unmöglich die Dame verfehlen.

„Sie sprechen also deutsch?" fragte Cäsar.

Er sei Elsässer, sagte der Portier und lief zum Telephon, das eben läutete.

Cäsar sah sich in der Halle um. Sie war von einem dunkelgrünen Glasdach gedeckt, das ein märchenhaft verschollenes Licht gab, wie in den Wäldern von Surrey oder im Harz. Wilder Wein rankte bis zu den Fenstern im dritten Stock empor. In jeder Ecke standen verstaubte Lorbeerbäume in roten Töpfen, immer zwei hintereinander, wie Schildwachen eines vergessenen Ruhms.

Das junge Mädchen schien endlich einzusehn, daß es Cäsar am nötigen Mut gebrach, und verließ die Schreibstube, und ging eine breite mit einem roten Läufer bedeckte Treppe hinauf, die offenbar zu den Hotelzimmern führte. Cäsar sah der Unbekannten lange nach.

Unter der Treppe war eine Tür, an der geschrieben stand: Restaurant Foyot. Er fragte den Portier, ob sie einen Kaffee bekommen könnten, aber der Portier erklärte, die Küche sei jetzt geschlossen, sonst sei das Restaurant berühmt für seine Weine und seine Preise, beliebt bei Gourmets und Senatoren, das viertbeste Restaurant in Paris. Das Hotel sei dagegen billiger geworden, die alten Engländer von ehemals seien ausgestorben, nun kämen nur noch arme Emigranten, nach dem Krieg gab es Flüchtlinge aus allen Ländern, das Leben scheine überall gefährlich zu werden, zuerst kamen die Armenier, dann die Russen, die Polen, die Serben, die Griechen, die Italiener, die Kroaten, die Rumänen, jetzt die Deutschen und die Spanier. Juden seien immer dabei, selbstverständlich. Es gebe im Hotel ein halbes Dutzend deutscher Dichter im Exil, das sei eine Tradition, seit jener sanfte Dichter aus Böhmen im Foyot gelebt habe, Monsieur Rilke, vous savez? Le grand poète!

Cäsar sah sich um; kein Lift, kein Türsteher, auch die Gäste schienen verwittert. Da wohnten sie seit sechs Jahren schon, Tante Uli mit ihrem Dichter, und Alexander...

Cäsar beobachtete seine Mutter mit einer spöttischen Neugier. Auf ihrem ersten Gang in Paris suchte sie die Frau eines berüchtigten Emigranten auf.

„Erwartet uns die Tante?"

Primula schien nicht zu hören. Es ward finster im Hotel, als beginne irrtümlich die Nacht. Mit einem Mal hagelte es, als wollte der Hagel das Glasdach durchbrechen. Der Donner schrie wie ein Sergeant. Die Blitze zuckten gespenstisch grün durchs Glasdach. Die staubigen Blätter der Lorbeerbäume in ihren roten tönernen Töpfen zitterten.

Passanten und Hotelgäste standen unterm Torbogen, um das Ende des sonderbaren Wintergewitters abzuwarten.

Plötzlich hörte die Sturzflut auf, wie aus Vergeßlichkeit. Ohne Übergang wurde es hell und banal. Wie enttäuscht gingen die Leute unterm Torbogen weg, und die Halle war schon fast leer, als eine Dame ins Hotel lief.

„Die Tante!" sagte Cäsar und wollte ihr entgegengehn, aber die Mutter hielt ihn fest.

Ohne links und rechts zu sehn, eilte Uli zum Portier, rief schon von weitem: des nouvelles? und ließ sich müde auf einen der Stühle nahe Primula nieder.

Uli troff, schien aber auf eine sonderbar verstörte Weise ihren desolaten Zustand nicht wahrzunehmen. Sogleich bildete sich zu ihren Füßen ein kleiner Teich. Sie sah so jammervoll aus, daß Primula aufstand, die Schwester sanft am Ärmel anrührte und fragte: „Uli! Was ist geschehn?"

Uli blickte die fremde Frau an. Langsam stand sie auf, wobei sie die Hände auf das Tischchen stützte, als wäre sie sonst nicht hochgekommen. Dann sagte sie und gab Primula einen Blick, der ihr wehtat: „Also kamst du doch?"

Primula spürte die Tränen. Sie fiel der Schwester um den Hals. Endlich konnte sie sprechen. „So unglücklich, Uli? So elend bist du im Exil?"

Uli schien gekränkt. Aber ihr hochmütiges Lächeln ward eine Grimasse. Die Tränen rannen ihr die Backen herunter, wie eben noch das Regenwasser.

Primula stammelte: „Was ist geschehn? Die Wahrheit, Uli! Ist Alexander...?"

Uli blickte auf den jungen Mann, rief mit einer gepreßten Stimme: „Alexander!", erkannte ihren Irrtum, verzog die Miene vom Entzücken zum Schmerz, und wieder zum Entzücken, und rief: „Woher kommst du?"

Mit Schreck und Staunen sah Cäsar die Gemütswandlungen im fremden, seltsam vertrauten Gesicht der Tante. Er hatte sie nie zuvor gesehn, oder vor langen Jahren, als kleines Kind. Er sagte: „Ich bin Cäsar."

Uli küßte ihn. Er ließ es verlegen geschehn, mit widersprechenden Gefühlen. Uli blickte ihn zärtlich an. Sie murmelte: „Mein Sohn!"

„Ich bin Cäsar!" wiederholte verlegen der junge Mensch.

„Wo ist Alexander?" fragte Primula. „Wo ist Musiek?"

„Macht ihr euch lustig?" fragte Uli.

Indes kam die Gérante des Hotels, eine hübsche Frau, mit schwarzen Locken und dem olivenfarbenen Teint der Spanierin. Sie legte die Hand auf Ulis Arm, und erklärte: pas de nouvelles. Vielleicht mit der Abendpost? Und wie ähnlich die Schwestern seien? Und auch die jungen Herren! „C'est formidable! Vraiement! C'est formidable."

„Ähnlich?" fragte Uli und schüttelte den Kopf. „Wir sind nicht ähnlich!" Damit ging sie zum Ausgang.

Cäsar erreichte die Tante unterm Torbogen. Da wandte sie sich um und rief der Gérante zu, sie gehe mit der Schwester ins Café de la Poste gegenüber, man solle sie für jeden Fall rufen. Gegenüber auf der Straße, vor einem winzigen Hotel, genannt zur Post, standen ein paar eiserne Tische mit Marmorplatten. Sogleich kam ein Kellner, brachte drei Stühle aus dem kleinen Café, trocknete mit einer Serviette, die er unterm Arm gehalten hatte, das Tischchen ab, sie bestellten was, der Kellner brachte was, sie tranken, und Uli, zwischen Primula und Cäsar, sah abwechselnd beide an.

Dann erklärte sie, schon in den Morgenblättern habe sie gelesen, Herr Ministerialrat Lust und Frau seien in Begleitung des deutschen Außenministers in Paris angekommen.

„Aber daß ihr mir Cäsar gebracht habt..." Sie nahm des Jungen Hand, wie um sie nie mehr loszulassen.

„Daß du den Mut hattest, mich aufzusuchen, Primula?"

„Nach achtzehn Jahren?" fragte Primula fassungslos. „Nach fünfzehn Jahren vielmehr."

Uli sah sie an. „Wer redet von damals? Jetzt! Was tatet ihr uns jetzt!"

Dann fragte sie Cäsar: „Und dein Vaterland? Schämst du dich nicht?"

Da fragte Primula, beängstigt: „Lebt Alexander noch?"

„Kommst du nicht seinetwegen?" fragte Uli.

„Um Gottes Barmherzigkeit willen!" rief Primula, „Sprich endlich mit Vernunft! Wo ist Alexander? Wo ist Musiek?"

„Weg!" erklärte Uli.

„Doch nicht nach Deutschland, illegal?"

„Ist noch was legal in Deutschland? Habt ihr sie schon verschleppt? Weißt du es nicht? Du weißt nichts? Kommst nicht mit Offerten? Oder Hiobsposten? Ihr seid doch Menschenhändler geworden, drüben in eurem Dritten Reich – und Kopfjäger!"

„Du tust, als liebte ich Alexander nicht? Wenn du schon kein Vertrauen in deine Schwester hast, so bist du einer Mutter Rechenschaft schuldig."

„Gott! Wie tief seid ihr gestürzt!" flüsterte Uli.

Die Schwestern sahen sich fassungslos an. Sie blickten wie in einen verzauberten Spiegel. Da saßen sie wieder beisammen. Wo war ihre schöne Jugend? Was war nicht alles geschehn?

Da saßen sie, mit Mißtraun, wie vor fünfzehn Jahren in Wien, als sie sich drei Jahre nach ihrer definitiven Trennung für ein paar Wochen wiedergesehen hatten, um zusammen zu begehn, was Uli damals eines der abscheulichsten Verbrechen in der Welt genannt hatte.

Primula blickte auf ihren Sohn Cäsar. Sah so ein Verbrecher aus? Primula war noch stolz auf ihre Tat!

„Fünfzehn Jahre!" sagte sie. „Und setzt man Beziehungen mit Menschen nach fünfzehn Jahren fort, wo man sie abgebrochen hat? So erzähle endlich!"

Sie hatte so laut deutsch gesprochen, daß zwei Franzosen, die aus dem Postamt kamen, eine laute Bemerkung machten.

Primula stand zornig auf und erklärte, sie seien Mitglieder der deutschen Delegation unter Minister Ribbentrop und Gäste Frankreichs.

Die beiden Franzosen entschuldigten sich aufs Höflichste. Nur diese Flüchtlinge seien an allem schuld. „Vous savez, ils veulent la guerre!"

„Wer mit seiner Regierung nicht zufrieden ist," erklärte der ältere Franzose, „muß nicht gleich sein Land verlassen. Das ist Übermut, n'est ce pas?"

„Die Flüchtlinge sind arm," erklärte der andre, „und stehlen unsre Arbeit, oder sie sind reich, und stehlen unsre Töchter." Die Franzosen gingen.

„Da hört ihr es," erklärte Uli. „Ihr seid die Sieger. Verloren sind wir. Warum kamst du, Primula? Kann man dir trauen? Seid ihr noch Menschen, wie sie üblich waren, die gut und böse waren, alles zu seiner Zeit, und manchmal zur selben Zeit! Versteht ihr, was man zu euch spricht?"

„Sprich auf jeden Fall!" bat Primula.

Uli erzählte, es gehe um die Papiere. Natürlich um die Papiere. Für Flüchtlinge traten sie an die Stelle des Fatums in der antiken Tragödie. Türsteher vor Konsulaten, Hilfsschreiberinnen in Polizeibüros sind die neuesten Henker von Emigranten.

Jemand hatte Musik denunziert. Man rief sie auf die Préfecture. Der Inspektor sagte: „Je suis un inspecteur spécial. Vous êtes des communistes. Voilà votre expulsion."

Als Musik leugnete, fragte der Spezialinspektor, ob sie Beweise hätten, daß sie keine Kommunisten wären? Die Ausweisung sei übrigens über jede nachträgliche Beweisführung erhaben. In zehn Tagen hätten sie in ihr Ursprungsland zurückzukehren. Als man ihm bedeutete, das meine Konzentrationslager und den Tod, zuckte er gleichgültig die Achseln, er maße sich nicht an, die inneren Verhältnisse eines fremden Landes zu beurteilen. Er wünschte, Frankreich könnte seine Kommunisten erledigen. In einem Anfall von Vertrauensseligkeit fügte er hinzu, leider sei Frankreich schwach, weil es eine demokratische Republik sei.

Der Beamte riet der Familie, sich ein Visum in ein anderes Land zu besorgen. Es gebe viele Länder auf der Welt. Peru. Oder Burma. Oder Albanien. Er rieb sich die Hände, nahm den Kneifer ab, sah sie mit kurzsichtigen Augen an. „Muß es Frankreich sein?"

Da ein Dichter, sogar ein Dichter im Exil, in der Dritten Republik mehr galt als ein Denunziant plus einem Polizeibeamten, ging Musik zu einem Minister und wurde sogleich empfangen. Vierundzwanzig Stunden später war die Ausweisung zurückgenommen.

Ein halbes Jahr später kam eine Vorladung für Musik und seinen Sohn Alexander zur Préfecture, für den andern Morgen um acht Uhr, im Zimmer 713 b, Escalier F, sich einzufinden, widrigenfalls...

Uli begleitete Mann und Sohn zur Préfecture. An der Ecke war eine Bar, von der Terrasse sah man die Seine und Notre Dame, auf dem linken Ufer die Kuppel des Panthéon, und den Boulevard St. Michel. Bei einem Café Crème saß Uli eine Stunde, und dann viele Stunden.

Mittags ging sie in die Préfecture, Zimmer 713 b, Escalier F. Der Beamte erklärte, es sei in Ordnung, sie solle ruhig nach Hause gehn. Als sie um eine genauere Erklärung bat, antwortete er, es sei lediglich eine Sicherheitsmaßnahme. In paar Tagen würden alle entlassen werden. Als Uli fragte, was ihr Mann oder ihr Sohn begangen hätten, erklärte der Beamte, nichts. Als Uli schrie, man dürfe in einem zivilisierten Lande keine Unschuldigen verhaften, versicherte der Beamte, sie seien nur vorbeugenderweise festgehalten mit paar Hundert andern Terroristen, nur während des Aufenthalts des deutschen Außenministers. Und als Uli fragte, was sie mit Ribbentrop zu tun hätten, gestand ihr der Beamte, die deutsche Botschaft habe der Pariser Polizei eine Liste der unzuverlässigen Deutschen in Paris zukommen lassen, und der Innenminister Sarraut wolle keine Attentate, er hätte von dem Attentat in Marseille gegen den jugoslawischen König und Barthou gerade genug. Madame solle sich keine Sorgen machen. Die Herren Terroristen ließen sich von den besten Restaurants der Umgebung verpflegen, und Wein, und Zigaretten, ein feines Leben! Als Uli um die Erlaubnis bat, ihren Mann oder ihren Sohn für eine Minute zu sprechen, sie nur von ferne sehn zu dürfen, erklärte der immer freundliche Beamte, das sei schon ganz ausgeschlossen, und als Uli ihm schwor, in ihrer Familie habe es noch nie Terroristen gegeben, fragte er, ob sie schon einen Terroristen gesehen habe, der es der Polizei sage, daß er ein Terrorist sei?

Uli fühlte Wut und Scham, und die ganze Kränkung. Sie lief zum Minister. Sein Sekretär empfing sie verlegen, der Minister war überlastet! Dann traf Uli Emigranten, deren Verwandte im Polizeipräsidium festgehalten wurden, und die aus bester Quelle erfahren hatten, Ribbentrop hätte die Auslieferung aller festgenommenen Flüchtlinge deutscher Abkunft verlangt, und Bonnet hätte sie zugestanden. Das ist gegen die Humanität! rief Uli entsetzt. Ihre Freunde sahen sie mit kuriosen Blicken an, und Uli schämte sich ihrer naiven Worte.

„Hat man Musiek und Alexander schon den Nazis ausgeliefert?" fragte sie ihre Schwester. „Kamst du, um mir das – natürlich schonend – beizubringen?"

„Lust wird morgen zu Bonnet, oder seinem Kabinettschef gehn," antwortete Primula mit einiger Selbstbeherrschung. „Es wird ihn nur ein Wort kosten, um seinen Schwager und seinen ... Neffen freizubekommen."

Uli sah Primula an, als glaubte sie ihr nicht.

Ehe Uli antworten konnte, stand ein sehr schlanker Herr am Ende seiner besten Jahre vor ihr, er trug den braunen Mantel lose über den Schultern, und war ohne Hut, aber mit einem Degenstock bewaffnet. Mit seinem blonden, hängenden, zerkauten Schnurrbart, mit seinen scharfen, blauen Augen, seinen seidig dünnen, wie beschwingten Haaren, trug er eine gewisse poetische Würde und viel zu enge Hosen für seine dünnen Beine.

Uli fragte: „Ist es schicklich, Sie bekannt zu machen? – Das ist Josef Wunder, den die Nazis lieber verbrannt hätten als seine Artikel und Bücher – meine Schwester Primula, die Frau des Ministerialdirektors Lust, aus dem Berliner Propagandaministerium!"

Wunder strich seinen hellblonden Schnurrbart, wie um sein Lächeln fortzuwischen. Er sagte: „Mais je suis enchanté, mon cher Alexandre, de vous revoir. Et votre père, est-il libre?"

„Musiek ist noch in Haft! Das ist mein Neffe Cäsar Lust!"

„Quelle ressemblance! On dirait des frères jumeaux!" sagte Wunder, der eigensinnig fortfuhr, französisch zu sprechen.

„Keine Zwillinge!" rief mit plötzlicher Erregung Uli. „Es sind Vettern!"

„Ich bitte um Vergebung! Ich sprach gestern mit Grumbach und Crémieux. Beide sind empört über Musieks Festhaltung. Grumbach will als Vorsitzender des Auswärtigen Ausschusses der Kammer im Parlament intervenieren. Das ist löblich, aber nicht eilig. Crémieux hieß es zweimal einen Skandal, wohl in seiner Eigenschaft als Sekretär vom P.E.N. Club, und als Attaché für die Auswärtige Presse im Quai d'Orsay; er versprach eine Intervention von Jules Romains, dem Präsidenten vom P.E.N. Club beim Innenminister; Jules Romains ist ja ein guter Freund von Minister Sarraut. Crémieux will Sie sehn. Er sagte, Musiek sei einer der besten deutschen Dramatiker, und eine der nobeln Figuren unserer Zeit. Natürlich könnte Grumbach zu Bonnet gehen. Aber Grumbach ist Jude. Angesichts des Skandals, daß Bonnet zu dem offiziellen Diner für die deutsche Delegation die jüdischen Minister einzuladen vergessen hat, mag er es nicht tun. Grumbach und seine Frau erwarten uns im ‚Deux Magots'. Später nehmen wir ein Taxi zum Quai d'Orsay. Aber haben Sie Zeit? Ich kann auch allein gehn."

Uli stand schon auf.

Wunder winkte einem Taxi. Uli sah Cäsar und Primula an, und brach in Tränen aus. „Das Herz ist mir so schwer. Wärst du nur besser, Primula! Und was habt ihr aus Cäsar gemacht? Und sehe ich euch wieder?"

„Morgen um elf Uhr sind wir alle, alle im Hotel Foyot!" versprach Primula.

„Ach!" sagte Uli und hob ihre Hand mit einer jämmerlichen Geste der Hoffnungslosigkeit. Dann stieg sie ins Taxi.

Als Cäsar und Primula in den Jardin du Luxembourg eintraten, fragte er: „Ist dieser Wunder wirklich ein großer Dichter?"

Aber Primula blickte aufs dürre Gras, und die Häuser am Rand des Parks. In den Alleen sah man Statuen und Liebespaare. Einsame Studenten erwogen die Gründe der Welt oder die Aussichten ihrer Examina. Hübsche Studentinnen standen nachdenklich vor nackten Faunen in Erz. Den leeren Eingang zum Senat bewachten drei Soldaten mit aufgepflanzten Bajonetten. Am winzigen Teich ging, die Hände auf dem Rücken, ein kleiner Junge auf und ab, vielleicht drei Jahre alt, mit dem vergrämten Ernst eines vom Leben enttäuschten Greises.

Primula und Cäsar erstiegen ein paar Stufen und gewahrten einen Säulentempel.

Primula trug vor: „Das Panthéon. Soufflot hat es gebaut. Das dankbare Vaterland hat es seinen großen Männern gewidmet. Aber es ist kein Prytaneion, um da auf Staatskosten zu fressen und zu saufen. Es ist ein Friedhof für große Männer. Da liegt Victor Hugo begraben, auch Emile Zola, und andere der Sorte. Beneidest du einen?"

„Ich beneide den dreijährigen Jungen drüben am Brunnen – er wird wahrscheinlich sechzehn Jahre länger leben als ich!"

„So gern lebst du?" fragte Primula. Sie musterte ihn. So gern lebt er also!

Sie verließen den Garten und kreuzten den Platz gegen die Verkehrsregeln. Ein Flic pfiff. Ein Auto stoppte. Sie liefen zur Capoulade am Eck vom Boulevard St. Michel.

Mutter und Sohn gingen am großen Büffet vorbei, wo die Eiligen oder Billigen standen, und ließen sich im mittleren Raum nieder. Auf drei Seiten waren große Wandspiegel, durch die Fensterscheiben sah man die Terrasse.

Sie tranken ihren Café Crème, und musterten die Gäste, Studenten aus vielen Provinzen Frankreichs und Emigranten aus aller Welt, die Mädchen vom Quartier, und Leser der „Action Française", und die Verkäufer von Cacahuètes, meist algerische Araber, im Dienst des deuxième bureau.

„Du bist alt genug," sagte Primula, „um meine Geschichte zu hören."

Cäsar lächelte zwei Mädchen zu, die neben der Mutter saßen, und im Spiegel mit ihm kokettierten. Er fragte zerstreut: „Eine komische Geschichte?"

„Es ist deine Geschichte!"

Primula begann natürlich mit ihrer Geburt, kam langsam zur Geburt ihrer Zwillingssöhne und zu Heilung und Tod der Großmutter, und zum schrecklichen Ende der Familie König. Sie erzählte, wie die Schwestern nach dem Kapp-Putsch auseinandergingen, jede mit ihrem Mann und einem Zwillingsknaben, im Jahre 1920.

Musik war mit Uli nach Wien gezogen. Er wurde Dramaturg an einer Wiener Bühne.

Lust war Chefredakteur der „Berliner Börsenzeitung" geworden. Als in der Hölle der Inflation ein Dollar zehn Millionen Mark und bald darauf hundert Millionen kostete, bekam Lust das Leben in Deutschland satt und ging als Korrespondent der „Kölnischen Zeitung" nach New York, für ein Jahr.

Primula ging für ein halbes Jahr auf Tournee, in der Schweiz, und Holland, Schweden, Norwegen, und Dänemark, und verdiente Devisen. Ihr Kind hatte sie in ein Heim gegeben, in einem Tal in Südbayern, wo es noch Milch und Butter und Eier gab, und Bergluft.

Als sie heimkam, und ihren Sohn nach Berlin holte, kannte er sie nicht wieder, und wollte sie nicht küssen, und nicht mehr Mama sagen. Mit drei Jahren war er eigensinnig wie ein alter Esel. Sie schenkte ihm alle Sorten Spielsachen, man konnte damals mit Devisen in Deutschland kleine Städte kaufen, sie kaufte ihm sprechende Puppen, die alle Mama sagen konnten, aber ihr Sohn lernte von keiner Puppe. Sie machte ihm Szenen wie einem Geliebten. Einmal schlug sie das Kind sogar. Da sah das Kind sie nur an, bis sie zu weinen anfing. Dann kam das Kind und streichelte sie mit seinen schmutzigen Händchen.

Da zog sie das Kind an sich und sagte: „Glaube mir doch, Kind! Ich hab' dich lieb. Sag' endlich Mama! Sag' Mama zu mir!"

Aber der kleine Junge stampfte mit dem Fuß auf und schrie. „Ich will ins Heim zurück. Zur Vroni! Die ist meine Mama!"

Dort in Oberbayern gab es nämlich eine alte Köchin, Vroni, eine Bauerstochter, und fett.

Primula engagierte das teuerste Kinderfräulein mit Diplomen und einem magern Busen. Das Fräulein war nüchtern wie ein Berliner Pastor, und ohne einen Hauch von Mütterlichkeit. Primula wollte keine neue Konkurrentin haben. Sie ging mit dem Kind zu Kinderärzten, die sprachen kindischer als der dreijährige Junge, zu Kinderpsychologen, die ihr von den Primitiven und der Mythologie der

Frühkinderzeit erzählten, sie besuchte Psychoanalytiker und schämte sich vor dem Kind, wegen der supponierten Zoten, sie fuhr zu Professor William Stern, dem Kinderpsychologen in Hamburg, und zahlte vierhundert Mark für anderthalb Stunden Unterhaltung mit dem großen Mann. Erst in Berlin fiel ihr ein, daß sie vergessen hatte, nach des Professors Meinung über ihren Sohn zu fragen.

Primula wollte schon nach New York telegraphieren, Lust solle sein Engagement abbrechen. Da las sie in der „Berliner Zeitung am Mittag", daß Musek zur Uraufführung seines neusten Stücks nach Zürich gefahren sei.

Sogleich packte sie ihr preußisches Kinderfräulein, ihr Kind und einen Schrankkoffer und fuhr nach Wien.

„Eine Reise nach Wien, weil ich nicht ‚Mama' sagen wollte?" rief lachend Cäsar.

„Du?" fragte Primula, wie aus einem Traum erwachend. „Du warst immer ein guter Sohn!"

Sie war damals im Hotel Imperial abgestiegen, und hatte im Telephonbuch Ulis Adresse, und vor dem Hotel eine Kutsche mit einem alten Gaul gefunden. Es war gegen vier Uhr nachmittags, an einem windigen Tag im Oktober 1923. Die Bettler kamen von ihrer Jause kompanienweise zu den reicheren Straßen zurück; die Schulkinder kehrten mit schwingenden Ranzen heim; neben Älplern in kurzer Wichs gingen Juden mit langen Bärten; Zeitungsfrauen schrien; Passanten niesten. Der Kutscher kannte nur eine Pflicht: sein Pferd zu schonen. Er fuhr so langsam, daß ihn alle Schulkinder überholten. Einmal versuchte das Pferd zu wiehern, darüber bekam es einen Hustenanfall, als sollte es auf der Stelle sterben. Primula sprang erschrocken aus dem Wagen, und sah, wie dem greisen Gaul dicke Tränen aus den gequollenen, mit einem gelben Schleim überzogenen Augen rollten.

Der Gaul weinte. Inmitten dem hungernden Wien der Inflation schien der weinende Gaul ein Symbol. Sie empfand eine steigende Erbitterung über sich, über die Unfähigkeit der Leute, anständige Verhältnisse zu schaffen, und besonders über Uli, die Kindsräuberin!

Indes zog der Gaul wieder an, und Primula betrachtete die prächtigen Paläste und das raschelnde Laub auf den Alleen. In einer verschlafenen Villenstraße hielt der Gaul von Neuem. Sie waren angelangt.

Ein Zimmermädchen mit einem weißen Häubchen öffnete, stutzte, fragte, ob die Gnädige Frau..., und erkannte an den unbekannten Kleidern ihren Irrtum. Primula erklärte, sie sei die Schwester der Gnädigen Frau.

„Ja freilich!" sagte das Stubenmädchen und führte sie ohne weiteres in die Kinderstube.

Vor einem Wandspiegel stand auf einem Stuhl ein kleiner blondlockiger Junge in einem blauen Samtanzug und hielt einen drolligen und emphatischen Vortrag. Vor ihm waren sechs oder sieben Stühle in einer Reihe aufgestellt, darauf saßen die Zuhörer: das junge Kinderfräulein, zwei große Puppen, ein Zottelbär, ein Gaul und ein Hund aus Leder.

Das Knäblein hielt offenbar eine Sonntagspredigt. Als er Primulas erstauntes Gesicht sah, unterbrach er den Sermon und sagte: „Mammi, du weißt, ich bin Hochwürden Pfarrer Johannes Gschwandner!" – „Ich weiß!" antwortete Primula, und spürte den Schmerz, daß dieses Kind sogleich Mama gesagt hatte, daß es so wohlerzogen und klug war, und viel schöner, als jenes Kind, das sie im Hotel Imperial mit dem Berliner Kindermädchen zurückgelassen hatte. Ihr kam vor, als hätte Uli sie mit Absicht betrogen, ihr das schlechtere Kind zugeschoben. Das, spürte sie, war ihr echter Sohn, das heißt, beide waren natürlich ihre Söhne, aber dieser war der wohlgelungene, der unverdorbene. Nie hatte ihr Junge wie Hochwürden Pfarrer Gschwandner zu predigen versucht. Das war ihr Blut! Ihr Fleisch! Den hatte man ihr gestohlen.

Sie erwog aberwitzige Pläne, wie sie den kleinen Jungen unter einem Vorwand in ihr Hotel schaffen würde, ihn gegen den andern Jungen, den schlechtern eintauschen möchte. Da sie eben entschlossen war, die Räuber-Vision wahrzumachen, verließ der kleine Junge seinen Stuhl und näherte sich der ‚Mammi', musterte sie von unten her genau und rief: „Du bist nicht meine Mammi. Aber wer bist du?"

– „Deine Tante." – „Ich habe keine Tante!" – „Siehst du nicht, daß ich wie Mama aussehe? Ich bin die Schwester von Mama." – „Mammi hat keine Schwester!"

Mit definitivem Triumph patschte der kleine Knabe in die Hände. Da kam endlich Uli. Damals hatte sie die Schwester besser empfangen.

Es gibt eine Art der Freude, der man nicht widerstehen kann. Uli war überzeugt, Primula sei gekommen, um sich zu versöhnen, und Uli erzählte, nur diese Versöhnung habe ihr zum vollen Glück gefehlt. Als Uli vernahm, das Kind der Schwester sei im Hotel Imperial, setzte sie ihren Hut wieder auf und zog die Schwester mit sich ins Hotel. Als Primula auf ihre Frage, warum sie das Kind nicht gleich mitgebracht hätte, die zweideutige Antwort gab, du wirst es noch lange genug sehn, glaubte Uli, Primula wolle nun während Lusts Abwesenheit wieder mit ihr zusammenleben, und schmiedete schon vergnügte Pläne.

Naiv begann sie, von Musik zu schwärmen, was für ein großer Dichter, welch guter Mensch er sei!

Bald merkte sie, daß Primula nicht zuhörte. Uli beschwor sie, zu ihr zu ziehn. Drei Tage lebten sie beisammen. Uli erzählte dreimal am Tag, es sei wieder wie in den guten alten Zeiten. Primula begann, Uli, die Kindsräuberin, zu hassen. Sie wälzte neue Pläne. Ulis Kind entführen? Die Kinder tauschen? Lust war in Amerika. Würde er zurückkehren? Er sagte, Deutschland werde ein Sowjetstaat werden, reguliert und seelenlos. Amerika, schrieb er begeistert, ein neuer Kontinent und neue Menschen! Der breite Reichtum. Sollte er mit Agenten sprechen? Sie könnte am Broadway spielen?

Uli, mit ihrer Affenliebe, wäre dem Mann natürlich nachgereist; sie hätte ihn vielleicht gar nicht allein fahren lassen! Die liebende Egoistin! Da hatte Uli einen Mann. Schon war er ein großer Mann. Er schrieb. Schon war er ein großer Dichter. Und ihr unverschämtes Glück! Natürlich hatte sie den bessern Sohn! Aber war Natur nicht berechenbar? Zwillinge – aber schau sie schärfer an! Den Bessern hatte ihr die Schwester entwendet...

Am Morgen des dritten Tages hielt Primula es nicht aus. Sie traten ins Kinderzimmer, bereit zum Morgenspaziergang. Der eine Knabe lag am Boden und weinte, über ihn gebeugt standen die beiden Kindermädchen, die Wienerin und die Berlinerin, in Tränen. Der andre Knabe warf, von einem Stuhl gedeckt, die seltsamsten Wurfgeschosse gegen den Bruder und die Mädchen, Bauklötze, Kinderlöffel, Bilderbücher, Eisbären, Sandschaufeln, Kinderschuhe, wo kam der Vorrat her?

Uli lachte. Aber Primula kamen die Tränen. Sie sah auf den ersten Blick: Ihr Sohn war der Wüterich, natürlich! Sie war verzweifelt.

Noch jetzt, im Café Capoulade, sah Primula, nach fünfzehn Jahren, eingedenk der Szene im Kinderzimmer, verzweifelt und zornig aus, als wären ihre Wunden frisch.

Damals war ich feig! – erzählte Primula ihrem Sohn. Statt beide Söhne wegzutragen, sagte ich zu Uli nur: Wir tauschen!

Sie sah mich an, als hätte ich den Verstand verloren. Tauschen, sagte sie. Aber es sind keine Bücher aus einer Leihbibliothek.

Du willst nicht? fragte ich drohend.

Das kannst du nicht... sagte sie. Sie sah mich an, als wolle sie mich um die Ecke bringen.

Vierundzwanzig Stunden lang stritten wir, mit Tränen und Geschrei. Uli küßte mir die Hände und die Füße. Gleich darauf schwor sie, sie gehe vor Gericht! Wir sind Mörderinnen, sagte sie. Man muß uns ins Gefängnis schicken. Unsere Männer werden uns für toll halten.

Weiß ich, ob Lust zurückkommt, fragte ich.

Aber Musiek! rief sie.

Ich hasse ihn! sagte ich. Dich hasse ich auch! sagte ich.

Schließlich sah Uli ein, daß es ernst war. Sie weiß, wessen ich fähig bin. Von Beruf bin ich Komödiantin. Aber ich bin immer bereit, mein Leben in die Wagschale zu werfen. Uli sagt, im gewöhnlichen Leben seien heroische Naturen fürchterlich. Aber bereust du dein Leben, Cäsar? Möchtest du lieber Ulis Sohn sein, ein Emigrant ohne Zukunft und nur seiner künftigen Gefängnisse sicher?

Einmal zu diesem Kindertausch entschlossen, waren wir beide

einig, ihn proper durchzuführen. Wir rüsteten uns wie für einen Mord, der verborgen bleiben sollte.

Ich zahlte meinem Kinderfräulein das Gehalt für drei Monate und kaufte ihr eine Fahrkarte zweiter Klasse nach Berlin. Das Gehalt nahm sie, die Fahrkarte lehnte sie ab. Sie blieb in Wien, um den Direktor vom Hotel Imperial zu heiraten. Es war eine Liebesehe, er war reich, sie war brotlos. Übrigens sah ich nie eine so rasche Verwandlung eines Menschen. Die kesse Berlinerin, die wie eine Dampfmühle aus Treptow sprach, ward von einem Tag zum andern rundlich, mit Hüften, Waden, Busen, sprach wienerisch und war, wie sie errötend gestand, wirklich in Linz geboren.

So schnell ändert man Menschen?

Auch Uli entließ ihre Mädchen. Alle hatten Tränen in den Augen, Uli, Ulis Sohn, und die Mädchen.

Danach fuhren wir mit den beiden Bübchen zum Wolfgangsee, in ein einsames Gasthaus, hinter St. Gilgen, es regnete vier Wochen lang, wir aßen Geselchtes und Lachsforellen, und zogen uns gleich an, frisierten uns gleich, und lernten wieder, eine wie die andere zu sprechen, im selben Tonfall und Dialekt.

Nach vier Wochen war – wie Uli sagte, das teuflische Zauberstück gelungen. Niemand kannte uns auseinander, nicht einmal die Knäblein. Es war wie in den guten alten Tagen.

Danach gingen wir auseinander, Uli mit meinem Knäblein, ich mit ihrem.

Und sag' selber: Hatte ich nicht recht?"

Cäsar begann stürmisch zu lachen. „So bin ich also mein Bruder, und eigentlich Ulis Sohn? Und sollte gegen Hitler kämpfen, und gegen Vater?"

„Du vergißt, daß ihr beide meine Kinder seid."

„Ja, aber dann ist Alexander mein Bruder?"

Man war auf sie aufmerksam geworden. Sie gingen zum Panthéon und bewunderten die kleinen Buchläden, die steilen Gassen, die schmutzigen Hotels und Bars. Sie gingen ins Panthéon und bald wieder heraus, und zum Montparnasse. Sie setzten sich auf die Terrasse vors Café du Dôme, und tranken einen französischen Vermouth.

Dann setzten sie sich auf die Terrasse vom Coupole, und tranken einen italienischen Vermouth. Cäsar fragte seine Mutter: „Du kamst also nach Paris, um Alexander nach Berlin zu entführen?"

Primula lachte, als wäre alles schon abgetan.

„Und hast du uns öfter vertauscht?" fragte Cäsar.

„Später hättet ihr einen Tausch ja gemerkt."

„Haben wir ihn vergessen?"

„Natürlich. Uli und ich sind Zwillinge. Und Lust war schon ein Jahr lang in Amerika. Als er zurückkam, hattest du Musiek vergessen, du warst schon vier Jahre alt, ein großer Knabe. Du und Alexander, ihr seid ja gleichfalls Zwillinge, vergiß nicht! Als Lust dich aufhob, und ich sagte, da ist Papa! – da weintest du, natürlich. Schließlich sagtest du doch Vati zu ihm."

„Ich sagte nie: Papa!"

„Nein – wozu auch?"

Cäsar und seine Mutter gingen ins Café Select, wo Mädchen mit Mädchen saßen, und Männer mit Jünglingen, die Jünglinge wollten wie Mädchen, die Mädchen wie Männer aussehn. Da tranken sie einen Pernod, eine milchige Flüssigkeit mit Karbolgeschmack. Dann gingen sie ins Rotonde; an den Wänden hingen schlechte Bilder, an den Tischen saßen schlechte Maler, zwischen Huren, Polizeispitzeln und Japanern. Dort tranken Mutter und Sohn einen Café noir. Dann gingen sie zum Boulevard Raspail und sahn sich die Statue von Rodin an, der einen dicken Mann in steinerne Leintücher gewickelt und Balzac geheißen hatte. Sie gingen zum Boulevard St. Germain, wo Diderot sitzt, mit der Feder in der Hand, der große, teure Diderot. Gegenüber der Kirche St. Germain des Prés tranken sie auf der Terrasse vom Deux Magots einen Pernod und sahn den dicken Derain mit jungen Männern, seinen Schülern, und Picasso mit seiner hübschen Frau, und den Russen Ilja Ehrenburg und den Rumänen Tristan Tsara, mit seinem Ruhm und seinen Gedichten in der Tasche. Sie setzten sich nebenan vors Café de Flore, zwischen junge Amerikanerinnen, wieder saßen Picasso und Derain und Tsara herum, und Hemingway und André Gide und Heinrich Mann.

Mutter und Sohn tranken ein Glas Rotwein und fuhren ins Ritz.

Sie zogen sich um, gingen ins Café de Paris essen und in die Opéra, für einen Akt, dann kehrten sie zum Ritz zurück. In der Halle saß schon Lust in strahlender Laune. Die Weltgeschichte war ein kolossaler Spaß. Und auch Primula und Cäsar hatten eine Geschichte zu erzählen...

Uli war indes mit Wunder ins Deux Magots gefahren. Das Kaffeehaus hatte eine literarische Tradition, seit Anatole France dort Stammgast gewesen war. Hinter der Bar stand wie in allen französischen Cafés die Batterie der bunten Flaschen mit den hundert verschiedenen Likören. Davor stand die Kassiererin und empfing von den Kellnern die Marken und die lauten Bestellungen.

Auf einer Säule standen die zwei vergoldeten Götzen, die deux magots. Das halbe Kaffeehaus kannte sich, die Professoren der nahen Universität grüßten die emigrierten Literaten aus Berlin und Wien, spanische Republikaner im Exil diskutierten mit Antifaschisten aus Florenz und Rom. Da saßen der Maler Chagall und Jean Giraudoux und Jules Romains, der Graf Sforza und der ehemalige Reichskanzler Joseph Wirth, Honegger und Maillol, Ernst Toller und Madariaga, Gregor Strasser und Rauschning.

Der Chefchirurg vom Universitätskrankenhaus kam zweimal täglich hin, nachmittags mit seiner Frau, abends mit seiner Geliebten; er hatte einen grauen Bart und schwermütige Augen, seine großen Hände lagen wie müßige Werkzeuge auf dem kleinen Tisch. Der alte Zahlkellner Victor – mon cher Victor! – mit den Händen unter seiner weißen Kellnerschürze, in seinen alten Augen ein lustiges Glitzern, sah zu, wie der große österreichische Dichter Joseph Roth, der größte Trinker seiner Zeit und ein meisterlicher Flucher, trank und fluchte, besonders auf die deutschen Diktatoren, die ihn und die Humanität aus dem Reich gejagt hatten. Vor dem Dichter standen fünf, acht, zehn, immer mehr Untertassen, mit den aufgemalten Preisen der konsumierten Getränke.

Um ihn herum saßen ein katholisch gewordener Rabbiner aus Pressburg, ein jüdischer Theaterkritiker aus Frankfurt am Main, mit einem Löwenhaupt und einer Löwenmähne und einer Löwenstimme, und ein sarkastischer Feuilletonist aus Wien, mit einem ungedruckten Roman, ein verkanntes Genie, seiner eigenen Meinung nach, und eine kleine Schauspielerin aus Frankfurt mit langen ausdrucksvollen Beinen, die vor zehn Jahren mit dem Dichter geschlafen hatte, und die weiße Frau eines Negerkönigs, die dem Neger entlaufen und des Dichters Freundin war, schön wie der Tag und witzig wie ein Ausländer, samt ihren zwei halbwüchsigen und theaterfreudigen Negerkindern Manga und Tüke.

Beide Wiener Dichter, Wunder und Roth, glichen einander bis zu einem gewissen Grad, sie hatten dieselben gelblich zerkauten Schnurrbärte, dasselbe betrunkene schwimmende Glitzern in den blauen Augen, dieselben großen Grundsätze im edlen Herzen, dasselbe gute menschenfreundliche Lächeln und Handeln, dasselbe poetische Feuer, einen ähnlichen ätzenden Witz, die gleichen viel zu dünnen Beine in zu engen Hosen, dieselben dünnen blonden Haare, das gleiche gütige Fuchsgesicht, dieselbe trunkene Weisheit. Aber Wunder war um zwanzig Jahre älter, und das Alter hatte seine Maske so überecht gemacht, daß sie schon theatralisch wirkte.

Wunder und Roth winkten einander auf dieselbe wunderhöfliche altmodische Weise zu. Und Roth stand langsam und würdevoll auf, küßte Uli die Hand, begrüßte Wunder, indem er ihm eine Minute lang die Hand schüttelte, wobei beide sich verneigten und kleine formvolle Kratzfüße machten und selig lächelten, dann ging er mit einem steifen, halbmilitärischen Gang ganz ohne Schwanken zu seinem elften oder zwölften Likör, und zu seinem Manuskript zurück; denn er schrieb alle Tage, vom späten Morgen bis Sonnenuntergang, und nur im Kaffeehaus, mit seiner zierlichen und geistreichen Schrift.

Der Deputierte Salomon Grumbach, ein kleiner kahlköpfiger Mann mit sehr gescheiten, munteren Augen und einer großen lachenden Frau, schwor der zitternden Uli, an dem Gerücht von der Auslieferung sei nichts, absolut nichts Wahres. Eher würde Frankreich eine Provinz aufgeben, als das heilige Asylrecht. Freilich sei es eine Schande, daß ein exzellenter Poet wie Musik so unwürdig behandelt wurde. Er habe mit dem Kabinettschef von Daladier gesprochen, und der Kabinettschef habe keinen Anstand genommen, es eine Schande zu heißen. Man solle nur noch zwei Tage Geduld haben. Die Polizei sehe schon überall künftige Attentate. Bonnet versprach sich Wunder von einer Unterhaltung mit Ribbentrop. Was kam heraus? Nur Schande für Frankreich. Aber die französische Armee sei die beste und stärkste der Welt. Daladier sei von der Volksfront enttäuscht, er suche eine Mehrheit rechts, gegen Flandin und Reynaud. Laval war der schlimmste Verräter, und sei bezahlt von Mussolini. Wenn die englischen Minister wenigstens so gescheit wären wie Duff Cooper oder Winston Churchill! Der Krieg in China. Die Moskauer Prozesse. Die Besetzung des linken Rheinufers...

Uli hörte die abstrusen Namen der europäischen Tagespolitik, Benesch und Göring, Franco und Chamberlain... Lauter arme Menschen, dachte sie.

Wunder fuhr mit ihr zum Quai d'Orsay. Der Fahrstuhl brachte sie in den fünften Stock, zur Presse étrangère.

Monsieur Benjamin Crémieux empfing sie sogleich. Er trug den schwarzen seidigen Bart eines assyrischen Königs und hatte die mandelförmigen Augen eines Berberhäuptlings, und die eleganten Formeln eines Nachfolgers von St. Beuve.

Er kam ihnen mit ausgestreckten Armen entgegen. Madame!

Cher ami! Er schickte die Sekretärin hinaus und schob seinen Stuhl vom Schreibtisch weg, grad vor seine Gäste. Was kann ich für Sie tun?

„Der Präsident," sagte er und strich lächelnd seinen Bart. Seine roten Lippen leuchteten wie Lack. (Es ging diesmal um den Präsidenten des P.E.N. Club). Le cas de notre cher confrère Musiek! Cet excellent écrivain réfugié Allemand. Cest une honte! C'est abominable! Monsieur Jules Romains lui-même... Il est l'ami de M. le président Sarraut..." (Sarraut war ein früherer Ministerpräsident und gegenwärtig der Innenminister.) Notre ministre de l'intérieur éstime surtout les peintres modernes..."

Jules Romains werde übermorgen den Präsidenten (Minister Sarraut) ausdrücklich wegen Musiek aufsuchen und nicht ohne Musieks Entlassung fortgehen. M. Romains war empört. Der Präsident (des P.E.N. Club) hieß es eine Schande.

Crémieux bot Zigaretten an. Seit der Ermordung Barthous gebe es keine selbständige französische Außenpolitik.

„Zu wenig Flugzeuge!" erklärte Wunder.

„Unsere Armee ist die beste der Welt!" versicherte Crémieux. Die Rechte sei gemütlos, die Linke kopflos. Lieber Hitler als Blum, hieß es rechts. Stalin hat immer recht, hieß es links. Dieser peinliche Nazibesuch werde Frankreich seine letzten Verbündeten kosten. Dann sprach er vom Theater in Deutschland, und wie sehr er das neuste Stück von Musiek bewundere.

Wunder hieß die französische Literatur groß und charmant. Vielleicht fehle aber das Bewußtsein, daß der Henker schon intra muros stehe.

„Der Krieg?" fragte Crémieux.

„Der Bürgerkrieg im Sold Hitlers!" antwortete Wunder. „Die französische Gesellschaft bricht in Stücke. Sie wird kein Kunstwerk mehr, sondern nur Ruinen schaffen. Frankreich ist blind, la pauvre France!"

„Sie sind ein Pessimist?" fragte Crémieux und lächelte, als könnte man es nur im Scherz sein.

Wunder nahm ein Stück seines gelblichen Schnurrbarts in den Mund und kaute daran.

„Wir sind alle nur Schatten," versicherte er, „wir leben im Hades, wie mein Freund Joseph Roth sagt, und wissen es nur nicht. Tote Akteure, agieren wir unser voriges Leben fort.

Manchmal nachts spüre ich den Geschmack des Totenpfennigs im Mund. Dann merke ich, daß wir schon auf dem Acheron fahren, und ich zittre vor den drei Totenrichtern. Manchmal sehe ich mich schon auf der route nationale, vor mir wie Büffelherden Autos auf der Flucht, vom Himmel herab die Naziflieger, erst mit Bomben, dann mit Maschinengewehren. Aber das sind Reimiszenzen aus dem spanischen Bürgerkrieg."

„Waren Sie im Weltkrieg?" fragte Crémieux.

„Zweiundeinhalb Jahre an der Front!" erwiderte Wunder.

„Ich war drei Jahre an der Front!" Crémieux begleitete sie zur Treppe. Den ministeriellen Fahrstuhl durfte man nur aufwärts benutzen.

Wunder und Uli mußten zur Rue Royale einen Umweg machen, die Place de la Concorde war abgesperrt, um das Leben des Ribbentrop zu schützen.

Wunder versicherte Uli, er liebe die Place de la Concorde, mit dem Obelisken, vor dem die Pariser sich einst gefürchtet hatten, weil man unter ihm einen Skorpion gefunden hatte; die Pariser sahn schon bald tausende Skorpione ausschwärmen, sie erinnerten sich ans Ungeziefer in Ägypten, das die lokalen Zauberer dem Moses nicht hatten nachmachen können.

„Sehn Sie nur," bat Wunder, „wie groß der Platz ohne die Bienenschwärme der Autos aussieht. Als Maurois einmal nach England fahren wollte, sagte ihm Poincaré, ein Franzose höre auf, vernünftig zu sein, sobald er die Place de la Concorde verlasse!"

Uli und Wunder setzten sich auf die Terrasse des Café Weber. Sie tranken einen Marc d'Alsace.

„Haben nur noch Nazis Einfluß in Europa?" fragte Uli, und erzählte vom Angebot Primulas, zu Bonnet zu gehn, um Musik und Alexander zu befrein.

Wunder begann zu lächeln, ein trübes Lächeln, statt Tränen.

„In dieser absurden Welt," sagte er, „fürchten die Opfer von morgen keinen mehr als die Opfer von gestern. Und ihre geheimen Sympathien gehören der Macht. Noch vor dem kleinsten Agenten von Hitler haben sie Respekt. Das ist der Lauf der Welt. Wir werden keine bessere sehn."

„Ich zweifle nicht am Erfolg meines Schwagers Lust bei Bonnet. Aber was wird Musik sagen? Ist die persönliche Freiheit jedes Opfer wert? Ich sagte meiner Schwester: Ein deutscher Emigrant darf vom Teufel Hilfe akzeptieren, aber von keinem Nazi!"

Wunder trank einen Marc de Bourgogne und ließ sich von Ulis moralischen Sätzen verführen, ihr nicht zu widersprechen, wie ihr Herz wünschte. Er brachte die Vokabel, die man für anderer Leute Unglück parat hält: Geduld.

„Als ob die Zeit nicht alles schlimmer machte!" rief Uli, die natürlich in Zorn geriet. „Statt Wunden zu heilen, tötet die Zeit. Diese eiserne Ration professioneller Philanthropen – Geduld – ist wirklich wie aus Eisen, hart und ungenießbar."

Nichts liebe sie an Musik mehr, als seine unheilbare Ungeduld, vor jedem neuen Unrecht, vor jeder zu Jahren gekommenen Dummheit, vor der unbelehrbaren Grausamkeit der Völker.

„Geduld!" rief sie. Jeder Betrüger predigt Geduld; der verspricht seit zweitausend Jahren den Himmel; der seit gestern Altersrenten. Die Reichen predigen den Armen Geduld, der Mächtige dem Schwachen, der Glückliche dem Verzweifelten, der Unwillige dem Hilfe flehenden!"

Wunder küßte Ulis Hand. „Darf ich Sie also vors Hotel ihrer Schwester bringen?"

Uli hatte vergessen, die Schwester nach ihrer Pariser Adresse zu fragen.

Wunder sah auf die Uhr. Das Ministerium war schon geschlossen. Er versprach, am andern Morgen die Adresse Lusts von Crémieux zu erfragen, und um elf Uhr in der Halle vom Hotel Foyot mit der Adresse auf Uli zu warten.

Er erklärte ihr, als sie heimgingen, das eben sei die Schwäche der Guten, daß sie nicht so skrupellos handelten wie die Bösen.

Uli war im Hotel zum Portier gelaufen, nach Post zu fragen, sie steckte paar gleichgültige Briefe uneröffnet in ihre Handtasche.

Dann verließ sie das Hotel wieder und ging um die Ecke in den Jardin du Luxembourg, um eine halbe Stunde, ehe der Garten für die Nacht zugesperrt wurde, unter den Bäumen im sanften Schein des Abends umherzugehn, und ungesehn zu weinen.

Was bedeutete Primulas Besuch? Sie sah fragend die Bäume und den Himmel an. Kam morgen der Krieg? Würde die Welt nachher besser sein? Hatte Primula ihren Sohn nach Paris mitgenommen, um ihn vor dem Heldentod für Hitler zu bewahren? War Lust gefährdet? Die Schicksale der deutschen Führer waren so gewaltsam wie ihre Neigungen. Hatte sie nicht vage Gerüchte darüber gelesen, daß Lust in Ungnade gefallen sei?

Schon kamen ihr die Tränen. Nach fünfzehn Jahren sah sie die Schwester endlich wieder – was waren sie beide geworden? Und ihre

Männer und Söhne? Lust – ein beamteter Schurke! Cäsar, auf Mord gedrillt! Musik, ein verfolgter Emigrant! Alexander in „Schutzhaft".

Sah so das Resultat eines Lebens aus?

Uli hörte die Pfiffe der Wärter, das Zeichen, den Garten zu verlassen. Sie ging langsam zum Ausgang.

Noch gab sie das Spiel nicht verloren! Und war Lust wirklich ein böser Mensch? Und Primula? War sie nicht bitter gegen die arme Primula, die glücklos war trotz ihren Erfolgen? Vielleicht war Primula nach Paris gekommen, um Rat von der Schwester zu holen? Führte das Leben nicht Primula von einer Krise zur andern, und oft zum Rand des Abgrunds?

Und Uli hatte nur an sich gedacht, an ihren Kummer, an ihren Mann, an ihren Sohn.

War sie so böse? Uli beschloß, besser zu werden.

Über dem Senat funkelten ein paar Sterne hell und klug. Uli sah sich um, ob ihr niemand zusah. Dann hob sie beide Hände und winkte den Sternen!

16. KAPITEL

PROPHETEN IN HAUFEN

Am andern Morgen wartete Wunder bereits um zehn Uhr in der Halle vom Hotel Foyot, er hatte die Pariser Adresse des P. G. Lust ausfindig gemacht; aber Uli rannte schon wieder für Mann und Sohn.

In Gedanken sah Wunder die arme Uli von Straße zu Straße rennen. Da stieg sie in Taxis. Da stand sie vor strengen Kanzleidienern. Da bettelte sie und gab Trinkgelder. Da wurde sie mit Hohngelächter fortgeschickt, eine Gedemütigte, und warum? Weil man ihrem Mann und Sohn unrecht getan hatte!

Der alte Mann seufzte. In seinen sechzig Jahren hatte er so viele Gerechte rennen sehen, und vor den Missetätern knien, mit aufgehobenen Händen um Gnade flehen, wo ihnen Recht gebührte. Den Triumph des Unrechts – hatte er ihn nicht beschrieben? Und die Leiden der Unschuldigen in hundert Artikeln angezeigt?

Er war schon ein müder Ankläger, der alte Wunder. Und hatte er nicht oft mitten in seiner feurigsten Anklage angefangen, die Menschheit zu verteidigen, den großen Angeklagten? Rannte er nicht mit der Feder in der Hand durch vierzig Jahre seines Lebens wie durch vierzig Straßen und schrie: Gerechtigkeit!

Und saß er nicht im Exil, einsam, ein alter Mann, der am Sinn seiner Schriften und seines Lebens zweifelte, ein Schatten am falschen Ufer des Hades?

In der Hotelhalle schien die Welt eingeschlafen. Das grüne Licht kam durchs Glasdach wie von Sümpfen. Der kleine elsässische Concierge blätterte finster lächelnd in André Gides Caves du Vatican. Wunder zog einen Band mit Rilkes Gedichten aus seiner Manteltasche. Lesend lauschte er der raffinierten Leiermusik des böhmischen Poeten, und genoß die sensationellen Reime und verbalen Bohrversuche nach Tiefsinn.

Wunder liebte mit derselben ironischen Zärtlichkeit sein Leben, den Rilke, und Wien. In seinen sechzig Jahren gab es nur zwei große

Leidenschaften: Für seine Frau – und die Gerechtigkeit.

Sein Vater war ein Totengräber gewesen. Er war als ein Opfer der Metaphysik gestorben. Als er nämlich an einem gewitterschwülen Tag im August 1893 die letzte Schaufel Erde für ein frisches Grab aushob, begannen zwei Freunde der Leiche einen Disput über das Leben nach dem Tod, wobei in der Hitze der Diskussion der eine, sonst ein besserer Schütze, den Totengräber ins Herz traf; so fiel der Arme in die Grube, die er einem andern gegraben hatte. Als die Gattin vom Mißgeschick erfuhr und bekümmert zum Fenster ihrer im fünften Stock gelegenen Hofwohnung sich hinausbeugte, um ihrem einzigen Sohn Josef in der Schneiderwerkstatt gegenüber pflichtgemäß Kenntnis zu geben, verlor sie in der ersten Hitze ihres weiblichen Schmerzes das so notwendige Gleichgewicht, stürzte aufs Steinpflaster und starb zwei Stunden später, trotz der jammernden Bitte ihres Sohnes, wenigstens einen Tag noch am Leben zu bleiben.

Schon eine Woche später standen sein Lehrmeister, der Damenschneider Nepomuk Wadlicek, und sein Pate, der Herr Dr. Braun, ein herzensguter Gymnasialprofessor für Griechisch, kopfschüttelnd einander gegenüber, in einem der üppigen Auskleidekabinette Wadliceks, an deren Eingang stand: Nur für Damen. Da es dort auf drei Seiten mannshohe Spiegel gab, sahen die beiden Herren einander unzählige Male den Kopf schütteln. Indes der Lehrling Josef Wunder mit pochendem Herzen hinterm Samtvorhang lauschte, und Dr. Braun seine Brille von der Nase nahm, um mit dem Schnupftuch erst die Brille, dann die Nase zu putzen, zwirbelte Damenschneider Wadlicek seinen parfümierten Schnurrbart mit seinen nach Mandelseife duftenden Händen, und machte kein Hehl aus seiner Überzeugung, daß aus diesem verstockten Waisenknaben sein Lebtag nichts Gescheites würde, jedenfalls kein Damenschneider!

Unverzüglich nahm Dr. Braun den Lehrling vom Schneider weg und in seine Wohnung, als Sohn, Koch und Schüler. Dem Alten verdankte Wunder alles, sogar seine Frau, sogar seine desperate Schwärmerei für die Gerechtigkeit.

Wunder machte Matura, bekam seinen Doktor Juris summa cum laude, und erhielt von seinem Paten ein Logenbillet in die Oper, zu

Figaros Hochzeit. Er war zum ersten Mal im Theater – und wie im Himmel. Er lachte mit Beaumarchais, jubelte mit Mozart, und flirtete mit Emma, einem Engel, der wunderbarerweise fünf Minuten lang, vielleicht aus Versehn, den Fuß auf seinen Schuh stellte. Der junge Wunder hatte keine Hühneraugen; er verliebte sich in das unwiderstehliche Gelächter und süße Gesicht des rothaarigen Mädchens. In der Pause gingen sie zusammen ans Buffett, nach der Vorstellung zusammen ins Bett, in einem Hotel in der Seitenstraße. Im Bett erfuhr er, daß sie die Tochter seines Lateinlehrers Professor Schwarz war, daß ihre Mutter tot war, daß sie ins Kloster gehen wollte, daß sie Emma hieß.

Ins Kloster? fragte Wunder bestürzt. Aber Emma!

Drei Monate später heirateten sie.

Doch trat Wunder nicht in sein Anwaltsbüro ein, sondern schrieb Verse; erst als ihm alle Wiener Redaktionen seine Gedichte zurückgeschickt hatten, begann er zähneknirschend Prosa zu schreiben – und zu verkaufen. Er beschrieb die Ungerechtigkeiten, straßab, straßauf, Trottoirtragödien und Kleinbürgerdramen; die Leser seiner Lokalnotizen standen vom Frühstückstisch wild entschlossen auf, morgen die Welt zu verbessern.

Er ward ein beliebter Feuilletonist, eine stadtbekannte Figur. Da ging er durch Wien, mit seinem schnellen beschäftigten Schritt, und seinem sanften ironischen Lächeln, ein Skeptiker in viel zu engen Hosen. Den Mantel trug er über die Schultern gehängt, da ging er mit dem wehenden blonden Haar und den scharfen blauen Augen, wie beschwingt, als wehte ein kleiner scharfer Wind vor ihm her, und ehe eine halbe Stunde verging, traf er einen verfolgten Gerechten.

Eines Tages schrieb ihm ein böser Leser: Sie sind nur ein unglücklicher Mensch. Sehen Sie nicht, daß es in Wien von guten Menschen wimmelt?

Wunder warf den Brief weg und ward in einer schlaflosen Nacht an sich selber irre. War er ein unglücklicher Mensch?

Er lebte mit der einzigen Frau auf der Welt, die er liebte. Er genoß den süßesten Ruhm, den Lokalruhm. Der Wein schmeckte ihm, und die Nachbarn sagten: Schaut den Wunder an! So lebt ein vernünftiger Mensch!

Aber in seiner Prosa stöhnte ein dunkler Unmut über die fehlerhafte Welt, die Gesellschaft zeigte wie ein zu schnell gebautes Haus Risse, auf derselben Börse handelte man Brotgetreide, und Vaterländer, das Laster legte sich auf jede grüne Bank, und der Tod winkte von der andern Straßenseite.

Wer führt mir die Feder, fragte sich Wunder. Mit den Jahren wurde Wunder eine österreichische Institution. Die gebildeten Fremden gingen in die Albertina, um die Zeichnungen Lionardos, und ins Café Central, um den Wunder zu sehn.

Eines Tages spielte er mit dem jungen Grafen Czernin im Café Central eine Partie Schach, da trat ein gewisser Bockmilch mit zitternden Lippen heran, stieß die Figuren um, und rief, nachdem er dreimal vergeblich zum Sprechen angesetzt hatte: Emma packt schon! Wir fahren alle drei mit dem Nachtzug nach Paris!

Wunder starrte auf Bockmilch. Das war ein Schulfreund, der mit fünfunddreißig Jahren noch von Trinkgeldern lebte, ein Schnorrer, dessen Vater einer der reichsten Männer von Wien war. Damals, im Mai 1913, floh noch kein Mensch von einem Tag zum andern über die Grenzen seines Landes, nur weil er Katholik, Surrealist, Millionär, Arbeiterführer, oder ein Jude war.

Dein Vater ist tot? fragte also Wunder und stand auf.

Das Aas! stammelte wie erstickend vor Wut Bockmilch. Ich erbe drei Millionen!

Drei Millionen! murmelten die umsitzenden Stammgäste und erhoben sich, teils aus Respekt, teils um den neuen Millionär von nahe zu sehn, zwei stiegen sogar auf Stühle, ein Dicker mit Zigarre machte Pst! wie im Konzert. Durch die Menge, die ehrfürchtig Platz machte, führte Wunder den Freund auf die Straße. Ein Piccolo trug ihm Hut und Stock nach...

Unvergeßliche Tage in Paris!

Die Pariserin! rief Emma begeistert. Keine Frau in Europa schnürt sich besser!

Und der Camembert! erklärte Bockmilch. Diese Saucen in Burgunder! Diese Weine!

Das Licht von Paris! rief Wunder. Das Silbergrau! Taubengrau! Das glimmende Aschgrau! Diese zauberische weiche Luft!

Eines Abends ging Wunder im Frack und Zylinder zu Fuß zu einem offiziellen Diner am Quai d'Orsay. Bockmilch sollte Emma in die Oper, später ins Tabarin führen, wohin Wunder nachkommen wollte. Es war ein Abend im Mai, die Kastanien blühten, mit einem Male ging der Mond meergrün am Himmel über dem Obelisken auf. Wunder sah in den Mond und wurde umgerissen, ein Auto schleifte ihn. Ich sterbe also, dachte er. Ein wütender Schmerz packte ihn, nicht um sein jäh zerrissenes Leben, sondern um Emma, die allein in der Wildnis der Welt zurückblieb.

Leute hoben ihn auf. Kurioserweise konnte er gehen. Nur seine Nase blutete stark, Frackhemd und Hände waren rot vom Blut. Ein Taxi brachte ihn zum Hotel. Er ging geradenwegs in seine Zimmer, und sah seine Frau im Bett mit Bockmilch.

Mit Blut beschmiert, bot Wunder einen fürchterlichen Anblick. Emma und Bockmilch sprangen nackt aus dem Bett ins Badezimmer, verriegelten die Tür, schrien um Hilfe, klingelten Sturm.

Kellner, Hausburschen, Zimmermädchen, Liftboys und der Hoteldirektor mit Schnurr- und Kinnbart des weiland Kaiser Napoleon III. kamen herbeigestürzt, warfen sich auf Wunder, banden ihm mit Bockmilchs Hosenträgern die geschundenen Hände auf den Rücken, schon langten zwei Polizeikommissare am Tatort an, die den „Mörder" durch Püffe zum vollen Geständnis zu überreden suchten.

Der Hoteldirektor sagte bereits aus, die Leichen im Badezimmer seien die der Schriftstellersgattin und eines Wiener Millionärs, der Mörder sei nur ein Schriftsteller, also blutarm und skrupellos, und es sei ein Raubmord aus Eifersucht, da öffnete sich die Badezimmertür, Emma von einem Handtuch mangelhaft bedeckt, stand mit eiserner Stirn und lächelte hochmütig, ihre offenen roten Haare und ihre weiße Haut schimmerten. Sie befahl: Die Bedienten verschwinden!

Madame! heulte der Direktor und raufte sich den kaiserlichen Kinnbart. In meinem Hotel...

Wir verlassen es! antwortete kühl Emma. Schreiben Sie die Rechnung, Monsieur!

Als das Hotelpersonal verschwunden war, rief sie unmutig zu Bockmilch, indem sie auf die schmunzelnden Kommissare wies: So gib ihnen schon hundert Francs!

Bockmilch verteilte Goldstücke, die Beamten gingen mit langen Blicken auf Emmas Blößen.

Emma erklärte ihrem Mann: Überhaupt hast du die ganze Situation mißverstanden? In was für eine Lage bringst du uns?

Wir müssen in ein neues Hotel! Und wie siehst du aus? Wie sieht er aus, Alfons?

Bockmilch hieß Alfons, er war in seine Hosen geschlüpft und murmelte bekümmert: Ich hatte sie doch! Hatte ich sie nicht?

Wen? Du Dummkopf? fragte Emma wütend.

Auf meinem Rücken sind sie! erklärte Wunder, den seine Hände schon schmerzten.

Meine Hosenträger? fragte grenzenlos erstaunt Bockmilch, der seine Unterhosen vergessen hatte und sie nun eiligst in die Hosentasche stopfte.

Willst du mich nicht losbinden? fragte Wunder.

Wessen Blut hast du vergossen, Unseliger? rief der zitternde Bockmilch. Und gelobe feierlich...

Was? fragte Emma mißtrauisch.

Daß er uns nichts antut!

Ich wurde auf der Concorde überfahren! Ich bin kaum verletzt, nur die Hände...

Um Gottes willen! schrie Emma und begann zu weinen. Ein Schriftsteller braucht seine Hände! Sie zerschnitt mit einer Schere die Hosenträger.

Du zerstörst meine Hosenträger! rief Bockmilch entrüstet. Und überhaupt zieh dir was an!

Soll ich mich vor meinem eigenen Mann genieren?

In der gleichen Nacht fuhren alle drei nach Wien zurück, in drei getrennten Abteilen. Als Wunder und Emma in ihrem Appartement im Hotel Bristol anlangten, fragte er: Wo wirst du wohnen?

Emma öffnete ihr Korsett.

Wunder drehte ihr den Rücken zu. Wir müssen uns natürlich

trennen.

Ich gehe baden! erklärte sie.

Was heißt das? Da hast mich betrogen?

Mit diesem Dummkopf? Ich liebe nur dich, Wunder. Darauf kommt es an!

Emma ließ ihr Hemd fallen. He is not a good sport, dein Freund Bockmilch! Was ist er überhaupt? Ein Bankbuch mit drei Millionen!

Sie schlang ihre Arme um Wunder. Begehe ich nicht eine Infamie? fragte sich Wunder.

Dummerchen! sagte Emma eine halbe Stunde später, und ging baden.

Wunder zog sich langsam an, wie betäubt. Er ging in ein kleines Café, wo ihn keiner kannte. Er sah lange zwei Billardspielern zu. Dann fuhr er zu Bockmilch, es war noch die alte Stube, vor der Erbschaft. Bockmilch hatte seine sieben Sachen aus allen Schränken geholt, er kniete auf dem Teppich, zwischen zwei Schrankkoffern, und las in einem gelben broschierten Band.

Ein Genie! rief er Wunder entgegen, ohne ihn zu begrüßen.

Wunder starrte ihn an.

Dieser Maupassant! Höre nur! Die Geschichte, die ich eben las, spielt im Krieg 1870. Eine französische Jüdin schläft mit einem preußischen Leutnant...

Du fährst also ins Ausland?

Wieso? fragte Bockmilch, und warf den broschierten Band zu Boden. Ich ziehe ins Bristol. Ich dachte, du wüßtest es schon. Emma findet es so am besten. Emma schien sehr aufgeräumt, am Telephon, übrigens...

Herr! schrie Wunder. Wieso Emma? Sprechen Sie von meiner Frau?

Er sah so rasend vor Wut aus, daß Bockmilch doch lieber hinter den Tisch zurückwich.

Was soll die Szene? Ihr habt euch versöhnt, und gründlich, erzählte mir Emma am Telephon, sie ersparte mir kein Detail, obwohl sie genau weiß, daß ich darunter leide. Großartig! habe ich ihr gleich gesagt, jetzt hat er keinen Scheidungsgrund mehr. De facto und nuptialiter vergeben! Aber bin ich der Jurist? Und was hast du eigentlich gegen mich?

Wunder starrte ihn an.

Nun ja! sagte Bockmilch und wurde nun doch verlegen, er wußte kaum warum. Warum bist du gerade auf mich eifersüchtig? Alle Freunde haben mit ihr geschlafen, das weißt du doch. Ich bin der Letzte, den sie erhört hat, der Allerletzte, das weißt du doch. Sie hat jede Woche einen andern Geliebten.

Du lügst! – Wunder würgte Bockmilch. Gleich darauf ekelte ihn die Berührung mit der Haut von Bockmilch, er ließ ihn los, nahm Hut und Stock und ging.

Er fuhr in jenes kleine Café zurück. Wieder sah er den Billardspielern zu. Es waren noch dieselben. Der Billardtisch funkelte im Licht einer Gaslampe.

Wunder erinnerte sich an hundert Details. Bockmilch hatte recht. Hatte er nichts sehen wollen? Eine geübte Ehebrecherin. War er blind?

Aber nach diesen Enthüllungen liebte er Emma immer noch, mehr als je.

Durfte ein Mann von seinen Grundsätzen mit so einer – Leichtfertigen weiterleben?

Aber wie ohne sie leben? Er bekam keine Antwort.

Bockmilch hatte das Appartement neben Wunders Zimmern im Hotel Bristol bezogen. Aber nie mehr betrat Bockmilch die Räume von Wunder. Sie grüßten einander nicht mehr.

Erst auf einem Ponton auf der Drina richtete Bockmilch wieder das Wort an Wunder, es war im Jahr darauf, beide trugen die Uniform österreichischer Infanterieleutnants, beide waren sechsunddreißig Jahre alt und dem Kriege gram, (bereits im Herbst 1914) ein serbisches Geschütz traf ausgerechnet ihren Ponton, der Ponton sank, Bockmilch, ein Nichtschwimmer aus Kalkulation, weil meistens Schwimmer ersaufen, schrie, den Kopf aus den schmutzigen Wellen hebend: Wunder! Hilf!

Und Wunder, ein geübter Schwimmer, half. Aber am Ufer wandte er sich angeekelt vom wasserspeienden Bockmilch ab.

Im Juli 1916 lagen sie in einer kleinen Stube eines Budapester Spitals, eine geschwärzte Brandmauer verstellte ihnen den Blick auf die Donau; eine kleine Ungarin pflegte sie, unterm Schwesternmantel trug sie weder Bluse noch Busenhalter. Sie hatte rote Haare und einen weißen Busen; wenn sie sich über die verwundeten Leutnants bückte, sahen beide ihre bloße Brust. Eines Nachts ging Bockmilch aus der Krankenstube, und Wunder konnte nicht mehr einschlafen. Am frühen Morgen traf Bockmilch ein, mit einem dummen Lächeln im Gesicht. Die ist Rasse! erklärte er.

Maul halten! schrie Wunder und sprang aus dem Bett. Du Schwein!

Dies Mal, sagte Bockmilch und machte sich klein in seinen Decken, dies Mal hast du aber kein Recht...

Wunder ging nicht mehr ins Bett, er fror, und stand am Fenster, und starrte auf die geschwärzte Brandmauer, er hätte sein halbes Leben darum gegeben, wenn er den Fluß hätte sehen können und den Himmel, er konnte die Menschen nicht mehr vertragen und auch ihre Werke nicht; da bauten sie Brandmauern, aber sie schossen auch mit Kanonen dagegen! Er sah auf der Brandmauer wie in einem Kino die junge Schwester und ihre weiße Brust, und Bockmilchs Hände darauf. Als der Arzt zur Visite kam, ließ er Wunder auf dessen speziellen Wunsch in einen Massensaal legen.

Nach dem Waffenstillstand 1918 kehrten Wunder und Bockmilch ins Hotel Bristol zurück. Emma war schöner als je. Bockmilch besaß noch eine Million. Und Wunder hatte seine Feder. Allen Unterdrückten verhieß er die Freiheit, allen Geprellten die Gerechtigkeit. Keine Nationen mehr, keine Kolonien, keine Zuchthäuser, keine Zölle, keine Zensur!.

Emma lachte ihn aus.

Die Menschen taugen nichts, sagte Emma.

Du bist ungerecht! antwortete Wunder.

Gehst du unter die Propheten? fragte Emma. In allen Städten Europas tauchen sie jetzt auf – Propheten in hellen Haufen! Mit Manifesten in der Hand treten sie den Maschinengewehren entgegen! Hast du aus dem Zusammenbruch nur die alten Vokabeln gerettet? Wem predigst du Gerechtigkeit? Die Leute haben Angst vor deiner Gerechtigkeit!

Manchmal setzte sich Wunder unter einem Kastanienbaum in eine Heurigenkneipe und trank seinen Schoppen Wein. Wer war er, daß er sich in den Parteikampf der Menschheit mischte? War er mit seinem eigenen Leben fertig geworden? Zuweilen glaubte er den Sieg zu sehn. Dann graute ihm vor den Folgen. So hatte ihm früher vor der ewigen Folgenlosigkeit gegraut.

Auf Krieg folgte Pest. Revolutionen kosten so viel Blut und geben so wenig Brot.

Schließlich fuhr Wunder nach Berlin, mit Bockmilch und Emma. In Berlin brauen sie die Zukunft Europas, erklärte er.

Bockmilch hatte in der Inflation sein letztes Geld verloren. Emma gab ihm Taschengeld, sie hielt ihn knapp. Bockmilch fluchte ihr, wie einst seinem Vater.

Wunder schrieb nun in Berliner Zeitungen. Er saß am Kurfürstendamm, vor einem Café und studierte die neuen Deutschen. Lesen sie noch Fichte und Hegel? Berechnen die Marxisten noch immer haarscharf die Zukunft? Witzeln sie noch über Einstein und killen ihre linken Minister? Laufen sie noch ihrem politischen Sexualredner nach, ihrem Hitler? Smarte Berliner! Und ihre Söhne tragen rote Hemden und braune Hemden, und Braunhemd schießt auf Rothemd. Die brauen Europas Zukunft? Um Gotteswillen ...

Eines Tages kam Musiek ins Hotel am Zoo, wo Wunder, mit Emma und Bockmilch wohnte.

Ich muß Sie kennen lernen, erzählte Musiek. Seit Jahren lese ich Sie, und bin Ihr Schüler. Sie schreiben um der Wahrheit willen. Angesichts vieler Schriftsteller fragt man sich bloß, ergreifen nur Lügner dieses Handwerk?

Emma sagte sogleich zu Uli: Wir wollen Freundinnen werden. Sie sind nämlich ein guter Mensch, Sie haben ein Herz. Wunder und Ihr Musiek, die wollen nur recht haben, statt mit Kugeln schießen sie mit Argumenten.

Schade! antwortete Uli. Ich glaubte immer, auch unsere Männer hätten ein Herz.

Wunder küßte ihr die Hand.

Schade! sagte Uli. Wir ziehn nämlich nach Österreich.

Das wird eine europäische Krankheit, antwortete Wunder. Kein anständiger Mensch hält es in seiner Heimat aus. Einer flüchtet in das Land des andern!

In Berlin, sagte Emma, erklären einem alle Leute: Es muß alles anders werden! In Wien sagen sie: Es muß was geschehn! In Paris: Ça ne va pas durer! Und in New York: Nimm alles leicht! Und gräm' dich nicht! Wenn Wunder mir folgte, gingen wir gleich nach New York, und täten uns nicht mehr grämen! Das sieht doch jedes Kind, daß Europa verloren ist. Nicht wahr, Bockmilch?

Sie werden schon nach Wien zurückkommen! sagte Musik. Deutschland wird sich selber liquidieren. Die Aktiengesellschaft Fememord und Co. verwaltet den wilhelminischen Konkurs. Schaut euch auf der Straße die Gesichter der neuen Deutschen an! Schnurrbärtige Popogesichter, mit rotgequollenen Schlagflussnacken und blanken Kugelköpfen! Täuschend nachgemachte Werwölfe! Mit einstudiertem Blutdurst schickt sich das an, die Geschäfte Deutschlands zu übernehmen, um die Welt zu erobern. Das ist die Gegenrevolution gegen Juden und Christen, gegen Rom und Hellas. Früchtchen aus der Bluthochzeit weiblicher Wandervögel und halbschwuler Fememörder: Menschenaffen mit Maschinengewehren, und der Mordpräzision des preußischen Generalstabs!

Als Hitler später deutscher Reichskanzler wurde – ein broschürentrunkener Volksfeind, von dem unliterarischen Gespenst (Hindenburg) berufen – erinnerte sich Wunder dieser Sätze Musiks und druckte sie in seiner Zeitung. In der Nacht überfielen S.S. Männer die Redaktion und schlugen alles kurz und klein, samt einem jüdischen Setzerlehrling. Im Hotel am Zoo wartete die Gestapo auf Herrn Wunder. Telephonisch vom Portier gewarnt, fuhr Wunder mit Emma und Bockmilch nach Wien. Im Hotel Bristol warteten schon Musik und Uli.

In Österreich war der bekannte Alpenzwerg Dollfuss Diktator und schoß mit Kanonen auf die Häuser der Armen. Hitler schickte ein paar Mörder nach Wien und ließ ihn umbringen. Ein Herr

Schuschnigg übernahm das Diktatorium. Am 11. März 1938 marschierten die Nazis in Wien ein. Den Schuschnigg ließ der Hitler haun.

Wunder, der von 1933 bis 1938 gegen Hitler geschrieben hatte, wollte nach Prag fliehn. Mit Emma und Bockmilch stieg er gleich fünfhundert andern Wienern in den Schnellzug. Die Tschechen schickten den ganzen Zug zurück.

Wir sind Feinde Hitlers!

Zurück!

Man wird uns schlachten! Im Namen Masaryks! Des Völkerrechts! In Christi Namen!

Zurück!

Tschechische Zöllner! Auch euch wird man eines Tages so jagen, auch ihr werdet eines Tages so an den Grenzen betteln!

Zurück!

Ein paar nahmen Gift im Zug, einer wurde verrückt, einer sprang aufs Geleise und brach den Hals.

Wieder saß Wunder mit Emma und Bockmilch im Hotel Bristol. Fahren wir in die Schweiz! bat Emma. Österreicher brauchen keine Visen für Vergnügungsreisen.

Sollen wir lügen? fragte Wunder.

Wer lügt? schrie Emma.

Ich will die Konsuln von Europa auf die Probe stellen! erklärte er. Er ging von einem zum andern. Es waren lauter Konsuln von zivilisierten Ländern.

Asylrecht? fragte ein Konsul. Doch nicht für Juden?

Ah! sagte Wunder. Nicht für Juden? Ich bin ein Christ.

Arier? fragte der Konsul.

Christ! antwortete Wunder.

Warum wollen Sie denn auswandern?

Ich bin liberal – ein anständiger Mensch.

Wenn alle anständigen Menschen ihr Land verlassen wollten, gäbe es eine Völkerwanderung!

Danke für das Kompliment für Österreich. Aber ich schreibe.

Also ein Kommunist? fragte der Konsul mit Horror.

Nein! murmelte Wunder. Wieso?

Haben Sie eine Rückreiseerlaubnis?

Bräuchte ich dann Asylrecht?

Die Türsteher der Konsuln kannten ihn bald, und schickten ihn fort. Sie kannten ihn sogar vor jenen Konsulaten, die er noch nie betreten hatte. Seid ihr Türsteher Hunde, fragte Wunder erbost einen von denen, die ihn fortschickten, ehe er nur geäußert hatte, was er überhaupt wollte, seid ihr Hunde, daß ihr politische Flüchtlinge riecht?

Der französischen Konsul erzählte ihm, er habe seine Artikel mit Bewunderung gelesen. Ah, mon cher Monsieur Wunder! Sie haben Geist in der besten französischen Tradition. Er lächelte listig. Wozu brauchen Sie ein Visum? Fahren Sie ruhig nach Paris, zum Vergnügen.

Aber ich kann nicht nach Österreich zurück!

Frankreich wird stolz sein, ... gehn Sie nach Cannes, oder Nice. Kein Mensch fragt dort nach Visen. Ein distinguierter Fremder...

Soll ich lügen?

Der Konsul wurde böse. Ich kann nichts für Sie tun. Je le regrette, Monsieur.

Emma erklärte zuletzt, sie fahre allein in die Schweiz, Bockmilch werde sie begleiten. Ich brauche kein Visum. Nicht wir lügen! Sondern jene Länder, die sich zivilisiert heißen, und weil der Nachbar seine Kinder schlachtet, ihr Haus verschließen, damit ja kein fremdes Kind sein Leben rette!

Auf dem Bahnsteig stand Wunder, Emma stand im Zug, am Fenster, Wunder hielt ihre Hand, und konnte sie nicht loslassen, Bockmilch stand hinter Emma, und machte ein trübes Gesicht, der Schaffner pfiff, Emma zog ihre Hand fort, sie winkte, Wunder sah ihr nach, sprang auf den fahrenden Zug auf.

Was wirst du also an der Grenze sagen? fragte Emma.

Ich fahre zum Vergnügen! murmelte Wunder. Was denn?

Inzwischen kamen die S.S. Männer durch den Zug. Sie musterten Gesichter und Gepäck, und manchmal die Papiere. Was ihnen jüdisch vorkam, schmissen sie samt Zubehör auf den Bahnsteig der nächsten Station. Sie verhörten die Verdächtigen und sandten sie in die Konzentrationslager, die schon warteten. Wunder ließen sie passieren. Emma und Bockmilch wurden zurückgestellt.

Klar! sagte der S.S. Leutnant, ein Tiroler mit blauen Ochsenaugen und einem Kropf. Die gehören zusammen!

Die Papiere zeigen doch verschiedene Namen! rief Wunder entsetzt.

Ich gebe nichts auf Papiere! erklärte der Tiroler.

Aber das ist meine Frau!

Schweigen Sie bloß. Ich sehe ja, daß Sie ein Arier sind. Gehn Sie in Ihren Schweizer Zug und danken Sie Gott! Schöne Grüße für die Kuhreigen-Patrioten! Die zwei sind verkuppelt! sage ich. Jedes Kalb sieht das! sage ich. Juden! sage ich. Nach Wien zurück!

Als Wunder Emma um die Schulter faßte, um sie mit Gewalt fortzuführen, schlug ihn der Leutnant nieder, zwei S.S. Leute schleppten den Betäubten zum Zug, warfen ihn wie ein Gepäckstück in den nächsten Waggon. Erst kurz vor der Grenze kam er zur Besinnung.

Wollen Sie nach Österreich zurück? fragte der Schweizer Grenzbeamte.

Da müßte ich lügen? Nicht bevor Österreich frei ist, will ich zurück.

Sie müssen also zurück!

Ich bin der bekannte Redakteur Wunder! Man kennt mich in der Schweiz. Mich schlagen die Nazis tot.

Haben Sie ein Visum? Nein? Sie müssen zurück! Bitte! Halten Sie den Verkehr nicht auf. Bitte! Unsere Regulationen! Sie! Wir können Ihnen nicht helfen! Bitte!

Zum Glück fuhr Wunder nach Wien zurück. Am Bahnhof standen die Schlächterburschen, S.A. und S.S. Jeden fragten sie vor der Sperre nach den Papieren. Ihn sahen sie nicht an. Ihn fragten sie nicht. Der Mann vor ihm wurde hoppgenommen, im Munde wackelte ihm sein falsches Gebiß, ein alter Mann, die Tränen rollten ihm die Backen herunter. Wunder legte zwei Finger mit militärischem Gruß an seinen grauen Hut, der S.S. Mann stand stramm und rief: Heil Hitler! Wunder blickte sich um, die beiden Frauen hinter ihm wurden hoppgenommen.

Wunder ging ins Bristol, wohin sollte er gehn. Der Portier blickte an ihm vorbei, als spähe er nach Emma und Bockmilch, er sagte nur: Guten Abend, Herr Doktor! Wie gewöhnlich?

Der Liftboy, in kurzen Hosen und mit einem roten Vollbart, trug ein großes Hakenkreuz überm Herzen und klopfte dem Wunder jovial auf die Schulter. Grüß Gott, Herr Doktor. Bei uns sind Sie sicher! Und die Gnädige Frau? Und der Herr Bockmilch?

Kommen nach! erklärte Wunder.

Sie waren also nicht im Hotel! Wo waren Sie?

Man mußte es herausbekommen. Die guten Bekannten waren ja plötzlich alle in der Partei, manche schon seit langen Jahren, wie sich jetzt herausstellte, obwohl sie hohe Schuschnigg-Funktionäre waren. Im Anfang waren die guten Bekannten gefällig. Sie sagten, es wird nicht so heiß gegessen, wie gekocht. – Bockmilch? Er war im Polizeigefängnis. Weshalb? Wegen... Unterschlagung. Frau Wunder? Nicht zu eruieren! Die Unordnung im Anfang! Vielleicht hat sich Ihre Emma helfen können! So eine hübsche Person...! Aus Diskretion verschluckten die umgeschwenkten Bekannten den zweiten Teil ihres Satzes: mit so leichten Sitten...

Warum Unterschlagung? fragte der verblüffte Wunder. Was kann Bockmilch unterschlagen haben? Seit zehn Jahren lebt er von dem, was er von mir bekommt?

Darauf war nichts zu erwidern. Es war eben Unterschlagung. Das ist gut! sagten die alten Bekannten, schon reserviert, so wie neu gebügelt. Das ist eigentlich sehr gut! Denn da ist er in den Händen der alten regulären Behörden. Damit kommt er vor ein ordentliches Gericht, wenn Gott ihm hilft. Ein ordentliches Verfahren. Sie verstehn?

Einen Dreck verstehe ich! schrie Wunder aufgebracht. Ich verstehe nur, daß Ihr alle Spitzbuben geworden seid!

Wenn Sie es so auffassen! antworteten die guten Bekannten, und gingen beleidigt ab.

Paar Tage später kam er abends durch die nachtblauen Straßen, die Gaslaternen flackerten, er war zu betrübt, um erstaunt zu sein, daß ihn noch keiner abgeholt hatte. Da winkte ihm zwei Ecken vor dem Hotel ein Knabe, keine vierzehn Jahre alt. Pst! Herr Doktor! Herr Dr. Wunder!

Meinst du mich?

Der Junge schleppte ihn in eine dunkle Seitengasse, durch einen Dienereingang und ein dunkles Haus in einen verlassenen schwarzen Garten, die Bäume standen wie Neger und schienen gestorben.

Da war ein Brunnen, dessen Wasser sprang, eine Bank stand halb im Gebüsch, da saß der Junge mit Wunder nieder, zwischen dem Gezweig sahn sie am dunkeln Himmel ein paar Sterne.

Nun? fragte Wunder.

Die sitzen zu sieben in Ihrem Zimmer, Herr Wunder. Und der Liftboy, Sie wissen schon, der Wurzelhuber, läßt Ihnen bloß soviel sagen, also da sind zwei Spezielle dabei, die sind ja bekannt, läßt er Ihnen sagen, wo die hinhaun, da bleibt kein Auge trocken. Also da wächst kein Gras mehr! Pfüat di Gott, du schönes Leben! Das sagt Ihnen der Liftboy Aloys. Jetzt, das ist mein Onkel. Gell, da schaust. In der ganzen Famüllie sind wir stolz auf den. Er nimmt mich in die Schwemme und zahlt ein Bier. Bier ist gesund, sagt er. Und Sie sollen ihn nie verraten, nur nicht seinen Namen nennen, auch wenn die Sie zu Tode treten, mit ihren geputzten Stiefeln. Nur nicht seinen Namen nennen, sagt Ihnen der Aloys, das könnt' ihm bei der Partei schaden, das will er nicht. Und Sie sollen sich verstecken. Wien ist groß, meint er. Wenn ich groß bin, werde ich auch Liftboy im Bristol. Das ist eine Zukunft, sagt Onkel Aloys. Er ist meine Protektschon. Ein Hakenkreuz trage ich alle Tage, nachts im Bett trag' ich den Sowjetstern. Auf mich kann sich jeder verlassen, Herr Doktor. Sagen Sie schlicht Peppi zu mir, das ist nicht mein Name, aber wenn ich Untergrund gehe, heiße ich Peppi. Geben Sie mir einen Schilling.

Wunder gab ihm zehn.

Er blieb allein im Garten sitzen. Die Nacht war kalt, ihm lag nichts daran, zu sterben, wenn seine Frau wirklich tot war. Seit ihrer Verhaftung auf diesem Grenzbahnhof, träumte er jede Nacht den gleichen abscheulichen Traum: Sie kam in ihrem grünseidenen Kleid, quer durch die Stube und fragte: Josef, wieso gehst du ohne

Kopf? – Aber sie war ohne Kopf gekommen, Wunder sah es plötzlich und erwachte, in kaltem Schweiß. Emma ist tot! sagte sich Wunder und wollte sterben. Aber er mußte es genau wissen! Vielleicht lebte sie, wartete auf seine Hilfe. Solang einer lebt, gibt es eine Rettung. Wunder mußte sie finden, mußte ihr helfen!

Ich brauche ein Versteck, sagte sich Wunder, und ging zu Linda von Killinger. Ihr Bruder war der bekannte Mörder im Dritten Reich, sie war eine Schauspielerin, und wohnte möbliert. Sie lachte bloß über Hitler und klagte über den Niedergang der Erotik.

Das Dienstmädchen führte ihn zum Zimmer Lindas, ohne erst zu fragen, war das der Brauch? Linda war zweiundzwanzig Jahre alt, höchstens fünfundzwanzig. Die Herren von heut, sagte sie. Lauter Naturgaben. Wer kann heut noch die Hohe Schule reiten?

Grüßgott! rief sie und schüttelte ihre roten Locken, mit der bewährten Koketterie aus dem neunzehnten Jahrhundert. Das nannte sie: die Technik für die ältern Herrn.

Grüßgott! rief sie. Bist du schon auf der Flucht?

Sie haben meine Frau verhaftet!

Die Schweine! Linda rückte zur Seite, damit Wunder sich zu ihr aufs Bett setzen konnte.

Wie siehst du aus? Unrasiert? Ungewaschen, und bös!

Ich bin unglücklich. Meine Frau ist vielleicht tot.

Nein! flüsterte Linda! Nein!

Ich war dabei, wie die sie aus dem Zug heraus verhaftet haben. In Wien weiß keiner was von ihr.

Er strich mit der Hand über Lindas Wangen, da merkte er, daß sie weinte.

Die Schweine! sagte sie. Müssen sogar solche wie dich jagen? Aber denen ist keiner zu fein, Ameisen, gut gedrillte! Wunder, geh in die Schweiz. Deine Frau lebt! Vielleicht haben die sie nach Dachau verschleppt. Um sie persönlich zu behandeln. Von der Schweiz aus kannst du ihr besser helfen. Hast du Geld? In der Schweiz wirst du Geld auftreiben. Du mußt in Sicherheit sein, um mit den Erpressern fertig zu werden. Ich trau den Nazis alles zu, nur nicht, daß sie eine Frau umbringen, die ihnen lebendig Geld bringt. Bei denen ist freilich nicht mal auf die Gemeinheit ein Verlaß. Mal hat so ein Schwein Gemüt! Du mußt in die Schweiz, Wunder!

Linda trommelte mit den Fäusten auf Wunders Brust. Hörte er nicht? Fühlte er nicht? Wohin starrte er? Eine Schublade stand auf, mit seidener Wäsche; die Strümpfe lagen auf dem Tisch, neben dem Honig; auf dem Schreibtisch war das Photo vom Bruder Killinger mit dem Hakenkreuz auf der Brust. Endlich begriff Linda. Errötend murmelte sie, das sei nur zur Vorsicht. Wenn die Gestapo eintrifft, wissen sie gleich, ich bin die Schwester vom Killinger.

Das bist du!

Mach dir nichts daraus, wir haben alle einen Spitzbuben in der Familie. Wer darf stolz sein? Was machen die Leute aus ihrer großen Chance? Nicht mal ordentlich beischlafen! Da sind so wenige deinesgleichen – derentwegen Gott in alten Zeiten ganze Städte verschont hat. Aber der liebe Gott hat ja abgedankt: der Führer entscheidet. Du mußt in die Schweiz, Wunder!

Die Nazis lassen mich auf meinen Paß nicht heraus, die Schweizer lassen mich nicht herein!

Linda griff zum Telephon.

Was tust du?

Vicky! sagte Linda ins Telephon. Heut morgen mußt du – mach' keine Witze! – zu mir kommen. Mach' keine Witze gegen die Fortpflanzung. Sie ist die einzige ernste Sache im Leben. Es ist dringlich. Punkt elf. Mach dich frei! Komm im Auto! Du mußt ins Office zurück, und eine kleine Reise antreten. Gar nichts verstehst du! Punkt elf!

Linda lächelte, kämmte sich die Locken, streckte sich unter der Decke, schob die Decke fort und ging baden. Sie besaß sogar einen Rasierapparat, Wunder mußte nach ihr ein Bad nehmen und sich rasieren. Sie machte ihm einen frischen Kaffee, und zwang ihn, ein Nußhörnchen zu essen. Sie versicherte ihm, sie werde ihn nie vergessen. Denn du bist ein guter Mensch, Wunder.

Punkt elf kam Vicky. Er hieß Dr. Victor Huppert, er kannte Wunders Artikel, und wollte alles für ihn tun. Er nahm den Paß von Wunder, und brachte ihn zwei Stunden später, mit einem Schweizer

Dauervisum, und mit Wunders Photo auf einem neuen Blatt, da sah Wunder, daß er Dr. Klopstock hieß, er unterschrieb den Namen unterm Photo: Dr. Josef Klopstock. Linda kochte ihnen Spiegeleier und Kaffee auf ihrem elektrischen Kocher, dann wurde es Nacht, Wunder stieg mit Huppert in sein Auto, sie fuhren zur Schweizer Grenze. Huppert setzte den Dr. Josef Klopstock in einen Schweizer Lokalzug nach Zürich, Wunder hatte sogar ein paar Tausend Schweizer Franken bei sich, er stieg in einem kleinen Züricher Hotel ab, das ihm Huppert empfohlen hatte.

Indes Wunder in Zürich zu jenen Reiseagenturen und Winkeladvokaten lief, die mit Visen und Opfern handelten, kam ein Brief von Bockmilch, aus dem Hotel Bristol.

Bockmilch schrieb, er sei entlassen. Die Untersuchung gegen mich geht fort, aber das sind Formalitäten. Ich habe inzwischen gelernt. Mit einem Schlag habe ich die neuen Ideen begriffen. Aber nicht deswegen schreibe ich, sondern wegen Emma.

Emma ist tot. Sie starb wie ein Held. Es wäre nicht nötig gewesen. Angesichts meiner prekären Lage werden Sie nicht von mir verlangen, daß ich Ihnen eines der sogenannten Greuelmärchen auftische. Die Aschenurne mit der Seligen kam ins Hotel Bristol. Die Direktion hat zuerst die Annahme verweigert, es waren dreizehn Schillinge Unkosten drauf. Schließlich hat der Liftboy Aloys das Geld ausgelegt und die Urne in Verwahrung genommen. Aloys ist ein alter Parteigenosse. Er kann sich das leisten. Mein Beileid, Herr Wunder. Ich kann Sie leider nicht von aller Schuld lossprechen.

In Erinnerung an gewisse freundschaftliche Beziehungen vor dem Weltkrieg darf ich, geehrter Herr Wunder, Ihnen vielleicht einen guten Rat geben. Verlassen Sie bald Europa. Der Kontinent wird zu heiß werden für Männer Ihres Schlages.

Mit Beileid und Hochachtung

Bockmilch.

Wunder las den Brief zehnmal. Er konnte nicht weinen. (Waren wir nicht Schulfreunde? War er nicht der Hausfreund? Aß er nicht mein Brot?)

Zwei Tage später trafen Dr. Vicky Huppert und Linda von Killinger in dem kleinen Zürcher Hotel ein, für einen Tag. Mit aller Schonung erst, und dann auf Wunders Wunsch, mit aller Schonungslosigkeit erzählten sie dem armen Wunder die Geschichte von der Abschlachtung seiner Emma.

Nach der Trennung von Wunder hatten die Nazis Emma und Bockmilch in einem Viehwagen nach Wien transportiert, mit vielen andern Unglücklichen, Juden, Sozialisten, Katholiken, Antinazis und solchen, deren Gesichter den S.S. Leuten mißfallen hatten. Im Wagen waren der eine, der immer schreit: Ich muß zurück! und der andre, ein Mann von sechzig Jahren, der einfach weint. Der Alte, der nur weint, trägt einen eleganten blauen Anzug und eine helle Krawatte, er hat Blutspritzer im Gesicht und ein blaues Auge, ein Mädchen sitzt neben ihm auf dem Boden, und fleht: Vatti! weine nicht! Aber er schiebt ihre Hände ungeduldig weg und zieht sich die helle Krawatte krampfhaft immer enger um den Hals, als wollte er sich erwürgen. Aber er tut es nur aus Angst vor dem Tod. Der Alte ist klug, er weiß, die werden ihn nicht mehr lebend freilassen! Da ist die Frau, die in einem fort dieselbe Geschichte ohne Sinn und Salz erzählt. Also da sag' ich, Herr Leutnant, sag' ich, also ich muß nach Basel, sag' ich, sagt er, das ist nicht der Zug nach Basel, sag' ich, meine Mutter stirbt aber in Basel, das ist nicht der Zug, sagt er. Ich werde Ihnen alles erklären, sag' ich. Sagt er: In Wien können Sie alles erklären. Sag' ich: Mutti stirbt. Sagt er: In Wien. Sag' ich: Nein, in Basel. Sagt er: Nein, in Wien. Sag' ich: Auf Ihre Verantwortung, Herr Leutnant. Sagt er nichts, sondern haut mir, haut mir, haut mir...

Wohin, fragt der Nachbar, der die Geschichte nicht mehr hören kann.

Da fängt die arme Frau alles von vorne an: Also da sag' ich, Herr Leutnant sag' ich, also ich muß nach Basel, sag' ich, sagt er, das ist nicht der Zug nach Basel...

Hören Sie schon auf! schreit der Nachbar.

In Wien wurden sie aus dem Viehwagen getrieben und zu zweien durch die Straßen gejagt, die S.S. Leute vorn und hinten mit den Gewehren. Neben Bockmilch geht Frau Wunder. Der Bockmilch hat alles später der Linda erzählt, zu ihr hat er Zutraun, weil ihr Bruder ein Mörder im Dritten Reich ist. Unterwegs sagt der Bockmilch: Geduld, Emma. Wird nichts so heiß gegessen... Und Frau Wunder flüsterte: dort vorn, wo so viel Leute am Rand stehn, geh' ich einfach wie eine Passantin weg, das gibt es. Sagt der Bockmilch: Dann schlagen sie dich einfach tot, das gibt es. Sagt die Frau Wunder: Sollen Sie! Sagt Bockmilch: Und wenn sie dann mich totschlagen?

So gehn sie also durch den Wiener März 1938, unterwegs kommen sie zu einem Platz, Wien schaut dich so fremd an, sie haben keine Augen, um Plätze zu unterscheiden, sie sehn nur noch ihre Henker. Die S.S. Leute stoßen sie, schlagen welche, nur so zum Volksvergnügen, auch zur öffentlichen Belehrung, damit die Leute sich ans Killen gewöhnen. Auf dem Platz sind schon andre S.S. oder S.A. beisammen, das sind ganz vergnügte. Die neuen Gefangenen sehen im Vorbeimarschieren: da krabbeln auf dem Platz paar Greise und kehren mit ihren zehn Fingern Hundedreck zusammen. Dann sind auch paar halbnackte Frauen und Mädchen, die marschieren im Parademarsch, eine splitternackt, es ist kein Vergnügen. Hebt die Beine! schreit ein neuer Staatsbeamter in S.S. Uniform.

Da hat sich die Frau Wunder ganz unbegreiflicherweise hinreißen lassen. Erst sagt sie halblaut zum Bockmilch: Guter Gott! Was tun die Bestien?

Bockmilch antwortet nur: Juden! Als wäre das eine Erklärung.

Ihr Schweine! schreit Emma. Ist das Österreichs Befreiung?

Ein kleiner S.S. Mann stößt mit seinem Gewehr einer Jüdin in die Weiche, und schreit: Höher das Bein, du Sau!

Dabei sieht er, daß eine Frau im frischen Gefangenenzug was sagt. Da dreht er sich zu Emma um, und fragt interessiert: Was hast du gesagt?

Emma sagt: Du Schwein! hab' ich gesagt.

Der Kleine kann seinen Ohren nicht trauen.

Was hast du gesagt?

Dazu kommt ihr aus dem Reich? Und treibt das schon auf der Straße?

Was hast du gesagt? fragt der Kleine und faßt sie vorn an der Brust, durchs Kleid, schon als junges Mädchen hatte Emma einen großen Busen, er kneipt sie mit seiner dreckigen Hand und zieht sie aus der Reihe, es ist plötzlich so still.

Was hast du gesagt? fragt der Kleine. Emma haut ihm das Blut aus der Nase, aber er läßt ihre Brust nicht mehr los und zwickt immer schärfer, und stößt sie mit dem Stiefel, und fragt: Was hast du gesagt? Und reißt ihr das Kleid von der Brust herunter, das Unterkleid, den Busenhalter, schon stehen drei andre S.S. Leute da, heben sie einfach hoch, die Schuhe fort, das Hemd weg, den Schlüpfer, da ist sie nackt, und spuckt und heult: Schweine!

Was hast du gesagt? fragt der Kleine. Die andern schrein: Tanzen! Sie krümmt sich am Boden. Die treten sie.

Aber ein andrer, ein Riese, sagt grinsend: Sie soll tanzen!

Sie heben sie auf, stoßen sie, nicht zu hart, nur so mit den flachen Pratzen, von einem zum andern, so hin her, hin her, das heißen sie: Tanzen!

Sie schreit schon nicht mehr, hin und hergewirbelt, dann fällt sie um, Blut am Mund, da schütten sie Wasser oder Benzin über sie, picken sie mit den Stiefeln, heben sie auf.

Wieder fällt sie um und wird abgeschleppt wie ein Paket, das ins Wasser fiel. Drei Tage später taucht sie in einem Spital auf, mit zertretenen Gedärmen, Blut spuckend, und weiß nicht mehr, wie sie heißt, heult nur. Dann bringen sie das Geschöpf in ein Irrenhaus, da tobt sie, wird geschlagen, gebunden, kommt in kaltes Wasser, kriegt eine Lungenentzündung, stirbt nach drei Tagen, und fragt noch vorher: Ja bin ich nicht die Frau vom Redakteur Wunder?

Na also! antwortet ihr der Irrenarzt. Darin ist dir ja recht geschehn.

Sie verbrennen sie, wegen der Mißhandlungen, und schicken die Urne ins Hotel Bristol; Aloys zahlt die Unkosten, der bärtige Liftboy. Er nimmt die Urne, stellt sie vorläufig in die Ecke vom Lift, unter die Samtbank, da fährt nun seit Wochen der Rest von der Frau Wunder im Hotel Bristol herab und herauf, mit den neuen Hotelgästen, ganz wie in besseren Tagen, und wenn der Liftboy mit der Urne allein ist, spricht er sie an, ganz wie in besseren Tagen.

Linda und Dr. Huppert saßen in dem Zimmer im kleinen

Züricher Hotel. Wunder hielt sich die Ohren zu.

So heul' doch! bat Linda. Das tut dir gut, Wunder!

Aber Wunder weinte nicht.

Dann fuhren Dr. Huppert und die Killinger nach Wien zurück.

Wunder zog nach Paris. Er stieg im Hotel Foyot ab. In der Hotelhalle erwarteten ihn schon Musiek und Uli. Sie gingen mit Wunder in die Pariser Cafés, ins Dôme, ins Deux Magots, ins Weber. Mit der Zeit lächelte er sogar wieder.

Manchmal schrieb er einen Artikel, in einer englischen Zeitung, oder in einem Emigrantenblatt. Manchmal kamen Freunde um Rat und Hilfe. Da wurde ein Landsmann in seine Heimat ausgewiesen, weil er nicht mehr in seine Heimat zurückdurfte. Da wurde die Carte d'Identité eines Emigranten nicht verlängert, weil der Beamte auf der Préfecture ihm erklärte, wenn Sie ein Feind von Hitler sind, so konspirieren Sie also gegen eine Regierung, mit der Frankreich in diplomatischen Beziehungen steht? Kein Emigrant durfte arbeiten. Wir können nicht verhungern, sagte der oder jener. Warum nicht? fragte ein geistreicher Beamter von der Fremdenpolizei. Mit der internationalen Sittenverderbnis wuchs der Fremdenhaß. Je barbarischer ein Land wurde, umso barbarischer wurden gleich alle andern. Indem sie heut die Barbarei im ersten Land verdammten, ahmten sie sie am andern Tag schon in ihrem Land nach. Erfand ein Diktator eine neue Gemeinheit, repetierten sie alle zivilisierten Länder sofort. Die wahren Idealisten des ordinären zwanzigsten Jahrhunderts, Männer und Frauen, die ihr Leben, ihr Vermögen, ihre Gesundheit, ihre Familie, ihr Vaterland, ihre Karriere einer Idee opferten, wurden zum Spielball aller Denunzianten in den demokratischen Ländern. Die glücklich den heimischen Tyrannen Entflohenen, warf man in die Gefängnisse der freien Länder, zuweilen auf die Angeberei der Konsuln ihres heimischen Tyrannen.

Weil ein guter Mensch von Hitler verfolgt aus seinem Konzentrationslager entkam und schwarz über die Grenze floh, bei Nacht und Nebel und mit Gefahr des Lebens, sperrten ihn Franzosen, Holländer, Belgier, Schweizer erst ins Gefängnis für drei Wochen, schickten ihn dann heimlich von Frankreich nach Belgien, von Belgien über die holländische Grenze, und umgekehrt, dann sperrte ihn die Polizei im neuen Land ein, für drei Wochen oder sechs Monate, brachte ihn heimlich an die vorige Grenze, bei Nacht und Nebel, stieß ihn ins erste Fluchtland zurück, da sperrte ihn die Polizei wegen wiederholten unbefugten Grenzübertritts für neun Monate ein, schickte ihn dann über eine neue neutrale Grenze, er kam in neue Gefängnisse, und: Wer war der Verbrecher?

Manchem konnte Wunder helfen, dank seinen französischen Freunden. Gute Menschen gibt es in allen Ländern. Die meisten sah Wunder umkommen, nicht durch die Mörder der Gestapo, sondern durch den Verwaltungsapparat demokratischer Länder. Das Lächeln Wunders wurde bitter.

Dies Mal saß er in der Halle vom Hotel Foyot, für seinen guten Freund Musiek. Um elf Uhr wollte Uli zurück sein. Es war gleich mittags. Plötzlich fiel dem Herrn Wunder der Rilke aus der Hand. Der Concierge blickte von seinen C a v e s d u V a t i c a n auf und sah, wie Wunder sich nach dem Buch bückte, und nicht mehr hochkam – was hatte der alte Mann, da fiel er vom Stuhl. Der Concierge ließ sein eigenes Buch fallen und sprang herbei. Monsieur Wunder!

Zu seinem Entsetzen sah er ein kleines Blutgerinsel aus dem Munde Wunders kommen. Er faßte ihn an – wie schwer dieser Herr Wunder plötzlich war – endlich brachte er ihn auf den Stuhl zurück. Er rannte ins Restaurant, kam mit einem Schnaps zurück, goß ein paar Tropfen auf die Lippen Wunders, der Schnaps rann zum Kinn herunter.

Mit Hilfe des Hausdieners trug er den Sessel mit Wunder in die düstere leere Schreibstube. Da legten sie den Alten auf ein staubiges Ledersofa im Winkel, wo es schon finster war. Sie gaben ihm ein Plaid unter den Kopf, die Hinterlassenschaft eines jungen Spaniers, der kurz vorher statt seine Miete zu zahlen in die Seine wie zu einem Spaziergang hineingegangen war, unter einer der Brücken, und ertrunken war.

Indes der Hausdiener bei Wunder Wache hielt, lief der Concierge in ein kleines Hotel in der Nachbarschaft, an der Place de l'Odéon, zum Dr. Ernst Burgund, einem Freund Wunders, einem Doktor. Vor fünfundzwanzig Jahren war Dr. Burgund als Schiffsarzt um die Welt gefahren, drei Jahre lang, seit damals schrieb er aber nur seine Romane und Dramen, einer der zahlreichen Prager deutschen Dichter.

Dr. Ernst Burgund stand gerade auf der Straße vor seinem Hotel und sah aufmerksam einem kleinen Jungen zu, der ein Segelschiff aus Papier in der Rinne schwimmen lassen wollte. Er ging sogleich auf sein Zimmer und holte eine Mappe mit ein paar Arzt-Utensilien, aus dem Jahre 1908, als er zuletzt praktiziert hatte.

Eilig schritten der Concierge und Dr. Burgund durch die Arkaden vom Theater Odéon, gegenüber schien die Sonne auf die kahlen Bäume vom Jardin du Luxembourg, aus dem Buchladen von Flammarion lachte ein Photo von Jules Romains inmitten seiner Romane, vor dem Senat standen zwei Gardes Mobiles und debattierten, vor dem Café de la Poste saß ein einsames Liebespaar und küßte sich mit Ausdauer. Eilig schritt Dr. Burgund in die Halle vom Hotel Foyot. Er war ein kleiner nervöser Herr, mit einer unzufriedenen Miene und träumenden Augen.

Wo ist der Patient? fragte er, sein Gesicht sah noch gelber als gewöhnlich aus, er hielt die linke Hand auf dem Magen, vielleicht saß dort sein Ulcer.

Mit diesem Ulcer unterhielt Dr. Burgund all seine Freunde. Er behauptete sogar manchmal, er habe mehrere Ulcer. Es waren eigenwillige Geschöpfe, die nach der Theorie von Dr. Burgund sehr viel Fleischnahrung brauchten, speziell serbisches Hammelfleisch, stark am Spieß gebraten, das er in einer Garküche in der Rue de la Hache fand, hinterm Boulevard St. Michel; dort verkehrten südslawische Studenten, stille Revolutionäre und entschlossene Malerinnen, und erhielten für fünf oder sechs Francs eine große Portion Hammel, in altem Öl gekocht; die fraß Dr. Burgund mit ernstem Behagen und äußerte dabei: Das tut. dem Ulcer gut!

Er liebte den Umgang mit jungen Dichtern, deren ungedruckte Werke er aufmerksam las und die er solange ermunterte, bis sie schließlich doch gedruckt wurden, dann wandte er sich enttäuscht von dem jungen Skribenten ab. In der Zwischenzeit erzählte er diesen überkritischen, ewig unzufriedenen Jünglingen seine vertrackten Liebesaffären mit vertrackten Frauen, deren Ehegatten sie prügelten, oder deren Gigolos sie erpreßten. Dr. Burgund ersparte einem die intimsten Details nicht, und er hatte den bösen Blick für seine Freundinnen. Hatte er einem Jüngling genug erzählt oder wurde der junge Mann gedruckt, so bekam er ihn gründlich satt und brach mit ihm, unter dem Vorwand, der junge Mann habe ihn verraten.

Im Grunde war er ein ganz einsamer Mensch, und lebte nur mit seinen erschaffenen Figuren, mit erfolgreichen Vätern, die ihre unglücklichen Söhne haßten, mit Huren, die gesellschaftlich herauf und moralisch herunterkamen, mit Radiologen, die einen Finger nach dem andern einbüßten und ihr Leben aufs Spiel setzten, aber täglich ihre blonde Geliebte auspeitschten, ja sogar mit Rennpferden und Tigerinnen, schönen authentischen Bestien, aber durch menschliche Züge entstellt. Er schrieb bittere und exzellente Romane, die keine dreitausend Menschen lasen. Weil er nicht konventionell schrieb, galt er für unerfreulich.

Im übrigen erzählte er allen Freunden, sein eigentliches Werk seien seine Tagebücher, die er niemandem zeigte, und die erst nach seinem Tode veröffentlicht werden sollten. Nach meinem Tode! sagte er, und lächelte glücklich, wie sonst bei keiner Gelegenheit. Ihr sollt mich kennen lernen! – Das klang wie eine Drohung.

Wunder sagte ihm zuweilen ins Gesicht: Lieber Freund! Mit mehr Vernunft wären Sie ein Genie! So sind Sie nur einer der besten deutschen Romanciers... und dumm!

Und ob ich dumm bin! erwiderte Dr. Burgund, mit der Grimasse eines Lächelns, und der linken Hand auf dem Ulcer. Dann zog er ein Notizbuch aus der Tasche und kritzelte ein paar Sätze. Fürs Tagebuch?

Der Concierge führte den Dr. Burgund in die Schreibstube und drehte das elektrische Licht an.

Dr. Burgund faßte den Puls und sah auf seine Taschenuhr. Dann steckte er die Uhr ein und fragte: „Erkennen Sie mich, lieber Freund? Können Sie reden?"

Wunder stammelte kaum verständlich.

„Was?" rief Dr. Burgund aufgebracht. „Sind Sie noch bei Verstand, lieber Wunder? Natürlich schaffen wir Sie in ein Hospital! Wer soll Sie im Hotel pflegen? Verständigen Sie ein Krankenhaus! sagte er zum Concierge. Rufen Sie einen Doktor!"

„Mais Docteur! Vous êtes docteur!"

„Ich? Ich verstehe gar nichts. Er will im Hotel sterben, sagt Monsieur Wunder. Was? Wollt ihr ihn hier sterben lassen? Der Mann ist erledigt. Der lebt keine drei Tage mehr."

„Er versteht Sie!" flüsterte der Concierge und schämte sich, für seine Gesundheit, für die Schamlosigkeit von Dr. Burgund, für die traurige Rücksichtslosigkeit von Hotelbesitzern.

„Ach was!" antwortete Dr. Burgund. „Er weiß es besser, daß er fertig ist. Fühlt er es aber nicht, so hält er mich für einen Dummkopf. Das hat er zeitlebens von mir gedacht. Und warum? Weil ich nie einen Bestseller geschrieben habe. Hab' ich recht, Wunder?"

Wunder lispelte.

Was sagt er: „Frau Musik wird ihn pflegen? Hat er mit der Dame ein Verhältnis angefangen, seit ihr Mann auf der Préfecture sitzt? Von mir aus... schafft ihn in sein Zimmer. Ruft einen Arzt, für alle Fälle. Ist er erst mal tot, ist alles einfach. Da kommt die Leichenindustrie und schafft ihn beiseite. Meine Sorge? Da kommt ja Ihre Uli Musiek!"

Mit betrübter Miene und die Hand auf seinen Ulcer gepreßt, ging Dr. Burgund Uli entgegen.

Sie gab ihm zitternd die Hand. „Ist etwas geschehn? Eine Nachricht von meinem Mann? Mein Sohn?"

„Nichts ist geschehn, liebe Frau Musik. Nur der Wunder..."

„Herr Wunder? Wo ist er? Ich habe eine Verabredung mit ihm?"

„So? Also doch? – Er liegt in der Schreibstube."

„Er liegt? Um Gotteswillen! Was ist mit ihm?"

„Er – stirbt halt."

„Was?" Uli setzte sich auf den Stuhl hinter ihr. Ihr schwindelte.

„Ein Schlaganfall!" erklärte Dr. Burgund. „Aber ein leichter! Die eine Gesichtshälfte gelähmt – scheußlicher Anblick! Kein schweres

Sterben! Der macht paar Tage noch, vielleicht. Da leiden andere ganz anders."

Dr. Burgund unterdrückte sein Stöhnen gar nicht mehr. Er stöhnte mit Genuß.

„Und Sie? Was fehlt Ihnen?" fragte Uli.

„Nur mein üblicher Ulcer – sonst nichts!"

Uli ging in die Schreibstube, zum Sofa, sie beugte sich über Wunder, erkannte er sie?

„Lieber Freund!" sagte sie. „Lieber Freund!"

Der Concierge hatte Wunders Kopf höher gebettet, Wunder sprach wieder verständlicher. Es war nur ein Flüstern.

„Der Dummkopf sagt, ich sterbe. Ich habe darauf seit Jahren gewartet. Aber weil es Burgund sagt, wird es nicht stimmen. Ich will nicht ins Spital."

„Bitte, sprechen Sie jetzt nicht!" bat Uli. „Leben werden Sie noch lang, das ist sicher. Nur schonen Sie sich jetzt. Bitte!"

Wunder sah sie an, seine Augen waren unruhig. „Die Adresse Ihres Schwagers," sagte er. „ Ich hatte sie..."

„Ja?" fragte Uli.

„Vergessen!" flüsterte er. „Burgund hat vielleicht recht. Ich hab' alles vergessen."

„Natürlich!" antwortete Dr. Burgund. „Dachten Sie, so ein Schlag ist zum Spaß?"

„Dummkopf!" murmelte Wunder mit Anstrengung. „Doch ein Dummkopf!"

„Vielleicht bin ich dumm!" gab Dr. Burgund friedfertig zu. „Aber leben Sie mal Jahre lang mit einem Ulcer, oder mit vielen, und Sie werden auch dumm. Krankheit ist eine Dummheit des Organismus. Da versteht ein Organ nicht, sich im Lebenskampf zu behaupten. Auch ein Organ muß sich sozusagen sein täglich Brot verdienen."

„Ich erinnere mich nicht an das Hotel Ihres Schwagers," flüsterte Wunder. „Und ich will mich gar nicht erinnern. Was geht mich Musik an? Der lebt lange noch!"

„Da!" sagte Dr. Burgund und wies mit dem Zeigefinger auf Wunder und vergaß seinen Ulcer und wurde ganz animiert. „Der war nun sein Leben lang ein guter Mensch. Das war schier seine Profession. Und weil er jetzt sterben muß, wird er mit einmal bös. Ich hatte ja immer den Verdacht, die Guten seien so übergesunde Leute, die gar nicht an den Tod glauben und darum so viel Zeit für ihre Zeitgenossen haben. Gut sein – auch ein Luxus! Haben Sie den Arzt gerufen?"

Der Concierge nickte. „Am Nachmittag will er vorbeischaun! Wir sollen den Kranken ruhig liegen lassen, hat der Doktor gesagt."

„Ruhig? Ruhig liegen? Ruhig sterben lassen – hat er nicht das gemeint, Ihr Doktor, oder gar gesagt? Monsieur le Concierge, vous êtes un menteur!"

Der Angstschweiß trat auf Wunders Stirn. Seine Hände kratzten auf der Decke, die ihm der Hausdiener umgebreitet hatte.

„Kratz' nicht, Wunder! Denk' an deine Frau! Sie starb wie ein Mann!"

„Warst du dabei?"

„Was?" fragte Dr. Burgund. „Beneidest du mich schon, weil ich dich vielleicht überlebe? Beleidigst du mich für meinen Ulcer? Narr! Kein Jahr überleb' ich dich!"

„Ein Jahr!" stöhnte Wunder. „Ein ganzes Jahr!"

Uli kniete am Sofa nieder und küßte die Hände Wunders. Sie weinte. Da kam der Concierge gelaufen. „Madame Musiek! Madame Musiek! Votre mari Monsieur Musiek! Et votre fils!"

„Was... was ist geschehn?"

„Sie kommen!"

Da waren sie! Uli stand schon in der Halle. Da kam Musiek. Und Uli hielt sich am Stuhl, um nicht umzufallen. Dem Vater voran sprang schon der Sohn, ihr Alexander, schon umhalste er die Mutter, küßte sie auf Wange und Mund, wies auf Cäsar Lust, der eben hereinkam, und sagte lachend: „Da bringe ich dir meinen neusten Freund!"

Uli wurde rot und blaß. Da umarmte sie ihr Mann endlich.

„Musiek! Du bist frei!"

„Das ist meines Schwagers Verdienst!" sagte Musiek. Und da kam Primula auf Uli zu, wieder fiel es Uli auf, wie alt die Schwester geworden war, natürlich war sie älter geworden, sie war keine zwanzig mehr, aber sie sah gut aus, jedes Alter stand ihr offenbar, es dauerte sehr lange, bis sie ganz bei ihr stand, da gab Primula ihr die Hand, und zögerte eine Sekunde, da umarmten sich die Schwestern, sie küßten sich, und Primula sagte: „Zum zweiten Mal gebe ich dir deinen Mann, Uli!"

Uli wurde blaß. Wollte Primula zum zweiten Mal ihr den Sohn nehmen?

Und da kam Lust, der große Lust, Herr jeder Situation, der sich vor nichts mehr fürchtet im Leben, dem vor gar nichts graut!

Lust sagte: „Hübsch bist du, kleine Schwägerin!"

Er lachte. Mit Schreck erkannte Uli in seinem Lachen das Gelächter ihres Sohnes Alexander wieder – s e i n e s Sohnes! Sie waren ja Vater und Sohn! Uli fühlte einen unsinnigen Haß auf die Natur, und ihre konstanten Gesetze! Schamlose Natur!

Schon legte Lust Hand an sie an, umarmte sie, küßte sie, sie wollte ihn wegstoßen, aber hatte er nicht eben ihren Mann befreit und ihren – seinen – Alexander? Frech küßte er sie auf den Mund. Uli sah, Musiek lächelte noch. Lust hielt sie an den Schultern er hob ihr Kinn mit zwei Fingern hoch, als wäre sie noch das Kind von sechzehn, nach dem Nürnberger Schneesturm, im Haus der armen Marie!

Dann ließ er sie endlich los und fragte: „Kennst du mich alten Mann noch?"

„Alt?" fragte Uli. „Bist du alt? Ein alter Schurke! Das bist du geworden, ein grauer Schurke!" Und sie lachte dabei, aber jeder sah, sie meinte es ernst.

Aber Lust lachte aus vollem Halse und legte seinen Arm. brüderlich um Musieks Schulter. Jeder durfte sehn, den Mann amüsierte das Leben königlich. Schon sagte er es: „Mich amüsiert das Leben bloß! Urkomisch – unser zwanzigstes Jahrhundert."

„Du hast die Gebärden von Primula übernommen," sagte verwundert Uli zu ihm, „und auch ihre zynischen Redensarten. Achtzehn Jahre Ehe mit einer Komödiantin, oder sechs Jahre unter Demagogen? Sind das die Sprache und die Tricks von deinem Goebbels?"

Musiek antwortete lächelnd: „Ich kenne dich gar nicht mehr, Uli? Sonst ist sie so sanft. Lust ist ein großer Mann geworden, und sogar in Paris mächtig. Er kam zur Préfecture, schon waren wir frei! Vielleicht ist seine Macht nicht unter allen Umständen abscheulich?"

Uli sah verstört von Mann zu Sohn, vom Schwager und Neffen zur Schwester. Da hatte sie nun alle beisammen, das war einst der große Traum ihres Lebens. Was für eine Versammlung, diese kleine Familie! Was für ein Durcheinander der Beziehungen und der Gefühle!

Dieser Lust – ihr Todfeind, und Vater ihres Sohnes Alexander! Alexander und Cäsar, Zwillinge – und wußten es nicht. Heute standen sie wie Freunde nebeneinander, offenbar waren sie sich beide auf den ersten Blick sympathisch, morgen standen sie an verschiedenen Fronten des kommenden Weltkriegs, einer erschoß den andern!

Da war ihre Schwester, einst die geliebteste Person auf Erden, dann die verhaßteste. Uli merkte, sie fürchtete sich auch jetzt, mitten in ihrem Glück, in der Freude des Wiedersehens vor Primula. Was kann sie mir tun? Alles! Sie kann mir den Sohn nehmen! Wozu sonst kam sie nach Paris, und lacht mir ins Gesicht?

Und sie ist meine Schwester! Beide sind wir die Töchter vom deutschen Justizminister Dr. Kaiser, der ein Schlächter sogar unter Nazis ist – und mein Vater! Ich bin die Tochter eines Schlächters! Und wieso traut mir mein Mann? Warum traut mir mein Sohn! Warum traut mir Frankreich? So sollen sie mich doch niederschlagen!

Als Lust wieder laut zu lachen begann, und Musiek mitlachte, hielt es Uli nicht mehr aus. Sie sagte: „Lacht nicht, da innen stirbt ein Mensch!"

„Was?" fragte Lust.

Musiek fragte: „Wer?"

„Dein Freund Wunder!" antwortete Uli. Es sah aus, als zürne sie ihrem Mann am meisten.

„Wunder stirbt?" – Musiek, sah aus, als falle er aus allen Himmeln. „Aber – in der Schreibstube? Er stirbt?"

„Ein Schlaganfall! Er war unterwegs, für dich, um die Adresse von Lust ausfindig zu machen. Primula war gestern da, sie vergaß, ihre Adresse zu geben. Wunder führte mich gestern zu Crémieux, und zu Grumbach, Wunder gab sich viel Mühe euretwegen. Heut um elf wollte er in der Halle sein, um mir die Adresse zu geben. Ich war schon beim Sekretär des P.E.N. Club euretwegen, bei Monsieur Henri Membré. Eben komme ich und Wunder liegt auf dem Sofa und stirbt."

„Und du läßt ihn allein liegen?"

„Burgund ist bei ihm."

Musik sah sich unsicher um, als fehlte ihm der Mut, in die Schreibstube einzutreten. Er hatte genug Menschen sterben sehen. Aber Wunder war sein Freund, und ein guter Mensch. Und Wunder war ein Symbol.

An der Tür stieß er auf Dr. Burgund. Musik flüsterte: „Darf ich hinein?"

„Sprechen Sie ruhig laut!" antwortete Dr. Burgund und vergaß sogar, zu grimassieren und die Hand an die Stelle zu legen, wo sein Ulcer saß. Er war gelber im Gesicht als gewöhnlich, aber er sah geradezu heiter aus. „Ihr Freund Wunder ist tot."

„Glauben Sie?" fragte Musik und wandte sich plötzlich ab und lief auf die Straße.

Keiner hatte den Mut, ihm zu folgen.

17. KAPITEL

CLAIRE

*E*in Greis ohne Mantel stand vor einem Brunnen im Jardin du Luxembourg und fütterte betagte Spatzen mit Brotkrumen, die er sich offenbar vom Mund abgespart hatte. Nachdem er alles verteilt hatte, flogen die Spatzen auf und davon. Im gleichen Augenblick kam die Sonne zwischen Regenwolken fahl wie ein Mond hervor. Der Greis hob mit einer pathetischen Gebärde beide Hände der Sonne entgegen, als klagte er vor ihr den Undank seiner Freunde an, der Spatzen.

„Ein Wahnsinniger?" fragte Primula ihre Schwester, die sich nach dem Greis umgekehrt hatte.

„Ist er sonderbarer als wir?" fragte Uli. Sie hielt ihre Schwester wie ein Polizist einen Dieb. Sie mußte sie mit Händen greifen, um an ihre Gegenwart zu glauben. Ihr Anblick brachte ihr dieses fast vergessene Gefühl der Jugend ins Gedächtnis: Aus dem Vollen zu leben.

Aber jedes Wort Primulas schlug ihr eine neue Wunde. Sie war mit Primula glücklich und verzweifelt über sie. Uli schien es, als sei ihr Leben zu Ende, sogleich empfand sie den eiteln Wunsch, ein neues Leben zu beginnen und es besser zu machen. Sie stand vor einer unabsehbaren Mauer und betete, eine Pforte möchte sich öffnen. Alles erschien ihr genau vorgeschrieben, und alles gründlich verfehlt. Sie liebte ihre Schwester. Aber die Schwester war der Feind.

Primula sah keinen Konflikt. Konflikte erschienen ihr als Denkfehler. Uli und Musik müßten glücklich sein, daß sie nach Paris gekommen war, um Alexander zu retten. Über Ulis Verzweiflung war sie ehrlich erstaunt. Uli denke nur an sich, statt ans Glück Alexanders. Wolle sie alles umsonst bekommen und ewig behalten?

Uli wiederholte verzweifelt: „Es ist nicht wahr. Du hast Cäsar nicht erzählt, daß Alexander sein Bruder ist."

„Sie hätten es längst wissen sollen," erwiderte Primula geduldig, „und Cäsar wird Alexander alles erzählen."

„Sie sind jetzt beisammen, und..."

„Alexander weiß, daß er einen Bruder hat."

„Was für Brüder! Eine Welt trennt sie."

„Sie lieben sich schon... Und ich bin ihre Mutter."

„Und hattest das Herz, ihnen deine ... Geschichte zu erzählen?"

„Ohne dich hätte ich die Kinder längst vereint," erwiderte Primula unwillig. „Wenn ich es genau bedenke, bist du ihre Todfeindin." Und sie musterte Uli, als glaubte sie, was sie sagte. Oder spielte sie diesmal nicht Theater?

Uli hatte ein schlechtes Gewissen, ihrer guten Taten wegen.

Primula küßte Ulis Wange, die feucht von Tränen war. „Alexander wird nicht aufhören, dich zu lieben. Hast du ihn zu einem bösen Menschen erzogen? Wäre dein Mann nicht so verstockt, so könnte man Mittel und Wege finden, euch die Heimkehr zu ebnen, und ihr wäret mit uns glücklich. Nimmst du wirklich die Auftritte der Weltgeschichte ernst?"

„Und willst du wirklich unsre Söhne nach Berlin schleifen?" fragte Uli fassungslos, als wäre auch Cäsar ein Antinazi, oder Berlin schon ein Massensarg. „Wer gibt dir das Recht dazu?"

„Ich bin die Mutter."

„Du bist die Mutter", wiederholte Uli.

„Hast du Angst vor der Wahrheit? Hast du meinen Sohn nicht dazu erzogen, jede Wahrheit ruhig anzuschaun?" fragte Primula mit einem unausgesprochenen Vorwurf, als hätte Uli sie einst zur Lüge gezwungen. „Was fürchtest du?" fragte sie.

„Mein Mann und unser Vater sind mächtig genug, um den kleinen Erziehungsfehler meines Sohns Alexander wegzuleugnen."

„Was für Fehler?" fragte Uli und antwortete schon selber: „Bin ich der kleine Fehler, ich und Musik, und daß wir es unter den Mördern nicht ausgehalten haben?"

Primula fand es wiederum bestätigt: Man konnte mit Emigranten nicht diskutieren. Sie schienen zu glauben, alles Übel sei erst 1933 in die Welt gekommen und spräche seitdem nur deutsch.

„Wie Kurpfuscher habt ihr eine Universalmedizin. Ohne Hitler, sagt ihr, wäre es die beste der Welten. Aber w i r ließen euch Emigranten entwischen. Kommt es erst zum Krieg, werden euch eure

Gastländer einsperren, wie euer demokratisches Frankreich die spanischen Republikaner in Hundelagern hinter Stacheldraht verhungern läßt, und nach der Niederlage werden sie euch an uns ausliefern."

Uli hatte keine Tränen mehr. Wie konnte sie es der Schwester klar machen, daß diese sogenannte Rettung Alexanders schlimmer als alles mögliche Verderben war? Schon vor zwanzig Jahren hatte Primula sich lieber umbringen wollen, als das Vernünftige zu tun. Ein Unglück wiederholt sich im Leben, aber wiederholt sich die Rettung? Deutschland stand im Begriff, Selbstmord zu begehn. Und Lust und ihr Vater halfen dabei fröhlich mit. Glaubten sie an die Eroberung der ganzen Welt?

„Deutschland ward eine Hölle," erklärte Uli. „Wer ein Gewissen hat, und den Bösen widerstrebt, wird zu Tod gefoltert. Wer schweigt und duldet, wird mitschuldig. Wer mittut, ist teuflisch."

„Wir fühlen uns alle wohl in Berlin," erklärte Primula kühl. „Wir haben alle ein gutes Gewissen."

„Aber Alexander?" fragte Uli. „Liebst du ihn gar nicht?"

„Ich habe ihn angesehn – und mich in ihm erkannt. Er liebt das leichte Leben. Natürlich werde ich nie ein Wort gegen dich zu ihm sagen."

„Ihr seid verloren!" rief Uli. „Sagt euch das keine Ahnung?"

„Ihr seid verloren!" entgegnete Primula. „Dazu braucht es keine Ahnung."

Die Schwestern starrten einander an. Beide glaubten, was sie sagten. Keine glaubte der andern. Uli sprach vom moralischen, Primula vom physischen Abgrund.

Beide liebten einander, jede auf ihre Weise. Primula liebte Uli und ihre Söhne und Herrn Lust und andre Herren, sie liebte das Theater und das gewöhnliche Leben. Sie liebte die moralischen Sätze und die mordende Macht. Sie liebte Europa, und die künftige Zerstörung Europas. Sie liebte alle und alles, eine Verschwenderin der Liebe.

Uli hing an ihrem Mann, an der Schwester, an den Kindern, an allem nach dem Bilde Gottes Geschaffenen. Sie sagte, sie liebe mit

Maß und Berechnung, ja mit Geiz.

Primula war nicht die Person, mit ihren Gedanken hinterm Berg zu halten. „Du willst nicht kinderlos bleiben? Warum hattest du keine Kinder?"

„Habe ich es dir nie erzählt? In Gedanken tat ich es so oft, daß mir vorkommt, du wüßtest alles. Früher wußten wir alles voneinander, auch ohne es auszusprechen. Was tut die Zeit mit Menschen?"

„Zwanzig Jahre," murmelte Primula. „Wie zwanzig Straßenbahnwagen sind sie über mich hingefahren. Ich bin ein Verkehrsopfer des Lebens. Schienen uns zwanzig Jahre nicht unvorstellbar lange? Aber es war gestern, gestern abend erst, daß ich Lust so erschreckend geliebt und meine Söhne geboren habe, daß wir auseinander gegangen sind, und ich dir einen der Knaben geliehen habe, – es war wie gestern. Und das war nun der beste Teil unseres Lebens? Jetzt sollen wir altern, mit Angst vor dem Spiegel? Mein Gesicht sieht nicht mehr wie ich aus. Guter Gott; in der Provinz spiele ich noch manchmal Gretchen, oder Kätchen, und die Jungfrau von Orleans. In Berlin habe ich nicht den Mut, die Jungfraun zu spielen. Siehst du? Ideale machen alt. Und was willst du von meinen Söhnen? Sie wollen vergnügt leben. Ich kann ihnen Freikarten zum guten Leben verschaffen. Du hast die guten Beziehungen nicht. Aber was ist mit deinen Kindern, die du nicht geboren hast?"

„Eines habe ich geboren," erklärte Uli und setzte sich auf einen der Stühle im Garten. „Das war ein Jahr, nachdem du mir die Kinder vertauscht hast. Da wollte ich ein Kind, das mir niemand umtauschen konnte, ein Kind von meinem Mann. Bis zu jenem schrecklichen Kindstausch in Österreich hatte ich immer erwartet, du würdest mir bald auch das andre Kind bringen, und ich wollte deinen Söhnen eine echte Mutter sein, keine Stiefmutter, und ich fürchtete, ein eigenes Kind würde ich vorziehn, und die andern würden leiden. Und du hast mir das zweite Kind gebracht, aber nur um das erste fortzunehmen – und was hast du aus ihm werden lassen?

Als ich im siebenten Monat war, gaben wir dem Kind schon den Namen. Ruth – es sollte nämlich ein Mädchen werden."

Primula, die bisher vor Uli gestanden war, zog sich einen Stuhl heran, setzte sich neben Uli und drückte ihre Hand, wie zum Beileid.

„Ruth?" fragte sie. „Ist das nicht ein jüdischer Name? Wer war sein Vater?"

„Musik war sein Vater. Ich habe nie einen andern Mann gehabt. Und es war ein Mädchen. Ich sagte Ruth zu ihm, sogar mehrmals. Aber es war totgeboren. Nicht ein einziges Mal hat es geschrien. Wenn es nur eine Stunde gelebt hätte, in der Welt des Lichts, so wäre es doch dagewesen. Es hätte geschrien, ich hätte seine lebendige Stimme gehört. Ruth, sagte ich, und: Ruth. Ich war schuld, daß es tot zur Welt kam, ich allein. Erinnerst du dich an unsre Geschichte, daß ich schuld war am Tod unserer Mutter? Ich allein war am Tod meiner Tochter Ruth schuld. Es war in Tirol. Einmal lagen wir den ganzen Tag am See, zwischen Birken und Lärchen. Ich sehe noch das frische Gras, die eigene Welt, klein und authentisch, mit Blumen, Käferhochzeiten und Ameisenkriegen. Das Wasser war grün und still, und blau, mit den Schatten der Wolken. Ich höre noch das Zirpen und Summen, es war ein heißer verliebter Tag, lauter Wollust in der Natur.

Musik ging zum nahen Hotel, um einen Eßkorb zu holen. Alexander spielte nackt im hohen Gras. Ich lag auf dem Rücken und sah den weißen schwimmenden Wolken nach, sie ziehen dich von dir weg. Ich träumte, wie oftmals, von dir. Wir waren wieder Kinder, und liebten uns, und waren in Nürnberg, in Maries brennendem Haus, deine Kleider standen schon in Feuer, um mich ging es herum. Du zeigtest auf mich und sagtest: Du machst es dir aber bequem, Uli. Vielleicht bist du aus Asbest. Ich weinte, und sagte, ich brenne ganz leicht. Und steckte meine Hand zum Beweis ins Feuer. Es tat nicht weh. Darüber erschrak ich und erwachte, und fühlte das Kind in meinem Bauch sich regen, und war froh, und rief nach Alexander. Ich bekam keine Antwort, stand mühsam auf. Es war ganz still und leer rundum. Da rief ich: Alexander! Und sah ihn nicht. Plötzlich gewahrte ich was im See, ich sprang hinein, das eiskalte Wasser, ich spür' es noch, mich zog es fast hinunter. Da hörte ich Alexander. Er stand am Ufer und lachte und winkte und hatte wohl Verstecken gespielt. Ich erreichte das Ufer und hatte eine Frühgeburt. Arme tote Ruth. Der

Arzt sagte: Nie wieder dürfen Sie ein Kind haben. Ich wollte mich nicht daran kehren. Aber Musiek weinte, ein Mann! Er tat es nicht oft. Er schwor, er müsse mich behalten; oder sterben! Er sagte es nicht oft. Er macht keine großen Worte, wenn er spricht. Er schreibt sie nur. Und wer soll Alexander aufziehn? fragte er. So weit, so gut. Erst nahmst du mir Cäsar, und nun Alexander? Ich habe keine eigenen Kinder. Was führt euch her? Unsern Vater treibt der Menschenhaß. Lust ist in Macht verliebt. Du liebst dubiose Rollen, gespieltes Leben, die Deklamationen der Liebe. Hast du am Theater nicht genug? Willst mit echten Schicksalen spielen? Es sind deine eigenen Kinder. Du führst sie mitten ins Böse. Hast du mit deinem Sohn Cäsar je die Zehn Gebote gelesen? Muß man nicht Kindern erst das Gute zeigen, wenn man ihnen nicht den Geschmack am Leben gänzlich verderben will? Sollen sie nicht ein unschuldiges Leben führen? Das sogenannte gute Leben ist ein Hundeleben, wenn man kein gutes Gewissen hat. Ihr lehrt die jungen Leute, das Böse mit gutem Gewissen zu tun? Dafür ist Alexander schon verdorben. Du kannst ihm im Dritten Reich nur ein schlechtes Gewissen, und eine blutige Zukunft geben."

Mühsam erhob sich Uli. Sie sagte: „Ich halte es nicht mehr aus." Wie eine Betrunkene ging sie schwankend davon.

Primula sah ihr nach. Uli tat ihr leid. Sie war überzeugt, sie würde mit ihrem Musiek zugrunde gehn; es gab keinen Ausweg für deutsche Emigranten. Sie ‚hatten ins Rad der Geschichte greifen wollen'.

Langsam ging Primula zum Montparnasse. Vor der Closerie des Lilas setzte sie sich an ein Tischchen auf der Terrasse. Seit fünfzig Jahren hieß man in allen Wirtshäusern Europas die Zivilisation einen Humbug. Und wenn wir Deutschen, die alles ernst nehmen, den Schutt der Kultur wegschaffen, wundern sich die Zuschauer in Europa? Aber Lust sagt, die meisten Menschen lassen ihre Ideale bei schönem Wetter im Schrank, wie Regenschirme. Die Menschen sind Zyniker, sagt Lust; nur im Theater liebt man die Moral. Nur arme Leute versprechen sich Rekompensationen nach dem Tod.

„Ober!" rief Primula. „Einen Kognak!"

„Es regnet," sagte der Garçon.

Tief in Gedanken starrte Primula ihn an. Schließlich murmelte sie: „Wir Deutschen sind keine schlechten Menschen. Warum liebt uns die Welt nicht?"

Der Kellner ging wortlos den Kognak holen. In Berlin, dachte Primula, hat Alexander den Vorteil, zu den Siegern zu gehören. Wußte Uli nicht, daß die Niederlage den Charakter verdirbt, und die meisten Unterlegenen sich schmählicher benehmen als die Sieger?

Alexander und Cäsar saßen auf einer Steinbank hinter dem Pferd des guten Henri Quatre auf dem Pont Neuf.

„Es regnet," sagte Alexander.

Der dünne Regen hing wie ein Netz um sie. Cäsar legte den Arm um den Bruder und sagte ohne Übergang: „Mais tu sais, que tu es mon frère?" (Auf deutsch hätte er es ihm nicht sagen mögen, daß sie Brüder waren. Auf deutsch klang es sentimental, fast obszön.)

Alexander blickte lächelnd auf den Sohn der Tante Primula. Der junge Mann gefiel ihm.

Cäsar erklärte fast verdrossen: Mais non! Tu es mon véritable frère." (Das hätte er wirklich nicht dem Bruder deutsch sagen können: Du bist mein wirklicher Bruder.)

Alexander stand auf und begann die Marseillaise zu pfeifen. Cäsar ward verlegen; schon tat es ihm leid, mit seinen Enthüllungen begonnen zu haben. Er war zwar nicht erzogen worden, um Peinlichkeiten aus dem Weg zu gehn, aber diesmal hatte er ein unangenehmes Vorgefühl. Hatte Tante Uli schon alles ausgeplaudert?

Soll ich nicht sprechen? fragte sich Cäsar und erzählte schon seine Geschichte, fast mit den Worten Primulas.

Alexander grimassierte, um nicht in Tränen auszubrechen.

„Vertauscht, sagst du? Wie ein Hemd im Warenhaus? Und ein Leben lang uns angelogen? Meine Eltern, nicht meine Eltern? Und mein Vater, sagst du, dieser Helfershelfer von Goebbels? Und meine Tante sei meine Mutter, vielmehr meine Mutter meine Tante? Und ich hätte einen Bruder? Aber er ist ein Nazi? Und hätte mich meine Mutter nicht für ihn weggegeben, wäre ich der Nazi? Siehst du, daß du lügst? Das hast du drüben gelernt. Was habt ihr vor?"

„Hast du bei dem Tausch verloren? Ich habe vor Wonne gelacht, als mir meine Mutter aus blauem Himmel einen großen Bruder schenkte."

„Einen Bruder, den sie jedem von uns zwanzig Jahre lang unterschlagen hat!"

„Bei uns Barbaren fordert kein Sohn das Leben der Eltern auf dem Präsentierbrett. Unsere Mutter wollte ihr eigenes Leben führen. Sie hat einen Beruf, nebst Mann und zwei Söhnen, einen Sohn behielt sie sogar. Gab sie dich ins Waisenhaus? Lebtest du so häßlich in Paris? Und was für Abenteuer! Mit einem Schlag gewinnst du neue Eltern, ein Vaterland, goldene Aussichten, – und einen Bruder, der sicherlich Nazi ist (sie würden mich ja erschießen, wenn ich keiner wäre), aber der dich liebt. Noch bist du unzufrieden?"

„Meine Mutter," sagte Alexander, „schien gut zu sein. Kann man sich auf nichts mehr verlassen? Mein Vater, schien mir, gab sich nie zu gemeinen Dingen hin. Und hätte gelogen? Das hast du erfunden. Seid ihr darum alle nach Paris gekommen? Ich habe euch nichts Böses getan. Oder habt ihr das entdeckt: Verbrechen ohne Motive zu begehn?"

„Mutter will dich retten."

„Rettungen sind das Hauptgeschäft von Flüchtlingen und Rebellen, dachte ich. Mich retten, indem ihr meine Welt zertrümmert, meine Eltern verdächtigt, Taschenspielertricks mit meinem Leben treibt? Und wollt ihr mich nach Berlin schleifen, zu den Tieren?"

„Diese fixe Idee!" rief Cäsar ungeduldig. „Man überschätzt die Importanz von Regierungssystemen. Du bist Mutters verlorener, darum doppelt geliebter Sohn. Sie malt sich wohl schon jede Szene aus, die Heimkehr des verlorenen Sohnes ins Vaterhaus zu Berlin... vielleicht probt sie schon eine oder die andre Szene. Sie ist eine Aktrice."

„Und ich der Hanswurst meiner Mama? Eines andern Menschen Stichwort und Nebenrolle? Mir ist es mit dem Leben ernst. Lachst du darum über mich?"

Cäsar beobachtete seinen Bruder mit wachsendem Interesse. Alexander war ja eine Entdeckung. Der paßte ins Dritte Reich.

„Ich habe nicht die Gewohnheit, über Menschen zu lachen,"

erklärte Cäsar. „Die Fröhlichen erreichen nichts in unserer Welt, wo lauter gespreizte Heuchler regieren. Ich bin dein bester Freund."

„Schade, daß wir politische Feinde sein müssen. Ich habe diese Woche im Gefängnis beschlossen, in die Partei einzutreten."

„Ist Onkel Musiek schon lange Mitglied?" fragte Cäsar, der sogleich verstanden hatte, daß sein Bruder von der kommunistischen Partei sprach.

„So wenig kennst du ihn? Hast du ihn nie gelesen? Mein Vater ist ein Gespenst aus dem 18. Jahrhundert. Er spricht, als wäre er der Verfasser der Menschenrechte. Aber als Kommunisten haben sie ihn eingesperrt, wie sie heut in allen Ländern ihre eigenen Großväter als Revolutionäre abstrafen würden. Unser Jahrhundert wird immer gefährlicher, und darum immer strenger. Und haben wir nicht recht? Ist nicht die persönliche Freiheit das gefährlichste bürgerliche Vorurteil? Aber mein Vater ist ein Liberaler, ein Individualist. Ich habe es ihm gesagt, in der Pariser Präfektur, wo wir vor lauter aufgeregter Langweile ungeduldig wurden. Vater, fragte ich, was willst du in der Welt? Darauf kommt es nämlich an: Auf den Willen. Und nicht auf die Überzeugungen. Natürlich hast du ein Dutzend großer Worte parat, sagte ich ihm, vielmehr Gespenster von großen Worten, abgestorbene, verweste Worte. Ich mache dir nämlich den Prozeß, Vater – sagte ich zu ihm. Ich bin dir auf der Spur, sagte ich, wie er so neben mir auf den Steinen saß, in seiner unschuldigen Schande. Gehe mit deinen Wortleichen in die nächste Volksversammlung, sagte ich ihm, und die Leute lachen über justice, und liberté, und humanité. Sie lachen oder schnarchen!"

Alexander sprang auf und betrachtete die Türme von Notre Dame, die der Regen verschleierte.

„Habe ich nicht recht?" rief er. „Bis gestern hatte ich recht. Heute fühle ich mich nicht mehr sicher. Ihr wollt mir meine Identität nehmen, um mich besser ins Gewimmel hinunterzustoßen. Ich soll nicht mehr ich selber sein, mein Name nicht mehr mein Name, meine Eltern nicht mehr meine Eltern; meinen nobeln Stand als Flüchtling eskamotiert ihr weg. Den Beruf soll ich wechseln, die Situation, den Wohnort, die Freunde, und auch die Freundin, vielleicht?"

Von einem Wort zum andern lächelnd fragte Alexander den Bruder: „Warst du je verliebt? Ich meine ausschließlich, so daß nichts sonst im Leben gilt?"

„Schläfst du mit ihr?"

„Ich weiß nicht mal, ob Claire mich liebt?"

„Claire? Ist sie unschuldig? Das muß ein Ende nehmen. Wie alt?"

„Zweiundzwanzig, aber sie sieht jünger aus. Ihr Vater ist ein Weinbauer in der Provence, Seine Weinäcker liegen diesseits von Hügeln, hinter denen das Meer ist, aber er sieht es sein Lebtag nicht. Sie arbeitete zwei Jahre in Berlin, an der französischen Botschaft. Ihr Deutsch ist ohne Akzent. Sie ist in der Partei. Ich treffe sie in einer halben Stunde beim Glacier Pons."

„Ich gehe mit dir. Inspizieren!"

Alexander blieb stehn. Schon bereute er sein Geständnis. Würde Claire nicht beleidigt sein, wenn er – einen Nazi brächte? Und mußte er ihr sagen, daß er einen Bruder in Deutschland hatte? Cäsar mußte ihr mißfallen, vielleicht auch sie ihm – wenn nicht, um so schlimmer.

„Habe ich dich gekränkt?" fragte Cäsar und lächelte so charmant und offen, als könnte er nie einen geheimen Gedanken verbergen.

Sogleich fühlte sich Alexander beschämt und teilte ihm seine Zweifel mit, um sich für sein unbrüderliches Mißtraun zu bestrafen. „Dabei bin ich kein unanständiger Mensch," versicherte Alexander, und begann eine Dissertation über sich selber. „Habe ich einen schlechten Charakter? Oder sind alle Menschen so schwankend, zwischen gut und bös? Überhaupt möchte ich die Wahrheit über die Menschen erfahren. Diese gähnende Leere in den meisten Büchern und in den Gesprächen der Leute! Der Mensch ist doch kein Käfer. Hat er nicht eine unsterbliche Seele? Nächtelang denke ich darüber nach, Und du? Mir liegt an deiner Meinung. Wir sind Brüder? Und ich verrate dich in Gedanken, bei der ersten Gelegenheit. Bin ich nicht ein schlechter Mensch? Ohne Ehre?"

„Du übertreibst. Die Treue ist das Mark der Ehre. Du hast schöne Anlagen zur Treue."

Sie gingen schon den Boul' Mich' hinauf. Vor jedem Café saßen offenbar Bekannte und Freunde Alexanders, denn er winkte und grüßte nach allen Seiten, sogar die Kellner.

„Du bist populär?" fragte Cäsar lachend.

„Da habe ich noch einen Fehler," gestand Alexander. „Ich merke die Ironie von allem, besonders wo keine Ironie ist. Wenigstens sagen meine Freunde, wenn sie mich bei den pompösesten Stellen der Literatur und Weltgeschichte ironisch lächeln sehen, die betreffende Stelle sei gar nicht ironisch, auch Gott meine es ernst, sogar die Natur sei ohne Ironie. Aber da irren sie. Gestehe selber! Zum Beispiel, der Wechsel der Jahreszeiten, oder der Tod, und besonders die sexuelle Liebe mit ihren absurden schöpferischen Folgen, das ist alles pure Ironie? Und diese ledernen Redensarten, die du und deine Eltern im Munde führen, sind ironisch gemeint?"

„Ironie ist auch so eine jüdische Erfindung."

„Hörst du? Das ist – Ironie?... oder bist du ein Antisemit?"

„Die Juden sind unser Unglück."

„Und bist in der S.S.?"

„Die Elite regiert."

„Und prügelst?"

„Wie bitte?"

„Unschuldige, zum Spaß, ich meine, prügelst du Schwächere, die sich nicht wehren können, vier gegen einen, oder Fraun und Kinder? Und ziehst deinen Zivilanzug an, um als Volk verkleidet Juden zu haun?"

„Ist das ein Examen?"

„Es war die erste Frage, die ich an dich richten wollte," gestand Alexander. „Ich hatte nur Angst vor deinen Antworten."

Sie standen vor der Capoulade, am Eck vom Boulevard St. Michel und der Rue de Soufflot. Alexander sah schon Claire an einem der Tischchen vor der Glacerie Pons sitzen, in einem dünnen blauen Mäntelchen. Jetzt winkte sie ihrem Freund zu. Cäsar zog den Bruder auf die andre Seite der Straße, trotz dem roten Verkehrslicht.

Alexander beschloß in geschwinder Verzweiflung, diesmal ganz streng gegen Claire zu sein. Er würde nur einige bedeutende Worte auf eine hochmütige Weise fallen lassen, und die beiden im übrigen beobachten. In einer Welt, wo das meiste Glück von Menschen abhängt, lehrt man die Kinder alle Künste, nur nicht: den Menschen zu gefallen... Oder sollte er mit einem Feuerwerk von Witz die Freundin und den Bruder blenden?

Dabei freute er sich schon im voraus auf ihren Händedruck. Der war so fest und herzlich wie geschwind, als gebe sie etwas damit, nehme es aber gleich wieder zurück.

Alexander liebte sie, wie er dachte, obgleich sie schön war; aber war sie sehr schön? Und liebte er sie etwa um ihrer schwarzen Locken willen, oder wegen dieser langen seidigen Wimpern, mit denen sie kokettierte? Oder liebte er das gebogene Näschen, die weichen vollen Lippen, die einen Ausdruck der Erwartung trugen, wie es Alexander vorkam? Liebte er die großen strahlenden neugierigen Augen mit ihren festen, fröhlichen, zuverlässigen Blicken? Da saß sie, ihr Rock reichte knapp zum Knie, aber waren ihre Knie und Beine nicht zu hübsch, um besser geborgen zu werden? Sie hatte eine Haltung und Gebärde beim Zuhören, als wäre sie der erste Mensch, der einem je richtig zugehört hätte. Ihr Gesichtsausdruck wechselte jeden Augenblick auf eine lebensvolle, intelligente Weise, indes sie so intensiv lauschte, sie lächelte, zog die Stirne kraus, streckte die äußerste Spitze ihrer Zunge zwischen die lachenden, weißen Zähne, oder stützte das Kinn in die Hand, und warf von Zeit zu Zeit ihre Locken mit einem Schwung aus der Stirn. Aber darum liebte sie Alexander nicht. Doch wollte er den Bruder später fragen, ob er alle Einzelheiten gesehn, ob sie nicht charmant, graziös und wunderklug war, und schön? Der Bruder mußte sie auf jeden Fall schön finden, aber wiederum nicht zu schön...

Stumm sah Claire die beiden Brüder an. Dann begann sie herzlich zu lachen. Ihr lustiges Lachen, dachte Alexander. Darum liebe ich sie, besonders.

„Alex! Fast sehe ich Sie doppelt. Welche Ähnlichkeit! Wo haben Sie diesen Freund aufgetrieben?"

Inzwischen streckte sie Alexander ihre Hand hin, aber Cäsar ergriff sie und erklärte, ohne sie loszulassen: „Wir sind Brüder."

„Aber so ähnlich?" fragte sie, als wäre es dubios und ein Vorwurf.

„Sie haben mir Ihren Bruder verschwiegen, Alex."

Alexander starrte auf die Hände dieses Berliner Bruders und von Claire. Sie schien die Hand tatsächlich vergessen zu haben, wie einen Handschuh. Es kam ihm vor, als lächelten Claire und Cäsar das selbe Lächeln, ein fremdes Lächeln, er liebte es nicht.

„Ich bin nämlich bei der S.S." erläuterte Cäsar.

Da zog Claire endlich ihre Hand zurück und reichte sie Alexander, aber es war ein schwacher, lebloser Händedruck. Claire vermied seinen Blick. Cäsar setzte sich, ohne eine Aufforderung abzuwarten. Alexander wollte zum Trotz stehn bleiben, aber es hätte zu lächerlich ausgesehn, also setzte er sich.

„Du schuldest deiner Freundin eine Erklärung."

„Mehrere Erklärungen," versicherte er, „und auch Entschuldigungen." Er schwieg bedrückt. Wie anfangen? Wo würde es enden?

„Alex, bitte sehen Sie nicht so düster drein. Ich bin so froh, daß Ihr teurer Vater und Sie wieder frei sind. Sie taten mir so leid, und Ihre Mutter grämte sich so. Und ich habe mich für Frankreich geschämt. Und ich verstehe, daß Väter und Söhne heut in aller Welt im Streit leben. Ich verstehe, daß Sie nicht gern über einen Bruder sprachen, der bei der S.S. ist. Wird Ihr Bruder Schwierigkeiten bei der Préfecture haben? Wenn ich irgendwie behilflich sein kann ... ?"

„Cäsar hat mir jetzt eben auf dem Weg erklärt, daß ich sein Bruder bin. Ich weiß noch nicht mal, ob ich ihm glauben darf? Er heißt Cäsar Lust. Er ist nicht ein Sohn von Monsieur Musiek. Er insinuiert, ich sei der Sohn von seinen Eltern."

„Von seinem Vater?" fragte Claire geschwind.

„Und seiner Mutter."

„Wie wunderbar!" behauptete Claire und wandte den Blick vom einen zum andern, teils noch über die Ähnlichkeit erstaunt, teils in der Hoffnung, zu vernehmen, alles sei nur ein Scherz.

„Bis heut glaubte ich, Cäsar und ich seien Vettern; unsere Mütter sind Zwillingsschwestern. Cäsar behauptet, wir beide seien die Zwillingssöhne seiner Mutter, die bei unserer Geburt einen Sohn ihrer Schwester abgetreten hat, und drei Jahre später die Kinder umgetauscht hat, weil Cäsar mit drei Jahren ihr besser gefallen hat als ich.

Die Schwestern, erst die innigsten Freundinnen, lebten sich auseinander. Hitler und das Exil der einen Schwester trennten sie vollends. Die Berliner Schwester Primula Lust, ist eine berühmte Schauspielerin. Ihr Mann ist ein Ministerialrat im Propagandaministerium. Beide kamen samt Cäsar mit Ribbentrop nach Paris. Ministerialrat Lust hat meinen Vater und mich aus dem Gefängnis befreit; Frau Lust hat nämlich Frau Musiek besucht und so von unserm Mißgeschick erfahren. Sie sahn sich seit sechzehn Jahren zum ersten Mal wieder, wie auch Cäsar und ich. Wir haben beide vollkommen vergessen, daß wir mit drei Jahren umgetauscht wurden und neue Eltern erhielten. Cäsar sagt, auch er habe erst hier von seiner Mutter erfahren, daß er einen Zwillingsbruder habe. Er sagt, er habe sich sehr darüber gefreut. Er sagt, seine Mutter sei nur hergekommen, um mich – ihren zweiten Sohn – zu reklamieren und mich nach Berlin – als ihren legitimen Sohn – mitzunehmen. Er sagt, sie will mich ‚retten‘; sie sagt, die Deutschen würden bald die Welt erobern, und alle Emigranten töten. Kein Land würde uns Asylrecht geben, sagt sie."

„Sie gehn nach Berlin?" fragte Claire.

„Ich? Verstehen Sie nicht, Claire, was man mir antut? Wenn diese Geschichte wahr ist – und meine Familie muß mich aufklären – so bin ich der Neffe meiner Mutter und meines Vaters, außer Herr und Frau Musiek leugnen ab. Aber beide werden es nicht ableugnen, wenn es wahr ist. Dann wäre ich aber nicht Alexander Musiek, sondern ein Mensch namens Cäsar Lust, der Sohn eines Nationalsozialisten und einer Berliner Schauspielerin, ein junger Mann mit einer Laufbahn unter Mördern. So weit, so gut. Wenn ich mir aber meine neue Identität nicht liefern lassen will? Ich bin kein Staat, den man übers Wochenende okkupiert."

„Und Ihr Bruder?" fragte Claire.

„Ich bin bei der S.S."

„Und bleiben dabei?"

„Ich bin nicht mehr so unschuldig, wie mein Bruder – und Sie, Mademoiselle Claire."

„Muß ich ihn nicht hassen?" fragte Alexander. „Muß ich mich selber nicht hassen? Und meine Eltern? Und meine Herkunft? Und meine... Erzieher, oder wie soll ich Vater und Mutter heißen, wenn sie es nicht mehr sind? Claire, was soll ich tun?"

Claire sah ihn an, versuchte zu lächeln, es mißlang ihr. Sie sah Alexanders Bruder an, er lächelte. Was sollte sie sagen?

Sie sah auf ihre Uhr und stand auf. „Ich muß gehn. Ich habe eine Verabredung im Hotel Scribe."

Alexander und Cäsar erhoben sich. Vergeblich machte Alexander Anstalten zu lächeln. Ihm schien auf einmal klar, daß er seine Freundin verscherzt hatte. Wer wollte auch mit einem Manne ohne Identität gut Freund sein? Ebensogut konnte man Wasser umarmen.

Cäsar verstellte Claire den Weg. „Sie dürfen noch nicht gehn, Mademoiselle Claire. Alexander würde es mir nie vergeben. Bedenken Sie, ich habe ihn eben gefunden, nach einem halben Leben."

„Alexander mag mich morgen anrufen," erwiderte Claire und reichte Cäsar ihre Hand.

Wieder behielt er ihre Hand.

„Er kommt aus dem Gefängnis und geht in ein Gefängnis, wie er denkt, nach Deutschland nämlich. Bleiben Sie, bitte!"

Claire schüttelte den Kopf.

„Kniet man in Pariser Straßen vor jungen Damen nieder?"fragte Cäsar lachend und zog ein seidenes Taschentuch, um wie er sagte, darauf niederzuknien.

Claire hielt ihn fest. Lieber als eine Szene zu erdulden, wollte sie eine halbe Stunde zugeben. Seite an Seite gingen sie in die Konditorei. Wäre Alexander nur versichert gewesen, daß sie seine Abwesenheit merken würden, so wäre er fortgegangen. Er war unglücklich. Wäre sie nur gegangen!

Im ersten Stock sahen sie durchs weite Fenster neben ihrem Tisch den Garten des Luxembourg, und vielfach sahen sie ihn wieder in den großen Wandspiegeln. In allen Ecken verspeisten Liebespaare Fruchteis und einander mit Lippen und Zungen. In den Spiegeln sah man jeden Kuß zwanzigfach.

Alexander machte Miene, den Bruder beim ersten unziemlichen Wort durchs Fenster zu werfen. Cäsar schwärmte von Alexander und Paris. Claire lachte ihn aus.

Wie unabsichtlich legte sie ihre Hand auf Alexanders Hand und schien sie da zu vergessen. Sie hatte ihren vergeßlichen Tag.

Umsonst sagte sich Alexander, sie hat ihre Hand nur vergessen. Sie tat es aus Koketterie für Cäsar. Sie hatte ,falsche' Augen, Morgen hatte sie ihn vergessen, wenn er nach Berlin ginge. Warum traf sie ihn? Weil er zu sprechen verstand? Weil er ihr nachlief? Weil er sie liebte?

Alle gesunden Erwägungen störten nicht seine volle Empfindung des Glücks. Mit Überzeugung hieß er sich selber einen Narren, und war glücklich.

Er sah seinen Bruder an, und wußte genau, er liebte ihn, trotz seinen kleinen Fehlern. Er sah die kahlen Bäume im Spiegel, waren es nicht wunderschöne Bäume, trotz ihrer Kahlheit? Errötend sah er die vervielfachten Küsse in allen Spiegeln, und seine Hand zitterte unter dem sanften Druck ihrer Hand.

Bald darauf brachten die Brüder Claire auf die Straße und winkten einem Taxi. Noch aus dem fahrenden Taxi winkte ihnen Claire nach.

Schweigend schlenderten die Brüder am Garten hin. Als sie ins Hotel Foyot kamen, saß Musik in der Halle und teilte ihnen sogleich mit, ihr Großvater sei in Paris eingetroffen, der deutsche Justizminister Dr. Kaiser. Er erwarte die ganze Familie punkt sieben Uhr zum Abendessen im Hotel Scribe.

„Der Herr Justizminister?" fragte Cäsar überrascht. Alexander beobachtete ihn scharf. War nicht ihre Mutter eine Schauspielerin?

„Und du gehst zum deutschen Justizminister ins Hotel Scribe, Papa?"

Musik verbeugte sich zeremoniös. Sein Lächeln, das sonst nur ironisch schien, war heute bitter. Er sagte: „Madame Musik erwartet Monsieur Alexandre auf ihrem Zimmer."

„Kann ich danach auch mit dir reden?"

„Ich bin bereit," erwiderte mit einer neuen zeremoniösen Verbeugung Musik.

Indes Alexander ungeduldig die Treppen hinauf sprang, fragte Cäsar: „Darf ich Ihnen indes Gesellschaft leisten, Onkel?"

Musik wies höflich auf den Sessel neben ihm, gab seinem Neffen eine Zigarette, winkte dem schlauen jungen Elsässer Portier, und bestellte zwei Kognaks. Als sie der junge Portier gleich darauf servierte, winkte der Elsässer Cäsar schelmisch mit einem Auge zu.

Zwei Engländer, die aus dem „Punch" entronnen schienen, gingen langsam und feierlich die Treppen hinunter, sahn unten einander schweigend an und stiegen langsam und schweigend die Treppen wieder hinauf.

Da Musik eine Miene machte, als würde er in diesem Leben nie mehr sprechen, begann Cäsar.

„Meine Mutter sagt, Sie wüßten nichts. Natürlich wissen Sie Bescheid. Unwissenheit ist eben nicht Ihr Fehler. Übrigens ist es eine Sensation für mich, mit Ihnen zu sprechen. In Berlin wäre es ein Verbrechen. Wenn Alexander nach Berlin gehn sollte, gehe ich natürlich mit ihm. Es wäre lebensgefährlich, ihn allein zu lassen. Wenn Alexander wider alle Erwartung das Leben im Exil und mit Ihnen vorziehen sollte, so bleibe ich in Paris. Die Partei hat mir Arbeit in Paris offeriert, für ein Jahr. Länger wird dieser komische Frieden nicht mehr dauern. Später komme ich mit der deutschen Armee nach Paris zurück. Wenn ich jetzt hierbleibe, weiß ich nicht, ob ich Sie wiedersehen darf. Wir werden natürlich im Ausland kontrolliert – zuhause auch. Auch weiß ich gar nicht, ob Sie mich wiedersehen wollten, obwohl ich beinahe Ihr Sohn geworden wäre. Wunderliche Vorstellung! Vielleicht hätte ich sogar mehr Talent dafür mitgebracht als Alexander, ich meine, in einem Lande, wo es noch ein freundschaftliches Verhältnis zwischen Vätern und Söhnen gibt. Verachten Sie unsre ganze Gattung, Onkel? Ein Tragödiendichter müßte dankbar sein für die neuen Konflikte, die wir schufen?"

Musik winkte schweigend dem jungen Portier. Der brachte zwei neue Kognaks.

„Verstehen Sie mich auch recht, Onkel? Überm Rhein haben wir eine neue Religion gestiftet. Scharlatanerie, denken Sie? Das sagt man schnell vor einer Begeisterung, die man nicht teilt. Und was ist eine Religion ohne Scharlatanerie? Wer hat die nackte Wahrheit je vernommen, und hat noch Lust, die traurige Erfahrung zu wiederholen? Jede Regierung kennt die Abneigung der gesamten Bevölkerung vor der Veröffentlichung von Wahrheiten. Andre Regierungen heucheln. Das Dritte Reich lehrt das Volk den blinden Gehorsam ohne ideologische Verbrämung, und das Volk liebt es dafür. Heute gehört uns Deutschland, morgen die ganze Welt. So viele Probleme haben wir schon gelöst. Wir haben endlich die Theorien des Copernicus wahr gemacht. Die Erde dreht sich, sie ist kein Mittelpunkt, nichts geschieht unseretwegen, also haben wir auf nichts Rücksicht zu nehmen. Der entscheidende Irrtum der Menschheit war die Fabrikation Gottes. Nach dem Muster Amerikas mit seiner Massenproduktion von Autos und Eisschränken haben wir die Massenproduktion von Deutschen begonnen. Wir werden die Welt mit billigen Deutschen überschwemmen. Massenfortpflanzung ist unser Geschäftsgeheimnis, natürlich ohne daß wir die bewährte Methode der Zivilisation aufgeben, nämlich den Massenmord, den man höflich Krieg heißt. Trotz dem Radikalismus unsrer Lösungen, die ganze Probleme wie das Judenproblem einfach vermittels Ausrottung verschwinden machen, haben wir nämlich einen historischen Sinn. Wir überliefern ganze Zivilisationen und Völkerschaften der Geschichte. Und haben Christentum und Islam, oder wie all die alten Sekten hießen, nicht das Schwert geführt, die Ungläubigen mit Gewalt bekehrt, die Abtrünnigen geviertelt und verbrannt? War Brutus kein Mörder, Napoleon kein Verräter an der Revolution, Columbus kein Sklavenhalter, Kant kein Atheist? Und Sokrates kein abgestrafter Knabenschänder und Jugendverführer? Und was wäre die Geschichte der Menschheit ohne sie? Ihr schaudert vor uns? Das ist die Reaktion aller Reaktionäre. Aber da kommt Alexander schon, und ich habe Ihnen noch nicht gesagt, was ich auf dem Herzen hatte: Nämlich, daß ich Alexander mehr als einen Bruder liebe, und ihn nie verraten werde, unter keinen Umständen. Auf Wiedersehen, lieber Onkel."

Lächelnd winkte der junge Mann seinem Bruder zu und verließ das Hotel.

Musiek bot seinem Sohn eine Zigarette an.

„Cäsar gefällt dir?" fragte er und wartete keine Antwort ab. „Du bist in deinen Gefühlen verwirrt worden. Wir sind nicht deine natürlichen Eltern, nur deine Erzieher und Freunde. Vielleicht kommst du dir im Exil wie ein Opfer vor. Junge Leute werden lieber Mitschuldige als Märtyrer. Ein schlechterer Vater erschiene dir angenehmer. Auch müssen dir meine besten Grundsätze verdächtig erscheinen, da ich dir gegenüber mein eigensinnigstes Prinzip wegschob, nämlich daß unsere moralische Welt sich auf Wahrheit gründet. Ich will nichts zu meiner Verteidigung sagen. Als deine Mutter Zwillingssöhne gebar, war sie jünger, als du heut bist. Bedenke, daß gewisse sonderbare Schritte jungen Menschen verlockend erscheinen, aber ins Unentrinnbare führen. Oder erscheinen dir Reflexionen über die Taten und Charaktere deiner Familie nicht vordringlich? Dich erfüllt vielleicht der Gram übers Unwiederbringliche? Hat man dich um etwas geprellt, was jedes Menschen Anrecht erscheint? Oder sorgst du dich um deine Zukunft? Ich will dir keine konventionelle Antwort geben! Den Wert von Konventionen wirst du noch kennen lernen. Es ist ein Vorteil der Bildung, daß sie lehrt, wann man Konventionen nachkommen, wann man sich über sie hinwegsetzen soll. Da kommt Uli. Bitte, besorge ein Taxi."

Schweigend saßen sie im Taxi. Es war schon dunkel, die Laternen schimmerten schon. Der Chauffeur fuhr geschwinde wie auf der Flucht vor seinen Klienten.

Uli lächelte wie ein junges Mädchen. Als Alexander ihr ins Auto geholfen hatte, und: „Bitte, Mama!" gesagt hatte, war sie wie ein junges Mädchen rot geworden. Er sagte noch ‚Mama', zu ihr.

Als Alexander auf ihr Zimmer gekommen war, hatte sie ihn nicht eintreten hören. Sie war am Fenster gesessen und hatte in den Garten gesehn. Er mußte eine Weile schon hinter ihrem Rücken gestanden haben. Schließlich hatte sie ihn gemerkt und sich umgedreht, und wieder weggeschaut.

„Mutter," hatte Alexander gefragt, „ist es wahr?"

Und als sie nicht gleich geantwortet hatte, weil sie hatte weinen müssen, da hatte er gesagt: „Ich weiß. Ich weiß alles."

Und als Uli endlich sprechen konnte, sagte sie nur: „Mein Kind."
Und Alexander war durch die Stube auf und ab gegangen, und fragte: „Warum habt ihr es mir nicht gesagt?" Und als sie reden wollte, hatte

er sie gleich unterbrochen, und gesagt: „Ich weiß. Ich weiß alles."

Und er war fortgegangen.

Was war ihre Schuld?

Ein kleiner, schnell verschütteter Regen schlug an die Fenster des Autos. Auf der Seinebrücke sah es aus, als stürze der Himmel in den Fluß. Ein Schirm trug einen Fußgänger, als wäre es ein Fallschirm, der ihn eben sanft vom Himmel herabgetragen hätte.

Uli wagte es, einen Blick auf ihren Sohn zu werfen. Seine Miene war finster. Hatte er ihr armseliges Leben im Exil satt?

Uli blickte auf ihren Mann; er hatte sie beide erzogen, Mutter und Sohn. War Musiek nicht ein nobler Mensch? Er war liberal, ohne die Penetranz professioneller Menschenfreunde, heiter ohne Halsstarrigkeit, eigen ohne Vertracktheit, und unberührbar durchs Gemeine. Sollte er keine Wirkung auf den jungen Menschen geübt haben?

Uli betrachtete ihren Sohn, er sah es und drückte zärtlich ihre Hand. Sie hätte sogleich vor Glück weinen mögen. Er war so sicher wie ihre eigene Hand.

Musiek blickte in den Regen, auf die Lichterkette der Rue Rivoli, auf die vergoldete Jeanne d'Arc auf ihrem Gaul, auf Napoleon, der auf seiner Säule auf der Place Vendôme wie vergessen stand; unten warteten leere Automobile wie abgedankte Marschälle aus dem russischen Feldzug.

Wie peinlich war diese Fahrt zu den Todfeinden der europäischen Zivilisation! Ulis Vater war Hitlers Justizminister, ein Mörder mit akademischer Vorbildung, einer der Verfasser des deutschen Rechts, der die Rassengesetze durchgeführt, der mit der Gerechtigkeit und den Gesetzen Schindluder trieb – der Vater von Uli. Hatte sie nichts geerbt?

Musiek betrachtete seine Frau prüfend, und mußte lächeln, wie immer, wenn er an sie dachte oder sie ansah. Vor Freude lächelte er, vor Rührung, und besonders aus Liebe. Er liebte sie, wie in den alten Berliner Tagen, das Mädchen mit dem künstlichen Bauch.

Obwohl er aus der Sprache seinen Beruf gemacht hatte, war er mit Worten keusch. Wann hatte er Uli zum letzten Mal seine Liebe erklärt? Er hatte jetzt Lust dazu, vor ihrem Sohn, den der Großvater

Kaiser, die Justizmaschine des Dritten Reiches, ihnen abspenstig machen wollte.

Alexander billigte die theatralische Fahrtechnik der Pariser Chauffeure. Der Chauffeur, der windig genug aussah, rollte wie ein Kreisel um alte Herren, die durch Gicht und die Rosette der Ehrenlegion gebrandmarkt waren. Es schien Zauberei, daß der Peugeot nicht ein paar Eckhäuser umstieß.

Auch Alexander lächelte. Im Taxi schien ihm sein Leben mit allen sensationellen Enthüllungen nur ein Schauspiel. An den Ufern eines gemalten Acheron führten gesichtslose Tote schattenhafte Kämpfe.

Nur Claire war real. Hatte ihr Gesicht nicht heut nachmittag einen ganz neuen unbekannten Ausdruck? Es war nicht mehr dieselbe Claire. Oder hatte er sie nur zum ersten Male richtig gesehn?

Und ging es ihm mit der ganzen Welt ähnlich? Sah er die Welt richtig? War er nicht in seine Identität eingesperrt? War nicht seine Paß-Existenz ziemlich gleichgültig? War er nicht derselbe, in Berlin oder in Paris, als Alexander Musiek oder Cäsar Lust?

War nicht der wahre Kerker sein eigenes Ich, seine enge Vernunft, sein gebrechlicher Körper, die kurzsichtigen Augen, die dumpfen Ahnungen, die ganze strapazierte Gottähnlichkeit?

Wenn ich eine unsterbliche Seele habe, sagte sich Alexander, so bin ich auf jeden Fall gerettet. Mit einer unsterblichen Seele könnte ich auch nach Berlin gehen, unter die wilden Tiere des 20. Jahrhunderts. Wie weiß man, ob man eine unsterbliche Seele hat?

Alexander hatte schon die erstaunlichste Erfahrung junger Menschen gemacht, daß nämlich die Menschen um ihre wahren Interessen sich am wenigsten kümmern. Im Sport, im Krieg, um eine Wette oder um jede Dummheit riskiert ein Mensch sein Leben. Aber seiner Seele wegen überquert kaum einer von tausend auch nur die nächste Straße.

Indes ein Portier des Hotel Scribe ihnen das Taxi öffnete, und Alexander zahlte, gestand Uli geschwind ihrem Mann, sie fürchte sich vor der Begegnung mit ihrem Vater. Seit achtzehn Jahren hatte sie ihn nicht mehr gesehen, außer auf Photographien in Zeitungen. Sie erinnerte sich noch ihrer töchterlichen Liebe zu dem fürchterlichen alten Mann. Sie zitterte vor dem Druck seiner Hand. Und was würde sie in seinen Augen lesen?

In der Hotelhalle teilte Primula zum Gruße mit, der Vater bringe glänzende Nachrichten aus Berlin, sensationelle Überraschungen.

„Ist das Vater?" fragte Uli und deutete auf einen hochgewachsenen alten Mann, der am andern Ende der Halle mit einem jungen Mädchen zum Ausgang schritt.

„Erkennst du sie?" fragte Alexander verstört seinen Bruder. „Ich bitte dich, siehst du sie?"

„Claire?" fragte Cäsar.

„Er hat uns schon erblickt," erklärte Lust. „Ich will mit ihm auf seine Zimmer vorangehn. Bitte, kommt nach. Man ist nirgends vor Spitzeln sicher."

Hastig ging er dem Schwiegervater entgegen. Primula faßte Uli am Arm, und führte sie zum Lift.

„Ich fürchte mich vor ihm," gestand Uli.

„Er hat immer hübsche Mädchen um sich," antwortete Primula. „Ob das eine Pariserin war?"

„Es war Alexanders Freundin," erläuterte Uli und wunderte sich erst jetzt, woher ihr Vater Claire kannte.

„Schläft Alexander mit ihr?" fragte Primula.

Cäsar mußte seinen Bruder halb mit Gewalt führen.

„Ich muß ihr nach," erklärte Alexander.

„Du hast Zeit," versicherte ihm Cäsar. „Die läuft dir nicht weg."

18. KAPITEL

DIE VERFÜHRER

*A*ls Uli eintrat, faßte Dr. Kaiser sie fest, aber nicht unfreundlich bei der Schulter und drehte sie zum Licht, wischte ihr mit dem behaarten Handrücken die Tränen weg, als störten sie ihn bei der exakten Untersuchung, und fragte mit einer Stimme, die das Alter oder die Zeit strenger und tiefer gemacht zu haben schienen: „Mein Kind! Was ist aus dir geworden?"

„Vater!" rief Uli und mußte unter Tränen lachen. „Schaue ich so alt aus?"

Der Vater hielt, die Hände auf dem Rücken, um seinem Schwiegersohn die Verlegenheit zu ersparen, dem Herrn Minister die Hand zu verweigern. Der Vater sagte: „Siehe da. Der Rebell."

„Guten Abend," antwortete Musiek.

Der alte Mann lächelte seinem Schwiegersohn zu. Er schien in bester Laune. Der Erfolg schien ihn jovial gemacht zu haben. Er trat so nahe auf seinen Pariser Enkel zu, daß er ihn fast mit dem Bauch anstieß. Alexander spürte den Tabaksduft und studierte die allzugroßen Poren auf der Nase des alten Mannes. Das war nun ein Prophet?

„Bist du Alexander?" fragte der Minister, als waltete ein Zweifel. (Aber war die Frage nicht berechtigt? War er noch der alte Alexander, der er gestern war?)

Alexander starrte in die entzündeten, wässerigen, blauen Augen des Greises. Mit Vergnügen gewahrte er, daß der Alte gezeichnet aussah. Den hatte sein Gewerbe gebrandmarkt – den Henker. So sah kein Liebhaber Claires aus.

„Also du bist der Alexander," bestätigte der Alte.

Danach ging die Familie ins nächste Zimmer, wo eine große Tafel gedeckt war. Der Alte saß mit beiden Töchtern zur Seite, Lust saß neben Uli, Musiek neben Primula, die Enkel am andern Ende des langen Tisches.

Die Kellner brachten die Hors d'œuvres und schenkten die Weine ein.

Der Alte schlürfte seine Austern und erläuterte behaglich: „Vielleicht sind wir heut zum letzten Mal beisammen."

Indes die Kellner Gänseleberpastete reichten, versicherte er: „Auch Straßburg wird bald wieder deutsch sein!"

Die Kellner servierten Hirn in Essig, und der Minister brachte einen Toast auf Deutschlands Größe aus.

Musik leerte schweigend sein Glas, der Kellner füllte nach, Musik leerte es wieder, der Kellner füllte neu, Musik leerte es neu. Es ist Beaujolais 1911, sagte der Kellner und füllte ein neues Glas.

Der Alte klatschte auf seine Brust. Hier liege die Zukunft der Familie. Er begann einen Vortrag über Frankreichs Dekadenz.

„Warum fragst du ihn nicht, was er mit Claire getan hat?" fragte Cäsar seinen Bruder. „Soll ich ihn fragen?"

„Du hast kein Recht."

„Liebst du sie, auch wenn sie dich betrügt?"

„Ihr wollt mich durch eine Intrige nach Berlin locken!"

„Und dazu bestellten wir einen Minister aus Berlin?"

„Ich kam deinetwegen nach Paris, Alexander!" erklärte im gleichen Augenblick der Minister.

Die ganze Familie sah auf Alexander, als wartete sie auf seine Antwort. Er wußte nicht einmal, wie diesen Großvater anzusprechen? Exzellenz? Lieber Großvater? Oder: Du alter Mörder?

Die Familie hatte ihn infam betrogen. Was erwartete man von Opfern? Sollte er wieder vertauscht werden? Aber gegen wen? Cäsar war nicht mehr feil. Und da saßen die falschen neben den echten Eltern, alle würdelos!

Aber war er selber würdig? Konnte er es sein? Mit Gemüse verfahren sie sorgfältiger. Kaffeesäcke warfen die Leute nur ins Meer, um die Kaffeepreise zu erhöhen. Menschen aber verschleudern sie, und verbilligen die ganze Gattung. Ich will nicht mitschuldig werden. Heut beginnt der Ernst des Lebens.

„Hörst du nicht, Alexander?" fragte Primula.

„Bitte, Mama?" fragte Alexander zerstreut und merkte erst an den auffallenden Mienen der Familie, was er getan hatte. Uli war blaß geworden und hatte Tränen in den Augen, Primula lächelte triumphierend. Lust sah ihn neugierig, Musiek verwundert, der Großvater strenge an. Nur Cäsar lächelte freundlich wie sonst. Was wollten sie alle von ihm? Er hatte also zu seiner wahren Mutter ,Mama' gesagt. Was weiter?

Was für Masken um ihn herum. Sechzehn Jahre hatten sie ihn angelogen. Sollte ihre neuste Behauptung wahrer sein?

Als Kind pflegte Alexander an Sommerabenden im Garten zu schaukeln, unter den hohen Bäumen, auf einer Strickschaukel; die Vögel verstummten, die Farben am Himmel starben hin, sonderbar glänzend im Wind. Die ganze Gegend schien mit Alexander zu schaukeln, hinab hinauf. Noch jetzt spürte er das helle Sausen der Luft in den Ohren. Er schwebte wie ein Ball ohne Gewicht im leuchtenden Abend und konnte beinahe nach dem Himmel greifen. Er brauchte nur loszulassen, um in eine fremde, grenzenlose Seligkeit zu sausen.

Bei der Suppe erzählte Cäsar seinem Bruder eine lange Geschichte von einem Mädchen in der Schweiz. Im Dunkeln war er mit dem Mädchen an einem Fluß entlang gegangen und hatte sich ins dunkle Gras gelegt. Unter den Sternen, mit dem Mädchen. Mit einem Male sei die Sonne aufgegangen, Cäsars Kleider waren naß vom Tau, seine Lippen von Küssen geschwollen, und alles Leben sei vollkommen gewesen.

„Du verstehst?" fragte Cäsar den Bruder, und schob den Suppenteller beiseite, als brauche er ungeheuren Platz für die Beschreibung seiner alten Gefühle. „Es war ungeheuerlich. In den Fingerspitzen fühlte ich das ganze Dasein, nicht nur meines, sondern auch die unsagbare Fülle der Welt, und zugleich ihre Leere. Denn die Welt ist so gut wie ganz leer. Das ist das Geheimnis Gottes. Er ist nichts als die ungeheure Leere im Universum. Und da gibt es Leute, die machen ein moralisches Aufheben von sich. Wir sind Insekten auf der Oberfläche eines der kleinsten Trabanten eines Zwergsterns in einem lokalen Sternsystem in einer von Millionen Milchstraßen. Pfui Teufel. Ich wäre kein Mensch geworden, wenn ich eine Wahl gehabt hätte! O pfui! Und da wollen sie noch Individuen sein! Wir gehören zu einer Gattung. Mehr gibt es nicht. Darum ward ich ein Nazi. Du verstehst. Ich will wo hingehören, wenn ich für mich selber nichts sein kann. Du verstehst?"

„Ich verstehe euch alle nicht," erklärte beschämt Alexander.

Ministerialrat Lust stieß mit seinem Finger gegen Musiek. „Ich lese deine Stücke, und Artikel. Wir sind im Ministerium auf alles abonniert. Du bist nicht vorangekommen, Schwager. Du wirst nicht klüger in deinen Schriften. Warum schreibst du noch? Und für wen? Was erwartest du noch vom Leben?"

„Euren Sturz!"

„Wer auf den Tod seiner Feinde wartet, stirbt inzwischen nur schneller dahin. Du und deine Freunde sind verloren. Einen Teil haben wir zuhause auf administrativem Wege erledigt. Der Rest krepiert in ausländischen Konzentrationslagern oder Konsulaten. Unser Imperium wird größer sein, als das römische oder britische war. Wohin werdet ihr dann entrinnen? Und was wirfst du uns vor? Ein paar Dutzend neue Verordnungen, gewisse neue Bräuche? Der Kern Deutschlands blieb unverändert. Krupp blieb Krupp. Sogar Christen sind wir meistens geblieben, nominell, versteht sich, wie alle Welt. Also die Judenfrage. Wer war nie antisemitisch? Und mit dem Heiligen Vater haben wir ein Konkordat geschlossen. Mit England ein Flottenbündnis. Mit Frankreich und Rußland können wir abschließen, was wir wollen, wann wir wollen. Wer ist gegen uns, außer Juden, Freimaurern, und Individualisten wie mein Schwager Musiek? Wem tun wir Unrecht? Das deutsche Volk, es gedeiht, es triumphiert, es regiert. Darum liebt uns das Volk fanatisch. Wir lenken das Schicksal der Menschheit."

„Und Gott?" fragte Uli.

„Unsere Armen erhalten keine ungedeckten Schecks auf den Himmel. Wir erfinden kein Inferno," stellte Lust fest.

„Ihr schafft es auf Erden," erklärte Musiek.

„Und habt ihr kein Heimweh?" fragte Primula. Die Kellner servierten Filet Mignon, du choux fleur gratiné, pommes de terre brissolées, und schenkten einen nicht moussierenden Wein aus der Champagne ein.

„Was euch an Deutschland verdrießt, ist Beiwerk!" versicherte Lust.

„Görings Schlager," erwiderte Musiek freundlich. „Wo gehobelt wird, fallen Späne... Karl von Ossietzky ein Span, hunderttausend Märtyrer nur Späne."

„So genaue Ziffern habt ihr?" fragte Primula.

„Es sind hunderttausend!" bestätigte Uli.

„Du warst einmal ein vernünftiger Mensch!" versicherte Lust mit betrübter Miene seinem Schwager Musiek. „Ward die Macht nicht immer verleumdet? Wie sah Deutschland aus, als wir die Firma übernahmen? Zu viele waren arbeitslos, zu viele Jungfraun unbefriedigt. Die Literatur war zynisch, die Kunst abstrakt, die Wissenschaft interesselos, oder wie ihr sagtet, frei. Das Volk begehrte zweierlei, wovon eins das andre ausschließt: Umsturz und Ordnung. Wir brachten ihm in schöner Harmonie falschen Umsturz und falsche Ordnung. Das Volk war nach Neuem begierig."

„Nennst du den Trödel neu?" fragte Musiek und verachtete sich, daß er mit einem Sophisten stritt, der im Dienst von Mördern stand. „Totalitäre Rechtlosigkeit, Verstaatlichung zugunsten einer Clique und zu Kriegszwecken, Obskurantenwesen, Mördertheologie und Sprachverschluderung nennst du neu?"

„So kann man keine zivilisierte Unterhaltung führen," entgegnete Lust gekränkt. „Ich kenne diese Sorte Patrioten, die zuhaus alles verdammen, im Ausland alles anbeten. Das Ausland rüstet ihnen nicht schnell genug auf, Deutschland soll abrüsten. England mit vielen hundert Millionen Kolonialsklaven ist ihnen das Muster edelster Demokratie. In den Vereinigten Staaten dürfen arme Leute zwar im Norden, aber nicht im Süden wählen, und nach der Hautfarbe wird bestimmt, wer in die Eisenbahn einsteigen darf. Haben wir den Krieg erfunden? Den Russen gehört ein Sechstel, den Engländern ein Siebentel der Welt, den Amerikanern in der Tat mehr als ihr eigener Kontinent. Uns Deutschen gönnt man nicht mal Deutschland? Die Welt lauscht unserer Musik, trinkt unser Bier, schreibt mit unsern Bleistiften, schaut durch unsre Brillen, nimmt unser Aspirin ein, färbt mit unsern Farben, und geht bei unsern Philosophen zur Schule. Kein Volk handelt nach den Anstandsregeln, die für Private gelten. Nur wir Deutschen sollen die Verbrecher sein."

„Man klagt die Nazis an!" erwiderte Musiek, gegen seinen Willen.

„Wortklauberei! Man meint die Deutschen."

Endlich hatte Musiek Selbstüberwindung genug, zu schweigen. Unglückliche erscheinen im Nachteil in der Diskussion mit den Siegern.

Lust erwartete keine Antwort.

„Das trockene Leben," sagte er. „Die Sensationen verderben einem den Geschmack am ruhigen Leben. Sind nicht die kleinen, köstlichen Freuden, Schmecken, Riechen, Atmen und Gehen, vergnüglicher als alle großen Aktionen? Man sollte auf einem kleinen Bauerngut sitzen, abseits der Welt, und seine Tage nicht mehr zählen. Aber du, Musiek, warst du nicht ein Dichter? Und hast die Freiheit geliebt? Was ist aus uns geworden, Bruder? Ich könnte dir Geschichten erzählen. Aber es gibt überall Spitzel."

Musiek sah sich um. Da gerade kein Kellner im Zimmer war, so konnte die Vorsicht des Herrn Ministerialrats nur seinem Sohn, seiner Frau, oder seinem Schwiegervater gelten. Alle drei tranken ruhig ihren Kaffee, als wären sie über jeden Verdacht erhaben, oder fänden jeden Verdacht gerecht.

Dr. Kaiser klopfte unvermittelt mit dem Kaffeelöffel an sein Weinglas. Die Familie sah betreten drein. Wollte er eine Ansprache halten?

Aber er holte schweigend aus seiner Brusttasche drei funkelnagelneue deutsche Reisepässe, legte sie vor sich auf den Tisch und erklärte, mit einer gerührten Stimme: „Da sind eure Eintrittskarten ins Vaterland."

Er reichte je einen Paß Musiek und Uli und Alexander. Es waren wunderschöne Dokumente, mit dem Hakenkreuz und langjährigen französischen Visen und mit den passenden Paßphotos versehn.

„Das ist mein Photo," sagte erstaunt Uli.

„Auf der Pariser Präfektur mußten wir bei jeder Gelegenheit drei oder sechs Photos abliefern," erklärte ihr Musiek. „Auch photographiert man heut die Leute unbeobachtet."

„Was soll der papierene Scherz?" fragte Alexander leise den Bruder.

„Eure Akten sind bereinigt," erklärte Dr. Kaiser. „Morgen könnt ihr ins Vaterland heimkehren. Alle einschlägigen Stellen sind angewiesen. Die Gestapo weiß, daß die Familie Musiek im geheimen Auftrag des Justizministeriums als sogenannte Emigranten nach Frankreich gegangen ist und geheime Berichte geliefert hat, die im Justizministerium bei den Geheim-Akten liegen. Musiek wird für mich in Berlin oder München arbeiten, offiziell. In Wahrheit wird er tun und treiben, was ihn sein Herz heißt, vorausgesetzt, er übt keine Kritik an der Regierung und an der Partei. Goebbels hat mir vor meiner Abreise mitgeteilt, wie sehr er das große Talent von Musiek bewundert. Die höchsten Stellen haben sich wohlwollend ausgesprochen. Musiek wird natürlich Mitglied der Reichskulturkammer, in aller Stille. Alexander kann seine Studien an der Universität zu Berlin oder München fortsetzen. Ich sprach mit Ribbentrop über ihn. Wir brauchen Talente im diplomatischen Dienst. Bist du mit deinem Vater zufrieden, Primula? Somit hört die Schande auf, daß wir Emigranten in unserer Familie haben. Mit den französischen Behörden ist unter der Hand alles geregelt. Man hat allen Respekt für euch. Eure Pässe sind an der deutschen Grenze avisiert. Am besten freilich reist ihr gleich mit Lust und Primula, im selben Zug. Glück auf, zum neuen Leben!"

Musiek blätterte aufmerksam seinen neuen Paß durch, Seite für Seite, und zerriß ihn schweigend, Seite für Seite.

Gespannt beobachtete ihn die ganze Familie. Als er fertig war, legte er die Papierschnitzel auf einen kupfernen Aschenbecher und zündete sie mit einem Streichholz an. Als Uli danach ihrem Mann ihren Paß reichte, wiederholte er schweigend mit Ulis Paß die Prozedur.

Primula war inzwischen zu Alexander getreten und bat ihn, mit ihr ins Nebenzimmer zu kommen. Gehorsam folgte er ihr, mit seinem Paß in der Hand. Primula schloß die Tür hinter ihnen und ging zum offenen Fenster. Mah sah den rötlich schimmernden Nachthimmel, ein Stück des Boulevards, die Kette der Autos und Autobusse, und die Lichter in den Kaffeehäusern. Alexander starrte aufs französische Doppelbett. Hatte der Großvater Claire in diesem Raum empfangen?

Primula öffnete ihre Handtasche, gab ihm ihren Füllfederhalter und machte ihn aufmerksam, er müsse auf seinem Paßphoto noch seinen Namen unterschreiben, Alexander Lust, das sei sein deutscher Name. Es sei ein guter Paß. Bald werde ein deutscher Paß ein Zauberschlüssel in allen Ländern Europas sein.

„Wir sind die Sieger," erklärte sie.

Alexander zögerte.

„Unterschreiben kannst du mal," sagte seine Mutter. „Das verpflichtet dich zu nichts."

Das leuchtete Alexander ein. Es kam ihm wie ein Scheckschwindel vor, als er zum ersten Mal in seinem Leben: Alexander Lust signierte. Der neue Name gefiel ihm. Er war kurz. Und bedeutete er nicht das Beste, was man vom Leben hatte?

„Behalte den Paß gut!" bat Primula. „Meine Schwester und ihr Mann sind dem Leben nicht gewachsen. Ihre Welt ist mit Fabeln aus der Fibel illustriert. Wenn sie klug wären, so hätten sie diese Pässe nicht verbrannt, sondern der Pariser Polizei überliefert, zum Beweis, daß sie nichts damit zu tun hatten und nichts damit zu tun haben wollten. Denn der französische Konsul in Berlin hat schon längst nach Paris gemeldet, daß er französische Visen in die Nazi-Pässe von Herrn und Frau Musik gestempelt hat. Freilich existieren diese Geheimberichte von Herrn und Frau Musik im deutschen Justizministerium. Solange Vater lebt, glaube ich nicht, daß jemand einen Mißbrauch damit treiben könnte, und sie etwa der französischen Polizei zugänglich machen würde. Dann würden sie natürlich als Spione eingesperrt, vielleicht den Deutschen ausgeliefert werden; du weißt, die Länder tauschen gegenseitig ihre Spione aus."

„Aber ihr wißt doch, daß diese Berichte gefälscht sind? Ihr habt sie doch nur fabriziert, um den Eltern ihre Rückkehr nach Deutschland zu erlauben?"

„Du sprichst von deinen Pflegeeltern? Dein Vater und dein Großvater sind wohl einflußreich und mächtig genug, daß sie solche Tricks nicht brauchen. Ich habe von diesen Geheimberichten eben erst erfahren, und auch Lust wußte nichts davon, sonst hätte ich davon gewußt. Du mußt deinen Pflegeeltern nichts von unserm Gespräch mitteilen; sie möchten erschrecken. Deine Tante Uli scheint mir sehr nervös zu sein. Ist sie herzleidend?"

„Nicht, daß ich wüßte." Alexander sah seine Mutter an. Natürlich wollte sie, daß er ihr Gespräch sogleich den Eltern mitteilte. Das war eine Drohung, eine Erpressung vielleicht? Sie will ihnen – und vielleicht auch mir? – zu verstehen geben, daß wir in ihren Händen sind. Interessante Mama! Tüchtiger Großvater! Bemerkenswerter Papa! Ich habe ja eine hübsche Familie. War Cäsar besser?"

Er stand da und wartete, was seine Mutter jetzt beginnen würde. Sie sah ihn spöttisch lächelnd an.

„Nun?" fragte sie.

Alexander war verlegen. Was erwartete sie von ihm?

„Jawohl, Mama!", sagte er für alle Fälle.

„Nun bist du zum ersten Mal, sozusagen, mit deiner Mutter allein, und ... ?"

Was erwartete sie von ihm? Er sagte: „Jawohl, Mama."

„Willst du nicht deiner Mutter einen Kuß geben?"

Was erwartete sie von ihm? Er sagte, steif wie ein Stück Holz: „Jawohl, Mama."

„Bist du mit Claire auch so hölzern?"

„Woher kennst du Claire?" fragte er bestützt. „Du weißt, daß sie im Hotel war? Was wollte Großvater von ihr? Du mußt es mir sofort erzählen. Verstehst du denn nicht, wie wichtig das für mich ist? Ich bitte dich, Mama!"

„So wichtig, sagst du? Es sind Staatsgeheimnisse. Am Besten wendest du dich an Claire. Du willst mir also keinen Kuß geben?"

„Jawohl, Mama."

Er faßte ihre Hand und drückte sie an die Lippen. Primula zog ihn an ihre Brust. Sie küßte ihn auf den Mund. Dann ging sie ins Nebenzimmer zu den andern.

Langsam folgte ihr Alexander. Sogleich sah er die Angst in Ulis Augen, und ihr gutes Lächeln. Alexander wollte sogleich auf sie zugehn, sie umarmen und küssen. Er wollte ihr versichern, daß sie seine älteste und beste Freundin sei, und seine liebste Mama. Er machte schon einen Schritt auf sie zu; da sah er das spöttische Lächeln Primulas und setzte sich auf seinen Stuhl, neben Cäsar.

Uli hielt es nicht aus. Sie zog ihre Schwester beiseite.

„Was hast du ihm gesagt?" fragte sie.

„Daß du mir erzählt hast, er sei schuld, wenn du und Musik keine eigenen Kinder haben."

„Ich hätte dir das erzählt?"

„Nein? So habe ich dich vielleicht mißverstanden."

Bekümmert und sprachlos ging Uli zu ihrem Platz zurück. Ihr Nachbar Lust legte den Arm um sie und küßte sie ohne Voranmeldung. Er hatte sie auf den Mund küssen wollen; da sie ihm auswich, traf er ihre Nase. „Was fällt dir ein?" fragte Uli. ,

„Ich wollte dich immer schon verführen," versicherte er ihr halblaut. Uli sah erschrocken zu Alexander. Hatte er das gehört? Wir hätten nicht kommen dürfen, sagte sie sich. Und ich hätte nicht Primulas und Lusts Hilfe für die Befreiung von Musik und Alexander annehmen dürfen.

„Ich mache mir nichts aus schönen Gesten," erklärte nun der Minister. „Ihr könnt diese Pässe alle Tage neu haben."

„Es sind Sittenrichter," kommentierte Lust. „Diese Gegner des heiligen Feuers einer Nation, diese Zeitkritiker und Literaten sind weder politisch noch psychologisch interessant. Absynthtrinker heißen uns Alkoholiker. Kunden von Psychoanalytikern nennen uns Psychopathen. Um ihrer heiligsten Überzeugungen willen gaben sie Vaterland, Amt, Beruf und Besitz auf, Freunde und Familie opferten sie, und enden fast alle in ausländischem Sold, wo sie für wenig Geld am Ausland rühmen, was sie am Vaterland geschmäht hatten. Wären sie nicht besser zuhaus geblieben?"

Alexander sagte leise zu Cäsar: „Da hast du das klassische Schauspiel: Die Guten sitzen beschämt; die Schurken rühmen sich. Und klingt es nicht, als hätten die Bösen sogar moralisch recht? Ich hätte gute Lust, unter die Zyniker zu gehn. Denn es ist etwas Wahres an den Vorwürfen unseres Vaters Lust. Man spricht von Gott und schlachtet um Handels und Wandels willen Karpfen, Ochsen und Menschen. Man tötet mit der Keule und mit Verordnungen. Man vergißt seine

Feinde und tötet, was man liebt. Und das Schlimmste: Um gut zu sein, muß man ein ganzes Leben ununterbrochen gut sein. Böse haben es leicht. Ein Mord stempelt sie zum Mörder."

„Also kommst du mit uns nach Berlin?"

„Wenn ihr nur nicht so grotesk wäret – eure Hitler, Streicher, Goebbels und Göring sind die Abtrittfiguren der Weltgeschichte. Wählen zwischen Exil und Heimat? Es ist dieselbe Hölle."

Still stand er auf und ging zum Zimmer heraus. Vor dem Lift holte ihn sein Bruder ein, er trug ihm den Hut und Mantel nach, und hatte seinen eigenen Hut und Mantel nicht vergessen. Auf der Straße merkten sie, daß es wieder regnete. Die Laternen blinzelten mit gasgelben Augen. Die Autos fuhren in Herden, als wären sie gesellig. Von den Hausgängen winkten die benutzbaren Mädchen.

Die Brüder gingen schweigend. Alexander tat, als merkte er Cäsars Anwesenheit nicht. Auf der Place de la Comédie Française sauste der Wind wie am Meer. Der nasse Asphalt glitzerte wie schwarzer Lack. Die illuminierten Springbrunnen rauschten, Durch die großen Scheiben des Café de l'Univers sah man die Kellner hin und her gehen.

Angesichts des Louvre hielt es Cäsar nicht mehr aus. „Ich bin dein Freund. Ich dulde es nicht, daß du irreparable Dummheiten machst. Man geht nicht in der ersten Hitze zu Mädchen.

Du wirst Dinge sagen oder tun, die dir Claire nie vergeben wird, die du selber dir lange nicht verzeihen wirst. Komm mit mir in ein Café. Wir werden alles besprechen. Hörst du mir zu, Alexander?"

Sie waren schon am linken Ufer und gingen zur Rue du Bac. „Die Mädchen muß man mit kalter Vernunft behandeln, sonst unterjochen sie uns fürs Leben. Alexander, ich habe Großes mit dir vor. Ich will nicht, daß du Dummheiten machst und dich vom Fleck weg verheiratest; du bist in der Verfassung. Nimm Vernunft an. Oder bist du sinnlos verliebt?"

Sie waren schon naß; da hörte der Regen auf, als hätte er sie nur gründlich durchnässen wollen.

„Ich liebe sie nicht mehr", sagte endlich Alexander. „Aber es ist der Tag der Aufklärung. Ich will keine Stunde mehr verlieren. Was treibt sie mit dem Alten? Ich will meine kleine Welt auf einmal kennen lernen."

„Du wirst so nichts erfahren. Wo wohnt sie?"

„Bon Hotel, 42 Rue Vaneau."

„Ich kenne diesen Typus Mädchen, Alexander. Ich habe sie beobachtet. Sie ist obstinat."

„Glaubst du?"

„Und stolz."

„Das ist sie."

„Und empfindlich."

„Sehr empfindlich."

„Sie wird dir nichts sagen. Aber laß mich nachdenken. Wir werden Listen gebrauchen im Stil der sogenannten moralischen Komödien des 17. Jahrhunderts. Wir werden eine Geschichte erfinden, eine Intrige, du verstehst?"

„Unsinn!"

„Warte. Ich sage, du hast dir das Leben genommen? Was hältst du davon?"

„Sie kennt mich besser."

„Oder du willst in den Krieg gehn, ist nicht irgendwo ein kleiner Krieg, in Spanien oder sonstwo, für staatenlose Abenteurer?... Oder noch besser, sagen wir ihr die Wahrheit. Sie ist manchmal die raffinierteste Lüge."

„Was für eine Wahrheit?"

„Daß du Claire liebst, aber wartest, bis dich jemand in ihre Arme stößt. Daß du behauptest, deine Identität verloren zu haben, und ihre Liebe dein letzter Halt bleibt. Daß du ihrem Rat blindlings gehorchen wirst, um nach Berlin zu gehn oder in Paris zu bleiben. Daß eine intelligente Frau einen großen Mann aus dir machen könnte, aber dich lieben müßte. Daß du liebenswürdig bist. Und dergleichen..."

„Und wenn ich dich zu ihr gehn ließe, würde sie dich mitten in der Nacht empfangen?"

„Eher als dich. Du bist verliebt und also gefährlich. Wenn ich, dein Bruder, so spät und unangemeldet komme, so ist es ein Notstand. Sie weiß, eine Gefahr droht. Das Außerordentliche macht sie kühn."

„Und was gewinne ich dabei?"

„Ich überrumple sie. Das gewinnst du. Ihre Zimmernummer?"

„Einundsechzig. Aber ich verbiete dir..."

„Erwarte mich im Bistro an der Ecke."

„Wie darfst du es wagen, ungebeten und frech in ein fremdes Leben einzugreifen? Bist du auch im Privatleben ein Terrorist?"

„Ich muß die sechzehn Jahre nachholen, die ich nicht mit dir verlebt habe. Was wäre aus dir geworden, wenn du an meiner Seite aufgewachsen wärest. Ich muß dir helfen, ein aktiver Mann zu werden. Du sollst nicht in fünfzig Jahren sterben, mit der Empfindung, es habe sich nicht gelohnt. Für jede Dummheit riskieren Menschen ihr Leben, und so selten aus Egoismus. Ich werde dich erziehen, statt dieses Wortemachers von Onkel. Wir werden mit dir Überraschungen erleben!"

Schon waren sie an der Ecke der Rue Babylone und der Rue Vaneau angelangt. Aus dem Bistro am Eck kamen drei Flics. Sie erzählten einander, was sie zu abend gegessen hatten, man roch den Knoblauch.

„Warte im Bistro, unbedingt!" rief Cäsar und war schon im Hotel. Alexander wollte ihm nachstürzen, ihn mit Gewalt zurückhalten oder ihn begleiten. Da sah er den Besitzer des Bon Hotel über die Straße zum Bistro kommen, es war ein fröhlicher alter Mann, dessen Nase von seiner Neigung für Geistiges sprach.

Alexander blieb im Dunkeln stehn, an seiner Ecke, und zählte sich alle Vorwände auf, um nicht seinem Bruder nachzugehn. Es war unschicklich, in Claires Hotel eine Szene zu machen. Claire würde zu sehr erschrecken, wenn sie um elf Uhr nachts zu zweien einträfen. Cäsar würde sie besser überrumpeln. Hatte er, Alexander, überhaupt das Recht, zu Claire in der Nacht zu gehn? Und zürnte sie über Cäsar, so war Alexander ja nicht für den Bruder verantwortlich. Er hätte sich mehr Vorwände erfinden können. Aber er war einfach zu feige gewesen. Er hatte Angst, daß sie ihn auslachen würde, oder ihn ablehnen. Bei all seiner Attitüde ironischer Überlegenheit war er schüchtern und fürchtete, ausgelacht zu werden. Er studierte an der Universität Literaturgeschichte und Geschichte und kritisierte kühn alle Dichter und Helden, aber er wagte nicht, einem Mädchen einen Kuß zu geben.

In Versailles hatte er einmal einen verschämten Versuch dazu gemacht. Sie lagen im Moos unter Bäumen im Park. Er küßte sie in den Nacken. Sie war sogleich aufgestanden und hatte ihn hochmütig gefragt: „Sind Sie wie alle dummen Jungen?" Da hatte er beschämt um Entschuldigung gebeten und sie erhalten.

Alexander ging ins Bistro, setzte sich an einen der drei leeren Tische und bestellte einen Kognak. Vor dem Buffet standen fünf oder sechs Männer in einer Gruppe, und abseits ein blondes junges Mädchen, das beide Ellenbogen auf der Theke aufgestützt hielt und abwechselnd grüne, rote, und blaue Schnäpse trank. Alexander sah ihr eine Weile zu, dann zahlte er und ging auf die Straße.

Ihm war plötzlich eingefallen, Cäsar hatte gesagt, ich werde sie überrumpeln. Er wird sie überrumpeln. Er ist ein Nazi. Sie lag schon im Bett, vielleicht. Wer weiß, was er ihr alles gesagt hat. Er überfällt sie, in diesem Augenblick. Er verführt sie, in diesem Augenblick.

Ich gehe sofort in ihr Zimmer. Oder soll ich anrufen? Sie wird sagen, Monsieur Musiek, bat ich Sie nicht, morgen anzurufen?

Ich verliere den Verstand. Ich hatte keinen, wenn ich Cäsar zu ihr ließ. Ich gehe nach Berlin, oder in die Seine. Das ist mein Bruder? Er hat mich zu gut verstanden. Nur sie, sagt er, kann dich davor bewahren, den letzten Rest deiner Identität zu verlieren. Also nimmt er sie mir weg, und ich bin nicht mehr ich selber, und ihnen ausgeliefert.

Oder tue ich ihm schon wieder Unrecht? Ist er nicht liebenswürdig? Bin ich vielleicht schon so fanatisiert, daß mir ein Gläubiger einer andern Konfession auf jeden Fall ein Halsabschneider zu sein scheint? Neigte ich stets dazu, das Schlimmste von Menschen anzunehmen? Wahrhaftig. Ich bin kein guter Mensch.

Wie ein Ziehbrunnen-Gaul ging Alexander von einer der vier Straßenecken zur andern, vom Eingang des Bon Hotel zum Bistro, zum Tabac und zum Epicier. Zum Glück gab es um diese Stunde in jenen Straßen wenig Autos, und Alexander kam kaum zwanzigmal in die Gefahr, ein Verkehrsopfer zu werden.

Alexander beschloß, nachhaus ins Hotel Foyot zu gehen, in die Seine, ins Zimmer von Claire, und sie oder den Bruder zu töten, oder angesichts von beiden sich selber. Darauf ging er von Neuem ins Bistro, bestellte einen Kognak, setzte sich auf denselben Stuhl an den selben Tisch, neben den andern beiden leeren Tischen. Statt des blonden Mädchens standen zwei schwarzhaarige Mädchen an der Theke, ein Soldat bewirtete sie. Die Zivilisten daneben sprachen vom spanischen Bürgerkrieg. Ich war lang genug dabei, erklärte einer, und Europa hat uns verraten. Léon Blum, sagte ein zweiter. Der dritte sagte, es seien immer dieselben, die Bolschewiken und die Klerikalen, voilá. Der erste sagte, Franco sei ein Sohn der Kirche. Der zweite sagte, ein Sohn Satans. Der dritte sagte, voilá.

Der Soldat erzählte den Mädchen sein Leben. Kaum hatte er angefangen, war er schon mitten darin, und es schien nie mehr zu enden, aber nach einer Minute war es aus. „Ist das nicht ein Roman", fragte er, mit Stolz und Kummer. Dann fing er nochmals an. „Und ich habe ihr gesagt, mein Lebtag war ich ein guter Sohn, Paulette. Und dann gingen wir schlafen. Und in der Nacht weckt sie mich und fragt: Wieso? Und sie fragt: Wieso warst du immer ein guter Sohn, Marcel? Die Beweise? Aha, denke ich. Sie will was andres. Eh bien. Danach fängt sie doch wieder an, und fragt: Marcel. Wieso warst du immer ein guter Sohn? Da habe ich ihr erzählt, daß ich mal meiner Mutter einen blauen Mantel gekauft habe, den hat sie vielleicht sieben Jahre getragen. Paulette habe ich also abgeschafft. Fragen ist gut. Aber zu viel fragen?"

Der Soldat schwieg. Die Mädchen schienen einverstanden. So war das Leben, wie gemacht für Hollywood. Dann fing die jüngere an, im Bon Marché, dem Warenhaus zwei Ecken weiter, habe sie einen Hut gesehn, nur Tüll, blauer Tüll.

Alexander sah auf seine Uhr. Eine halbe Stunde schon. Wo blieb der Bruder. Hatte er ihn übersehn? Auf dem Rundlauf von Ecke zu Ecke? Aber der Bruder hätte ihn in der leeren Straße sehn müssen. Warum blieb er solange fort? Was hatten sie zu sprechen? Oder? Sie liebt mich? Was hat das mit Liebe zu tun? Ich bin ein Schildbürger der Liebe. Und warum liebe ich sie? Und warum hängt man am Leben? In die Seine gehn, wie so viele schon? Ist es schade um die Zeit, die man verliert? Verliert man wirklich Zeit? Vielleicht wäre man eine Stunde später eines sogenannten natürlichen Todes gestorben. Und hätte in dieser Stunde sich die Füße gewaschen? Was kann man schon mit sechzig Jahren anfangen. Und wer weiß was einem erspart bleibt. Das Leben wird immer trostloser, je älter man wird.

Wenn sie lächelt, hat sie ein Grübchen. Wenn sie lächelt, scheint alles an ihr zu lächeln, die Augen, die Haare, die Hände, ihr ganzer Körper. Wenn sie wüßte, daß ich in Gedanken schon tausendmal mit ihr geschlafen habe. Ich könnte mit ihr alles in der Welt tun, alles. Mein Gott! Ich halte es nicht mehr aus. Worauf warte ich? Ist sie überhaupt unschuldig? Ich gehe nach Haus. Ich gehe sofort nach Haus. Keine Minute warte ich. Und warum soll ich nicht nach Berlin gehn. Oder ins Hotel Scribe, zum Großvater. Sicher sitzen sie noch alle herum und führen diese leere Unterhaltung zwischen verwandten Feinden. Ich sage: Großvater. Nimm mich mit, in dein siegreiches Deutschland. Meinen Paß habe ich in der Tasche.

Er rieb sich die Augen. Der Wirt starrte ihn so merkwürdig an. Sah der Wirt die Tränen? Alexander hatte kein Glück. Nun wußte er es. Werden alle Menschen so betrogen, wenn sie es am wenigsten verdienen?

Der Wirt erzählte seinen Gästen, es sei zwölf, er werde jetzt sein Lokal schließen. Alexander geriet in eine vorübergehende Panik. Wenn das Bistro geschlossen ward, wo sollte er dann auf Cäsar warten?

Alexander war der letzte, der ging. „Gute Nacht," sagte der Wirt. Alexander drehte sich schnell um. „Was?" fragte er. Der Wirt sagte, er habe gute Nacht gesagt. Alexander sah ihn entgeistert an, bis der Wirt ihn freundlich beim Arm faßte, und zum Ausgang schob, und die Tür hinter ihm schloß.

Alexander fühlte sich beschämt. Durch die verschlossene Tür sagte er dem Wirt, er sei nicht betrunken, oder nur vom Unglück betrunken. Aber der Wirt konnte ihn nicht hören.

Alexander stand in der leeren dunklen Straße, sie schien bei Nacht enger als bei Tag, rundum lagen Nonnenklöster und Krankenhäuser. Er erinnerte sich, vom Fenster Claires konnte man in den Garten des Palais des Président du Conseil schaun, im Frühling blühten dort der Flieder und Mandelbäume. Alexander suchte Claires Fenster. Er wußte nicht genaü, welches es war. Es waren drei Fenster im sechsten Stockwerk des Bon Hotel erleuchtet. Plötzlich fühlte er sich todmüde vor Kummer. Er wollte sich schon auf den Straßenrand setzen. Einmal mußte Cäsar sie doch verlassen, vielleicht um vier Uhr morgens, oder am andern Mittag. Sie können doch nicht vierundzwanzig Stunden lang?

Da sah er seinen Bruder ohne Hut und Mantel im halbdunkeln, offenen Eingang des Bon Hotel stehn und eine Zigarette rauchen. Stand er schon lange so da?

Als Alexander die Rue Vaneau überquerte, kam ihm vor, er sei eine feindliche Armee, die einen Fluß überschreite.

Er beschloß, sogleich seinem Bruder zu sagen, daß er ihn umbringen müsse, und daß es nicht schade um ihn sei.

„Ich beobachte dich seit langem," erklärte Cäsar, „Du sprichst laut zu dir selber. Du bist betrunken?"

Alexander hielt sich nun definitiv für einen Wortklauber, sein Leben war Schablone, Material für andere.

Cäsar sagte „Sie wartet auf dich." Er warf die Zigarette weg.

„Du meinst, du bist um elf Uhr in der Nacht zu ihr gegangen, hast sie nach zwölf Uhr verlassen, und jetzt, um halbein Uhr kann ein zweiter ins Hotel kommen und sich in ihr Zimmer führen lassen? Das ist ein dezentes Hotel. Man wird sie morgen bitten, das Haus zu verlassen."

„Ich habe sogleich, als ich ins Hotel ging, ein Zimmer für dich und mich gemietet, zufällig im sechsten Stock, Nr. 66. Ich habe mich natürlich nicht bei ihr anmelden lassen, sondern habe bei ihr angeklopft. Übrigens haben wir ein sehr hübsches Zimmermädchen auf dem Stock, eine Italienerin, achtzehn, aus Modena; sie hat mir alles erzählt, es gibt eine Universität in Modena und einen Erzbischof; hast du das gewußt?"

„Und du schläfst im Bon Hotel?"

„Auf Nr. 66. Und du auf Nr. 61. Der Liftboy wartet auf uns. Du mußt dich eintragen. Die Polizei scheint sehr streng in Paris."

Im Zimmer, das Cäsar für sie gemietet hatte, begann Cäsar zu lachen. „Was stehst du herum? Wasche dir wenigstens die Hände. Und spüle dir den Mund. Sie liegt schon im Bett, aber sie schläft nicht. Es ist dunkel in ihrem Zimmer, vielleicht. Weißt du den Weg zu Nr. 61?"

Gehorsam legte Alexander Hut und Mantel aufs Bett, wusch sich die Hände und Gesicht, gurgelte mit warmem Wasser, fuhr sich mit zehn Fingern durchs Haar, nahm von Cäsar einen Taschenkamm, den ihm der Bruder ungebeten reichte, kämmte sich und verließ das Zimmer. Auf dem halbdunkeln Flur hatte er gute Lust, die Treppen hinunterzugehn und das Hotel zu verlassen. Er war schon am Rand der Treppe, als er sich sagte, er müsse Claire sagen, daß sie ihn verraten habe (selbst wenn sie nicht mit Cäsar geschlafen hatte?).

Was hatte sie mit Cäsar gesprochen, was hatte sie angehört, was sich vorschlagen lassen?

Vielleicht war aber Cäsar gar nicht bei Claire gewesen, hatte nur Zeit verstreichen lassen, und trieb ihn ins Zimmer, ohne daß Claire etwas von seiner und Cäsars Anwesenheit im Hotel ahnte?

Ganz vorsichtig klopfte er an, ganz leis. Was tue ich im Dunkeln? Soll ich nochmals klopfen? Ich werde die Nachbarn wecken. Es ist nach Mitternacht. Vorsichtig öffnete er die Tür. Es war hell. Claire saß vollkommen angezogen auf dem einzigen Stuhl im Zimmer, sie war gepudert und frisiert, und rauchte eine Zigarette, die sie bei seinem Eintritt im Aschenbecher ausdrückte. Er sah, wie sie unter der Schminke blaß ward. Sie lächelte, aber es sah kläglich aus. Alexander stand in der offenen Tür. Seine Lippen zitterten.

„Bitte, schließen Sie die Tür, lieber Alex!"

Er gehorchte; ihm schien es, er brauche minutenlang.

Er blieb an der Tür stehn. Ihr Bett war gemacht. Cäsar hatte gesagt, sie liege schon im Bett, und es sei dunkel.

Im Aschenbecher auf dem Tischchen vor ihr lagen viele halbgerauchte Zigaretten. Als sie aufstand und ihm den einzigen Stuhl im

Zimmer anbot, sah er, daß sie keine Strümpfe trug, trotz ihren Straßenschuhen. Sie setzte sich aufs Bett. Mühsam ging er bis zum Stuhl, zögerte eine Sekunde, als wollte er sich lieber aufs Bett neben sie setzen, setzte sich aber auf den Stuhl.

Sie bot ihm eine Zigarette an, er tat einen Zug, dann fiel sie ihm aus den Fingern. Er bückte sich, fand die Zigarette und drückte sie im Aschenbecher aus.

„Ich werde nach Berlin fahren," sagte sie.

Er schaute auf die Tapete.

„Ihr Großvater bot mir eine Stellung bei der Deutsch-Französischen Gesellschaft in Berlin an. Ich kenne ihn noch aus Berlin, vom französischen Konsulat. Ich habe akzeptiert, auf den Rat meiner Freunde. Ihr Bruder sagte mir, daß Sie und ich morgen mit dem Frühzug nach Berlin fahren, in Gesellschaft Ihres Großvaters. Sie hätten Ihren Großvater um diese Gunst für mich gebeten. Ihr Großvater hat nicht von Ihnen gesprochen. Ich danke Ihnen. Ich hoffe, Sie haben zu keinem von Ihrer Berliner Familie meine Freunde erwähnt. Man sagt, diese Berliner Herren köpfen, oder erhängen, oder erschießen gewisse Leute, die nicht ihrer Ansicht sind. Sie werden mich in Berlin schützen, Alex."

Alexander wollte sprechen. Er brachte kein Wort heraus. Wieder warf er ihr einen Blick zu, wieder mußte er wegschaun.

So ist das Glück? dachte er. Ich habe es mir ganz anders vorgestellt.

Langsam, ja ungeschickt, als falle ihm das Gehen schwer, schritt er zur Tür. Er konnte immer noch weggehn. Er sah plötzlich ganz deutlich seine Mutter Uli, wie sie zwischen Lust und dem Großvater gesessen war und ihn voller Angst angeschaut hatte, als er mit seiner Mutter Primula aus dem andern Zimmer zurückgekommen war.

Er konnte immer noch fortgehn, wie aus einem wüsten Traum. Er stand vor der Tür, mit dem Rücken zum Zimmer, und ergriff den Schlüssel, der in der Tür steckte und drehte ihn um.

Cäsar hatte kurz nach Alexander sein Hotelzimmer verlassen und war zu Fuß die sechs Treppen hinuntergegangen. Er fand ein Taxi an der zweiten Ecke und fuhr ins Hotel Scribe. Er war sehr froh, daß er die Familie noch beim Großvater beisammen fand.

Die Schwestern saßen Hand in Hand auf einem Sofa, Primula sprach, und Uli schien zu lauschen. In der andern Ecke des Zimmers erzählte Minister Kaiser von seiner letzten Begegnung mit dem Führer.

Als sie Cäsar sahen, stockte die Unterhaltung der Damen und Herrn.

„Wo ist Alexander?" fragte Uli und stand auf, und setzte sich sogleich wieder.

„Er ist nach Berlin gefahren."

Musiek kam in die Mitte des Zimmers. „Machst du Witze?" fragte er.

„Er ist nach Berlin gefahren."

„Geht denn ein Zug?" fragte Musiek.

„Er hat den Nachtzug nach Brüssel genommen."

„Und was macht er in Brüssel?"

„Da wartet er auf uns."

„Auf euch?"

„Auf uns."

„Warum in Brüssel?"

„Um euch den Schmerz des langen Abschieds zu ersparen. Um sich die Beschämung zu ersparen, mit euch zu diskutieren, zu streiten, zu schwanken, nachzugeben, und endlich doch zu entfliehen."

„Habt ihr so schnell gepackt?"

„Er wollte nichts mitnehmen. Wir equipieren ihn in Brüssel neu."

„Hast du einen Brief für uns?"

„Nein."

„Ein Wort von ihm?"

„Nein, O, natürlich, Grüße."

„Grüße?" fragte Musiek, zerstreut. Uli war still geblieben. Sie saß still auf dem Sofa, neben Primula, ihre Hand in Primulas Hand.

„.... Komm!" sagte Uli, als sie den Blick ihres Mannes gewahrte, und stand auf.

„Wohin?" fragte Musiek. „Willst du nach Hause?"

„Nach Brüssel," erwiderte Uli.

„Wir haben kein Visum. Und keine Pässe. Wir kommen nicht über die Grenze."

„So nimm ein Auto. Und gehn wir über die ‚Grüne Grenze'."

„Ohne Vorbereitung? Und wo willst du Alexander in Brüssel finden?" „Wo trefft ihr ihn?" fragte Musiek Cäsar.

Cäsar lächelte höflich. „Mademoiselle Dubos und Alexander wollten uns ihre Adresse aus Brüssel telegraphieren."

„Mademoiselle Dubos?"

„Claire," erklärte Uli. „Sie ist mitgefahren?"

„Sie tritt einen Posten als Sekretärin der Deutsch-Französischen Gesellschaft in Berlin an."

Plötzlich schob Lust einen Stuhl hinter Uli, sie setzte sich. Er brachte ihr ein Glas Wasser. Sie trank. Er sagte: „Ich gebe dir mein Wort, Uli. Ich wußte von diesem ganzen Manöver nichts. Aber es ist vielleicht das Beste für uns alle. Bitte, mache dir keine Sorgen. Schließlich ist der Junge doch mein Sohn. Und was du immer von mir denken magst, war ich nicht ein guter Ehemann, und bin ich nicht ein angenehmer Vater? Frage Cäsar, wenn du willst. Ich gebe zu, ich hätte an Alexanders Stelle nicht so husarenmäßig gehandelt. Aber die jungen Leute sind anders als wir in unsern schönsten Tagen waren. Sie machen es sich im äußern Leben schwerer, moralisch aber leichter, als wir es kannten. Im übrigen hast du noch eine mittelalterliche Anschauung vom Verhältnis von Kindern zu Eltern, die im Grunde nur selten gestimmt hat. Seine intimsten Feinde bringt man selber zur Welt; wenn sie aufgewachsen sind, schlagen sie die Alten tot. Homo homini lupus, oder jedes Kind ein Elternmörder."

„Ihr habt mir mein Kind gestohlen, und wollt es mir noch schlechtmachen."

„Es ist unser Sohn," sagte Primula. „Und ich schwöre dir, ich wußte nichts von dieser plötzlichen Abreise."

„Auch ich," sagte Dr. Kaiser, „habe das nicht gewollt."

„Wer ist also schuld?" fragte Uli.

„Alexander fühlte sich nicht wohl im Exil," erläuterte Cäsar. „Ich verstehe ihn sehr gut. Ich habe einige Freunde. Keinen fühlte ich mir je so nahe. Ich bitte um Entschuldigung, wenn ich respektlos scheinen sollte, Aber wie hättest du an Alexanders Stelle gehandelt, liebe Tante Uli? Man geht nicht so –, so diktatorisch, so totalitär, so willkürlich, so erbarmungslos mit Menschen um, wie ihr es getan habt, du, liebe Tante, und dein Mann. Sechzehn Jahre habt ihr mit ihm gelebt, und nicht einmal habt ihr ihm die Wahrheit gesagt? Monsieur Musiek ist ein bekannter Moralist, und ohne Moral? Deine Güte ist sprichwörtlich in der Familie, Tante Uli. Unter uns, bist du wirklich eine gute Mutter gewesen? Da lobe ich mir meinen Papa, und meine Mama. Charmante Zyniker von außen gesehn. Aber sie sind die wetterfesten Idealisten, oder wie wir sagen, gute Nationalsozialisten. Nimm es mir nicht übel, Tante Uli, ich glaube, du und dein Mann, ihr seid jene Selbstgerechten, vor denen in der Bibel gewarnt wird. Übrigens fuhren Alexander und Mademoiselle Dubos im selben Schlafwagenabteil nach Brüssel. Es dauert keine fünf Stunden. Man kann sehr glücklich sein in fünf Stunden. An der Bahn sagte er mir: Cäsar! Wie glücklich bin ich, daß hier und nun meine Unschuld ein Ende nimmt. Es gibt nichts Unerquicklicheres auf Erden, als unschuldig zu sein."

„Lieber guter Mann," sagte Uli, „hat es einen Sinn, wenn ich vor einem dieser Menschen niederkniee und ihn um das Leben meines Sohnes Alexander bitte?"

Musiek schwieg. Er beugte sich über seine Frau und streichelte ihre Wangen.

„Hilf mir doch," bat sie ihren Mann.

Musiek ging zum Kleiderschrank und holte ihre Garderobe heraus. „Muß ich schon gehn?" fragte Uli.

Sie stand gehorsam auf. Aber statt ihren Hut aus der Hand ihres Mannes zu nehmen, ging sie zum Vater, der neben dem Schreibtisch saß, und sah ihm ins Gesicht. Er schaute sie bewegungslos an. Plötzlich erinnerte sie sich, wie sie schon vor ihm niedergekniet war, vor zwanzig Jahren. Und damals war er noch gewissermaßen ein Mensch. Sie schüttelte den Kopf und ging von ihm wortlos weg. Sie zögerte einen Augenblick vor Lust, der zu Boden sah, und ging zu

Cäsar und gab ihm die Hand. Cäsar beugte sich und küßte ihre Hand. Er flüsterte: „Ich liebe ihn mehr als einen Bruder, mehr als mich selber. Ich wache über ihn."

„Ein guter Wächter bist du, mein Sohn," sagte sie und ging zu Primula. Sie sah in ihr Gesicht und begann zu zittern und zu weinen. „Was für ein hübscher Spiegel bist du!" sagte sie.

„Wie bitte?" fragte Primula.

Uli hob ihren Zeigefinger und deutete ins Gesicht Primulas. „Das bin ich. Und ich bin schuld, ich allein. Lebe wohl, Primula, lebe wohl."

Aber als Primula sie umarmen wollte, stieß sie die Schwester zurück. „Du weinst ja," sagte sie, und wandte sich zu ihrem Mann. „Ist es nicht komisch, Musiek? Primula weint über mich."

Dann nahm sie den Hut aus der Hand ihres Mannes, stülpte ihn auf den Kopf, ließ sich den Mantel anziehen und ging mit ihrem Mann fort. Im Taxi unterwegs zum Hotel Foyot stellte sie sich vor, es sei alles nicht wahr. Als sie ins Hotel kam, fragte sie den Nachtportier, einen Alten, der bei Verdun verschüttet gewesen war, ob Monsieur Alexandre zuhaus sei. Der Alte hatte ihn nicht heimkommen sehn. Keine Nachricht? Keine.

„Mon cher Auguste," sagte sie zum Alten, „wenn mein Sohn heimkommt, schicken Sie ihn sogleich zu mir, mitten in der Nacht, verstehn Sie? Mitten in der Nacht."

19. KAPITEL

BERLIN 1939

*E*s war ein fröhlicher Morgen für Claire. Vom Fenster ihres Büros im siebenten Stock sah sie die rauschenden Wipfel der Bäume im Zoo und hörte einen Löwen in seinem Käfig brüllen. Die Budapester Straße, sonst voll von Autos und Marschkolonnen, war fast leer. Alle Berliner schienen zu den Seen in der Mark hinausgefahren zu sein.

Der Himmel war rettungslos blau. Zwei silbrige Wolken zerflossen vor Hitze und Sanftmut.

Es war der zwanzigste August 1939, Claires dreiundzwanzigster Geburtstag. In Alexanders Armen war sie aufgewacht. Er hatte versprochen, sie um vier Uhr mit seinem kleinen Auto abzuholen und zum Stölpchensee hinauszufahren. Da wollten sie schwimmen, zu Abend essen, auf die Sterne warten. Claire hatte am Bayerischen Platz zwei Zimmer mit Bad und Küche im Parterre gemietet, die kleine Wohnung blickte auf den Hof, ein paar Rhododendronbüsche, und eine Jelängerjelieberlaube mit Tisch und Bank. Obwohl Alexander sein Zimmer in der Villa im Grunewald hatte, wo seine Eltern lebten, schlief er beinahe jede Nacht in der kleinen Wohnung Claires.

Claire lächelte glücklich. Wenn sie die Augen schloß, sah sie ihren Alexander, und lächelte. Wenn sie die Augen öffnete, lächelte sie, weil sie nur die Augen zu schließen brauchte, um ihn wiederzusehen.

Sie tippte gerade einen Brief an den Pariser Dramatiker Jean Giraudoux, um ihn im Namen (und auf Kosten) der Deutsch-Französischen Gesellschaft zur Berliner Erstaufführung seiner Komödie „La guerre de Troie n'aura pas lieu" einzuladen, als zwei Herren ins Büro kamen und nach Fräulein Klara Dubos fragten.

„Claire Dubos? Das bin ich," erklärte sie und lachte, weil die Herren sie Klara geheißen hatten, wie wenn sie eine Deutsche wäre.

„Sie sind ja ein lustiger Vogel," bemerkte der ältere der beiden Besucher, ein großer dicker Junge, der seine Backen aufblies, wie um zu pfeifen. Er hatte kleine grüne Augen, die ständig zwinkerten, als fühlten sie sich in der Visage nicht am rechten Ort. Der junge Mann, der etwa dreißig Jahre alt war, begleitete jedes Wort mit seinen fetten Händen, die an jedem Finger ein Grübchen zeigten; seine eigenen Hände schienen alles, was er sagte, auszulachen.

„Ich heiße Dr. Rostig," versicherte er, tat die Füße hörbar zusammen, zwinkerte mit den Äuglein und lachte mit allen zehn Fingern. „Alwin Rostig."

„Beenden Sie ruhig erst Ihren Brief," erklärte der zweite Besucher gnädig. Er war so mager wie sein Begleiter dick war. Sein Gesicht sah wie mit einem Messer ausgeschnitten aus. Er roch nach Essig oder Schweiß. Mit der linken Hand hielt er sein Knopfloch fest, als wäre es seine Brieftasche, und er stünde im Gedränge.

Sein Aussehn und seine Höflichkeit beunruhigten Claire. Sie bat die Herren, Platz zu nehmen, und tippte, um ihre Ruhe wiederzufinden, wirklich den Brief ‚ruhig erst' zu Ende. Noch nie hatte sie sich so oft vertippt.

Endlich nahm sie den Brief aus der Maschine, tippte das Kuvert, dann öffnete sie ihre Handtasche, blickte in den Spiegel, puderte sich die Nasenspitze und wollte sich die Lippen nachziehen, als sie sich zum Glück noch erinnerte, daß der Lippenstift im Dritten Reich für die Waffe des Lasters galt.

Um sich irgend einen Halt zu geben, verschränkte sie beide Hände und hatte endlich die Kraft, die beiden Ungeheuer lächelnd anzusehen.

„Französin?" fragte der Dicke und grinste wie über eine Obszönität.

Claire fühlte, wie sie die Farbe wechselte. Bis zu dieser ersten Frage hatte sie unsinnigerweise noch gehofft, die Kerle wären doch nicht ihretwegen gekommen. Sie ärgerte sich über ihr Erblassen und Erröten, tröstete sich aber mit der Erwägung, daß ja jedermann in Deutschland die Farbe wechselte, wenn die Kerle eintrafen.

„Geheime Staatspolizei," sagte der Dicke, zeigte in seiner Pratze einen Ausweis mit Photo, und auf seinem Gesicht einen ungeheuren Respekt vor sich selber. Sein Kollege deckte endlich sein Knopfloch auf und enthüllte die Hundemarke der Gestapo.

„Ich weiß," sagte Claire.

„So? Sie haben also Grund, uns zu erwarten? Wurden gewarnt? Oder sehn es uns an der Nasenspitze an?"

Claire mußte wieder lachen; denn des Dicken Nase hatte gar keine Spitze, sie war eine runde Kartoffel, die eben vom Kellergrauen ins Rosenfarbene umschlägt.

„Sie haben da also eine Zentrale?" fragte der Dicke gutgelaunt.

„Laß mich erst," bat der Dünne und zog ein Notizbuch heraus, schleckte an der Spitze seines Bleistifts und begann die Allerweltsfragen der Polizei aller Orten: Namen, Beruf, alle Adressen in den letzten hundert Jahren, wo und wie oft geboren, wann zuletzt und warum schon wieder ins betreffende Land gereist, auf welchem Paß, und wie lange vorbestraft, alle Vereine, und warum man politisch sei, oder nicht, wie man seine sexuellen Triebe stille, Vor- und Zunamen aller Folgen, ob man zu einer Rasse gehöre, wenn ja, mit wievielen Merkmalen, chronologisch alle Irrenhäuser, Schulhäuser, Zuchthäuser angeben, die man zwecks Studiengang besucht habe, die Farbe der Augen, alle Körpermaße, und bitte ohne Humor; denn die Polizei ist ein strenger Gott, und der Staat hat jedes Recht, und Unrecht, besonders gegen Ausländer.

Mit der vollen Obszönität des Gesetzes entblößt die Polizei ohne Unterschied des Geschlechts und des Alters Leib und Seele, hebt das Briefgeheimnis und die Röcke auf, stellt die Gretchenfrage, foltert im ersten, zweiten, dritten Grad, sperrt ein, investigiert, inkriminiert, inspiziert, inhibiert und illuminiert die durch alle Verfassungen geschützten Rechte des freien Privatmannes, wird intim, haut mit dem Gummiknüppel auf Kopf und Geschlecht, sticht, schießt, verurteilt, verhöhnt, kurz, sie verhört.

„Eben haben Sie noch behauptet, Ihr Vater heiße Antoine, und jetzt heißt er Joseph? Wie, viele Väter haben Sie eigentlich?"

„Er heißt Joseph Antoine Dubos."

„Jetzt widersprechen Sie sich zum dritten Mal."

„Sie scherzen?"

„Die Gestapo scherzt nie."

Claire blickte zum Fenster hinaus. Wieder hörte sie den Löwen im Zoo brüllen. Wieder sah sie den Himmel über sich. Aber er war jetzt ein blauer Käfig, jede eingesperrte Kreatur schrie wie mit der Stimme der Löwen im Zoo. Hinter den Gittern des Himmels standen die Zuschauer, Gott und seine Engel. Es war ihr noch nichts geschehn. Schon sah alles verändert aus. Und ihre Heiterkeit war nur ein Vorgefühl ihrer nackten Lebensangst gewesen?

„Sie können uns nicht auf jede Antwort warten lassen, Fräulein Klara," erklärte der Dicke, steckte sich eine Zigarette an, pufte paarmal und reichte sie dem Mädchen hin. „Willst einen Zug tun?"

„Ich habe selbst Zigaretten," antwortete Claire erstaunt, und erschrak zum ersten Mal wirklich. Das war ein übles Zeichen, das mit der Zigarette.

„Es erleichtert Ihre Situation," erklärte ihr nun der Dünne geduldig „wenn Sie alle Auskünfte der Wahrheit gemäß geben, und nichts verschweigen. Wir kommen zu Ihnen nicht zufällig. Wir haben Sie seit Ihrer Ankunft in Berlin beobachtet. Wenn wir erst heute kommen, so hat das gewisse Gründe. Sie sind Kommunistin. Sie gehören der französischen Partei an. Sie sind im Auftrag der Partei nach Berlin gekommen."

„Das ist nicht wahr!"

„So? Das ist nicht wahr? Wir haben Bericht aus Ihrem Pariser Parteibüro, daß Sie im Auftrag, der Partei, mit Wissen der Partei, und..."

„Das ist nicht wahr. Justizminister Dr. Kaiser hat mir in Paris diese Stellung angeboten. Dr. Kaiser ist nicht Mitglied der kommunistischen Partei. Ich kam in seinem Auftrag. Ich bin 24 Stunden nach seinem Vorschlag mit seiner Familie von Paris nach Berlin gefahren. Wenn Sie behaupten, alles zu wissen, so müssen Sie auch das wissen."

„Du schläfst also mit dem Großvater und dem Enkel, Klara?" fragte der Dicke und lachte.

Ehe sie antworten konnte, kam ein junger Mann herein und ging gerade auf den Tisch zu, vor dem Claire saß und sagte. „Guten Morgen, Claire. Ich komme extra, um dir zu sagen... Bist du krank?"

Da Claire ihm nicht antwortete, nicht mal lächelte, wandte er sich um und gewahrte die beiden fremden Herren. „Heil Hitler," sagte er nun, und hob den Arm zum Gruß.

„Behalten Sie mal beide Hände hoch," befahl der Dünne und begann, den neuen Besucher nach Waffen und Dokumenten abzusuchen. Über die Achsel weg fragte er Claire: „Auch Mitglied?"

„Herr stud. phil. Franz Schlosser ist kein Mitglied der Deutsch-Französischen Gesellschaft," erklärte Claire mit zitternder Stimme.

Der Dünne gab dem jungen Menschen einen Stoß in die Brust. „Das Fräulein ist ein lustiger Vogel," erklärte der Dicke. „Ob er in der Partei ist?"

„Ich weiß nicht, ob stud. phil. Franz Schlosser Mitglied der nationalsozialistischen Partei ist," erklärte Claire.

„Sind Sie Kommunist?" fragte der Dünne den Studenten.

„Nein," antwortete der Student.

„Stehn Sie mit dem Fräulein in geschlechtlichen Beziehungen?"

„Nein."

„Haben Sie nie was mit ihr gehabt?"

„Nein."

„Was wollten Sie hier?"

„Ich bin ein Freund vom Alexander Lust."

„Schon faul."

„Der Vater meines Freundes ist Ministerialrat Dr. Lust."

„Oberfaul."

„Sein Großvater ist..."

„Kennen Sie ihn?"

„Nicht persönlich, aber..."

„Ist gut. Mitgliedskarte?"

Der Student reichte ihm den Ausweis des nationalsozialistischen Studentenbundes.

„Beschlagnahmt."

„Aber, ich habe doch nichts getan, und ich brauche..."

„Da hinaus!"

„Und meine Sachen, meine Brieftasche, Uhr..."

„Hinaus!"

„Mein Vater ist 1918 vor Verdun gefallen, als Hauptmann."

„Du wirst keine Gelegenheit bekommen, im ehrlichen Kampf zu fallen, Bursche."

„Ich habe doch nichts getan."

Der Dünne wandte sich dem Dicken zu. Der Dicke ging zum Studenten nahe heran, faßte ihn am Kragen und setzte ihn vor die Tür, Der Dünne schloß hinter beiden die Tür. Gleich darauf kam der Dicke wieder ins Büro.

„Ist er also bei Ihrer Partei?" fragte der Dicke Claire, und wischte sich die Hände sorgfältig mit einem blauseidenen Taschentuch ab.

Claire hatte ihr Gesicht mit beiden Händen zugedeckt, sie nahm sie langsam weg. Die Haare hingen ihr ins Gesicht, sie starrte den Beamten an, als hätte sie ihn nicht verstanden. Schließlich nahm sie sich zusammen und murmelte: „Ich weiß gar nicht, wovon Sie reden. Ich bin in keiner Partei. Ich bin Ausländerin. Gestatten Sie mir, meinen Konsul anzurufen?"

In dieser Minute klingelte das Telephon. Claire wollte den Hörer abnehmen. Der Dicke hinderte sie daran. Er sagte, sie dürfe sprechen, er werde am andern Apparat mithören, und wehe ihr, wenn sie durch das mindeste Wort der Person, die anrufe, zu verstehen gebe, daß die Gestapo mithöre.

„Damit rechnet jeder heute sowieso in Berlin?" fragte Claire erstaunt. Sie hob ab, der Dicke hörte am andern Apparat zu. Es war das französische Konsulat, das sich bei Claire nach der Berliner Adresse einer französischen Schauspielerin erkundigte, die in Berlin gastierte. Claire suchte die Adresse heraus und bat, den Konsul sprechen zu dürfen. Als der Konsul sich meldete, und sich nach ihrem Befinden erkundigte, sagte sie ihm, es seien zwei Gestapobeamte in ihrem Büro, die insinuierten, sie sei Mitglied der kommunistischen Partei.

„Sie wissen doch, Monsieur, daß ich keine Kommunistin bin. Können Sie das nicht den beiden Herren von der Gestapo bestätigen? Nein? Was soll ich tun? Können Sie mir nicht einen Anwalt schicken? Nein? Was wird aus mir? Sie werden mich einsperren, schlagen, ausweisen? Sie glauben es nicht? Das Benehmen der Gestapo ist immer korrekt? Es ist mir ein Trost, Herr Konsul. Und wenn ich ins Gefängnis oder ins Konzentrationslager komme? Dann soll ich von mir hören lassen? Da bin ich vielleicht schon tot, Herr Konsul. Sie können erst nach meiner definitiven Verhaftung oder formellen Festnahme versuchen, für mich zu intervenieren? Danke, Herr Konsul. Guten Tag, Herr Konsul."

Claire hing ein. Der Dünne wandte sich an den Dicken. „Hatten Sie ihr nicht verboten, unsere Anwesenheit zu erwähnen? Wollen Kollege Rostig dieser Person nicht das Gedächtnis auffrischen?"

„Später!" befahl der Dicke. „Ich habe eine Verabredung zum Mittagessen. Es ist schon nach zwölf Uhr. Setzen Sie unser Fräulein Schmidt hin, sie soll alle Anrufe und Besuche empfangen, für die Dubos. Bringen Sie die Dubos in mein Büro. Ich bin zwischen vier und fünf Uhr zurück. Wenn der junge Lust eintrifft, so lassen Sie ihn festnehmen und halten Sie ihn zu meiner Verfügung. Aber geben Sie acht, daß Sie nicht den Bruder vom jungen Lust erwischen, Sturmbannführer Lust. Die jungen Herren sehn einander zum Verwechseln ähnlich, äußerlich und ohne Uniform. Innerlich bestehn paar Unterschiede. Wundert mich übrigens, ob die Klara nicht auch mal die Brüder verwechselt hat?"

„Haben Sie die Frage von Herrn Dr. Rostig gehört, Klara?"

„Lassen Sie!" befahl der Dicke. „Das hat alles Zeit."

Der Dicke lüftete ironisch den Hut, als er hinausging. „Au revoir, Mademoiselle!" sagte er.

Als sich die Tür hinter ihm geschlossen hatte, ging der Dünne quer durchs Zimmer, faßte über den Tisch weg Claire an der Brust und zwickte sie mit seinen dünnen Fingern wie mit Hummerscheren. Sie schrie und verstummte vor Grauen. Er ließ sie los.

Sie wollte besinnungslos weglaufen. Aber er faßte sie am Arm und sagte ruhig: „Marsch!"

Sie sah sich nach ihrem Hut, ihren Handschuhen, ihrer Handtasche um. Aber er zog sie mit eisernem Griff aus der Stube, und sie sagte kein Wort. Sie brauchte keinen Hut mehr, keine Handschuhe, keine Handtasche. Sie wollte nur aus diesem Büro weg, und von diesem Menschen vielleicht. In der Prinz Albrechtstraße gab es viele Gestapobeamte. Ihr kam vor, keiner könne so fürchterlich wie diese

Spinne sein, oder wie der Dicke. Und vielleicht würde Alexander mittags anrufen, wie er gewöhnlich tat, und wenn eine fremde Stimme sagen würde, hier Claire Dubos, und ihn nicht einmal an der Stimme erkennen würde, dann mußte Alexander merken, daß die Gestapo ins Spiel getreten war, und er würde vielleicht zum Vater oder Großvater um Hilfe eilen, oder zum Bruder Cäsar, und einer würde ihr vielleicht helfen, und vor allem würde Alexander nicht in die Hände dieses Polyps fallen, dieses Dr. Alwin Rostig. Und sie betete zu Gott, Alexander möchte ihm nicht in die Hände fallen. Sie wußte, wie er diese Typen haßte, seit er in Berlin lebte, bald ein Jahr schon. Dieses glückliche Jahr mit Alexander konnten sie Claire nicht mehr wegnehmen. Sollte sie nun sterben müssen?

Immerhin hatte sie erfahren, daß Alexander noch nicht verhaftet war. Hundertmal besser, sie war verhaftet als Alexander. Sie war Französin, ihr Land würde ihr helfen, schlimmstenfalls würde man sie ausweisen. Aber Alexander war ein Deutscher und war nicht ein Nazi geworden, trotzdem sein Großvater, sein Vater, sein Bruder und die Mutter es waren. Alexander war leichtsinnig; in einer Minute konnte er mehr sagen, als er in einem Jahr wiedergutmachen konnte.

Auf der Straße winkte der Dünne einem Taxi und fuhr mit ihr zum Hauptquartier der Gestapo in der Prinz Albrechtstraße. Über Treppen und durch Flure brachte er sie vor eine Tür, die er aufschloß. Er stieß Claire hinein, drin war es finster.

Entsetzt blieb sie in der Finsternis stehn. War es eine Zelle? Groß? Klein? War sie allein? Sie horchte auf Atemzüge oder eine fremde Bewegung. Waren Menschen, Ratten, Fliegen mit ihr?

Sie erinnerte sich an alle „Greuelmärchen". Im Ausland hatte sie kurioserweise mehr Greuelmärchen gehört als in Deutschland. Machte wirklich die Angst vor einer Geheimpolizei ein ganzes Volk stumm, oder war es die Nähe des Grauens?

Nach einer ewigen Weile begann sie, um sich zu tasten, sie fühlte die Tür oder vielmehr Holz, aber sie fand keine Klinke. Sie versuchte, sich zu bücken. Sie setzte sich mit äußerster Vorsicht auf den Boden, nachdem sie ihn zu ihrer großen Beruhigung trocken gefunden hatte. Hätte er nicht naß von Unrat oder Blut sein können? Sie hörte

Geräusche, oder vielleicht glaubte sie, Geräusche zu vernehmen. Vor allem hörte sie laut die sonst verborgenen Geräusche ihres Körpers, das Pulsen des Blutes, das Schlagen des Herzens, das Dröhnen in den Ohren, das schnaufende Stöhnen des Atems, das Ächzen ihrer Haare, wenn sie darankam, das Knarren ihrer Schuhe, ja sogar den Lärm ihrer Gedanken. Hände und Schläfen glühten, die Füße waren eiskalt. Kehle und Mund wurden immer trockener. Und sie hatte Angst.

Gern hätte sie ihre physischen Geschäfte erledigt. Aber im Finstern sah sie nicht, ob es eine Gelegenheit gab, und sie wagte nicht einmal, die Hände in die der Tür abgewandte Richtung auszustrecken.

Nach einer Weile schienen ihr diese Stunden im Finstern ihr ganzes Leben, und viel bedeutungsvoller als ihre frühern 23 Jahre. Sie hatte eine unbezwingliche körperliche Angst vor Folterungen, Schlägen, oder daß man sie mißbrauchen würde, und Jahre lang da verkommen lassen, bis sie häßlich ward. Man schlug ihr die Zähne aus – zum Beispiel. Oder rasierte ihr zum Anfang die Haare ab. Sie würde den Verstand verlieren.

Sie begann zu vergessen, warum sie eigentlich nach Deutschland gekommen war.

Nur der Gedanke an Alexander gab ihr einigen Trost. Aber er flößte ihr auch neuen Schrecken ein. Saß er schon im Rattenloch? Sie schnupperte, als könnte ihr ein Geruch etwas verraten. Es roch nach nichts.

Wenn sie mich foltern, sage ich alles. Zum Glück weiß ich nur wenig. Was für eine Närrin war sie gewesen, mit ihrem Kommunismus. Sie war ja nicht fanatisch. Im Grunde war sie nur verliebt, wie die meisten Mädchen ihres Alters. Und es hatte ihr um die Armen leid getan. Die Ungerechtigkeit in der Welt war ein Stachel. Und sie war über die Sicherheit der Bösen und die Kälte der Gleichgültigen zornig geworden. Es hatte sie verdrossen, daß die wohlhabenden Leute gesagt hatten, der Krieg liege in der menschlichen Natur, die Ungerechtigkeit sei von Gott geschaffen, und die Gleichheit und das Glück der Menschen seien Utopien, und nicht mal schöne.

So? Man kann also nichts ändern? hatte sie zu sich gesagt. Ihr seid dran, und findet die Welt in Ordnung. Man kann es aber ändern, und ich will mithelfen.

Darum war sie in Frankreich zur Partei gegangen. Und eine gewisse Paulette und ein gewisser Cesare hatten sie auch dazu bewogen. Paulette kam aus Pau, Cesare stammte aus Triest. Beide studierten Medizin und hatten miteinander geschlafen und gingen zusammen in die Partei, Paulette und Cesare. Eine Weile lang hatte Claire geglaubt, Cesare und Paulette hätten die Rätsel des Lebens gelöst.

Damals war Claire siebenzehn Jahre alt und eben aus der Provence nach Paris gekommen. Sie studierte an der Sorbonne deutsche Literatur; sie las die Romantiker und Schiller. In Paris war sie von Straße zu Straße gegangen und hatte mit ehrfürchtigem Schauer jede Stelle betrachtet, wo die Pariser 1789 und 1830 und 1848 und 1871 für die Emanzipation der Menschheit gekämpft hatten. Schon in ihren Kinderträumen war sie hinter der roten Fahne der Revolution einhergelaufen, hatte auf der Barrikade gestanden und Sklaven befreit, schwarze und weiße, und wie Voltaire ausgerufen: ‚Ecrasez l'infâme!' Neben Spartacus war sie gefallen, 72 v. Chr., und mit den Spartakistenführern, in Berlin, 1919 n. Chr.

Auf dem Roten Platz in Moskau hatte sie geschossen, war in Wien unter den Kugeln von Dollfuß gefallen, hatte in der Madrider Universität gegen Franco gekämpft und war aus Hitlers Konzentrationslagern ausgebrochen – im Traum.

Sie kam aus einer katholischen Familie. Jeden Sonntag Morgen ging sie mit ihrer Mutter in die Dorfkirche, mit den andern Mädchen und Frauen vom Dorf, indes die Väter im Sonntagsanzug auf dem Platz vor der Kirche standen und den Boulespielern zuschauten, oder vor dem Bistro am Markt über die Vorzüge der Volksfront und über Blum-la-guerre diskutierten und freimaurerische Witze über Monsieur le Curé machten.

An Sonntagnachmittagen war Claire mit ihren Freundinnen ans Meer geradelt, um zu schwimmen, Jungens zu treffen und auf dem Heimweg zu küssen.

Einmal kam der Vater vom Apéritif dazu, wie seine Tochter und

428

ein Junge hinter einem Ölbaum sich küßten. Der Vater gab dem Jungen eine Ohrfeige und riß Claire an den Haaren. Zu Fuß mußte sie mit ihm nach Haus, ihr Rad schob sie den ganzen Weg. Der Vater war ein Voltairianer und forderte größere Freiheiten für die Menschheit, aber nicht für seine Tochter. Freiheit, erklärte er seiner guten, frommen Frau, jawohl! Aber nicht Kußfreiheit! Und überhaupt, meine Tochter!

Die fromme Mutter eröffnete darauf, sie habe beschlossen, Claire die lange erbetene Erlaubnis zu geben, nach Paris zu gehn und an der Universität zu studieren.

Aber Paris ist sündhaft, erklärte der freimaurerische Vater.

Claire darf alles ansehn, erklärte die fromme Mutter. Sie hat unser Beispiel vor Augen gehabt.

Darauf hatte der Alte nichts zu erwidern. Erziehung ist Weibersache, pflegte er zu murmeln.

Mit zwei Koffern, einer Monatsrente und einer ungeminderten Begeisterung für alle Revolutionen kam Claire nach Paris.

Am dritten Tag hatte sie an ihrem Tisch in einem Studentenrestaurant Cesare und Paulette, die radikalen Medizinstudenten getroffen. Zusammen waren sie zu einem alten Chaplin-Film gegangen, hatten bis zu Tränen gelacht, zusammen zu Abend gespeist und bis vier Uhr morgens im Café du Dôme die wichtigsten Fragen der Menschheit gelöst.

Paulette und Cesare, die das R rollten, olivfarbenen Teint und schwarze, flimmernde Augen hatten, erzählten Claire gleich, daß sie eine Zeit lang vor Hunger die Brioches an den Theken der Bistros gestohlen hatten, und aus Armut hatten zusammenziehen müssen, um ein Dach überm Kopf und ein Brot im Tag zu haben. Arm, versicherten sie, sei man besser zu zwein. Überhaupt sei das Leben einfacher zu zwein, und noch schöner sei die große Gemeinschaft. Nur Kranke seien Individualisten, versicherte Cesare.

Als sie erfuhren, daß Claire keinen Freund hatte, waren sie entsetzt.

Ich bin kaum achtzehn, und erst drei Tage in Paris, versicherte Claire.

Ganz gleich! hatte Cesare geantwortet. Und Paulette hatte beide Ellenbogen auf die Marmorplatte des Kaffeehaustisches in der Rue St. Jaques gestützt und mitleidig die neue Freundin angestarrt. Sie fragte: Glaubst du, ewig zu leben? In zwanzig Jahren hast du keine Chance mehr.

Aber ich habe noch zwanzig Jahre...

Paulette und Cesare waren beide zweiundzwanzig Jahre alt, und natürlich in der Partei. Erst mußt du dich bewähren, erzählten sie Claire. Hofdienst, Zettel verteilen, das ist viel. Vor allem: Gehorchen lernen. Parteidisziplin, das ist der schönste Teil der Freiheit. Es gibt keine Organisation, die ohne unbedingten Gehorsam auskommt. Das sagen auch die Jesuiten? Aber zu welchem Zweck? Man muß die Armen organisieren, und den Widerstand gegen die Gewalt, und die Revolution. Man muß organisieren.

In vielen französischen Fabriken kann ein Arbeiter nicht mal seine Notdurft verrichten, versicherte Claire. Das muß anders werden.

Paulette erwiderte: Solange die zweihundert Familien herrschen, ist jede Blum'sche Reform nur eine Schädigung des Proletariats. Über ihrem Sommerurlaub und ihrer Gehaltsaufbesserung vergessen sie, die korrupte Gesellschaft zu stürzen. Wir müssen die Produktionsmittel enteignen und den Arbeitenden ausliefern. Wir müssen den Faschismus bis in die Reihen der zweiten Internationale vertilgen. Und vergiß es nicht: Wichtig ist nur eins – der Schutz der Sowjetunion. Sie muß bestehen bleiben. Sie ist die Zukunft der Menschheit. Sie wird den Faschismus und Nationalsozialismus niederkämpfen.

Ohne Hilfe der Demokratien? fragte Claire schüchtern.

Demokratien? hatten Cesare und Paulette wie mit e i n e r Stimme gefragt und hatten höhnisch gelacht. Wo auf der Welt siehst du eine Demokratie außer in der Sowjetunion? Gibt es eine Demokratie, wo die eine Klasse die andere ausbeutet?

In der Erinnerung Claires erschienen Cesare und Paulette wie Zwillinge; sie hatten dieselben Gesten und Worte, Überzeugungen und Empfindungen. Claire hatte am ersten Tag für alle drei das Kino und das Abendessen gezahlt. Paulette hatte ihr beim Abschied ein

Kettchen geschenkt, das sie am Hals getragen hatte. Claire hielt es für wertlos, bis ihr erst viel später in Berlin ein Juwelier gesagt hatte, die Kette sei aus Gold, und man könne für den Erlös eine Woche billig leben.

Claire war Mitglied der Partei geworden. Sie war das erste Mal nach Berlin gegangen, als Sekretärin am französischen Konsulat, weil sie den Faschismus kennen lernen wollte. Du mußt ihn gesehen haben, sagte ihr Cesare, wie ich in Italien ihn gesehen habe, bevor du den wahren Weltfeind kennst.

Als Claire von Berlin zurückgekommen war, und sogleich ihre Freunde aufsuchen wollte, aber sie nicht vorfand, erzählte man ihr kurz, Cesare und Paulette seien nicht mehr in der Partei, sie seien trotzkistische Verräter, Faschistenpack, schlimmer als Nazis, und es sei Tabu, sie zu erwähnen. Von einem Kollegen Cesares, einem jungen Arzt, der zu den Croix de feu gehörte, erfuhr sie erst einige Monate später bei einer zufälligen Begegnung, daß Cesare nach Spanien gegangen sei, zur Internationalen Brigade, daß er einige Monate gegen Franco gekämpft habe, daß ihn seine Kameraden trotzkistischer Neigungen angeklagt hätten, daß er verschwunden sei, und daß man zwei Wochen später seine Leiche gefunden hätte. Cesares einstiger Studienkollege, der Feuerkreuzler, sagte: Die Kommunisten baben ihn erschossen. Haben Sie Beweise dafür, fragte Claire wütend und kummervoll. Der junge Arzt zuckte die Schultern, und erzählte ihr die Anekdote von dem Ehemann, der seine Frau im Bett und einen fremden Herrn im Negligee daneben findet, und verzweifelt nach den Beweisen fragt.

Und Paulette? fragte Claire.

Die kleine Paulette? fragte der Arzt und lachte. Sie hat den Bankier Regensburger geheiratet. Sie kennen ihn nicht? Sie können beide bei Fouquet in den Champs Elysées sehn.

Ein Bankier? fragte Claire.

Sie war nicht zu Fouquet gegangen, sie wollte Paulette nicht wiedersehn.

Warum bin ich eine Kommunistin geworden? fragte sich die arme Claire in der Finsternis ihrer Zelle in der Prinz Albrechtstraße.

Und wenn ich schon eine Kommunistin war, warum bin ich in ein Land gegangen, wo es tödlich ist, eine Kommunistin zu sein? Aber sie werden es nicht wagen. Sie wagen alles. Aber sie werden es nicht tun. Ich bin zu wenig für sie. Und mir ist doch nichts geglückt in diesem verdammten Dritten Reich, außer glücklich zu sein.

Die Augen taten ihr in der Finsternis weh. Sie sah glühende Ringe und Blitze und fühlte Stiche in der Schläfe. Ihr schien, sie verliere das Bewußtsein. Oder schlief sie?

Als die Tür geöffnet wurde, blendete sie das Licht. Sie zwinkerte mit den Augen. Eine Hand faßte sie, zog sie auf den Gang. Jemand fragte: „Sind Sie das Fräulein für Dr. Rostig?" Sie kam durch Gänge und einen Stock höher; sie ward durch eine Tür geschoben und vor einen Stuhl.

„Setzen Sie sich, Fräulein!" sagte ihr Führer schon zum zweiten Mal. „So setzen Sie sich schon!" Sie tat es, und konnte wieder schaun, und sah ein gewöhnliches Büro. Vor dem einzigen Fenster war ein schwerer, schwarzer Ledervorhang. Man konnte nicht sehn, ob es Tag oder Nacht war. Ihr Stuhl stand neben einem Schreibtisch, auf dem nichts als ein paar leere Blätter, einige gespitzte Bleistifte und eine Reitpeitsche lagen. Auf einem Tischchen daneben standen zwei Schnapsflaschen, eine Wasserkaraffe und ein Wasserglas. Hinter dem Schreibtisch stand ein Bürosessel. Eine Stehtischlampe auf dem Schreibtisch war so hell und heiß, daß Claire die Hitze fühlte. An der Wand neben dem Fenster stand eine Kanapee. Der S.S. Mann, der sie ins Zimmer gebracht hatte, war gegangen. Die einzige Tür, durch die sie gekommen waren, hatte wiederum keine Klinke. Neben dem Kanapee sah Claire jetzt einen schmalen, sehr hohen Wandspiegel, der bis zum Fußboden reichte.

Claire hatte Lust zum Spiegel zu gehen, um sich anzuschaun. Ihr kam vor, sie müsse ganz verändert aussehn, sie wußte nicht wie, aber sie fühlte sich verändert, und war sicher, daß man es ihr auch ansah. Sie hatte aber Angst, aufzustehn, da der S.S. Mann ihr befohlen hatte, sich zu setzen. Jeden Moment konnte jemand hereinkommen und sie bestrafen, weil sie nicht auf dem Stuhle saß; oder es beobachtete sie irgendjemand durch ein verborgenes Schauloch.

Sie saß eine unmeßbare Zeit auf dem Stuhl, als sie einen Blick in ihrem Rücken fühlte, und sich umwendend in des Dicken aufgeblasenes Gesicht sah.

Er lächelte und entblößte seine Zähne, sie waren weiß und gesund, wie bei einem Filmhelden.

„Dr. Rostig," sagte er und tat die Füße hörbar zusammen. „Alwin Rostig." Dann lachte er über seinen gelungenen Witz.

Claire nahm sich zusammen. Ich lasse mich zu schnell kirren, dachte sie. Das ist ja ihre Technik. Erschrecken und überrumpeln. Ich bin nicht so schnell zu fangen. Und billig soll er mich nicht haben. Sie wußte nicht, worauf ihre Drohung sich bezog. Sie hatte keine Waffen. Sie war eingesperrt mit diesem Kerl. Was konnte sie ihm tun? Aber indes sie sich vornahm, stark zu sein, fühlte sie sich stark. Sie strich sich mit der Hand über ihr Haar und brachte es fertig, zu lächeln.

„Also Klara, jetzt wollen wir es uns gemütlich machen. Es ist heiß hier innen. Ich werde mir den Rock ausziehn." Er hing den Rock an einen Haken an der Wand. Sie sah jetzt, daß in verschiedener Höhe an der Wand sehr starke eiserne Haken angebracht waren. Guter Gott, was bedeutet das? fragte sie sich und zwang sich, wegzuschauen. Leere Drohungen.

„Machen Sie sich ruhig frei!" bat Dr. Rostig und setzte sich vor seinen Schreibtisch. Er trug ein malvenfarbenes seidenes Hemd.

„Bitte!" sagte Rostig.

Claire sah ihn an. Spielte er den Doktor, mit dieser klassischen Arztformel: „Machen Sie sich bitte frei?"

Wiederum brachte es Claire fertig und lachte dem Dicken ins Gesicht.

„Ein lustiger Vogel!" wiederholte Dr. Rostig, als hätte er sich in dieses geistreiche Wort verliebt. Er legte einen Bogen Papier vor sich hin, ergriff einen gutgespitzten Bleistift und fragte: „Sie wollen uns nun gestehn, was wir schon lange wissen: Ihre ganzen ziemlich lächerlichen Versuche, Kontakt mit der kommunistischen Untergrundbewegung Deutschlands herzustellen; Ihre gefährlicheren Versuche, dank Ihrem Liebesverhältnis zu einem der Zwillingssöhne des Ministerialrats Lust, ihn und den Justizminister auszuspionieren; und Ihre übrigen Spionageresultate? Sie haben ziemlich viel zu verlieren, Klara, wenn auch Ihre Unschuld nicht mehr. Ihre französische Nationalität nutzt Ihnen angesichts dieser Anklagen keinen Deut. Wenn ich Ihnen die Wahrheit sagen soll, so ist weder Ihre Person noch Ihre Tätigkeit sehr interessant für uns, obgleich wir nicht die Absicht haben, ungeschickte kleine Ausländerinnen ungestraft in Deutschland spionieren zu lassen. Wir haben genug Beweise, um Sie zu erschiessen. Ihr Leben ist verwirkt." Er machte eine Pause.

Claire war von Wort zu Wort ruhiger geworden. Sie fand eine Kraft in sich, die sie gar nicht erwartet hatte.

Sie sah Rostig lächelnd an. Sie erwiderte: „Sie wissen so gut wie ich, daß Sie lügen. Ich bin keine Spionin und ich stehe auch nicht im Verdacht, eine Spionin zu sein. So dumm ist nicht einmal die Gestapo, um das auch nur zu argwöhnen. Ich liebe Herrn Alexander Lust, und er liebt mich. Wir hätten uns schon längst geheiratet, wenn nicht gewisse äußere Schwierigkeiten dem entgegenständen. Ich brauche nicht ins Detail zu gehn. Und was meine angeblichen Versuche betrifft, Kontakt mit deutschen Kommunisten zu finden, so wissen Sie selber besser, daß es gar keine deutschen Kommunisten mehr gibt, mit denen man Kontakt finden kann. Die deutschen Kommunisten sitzen in Ihren Konzentrationslagern zu Buchenwald und Dachau, oder sind begraben, oder tragen S.A. und S.S. Uniformen. Ich bin nach Berlin gekommen, weil ich Alexander liebe und weil ich einen guten Posten bekommen habe." Der Dicke lachte aus vollem Halse.

„Du bist mutig, Klara. Vielleicht denkst du, weil du hübsch bist, werden wir mit dir eine Ausnahme machen. Ich will dir etwas sagen. Ich kann dir nicht versprechen, daß du lebend dieses Haus verläßt, obwohl es möglich ist, daß wir dich nur in ein Konzentrationslager schicken, für paar Jahre, und dann weitersehn, wenn du deine Konzentrationslager überlebst. Es hängt von zwei Menschen ab, was aus dir hier wird, von mir und von dir. Du hast folgendes zu tun, wenn du nicht sogleich und unter unvorstellbaren scheußlichen Qualen umkommen willst: Du mußt deinen frechen Ton aufgeben, du mußt die Wahrheit sagen; du mußt alles gestehn, bis aufs Letzte; du mußt gewisse Papiere unterschreiben, gewisse Aussagen gegen gewisse Persönlichkeiten, die du kennst. Was mich betrifft, so muß ich nicht in Wut geraten; denn ich bin ein jähzorniger Mensch, und in der Wut weiß ich nicht mehr, was ich tue, oder ich weiß es vielmehr zu gut. In der Wut kann ich einen Menschen einzeln zerfetzen, ich kann die Fingernägel und Zehennägel dir einzeln ausziehn; danach dir die Zähne ziehn, nicht so geschickt wie ein Dentist, aber komplett, mein Schatz. Das beste ist, du machst dich beliebt bei mir. Das kann dir nicht schwer fallen, weil du hübsch bist, jetzt noch... Wenn ich erst in Wut komme, und dich kahl rasieren lasse, überall, und dir die brennenden Zigaretten in die Haut brenne, und dich von meinem dünnen Freund mit dem Gummiknüppel behandeln lasse, oder dich für eine Stunde da an einen der Haken an der Wand hänge, an den Füßen, mit dem Kopf nach unten, bist du nicht mehr hübsch. Wir wollen die Untersuchung physisch beginnen. Zieh dich aus, leg' dich auf das Kanapee. Ich verspreche dir gar nichts. Vielleicht kann ich dich nicht mehr riechen, danach. Du hast es bei mir mit einem Akademiker zu tun, dessen Wort Ehrensache ist. Wenn du dich sträubst, nehme ich dich auch, aber mit Wut. Das wird dir nicht bekommen."

Claire sah, daß der Dicke es ernst meinte. Sie sagte sich, sie müsse sofort zu reden beginnen, müsse Dinge sagen, die Eindruck auf ihn machten, die ihn dazu bewogen, sie zu schonen. Aber ihre Zunge war wie gelähmt, sie glaubte, gleich brechen zu müssen, so übel war ihr. Ihr war heiß und kalt. Sie trug eine weiß-seidene Bluse, die ihren Hals und die Arme blank ließ, und ein blaues Leinenröckchen, das knapp zu den Knieen reichte. Sie trug keine Strümpfe, nur kurze rote Söckchen und Wildlederschuhe. Sie sah ihre paar Kleider ausgestellt wie in Schauhäusern bei unbekannten weiblichen Leichen. Wird Alexander meine Kleider erkennen? Der Gedanke an Alexander schien ihr kein Trost mehr; sondern eine Beklemmung. Hatten sie ihn schon?

Das Licht der Stehlampe tat ihr weh, sie hatte Stiche in den Schläfen.

„Ich weiß nicht, was Ihr Rang in der Geheimen Staatspolizei ist, aber Sie wissen selber, daß mein Freund und seine Familie einen sehr großen Einfluß haben. Mein Freund liebt mich, und seine Familie schätzt mich. Das müssen Sie wissen. Dürfte es Ihnen nicht Unannehmlichkeiten bereiten, heut, oder eines künftigen Tages, wenn Sie so wenig entgegenkommend zu mir sind?"

„Ich bin dir schon entgegengekommen, Süße, und ich komme dir nun näher."

Der Dicke war aufgestanden, er rutschte seine Hose über seinem hohen Bauch empor und öflnete gleichzeitig seinen Gürtel. Das ist doch nicht logisch, dachte Claire und begann zu schreien. Der Dicke drehte das Radio mit voller Lautstärke an, es kam Musik, der Walzer aus dem „Rosenkavalier".

„Passende Musik," erklärte der Dicke und lachte mit allen zehn Fingern und seinem Spucknapfgesicht. „Komponist wäre ich auch gern geworden. Für mich hat die Musik einen polizeilichen Charakter. Sie kontrolliert die unteren Triebe. Aber wenn du nicht aufhörst zu schreien, so hörst du meine feinsten Bemerkungen nicht. Ich hätte dich für klüger gehalten. Ein anständiger Mensch fügt sich ins Unvermeidliche. Jetzt wirst du schon klüger. Du schreist nicht mehr. Niemand kann dich hören. Die Wände sind schalldicht. Die Tür auch. Und wenn schon. Was hat das jetzt für einen Sinn? Da hast du meinen schönen Stuhl umgestoßen. Du brauchst nicht an die Tür zu pumpern. Dir öffnet keiner. Armes Kind. Du zerschlägst dir nur die feinen Hände. Autsch, Schlange. Da hat sie mich doch in die Hand gebissen, das Ding. Da, ist es nicht schade um die seidene Bluse. Die kannst du nicht mehr anziehn. Die ist futsch. P. G. Kaiser hat Geschmack. Betrügst du den Alten mit seinem Enkel, oder den Enkel mit seinem Großvater? Was? Was? Drosseln will mich das Kind. Jetzt liegst du am Erdboden und weinst. Und die hübschen Schuhchen. Weißt du eigentlich, daß ich ein Schuhfetischist bin? Jetzt bin ich in ziemlicher Wut. Vielmehr spüre ich, daß ich bald in Wut geraten werde. Ich überstürze nichts, weder das eine noch das andre. Dahin hast du mich also gebracht. Deine Kleider siehst du nicht mehr. Ich denke jetzt, ich wäre nicht so weit mit dir gegangen, wenn du mit mir gegangen wärst, ich meine zum Kanapee. Schau mich nicht mit so verrückten Augen an. Ich bin kein Untier. Steh endlich vom Fußboden auf. Du willst nicht? Muß ich dich mißhandeln? Siehst du diesen gespitzten Bleistift..."

Nackt, mit blauen Flecken am ganzen Körper, mit Schweiß und Blut beschmiert saß Claire auf ihrem Stuhl und trank gegen ihren Willen ein Wasserglas mit Schnaps, das ihr Herr Dr. Rostig zwischen die Zähne goß.

„Geht's dir besser?" fragte er geduldig. „Ist dir kalt?"

Er setzte sich ihr gegenüber an seinen Schreibtisch und fragte geschäftsmäßig: „Also, Fräulein Dubos, was können Sie über die Beziehungen von Herrn Dr. Lust mit Frankreich aussagen? Wie oft korrespondiert Frau Lust mit ihrer Schwester in Paris, der Frau Musiek? Nehmen Sie sich zusammen, Menschenskind. Ich will Ihnen nicht noch größere Ungelegenheiten bereiten. Wenn Sie mir alles genau gestehn, können wir ungestört die Nacht zusammen beenden. Du hast mir gefallen. Du gefällst mir immer noch, obwohl du schon Schaden genommen hast. Erinnerst du dich, wie das ist, wenn man einem Schmetterling die Flügel ausreißt? Der häßliche Wurm, der überbleibt? Und das bißchen Farbenstaub an den Fingern? Schönheit ist äußerst empfindlich, wie der Appetit. An den hübschesten Weibern vergeht sogar uns der Appetit, wenn wir sie eine Zeit lang in Behandlung haben. Auch die Gestapo hat ihre Tragik. Das hättest du nicht gedacht, Schatz? Du sprichst nicht? Bist du betrunken?"

Dr. Alwin Rostig beugte sich über den Tisch und starrte Claire in die verschwollenen Augen. Plötzlich öffnete sie den Mund und spuckte ihm einen Batzen Blut ins Gesicht. Der Dicke fuhr empört auf, wischte sich die Sauce aus dem Gesicht – und lachte voller Anerkennung.

„Du bist betrunken. Trink' noch ein Glas Schnaps. Du willst nicht? Gut. Vielleicht denkst du, ich bin ein Unmensch? Vielleicht verachtest du mich? Vielleicht glaubst du, ich tue dir Unrecht, liebes Kind? Aber du tust mir Unrecht. Ich bin ein gebildeter Mensch. Ein Akademiker. Ich komme aus dem Volk. Mein Vater war Schornsteinfegermeister. Das ist ein honetter Beruf. Aber ich wollte nicht in jedermanns Kamin steigen. Darum habe ich Jus studiert. Es ist mir hart genug gefallen. Das Römische Recht, Privatrecht, Strafrecht. Ich bin Referendar geworden, Assessor, Richter. Dann ist mir was passiert. Ich hab' mich erwischen lassen. Der deutsche Richter ist unbestechlich hat man mir gesagt. Sie haben mir ein Jahr gegeben. Das Geld habe ich versteckt und verschluckt. Ich bin ein Jahr gesessen. Zum Glück war ich in der Partei, zur rechten Zeit bin ich zur S.S. gegangen. Ich bin jetzt selber die Polizei. Ich habe eine reiche Erfahrung gesammelt. Ich sage dir, Klara, es gibt mehr Vorbestrafte, als der gemeine Mann denkt. Und man erwischt keine fünfzig Prozent. Ich kann mir nur wenig Menschen vorstellen, die nie im Leben sich gegen eine Verordnung vergangen haben, und so viele brechen ungestraft die Gesetze. Man kann nur nicht alle überführen. Das wissen wir. Man kann viel mehr Leute bestrafen als überführen. Unschuld ist ein Begriff, den man besser gar nicht erfunden hätte. Ich meine, die legale Unschuld. Ich bin dreiunddreißig Jahre alt. Ich habe auf alles in meinem Leben lange warten müssen. Sogar auf den Tod meines Vaters. Ich habe alles erreicht, schließlich, sogar den Tod meines Vaters. Er war ein Sozi. Das habe ich ihm nie verziehen. Er hat mich zwar studieren lassen, aber wie ich zwanzig war, hat er mich halb tot geprügelt, weil ich ein Nazi geworden bin. Das habe ich ihm nie verziehen. Unter Hitler hat er einmal gesagt, der Hitler bringt uns allen Unglück. Was verstehst du darunter, frage ich ihn. Unglück? fragt er. Das heißt Krieg. Gibt es ein größeres Unglück? – Frage ich, Vater, du willst insinuieren, daß uns der Führer in den Krieg treibt? – Sagt er wütend, und hebt die Faust, als wollte er mich wieder prügeln, du verdammter S.S. Mann, du bist imstand und zeigst deinen eigenen Vater an, und lügst in deinen ungewaschenen Hals hinein, daß ich insinuieren will. Ich habe mein Lebtag lang niemanden insinuiert, und bin letzten Pfingsten mit Gottes Hilfe siebenundsechzig Jahre alt geworden. – Damals hat er mich nicht geschlagen, und danach habe ich ihm die Gelegenheit genommen. Das ging mir nämlich wie ein Blitz durch den Leib, das mit dem Denunzieren. – Wie ich zu meinem Scharführer komme, fragt der Depp noch, und du willst also gegen deinen Vater aussagen? – Und das will ich, sage ich, so wahr ich ein S.S. Mann bin, sage ich, und zum Teufel mit dem Alten, sage ich, und er hatte nämlich zwanzigtausend Mark auf der Bank, und ich war sein einziger Sohn. Sie haben ihn gehängt. Er hat sich nämlich vor dem Volksgericht gehen lassen, der alte Sozi. Ich kenne keine Rücksichten, wenn es um die Partei und den Führer geht. Ich sage dir das, Klara, he, he! Ist die schon wieder ohne Besinnung? So einer Französin geht das deutsche Mark ab. Fräulein Klara! Ich gebe ihr noch einen Schnaps. Na? Schmeckt's? Da kommen Sie wieder zur Besinnung. Mit dem Verhör flutscht es heut sowieso nicht mehr. Warte. Wehr' dich nicht. Es hilft dir nicht. Ich sage, es hilft dir nicht. Verdammtes Luder, ich sage, es hilft dir nicht. Ich... sage... es... hilft..."

Ein jämmerliches Stöhnen weckte Claire auf. In der neuen undurchdringlichen Finsternis konnte sie nicht die Hand vorm Auge sehn, und nicht erkennen, wer in der Zelle so viehisch heulte. Sie wollte zu dem Wesen sprechen, aber sie konnte nicht. Plötzlich gewahrte sie, daß sie selber so heulte und stöhnte. Kannst du nicht aufhören? fragte sie sich selber und versuchte, sich mit den Händen den Mund zuzuhalten, aber die leiseste Bewegung schien ihr die Nerven und Därme zu zerreißen. Schrei,' sagte sie zu sich, so schrei' also. Und sie schrie; aber es war nur ein ersticktes Stöhnen. Und mitten darin verlor sie wieder die Besinnung.

Als sie nach einer Ewigkeit oder drei Sekunden wieder zu sich kam und gewahr ward, daß sie nackt auf dem Rücken lag, kam ihr eins nach dem andern ins Bewußtsein. Wieso habe ich nichts an? Liege ich im Bett? Auch im Bett habe ich immer was an. Warum bin ich nackt? Ich liege auf dem Rücken. Nackt. Alles tut mir entsetzlich weh und ich liege nackt auf dem Rücken. Und es ist ganz finster. Wo ist der Lichtschalter? Wo ist Alexander?

Plötzlich wußte sie alles wieder. Sie lag in der finstern Zelle in der Prinz Albrechtstraße. Allein? Sie versuchte zu rufen. Ha... sagte sie statt hallo! Keine Antwort.

Was haben sie mit mir gemacht? Nicht dran denken. Was haben sie mit mir gemacht? Nie vergessen. Sterbe ich? Man stirbt nicht schnell.

Jetzt! Jetzt, jetzt erinnere ich mich. Es ist gar nichts Besonderes vorgefallen. Nur eine deutsche Vernehmung. Verhör 1939 in Berlin. Ein hübsches Mädchen soll eben nicht in die Hände der Polizei fallen. Warum bin ich nach Deutschland gegangen? Und eine Kommunistin geworden? Ich wollte Regierungen stürzen? Das Unrecht abschaffen? Die ärgste Pest auf Erden, die Armut heilen? Also muß ich sterben. War Alexander nicht heil in Frankreich? Und hatte er nicht in Paris eine Freundin? Er ging aber nach Berlin – warum war er dann nicht ein Nazi geworden und hatte Karriere gemacht? Wenn der Großvater ein Minister und der Vater im Propagandaministerium war, konnte einer in einem Jahr hübsch vorankommen. In Frankreich hatte er sich fremd gefühlt, in Deutschland jammerte er um Frankreich. Er blieb in Deutschland und trat nicht in die Partei ein. Immer versprach er, Deutschland zu verlassen, und blieb immer. Bald, sagte er. Ich muß noch zusehn, sagte er. Und was erwartet uns draußen, fragte er. Wenn du weggehst, folge ich dir. Und sie?

Sie war schuld an ihrem Untergang. Was hatte sie gemacht?

Darum war sie nach Deutschland gegangen: um mitzuhelfen, die Vergewaltigung von Menschen und Menschenrechten zu beenden. Schluß mit den Vergewaltigungen... Sie mußte nun sterben. Sie wußte es. Der Kerl war zu weit gegangen. Und wollte sie denn noch leben? Nach allem? Und sollte sie danach je wieder Alexander umarmen?

O süßes Frankreich. Nie wieder seine grünen Bäume sehn, und die Flüsse, die schönen alten Plätze, mit den Kirchen und Bistros. Und das frische Gras im Frühling. Und das Laub. Und den Mond nie mehr sehn?

Am Morgen war Alexander noch schlaftrunken in ihrem Bett gelegen, an der Tür hatte sie ihm zugewinkt. Seine nachtdunkeln Augen. Sie hatte gelächelt. Guten Morgen! hatte sie gerufen. Guten Morgen! hatte er gelallt. Sein gutes, seidiges Haar, seine sanfte Stirn, und die unruhigen Gedanken, wie sichtbar auf der Stirn. Am Abend zuvor hatte sie ihn wieder einmal gefragt: Wie viele deiner Gedanken am Tag gehören mir? – Zwei oder drei, hatte er erwidert. – Das ist alles? hatte sie erschrocken gefragt. – Zwei oder drei gute Gedanken am Tag, hatte er geantwortet und sie geküßt, hat denn ein Mensch

mehr? – Du bist allzu zierlich und gedreht, hatte sie versichert. –
Und du bist, Claire, die Klare. – Sag' es nochmals!

Die törichten Dialoge der Liebe, repetitiv wie Reime – nie mehr?
Heut war ihr Geburtstag, dreiundzwanzig Jahre alt war sie schon. Ale-
xander tat so geheimnisvoll, er habe so viele Geschenke für mich...
Was wird er nun mit seinen Geschenken tun, an meinem Sterbetag?
Warum hat man nur einen Sterbetag, da es doch so schwer zu sterben
ist, daß man es lernen müßte.

Sie erinnerte sich ihres ersten Versuchs, Kontakt zu finden. Ein
junger Buchhändler namens August Schultz kannte die Adresse der
Witwe eines deutschen Dichters, der in Dachau verscharrt worden
war, weil seine Kniebeugen dem Lagerkommandanten mißfallen
hatten. Das Patenkind dieser Witwe war ein S.S.Mann namens Oskar
Karfunkel, der ein Verbindungsmann zur Partei war. Der konnte
Claire weiterhelfen.

Eines Nachmittags war Claire eine Stunde früher aus ihrem Büro
zu der Universitätsbuchhandlung nahe den Linden gegangen; da
fand sie wirklich neben einigen jungen Mädchen einen jungen Verkäufer, der freilich Schmisse auf der Backe und das Hakenkreuz am
Rock trug. Sie lächelte ihn an. Er fragte nach ihren Wünschen. Er hatte ein Hakenkreuzgesicht und eine Hakenkreuzstimme; wie zum
Tort fielen ihr nur die Namen und Titel verbrannter und verbotener
Autoren ein. Schließlich fragte sie nach Georg Simmels „Philosophie
des Geldes", weil sie Alexander dieses Buch hatte lesen sehen.

Zweimal ließ sich der Verkäufer Autor und Titel sagen. Bald kehrte er mit der Auskunft zurück, das Buch sei nicht vorrätig, er werde es
aber bestellen, und wolle das Fräulein ihren Vor- und Zunamen und
Adresse angeben. Schon hatte er den Notizblock und Bleistift parat.

Claire sagte, sie wolle es sich überlegen. Der Verkäufer verlangte
nochmals dringlich ihren Namen und ihre Adresse, er werde es auch
antiquarisch für sie suchen lassen, ohne Kaufzwang, aber die Adresse bitte, und Vor- und Zunamen.

Um nicht ihren Namen zu nennen, fragte sie ihn überstürzt: Sind
Sie Herr August Schultz? Der junge Verkäufer sah sie scharf an, dann
sagte er, jawohl, bin ich. Kennen wir uns nicht? – Nein, sagte Claire

und überwand endlich ihr Mißtraun und ihre Antipathie. Man sagte mir, Sie könnten mir die Adresse von Frau N. N. geben (und sie nannte den Namen der Witwe des Dichters, den man in Dachau wegen einer Kniebeuge erschlagen hatte).

Der junge Verkäufer lächelte freundlicher als je, und erklärte: Also haben wir doch gemeinsame Freunde. Natürlich habe er die Adresse von Frau N. N. Gleich bringe er die Adresse von Frau N. N. Eine prächtige Frau, er habe sie im Straßenrock im Büro, die Adresse natürlich, haha, und eine Sekunde, bitteschön.

Indes er mit langen Beinen ins Büro stelzte, stieß Claire aus Versehn ein Buch vom Ladentisch. Ein junges Mädchen bückte sich zugleich mit Claire und flüsterte ihr zu: Schultz ist tot, seit drei Wochen. Laut erklärte sie: Wenn jeder die Bücher zu Boden würfe, würden bald alle beschädigt sein.

Claire starrte sie an, als hätte sie geträumt. Das Mädchen legte ungeschickt das Buch an Claire vorbei auf den Tisch und flüsterte: Der telephoniert mit der Gestapo Ihretwegen.

Wie betäubt war Claire zum Laden hinausgegangen und in ein Taxi gestiegen, das gerade vorbeikam.

Ihr zweiter Versuch hatte sich besser angelassen.

Ein Student war mit ihr per Rad in die Schrebergärten hinter der Hasenheide gefahren, zu einer der Sommerhütten, wo ein alter Arbeiter auf einer Bank seine Pfeife rauchte. Das ist Anton, erklärte ihr der Student, und das ist Klara. (Plötzlich fiel es Claire ein, der Student hatte ihr denselben Namen damals gegeben, wie heut die Gestapo: Klara.)

Anton, der alte Gewerkschaftler, kämpfte unter Hitler gegen ihn, aber er benutzte schon Hitlers Schlagworte und die Ideen von Goebbels. Die Amerikaner waren schuld, weil sie dem Völkerbund nicht beigetreten waren, die Franzosen, weil sie 1923 die Ruhr besetzt, und 1935 sie nicht besetzt hatten, und die Engländer, weil sie Europa kolonisieren wollten. Alle wollten kolonisieren, die Russen von links, die Engländer von rechts, und Hitler binnen. Alle nahmen sie dem Arbeiter sein Stück Brot weg. Mit ihren gedruckten Idealen konnte man sich nur den Hintern wischen. Das Proletariat ist der Esel, der den Sack zur Mühle trägt. Sie haben auch keine ehrlichen Arbeitshände, Fräulein. – Mein Vater hat sie, sagte Claire. Er ist ein Bauer. – Gut für ihn, hatte Anton erwidert.

Dreimal war sie zu dieser Sommerhütte wiedergekommen, zuletzt ohne den Studenten, weil der kurioserweise weder in der Universität noch in dem Büro Claires erschienen war. Das letzte Mal waren die reinlichen Blumenbeete vor der Sommerhütte zertrampelt gewesen, die Hütte war zugesperrt, die Nachbarn hatten weggeguckt, und Claire war stumm vor dem Schaden gestanden.

Nicht viel besser waren ihre andern Versuche ausgefallen. Und dafür mußte sie jetzt sterben? Der Dicke hatte ihr ein Photo gezeigt, ‚aus der Kollektion Dubos', da stand sie vor der versperrten Gartenlaube, in ihrem blauen, ärmellosen Kleid, das sah noch frisch auf dem Photo aus. Vergeblich versuchte sie sich auf die Nachbarn zu erinnern, die weggeblickt hatten; welcher hatte sie heimlich photographiert? Aber war es nicht gleichgültig, welcher der Spitzel war?

Und beim letzten Verhör (oder was der Dicke so geheißen hatte), da hatte ihr der Dicke gestanden, es ginge eigentlich gegen Ministerialrat Lust und Minister Kaiser, besonders gegen den, und daß er, Rostig, die ganze Familie hasse, er habe seine Gründe, und er hatte ihr präparierte Geständnisse vorgelegt, die sie nie gemacht und die sie nun zeichnen sollte. Ich signiere nicht eventuelle Todesurteile gegen meine Freunde, hatte Claire gesagt. – Damit signieren Sie aber Ihr eigenes Todesurteil, erklärte ihr der Dicke. Unter den nachfolgenden Foltern hatte sie die Besinnung verloren; und hier wiedergefunden, um hier zu verrecken. Zwar dachte sie ja noch, argumentierte noch, mit dem Rostig und dem lieben Gott, mit Alexander und ihrem strengen Vater, mit Paulette, und mit Cesare und mit Cäsar. Sie sagte sogar Gebete auf. Wie so ein Gedächtnis zusammenhält! Sie hatte Lust auf einen Beichtvater und einen Kognak, auf ihre Pariser Parteifreunde und auf ein Schlafpulver. Sie stöhnte und jammerte in verschiedenen Sprachen. Ich bin hin, sagte sie zu sich und empfand die lebendigsten Schmerzen. Und diese schreckliche Angst, man habe sie irreparabel beschädigt.

Als die Tür wieder aufging und die Stimme des Dünnen wie eine

Stricknadel sie zu stechen begann, ließ sie sich freiwillig ins Bewußtlose fallen, oder beinahe freiwillig. Sie kam aber rasch wieder zu sich. Wieder saß sie nackt auf dem Stuhl neben Rostig, sie war naß, sie fühlte sich selber an, da war ihr Schweiß, und Blut, und Wasser, das hatten die Tiere über sie geschüttet, um sie ins Bewußtsein zurückzuzerren, in ihre Gesellschaft, in die Welt, wo sie die Herren waren; o gemeine Welt.

„Unterschreiben Sie vielleicht doch, Fräulein Klara?" Der Dicke rauchte ihr ins Gesicht. Sie schnupperte nach dem warmen betäubenden Rauch. „Willst du einen Zug tun?" fragte er. Sie griff gierig nach dem Zigarettenstummel und wollte ihn in ihrer Hast mit dem glühenden Ende voran in den Mund stecken. Rostig half ihr, zum richtigen Ende. War das nicht ein menschlicher Zug? Sie spürte den Rauch in der Kehle. Wasser, sagte sie.

Rostig hielt ihr ein Glas Wasser an die Lippen, sie verschluckte sich, der Husten hätte sie beinahe erstickt.

Dr. Rostig fragte sie nach ihrem dritten Kontakt. Das war ihre beste Adresse gewesen. Ein Pfarrer in Potsdam, ein Nazi. Seine Frau haßte ihn und die Partei. Graf Helldorf, der ehemalige Polizeipräsident von Potsdam, hatte erfahren, daß die Frau Pastor von ihm behauptet habe, der Graf nehme Geld sogar vom Juden, und halte nicht einmal alten Parteigenossen ein Versprechen; mit zwei hübschen Buben war der Graf nach Potsdam hinausgefahren und in die Wohnung des Herrn Pastor Hammel hineinspaziert; der Herr Pastor diente Gott in der Kirche. Mit vorgehaltenen Pistolen überredeten sie die Pastorin, allen irdischen Tand abzulegen, sie war siebenunddreißig und in den Hüften zu mager, und ein paar Haare auf dem Popo, darüber hätten die Buben gar nicht so sehr zu lachen brauchen. Im Naturzustand setzte sich die Frau Pastor unter den feierlichsten Protesten auf den Schoß des einen Buben von Helldorf, eines S.S. Offiziers, der schon in grünen Jahren vor Schlichters Restaurant auf den Strich gegangen war. Graf Helldorf photographierte die Frau Pastor auf dem Schoß des Buben.

Elise, sagte er zur Pastorin (sie hieß übrigens Gertrude), nun offeriere mir Geld für diese Photos, von denen du durch die Post eine

Kopie erhalten wirst. Am besten fängst du ein Verhältnis mit dem Briefträger an, damit die Photos nicht in die Hände von Pastor Hammel oder gar des Konsistoriums fallen. Oder schicke ich sie unserm Freund Streicher zur Publikation im „Stürmer" ein? Habt ihr Hammels kein bißchen Judenblut in den Adern? Elise. Von dir nehme ich kein Geld, Elise; dir halte ich mein Versprechen. Siehst du also, daß du übertrieben hast? Wie?

Seit jenem harmlosen Scherz haßte Frau Pastor die Partei und den Pastor. So humorlos sind manche Weiber. Mit dem Briefträger hatte sie nichts angefangen. Ihrem Gatten hatte sie gleich alles erzählt. Er beschwor sie bei Gott und Martin Luther, das Maul zu halten, besonders inbezug auf Behörden. Die Behörde hat immer recht, erzählte ihr Pastor Hammel, und wo ich ein P.G. bin, abgesehen von meinen persönlichen Gefühlen, die natürlich angesichts dieser Photos des Schmerzlichen nicht ganz gebrechen, möchte ich dir sagen, daß eine Kritik an einer Behörde immer ein Akt der Insubordination ist, und nach jüdisch-plutokratisch-bolschewistischer Revolution schmeckt, wo wir in einem Führerstaat leben. Wie schon der P.G. Jesus gesagt hat, und gib dem Kaiser... Weibesehre, sagst du? Ich frage nicht, ob Weiterungen vorgefallen sind, wie obengenannte Photos andeuten, oder nicht, wie du anzudeuten scheinst. Hüte dich immerhin vor eventuellen Folgen, umsomehr als uns die Erziehung unserer vier Kinder bereits an den Rand des Ruins gebracht hat. Und Gottes Wille geschehe. Amen, und Marsch in die Küche. Silentium, mit Pauken und Trompeten.

Als Claire der Frau Pastor Grüße von der Frau Missionspfarrer Wilhelm Schlegel aus Paris übermittelte, erzählte ihr Frau Pastor Hammel die obige Geschichte ohne Anlaß, aber im höchsten Vertrauen. Sodann stellte sie Claire der Richterswitwe Stumpf vor, deren Gatte im Konzentrationslager Dachau gestorben war, weil er eines der Gründungsmitglieder der deutsch-demokratischen Partei gewesen war. Bevor sie ihn mit Latten übern Kopf schlugen, in Dachau, hatte der Richter gerade noch Zeit zu schrein, er sei immer für die Rückgabe Memels gewesen. Dann fiel er um und war tot.

Auch Frau Stumpf haßte die Nazis und brachte Claire mit der

Frau Lehrer Wernecke zusammen, einer achtundzwanzigjährigen Blondine mit einem Brustkrebs. Lehrersgattin Wernecke sagte: Na sehn Sie, Fräulein Claire, Krebs ist wissenschaftlich heilbar. Das kann ich Ihnen persönlich beschwören. Ist ja klar. Man hat nur noch nicht das Medikament dagegen erfunden. Bei diesen rasenden Fortschritten der Wissenschaften ist der Krebs übers Jahr harmlos, wie Diphterie, oder die Pocken. Man impft oder spritzt dagegen, das weiß ich selber noch nicht. Aber die Wissenschaft schreitet unerbittlich voran, so wahr ich Frau Lehrer Wernecke heiße. Nur diese verdammten Nazis wissen es noch nicht. Und machen Gesetze, wonach die Unheilbaren gnadenweis und zum Vorteil der Gesellschaft beseitigt werden dürfen. Ich bin ja selber für die Gnade und alle Vorteile der Gesellschaft denn die Gesellschaft bin ich, und jedermann, und dieselben sind aller Gnaden bedürftig. Ich bin ja für das Gesetz, bittesehön. Die vielen Verrückten zum Beispiel. Die sind ja meistens unheilbar. Denken Sie an den Führer. Und er hat gesagt: Gemeinnutz geht vor Privatnutzen. Oder so ähnlich. Was der Führer sagt, klingt immer ähnlich. Bald gibt es nur Verrückte und Verrücktenwärter. Mit dem rasenden Fortschritt und der ganzen Kultur, undsoweiter. Da muß der Führer Mittel und Wege erfinden. Nur ist der Krebs heilbar. Sehn Sie selber. Es ist ja so einfach. Der Krebs ist also eine ganz natürliche und überflüssige Wucherung. Du schneidest sie weg. Basta. Manchmal kommt die Wucherung wieder, natürlich, ist ja alles natürlich und überflüssig, meistens kommt sie wieder. Das ist ja das Unglück. Das ist es ja. Aber Krebs ist heilbar. Man kennt nur die Mittel nicht. Es ist ja manches Gute an dem, was die Nazis gemacht haben. Aber sie machen keinen Unterschied. Das ist aber der Anfang und das Ende alles Denkens und menschlichen Trachtens, einen Unterschied zu machen. Ich hasse die Nazis. Habe ich recht? Ich tue alles gegen sie, natürlich mit Vorsicht. Habe ich recht? Denn da will ich Ihnen mal aufklären. Die bringen einen um. Jawohl. Sie bringen Sie um.

Durch Frau Lehrer Wernecke kam Claire zum Flußschiffskapitän Joachim Baldur von Kohn. Claire fuhr mit ihm auf seinem Flußschiff die Spree hinunter und wunderte sich, warum er bei jedem dritten

Wort den ‚deutschen Blick' in Anwendung brachte, nämlich nach allen Seiten spähte, ob keiner zuhörte. Außer ihnen waren nur noch zwei Menschen auf dem Motorboot, ein taubstummer Matrose und ein Weißrusse, der nach zwanzig Jahren Aufenthalt in Berlin erst zwanzig Worte deutsch verstand und sprach. Tut nichts, flüsterte Baron Kohn, die Gestapo sieht durch Blinde und hört durch Taube. Und mit zehn Worten kann einer einen komplett denunzieren. Natürlich ist die Gestapo nicht gottähnlich, sie sieht nicht alles, sie hört nicht alles, sie erfährt nicht alles, aber um die Konzentrationslager auf zufüllen, langt's. Um ein ganzes Volk zu terrorisieren, langt's. Um die Welt zu erobern, wird es vielleicht langen. Wenn sie freilich den kommenden Krieg verlieren, hat es nur beinahe gelangt. Ich hasse die braune Pest mehr als die rote. Was mir die Bolschewiken getan haben? Gar nichts. Wenn die Gestapo zu mir kommt, von Zeit zu Zeit, um mich zu verhören, sagen sie: Sie sind ein Bolschewik. Ich antworte: O nein, ich war ein Sozialdemokrat, und bin nichts mehr. Die Gestapo ist mir auf der Lauer, darum fühle ich mich so sicher. Ihr Verdacht macht mich vorsichtig. Keiner ist im Grunde so unbeobachtet, wie einer, den sie gewohnheitsmäßig beobachten. Das werden Sie noch lernen, Fräulein – wenn Sie nämlich länger als drei Jahre gegen die braune Pest sind, und nicht erwischt werden. Ein Jahr ist einer leicht gegen sie. So ein Jahr ist natürlich sehr lange. Unter einer Diktatur ist es gleich siebenzig Jahren, solang als ein Menschenleben währt. Wenn Sie zwei Jahre lang nicht erwischt werden, so wissen Sie genau, Sie sind fällig. Die nächste Kugel muß Sie treffen. Nach drei Jahren sind Sie sozusagen gefeit. Ihnen passiert nichts mehr, außer Sie haben Pech, das heißt also durch Zufall. Sie werden ja sehn. Ich selber kenne nur einen Menschen, der drei Jahre gegen die Nazis durchgehalten hat, das bin ich selber. Ich könnte Ihnen Dutzende nennen, die mit mir gearbeitet haben und tot sind. Von denen in den Lagern rede ich nicht, Leichen auf Urlaub. Nehmen Sie mal meinen Fall, Fräulein. Da ist kein Geheimnis, Die Gestapo weiß beinahe alles. Kohn heiße ich, und bin, was Schweine einen Arier heißen. Ich bin nicht stolz darauf. Jeder Christ müßte sich schämen, sich einen Arier zu heißen. War Jesus ein Arier? Aber mein Vater war ein Jude.

Gell, da staunen Sie, Fräulein. Keine Hexerei. Sozusagen alles nur Fixigkeit. Ich bin ein Findling, adoptiert von einem Juden, der sich in Österreich den Adelstitel gekauft und mich beschnitten hat. Außer mir hat er zehn Söhne gehabt, mich brauchte er nicht, war die reine Protzerei, oder warum hat er mich adoptiert? Er war reich, ehrgeizig. Seine fünf ältesten Söhne von der ersten Frau, einer Jüdin, leben alle in Konzentrationslagern. Sein sechster Sohn von seiner zweiten Frau, einer Halbjüdin, hat seine Mutter schwören lassen, daß sie den Baron Kohn mit einem arischen Schauspieler aus Halberstadt betrogen habe, worauf der Sohn aus einem Dreivierteljuden zum Vierteljuden ernannt wurde und nun mit dem gelben Judenstern in Berlin herumläuft. Der siebente und achte Sohn sind Kinder der dritten Frau des Baron Kohn, einer Christin; als Halbjuden wurden sie beim Judenpogrom im Herbst 1938 zu Ehren des Herrn vom Rath umgebracht, weil man sie, versehentlich für Ganzjuden hielt. Der neunte und zehnte Sohn des alten Baron Kohn, und seiner vierten Frau, einer sehr hübschen chinesischen Tänzerin, die aus Begeisterung zum Judentum übergetreten war, stammen aus ihrer ersten Ehe, Vollchinesen; aber der eine ist aus Begeisterung für seinen Pflegevater Jude, der andre aus Begeisterung für Hitler ein Nazi geworden. Beide leben nun im Konzentrationslager zu Dachau, der eine mit dem Judenstern als Insasse, der andre mit dem Hakenkreuz als Wächter. Mich wollten sie erst als Adoptivsohn eines Juden zum Juden stempeln; dann wollten sie mir einen germanischen Namen geben. Da habe ich ihnen eins geblasen. Ich verachte die Nazis. Wissen Sie warum? Weil sie nicht mal mit mir fertig geworden sind. Ich verachte Leute, die nicht mit mir fertig werden. Ich wäre mit mir fertig geworden. Und warum mischen Sie sich in so gefährliche Sachen? Als hübsche Französin haben Sie doch sicher einen Geliebten, und pardon! Also zum Geschäft!

Baron Kohn machte sie in einem märkischen Städtchen mit dem Papierhändler Fritz Wagner bekannt, der machte ihr den entschiedensten und verzweifeltsten Eindruck. Er stammte aus München, sprach bayerischen Dialekt, haßte die Preußen, hieß die Nazis Superpreußen, und sagte, es sei alles ganz aussichtslos.

Die Nazis werden die Welt erobern; das deutsche Volk schmeichelt sich mit der Hoffnung, die Eroberung werde unblutig sein, das heißt nur auf Kosten des Blutes andrer Völker gehn. Das deutsche Volk hat sich selber aufgegeben. Natürlich sind nicht alle Nazis. Echte Nazis gibt es vielleicht nur fünf Prozent. Und auch das ist eine kolossale Ziffer. Um ein echter Nazi zu sein, muß man zu jedem Verbrechen entschlossen sein, Gott für einen Schwindel und die Herrschaft über seinesgleichen als des Lebens Würze halten, und obendrein glauben, es gebe in der Tat keine Gleichheit unter Menschen, und darum keine Gerechtigkeit, keine Menschenwürde, und gar kein Sittengesetz. Man müsse glauben, Güte sei Schwäche und das Leben ein blinder Prozeß mit Chancen für die Schlauen. Solch einer resoluten Bosheit seien nur wenig Menschen fähig. Übrigens sei der Nationalsozialismus kein deutsches oder nationales Problem, sondern ein gesellschaftspsychologisches. Die westländischen Religionen, Christentum, Judentum, Islam, Kapitalismus und Demokratie seien Leichen; Nationalsozialismus, Bolchewismus und Faschismus seien die Verwesungserscheinungen der toten Religionen. Die Zukunft der Menschheit liege im Urchristentum und im Vegetariertum.

Claire hatte die deutschen Geheimoppositionellen mit ihren handgemachten Weltauffassungen, diese Straßenkehrer der deutschen Kultur von Herzen satt. Sie war auf die lebendigen Details des untergründigen Kampfes begierig. Was sie in Erfahrung brachte, machte sie verzweifelt, so absurd und ohnmächtig erschien ihr alles. Flugblätter ohne irgendeine Wirkung außer dem tödlichen Effekt auf ihre geheimen Verbreiter. Parolen, die unbekannter blieben als ihre todgeweihten Träger. Kleine Gruppen, die rascher zerschlagen als gebildet wurden. Nachrichten, die auf ingeniöse Weise und unter unglaublicher Blutverschwendung ins Ausland geschmuggelt wurden, und entweder überholt waren oder ungehört verhallten. Und zur selben Zeit lauschte alle Welt den Reden von Goebbels, der aller Welt erzählte, daß die Emigranten gefährliche Verräter wären, die Opposition im Innern aus Verrätern bestünde, und im übrigen gar nicht existierte und nie existiert habe, andererseits aber durch die

Urteile des Volksgerichts überführt und durch die Axt des Nachrichters erledigt würde.

Schließlich hatte Claire einmal zu Alexander von ihren Erfahrungen gesprochen. Alexander war entsetzt, weniger über die Greuel, als über die Gefahr, in die sich seine Freundin begab. Er riet ihr dringendst, alles aufzugeben. Sie konnte seinem Rat sogar folgen, da sie sich von allen aufgegeben fühlte. Sie fand ihre mühselig gewonnenen Verbindungen ein zweites Mal nicht mehr an der alten Adresse, oder fand die Menschen verändert, oder verlor selber den Mut.

Dr. Rostig, der im Laufe der Vernehmung immer schamloser wurde, zum steigenden Entsetzen von Claire, die daraus schloß, daß Rostig ihr Leben schon abgeschrieben habe und darum kein Geheimnis mehr vor ihr wahre, hatte ihr schließlich ein sauber zusammengeheftetes Bündel von Denunziationen gezeigt, Briefe an die Gestapo vom Potsdamer Pastor Hammel, von Frau Pastor Hammel, aus Paris von der Frau des deutschen Missionspfarrers Wilhelm Schlegel, ferner von einer Pariser Angestellten des kommunistischen Parteibüros, ferner von der Richterswitwe Stumpf, von der Lehrersgattin Wernecke, ferner vom Flußschiffskapitän Joachim Baldur von Kohn, von seinem taubstummen Matrosen, von dem weißrussischen Schiffsangestellten, der nur zwanzig Worte deutsch sprach, und ferner und zuletzt von einer Berliner Studentin namens Hildegard Wismuth-Wespe, von deren Existenz sie nie vernommen hatte, die aber offenbar zur selben Gruppe gehört hatte. Im Ganzen waren aus dieser Gruppe allein und ihren Verbindungsleuten 10 (in Worten: zehn) Denunziationen der Claire Dubos an die Gestapo gelangt. Claire vermißte die Denunziation des Papierhändlers Fritz Wagner. Dr. Rostig hatte lächelnd gefragt: „Fehlt uns einer in der Kollektion?" „Keiner," hatte Claire eilig geantwortet. „Keiner! Komplette Sammlung, hübsche Sammlung! Gibt es also nur Gestapoagenten in Deutschland? Das ganze Volk denunziert?"

„Leider nicht," erwiderte Rostig. „Sonst könnten wir ja unsere Büros schließen. Die Leute sind viel zu anständig, leider Gottes. Viel zu anständig. Wo soll das hinaus."

Wieder saß Claire nackt auf dem Stuhl vor dem Dicken und dem

Dünnen. Ihr wurde schwarz und schimmelig vor Augen. Ich war viel zu anständig, murmelte sie. Sie wußte, es hatte niemandem etwas eingetragen. Sie starb umsonst. Sie wollte aber kein Opfer werden. Sie wollte mit Alexander leben und neben ihm alt werden, da sie nicht jung bleiben konnte, neben ihm. Sie wollte alles unterschreiben. Jeden Verrat begehn. Die hatten sie kaputt geschlagen. Sie schien ja nur anständig, weil die ihr keine Zeit gelassen hatten. Die hatten sie zu schnell geschlagen. Sie wäre ja so gemein geworden – so kam es ihr nun vor – wenn die ihr nur etwas Zeit gelassen hätten. Ich unterschreibe ja alles, murmelte sie. Gebt mir die Feder. Ich gehöre ja zu euch, den Verrätern. Ich bin ja gar kein guter Mensch, wenigstens nicht mit Absicht. Und habe ich nur geträumt, daß ich Alexander mit seinem Bruder Cäsar betrogen habe? Habe ich das geträumt?

„Was?" fragte Dr. Rostig und faßte Claire am Arm und schüttelte sie. „Was haben Sie gesagt, Fräulein? Deutlicher!"

Sie fiel vom Stuhl herunter.

„Die sagt nichts mehr," sagte der Dünne zum Dicken.

20. KAPITEL

DIE LOGE DES FÜHRERS

*A*m 22. August punkt drei Uhr nachmittags wurde Alexander Lust endlich vom Gestapodezernenten Dr. Alwin Rostig empfangen, nach der telephonischen Intervention von Heinrich Himmler.

Dr. Rostig blieb sitzen und schrieb und ließ den jungen Menschen minutenlang stehen. Endlich sagte er, ohne aufzublicken: „Setzen Sie sich!"

Als Alexander stehn blieb, fragte er und sah ihm zum ersten Mal ins Gesicht: „Also?"

„Wo ist Claire Dubos?"

„Hier!" erklärte Dr. Rostig unfreundlich und deutete mit seinem Zeigefinger auf einen kleinen Behälter auf dem Schreibtisch.

Alexander starrte auf das Ding, ohne zu begreifen.

„Was glotzen Sie so töricht?" fragte aufgebracht Dr. Rostig. „Haben Sie noch nie im Leben eine Aschenurne gesehn?"

„Eine – was?" schrie Alexander. Plötzlich fühlte er, er müsse sich übergeben. Er wollte sich abwenden, besann sich aber eines Bessern, und kotzte auf den Tisch, daß der Mageninhalt dem Rostig ins Gesicht und auf die schwarze S.S. Uniform spritzte.

„Sind Sie verrückt geworden? Sie Schwein!" schrie wütend der Rostig. Doch verstummte er gleich, klingelte, befahl zwei eintretenden S.S. Leuten, Wasser und Bürsten zu bringen und ihn und den Schreibtisch zu säubern, ohne die Urne zu verletzen.

„Einen Kognak, Herr Lust?" fragte er Alexander, der sich auf den Stuhl gesetzt hatte und laut stöhnend sich die Haare riß, wie ein Verrückter. „Und ich wollte Ihnen einen persönlichen Gefallen mit der Hinterlassenschaft Ihres Fräulein Braut bereiten. Ihre Schweinerei war ja wohl nicht Absicht? Ich vergebe Ihnen. Mensch, nehmen Sie sich zusammen. Oder sind Sie magenleidend? Der Zwischenfall mit Ihrem Fräulein Braut ereignet sich zuweilen bei politischen Vernehmungen. In was für einer Zeit glauben Sie, daß Sie leben, in was für einem Lande, Herr? In Ihrem dekadenten Frankreich proklamierten Juden und Sozialisten die Heiligkeit des individuellen Lebens. Wird auch aufhören! Ich will Ihnen offen gestehn, daß mir heut, nach der Bekanntmachung unseres Pakts mit den Sowjets, das plötzliche Ende Ihrer Braut geradezu leid tut, sozusagen. Sie wissen wohl, daß die Dame auf dem Schreibtisch hier Mitglied der kommunistischen Partei Frankreichs war, daß sie hier verbotene Verbindung mit deutschen Kommunisten gesucht und gefunden hat. Sie wissen nicht, daß am Tage, da die junge Dame auf dem Schreibtisch hier Paris verließ, ihre Ankunft von Paris aus avisiert wurde. Interessante Details könnte ich Ihnen liefern, wenn ich wollte. Immerhin hätten wir heut eine ausländische Kommunistin vielleicht nur ausgewiesen. Schade um die hübsche Person. Sie hatte delikate Formen, anfangs. Sie entledigte sich im Zuge der Vernehmung ihrer Kleidung. Offenbar war ihr schwül geworden. Diese Französinnen sind ja sehr leichtfertig, wie man weiß. Warum starren Sie mich so an? Sie kennen scheinbar weder die Französinnen noch die Menschen. Verlassen Sie sich nur auf uns. Wir in der Prinz Albrechtstraße kennen die Menschen. Vor uns fallen nicht nur die Röcke hübscher Damen, sondern auch alle falschen Konventionen, aller ungerechte Anspruch auf die sogenannte Menschenwürde, aller Stolz und alle Lüge. Vor der Gestapo wird der Mensch demütig, möchte man sagen. Er erscheint in seiner ursprünglichen Nacktheit und kreatürlichen Angst. Die Todesangst entblößt Menschen gründlicher als etwa die Wollust. In unsern Büros mischt sich beides manchmal. Manche Damen werden sogar aus Angst sinnlich. Hätten Sie das geglaubt? Unsereins wäre imstande, einen Lehrstuhl für praktische Psychologie an Universitäten zu übernehmen. Ich sage das ohne falschen Stolz. Da glotzen Sie wieder. Sie haben einen tragischen Ausdruck. Das erinnert an die histrionischen Talente der Frau Mama. Der Führer persönlich soll sich einmal über die intimeren Reize Ihrer Frau Mama ausgedrückt haben. Was fehlt Ihnen? Nehmen Sie sich nicht Ihren Vater, sondern Ihren Großvater zum Vorbild. Obwohl auch der letztere im Licht des neuen Russenbunds kompromittiert erscheint. Er ist gar zu antirussisch, direkt aus Überzeugung. Ihr armer Großvater. Persönlich ein durchaus integrer Mann – sagt man. Natürlich haben wir kein besonders belastendes Material gegen Sie, Lust. Außer Sie haben mit der reizenden kleinen Verbrecherin da unter einer Decke gesteckt. Halt! Haben Sie ja auch, hahaha! Ziemlich häufig sogar, sozusagen konkubinatorisch. Die Kleine war ja, wie wir vernehmungsweise erfuhren, technisch auf der Höhe. Das verdanken wir vielleicht Ihren Bemühungen, Lust. Im Zug der Vernehmung geriet sie natürlich in einen so beschädigten Zustand, daß sie nicht mehr appetitlich wirkte. Das gefällt Ihnen wieder nicht? Sie schaun der Wirklichkeit nicht gern ins Auge? Sehen Sie mich an! Ich scheue buchstäblich vor nichts zurück. Da grinsen Sie nun wie verrückt. Meine Augen, in die Sie glotzen, meine lieben zwinkernden Äuglein haben schon Klügere als Sie dumm werden sehn. Eure Schulweisheit gerinnt alle Tage nun wie saure Milch. Aktiv waren Sie ja nicht der Schlimmste. Sie sind der typische Fall von passiver Resistenz. Sie haben Äußerungen fallen lassen, vor Zeugen, Herr, die jeden andern um einen Kopf kürzer gemacht hätten. Danken Sie Ihrer prächtigen und wohlassortierten Familie! Und wie Sie wissen, lassen wir unsere Feinde ihre letzten Tage auskosten. Wir machen keinen k u r z e n Prozeß. Sie sind kein Patriot, möchte man vermuten. Lieben Sie Deutschland überhaupt? Und warum sind Sie zurückgekommen, mit der Person da? Kamen Sie aber schon zurück, warum nahmen Sie sich nicht Ihren flotten Zwillingsbruder zum Beispiel? Der Sturmbannführer Cäsar Lust ist schon recht. Sie aber haben sich geweigert, in die Partei einzutreten, Sie sind nicht Mitglied des nationalsozialistischen Studentenverbands geworden. Sie sind in Deutschland spazieren gegangen und haben mit einer Französin geschlafen. Unsere Schwestern im B.D.M. waren Ihnen wohl nicht gut genug zum... na, zur Liebe. Jetzt, wo es wohl zur friedlichen Regelung der polnischen Frage vermittels Okkupation oder zum Krieg kommen wird, sehe ich keinen andern Ausweg für Sie, als daß Sie sich freiwillig an die Front zum Heldentod melden. Das wird bei uns prompt erledigt. Da können Sie sich ganz auf die Partei verlassen, bis zum Zinksarg an die p.p. Familie. Unsere freundliche Unterhaltung ist hiermit beendet. Wenn Sie auf die Übernahme der Klara Dubos Wert legen, sozusagen als ortsansässiger trauernder Hinterbliebener, so können Sie, gegen Quittung, die Aschenurne an sich nehmen. Links unten die werte Unterschrift."

Alexander las den Text der vorgedruckten Quittung, nahm den Federhalter, unterschrieb, ergriff die Aschenurne, und fragte: „Macht ihr diese Urnen aus durabelm Material?"

„Aus Ton und Blei," erwiderte Dr. Rostig und lachte mit allen zehn Fingern. „Und ich freue mich, daß Sie die Sache so ruhig auffassen, Herr..."

Den Namen Lusts konnte er diesmal nicht mehr aussprechen, Alexander schleuderte nämlich unerwarteterweise die Urne mit der Asche von Claire Dubos dem dicken Dr. Alwin Rostig mit voller Wucht in die Visage. Der Dicke drückte auf die elektrische Alarmglocke auf dem Tisch und fiel wie ein Klotz um. Aber schon tat sich die Tür auf, und ein Haufen S.S. Männer wälzte sich herein; in derselben Sekunde schienen sie Alexander niederzuschlagen und den blutenden Rostig aufs Kanapee zu tragen. Darauf rissen S.S. Männer Alexander vom Boden auf und stellten ihn mit dem Gesicht zur Wand und stießen ihm ihre Revolver in den Nacken und Rücken.

„Rühr' dich, du Hund, und wir schießen!"

Alexander rührte sich nicht.

Der Dünne hatte sich schon eingefunden. Er brachte einen Arzt mit sich, der untersuchte den Rostig. Das Leben Rostigs, erklärte der Doktor, sei nicht gefährdet, im Gegensatz zu Rostigs linkem Auge, das durch Splitter verletzt sei.

„Und sein rechtes Auge?" fragte der Dünne.

„Das rechte Auge?" fragte der Doktor erstaunt, ja geradezu mit einer gekränkten Stimme. „Was erwarten Sie von Rostigs rechtem Auge? Es ist ausgelaufen."

„Ausgelaufen?" schrie der Dünne in pathetischem Schreck.

„Was haben Sie gegen den Ausdruck?" fragte der Doktor. Nun schien er im Ernst verletzt, als hätte man seine Berufsehre angetastet.

„Dann ist Dr. Rostig wohl nicht mehr arbeitsfähig?" fragte der Dünne.

„Wenn Sie das persönlich beruhigt," antwortete der Doktor, „so kann ich Sie diesbezüglich vollkommen beruhigen."

„Der arme Rostig. Er wird wohl auch eine Gehirnerschütterung erlitten haben?"

„Natürlich. Und man muß mit seiner völligen Erblindung rechnen."

„Wenn das die Klara Dubos wüßte!" murmelte der Dünne.

„Wer ist denn das?"

„Das Fräulein in der nun freilich beschädigten Aschenurne."

„Ja, wie kam denn die Dame in die Urne? Und wer ist das Fräulein?"

„Da sehn Sie die Folgen einer Vernehmung des Dr. Rostig. Ich habe ihn immer gewarnt, ich meine nicht vor den Resultaten seiner Vernehmungen, das ging ja in Ordnung, sondern vor den Angehörigen der Vernommenen. Der Kerl dort war nämlich der Bräutigam von der Asche in der Urne."

„So?" fragte der Doktor. „Soll ich seinen Leichenschein gleich ausschreiben? Etwa Herzschlag?"

„Der wird langsam geröstet," erwiderte der Dünne. „Ein Enkel vom Justizminister Dr. Kaiser."

„Also P.G.?"

„Stille Opposition."

„Die Schande. Bei so einer Familie! Erziehungslager also?"

„Straflager, und vielleicht Belastungszeuge gegen seine Eltern, Ministerialrat Lust vom Propagandaministerium und die Primula Lust vom Staatstheater."

„Traf doch mal ihren Sohn. War er nicht Sturmbannführer? Was?"

„Das ist der Zwillingsbruder von dem Kerl, Herr Oberstabsarzt."

„Zwilling? sagen Sie. Aber das interessiert mich. Wissenschaftlich, nämlich. Ich meine, vom medizinischen Standpunkt. Eineiiger Zwilling, Herr Lust? Warum antwortet das Schwein nicht. Drehn Sie den Kerl mal um, gefälligst."

„Zu Befehl, Herr Oberstabsarzt! Peschke! Stellen Sie mal die Visage von dem Kerl aus!"

Zwei S.S. Leute rissen Alexander herum. Als er die Hände hob, um das Gesicht zu schützen, hieb ihm der eine Mann den Gummiknüppel ins Gesicht, Alexander brüllte und spuckte Blut und Zähne aus. Die S.S. Leute hielten ihn fest.

„Kann die Destruktion dieses Burschen nicht um paar Minuten verschoben werden, wenn ich gerade zu einer wissenschaftlichen Untersuchung bereit bin?" brüllte der Oberstabsarzt, ein hochgewachsener Fünfzigjähriger, mit Hornbrille, weißen Haaren und einer goldnen Uhrkette um den Bauch. Er fragte den Dünnen: „Gibt es keinen Respekt mehr? Darum die nationale Befreiung? Und ein Ende mit den vierzehn Jahren der Schmach? Und die Führerideale? Was waren Sie im Zivilberuf, P.G. Peschke?"

„Kunstmaler, Herr Oberstabsarzt, wie der Führer."

„Was?" brüllte der Doktor. „Erlauben Sie sich Kritik am Führer? Ich erwarte die sofortige disziplinarische Behandlung von Peschke. Der Vergleich zwischen ihm und dem Führer versteckt eine abfällige Kritik am Führer, zumindest unbewußt. Werde Anzeige höhern Orts erstatten, falls nicht die disziplinarische Behandlung Peschkes unmittelbar erfolgt. Die Kerle können ihren innern Schweinehund nicht beherrschen. Das ist ein Ultimatum."

„Zu Befehl, Herr Oberstabsarzt. Befehlen Herr Oberstabsarzt an Ort und Stelle?"

„Jawoll!"

„Los!" befahl der Dünne.

Unverzüglich stürzten sich die Freunde und Kollegen Peschkes auf ihn mit Fäusten, Stiefeln und Knüppeln. Sie schlugen ihm auf den Kopf wie auf eine Trommel, stießen ihm die Stiefel in den Bauch, trampelten auf ihm auf und nieder wie auf einer Chaussee. Peschke brüllte wie sonst nur seine Opfer zu brüllen pflegten. Ein Kollege hatte ihn aus dunkeln Gründen am Ohr gefaßt und ließ nicht mehr los. Vielleicht bewog ihn das Mitleid mit Peschke zur Übertreibung in der Züchtigung. Es war eine bäuerliche, sozusagen urwüchsige Erscheinung, dieser Kollege, zwei Meter hoch und nicht viel weniger breit, ein Kleiderschrank, mit Bauernpratzen. Der faßte sein Geschäft so ernst auf, daß ihm ein Fetzen des Ohrlappens Peschkes in der Hand blieb. Peschke hatte das Bewußtsein verloren. Einige Kollegen schleppten ihn wie ein gestürztes Pferd heraus.

„Schweinerei!" murrnelte der Dünne.

„Wie bitte?" fragte der Oberstabsarzt.

„Ich meine, den Teppich. Die speziellen Verhörslokalitäten befinden sich im Keller."

Der Oberstabsarzt machte eine verächtliche Miene und schnippte mit den Fingern. „Mir gefallen eure ganzen Methoden nicht. Die Wissenschaft lehnt diese Roheit ab. Es gibt peinlichere, reinlichere Mittel, um einen Menschen zur Räson zu bringen. Ihr seid unnötigerweise mit euren Methoden im dreizehnten Jahrhundert stecken geblieben. Der Geist ist modern, aber das Fleisch ist antik, symbolisch, meine ich. Also, lieber Herr Lust, wollen Sie sich nun bitte auf meine Fragen konzentrieren. Ich studiere seit Jahren die Psychologie von Zwillingen. Zwillinge sind mein Steckenpferd. Sind Sie und Sturmbannführer Lust eineiige oder zweieiige Zwillinge?"

Ein Auge Alexanders war durch einen wohlmeinenden Faustschlag eines der S.S. Männer geschlossen worden, vor dem andern verschwamm ihm alles; so konnte Alexander nicht mal die Züge des Arztes sehn. Er fummelte mit der Zunge im Mund und fühlte die Zahnlücken. Ihm schien, mit den ausgeschlagenen Zähnen werde er Claire nicht mehr gefallen, sie wird den zahnlosen Alexander nicht mehr küssen wollen, da fiel ihm die Urne ein. Er war überzeugt, die würden ihn zuende machen, heut noch, und er versicherte sich, er sei froh darüber. So schlagen die also. So ist es also. Jetzt weiß ich es. Jetzt fürchte ich es nicht mehr. Oder ich weiß, wovor ich mich fürchten muß. So ist es nämlich. So schlagen die also.

„Will der Kerl nie antworten?"

Die S.S. Leute begannen, sachte Alexander einander zuzuschieben, wie einen überlebensgroßen Gummiball.

Alexander rollte von einem zum andern. Plötzlich sprang ihm ein S.S. Mann mit beiden Stiefeln in die Seite. Alexander knickte ein. Die rissen ihn auf. Einer hieb ihm den Gummiknüppel hinters Ohr. Alexander schrie und taumelte winselnd. Schweiß, Blut und Tränen rannen ihm herunter. Sie rissen ihm mit einem Mal den Rock vom Leib, sie kamen in Schwung. Sie drückten seinen Kopf zu Boden, zogen ihm die Hosen aus, schlugen ihn aufs nackte Gesäß. Er ließ sich fallen, da rissen sie ihn wieder empor und entkleideten ihn ganz, als wären sie Ammen. Den Nackten hielten sie zur Schau vor dem Doktor.

„Also, mein lieber Herr Lust, sind Sie ein zweieiiger oder ein eineiiger Zwilling?"

Alexander schrie gellend, als hätte er den Verstand verloren. Aber der Dünne verbot jede weitere Beschädigung Alexanders, mit beruflicher Entrüstung.

„Ihr macht ihn zu schnell kaputt. Ich brauche ihn noch. In die Zelle mit ihm!"

Erst nach drei Tagen war es Sturmbannführer Cäsar Lust gelungen, in der Prinz Albrechtstraße herauszubekommen, daß Alexander in Buchenwald, dem Konzentrationslager bei Weimar gelandet war, und daß er noch lebte, „ziemlich wohlbehalten".

Obwohl Herr Ministerialrat Lust selber inzwischen in Ungelegenheiten geraten war, begleitete er seinen Sohn zum Dünnen, der zum Nachfolger von Dr. Alwin Rostig ernannt worden war. Der Dünne empfing Vater und Sohn mit kalter Freundlichkeit.

„Bitte, Platz zu nehmen," schnarrte er, es stand aber nur ein leerer Stuhl bereit. Ministerialrat Lust und sein Sohn blickten sich für einen Moment an, Sturmbannführer Lust lächelte finster, Ministerialrat Lust streckte dem Dünnen seine rechte Hand hin, der Dünne, offenbar in Verlegenheit, ob er die Hand zum Gruße annehmen sollte, entschloß sich schließlich, aufzustehn. Er schlug die Hacken zusammen und sagte: „Regierungsrat Lamm," worauf er sich wieder hinsetzte, beleidigt; denn als er die Hand von Ministerialrat Lust nun doch hatte ergreifen wollen, hatte der seine Hand schnell weggezogen.

„Ich sehe, Sie sind Sturmbannführer, wie mein Sohn Cäsar."

Lamm und Cäsar trugen dieselbe schwarze Uniform, und dieselben Abzeichen.

„Ich bin nicht so jung wie Ihr Sohn," erwiderte der Dünne.

Ministerialrat Lust streckte wieder seine rechte Hand aus, und nun begriff Regierungsrat Lamm, daß die Geste von Ministerialrat

Lust demonstrativer Natur war. Offenbar deutete der Ministerialrat auf Lamm, als wollte er seinem Sohn etwas zeigen. Und der Sohn starrte auch sehr angelegentlich auf die bezeichnete Stelle. Lamm sah zu seinem Mißbehagen, daß die Hand von Ministerialrat Lust, die auf ihn deutete, verkrüppelt war, es fehlten zwei Finger. Endlich setzte sich der Ministerialrat auf den einzigen Stuhl, und Sturmbannführer Lust wischte mit einer leichten Handbewegung einen Haufen Papiere, die auf Lamms Schreibtisch lagen, zu Boden, und setzte sich auf den Schreibtisch und baumelte mit dem linken Bein so stark, daß Lamm in Gefahr geriet, von Cäsars Stiefel getroffen zu werden.

„Sie starren auf meine Hand?" fragte Ministerialrat Lust. „Kriegsverletzung. Damals liefen Sie ja noch in kurzen Hosen herum, Herr Regierungsrat. Ich kam wegen meines Sohnes Alexander. Er ist ein guter Junge, wenn er auch sich noch nicht ganz in das neue Leben zu fügen gewußt hat. Immerhin sollten die Verdienste seiner Familie um das Vaterland groß genug sein, um ihn vor Erfahrungen zu schützen, die gemeinhin den Feinden der nationalen Erneuerung Deutschlands zugedacht sind."

„Ihr Sohn – oder angeblicher Sohn – denn man behauptet, der sei gar nicht Ihr Sohn, sondern Ihr Neffe, Sohn des bekannten Volksverräters Musik – Ihr Sohn befindet sich in einem Erziehungslager, oder Straflager, ich weiß es nicht genau."

„Er ist in Buchenwald, Sie haben doch seinen Abtransport verfügt, Sie sind doch der Dezernent für ihn, als Nachfolger von Dr. Alwin Rostig, wozu ich Ihnen übrigens gratuliere."

„Wenn Sie alles besser wissen, als ich, so sehe ich nicht ein, was die Herren von mir wünschen. Übrigens will ich Ihnen soviel sagen, daß die Wunden, die Ihr Sohn Alexander Herrn Dr. Rostig zugefügt hat, zu Dr. Rostigs Erblindung auf beiden Augen und zu seiner Überführung in eine Nervenheilanstalt geführt haben. Sie sehen, der Fall Ihres Sohnes ist nicht so harmlos, wie Sie denken, und wäre ohne gewisse Rücksichten bereits zu einem abgeschlossenen Akt geworden."

„Rostig hat wohl nicht erst jetzt den Verstand verloren," bemerkte Ministerialrat Lust, „man hat es nur jetzt erst entdeckt, nehme ich an. Es ist nicht schade um ihn, ich kannte ihn."

„Ich bitte, Herr Ministerialrat, meinen Kollegen nicht zu beleidigen. Ihre Familie scheint dem Schaden noch den Spott hinzuzufügen."

„Schon gut. Ich kam, um Ihnen mitzuteilen, daß ich mit Goebbels und mit meinem Schwiegervater bereits gesprochen habe. Beide sagten mir, Sie seien ein intelligenter Beamter, geschmeidig und ehrgeizig. Sprechen wir von Ihrer Karriere, Herr Regierungsrat. Im Justizministerium, sagte mir Papa Kaiser, habe er verschiedene Referentenstellungen, die im Jahre etwa – wieviel Tausend Mark, sagte Großvater doch, einbrächten?"

„Mir genügt mein Stuhl, Herr Ministerialrat. Vom Justizministerium sind schon verschiedene Referenten ins K.Z. befördert worden. Ihr Schwiegervater ist berühmt in der Partei. Ein großer Mann. Kein Zweifel. Sie gestatten einen Anruf. Hallo, Peschke mit zehn Mann."

„Sie haben Geschäfte?" fragte Ministerialrat Lust, der aufgestanden war, gleichzeitig mit seinem Sohn, der vom Tisch weggegangen war.

Die Tür des Büros ging auf, Peschke mit zehn S.S. Mann mit Revolvern und Knüppeln in den bereiten Händen kamen herein. Das kleine Zimmer war voll von ihnen.

„Peschke, Sturmbannführer Lust ist der Zwillingsbruder von diesem Staatsverbrecher Alex Lust, der den Mordversuch an Dr. Rostig verübt und Ihnen die Visage zerteppert hat."

Peschke, dessen Gesicht wirklich die Spuren der Prügel und Gummiknüppelhiebe seiner Kollegen aufwies, stellte sich vor den Sturmbannführer Lust und salutierte. Auf seinem geschwollenen roten blauen gelben und grünen Gesicht konnte man keinen sogenannten Gesichtsausdruck sehen.

„Unser Gespräch, Herr Ministerialrat," erklärte Lamm, „ward von meinem Diktaphon in der Ecke aufgenommen."

„Sehr wohl," erklärte Lust und wandte sich zur Tür. „Komm, Cäsar!"

„Einen Augenblick, bitte!" rief Lamm, und da Lust weiterging, stellten sich auf einen Wink Lamms vier oder fünf S.S. Männer vor die Tür. Cäsar griff nach seinem Revolver, aber auf einen Blick seines Vaters blieb er ruhig stehn, an Ort und Stelle.

„Sie wurden entlassen, Herr Ministerialrat?" fragte Lamm ruhig.

„Beurlaubt..." antwortete Lust.

„Wollen Sie damit sagen, daß Sie jemals erwarten, wieder an Ihren alten verantwortlichen Posten herangelassen zu werden? Einen Tag, nachdem unser Bündnis mit der Sowjetunion bekannt gegeben wurde, setzen Sie sich im Presseklub neben diesen verdammten amerikanischen Radiokorrespondenten hin und erzählen ihm so laut, daß man Sie nicht überhören konnte, daß wir früher oder später den Russen mit sanfter oder unsanfter Überredung die Ukraine, die Krim, die Ostseeprovinzen und ähnliche Allotria abnehmen werden, weil wir sie für unsere Weltpläne brauchen. Mich wundert, daß man Sie nicht schon um einen Kopf kürzer gemacht hat."

„Ich werde mich vor den geeigneten Stellen zu verantworten wissen, Herr Lamm."

„Für Sie: Regierungsrat Lamm. Sagen Sie mal: Warum haben Sie eigentlich zuerst mit Ihrer invaliden Rechten auf mich gedeutet, Herr Lust?"

„Ich habe meinem Sohn den Blutspritzer auf Ihrer Uniform gezeigt. Ich wollte wissen, ob mein Sohn auch glaubt, daß dieses Blut von meinem Sohn Alexander herrührt?"

„Blutspritzer?" fragte Lamm und blickte auf seine Uniform. „Ich sehe nichts."

„Vielleicht ist es nur ein allegorischer Blutspritzer?" fragte Lust.

„Sie waren für Ihre Scherzhaftigkeit berühmt, Lust. Das wird Ihnen vergehn."

„Lust?" fragte Lust.

„Sturmbannführer Lust, Ihre Anwesenheit hat sich erübrigt."

„Was soll das heißen?" fragten Lust und sein Sohn gemeinsam.

„Fingern Sie nicht immer an Ihrem Revolver, Sturmbannführer Lust. Ich möchte Sie nicht gern entwaffnen und festnehmen lassen. Ich bin vorläufig nur mit der Voruntersuchung gegen Ihren Vater, den ehemaligen Ministerialrat Lust beauftragt."

„Ich bin nur beurlaubt."

„Sie sind fristlos entlassen," entgegnete Lamm und holte ein Papier aus seinem Schreibtisch. „Hier ist die Kopie der Verfügung, die Sie bereits zu Hause erwartet. Wir werden mit der Vernehmung gleich beginnen. Setz' dich, Lust. Vorname, Zuname. Geburtsort, Geburtsdatum? Wird's bald?"

Lamm blickte auf. „Ist der Sturmbannführer Lust immer noch da?"

„Ich verlasse den Raum nicht ohne meinen Vater."

„Peschke..."

„Geh doch, Cäsar. Sei vernünftig. Grüße Großpapa?"

„Jawohl, Papa!"

Lamm winkte Peschke zu. Peschke stellte sich neben Cäsar. Er flüsterte: „Sei gescheit, Sturmbannführer."

Kaum war Cäsar mit Peschke aus dem Zimmer, und die klinkenlose Tür hinter ihm abgeschlossen, tat es ihm entsetzlich leid, daß er den Vater allein gelassen hatte. Er sah wie mit Augen, wie sie den Vater niederschlugen, ihn ohrfeigten, ihm das Nasenbein oder die Zähne zerschlugen, ihn bis aufs Hemd oder nackt auszogen, ihn mit Gummiknüppeln schlugen, ihn aufhingen und stundenlang hängen ließen. Er kannte diese Szenen. Er hatte zwar selber niemals zu der Gruppe der Schläger gehört, und sogar unter der S.S. gab es zwei Gruppen, die Schläger, und die andern, die nicht schlugen. Aber er war schon allzuoft Zeuge solcher sozusagen amtsüblichen Szenen gewesen, um daran zu zweifeln, wie sie seinen Vater verhörten. Mit einem Mitleid, das ihm fast die Zunge und die Kehle zerfraß, sah er die verkrüppelte rechte Hand seines Vaters, die geschwächt war, mit der er nicht einmal einem den Schlag gehörig erwidern konnte. Er fürchtete sich davor, jetzt zu seiner Mutter zu gehn, und ihr zu berichten, daß der Vater im Verhör bei demselben Menschen war, der Claire ermordet, Alexander beschädigt und nach Buchenwald transportieren hatte lassen, und daß er sich wie einen kleinen Jungen aus dem Zimmer hatte schicken lassen. Seine Mutter hatte schon ein paar Nächte zuvor graue Haare bekommen, als man ihnen zuerst von der Prinz Albrechtstraße mitgeteilt hatte, irrtümlicherweise oder boshafterweise, Alexander hätte mit der Aschenurne Claires den Dr. Rostig erschlagen und sei von der S.S. Wachmanschaft umgebracht worden. Was sollte er ihr nun sagen, wie sie vorbereiten, damit sie nicht vor Angst und Grausen sich die weißen Haare ausriß? Und sollte er allein zum Großvater, oder mit seiner Mutter? Und was sollte er sonst tun?

Er stand immer noch vor der verschlossenen Tür, neben Peschke, und lauschte, ob er nicht bald die fürchterlichen Schreie seines gefolterten Vaters hören würde. Aber Peschke faßte ihn am Ärmel und versuchte, ihn wegzuführen.

„Hören Sie auf mich," bat Peschke. „Ich hab' gar keinen Groll auf Sie. Das war gar nicht Ihr Bruder, der mich verdroschen hat. Das war der Lamm, der es den Kameraden geheißen hat, mich vor dem Oberstabsarzt Türk zu vermantschen. Der Türk ist nämlich ein Freund vom Göring. Ihr Bruder hat mir sogar imponiert. Der hat die Fresse ordentlich hingehalten. Der ist nicht weich geworden. Und es ist ihm ja nicht viel passiert."

„Haben Sie ihn gesehn, wie er nach Buchenwald abtransportiert wurde?"

„Wir haben ihn ja zur Bahn gebracht. Der war im Schuß, der war ziemlich gesund."

„Was habt ihr ihm denn gemacht?"

„Gemacht? Rein gar nichts. Die Vorderzähne fehlen ihm, das eine Augenlid haben sie ihm genäht, und den einen Daumen gequetscht. Aber der Sanitätsrat sagt, kommt alles wieder in Ordnung. Der ist komplett, bis auf die Dentistenrechnung."

„Aber der Empfang in Buchenwald?"

„Wird ja gar nicht schlimm, Herr Sturmbannführer. Wissen Sie ja selber. Die sehn doch gleich, daß der Junge schon mal in Behandlung war. Vielleicht rühren sie ihn vorläufig überhaupt nicht mehr an. Und mit Ihren Beziehungen."

„Wilde Schläger bei Ihrer Gruppe, Peschke."

„Keineswegs. Meistens sanfte Söhne aus gutbürgerlichen Häusern. Die treten keiner Katze auf den Schwanz. Lauter Scheißkerle im Grunde. Außer auf Befehl. Und der Lamm geht ja gar nicht soweit vor. Der ist ja, wie wir immer sagen, lammfromm. Ihre Familie kann er nicht leiden."

„Wie lange sind Sie eigentlich dabei?"

„Bei der S.S.?"

„In der Partei."

„Seit März 1933."

„Ein Märzgefallener?"

„Da sind welche, die sind erst 1935 in die Partei."

„Stöhnt da nicht einer?"

„Das kommt Ihnen nur so vor, Herr Sturmbannführer. Durch diese Türen hört man nicht viel. Sind sozusagen schalldicht. Und dann stellen die auch das Radio oder Grammophon an. Aber was ich Ihnen nur privat und streng vertraulich raten will, haun Sie ab, auf der Stelle, raus aus dem Bau, oder Sie machen Ihre allerpersönlichsten Erfahrungen vielleicht? Der Lamm mag nämlich Ihre ganze Familie nicht. Und da gibt es Höhere, die so denken wie er, sagt der Lamm. Ein patenter Kerl, aber der Rostig war noch patenter. Laufen Sie. Hier vor der Tür helfen Sie Ihrem Alten überhaupt nichts. Aber vielleicht telephonisch? Wo Sie den Großpapa haben..."

Cäsar ging. Er sah ein, daß der Peschke recht hatte. Er mußte sich beeilen, ehe sein Bruder und sein Vater in Fetzen gehauen wurden. Auf der Straße winkte er einem Taxi und fuhr ins Staatstheater, wo seine Mutter auf einer Probe war.

Der Himmel war blau, und Cäsar wunderte sich über sich selber. Weder war er erstaunt über das böse Geschick seiner Familie, noch über den drohenden Einsturz der Welt. Er hatte immer geglaubt, er liebe sinistre Weltvorgänge. Er hatte stets mit besonderm Vergnügen von kosmischen Untergängen gelesen; Revolutionen, Überschwemmungen, Stadtbrände und Weltseuchen erschienen ihm so komisch wie aufschlußreich. Ich glaube nicht an Gott, pflegte er seinen Freunden zu erzählen. Aber wenn es ihn gäbe, so wäre er ein Witzbold, ein Satiriker wie Swift, Aristophanes oder Rabelais. Vielleicht ist auch unser Führer nur ein welthistorischer Possenautor?

Wie meinst du das? hatten ihn seine Freunde gefragt.

Gut, daß ihr mich nach meinem Kommentar fragt, bevor ihr an

die Gestapo schreibt und mich denunziert, hatte er lachend bemerkt.

Wir leben in einer Zeit des allgemeinen Gelächters, dachte Cäsar, im Taxi, und fragte den Chauffeur, was sagen Sie zu Rußland? – Ich bin Weißrusse, antwortete der Chauffeur. – So? fragte Cäsar, dann fahren Sie bitte schneller.

Wie rasch ein Mensch sich verändert, sagte sich Cäsar. Bisher dachte ich immer, nichts sei unveränderlicher als ein erwachsener Mensch. Aber bis vor ein paar Tagen gehörte ich noch zu den Hunden, jetzt gehöre ich schon zu den Hasen. Ich renne, sie jagen mich, sie bellen, ich höre ihr Knurren und Schnaufen, sie schnuppern meinen Schweiß, sie werden mir gleich die Kehle durchbeißen. Mein Gesicht sieht anders aus. Mein Leben ist nicht mein Leben mehr. Ich hasse Polizisten, und trage ihre Uniform noch. Ich denke anders, rede anders. Jetzt weiß ich, warum Polizisten alle Leute für Verbrecher halten. In ihren Händen verwandelt sich jedermann zu einem Verbrecher. Man wird also das, wofür einen die andern halten. Das ist ein Schlag gegen meine Einbildung.

Er ging im Staatstheater in die Garderobe seiner Mutter und schickte einen alten Theaterdiener zu ihr. Sie kam nach fünf Minuten, in Schminke und im Kostüm der Maria Stuart. Ihr Haar war rot gefärbt, oder sie trug eine rote Perücke. Sie sah stolz aus.

„Sie haben Vater zur Vernehmung behalten."

„Und Alexander?"

„Ein Mann namens Peschke sagte mir, er hätte nur paar Zähne verloren, das ist alles!"

„Seine Zähne? Ich war beim Großvater."

„Und?"

„Der Herr Minister lehnt jeden Schritt ab. Ich kannte ihn doch. Er ist ein Hund. Und so gerecht."

„Sonst?"

„Böse Nachrichten. Es heißt, wenn es zum Krieg kommt, wird keiner aus dem Konzentrationslager entlassen. Im Gegenteil."

„Was?"

„Reinigungen."

„Alexander?"

„Solche Fälle zuerst."

„Und?"

„Du mußt deinen Bruder befreien."

„Ja?"

„Du... liebst ihn nicht genug? Du... hast Angst? Du hast... nationale... Bedenken?"

„Unsinn. Ich denke nur an Vater, und an dich."

„Vater fürchtet sich schon lange vor gar nichts mehr. Er sagt es oft genug. Jetzt wo wir Deutschen sicher sind, die Welt zu gewinnen... Zum Verhör, sagst du? Verhör? Wegen Alexander? Oder wegen seines Schwatzens? Ich hätte das nie von ihm gedacht. Er wird alt. Ich weiß, er war betrunken, weil man uns gesagt hatte, Alexander sei totgeschlagen. Sie werden doch nicht wagen, ihn anzurühren? Sie sind doch nicht toll geworden, in der Prinz Albrechtstraße? Ich gehe über Leichen, wenn man mich reizt. Ich fahre hin. Wie heißt sein Verhörer?"

„Lamm. Der Freund von Dr. Rostig. Rostig ward irrsinnig und blind. Gegönnt. Lamm, flüsterte man mir zu, war der Totschläger von Claire, Lamm hat meinen Bruder ‚vernommen'. Lamm verhört Vater. Geh nicht zu ihm. Er wird auch dich ‚verhören'. Der Kerl ist so ehrgeizig, daß er nicht sieht, daß er sich selber die Schlinge um den Hals zuzieht. Es wird ihm das Leben kosten, aber er ist imstande und bricht uns die Hälse zuvor. Er ist ein Amokläufer. Ich habe Angst."

„Du bist nicht wie dein Vater."

„Nein."

„Soll ich mich bei Goebbels, bei Hitler melden lassen?"

„Jener wird dich verraten, der nicht empfangen."

„Was sollen wir tun?"

„Ich weiß nicht. Papa sagte, Großpapa."

„Willst du zu ihm gehn?"

„Natürlich."

„Werden sie Lust anrühren?"

„Ich glaube nicht. Geh nach Haus. Ich gehe zu Großvater. Wenn er nicht hilft, gehe ich zu Freunden. Vielleicht wird Vater sich zur

Front melden müssen. Er ist Leutnant. Nach ein paar Monaten ist er rehabilitiert. Vielleicht tun sie ihm überhaupt nichts. Er war immer sehr beliebt. Ich rufe dich von Großpapa an. Sei zu Hause. Und morgen fahre ich nach Buchenwald. Papa hat mir schon einen Brief mitgegeben, an den Befehlshaber der Sicherheitspolizei Michel Daisler, den Lagerleiter von Buchenwald. Unseligerweise ist der Kreisleiter ein Feind von Papa. Er heißt Hansgeorg Wucher. Ich werde Alexander befreien, so oder so. Dann freilich..."

„Er muß fliehn..."

„Ich schaffe ihn nach Frankreich."

„Und du?"

„Hören wir erst, was Großpapa sagt, und was aus Vater wird."

Primula küßte ihren Sohn. „Ich will nicht, daß ihr mich beide verlaßt. Ihr werdet zu Uli gehn. Sie wird zwei Söhne haben. Mir werden sie Lust nehmen. Ich bleibe allein. In diesem leeren Deutschland. Allein mit den Weltsiegern. Ich will dich nicht verlieren. Mein Leben ist weg. Meine Haare sind grau. Ich will nicht sterben. Aber kann ich allein leben?"

„Alles wird gut sein. Du mußt stark sein, Mutter. Es geht erst an. Erinnerst du dich an die Geschichte Mark Twains, von der Braut, die ihn um Rat fragt, weil sie ihren Bräutigam stückweis verliert? So geht es uns. Wir feiern Hochzeit mit einer Welt, die in Stücke fällt. Oder reißt man uns ein Glied nach dem andern aus? Nur munter! Es ist eine gute Komödie, in der wir mitspielen, und wir sind erst im vierten Akt."

„Ein ungeheurer Frevel ist geschehn, und noch umhüllt, Geheimnis seine Täter. Jetzt wird ein Inquisitionsgericht eröffnet. Wort' und Blicke werden abgewogen, Gedanken selber vor Gericht gestellt ..."

„Du spielst heut abend, Mutter?"

„So lange ich lebe, werde ich spielen. Habe ich nicht alles dem Theater geopfert? Großmutter, Vater und Vaterhaus, meine Kinder, den Mann und mein Gewissen! Meinst du, weil ich eine Patriotin bin, fühlte ich unsere Schande nicht? Ich lebe noch! Ich trag' es noch zu leben! Stürzt dieses Dach nicht sein Gewicht auf mich? Tut sich kein Schlund auf, das elendeste der Wesen zu verschlingen? ... Das ist Schiller. Cäsar! Mein bester Sohn. Wenn ich dich nicht mehr wiedersehe..."

„Du bleibst im Theater?"

„Meinst du, ich könnte in unser Haus gehn, wo mich die Gespenster verfolgen, wo ich Alexander in seinem Blut sehe? Und ich fuhr nach Paris, um ihn zu holen, damit sie ihm hier seine schönen Zähne ausschlagen! Und was bist du für ein Sohn, Cäsar, daß du aus dem Zimmer gehst, wo sie schon bereitstehn, um deinen Vater zu schinden? Und ich spiele Maria Stuart für die Schinder. Was für Menschen sind wir Deutschen, die solchen Greueln zusehn?"

Cäsar schaute seine Mutter mit einiger Verdrießlichkeit an. Er empfand wie sie. Aber er schämte sich dieser gemischten Gefühle. Mit welchem Recht beklagte sich die Tochter des Justizministers im Dritten Reich, die Gattin des Hilfsarbeiters von Goebbels, die Staatsschauspielerin Görings, die Mutter eines Sturmführers? Er fühlte trotz allem Mitleid mit ihr. Vor ihm selber grauste ihm. Denn er war kein Komödiant, keine ehrgeizige, halb bewußte Natur. Er war ein Schurke, ein Schurke. Und verloren – er meinte, moralisch verloren. Zum ersten Male im Leben bereute er sein Leben. Und hätte es mit jedem Hund außerhalb Deutschlands getauscht.

Cäsar küßte seine Mutter, und sie wollte ihn gar nicht mehr loslassen. Die Tränen liefen über ihre geschminkten Königinnenwangen.

Vom Staatstheater ging er ins Büro seines Großvaters. Dr. Kaiser empfing den Enkel zerstreut.

„Ich habe nur zwei Minuten Zeit., Wir haben in paar Tagen Krieg. Ich kann nichts für dich tun. Wir haben alle Hände voll. Die Kriegsverordnungen. Nun beginnt das deutsche Zeitalter. Du verstehst, daß ich in Eile bin".

Der Alte streckte dem Enkel seine haarige Rechte hin.

„Du mußt mich anhören, Großvater. Alexander ist in Buchenwald. Ich will ihn befreien."

„Was?"

„Vater kennt den Lagerkommandanten. Der wird – vielleicht – Alexander beurlauben. Kannst du mir einen Tip oder Empfehlungen geben?"

„Ich als Justizminister? Du faselst."

„Hast du von Vaters Affäre gehört?"

„Er hat hundert Affären. Welche heute?"

„Er ist fristlos entlassen worden."

„Taugt er nicht mehr?"

Cäsar erzählte den Vorfall im Presseklub und im Gestapohaupt-quartier. Dr. Kaiser murmelte, es sei Hochverrat, erkundigte sich nach den Details bei der Gestapo, ergrimmte über Rostig und Lamm, hieß sie korrupte Burschen, der Rostig ist ja gemaßregelt worden, sagte er mit Genugtuung, gut, daß Alexander ihn geblendet hat, wie Odysseus den Polyphem.

„Liest du manchmal noch Homer?" fragte er den Enkel und rieb sich die Hände, als wüsche er sie.

„Vielleicht prügeln sie Vater. Du mußt helfen!"

„Ich? Ich habe noch niemandem geholfen. Mein Amt ist die Gerechtigkeit. Ich habe das juristische Fundament für unser Reich zu liefern. Ohne menschliche Rücksichten. Wer in die Speichen des Regierungswagens greift, wird überfahren. Ich schone weder Vater noch Kind, weder Sippen noch Magen."

„Alles für den Führer?"

„Der Führer ist schließlich ein Symbol. Alles fürs Volk. Wie leer sind die Ziele eines Individuums. Ein Volk wie das deutsche hat die Erhabenheit eines antiken Gottes. Wenn ich es auf der Bahn zur Weltherrschaft sehe, ergreift mich ein bacchantischer Taumel, ich möchte den Tyrsusstab schwingen, mich im Rebensaft berauschen, Evoe rufen, und unter Silenen tanzen."

„Und Hitler als Bacchus mit Brauselimonade?"

„Ich habe den Eindruck, daß dein Bruder Alexander dich zu einem billigen Zynismus verführt hat, der jungen Männern am wenigsten ansteht. Welcher Bankrott. Glaubst du denn an gar nichts?"

„Und du, Großvater? Es geht eine Sage in unserer Familie, du hät-test deine eigene Frau geliebt. Ich habe das nie für möglich gehalten. Aus lauter Menschenhaß kann man doch keine Ideale bilden? Bist du nur ein Tartüffe?"

„Bitte, hinaus!"

„Und du willst Vater umkommen lassen?"

„Lust ist nicht so leicht umzubringen. Er wird sich schon selber zu helfen wissen. Sonst..."

„Sonst...?"

„Wäre er in der Tat verloren. Auch meine Stellung ist momentan durch die neue Russenpolitik geschwächt, in gewissem Sinn. Ich darf mir keine neue Blöße geben. Hätte ich nur der Laune deiner Mutter nicht nachgegeben! War Alexander nicht glücklich in Paris? Mein Enkel in Buchenwald! Nun – vielleicht wird man ihn an die Front schicken, nach seiner Beurlaubung in sechs Monaten. Das ist das Äußerste, was die Familie von mir erwarten kann."

„Danke, Großpapa. Heil Hitler!"

„Heil Hitler, mein Junge!"

Auf der Straße rief Cäsar in einer der durchsichtigen Telephonzellen zuhause an. Sein Vater war am Telephon.

„Du bist frei?" fragte Cäsar überrascht. „Was haben sie dir getan?"

„Mir?" fragte Lust, und verstummte.

„Ich nehme ein Taxi nachhaus. Mutter ist auf der Probe."

„Sie spielt heut abend?"

„Maria Stuart."

„Bravo. Möchtest du zur Aufführung mit mir gehn?"

„Ich fahre beim Staatstheater vorbei und sende Mutter ein Wort, daß wir beide heut abend zur Aufführung kommen."

Am Abend fuhr Cäsar in seinem eigenen Auto den Vater ins Staatstheater. Cäsar war für die Reise gerüstet.

Vater und Sohn hatten eine reservierte Loge. In einer Loge nahebei standen hohe S.S. Offiziere. Cäsar kannte mehrere und grüßte sie.

Der Vorhang ging über einem Zimmer im Schloß zu Fotheringhay auf, wo die Amme der Königin von Schottland ihren Kerkermeister und seinen Helfer anschreit, weil sie mit Brecheisen den Schrank der Maria Stuart öffnen.

„Was macht ihr, Sir? Welch neue Dreistigkeit! Zurück von diesem Schrank."

Der Kerkermeister Paulet antwortet: „Wo kam der Schmuck her?..."

Da erhob sich das Publikum reihenweise, um das Horst Wessel-Lied zu singen. In der Loge mit den S.S. Offizieren saß Adolf Hitler neben Frau Goebbels. Hinterm Führer saßen Goebbels und Göring. Hitler hielt die Hand auf die Hüfte gestemmt, sein Schnurrbart schien falscher als je. Jetzt verbeugte er sich. Er stand auf, und setzte sich gleich wieder. Es war sein erstes öffentliches Erscheinen nach der Publikation des Russenpakts. Das halbe Publikum versprach sich Frieden für unsere Zeit, die klügere Hälfte den Einfrontkrieg.

Die Schauspieler begannen von Neuem. Die Amme rief: „Was macht ihr, Sir? Welch neue Dreistigkeit!"

„Sie hat recht!" flüsterte Lust seinem Sohn zu und zog ihn aus der Loge ins halbdunkle Foyer, um eine Zigarette zu rauchen.

„Er ist ein großer Mann," erklärte Lust seinem Sohn. „Bismarck hätte ihn um diesen Russenpakt beneidet. Damit haben wir den zweiten Weltkrieg gewonnen. Vielleicht lassen sie uns erst Polen schlucken, dann fällt uns der Balkan in den Schoß. Schade, daß wir persönlich in Schwulitäten gerieten. Der arme Alexander – und du willst dein Leben riskieren?"

„Das bin ich meinem Bruder schuldig. Ich habe ihn nach Deutschland gelockt. Außerdem habe ich diese Uniform satt. Hast du wirklich die Absicht gehabt, deinen Sohn zu einem Mörder zu erziehen? Ich will weg. Ich glaube nicht wie Alexander, daß in andern Ländern die Gerechtigkeit herrscht. Aber ich fühle mich im Ausland nicht verantwortlich. Ich habe keine Angst, mein Leben für eine gute Sache hinzugeben; aber gibt es im Dritten Reich eine gute Sache?"

„Um Gotteswillen! Ich müßte sogleich zur Gestapo gehn, um dich anzuzeigen. Mich hält nur die Furcht ab, sie schicken mich doch damit zu Lamm. Du scheinst außer Rand und Band zu sein. Liebst du deinen Bruder so sehr? Um dich zu warnen, will ich dir gestehn, daß Lamm mir gesagt hat, Goebbels habe sich für mich eingesetzt, sonst lebte ich nicht mehr. Aber ich lebe auf Abruf, sagte Lamm."

„Vater... soll ich bleiben? Nicht nach Buchenwald fahren? Mutter sagt, sie werden Alexander umbringen. Und wenn ich ihm heraushelfe, werden sie vielleicht dich umbringen. Da habe ich die Wahl: Meinen Vater, oder meinen Bruder zu verlieren."

„Mon vieux, natürlich hilfst du deinem Bruder. Ich hatte immer das Gefühl, mir könne nichts geschehn. Ich habe es stärker als je. Diesen Krieg mache ich mit; das steht in den Sternen. Komm, zur Königin der Schotten!"

Sie gingen in die Loge; der dritte Akt hatte eben begonnen. Primula „trat in schnellem Lauf hinter Bäumen hervor, in einem Park mit weiter Aussicht" und sagte: „Laß mich der neuen Freiheit genießen, laß mich ein Kind sein... bin ich dem finstern Gefängnis entstiegen? Laß mich in vollen, in durstigen Zügen trinken die freie, himmlische Luft."

Da kam ein Logenschließer und brachte Lust einen Brief. Es waren ein paar Zeilen von Primula. Hitler würde sie in seiner Loge in der Pause nach dem dritten Akt empfangen. Lust und Cäsar sollten während der Pause in ihrer Loge bleiben, sie habe etwas im Sinn.

Cäsar lauschte seiner Mutter und sah ihr Spiel, er hatte ihr schon oft zugesehn, meist mit Vergnügen. Heut lauschte er mit einer neuen, ungewohnten Rührung, die ihm nicht behaglich war. Das war nicht die rechte Stimmung für die Abenteuer, die in Buchenwald auf ihn warteten.

Nach dem Auftritt zwischen den beiden Königinnen klatschte der Führer bei offener Szene. Lust drückte die Hand Cäsars. Er fange an, zu hoffen, er wisse noch nicht was, flüsterte er seinem Sohn zu. Übrigens gleiche gerade jetzt Primula ihrer Schwester Uli, besonders wenn sie sanfte, gute Gefühle äußerte.

„Glaubst du denn, daß Mutter kein Herz hat?"

„Ich liebte sie immer, weil sie alles vollkommen darstellt. Sie hatte nie die Monotonie eines Charakters. Wie kann man zwanzig, dreißig Jahre neben einem Menschen leben, von dem man schon am Morgen weiß, was er einem am Abend erzählen wird? Deine Mutter verstand immer, mich zu überraschen. Sie ist eine perfekte Komödiantin. Sie entspricht meiner Meinung von Menschen. Wir sind alle nur Spiegel der Welt und des Lebens. Mit gleicher Unvollkommenheit spiegeln wir Gott oder den Teufel."

Maria Stuart sagte: „O Hanna, rette mich aus seinen Händen! Wo finde ich Ärmste einen Zufluchtsort? Zu welchem Heiligen soll ich mich wenden? Hier ist Gewalt, und drinnen ist der Mord." Sie flieht dem Hause zu; nach zwei kurzen weitern Szenen endet der dritte Akt. Bald darauf sahn Lust und Cäsar Primula in die Loge des Führers treten. Sie sahn Primula „spielen".

Schließlich deutete Primula auf die Loge Lusts. Der Führer nickte. Primula winkte Lust, in die Loge des Führers zu kommen. Sie rief: „Komm !" Lust und Cäsar gingen auf den Korridor. Ein S.S. Offizier führte sie durch den Kordon der Leibwache Hitlers in die Führerloge.

Hitler sagte: „Mein lieber Lust, ich beglückwünsche Sie zu Ihrer Frau."

Cäsar exekutierte den Hitlergruß. Niemand achtete seiner.

Hitlers Leibwächter führten Lust und Cäsar wieder zur Loge hinaus. Beim Hinausgehn lächelte ihnen Goebbels deutlich zu. Im Gang wies man mit Fingern auf sie. Lust und Cäsar setzten sich in ihre Loge. Aus andern Logen beugte man sich vor, um sie zu sehn. Lust preßte krampfhaft die Hand seines Sohns und flüsterte: „Ich bin glücklich wie nie. Ich bin gerettet. Hast du gehört, was der Führer gesagt hat? Und Goebbels hat mir zugelächelt. Diesen Regierungsrat Lamm werde ich einfach erschießen lassen. Du wirst sehn. Du bist so kalt, Cäsar. Begreifst du nicht, was geschehen ist?"

„Ich erinnere mich nur an gewisse geheime Äußerungen von dir über gewisse hochgestellte Personen. Man kann ein hübsches Mädchen verachten und Genuß von ihm haben. Wie kann aber ein Mann, der die Menschen zu durchschauen vorgibt, sich glücklich heißen, weil ein erfolgreicher Scharlatan..."

„Willst du uns umbringen? Wahrscheinlich sind alle Logen voller Mikrophone."

„Glaubst du auch an die Gestapolegende?"

„Laß uns gehn! Fahren wir durch den Tiergarten. Da sind wir unbelauscht."

Im Tiergarten schien der Nachthimmel einen Brand zu verkün-

den, so rot war er vom Abschein aller Lichter Berlins. Auf allen Bänken saßen Liebespaare still beschäftigt, mit deutschem Ernst, getreu
dem nationalsozialistischen Ideal der Volksvermehrung. Cäsar fuhr
in eine Seitenallee. Unter Eichenbäumen hielt er. Ein sanfter Wind
wehte. Die Bäume rauschten. Das Mondlicht verwandelte den Garten wie durch Zauberei. Es war still und unirdisch. Der Himmel para-
dierte mit dreitausend Sternen. Ganz in der Ferne hörte man das
kriegerische Trommeln und Pfeifen einer Marschmusik. Dann ward
es wieder stille, trotz der ewig lärmenden Natur.

„Wo darf ich dich absetzen?" fragte Cäsar seinen Vater.

„Wie schön ist der Garten. Ich will unter den Bäumen gehn.

Mir kommt vor, als wäre ich schon seit zwanzig Jahren nicht mehr
unter unschuldigen Bäumen gewandelt. Höre, Cäsar. Kannst du noch
fahren, nach allem, was geschehn ist?"

„Was ist geschehn?" murmelte Cäsar.

Lust zögerte eine Sekunde. „Ich meine, nach der Szene mit dem
Führer, du verstehst, ich habe eine neue Verantwortung. Vor dieser
wunderbaren Minute dachte ich, alles sei verloren. Ich kann es dir
nun gestehn, Lamm war fürchterlich offen. Er riet mir, nach Hause
zu gehn, und meinen alten Dienstrevolver anzuwenden, zum Selbst-
gebrauch sozusagen. Ich erwiderte ihm: Nicht ich, Herr Lamm. Da
werden sie schon eine Delegation senden müssen, die mich auf der
Flucht erschießt. Das hat er nicht gern gehört. Es gibt Redewendun-
gen, meinte er, die ein echter P.G. auch nicht zum Spaß in den Mund
nimmt. Kurz, ich war betrübt, und glaubte, keine Rücksicht mehr
nehmen zu müssen. Jetzt, siehst du, erwarte ich große Dinge. Vielleicht werde ich befördert. Hast du gesehen, wie Goebbels uns ange-
lächelt hat. Das hat viel zu bedeuten. Was werden sie schließlich dem
Alexander tun? Wir können es uns überlegen. Vielleicht wird es
nicht zum Krieg kommen. Vielleicht exekutieren sie die speziellen
Fälle nicht. Alexander hat gewisse Chancen. Vielleicht..."

„Warte, Vater. Ich will dich nochmals umarmen."

„Du... fährst?"

„Natürlich."

„So? ... Gut. ... Obwohl ich an deiner Stelle ... aber du fühlst wohl anders, wenn ihr überhaupt fühlt, ihr jungen Leute. Gut. ... Du hast recht. Wir wollen uns umarmen. Viel Glück. Und behalte mich in einem guten Gedächtnis. Und glaube nicht, daß ich mich fürchte. Ich bin ausgeschüttet wie eine leere Flasche. Obwohl ich gerne den unvermeidlichen Sieg Deutschlands gesehen hätte, den Triumph der aufrichtigsten Nihilisten der Geschichte. Der Mensch ist nicht logisch. Nie hat es bessere Nihilisten gegeben, als wir sind. Dennoch liebe ich die Vorstellung des absoluten Nichts keineswegs. Du glaubst doch auch, daß uns ein absolutes Nichts erwartet?"

„Ich fürchte mich nicht vor dem Tod. Ich habe mich immer nur vor dem Leben gefürchtet. Was für eine unwürdige Situation der liebe Gott sich für uns ausgedacht hat. Ein Sadist. Sonst hätte er uns nicht nach seinem Bilde, aber aus einem ordinären Stoff gemacht. Aus Dreck, aber mit der Vorstellung des Göttlichen! Endlich, aber mit dem Bewußtsein der Ewigkeit! Das ist die niederträchtigste Konzeption, die sich ein Konzentrationslagerkommandant von kosmischem Ausmaß hat ausdenken können. Ich begreife meinen Großvater: Er haßt den lieben Gott. Ich habe Sehnsucht nach einer kleineren Welt, nach engeren Begriffen, nach eingesperrten Gefühlen. Wenn ich nicht den Mißbrauch göttlicher Dinge durch die Kleriker haßte, so möchte ich Jud, Muselman oder Katholik werden."

„Du wirst doch im Ernst nicht fahren wollen?" fragte Lust seinen Sohn, der sich anschickte, ins Auto zu steigen.

„Lebewohl, Vater!"

Cäsar fuhr durch die kleine Allee. Als er in die Hauptallee einbog, sah er zurück. Sein Vater stand noch an der gleichen Stelle. Wieder fühlte Cäsar einen jähen Schmerz, eine zerreißende Empfindung. Es war aber kein physischer Schmerz. Es war nur Mitleid.

21. KAPITEL

DIE SCHULE DES LEBENS

*C*äsar kam gegen Morgen in Weimar an, ging in ein Hotel, nahm ein Zimmer, zog sich aus und schlief. Um Mittag erwachte er mit einem jähen Schreck.

Hatte er sein Rendezvous verschlafen? Aber er sollte Vaters Freund erst um fünf Uhr nachmittags treffen. Er zog sich an, rasierte sich, ging essen und danach durch die Stadt, ins Goethehaus, ins Schillerhaus, in die Kirche, wo Herder gepredigt hatte, ins Schloß und in eine Konditorei; endlich war es fünf Uhr.

Vor dem Gasthaus zum „Roten Adler" stand bereits Vaters Freund. Ein Pikkolo zeigte Cäsar den Lagerkommandanten Michel Daisler.

Cäsar war überrascht, ihn so jung zu finden. Der Lagerkommandant konnte noch keine dreißig Jahre alt sein. Er war ein kleiner, hagrer Mensch. Seine dünnen, blonden Haare glichen den Nachzüglern einer geschlagenen Armee. Lustig funkelten seine blauen Augen hinter den Gläsern einer riesigen, goldenen Brille.

Da stand er vor dem Gasthof, in kniehohen, funkelnagelneuen Offiziersreitstiefeln mit silbernen Sporen. Bequem stützte er sich mit der Rechten auf einen Spazierstock mit goldenem Knauf in der Form eines Löwenkopfs. Mit der Linken strich er nervös über sein schon spärliches Haar, als wolle er eine nichtexistente ungebärdige Locke bändigen.

Sogleich gefiel er Cäsar, besonders Daislers Lächeln gefiel ihm. Es schien so ironisch, zutraulich sanft, so lebenssicher und heiter.

„Ich bekam Ihr Telegramm," sagte er und rief: „Heil Hitler", und ergriff die Hand des Sturmbannführers Cäsar. Beide trugen die schwarzen S.S. Uniformen. Lagerkommandant Daisler schüttelte die Hand Cäsars lange und mit großem Gelächter. Er war so heiter, daß Cäsar den Verdacht faßte, der Kommandant sei betrunken. Aber bald fand er heraus, die Heiterkeit Daislers war echt und so ansteckend, daß auch Cäsar zu lachen anfing, besonders weil ihm die muntere Laune vortrefflich für seine Absichten schien.

„P.G. Lust!" schrie Kommandant Daisler und zog Cäsar in die Gaststube und an einen Tisch und bestellte Wein und stieß mit ihm an und lachte, und sagte ihm, sie müßten Freunde sein, und er sei schon Cäsars Freund.

„Wissen Sie, daß mein Vater und Ihr Vater Kriegskameraden waren? Und daß mein Vater in Nürnberg zu Füßen Ihres Vaters gefallen ist? Vor zwanzig Jahren! Damals waren Sie noch nicht auf der Welt. Ich habe Ihren Vater nie mehr wiedergesehen, seit damals in Nürnberg. Ich war ein kleiner Knabe, aber ich habe Ihren Vater noch vor Augen. Wie geht es ihm? Duzen wir uns! Was kann ich für dich tun, Cäsar?"

Als Cäsar ihm sein Ansinnen vortragen wollte, hielt er ihn aber zurück. „Erst wollen wir zu Abend essen!" bat er und führte ihn zum Gasthof hinaus, zwei Straßen weiter in eine nette Villa. Die Blumen im Vorgarten hatte er selber gepflanzt. Ein kleines Mädchen von drei Jahren etwa kam ihm entgegen, an der Hand eines hübschen blonden Dienstmädchens.

Bald kam Frau Daisler. Sie sah wie ein neunzehnjähriges Mädchen aus, mit schwärmerischen, großen, blauen Augen, einem kurzen, seidenen Röckchen, das ihre schönen langen Beine freiließ, und langen, blonden Haaren, die auf die Schultern hingen. Sie war einen Kopf größer als ihr Gatte.

Cäsar küßte ihre Hand. Sie schenkte ihm ein Lächeln, das ihn verwirrte. Sie hieß Martha und fragte den Gast, ob er vor dem Essen einen Kognak trinken, oder eine Klaviersonate von Beethoven hören wolle.

Kommandant Daisler schlug vor, beide Genüsse zu kombinieren. Der Kognak war besser als Marthas Sonate. Das Töchterchen Daislers tanzte hinter dem Rücken der Mutter zur Musik, und zog Grimassen. Der Kommandant amüsierte sich heimlich über seine begabte Tochter und bewunderte offen seine hübsche Frau.

Danach entschuldigte sich Frau Daisler. Sie mußte das Kind zu Bett bringen. Daisler fragte nun den Gast, was er also tun könne.

„Wir sind Freunde," versicherte er. „Ich stehe zu deiner Verfügung. Unsere Väter waren Kriegskameraden. Bald werden wir es sein."

„Und du glaubst, der Krieg sei unvermeidlich?"

„Gottseidank," rief der Kommandant. „Sonst hätte ich ein schlechtes Gewissen als Kommandant von Buchenwald. Für die Volksgemeinschaft foltere ich und töte ich. Für die Größe Deutschlands fasse ich Pech an und besudele mich. Und wo erweist sich eines Volkes Größe, wenn nicht im Feld. ‚Und setzet ihr nicht das Leben ein, so wird es euch nie gewonnen sein.' Sagt das Schiller oder Goethe?"

„Schiller und Goethe", erklärte Cäsar. „Goethe hat dem Schiller das Lied geschenkt, und Schiller hat paar Strophen hinzugedichtet."

„Im übrigen hat der Führer fast alles besser gesagt. Also rück' schon heraus."

„Ich habe einen Bruder," begann Cäsar.

Daisler lächelte ermunternd.

„In Buchenwald," setzte Cäsar fort.

„Bei der Schutzstaffel?"

„Ein Gefangener."

„Wie peinlich!" antwortete Daisler. „Das ist mir persönlich peinlich. Ich bin nämlich der Kommandant, wie du weißt. Wie heißt dein Bruder? Ah, Unsinn! Natürlich heißt er Lust. Vorname?"

„Alexander Lust."

„Furchtbar peinlich. Aber sag' mal, sag' mal! Ist nicht euer Großvater...?"

„Jawohl."

Daisler begann stürmisch zu lachen. „Da habe ich einen guten Witz gemacht. Was hat der deutsche Justizminister mit unserm Lager in Buchenwald zu tun? Haha! Aber, ist es ihm nicht peinlich?"

„Sehr peinlich."

„Mir auch," gestand der Kommandant. „Und dein Vater ist immer noch Ministerialrat im Propagandaministerium?"

„Jawohl."

„Und ihm ist es doch auch sehr peinlich?"

„Sehr peinlich."

„Mir ist es auch sehr peinlich," erklärte der Kommandant. „Noch einen Kognak?" Er schenkte Cäsar einen Kognak ein, schenkte sich einen ein, trank, schenkte sich wieder einen ein, trank, schenkte sich einen dritten ein, stellte aber das Glas wieder hin, unberührt diesmal und fragte: „Was hat er denn angestellt?"

„Nichts Besonderes," erklärte Cäsar und erzählte den Vorfall.

Daisler wollte sich ausschütten vor Gelächter. „Das ist ja urkomisch, Mensch. Mit der Aschenurne von seinem Verhältnis? Wie sagst du, hieß das Mädchen? Claire? Und eine Französin, sagst du? Wie groß?"

„Wie meinst du?"

„Ich meine, größer als ich? Vielleicht so groß wie Martha?"

„Vielleicht war sie so groß wie Martha," versicherte Cäsar.

„Und sehr hübsch? Ich meine mit Busen, und die Beine, und überhaupt?"

„Sehr hübsch. Und überhaupt," versicherte Cäsar.

„Muß ja ein famoser Bursche sein, dein Bruder Alexander!" rief Kommandant Daisler, lachte bis zu Tränen und hieb mit der flachen Hand auf Cäsars Schenkel. Plötzlich ward er nachdenklich. „Peinliche Geschichte. Ob das nicht deiner Karriere schadet. Ich weiß schon, was du willst. Kein Wort weiter. Du willst, ich soll ihn besser behandeln. Das versteht sich doch von selbst. Er kommt in die besondere Abteilung. Überhaupt, denkst du, das sei so hart bei uns? Außer natürlich für Juden, Berufsverbrecher, Homosexuelle und Staatenlose, und Kommunisten, und die religiösen Fälle, besonders die Bibelforscher und Katholiken. Sag' mal, war er auch bei der S.S.? Nein? Bei der S.A.? Nein? So hat er gedient? Nein? Wie alt ist er?"

„Mein Zwillingsbruder!"

„Zwillingsbruder, sagst du?" Der Kommandant starrte ihn verblüfft an. Dann sprang er auf. „Das muß ich Martha erzählen. Das ist die Höhe. Und ebenso gut könntest du vielleicht im Lager liegen, und dein Bruder Sturmbannführer sein. Urkomisch. Aber warum dient dein Bruder nicht in der Armee?"

„Er hat ein schwaches Herz."

„Herz hat er?" fragte der Kommandant. „Kein Wort weiter. Ich.

sehe schon' was du von mir willst. Seine Befreiung. Warum nicht? Mit der Aschenurne seiner Freundin? Dafür allein verdient er, befreit zu werden. Hör' zu! Ich kann nicht ohne die Erlaubnis des Kreisleiters einen Gefangenen befreien, falls nicht die Order aus Berlin kommt. Und aus Berlin, wenn ich recht verstehe, kommt so schnell keine Order. Ich verstehe recht. Hör' zu. Du schläfst natürlich in meinem Haus. Ohne Widerrede. Wäre ja noch schöner. Wir haben ein Gastzimmer. Natürlich. Ich muß leider im Lager schlafen. Vorschrift. Blödsinn. Martha solltest du darüber hören. Martha ist nämlich sinnlich. Aber das unter uns. Morgen um neun Uhr kommt der Kreisleiter ins Lager. Hansgeorg Wucher ist sein Name. Eine hohe Hausnummer in der Partei. Ein alter Esel. Ein prächtiger Mensch, mit einem Wort. Stinkt vor Eigensinn. Und vor Geld. Er soll in sechs Jahren sechs Millionen gemacht haben, eine gute Leistung für einen Kreisleiter. Er ist dreiundfünfzig Jahre alt, und er hat nur ein Bein. Das andre, sagt er, habe er im Krieg verloren. Man behauptet aber, er sei als Junge in einer Fuchsfalle gefangen worden, weil er Hühner stehlen wollte, und habe sich mit einem Hirschmesser den Fuß abgeschnitten, um zu entfliehen. Obwohl er eine Frau hat, nennt man sein Kanapee in seinem Büro die Durchgangsstelle der Hitlerjugend und des Bundes deutscher Mädchen. Er sagt, Gott habe beide Geschlechter geschaffen und sich daran gefreut. Er wolle nicht wählerisch sein. Er ist es nicht. Er säuft wie ein Loch und hurt wie ein Hase. Er ist auch kriegerisch. ,Der Ruhm krönt die Helden,' sagt er. ,Es gibt keinen vollkommenen Ruhm ohne den Ruhm der Waffen'."

„Das sagt auch Vauvenargues," erklärte Cäsar.

„So? Wer ist das? Klingt wie ein Franzos. Aber dieser Wucher ist ein ganz gewöhnlicher Mensch. Er hat nur ein Ziel im Kopf, sein Glück zu machen. Er kennt nur eine Furcht: es zu verlieren. Er läßt sich bestechen, und er zittert davor, erwischt zu werden."

„Was würde die Befreiung meines Bruders kosten?"

„O nein! Manchmal tut er etwas Gutes umsonst — wenn er sich Dankbarkeit verspricht. Dankbarkeit von Menschen — der Narr. Das sagt meine Mutter immer zu mir. Du undankbarer Sohn, sagt sie. Wären die Menschen nicht undankbar, sagt sie, dann vergäbe ich ihnen ihre Narrheit und Inkonsequenz, ihre Launen und Gebrechen, womit sie den Namen der Menschheit schänden. Sie ist eine große Frau. Aber ich habe Kummer mit ihr. Sie haßt die Bewegung. Sie hat noch nie im Leben den Hitlergruß vollzogen. Ich kann sie nicht unter Menschen bringen. Wir halten sie im Oberstock versteckt, da hat sie zwei Zimmer für sich. Seit 1933 ist sie nicht mehr auf die Straße gegangen. Sie sagt, sie würde auf den nächsten S.A. oder S.S. Mann schießen. Nur hat sie keinen Revolver. Sie sagt, sie würde ihm die Augen auskratzen, oder ihm die Wahrheit über Hitler sagen. Hitler, sagt sie, ist der Krieg. Das wissen wir alle, sagen Martha und ich zu ihr. Und wenn schon, der Krieg ist der Vater aller Dinge. Stimmt's? Sie haßt mich. Du bist ein Mörder, sagt sie zu mir. Stimmt's? Nachts setzt sie sich hinterm Haus in die Laube, um frische Luft zu schnappen. Sie verläßt sonst den Oberstock nie. Martha bringt ihr das Essen. Sie ißt allein. Sie liebt das Kind und Martha. Aber wir werden das Kind nicht mehr zu ihr gehn lassen können; denn sie hetzt das Kind gegen Hitler auf. Und das Kind wird uns noch alle in der Schule denunzieren. Sie haßt mich und meine Schwestern. Meine Schwestern sind in der Bewegung. Sie haben Kinder und keinen Mann. Mutter sagt, das sei nicht anständig. Man kann mit ihr darüber nicht debattieren. Dabei ist sie eine sehr große Frau. Da fehlen nicht viel zu zwei Metern. So hat jede Familie in Deutschland ihren schwarzen Flecken. Wir sind alle Menschen. Ich werde deinen Bruder schon befrein. Da kommt Martha. Gehn wir essen."

Die Frau des Kommandanten hatte sich umgezogen. Sie trug ein flordünnes, grünes Sommerkleid, oben ausgeschnitten, unten kurzgeschnitten, und offenbar sehr wenig darunter. Ihre Beine waren nackt, ihr schöner Busen halboffen. Wenn sie sich bei Tisch zu Cäsar beugte, blieb ihm nichts verborgen. Und sie beugte sich fleißig zu Cäsar. Daisler aß und trank und lachte unaufhörlich.

Nach Tisch ging Kommandant Daisler mit Cäsar ins Hotel. Er bestellte das Zimmer Cäsars ab, Cäsar mußte sein Auto in die Garage neben Daislers Villa fahren, und sein Handköfferchen ins Gastzimmer Daislers tragen. Dann begleitete er Daisler zur Garage, wo Daisler in seinen Mercedeswagen stieg, um ins Lager Buchenwald hinauszufahren. „Der Mercedes hat einem Judem gehört. Mich hat er nichts gekostet, und dem Juden nur sein Leben." Daisler wollte die Geschichte ausführlich und mit großem Gelächter erzählen, aber Cäsar fragte, was der Kommandant nun tun wolle. Der Kommandant ersuchte Sturmbannführer Lust, morgen um elf Uhr mit seinem eigenen Auto vor dem Lager vorzufahren und nach dem Kommandanten zu fragen. Inzwischen werde Daisler schon mit Kreisleiter Hansgeorg Wucher gesprochen haben. Vielleicht könne Cäsar seinen Bruder gleich mitnehmen. ... Kurz, man werde sehn. Auf jeden Fall könne Cäsar morgen seinen Bruder Alexander sprechen. Das auf jeden Fall.

Kommandant Daisler fuhr davon, und Cäsar ging zur Villa. Im Garten bückte er sich, um eine Tulpe zu pflücken. Als er aufsah, stand Frau Martha vor ihm, mit großen, traurigen Augen. Da er nichts zu sagen wußte, bot er ihr die Blume an. Sie steckte sie in ihren Busenausschnitt und reichte ihm die Hand zum Kuß. Er konnte nicht umhin, ihre Hand zu küssen. Die Sonne ging gerade unter. Der Himmel war rosig. Die Vögel zwitscherten unermüdlich. Die Straße war leer. Es war so abendlich.

An der Hand führte ihn Martha in den ersten Stock. Sie müsse ihm ihr Zimmer zeigen. In ihrem Zimmer gab es nichts zu zeigen. Schließlich fand sie ein paar arme Photos. Er bewunderte die Photos. Sie fragte ihn, ob er einen Zivilanzug bei sich habe. Cäsar ward beklommen über dieser Frage. Erriet Martha seine geheimen Pläne? Aber sie erklärte ihm, Daislers Mutter habe von seiner Ankunft gehört, und würde ihn gerne sehen, wenn Cäsar die Mühe nicht scheue, in den Oberstock zu kommen. Aber er könne keinesfalls in der schwarzen S.S. Uniform vor der alten Frau Daisler erscheinen. Sie würde erschrecken und ihn hassen.

„Ich glaube, Daislers Mutter hatte mal was mit Ihrem Vater? Vielleicht ist sie aber nur überspannt. Sie ist ganz aufgeregt. Sie sagt, Sie seien ein nobler Mensch. Das ist sicherlich eine Verwechslung mit Ihrem Vater. Sie sieht jahraus jahrein keinen Menschen. Aber da Daisler Ihnen von ihr erzählt hat, so dachte ich, Sie tun es ihr vielleicht zuliebe. Natürlich dürfen Sie Daisler nichts davon erzählen, und nie vor ihr erwähnen, daß Sie bei der S.S. sind, Ihr Vater bei Goebbels, Ihr Großvater Justizminister und Ihr Bruder in Buchenwald ist. Sprechen Sie nicht von der Partei, bitte."

Cäsar ging auf seine Stube, zog einen Zivilanzug an, und ließ sich von der hübschen Martha in den Oberstock führen.

Martha brachte ihn in ein elegantes Zimmer, mit Bildern von Cézanne und Renoir. Durchs Fenster sah man auf Gärten. Eine sehr große, schlanke Dame stand inmitten der Stube und bückte sich zu Cäsar, als er die Füße zusammenklappte, und küßte ihn auf beide Backen und sagte: „Grüß Gott, mein liebes Kind. Was für ein schöner Junge. Und wie geht es deinem Vater? Ich kannte ihn, wie er noch ein anständiger Mensch war. Und du? Ich lese es in deinen Augen. Du gehörst nicht zu den Mördern und Militaristen. Du weißt, daß sie meinen Mann totgeschossen haben, vor zwanzig Jahren. Das waren dieselben Mörder. Diese Rasse stirbt nicht aus. Wie Würmer kann man sie tot treten; aber sie vermehren sich ins Ungeheure. Du bist ein hübscher Junge. Du siehst wie ein guter Mensch aus. Martha hat mir erzählt, daß sie schon in dich verliebt ist. Mein Gott, der Sohn vom Lust, und so ein großer Junge. Wie alt ich bin."

Sie lud Cäsar ein, sich auf den türkischen Divan zu setzen. Sie rückte ihm Kissen in den Rücken. Sie brachte einen Wacholderschnaps und Butterzeug. Sie setzte sich zu ihm und streichelte ihm die Wangen. Martha saß auf der andern Seite von Cäsar, er spürte ihren Atem auf seiner Wange, und sah ihren kaum bedeckten Busen. Die Mutter des Kommandanten Daisler schien jünger als sie wohl war, sie war guterhalten und hübsch, mit schönen Händen und Beinen, einem wenig verhüllten frischen Busen, schmachtenden Augen und einer ungenierten Zärtlichkeit. Sie behandelte Cäsar wie einen kleinen Jungen, ihm ward schwül dabei. Sie schenkte ihm Schnaps ein. Die Tochter steckte ihm Butterplätzchen in den Mund und preßte ihre Hüfte an Cäsar.

Cäsar war gegen seine Gewohnheit verlegen. Wieviel hing von den Damen für Alexanders Leben ab?

Die Mutter des Kommandanten erhob sich plötzlich. Sie ging in der Stube unruhig auf und ab und redete.

„Wie hält es dein Vater in der Gesellschaft aus? Ich komme seit sechs Jahren nicht mehr unter Menschen. Mein Sohn ist nur ein Untermensch. Martha ist hübsch, du siehst es mit eigenen Augen, aber sie ist so einseitig. Frauen bedeuten ihr nicht viel. Natürlich ist das Kind da; aber Kinder sind komplette Egoisten. Vielleicht verstehe ich die Motive der Menschen nicht mehr. Aber wie hält es dein Vater unter den Lügnern aus? Er hatte eine so wilde Kurage. Er kam wie von den großen Landstraßen der Welt. Schneestürme trug er im Mantel. Oder hatte er gar keinen? Manches Detail des Lebens beginne ich schon zu vergessen. Man glaubt, in der Einsamkeit sich zu konzentrieren. Man wird leider zerstreut, sage ich. Und du, lieber Junge? Wie heißt du?"

„Cäsar."

„So ehrgeizig war dein Vater?"

„Mein Onkel, oder meine Tante gab mir den Namen."

„Tout vient à celui qui sait attendre," erwiderte die Mutter.

„Gehörst du zu den Stützen dieser neuen deutschen Gesellschaft? Dein Führer ist ein Zwerg. Ich sah sein Bild in den Zeitungen, ein verkleideter Frisör mit totalitären Prinzipien. Er läßt die Köpfe rollen, um den absoluten Staat der Kopflosen einzurichten. Sind denn die Menschen der Prinzipien müde und folgen allen, die sie von der moralischen Verantwortung erlösen? Den Mönchen wirft der Führer Homosexualität vor. Und was treibt der Führer? Und eure Gleichschaltung: Die Kriminellen wollen ein ganzes Volk kriminell machen. Es wird euch gelingen. Die permanente Revolution, sagen sie, Blut und Boden, die Protokolle der Weisen von Zion, die Juden sind schuld. Das ist die totale Aufrüstung der Idioten. Geh jetzt mit Martha. Sie kann es kaum erwarten. Und wenn du mich denunzierst, mir tust du nicht weh. Mein Sohn hätte mich denunziert, wenn ich nicht ein Testament zugunsten des Weimarer Waisenhauses gemacht hätte. Solang ich lebe, bekommt er alle Zinsen, und ich das Stübchen hier und ein Stück Brot. So hält man Söhne im Dritten Reich in Respekt. Hübsches Land – Deutschland. Und dich habe ich auch vom Fenster aus gesehn, Sturmbannführerchen. Du gehörst zu Himmlers Hurenbuben. Satans Samen, das ist die S.S."

Sie wies zur Tür, ihre Augen glänzten, sie richtete sich ganz auf, sie war wirklich sehr groß, aber wohlgestalt. Sie sagte, wie es schien hochbefriedigt: „In seinen Augen sieht man schon das Blut des nächsten unschuldigen Menschen, den er umbringen wird."

Cäsar verließ schweigend die Stube. Martha führte ihn schweigend in ihr Schlafzimmer. Ehe er es sich recht überlegen konnte, lag er schon mit ihr im Bett. Nackt war sie zehnmal schöner als in ihrem dünnen Kleidchen.

Am andern Morgen war Cäsar punkt elf Uhr vor dem Eingang zum Konzentrationslager Buchenwald. Es liegt auf einem Hügel, inmitten von Buchenwäldern, zwei Stunden nördlich von Weimar. Cäsar trug seine S.S. Uniform. Er parkte neben der Garage. Es war merkwürdig still im Lager. Auf den hölzernen Wachttürmen vor dem Lagereingang standen hinter ihren Maschinengewehren die S.S. Wächter. Man sah nur wenig Häftlinge hinter den Drahtverhauen und Toren. S.S. Leute rannten über den weiten Hof zwischen zahlreichen Barackenreihen, wo der Bock und der Galgen für die Schutzhäftlinge standen.

Im Büro des Kommandanten empfing ihn Daisler mit ungewöhnlichem Ernst. Er war allein. „Hattest du eine gute Nacht?" fragte er Cäsar. Er wartete keine Antwort ab. „Es steht nicht gut," versicherte er. „Es steht sogar ziemlich schlecht."

„Ist Alexander tot?"

„Keineswegs. Er ist sogar noch überraschend gesund. Kreisleiter Wucher ist mit ihm beschäftigt. Nicht was du denkst. Oder nichts Spezielles. Dein Bruder ist wohl wirklich ein Feind Deutschlands. Als ich heute morgen mit Kreisleiter Wucher sprach, und einflocht, ich hätte gern einem Berliner Freund zuliebe den arischen Schutzhäftling Alexander Lust entlassen, wenn der Herr Kreisleiter mir nur eine Anweisung geben möchte, da glotzte Wucher bloß und zitterte mit den Händen, der Morphinist. Dann fragte er mich, ob das ein Sohn vom Ministerialrat Lust sei. Und als ich es bestätigen mußte, verlangte er, ihn sogleich zu sehen. Ich wollte ihn herbringen, aber der Kreisleiter insistierte, persönlich den Häftling aufzusuchen, inmitten seines ‚Wirkungskreises'. Nun war ohne mein Wissen, wie ich dir schwören kann, etwas Peinliches mit deinem Bruder geschehen. Unsere Leute hatten da einen der üblichen Vorfälle in einer der Judenbaracken, irgend welche Form von Widerstand oder Unbotmäßigkeit. Kurz, sie hatten fünf Juden ausgewählt, und ließen sie nackt in der Lagerstraße in der Kniebeuge stundenlang stehn, mit ausgestreckten Armen, nichts Besonderes, wie gesagt. Dein Bruder, als ritte ihn der Teufel, kommt von der Arbeit mit seiner Gruppe gerade vorbei, als einer der S.S. Leute einem der Juden ins Gesicht tritt, weil er die linke oder rechte Hand nicht hoch genug aufrechtgehalten hat, ein Fall von Insubordination. Dein Bruder sagt laut: Die Schande. Der S.S. Mann fragt ihn: Bist du ein Jud? Dein Bruder antwortet: Lieber ein Jud als ein Nazi. Der S.S. Mann sagt: Das kannst du haben. Er stößt deinen Bruder ins Gesäß, oder wohin er eben trifft, kurz, was soll ich ins Detail gehn, und deine Gefühle verletzen? Als ich mit dem Kreisleiter Hansgeorg Wucher ins Lager gehe, wo finden wir deinen Bruder? In der Judenbaracke, nur in Hosen, den Rücken und die Brust verschmiert, mit Dreck und Blut, und mit einer Handschelle an die Hand desselben Juden gefesselt, der sein Mitleid geweckt hatte. Beide tragen Plakate auf der Brust mit der Inschrift: Wir sind jüdische Zwillingsschweine.

So mußte ich deinen Bruder dem Kreisleiter präsentieren. Ich meinte, ich müßte vor Schande in den Boden sinken. Der Kreisleiter sieht mich an und glotzt. Das ist Ihr Protektionskind? fragt er. Und was soll ich darauf antworten? Wenn ein Mensch wie dein Bruder in einem Konzentrationslager ist, soll er sich gefälligst dezent benehmen. Hab' ich recht?"

„Natürlich," sagte Cäsar. „Und kann ich Alexander sehn?"

„Lieber nicht!" antwortete Daisler. „Oder wenn du willst. Aber in einer gewissen Entfernung, bitte! Ich will nicht, daß Kreisleiter Wucher dich erkennt. Es würde weder mir noch deinem Bruder nutzen. Ich werde dich mit meinem Adjutanten Obersturmführer Stadler und meinen vier Rapportführern, den Sturmführern Lutze, Gläser, Süskind und Ebermeyer bekannt machen. Der Sicherheit halber wollen wir uns natürlich siezen, und formell tun, ich werde dich als Sturmführer Schulz vorstellen, obwohl kein Mensch hier den Namen eines Gefangenen kennt, wenn es nicht ein Prominenter ist, ein Minister, oder ein Bischof, oder einer von den Reichstagsabgeordneten und so fort. Schließlich haben wir 24.000 Mann im Lager, und allein ein Blockführer hat 800 Mann unter sich, und auch er kennt nur paar Nummern, und paar Gesichter, von denen, die auffallen. Denn bei uns gilt der Grundsatz wie beim Militär: Nur nicht auffallen! Wenn wir zum Kreisleiter kommen, so bleib' lieber im Hintergrund. Er ist eh' schon besoffen, das Schwein. Also, kommen Sie, Sturmführer Schulz!"

„Jawoll, Herr Hauptsturmführer!"

Sie hatten kaum die Baracke verlassen, als zwei Sturmführer auf Fahrrädern angesaust kamen. Der eine meldete: der Kreisleiter befehle, daß Alarm gegeben werde.

„Was ist denn los, in Dreiteufelsnamen?" brüllte der Kommandant. Die Sturmführer meldeten, der Kreisleiter wolle dem gesamten Lager den falschen Juden vorführen.

„Einen Dreck gebe ich den Alarm. Laßt die Blockleiter ihre Abteilungen aufmarschieren, meinetwegen, aber ohne Lärm."

Der Kommandant passierte eilig mit Cäsar die Brücke über den fünf Meter breiten Graben, durch die zwei elektrisch geladenen Stacheldrahtzäune, die drei Meter hoch waren, und an den Baracken der S.S. am Jour-Haus und am S.S. Büro vorbei zur Hauptlagerstraße.

Am äußern Eingangstor hatte Cäsar die Inschrift gelesen: JEDEM DAS SEINE. Beim Gatter zum innern Bezirk stand angeschrieben: ARBEIT MACHT FREI. Aus dem Jour-Haus und den S.S. Hauptbüros stürzten S.S. Offiziere und Leute mit leichten Maschinengewehren, Ochsenziemern, Revolvern und Gewehren. Das schrille Gezeter von Signalpfeifen ging übers ganze Feld. Ein Schwarm Krähen stob aus den schwitzenden Bäumen auf. Vor ihren Baracken standen die Schutzhäftlinge. Die verschiedenen Gruppen trugen verschiedenfarbige Kreuze auf ihren gestreiften Sträflingsanzügen, die für jedermann den wahren oder angeblichen Grund ihrer Verwahrung illustrierten. Die sogenannten Asozialen, zum Teil Berufsverbrecher, zum Teil liberale Anwälte oder Doktoren hatten schwarze Dreiecke, die Juden rote und gelbe Streifen in Form von Davidsternen, die sogenannten unverbesserlichen Volksfeinde grüne Dreiecke, die unbändigen Anhänger Jehovas und die Homosexuellen violette Dreiecke, und die Zigeuner braune. Die Kolonnen der Juden, die ja bei Todesstrafe nicht mit den sogenannten Ariern sprechen durften, waren die letzten, scharf getrennt von den Kolonnen der Arier, dicht neben den Strafbunkern, völlig finstern, fensterlosen Löchern, wo die speziell Verfolgten oder irgendwelche besonders zu bestrafenden armen Teufel wochenlang geprügelt wurden, oder langsam verhungern mußten.

Die Blockwarte, S.S. Leute, brüllten. Die Capos brüllten, sie waren meist alte Gefangene, darunter manche Kommunisten, die schon seit sechs Jahren im Lager saßen, und für ihre Gruppe verantwortlich waren und immer zuerst die Prügel empfingen, wenn etwa die Schuhe eines Häftlings nicht sauber geputzt waren, oder die Zahnbürsten und Handtücher auf den Borden in den Baracken nicht fleckenlos waren, oder wenn einer aus der Gruppe schlapp machte, oder wenn ein S.S. Mann in Laune war, zu prügeln, und aus Gerechtigkeit den Führer der Gruppe prügelte, den Capo.

Auch jetzt liefen die Blockwarte auf und ab, vor und hinter der Kolonne und hieben drein, weil einer nicht den Bauch einzog, der andre nicht stramm genug stand, oder nicht im gehörigen Abstand, oder nicht mit Augen rechts, oder dem Blockwart nicht gefiel. Es regnete Faustschläge, Fußtritte, Kolbenhiebe, Hiebe mit dem Revolver und dem Ochsenziemer. Verstreut übers Feld standen die Galgen und Holzpflöcke, an denen zu ruhigeren Zeiten mißliebige Schutzhäftlinge mit im Rücken gekreuzten und gefesselten Armen hinaufgezogen wurden, bis sie mit den Füssen nicht mehr den Boden erreichen konnten, und die Gliedmaßen ihnen aus den Gelenken zu brechen drohten, oder bis ihr Herz die Anstrengung und ihre Lungen die Anspannung nicht mehr ertrugen und der Tod sie erlöste.

Die Blockwarte rannten, schrien, hieben, fluchten. Die Häftlinge am Rand zitterten mehr, als die in der Mitte, die von allen Seiten gedeckt waren. Oft gab es Kämpfe darum, wer in die Mitte des Haufens der Schutzhäftlinge gelangen konnte. Die Stärksten erhielten so die wenigsten Prügel.

Schließlich standen die zwanzigtausend kahlgeschorenen Schutzhäftlinge leichenstill. In aller Augen war der Terror oder Tod. Die S.S. Leute schrien nicht mehr.

Nun hörte man durchs ganze Lager nur eine einzige Stimme, die heisere Stimme eines Trinkers. Cäsar sah den Schreier schon. Die ganze Gruppe um den Kommandanten Daisler näherte sich dem wüsten Schreier, der vor einer der Judenbaracken tobte. Es war der einbeinige Kreisleiter Wucher, vor ihm standen zwei halbnackte Menschen in der Kniebeuge. Der Kreisleiter hatte einen roten, nackten, schwitzenden Kopf, rund wie eine Kanonenkugel, und auf der Nase einen goldenen Zwicker. Mit seiner schwarzen S.S. Uniform und seinem dicken Bauch sah er wie ein Giftpilz aus. Als der Kommandant schon ganz nahe vor dem Kreisleiter stand, brüllte der Kreisleiter unvermittelt, daß man es im ganzen Lager hören mußte: „Einen schönen Sauhaufen haben Sie da kultiviert!"

Jawoll!" brüllte der Kommandant, womöglich noch lauter als der Kreisleiter, und lief so rot an, daß seine Umgebung damit rechnete, daß ihn der Schlag treffen würde.

„Ich werde Ihnen mal zeigen, wie man Menschen erzieht," erklärte der Kreisleiter. „Der Bastard da! Der Judenbankert da! Richt' euch!"

Ruckweis schoß der angesprochene Schutzhäftling aus der Kniebeuge auf. Da er ans Handgelenk des andern Schutzhäftlings angefesselt war, und viel größer als sein Leidensgenosse war, riß der Lange den Kurzen gewaltsam mit, und beinahe wären beide umgefallen. Doch hielten sich beide, und standen blutend da, den Tod in den Augen. Mit blutunterlaufenen Augen, die aus ihren Höhlen zu treten drohten, starrten sie dem Kreisleiter vorschriftsmäßig ins Gesicht. Beide hatten nur noch ihre gestreiften Hosen am Leib. Die Augustsonne stand hoch, der Himmel schien zu schmelzen. Der Schweiß rann in Bächen von Gesicht und Körper der Häftlinge.

Der Kreisleiter ging zum Langen und spuckte ihm direkt ins Gesicht. Der rührte sich nicht; bei der geringsten Regung wäre er ja auch niedergeschossen worden. Der Kreisleiter fragte den Kleinen: „Namen!"

„Melde gehorsamst, Hans Israel Schwan."

„Und?"

„Melde gehorsamst, ich bin ein Judenschwein und stinke, aber weniger als der falsche Arier neben mir."

„Ordentlich. Der andre."

„Melde gehorsamst, ich bin ein Jude, schlimmer als ein Jude, und ein unverbesserlicher Volksfeind."

„Wie heißt du?"

„Melde gehorsamst, Alexander Lust."

„Bist du ein Jude?"

„Melde gehorsamst, ich bin ein Jude, schlimmer als ein Jude, und ein unverbesserlicher Volksfeind."

„Ist dein Vater ein Jude?"

„Melde gehorsamst, nein."

„Was?" schrie Kreisleiter Wucher, als ächze er. „Du Judenbankert du! Sag', mein Vater ist ein Jude."

„Melde gehorsamst, mein Vater ist Ministerialrat Ferdinand Lust, vom Propagandaministerium, und mein Großvater, Dr. Kaiser ist der Justizminister im Dritten Reich."

Kreisleiter Wucher sah den unbotmäßigen Schutzhäftling mit einer neuen, unheimlichen Ruhe an.

Cäsar, gedeckt hinter den Helfern von Kommandant Daisler, sah wie durch ein Vergrößerungsglas jede Pore im Gesicht seines Bruders Alexander. Oder bildete er sich das nur ein? Cäsar konnte immer nur eine Sekunde lang ins Gesicht und auf den Körper seines Zwillingsbruders sehn. Dann wieder blickte er auf den unseligen Juden neben Alexander. Dann blickte er auf den glühenden, schmelzenden, bläulichweißen Sommerhimmel und auf die erbarmungslose Sonne, die auf dieses Konzentrationslager der Verdammten mit ihrem einen höhnisch brennenden Auge hinabsah, wie ein einäugiger Riese. Um die Sonne herum war ein weißlicher Dunst, ein verflossener Schwall, wie Wattebäusche, gefüllt mit weißlichem Blut, dem Blut der Sonne. Cäsar versuchte, ihr ins Auge zu schaun, er mußte seine Augen schließen. Da wußte er es mit einem Mal, die Sonne war beides zugleich, das Auge des Lebens und das Auge des

Todes, ihr Blick war Gnade, aber auch der böse Blick.

Es war so unheimlich still im Lager. Es war unheimlich. Zwanzigtausend Schutzhäftlinge in ihren grotesken, gestreiften Linnenanzügen. Zwanzigtausend kahl geschorene, schwitzende Köpfe. Die böse, glitzernde Sonne. Von Zeit zu Zeit strich ein Glutwind übers Lager. Die tödlich glotzenden Augen von zwanzigtausend Todeskandidaten starrten befehlsgemäß auf das ungleiche Paar, Alexander und den Juden neben ihm, und auf den verstummten Kreisleiter Wucher. Auf den Wachttürmen sah Cäsar die S.S. Leute vor den Maschinengewehren. Cäsar hörte das winzige Geräusch, das Kommandant Daisler mit seinen Stiefeln machte, ein unruhiges Scharren.

Wucher sagte: „Das Schwein verleumdet also einen Minister des Dritten Reiches und einen andern hohen Beamten. Du bist dir wohl klar, daß du dieses Lager nicht mehr lebend verlassen wirst? Solang du lebst, wirst du von deinem Judenfreund nicht losgekettet werden. Sollte deinem Judenfreund was Menschliches passieren, so wirst du nicht losgekettet werden. Und wenn du zuerst stirbst, darf dich dein Kamerad weiter durchs Lager schleifen. Auch im Tod dürft ihr nicht auseinandergekettet werden. Das ist ein dienstlicher Befehl, Lagerkommandant Daisler. Sie haften mir mit Ihrem Leben für die ununterbrochene Innehaltung dieses Befehls. Die beiden Schweine bleiben den ganzen Tag in Habt Acht Stellung. Das lange Schwein hat vor jedem S.S. Mann oder Offizier laut auszurufen: Bitte gehorsamst mich zu ohrfeigen, weil ich ein Judenknecht bin. Bei dem geringsten Versäumnis sofort wegen Widerstand und Fluchtversuchs niederschießen. Wir wollen gleich mal üben. Hauptsturmführer Daisler, wollen Sie nicht ein Beispiel geben?"

Daisler trat vor den Schutzhäftling. Der Schutzhäftling begann zu brüllen: „Bitte gehorsamst, mich zu ohrfeigen, weil ich ein Judenknecht bin."

Kommandant Daisler hob die Hand und schlug dem Häftling ins Gesicht, es war eine schallende, aber nicht bösartige Ohrfeige, er schlug nur mit der offenen Hand. Der Schutzhäftling hatte mit den Augen gezuckt, war aber nicht ausgewichen, weder mit dem Gesicht noch mit dem Körper.

Kommandant Daisler wandte sich zum Kreisleiter und erklärte ihm, es sei ein ungeschriebenes Gesetz im Lager Buchenwald, daß kein Offizier, S.S. Mann, Blockleiter, Capo oder Schutzhäftling, einen Mann am selben Tag anrühren dürfe, an dem der Kommandant eigenhändig (oder eigenfüßig) einen Häftling gezüchtigt habe.

Der Kreisleiter glotzte dem Kommandanten ins Gesicht. „Bezieht sich dieses ungeschriebene Gesetz auch auf mich?"

Er wartete keine Antwort ab, sondern schritt auf die beiden aneinandergeketteten Schutzhäftlinge zu, und hieb mit der Faust dem Kleinen und dem Großen ins Gesicht, mit voller Wucht. Beide brachten es irgendwie fertig, dem Schlag aufrecht zu begegnen.

Nicht ganz befriedigt wandte sich Kreisleiter Wucher der Gruppe um Kommandant Daisler zu und ging direkt auf Cäsar los. Er faßte ihn scharf ins Auge und fragte ihn: „Sie sind doch fremd hier im Lager, Leutnant? Sie unterstehn diesem ungeschriebenen Gesetz gleichfalls nicht. Bitte den langen Schutzhäftling zu ohrfeigen."

Cäsar stand stramm und führte den Hitlergruß aus. „Heil Hitler." Dann marschierte er auf seinen Bruder Alexander zu. Er fühlte, daß zwanzigtausend Menschen ihm mit ihren Blicken folgten. Er fühlte den Todesblick der Sonne zu Häupten, und von vierzigtausend Augen im Rücken. Es war ein schwerer, weiter Weg, die zwanzig Schritte. Er sah den Bruder. Die Nase Alexanders tropfte, aber es war nur Schweiß. Die Augen Alexanders schienen blind, wie Höhlen. Die Hände seines Gefährten zitterten, aber er hielt sie krampfhaft an den Hosennähten. Endlich stand Cäsar vier Schritte vor seinem Bruder Alexander. Er wartete auf den befohlenen Satz Alexanders, es schien, als habe ihn Alexander vergessen. Plötzlich bemerkte Cäsar, daß Alexander den befohlenen Satz auch nicht vor dem Kreisleiter rezitiert hatte. War Alexander verrückt geworden? Sie würden ihn ja niederschießen. Ewig dauerte der Moment. Endlich begann Alexander und brüllte: „Bitte gehorsamst mich zu ohrfeigen, weil ich ein Judenknecht bin."

Nun hätte Cäsar etwa zwei Schritte vortreten und den Bruder ohrfeigen müssen. Ihm verschwamm aber der Blick. Er fühlte Tränen, einen Kloß in der Kehle, und wie Zentnergewichte an den Händen. Er konnte nicht sprechen, keine Bewegung tun. Er fühlte nur im Rücken die vierzigtausend Augen, und auf dem Schädel das böse Auge der Sonne.

Es war so still im Lager, daß man wieder das Scharren der Füße des Kommandanten Daisler hörte.

Da vernahm Cäsar im Rücken die Stimme des Kreisleiters: „Also los, Sturmführer!" und als er immer noch wie erstarrt dastand, die Stimme des Kreisleiters: „Was hat der Leutnant, Kommandant Daisler? Wer ist der Leutnant?"

Da sah Cäsar, daß Alexander ihn sah. Da merkte er, daß Alexander ihn erkannt hatte. Da konnte er sich endlich bewegen.

Er drehte sich langsam dem Kreisleiter zu und sagte: „Ich bin der Bruder."

„Was?" fragte der Kreisleiter.

Aber Cäsar hatte schon die Kraft verloren; er wollte sich nicht mehr um den fetten Mörder kümmern. Er trat auf Alexander zu und zog sein Taschentuch und wischte dem Bruder das Gesicht. Sogleich war das Taschentuch durchtränkt vom Schweiß und Blut. Alexander starrte ihm stumm ins Gesicht, in Habtacht-Stellung. „Mut!" flüsterte Cäsar. „Du wirst frei kommen, morgen."

Dann steckte er das beschmierte Tuch wieder ein, und trat zum Kreisleiter, der inzwischen von dem Kommandanten aufgeklärt worden war.

„Leutnant Lust? Sie sind der Bruder von dem ... von dem ..." fragte der Kreisleiter.

„Der Bruder," antwortete formlos Cäsar, und sah den Kreisleiter, an. Der Dicke senkte den Blick, hob ihn, wollte sprechen, sagte aber nichts. Schließlich wandte er sich vage in die Richtung von Alexander und erklärte: „mein Befehl bleibt bestehn, Kommandant Daisler."

„Jawohl, Herr Kreisleiter. Übrigens wird meine Frau auf Sie böse sein, Sie erwartet uns zum Mittagessen, wie Sie wissen. Der Braten wird anbrennen."

„Der Braten?" brüllte der Kreisleiter wie am Spieß, faßte sich aber plötzlich und lachte. Auch der Kommandant Daisler begann sein fröhliches, jungenhaftes Gelächter. Die S.S. Offiziere im Gefolge des Kommandanten lachten mit ihm. Cäsar wollte wieder zu seinem Bruder treten, als der Kreisleiter fragte: „Ist der Leutnant Lust vielleicht auch bei Ihrer Frau eingeladen?"

„Natürlich!" rief der Kommandant Daisler begeistert. „Sturmführer Lust! Bitte, fahren Sie voraus, und melden Sie meiner Frau, daß wir zehn Minuten nach Ihrer Ankunft am Mittagstisch sitzen werden."

Cäsar blieb nichts anderes übrig. Außerdem fiel ihm ein, daß es das Klügste war. Vielleicht konnte er bei Tisch den Kreisleiter rühren.

Frau Martha Daisler empfing Cäsar, als sähe sie einen Gast ihres Mannes zum zweiten Mal im Leben.

Daisler kam erst eine halbe Stunde später, allein. Der Kreisleiter hatte einen telephonischen Anruf aus Berlin bekommen, und war unmittelbar darauf mit allen Entschuldigungen besonders für Frau Daisler, in seinem Mercedesauto nach Berlin gefahren. Er hatte versprochen, spätestens am andern Abend zurückzusein.

„Und wie beurteilen Sie die Lage meines Bruders?" fragte Cäsar.

„Das sahn Sie wohl selber, Sturmführer Lust!" antwortete verdrießlich der Kommandant. Er kehrte nicht mehr zum vertraulichen Du zurück.

Nach dem Essen legte sich der Kommandant für eine Stunde zur Ruhe. Indes erzählte Cäsar der Frau Daisler die Erfahrungen seines Bruders.

„Ihr Großvater kann nichts tun?" fragte sie. „Und Ihr Vater kann nichts tun?"

Als er nicht antwortete, riet sie ihm: „Lassen Sie meinen Mann aus dem Spiel. Er ist ein guter Mensch. Aber schließlich ist ihm das Hemd näher als der Rock. Es gibt Situationen, die man einem Freund einfach nicht zumuten kann."

„Wenn ich mit Alexander nur ungehört sprechen könnte!"

„Er ist in der Judenabteilung? Ich werde meinem Mann vorschlagen, die Juden zu Erdarbeiten auszuschicken. Das ist außerhalb des Lagers; die Leute marschieren zehn Kilometer hin, und zehn zurück, unter Leitung von Sturmführer Scherzhuber. Das ist ein netter Mensch, aus München, Familienvater, stramm, aber gemütlich."

„Und?" fragte Cäsar.

„Gehn Sie auf Ihr Zimmer und legen Sie sich schlafen. Es wird Ihnen gut tun. Denken Sie nicht an Ihren Bruder. Mein Mann muß nach dem Mittagsschläfchen wieder ins Lager und bleibt über Nacht weg. Wir können alles die ganze Nacht beschwatzen. Vielleicht fällt uns was ein?"

„Schlafen?" fragte Cäsar. „Ich sehe meinen Bruder vor mir. In der Sonne, mit seinem Fesselkameraden. Da spricht er seinen Satz vor jedem S.S. Mann: Bitte gehorsamst mich zu ohrfeigen, weil ich ein Judenknecht bin. Ja glauben Sie, ich spürte nicht jeden Schlag in meinem Gesicht? Das bin ich, der das wiederholt, vor jedem S.S. Mann. Wie er mich angesehn hat. Seine Augen. Er hat mich also erkannt. Nein. Ich werde nie mehr schlafen können, wenn ich ihn nicht befreie."

„Hübsche Aussichten für heut nacht – und morgen, wenn Sie so lamentieren."

„Ich gehe schon schlafen..."

Am andern Morgen um neun Uhr fuhr Cäsar in seinem eigenen Auto durch Weimar. Es war ein heißer, klarer Tag. In und außerhalb der Stadt sangen die Vögel und rauschten die Bäume. Eine Weile mußte Cäsar am Straßenrand warten, bis ein langer Zug von Lastwagen mit Reichswehrtruppen, von Tanks, Geschützen und Petroleumtankwagen vorübergerollt war. Am Eingang zum Lager von Buchenwald kam er unbehelligt vorbei. Endlich kam er zum Feldweg, den ihm Martha Daisler genau bezeichnet hatte. Er hörte das Trillern der Vögel. Die Buchen sahen so ernsthaft drein. Der Staub flog auf. Nach einem Kilometer sah er schon die Arbeitskolonne und die S.S. Wächter. Er parkte am Waldrand und ging zum nächsten S.S. Mann. Ein paar hundert Schutzhäftlinge waren reihenweis mit Erdarbeiten beschäftigt. Mit Hacken und Schaufeln arbeiteten sie, hinter ihnen standen die S.S. Wächter. Von Zeit zu Zeit liefen die S.S. Leute wie Wachthunde auf und ab. Von Zeit zu Zeit schlugen sie auf die schwitzenden Häftlinge ein, mit Stiefeln, Gewehrkolben, Knüppeln.

Als Cäsar der Kolonne näherkam, schrie der nächste S.S. Mann: Halt! Aber schon hatte ihn der Sturmführer gesehn und kam herbei. Cäsar erklärte ihm, er komme im Auftrag des Kommandanten Daisler. Der Sturmführer lächelte verschmitzt. Er war kleiner als Cäsar, hatte ein langes, ernstes Gesicht und scharfblickende Augen. Er hieß, wie er sagte, Xaver Scherzhuber. Er sprach im Münchener Dialekt. Er sagte Cäsar sogleich, er sei ja gestern Zeuge der Familientragödie von P.G. Lust gewesen. Er sei kein Freund vom Kreisleiter Wucher. Er erklärte: „Wir werden bald Krieg haben. Ich werde mich an die Front melden."

Er blickte über die Felder und Wiesen, deutete zum Himmel und auf seine Untergebenen, die Wächter und Bewachten, und erklärte: „Ich habe die Gegend satt."

Cäsar hörte ihm zerstreut zu. Er hatte einen Plan, aber er kannte die Details noch nicht ganz genau. Martha hatte ihn die ganze Nacht mit ihren Küssen und Vorschlägen wie betrunken gemacht. Cäsar sah sich um, und prüfte die Gegend, den Feldweg, die Stelle, wo sein Auto parkte, die Gesichter der S.S. Leute, die Miene vom Sturmführer Scherzhuber, die kahlgeschorenen Köpfe und markierten Rücken der Häftlinge. Die Häftlinge atmeten schwer. Es waren lauter Juden, mit Ausnahme von Alexander. Cäsar hatte den Bruder schon herausgefunden, mit seinem angefesselten Kameraden Schwan. Er war glücklich, daß Alexander noch am Leben war.

Sturmführer Scherzhuber klopfte Cäsar freundlich auf die Schulter. Er fragte: „Willst du mit ihm sprechen?"

„Darf ich?" fragte Cäsar.

Scherzhuber gab Befehl, das angekettete Paar zu holen.

Alexander sah besser als den Tag zuvor aus. Sein Gesicht war noch geschwollen, aber nicht mehr blutig. Die Augen waren blau geschlagen. Der Schädel war kahl geschoren. Alexander blinzelte. Er zeigte dem Bruder ein tödlich ernstes Gesicht. Seine linke Hand war an die rechte Hand seines Kameraden mit einer dieser stählernen Fesseln angefesselt, welche die Polizisten benutzen. Sein Kamerad, Herr Hans Schwan, schien weniger geprügelt worden zu sein, als Alexander. Aber er sah erschreckender aus. Die Augen schienen erloschen, die Haut war aschenfarben. Auch ihm troff der Schweiß in Strömen herab. Die gefesselte Hand zitterte ununterbrochen. Alle halben Minuten machte er eine krampfhafte Schluckbewegung, die ihm das linke Auge schloß, und den Mund aufriß. Schwan konnte keine zwei Tage überleben. Und dann sollte Alexander eine verwesende Leiche an der linken Hand schleppen? Cäsar empfand die leere Wut darüber, daß er diesen Kreisleiter Wucher nie zu Tode würde foltern können. Dann fiel ihm sein Vorhaben wieder ein, und es schien ihm tröstlich, daß Herr Schwan ohnehin ein Todeskandidat war. Aber es war kein guter Trost.

Er fragte sich, was er tun sollte, als wüßte er es nicht genau. Er war sicher, daß er auf jeden Fall sein Vorhaben ausführen würde. Aber er tat immer noch vor sich selber, als gäbe es viele Wege und Möglichkeiten, und der Weg, auf den ihn sein Vorhaben führen würde, sei nicht einmal der wahrscheinlichste Weg. Wenn er sich nicht betrog, hielt er den Gedanken an sein Vorhaben nicht aus. Gleichzeitig sagte er sich, er betrüge sich keinesfalls. Indes rechnete er schon kalt den nächsten Schritt aus.

Es war kalter Mord, und erschien ganz unsinnig. Vor allem nahm er sich vor, zu vermeiden, daß Alexander ihn anredete. Das erste Wort von Alexander würde ihn vielleicht schon schwach machen. Falls sein Vorhaben mißlang, mußte er auch den Bruder töten.

Er sah ihn einen Augenblick lang an, und schaute weg. Ihm wurde schwarz vor Augen. Ihm kam vor, Alexander habe seine Absichten erraten und verachte ihn und wolle sie vereiteln und irgend eine unsinnige Tat tun. Oder war er, Cäsar, im Begriff, eine unsinnige Tat zu tun?

Er durfte keine Zeit mehr verlieren. Scherzhuber hatte die S.S. Männer, die das zusammengefesselte Paar herbegleitet hatten, wieder zurückgeschickt. Scherzhuber selber wandte sich diskreterweise ab. Cäsar stand mit dem Paar etwa fünfzig Meter von einen dicken Unterwald entfernt. Er trat näher an die beiden heran und flüsterte schnell und so deutlich wie möglich: „Der Kreisleiter will euch heut abend zu Tode foltern. Hinterm Jungwald rechts warten Freunde, die euch retten werden. Ich gehe gleich zu Scherzhuber, wie um ihn etwas zu fragen. Diesen Moment benutzt um zu rennen. Kommt ihr heil ins Gebüsch, seid ihr so gut wie gerettet. Ich werde hinter euch herschießen, natürlich in die Luft. Fängt man euch, so werde ich euch wie in der Wut totschießen. Also fürchtet nichts. Wenn ihr die fünfzig Meter in grader Richtung rennt, so seid ihr vor den Maschinengewehren und Gewehren der S.S. wahrscheinlich durch den Sturmführer und mich gedeckt. Die Hunde werden sich nicht trauen, auf euch zu schießen, um uns nicht zu treffen. Lauft erst, wenn ich Scherzhuber auf die Schulter klopfe. Und schreit, wenn ihr zu laufen beginnt. Brüllt so laut ihr könnt!"

Cäsar konnte weder in der Miene von Alexander noch von Herrn Schwan erkennen, ob sie ihn verstanden hatten und ob sie bereit waren, ihm zu folgen. Wenigstens hatten sie nicht abgelehnt, es zu tun. Er hatte keine Möglichkeit zu debattieren. Er tat die Hand auf seinen Revolver, ging die sechs Schritte zu Scherzhuber, klopfte ihm auf die Schulter, wandte sich um und schoß. Das Paar hatte wirklich zu rennen begonnen und lag schon am Boden. Unmittelbar nach dem Schuß hatte Cäsar den Sturmführer Scherzhuber am Arm mit eisernem Griff gepackt und sich und Scherzhuber über die beiden zu Boden geschleudert. Er hörte hinter sich Schüsse, hörte das Geheul von Schutzhäftlingen und S.S. Männern, und wagte nicht, sich aufzurichten, aus Angst, erschossen zu werden, oder zu sehn, daß er den Falschen getroffen hatte. Wie oft hatte er selber geschossen, einmal oder zweimal? Hatte er Herrn Schwan getroffen, oder Alexander, oder beide? War Schwan tot? Oder Alexander? Oder beide? Waren sie verwundet? Hatten andre Schüsse sie getroffen? Was für ein unsinniger Plan war das gewesen? Aber wenn sie tot waren, beide, so war es ein leichter Tod für beide, und besser als diese Martertode, auf die sie warteten.

Schließlich fühlte er, wie man ihn aufrichtete. Er sah Scherzhuber unverletzt neben sich stehn. Er machte sich frei und merkte, daß er selber unverletzt war. Die S.S. Leute heulten und hieben auf die Schutzhäftlinge ein. Vier S.S. Männer standen mit den gezückten Revolvern vor dem Paar am Boden. Waren sie tot?

„Stecken Sie die Waffen ein!" schrie Cäsar sie an, und die vier S.S.

Männer gehorchten wunderbarerweise. Ich habe gewonnen, dachte Cäsar. Scherzhuber sah ihn kurios von der Seite an, aber ohne etwas zu sagen. Es kam Cäsar vor, als durchschaue ihn Scherzhuber und erwarte nun neugierig, wie weit und wohin er es treiben wolle.

Cäsar sagte halblaut zum Sturmführer Scherzhuber: „Ein klarer Fluchtversuch. Und ich sah deutlich, die Initiative ging, von diesem Juden Schwan aus. Der andre, wurde nur mitgerissen. Natürlich trifft es dann beide. Oder lebt noch einer von denen?"

Nach diesen Worten, auf die keine Antwort kam, bückte sich Cäsar über das Paar und sah die Wunde im Schädel des Kleinen. Das Paar war aufs Gesicht gefallen. Beide lagen lautlos. Mit Mühe rollte Cäsar sie auf den Rücken. Alexander hatte die Augen offen. Mit unaussprechlichem Entzücken sah Cäsar, daß Alexander die Augen bewegte und, herumblickte. Er lebte also.

„Bist du verwundet? Hast du Schmerzen?"

„Ich weiß nicht?" erwiderte Alexander.

Cäsar richtete sich auf. „Mein Auto steht drüben," sagte er zu Scherzhuber mit der gleichen ruhigen Stimme, die er sich gewünscht hätte. „Beide scheinen schwer verwundet. Ich transportiere sie ins Lager, zur Krankenbaracke."

„Gut," sagte Scherzhuber. „Ich gebe Ihnen zwei S.S. Leute mit."

„Mein Wagen ist nicht so geräumig," erwiderte Cäsar. „Genügt nicht einer, oder kann ich nicht selber Meldung ... ?"

„Scholz!" befahl Sturmführer Scherzhuber. „Begleiten Sie den Transport, zur Krankenbaracke, liefern Sie die beiden Verwundeten ab, und erstatten Sie dem Sturmhauptführer Daisler sofortige Meldung. Heil Hitler!"

Die vier S.S. Leute wollten das Paar aufheben, um sie zum Auto des Sturmführers Lust zu tragen. Aber Lust hieß sie warten, lief zu seinem Auto, fuhr heran, die S.S. Leute trugen das gefesselte Paar ins Auto, legten sie auf den Rücksitz, S.S. Mann Scholz setzte sich mit dem gezückten Revolver daneben, und Cäsar grüßte den Sturmführer Scherzhuber mit erhobener Rechten und Heil Hitler! Dann stieg er ein und fuhr zum Lager Buchenwald. Etwa in der Mitte zwischen der Arbeitsstelle und dem Lager bremste Cäsar, der mit Höchstgeschwindigkeit gefahren war, mit einem plötzlichen Ruck, daß das Auto einen Sprung tat und rutschte, aber noch kurz vor einem der Chausseebäume zum Halten kam.

„Was ist los?" fragte der S.S. Mann Scholz.

Cäsar beugte sich zum Wagen hinaus. Die Chaussee war gerade leer. „Warten Sie!" sagte er, stieg aus, und ging ums Auto herum. Er holte den Autoheber aus dem Werkzeugkasten, ging ums Auto herum und befahl dem S.S. Mann Scholz, ihm zu helfen.

„Aber die Schutzhäftlinge?" fragte S.S. Mann Scholz und rührte sich nicht, ja hielt seinen geladenen Revolver, den er nicht aus der Hand gelassen hatte, auf verdächtige Weise in die Richtung des Sturmführers Lust. Cäsar liebte keineswegs den Ausdruck im Gesicht des S.S. Manns Scholz, der ein Bulle war, groß und dick. So schrie er ihn an: „Das ist ein dienstlicher Befehl."

„Und die Häftlinge?" fragte Scholz und machte Anstalten auszusteigen.

„Sind die nicht schon tot?" fragte Cäsar mit gleichgültigem Ton.

„Einer scheint verreckt. Aber der andre..."

„Sind beide gefesselt. Und ich schließe den Wagen. Machen Sie rasch, zum Teufel!"

S.S. Mann Scholz ging ums Auto herum und stand vor dem Autoheber mit dem Revolver immer noch in der Hand.

„Beeilen Sie sich!" schrie Cäsar. Endlich steckte der S.S. Mann Scholz mit einer Grimasse den Revolver ein, und bückte sich langsam, viel zu langsam für den Geschmack von Cäsar, der deutlich zu merken glaubte, daß der S.S. Mann Scholz nach einem Ausweg suchte, entweder um nicht zu gehorchen, oder um ihn, Cäsar, niederzuschießen. Aber die Disziplin des S.S. Mannes Scholz war glücklicherweise stärker als seine Vernunft. Er kniete nieder und guckte unter den Wagen. Er war in dieser gänzlich hilflosen Stellung, als ihm Cäsar seinen Dolch in den Hals stieß, und ihm den halben Hals durchschnitt. S.S. Mann Scholz, gurgelte, streckte sich und schwieg. Cäsar zog ihn an den Stiefeln übern Straßenrand ins Gebüsch. Dann zog er den Dolch heraus, wischte das Messer durchs Gras und am Hemd des Toten ab, nahm ihm den Revolver weg, sprang zum Auto zurück und fuhr los, in höchster Geschwindigkeit. Kurz vor dem Lager Buchenwald fuhr er eine schmälere Straße hinein, die in den Wald abbog, kam auf eine andere Landstraße, fuhr etwa eine Stunde weiter, nach Westen, und bog wieder in eine Waldstraße ein, fuhr quer durch den Wald, und hielt an. Er hatte voraussichtlich bis zum Abend Zeit, bis die Arbeitskolonne ins Lager von Buchenwald zurückkehrte und da erfuhr, daß weder Sturmführer Lust noch S.S. Mann Scholz noch das Paar Schutzhäftlinge im Lager angekommen waren.

Er hatte solange Zeit, falls nicht jemand durch einen Zufall die Leiche des S.S. Mannes Scholz vorher fand. Aber die Leiche lag im Gebüsch und Graben versteckt. Von der Chaussee aus konnte man sie nicht sehn. Falls man sie nicht suchte, oder ein Hund vorbeikam und aufmerksam wurde, konnte Scholz lange da liegen.

Cäsar hatte keine Minute Zeit gehabt, mit Alexander zu sprechen. Jetzt hielt er das Auto an, und wandte sich um.

„Alexander!" rief er. „Lebst du?"

Er sprang aus dem Auto, öffnete die Tür zum Rücksitz und blickte dem Bruder von nahe ins Gesicht. Der Bruder hatte die Augen offen und erwiderte den Blick. Cäsar holte aus dem Autokoffer eine Flasche Kognak, füllte einen Feldbecher und goß den Kognak langsam dem Bruder zwischen die Zähne. „Hast du Hunger?" fragte er. „Und tut dir etwas weh? Gleich mache ich dich frei. Dann können wir nachsehn, ob du unverletzt bist. Tut dir gar nichts weh? So sprich doch."

„Jawohl," sagte Alexander.

„Also lebst du? Und bist du gesund?"

„Jawohl," sagte Alexander.

„Willst du noch einen Kognak?"

Alexander schloß die Augen und antwortete nicht mehr. Und Cäsar war in Eile und meinte, der Bruder könne warten. Er nahm eine große Feile aus dem Handwerkskasten des Autos und begann die Fessel durchzufeilen, die Alexanders Hand mit der Hand des Herrn Schwan verband. Da er weder Schmied noch Einbrecher war, kostete es ihn mehr Schweiß und Zeit, als er erwartet hatte. Mittendrin bekam er gute Lust, wegzulaufen. Ihm grauste vor dem armen

Herrn Schwan, der ihm mit seinen gebrochenen Augen ins Gesicht starrte, den Körper grotesk verbogen hielt, infolge von Cäsars Bewegungen den Kopf schüttelte und mit den kalten Fingern seiner rechten Hand nach der Feile zu greifen schien.

Endlich war die Fessel durchgefeilt. Cäsar überwand seine Mißgefühle, packte den toten Herrn Schwan an den Beinen und zog ihn zum Auto heraus. Der Kopf des Herrn Schwan schlug zweimal an die Autotüre mit einem dumpfen Schüttern, es war, als schüttle Herr Schwan den Kopf immer stärker über seinen Mörder. Endlich war der Leichnam draußen. Cäsar schleifte ihn zwischen dicke Büsche. Dann ging er zurück. Vor dem Auto betrachtete er seine Hände. Sie waren blutig. Da holte er eine Flasche Mineralwasser aus dem Autokoffer und wusch sich die Hände mit dem guten Fachinger Wasser. Den Rest aus der Flasche trank er. Dann nahm er die Kognakflasche und schüttete wieder einen halben Becher voll seinem Bruder zwischen die Zähne. Dann begann er sorgsam dem Bruder die paar Fetzen vom Leib zu ziehen, wobei Alexander vor Schmerzen stöhnte. Alexanders Körper war verbeult. Cäsar zog dem Bruder ein seidenes Hemd, Unterhosen, Socken und gelbe Halbschuhe an, band ihm eine Krawatte um den Hals, zog ihm Handschuhe über die Hände, setzte ihm eine blaue Autobrille auf die Nase und einen Strohhut auf den Kopf. Danach entledigte er sich selber seines Anzugs, der Stiefel und des Hemds und zog ein buntes Hemd und einen Zivilanzug und Handschuhe an, setzte eine blaue Autobrille und einen Strohhut auf, gab seinem Bruder ein Paket mit belegten Broten und eine Feldflasche mit heißem Tee, setzte sich wieder vors Steuerrad und wollte eben wegfahren, als Alexander halt! schrie.

„Was gibt's?"

„Wir müssen ihn begraben. Er hat mir das Leben gerettet. Er war mein bester Freund, im Lager und im Leben. Er darf nicht wie ein toter Hund liegen bleiben."

Cäsar stieg wieder aus und blickte sich um. Womit sollte er ein Erdloch graben? Er hatte keinen Spaten im Auto. Schließlich nahm er ein Hebeeisen und stieß die Erde heraus. Er arbeitete in fieberhafter Eile und schweißüberströmt. Alexander war mit großer Mühe aus dem Auto herausgekommen und stand schwankend vor Erschöpfung oder dem Kognak auf den nüchternen Magen neben dem Bruder und wiederholte von Zeit zu Zeit: „Nicht tief genug für Hans Schwan. Nicht tief genug für ihn!"

Schließlich konnte Alexander kaum noch stehn und Cäsar nicht mehr sich bücken. Da faßten die beiden Brüder den Leichnam des armen, toten Juden bei den Armen und Füßen und senkten ihn in die Grube; Cäsar schaufelte die Grube zu, und Alexander bestand darauf, daß sie noch drei Vaterunser sagten. Dann half Cäsar dem Bruder wieder ins Auto und fuhr zur nächsten Chaussee. Bald kamen sie zu einer der neuen Autostraßen Hitlers. Cäsar fuhr so geschwind er konnte, und die allzuhäufigen Militärtransporte, Truppentransporte, Tanks und Kanonen zuließen. Schließlich kamen sie nach Frankfurt am Main. Es war schon Nacht. Cäsar ließ das Auto vor dem Haus der Frankfurter Zeitung stehn und ging mit Alexander, der inzwischen gegessen, den heißen Tee und Kognak getrunken und sogar ein paar Stunden geschlafen hatte, bis zum Cafe Hauptwache. Dort nahmen sie ein Taxi und fuhren zum Hauptbahnhof, und nahmen Karten für den Zug nach Freiburg.

In Freiburg gingen sie zur Universität und in einer Nachbarstraße in ein Haus und in eine Wohnung im zweiten Stock. Ein junges Mädchen öffnete und lächelte erwartungsvoll.

„Das ist mein Bruder Alexander," erklärte Cäsar.

Alexander verbeugte sich und ward totenblaß. Er hatte sich an Claire erinnert. Das war das erste junge Mädchen, das er seit Claires Tod von nahe sah.

„Mein Bruder war krank," erklärte Cäsar. „Ist dein Bruder Edgar hier?"

„Er schläft noch," erzählte das junge Mädchen.

„Bitte wecke ihn! Und können wir frühstücken? Kaffee, Eier, Schinken, Wein?"

„Zu Befehl, Herr Leutnant!" antwortete das Mädchen. „Überhaupt! Wie siehst du aus, so zivil, so verändert?"

„Ich habe mich verändert."

„Sehr hast du dich verändert."

Sie kamen in eine helle Stube. Die Fenster standen auf. In einer Ecke trillerte ein Harzer Roller in einem Vogelkäfig. Auf dem Fensterbrett standen Nelkenstöcke.

Edgar kam im Schlafrock. „In einer Stunden können wir fahren," versprach er. Er hatte eine Adlernase, blonde Haare, die ihm in die Stirn fielen, und einen Schmiß. „Zur Zeit kommt ihr. Ich habe meinen Gestellungsbefehl. Morgen um sechs geht es in die Kaserne."

„Ist die Grenze schwer bewacht?"

„Natürlich. Kann dein Bruder schwimmen?"

„Wir sind beide sehr gute Schwimmer. Fühlst du dich schwach, Alexander?"

Eine Stunde später fuhren sie in einem kleinen offenen Sportauto durch den Schwarzwald zum Rhein. In der Nähe des Flusses verabschiedeten sie sich von Edgar.

„Auf Wiedersehen!" sagte Edgar. „Acht Tage nach dem Sieg!"

Cäsar hatte alles wohl bedacht. Er hatte sogar einen wasserdichten Sack mitgebracht, in den Cäsar und Alexander ihre Wäsche, Schuhe, Anzüge und Cäsars Uhr und Brieftasche stopften. Dann schwammen sie nackt durch den Rhein. Das Wasser glitzerte im Mondlicht. Jeden Moment erwarteten sie, erschossen zu werden. Am andern Ufer liefen sie ins Gebüsch und kleideten sich an.

Als sie am andern Tag vor der Oper in Paris ein Exemplar der Basler Nationalzeitung kauften, um nachzusehen, ob der Krieg nach Meinung der Schweizer ausbrechen werde, fanden sie ein kleingedrucktes Telegramm aus Berlin, mit der Nachricht, daß man den Ministerialrat aus dem Berliner Propaganda-Ministerium, Ferdinand Lust mit drei Schüssen im Hinterkopf den Tag zuvor im Grunewald aufgefunden hatte. Da man seine Brieftasche mit einem größern Geldbetrag und eine goldne Uhr und eine goldene Zigarettendose bei ihm gefunden hatte, nahm die Redaktion der Basler Nationalzeitung einen politischen Mord an.

Die Redaktion erinnerte aber auch an ein Gerücht, wonach einer der Sprecher des Propagandaministeriums am Tag nach der Veröffentlichung des Russenpakts im Berliner Presseklub einen Krieg des Dritten Reiches mit Sowjetrußland prophezeit hatte. Die Redaktion deutete an, es sei wohl möglich, daß Ministerialrat Lust dieser Sprecher gewesen sei, und daß die Gestapo gehandelt habe.

Es wäre nicht der erste und nicht der letzte Mord, den der deutsche Innenminister Heinrich Himmler auf dem Gewissen habe, wenn Herr Himmler ein Gewissen hätte.

22. KAPITEL

„MOURIR POUR DANZIG?"

„Er wollte nicht eingestehen, daß das
Absurde eigentlich die Welt erfülle."

Goethe

Verdutzt blickten Alexander und Cäsar in der Rue de Tournon auf eine grüngestrichene Bank unter zwei Kastanienbäumen. Hier hatte vor einem Jahr das Hotel Foyot gestanden.

Es war ein kirchenstiller Sonntagabend. Zwei alte Mönche gingen selig lächelnd die Straße herauf. In den Fensterscheiben der obersten Stockwerke überm Postamt glänzte der Abschein der Abendsonne. Vor der Bar des niedern Hotel de la Poste tranken zwei fette Herrn mit den roten Bändchen der Ehrenlegion kopfschüttelnd ein grünliches Getränk. Die strengblickende und hübsche Wirtin hinter der Bar erzählte den Brüdern, die Stadt Paris habe das Hotel Foyot abtragen lassen, um die Straße zu verbreitern.

Auf der Straße trafen sie Volkmüller, einen Wiener Musikkritiker, der bei der Besetzung Wiens durch Hitler von einem Tag zum andern hatte fliehen müssen, weil er öffentlich Gustav Mahler und Arnold Schönberg gelobt hatte; infolge gewisser bürokratischer Wunder war er ohne gültiges Visum bis Paris gelangt, wo er seit länger als einem Jahr auf Grund eines französischen Papiers lebte, das besagte, der Träger dieses Refoulement habe Frankreich binnen fünf Tagen zu verlassen, andernfalls er nach einer längern Haftstrafe vermöge einer Expulsion zwangsweise über die Grenze geschafft würde. Alle fünf Tage mußte nun der Bedauernswerte, mit Empfehlungsbriefen versehen, zur Préfecture de Police gehen, um durch vieles Flehen die jeweilige Verlängerung des Refoulement um weitere fünf Tage zu erreichen.

Volkmüller starrte die Brüder, die auf ihn zukamen, wie lästige Ausländer an, als ob er Alexander nicht wiedererkennen würde, obwohl ihn Alexander oft am Stammtisch von Joseph Roth getroffen hatte, wo Volkmüller allen auffiel, weil er ständig mit den Augen zwinkerte, sich an den Fingern zupfte und halblaut mit sich selber redete.

„Hat mich Buchenwald unkenntlich gemacht, Herr Volkmüller?" fragte Alexander.

„Sie kommen aus dem Konzentrationslager?" fragte Volkmüller ohne besonderes Interesse. „Und der ähnliche junge Herr?"

„Eben kommen wir in Paris an und finden weder das Hotel Foyot noch meine Eltern. Natürlich wissen sie nichts von unserer Flucht, jede Korrespondenz nach Deutschland hätte uns gefährdet, und sie kompromittiert."

„Wir wollen uns sogleich zur französischen Armee melden, wenn es zum Krieg kommt," erklärte Cäsar.

Volkmüller lachte höhnisch. „Feindliche Ausländer im Krieg, das gibt ein hübsches Kapitel in meiner ‚Modernen Kulturgeschichte', die ich nach meinem Tode im Himmel verfassen werden, oder in der Hölle, den beiden einzigen Orten, wo man vielleicht ungestraft die Wahrheit sagen darf."

Daraufhin lud Volkmüller die Brüder ein, an einem der Kaffeehaustische auf der Straße mit ihm Platz zu nehmen. Er trank Mineralwasser durch ein Röhrchen und sprach in einem fort, manchmal so schamlos und unzusammenhängend, wie nur nervöse Menschen in ihren Monologen reden.

„Glauben Sie, Roth hat die Adresse meiner Eltern?" fragte Alexander.

„Der Dichter Joseph Roth?" fragte Volkmüller erstaunt. „Er ist im Mai gestorben. Wußten Sie das nicht? Ich bin auf ihn wütend; er hätte nicht sterben sollen. Er wäre groß genug gewesen, den Untergang der Menschheit zu schildern. Es gibt keine Dichter mehr. Natürlich ist er zur rechten Zeit gestorben. Diesen Krieg wird keine Zivilisation überleben. Übrigbleiben werden nur die „Dachauer" und die „S.S.", die Schläger und die Geschlagenen. Die Freiheit geht kaputt. Staatsbeamte foltern die letzten Individuen zu Tod, – aus Idealismus natürlich. Roth sah alles voraus und trank sich zu Tod, aus Verzweiflung."

„Wie starb er?" fragte schüchtern Alexander.

Volkmüller ließ sich eine zweite Flasche mit Mineralwasser kommen, nahm aus seiner Tasche eine Pille, spülte sie mit Mineralwasser herunter, holte aus einer andern Tasche eine Schachtel mit Pulvern, nahm ein Pulver ein und fragte: „Wer ist gestorben?"

„Joseph Roth! Sie sagten es selber!"

„Ein prachtvoller Mensch," versicherte Volkmüller, mit einem Male sehr gerührt. „Er hat uns allen geholfen, auch Ihrem Vater und Ihnen. Wie er gestorben ist? Wie stirbt ein großer Mann? Er saß beim ersten Frühstück mit Rum und Kaffee, hier an diesem Tisch vor seinem Hotel und las in der Pariser Tageszeitung, daß sein Freund Ernst Toller in einem New Yorker Hotel sich aufgehängt habe, und rutschte von seinem Stuhl auf die Straße herunter und blieb liegen, bis der Frisör gegenüber ihn sah und weil er sein Freund war, herübersprang und ihm auf den Stuhl half. Die Wirtin, die trotz ihrer strengen Art und ihrem jungen Gatten den Roth von Herzen gern hatte, rief mich, und wir schafften ihn auf seine Kammer im zweiten Stock des Hotels de la Poste.

Er blieb aber mit dem Hut auf dem Kopf und den Mantel über die Schulter gehängt auf dem einzigen Stuhl in der Stube sitzen. Um keinen Preis wollte er ins Bett. ,Ich bin ein Soldat', sagte er, ,der im Stehen stirbt'. Er hatte einer österreichischen Emigrantenzeitung einen Artikel über Stifter versprochen. ,Ich muß den Stifter schreiben', sagte er. Nach einer Weile erklärte er, es gehe ihm schon besser, und er ließ sich ins Café hinunterführen. Die Wirtin röstete ihm eine Scheibe Weißbrot, er tunkte das Brot in Rotwein, aber es schmeckte ihm nicht. Ihm war kalt, und ich ging auf sein Zimmer, seinen Mantel zu holen, und als ich wiederkam, lag Roth auf der Straße, bewußtlos.

Mit eines Doktors Hilfe schafften wir ihn in ein Krankenhaus in einer häßlichen Gegend, wo die Kranken starben, ohne ein Honorar zu zahlen.

Roth lag in seinem weißen Bett und rief: „Joseph, une fine!" und „Joseph, une blonde!" (Joseph hieß der Kellner in der Bar des Hotel de la Poste.)

Als ihm die Schwester ein Glas Wasser so brüsk auf das wackelige Nachttischchen stellte, daß ein Teil des Wassers überschwappte und Roths Kopfkissen und Gesicht benetzte, begann er so laut auf französisch zu fluchen, daß ihn die Schwester einen Antichrist hieß, worauf Roth höflich mit der Hand grüßte und auf sich deutete und sagte ‚C'est moi!' und ‚Ich bin der Antichrist!' − in einem seiner letzten Bücher, das der Antichrist heißt, hatte er dessen vielfältige Erscheinungen in der modernen Welt beschrieben.

Die fromme Schwester war entwichen und kehrte mit zwei Wärtern zurück. Roth in seinen Delirien hielt den einen für den alten Kellner aus dem Café des deux Magots, der sein Freund und Vertrauter war, wie jeder Mensch, dem er öfters begegnete, und er rief: ‚Mon cher Victor! Une fine, et une blonde!'

Die Wärter fesselten ihn. Nun begann der schlecht gefesselte Dichter zu toben. Er schrie, auf seinem Bett sitze der Antichrist, und mache Grimassen, und verspreche ihm ein neues Leben und allen Reichtum der Welt, wenn er sich nur verkaufe. Es saß aber niemand auf dem Bett außer mir, und ich machte keine Grimassen, außer daß mir die Tränen die Backen herunterliefen, und ich konnte vor Kummer kein Wort sagen. Die Schwester aber steckte ihm ein Tuch in den Mund und ließ ihn für die Nacht allein, im Schweiß und Toben, und bei offenen Fenstern, und sie trieb mich aus dem Spital, wie einen bösen Feind.

Am anderen Morgen ließ man mich im Krankenhaus nicht zu ihm, erst um drei Uhr sei Besuchsstunde. Um drei Uhr fand ich ihn röchelnd, die Stirn mit kaltem Schweiß bedeckt.

Roth erkannte mich nicht. Er sagte: ‚Joseph, une blonde!' Dann erzählte er mir flüsternd, seine Verleger hätten ihm das Geld gestohlen, das er seiner Frau nach Wien schicken müsse (sie war aber schon vor Jahren in einem Wiener Irrenhaus gestorben). Dann erklärte er mir, nie habe er sich taufen lassen (das bezog sich auf die katholisierenden Tendenzen seiner letzten Bücher). Zuletzt versicherte er mir, seine Freunde hätten sich gegen ihn verschworen. ‚Sie wollen mir Gott entziehn', flüsterte er mir zu, mit den Gesten eines Verschwörers, und spielte bestenfalls auf Baccus an.

Ich hatte ein winziges Fläschchen mit Kognak bei mir, wie es die Weinhändler zur Reklame weggeben. Das reichte ich ihm. Aber er stieß es zurück und sagte, er wolle keinen Ersatz. Und: ‚Joseph, une fine!'

In diesem Augenblick kamen die Schwester und der Arzt herein, ich konnte das Fläschchen gerade noch in die Tasche stecken. Sie sahen mich mit unverhohlenem Mißtrauen an, und der Arzt erklärte, mein Freund deliriere: infolge der Alkoholentziehung, die aber notwendig sei.

Ich schwieg. Gleich darauf bedeutete mir der Arzt, die Besuchszeit sei abgelaufen.

Ich ging, sprachlos vor Wut, und kam zwei Stunden später mit einem befreundeten Arzt wieder, einem naturalisierten Franzosen, der 1920 als Siebzehnjähriger aus Rußland entflohen war, nachdem seine Eltern, Gutsbesitzer aus der Gegend von Kiew, erschlagen worden waren.

Wir kamen unbehindert in Roths Stube. Mein Freund untersuchte ihn und stellte eine schwere doppelseitige Lungenentzündung fest. Als eine Schwester hereinsah und gegen unserer Anwesenheit protestierte, wies sich mein Freund als Arzt aus und bat, einen der Ärzte zu rufen. Mir erklärte er, es sei unmöglich, Roth in diesem Zustand in ein privates Krankenhaus zu schaffen, er würde beim Transport sterben.

Als ein Arzt endlich erschien, nahm ihn mein Freund auf den Gang. Ich blieb mit Roth allein. ‚Wie geht es dir, Roth?' fragte ich.

Mit seinen fieberglänzenden Augen sah er mich eine Weile an, als prüfte er mich, ob er mir vertrauen dürfe. Mir kamen die Tränen in die Augen. Schließlich bewegte er die Lippen. Ich verstand ihn nicht. Endlich glaubte ich das Wort ‚schreiben' zu erkennen. Ich riß aus meinem Notizbuch ein Blatt, gab ihm einen Bleistift in die zitternde Hand, legte eine Zeitung unters Blatt und stützte ihn. Er schrieb ganz langsam, indes ich wie ein Schulbub ängstlich zur Tür blickte.

Die Tür ging auf, und ich steckte das Blatt hastig in die Tasche. Mein Freund sagte mir, Docteur Perichaux habe die Nachtschwester instruiert, den Kranken nicht allein zu lassen. Am andern Morgen werde eine private Schwester die Pflege übernehmen. Dr. Perichaux betrachtete seine Hände.

Ich bückte mich über Roth und flüsterte ihm zu, ich würde morgen um neun Uhr bei ihm sein. Als ich mich in der Tür umsah, erschrak ich sehr. In meinem Leben hatte kein Mensch mich so haßerfüllt angesehen.

Auf der Straße fiel mir der Zettel Roths ein. Ich zog ihn heraus. Da stand: ICH MUSS FLIEHEN. KAUFE SOFORT MANTEL HUT HOHE STIEFEL UND TÜRKISCHEN PASS. HIER VERRECKE ICH. RETTE MICH NOCH DIESE NACHT. MORGEN IST ES ZU SPÄT!

Ich schluckte um nicht zu schluchzen, und reichte meinem Freund den Zettel. Was bedeutet türkischer Paß, fragte ich? Mein Freund glättete den Zettel und gab ihn mir zurück. Heben Sie nur den Zettel gut auf! sagte er.

Als ich am andern Morgen in Roths Stube kam, fünf Minuten nach neun, war er schon tot."

„Schrecklich!" sagte Alexander.

„Wieso?" fragte Volkmüller, bestellte eine dritte Flasche Mineralwasser, und nahm eine neue Tablette ein. „Schlimmer ist, daß er ein so furchtbares Leben geführt hat. Aber das erzähle ich ein ander Mal. Und vielleicht war sein Leben gar nicht fürchterlich. Wer weiß, was ein anderer Mensch über sein eigenes Leben denkt. Bei einem großen Dichter sollte seine Meinung über das Leben freilich deutlich sein... Nicht war? Oder zweifeln Sie daran, daß Joseph Roth der größte Dichter Österreichs zwischen den beiden Weltkriegen war?"

Volkmüller sah die Brüder so drohend an, daß sie aufstanden. Er zog eine Zeitung aus der Tasche, es war eine Nummer von l'Oeuvre. Er wies auf einen rotangestrichenen Artikel, gezeichnet Marcel Déat, mit der Überschrift: MOURIR POUR DANZIG?

Volkmüller lachte, höhnisch und wiederholte: „Für Danzig sterben? – Bringen Sie den Artikel Ihrem Vater mit. Er wohnt im Hotel Beau Repos zu Trouville. War Musik nicht ein Pazifist? Wer war es nicht nach dem Weltkrieg? Sagen Sie nur Ihrem Vater, Volkmüller läßt grüßen." Er stand auf und ging zur Bar. Vor dem Eingang drehe er sich um, und rief den jungen Leuten nach: „He! Ihre Eltern haben zwei Zimmer im Bon Hotel, 42 Rue Vaneau. Da können Sie umsonst übernachten und brauchen sich vielleicht nicht mal polizeilich zu melden. Ich muß morgen wieder zur Préfecture, zwecks Verlängerung meines Refoulements. Ich habe schon eine Empfehlung vom Pastor Marc Boegner und vom Erzbischof von Paris. Grüßen Sie auch Madame Musiek!"

Die Brüder nahmen ein Taxi. Sie übernachteten in den Zimmern ihrer Eltern, Rue Vaneau 42, im selben B o n H o t e l, wo Claire gewohnt hatte. Am andern Morgen fuhren sie nach Trouville.

Da Alexander noch ziemlich verprügelt aussah, hatten sie den unglücklichen Einfall, ihn in einer Bar am Strand warten zu lassen, indes Cäsar ins Hotel Beau Repos ging, zu Musiek und Uli, um sie auf die Rückkehr ihres Pflegesohns vorzubereiten.

Auf einer kleinen Anhöhe stand zwischen Apfelbäumen das Hotel Beau Repos. Ein alter Mann mit einer kindischen bunten Mütze stand am Eingang und weinte.

„Was fehlt Ihnen?" fragte Cäsar mitleidig.

„Heuschnupfen!" erwiderte der Alte. „Wünschen Sie was?"

„Monsier Musiek!"

„Nummer 27".

Das Zimmer war im zweiten Stock. Cäsar stand verlegen vor der Tür. Sie öffnete sich, ohne daß er anklopfte. Musiek starrte ihn wie ein Gespenst an. Cäsar vermutete, der Onkel wisse nicht, welcher von beiden Brüdern er sei und erklärte, indem er auf sich deutete: „Cäsar".

Musiek machte ihm Platz, Uli saß in einem fliederfarbenen Schlafrock auf dem Bett. Die Haare hingen ihr ins Gesicht, ihre Augen waren geschwollen.

Schweigend stand sie auf und ging mit den Händen voran wie eine Blinde ihm entgegen und fiel zwei Schritte vor ihm hin. Musiek und Cäsar trugen sie aufs Bett. Musiek rieb ihr Gesicht mit Kölnischwasser. Sie öffnete die Augen.

„Es ist Cäsar," sagte Musiek zu ihr, „er lebt. Sieh ihn nur an. Er lebt."

„Alexander wartet in der Majestic Bar am Meer," sagte Cäsar.

„Das lügst du," sagte Uli und die Tränen liefen ihr die Backen herunter.

„Er sitzt in der Bar und ist leidlich gesund, ich schwöre es beim Leben..."

„Etwa deines Vaters?"

„Vater ist tot. Es steht in der Zeitung. Wir lasen es gestern. Aber Alexander lebt – warum sollte er nicht leben?"

Musik ging zum Schreibtisch und reichte Cäsar zwei Briefe.

„Das ist Vaters Schrift," sagte Cäsar, „und ein Brief von Mutter."

„Der Abschiedsbrief eures Vaters an eure Mutter, bevor sie ihn im Grunewald erschossen haben. Und darin schreibt er auch, daß sie euch auf der Flucht aus dem Konzentrationslager Buchenwald erschossen haben. Die Gestapo hat es ihm erzählt. Heute morgen in aller Frühe fuhr eine elegante Französin in einem eleganten Auto vor dem Hotel vor, und fragte nach Frau Uli Musiek, und ließ sich Uli's Carte d'identité zeigen, und sagte uns, sie sei eben aus Berlin gekommen, im Hotel de la Poste gegenüber dem Hotel Foyot hätte sie erfahren, daß Uli ins Bon Hotel gezogen sei, im Bon Hotel hätte sie die Ferienadresse Ulis erfahren, und da sie selber auf dem Weg nach Deauville war, und eine Freundin und Bewunderin von Primula Lust sei, und Frau Lust sie in einer tragischen Stunde um die heimliche Beförderung dieses Briefes gebeten habe, an der Frau Lust anscheinend so viel gelegen sie, weil Frau Lust nicht gewagt habe, den Brief durch die Reichspost zu befördern, so sie mit ihrem Wagen nach Trouville gefahren, und es sei nur ein ganz kleiner Umweg. Ihren Namen wollte aber die Dame nicht nennen. Und sie wollte uns nichts von Primula erzählen. Im Brief steht alles, erklärte sie und fuhr weg."

„Guter Gott!" sagte Cäsar und setzte sich aufs Bett. Ihm war übel. Musik hielt ihm die offene Flasche mit Kölnischwasser vor die Nase.

„Der arme Vater!" sagte Cäsar. „Und unsere arme Mutter!"

„Du bist ihr geblieben!" sagte Uli.

„Und Alexander. Er lebt. So glaube mir doch, Tante Uli. Ich hole ihn. Gleich hole ich ihn. Er kam nicht mit, weil wir dachten, er sehe nicht gut genug aus, nach dem Lager, erschreckt nicht, er ist nur blaß und ausgehungert, er ist gesund und hat alle Glieder und Sinne beisammen!"

„Lebt er wirklich?" fragte Uli. „So gib mir einen Kuß Cäsar. Ich bin ja so glücklich, daß du lebst. Wenn nur Primula es wüßte!"

Cäsar steckte die Briefe von Vater und Mutter in seine Brusttasche, und ging zur Tür, und Uli stand vom Bett auf und ging ihm nach, aber Musiek erinnerte sie, daß sie im Schlafrock sei.

„Was tut's?" fragte Uli. Cäsar wollte vor dem Haus warten, aber Uli befahl ihm, sich mit dem Gesicht zum Fenster zu stellen.

„Ich muß dich fortwährend sehn. Sonst wird mir alles zum Traum, oder zu einem Trugspiel Musieks. Armer Mann! Und er wollte mich trösten, und war selber untröstlich."

„Ich bin fertig," sagte sie, und sagte: „Unser Sohn Cäsar! Nicht wahr lieber Mann? Er ist auch dein Sohn?"

„Freilich. Nun haben wir zwei Söhne."

„Glaubst du also wirklich, daß Alexander lebt?"

„So komm!" bat Cäsar.

Sie gingen am Meer entlang; je näher sie zur Majestic Bar kamen, um so langsamer ging Uli.

„Ich habe Angst, wir werden ihn nicht mehr antreffen."

Der Wind saß in den Bäumen und schüttelte sie, als wollte er sie zerbrechen. Die Badegäste sammelten Handtücher, Badeschuhe, Kinder ein.

Sie sahen schon die Majestic Bar, und Cäsar deutete auf einen einzelnen Mann an einem Tisch, der aß, und rief: „Siehst du ihn? Der Fresser! Ißt er nicht Hummern?"

Uli lief schon voraus und rief: „Alexander!", und er kam ihr entgegen, und hatte noch den Mund voll. Uli küßte ihn und drückte ihn und stieß ihn von sich, um ihn besser zu betrachten und fragten: „Kind! Und haben sie dich beschädigt?"

Und sie führte ihn zum Tisch zurück und zwang ihn, sich zu setzten, und rief: „Iß doch, Kind. Sie haben dich wohl sehr hungern lassen in Buchenwald?"

Alexander wurde rot, und sprang auf und fiel Musiek um den Hals, und wollte auch Cäsar in der Eile umarmen, aber der Bruder protestierte, und Musiek sagte: „Du hast deinen Vater verloren," und erzählte ihm von den Briefen, die sie am selben Morgen empfangen hatten. „Wir fühlten uns zum Tod verurteilt. Gott hat uns begnadigt. Aber ihr habt euren Vater verloren."

„Nur den Vater?" fragte Alexander. „Und Claire, und ... und ..."

Er konnte nicht weiterreden. Der Kellner kam und fragte, was Monsieur zum Dessert wünsche. Sie brachen auf.

Uli führte die Brüder wie Knaben an der Hand. Sie vermieden, von der Hauptsache zu reden. Was war aber die Hauptsache? Der Vater, der hin war, der Krieg, der gleich ausbrechen würde, ihr Leiden, und gar die künftigen Leiden?

Uli und die Brüder warteten vor dem Hotel Beau Repos, indes Musiek ein Zimmer für Alexander und Cäsar bestellte. Dann gingen sie an den Strand. Sie setzten sich auf den Sand und sahen auf die Wolken und das Wasser, es hatte nicht geregnet, und sie schwiegen, weil sie sich fürchteten, zu sprechen. Alexander sagte plötzlich, er habe schon Hunger, und die andern lachten, denn er hatte ja eben Hummer gegessen, sie gingen zur Majestic Bar zurück.

Kaum hatten sie sich niedergelassen, begann ein Lautsprecher sich zu räuspern: „England hat Deutschland den Krieg erklärt."

Man wartete auf die Kriegserklärung Frankreichs. Es kam aber nur eine lange Pause, und danach die englische Hymne. Die Engländer an einigen Tischen und am Strand waren aufgestanden und sangen laut mit, die Franzosen schwiegen verlegen. Zwei Kellner brachten die Hors d'œuvres und Wein.

„Ich kann jetzt nicht essen," erklärte Uli.

„Du mußt essen; das gibt Kraft für den Krieg," behauptete Alexander, und Cäsar bestätigte es. Beide aßen so viel, daß man deutlich sah, sie wollten viel Kraft für den Krieg sammeln. Danach gingen sie zum Zeitungsladen. Die Pariser Zeitungen waren noch nicht angekommen. Also gingen sie zum Pier, der weit ins Meer hinausreichte, unten war eine Muschelkolonie angelegt, oben eine Bar errichtet. Sie setzten sich auf die eisernen Stühle und tranken einen Wermut. Außer ihnen waren nur wenige Leute da, eine Mutter mit drei Kindern, und zwei Liebespaare.

Man saß wie auf einem Promenadedeck eines Schiffes. Der Pier schaukelte. Die Sonne stand tief im Westen.

Von einer andern Bar am Ufer, von wo der Wind den entfernten Schall eines Lautsprechers herübertrug, kam ein halbwüchsiges, langbeiniges Mädchen auf den Pier gelaufen, und bis zur Bar, und sagte mit einer grellen Kinderstimme: „Wir haben den Krieg erklärt."

Niemand antwortete. Enttäuscht lief das Mädchen so schnell wie es gekommen war zurück.

Jetzt sagte der Kellner was zu dem Mädchen, das hinter der Bar stand, um Ansichtskarten und Zigaretten zu verkaufen. Am Horizont tauchten Fischerboote auf. Die Dächer und Fensterscheiben von Trouville und Deauville leuchteten im Abendschein, die grünen Hügel schienen grüner zu werden, die Villen leuchteten weißer, man sah jeden Apfelbaum auf den Höhen. Sogar das Meer roch nach Äpfeln, wie die ganze Normandie; wenigstens behauptete es Uli; Musik sagte, er rieche nur Tang, und Kali, und faule Fische.

Alexander und Cäsar schoben ihre Stühle von Musik und Uli fort. Cäsar zog die Briefe von Vater und Mutter heraus und las sie laut. Zuerst las er Primulas Brief.

„Liebe Uli!

Ich schicke Dir den Brief meines armen Mannes. Man hat seine Leiche im Grunewald gefunden, oder deponiert. Es steht in den Morgenzeitungen, im Kleingedruckten: Auf der Flucht erschossen. Über diese Lüge kann gerade Lust sich nicht beschweren; er saß ja im Palast der Lügen. Als wir beinahe noch Kinder waren, in Nürnberg, habe ich ihn sehr geliebt. Später ist er in die Kreise jener gekommen, die unsere Welt regieren; sie sind in allen Ländern abscheulich.

Früher einmal hatte ich mir vorgenommen, unter keinen Umständen die Toten zu lieben. Es gibt so viele Lebende.

Er ist auf eine schreckliche Weise umgekommen – am Vorabend von Deutschlands kolossalen Triumphen. Machte es ihn wirklich glücklich, daß er ein Zeuge von Deutschlands neuer Größe war? Deutschland wird jetzt immer größer und – unglücklicher werden. Bald fangen die Deutschen den Krieg an, und über Millionen Tote wird man meinen Lust vergessen.

Nur wegen Lust hätte ich Dir nicht geschrieben. Ich liebe ihn, aber was geht's Dich an? Ich schreibe Dir...ich kann es nicht schreiben. Ein schlechtes Gewissen habe ich nicht, Ihr werdet ja auch bald zugrunde gehn. Vielleicht werde ich mir das Leben nehmen, ich weiß es nicht. Ich kann nicht niederschreiben, weshalb ich Dir schreiben mußte; ich kann es nicht aussprechen, nicht mündlich, nicht schriftlich. Kann man mehr erleben, als man sagen kann? Gib Dich zufrieden. Dir bleibt schon nichts erspart. Ich schicke Dir ja den Brief meines Mannes; da wirst Du alles lesen.

Der arme Lust! Sie haben ihm nur nicht die Zeit gelassen, um ein großer Mann zu werden. Auch um ihn ist es schade. Und auch um...

die Witwe Lust."

Cäsar tat den Brief seiner Mutter sorgfältig in seine Brieftasche und las seines Vaters Brief.

„Liebe Primula, meine einzig geliebte Frau!

Machen Sie es kurz, befiehlt mir Herr Regierungsrat Lamm, in dessen Büro in der Prinz Albrechtstraße ich schreibe; da er mir versprochen hat, diesen letzten Brief an Dich zu befördern, muß ich ihm jeden Wunsch an den Augen ablesen, wie man sagt. Ich habe Dir viel unverzeihliche Schmerzen im Leben bereitet – Du hast sie mir alle vergeben, und so habe ich selber mir gleichfalls nichts nachgetragen. Ich muß Dir nun einen Schmerz bereiten, den ich mir selber nie und nimmer werde vergeben können – aber mein ,nie und nimmer' umfaßt nur wenige Stunden, bestenfalls.

Cäsar hat mit meiner Hilfe den Versuch unternommen, seinen Bruder Alexander aus dem Lager von Buchenwald zu befreien. Es ist ihm geglückt; aber beim Grenzübertritt wurden beide erschossen. Lamm sagte es mir

Ich weiß, daß Du jetzt nicht mehr weiterlesen wirst, es ist also überflüssig, was ich noch schreibe. Aber ich muß Dir unbedingt noch einmal eine Liebeserklärung machen – in der Wiederholung liegt der beste Wert von Liebeserklärungen. Einmal glaubt ein Mann leicht, eine Frau zu lieben. Einmal lügt ein Mann leicht. Aber um oft zu sagen, daß er sie liebt, und um die Wahrheit zu sagen, muß er sie wahrhaft lieben. Ich liebe Dich wahrhaft. Ich weiß es genau, da mein Gefühl jetzt noch standhält.

Die Seite ist gleich aus. Ich darf nur eine Seite schreiben. Ich küsse Dich, mein liebes Weib. – Was mich betrifft: In diesem Leben fürchte ich mich vor gar nichts mehr. Und – ein andres Leben gibt es nicht, fast hätte ich gesagt: Gottseidank.

Dein Ferdinand. Von nun bis ewig Dein.

P. S. Ich bin glücklich, daß ich ein Zeuge von Deutschlands neuer Größe war. Und Regierungsrat Lamm versichert mir amtlich, es werde von nun an immer größer und größer werden, und über seine eigenen und Europas Grenzen hinaus ganz grenzenlos glücklich, ganz grenzenlos."

„Warum?" fragte Alexander. „Warum hat ihm dieser Lamm erzählt, daß sie uns erschossen haben? Ich frage dich, warum tut das ein Mensch, bevor er einen andern Menschen morden läßt? Warum ihm diese furchtbare seelische Qual bereiten? Wenn das noch ein Kalmücke täte!"

„Du verleumdest die Kalmücken."

„Du bist ja auch ein Deutscher!" rief Alexander mit einer merkwürdigen Erbitterung. „Und wer hat eigentlich meinen Kameraden Schwan erschossen? Ich hatte die ganze Zeit schon einen Verdacht, ich will ihn nicht wahrhaben. Wenn er aber doch wahr wär, Cäsar..."

„Es ist nicht wahr," erklärte ruhig Cäsar. „Aber wenn es wahr wäre? Wart ihr nicht beide so gut wie zum Tode verurteilt? Sollten lieber beide untergehen, als einer gerettet werden?"

„Aber warum mich retten? Schwan ist nicht aus einem freien Land nach Deutschland zurückgegangen. Schwans Vater war kein Helfershelfer von Goebbels und Genossen. Schwan war ein nobler Mensch. Ich bin nichtswürdig. Ohne mich lebte Claire noch, vielleicht. Und hast du nicht meinetwegen den S.S. Mann niedergestochen hinter meinem Rücken? Also bin ich ein Mordhelfer? Und mein Bruder ein Mörder? Also gehören wir in diese neue deutsche Welt? Warum sind wir dann geflohen? Sollten wir nicht jetzt noch zum Dritten Reich und seinen Mordsitten heimkehren?"

„Ich habe es bedacht," gestand Cäsar. „Vielleicht hätte es sich besser für uns geziemt, heimlich in Deutschland gegen die Nazis zu kämpfen, mit andern anständigen Deutschen. Nur fehlt mir der Mut dazu. Es wird leichter sein, in der französischen Armee gegen die Nazis zu kämpfen."

Musik und Uli kamen heran. „Es ist spät," erklärte Musik.

„Und Primula?" fragte Uli und alle sahen, daß ihr Gesicht von Tränen überschwemmt war. „Wer wird sie retten?"

„Wenn es einen Richter gäbe," sagte Alexander, „und er fragte mich: Was hast du mit deinem Leben getan, Alexander? – So könnt ich erwidern, ich habe meinen Nachnamen gewechselt. Ich bin in mein Land heimgekehrt, es tat mir nicht gut. Und das Mädchen, das mir aus Liebe nachging, kam ums Leben. Einen bösen Menschen habe ich geblendet. Mein Bruder wurde zum Mörder, damit man mich nicht ermorde. Meine Mutter habe ich zur Witwe gemacht, meines Vater Tod verschuldet. Der Uli habe ich Kummer bereitet, den Musik enttäuscht. Jetzt will ich unter die Soldaten gehn. Und das Resultat meines Lehrjahrs in Berlin war, daß ich keinen Respekt mehr vor Menschen habe."

„Lieber Bruder", versicherte Cäsar, „es lohnt sich, um die Freiheit zu kämpfen."

„Ich sah die Sklaverei. Ich lebte mitten darin – im Dritten Reich. Aber werde ich je die Freiheit kennen lernen? Und was ist Freiheit ohne Gerechtigkeit? Und was sind beide ohne Menschenliebe? Der Krieg – diese staatlich geförderte Gewohnheit, die Feinde zu töten, und die Freunde fallen zu sehen – macht keinen besser. Viel taugte ich nie. Wie böse werde ich erst nach dem Krieg sein! Du hättest einen andern retten sollen, Cäsar – obwohl es fürchterlich war, angekettet neben Schwan, unter den Erniedrigten und Beleidigten, ein Sklave von Aftermenschen. Aber jetzt wäre ich schon tot, und alles wäre aus, und ich hätte ein gutes Gewissen, wie alle Toten. Man erzählt mir aber, es gebe unter den Lebenden einige, die glaubten, sie hätten ein gutes Gewissen. Wie kann ein Mensch bei diesen herrschenden Zuständen noch ein gutes Gewissen haben? Ich empfinde den fürchterlichen Schmerz unserer Existenz, und zur selben Zeit ein schamloses Vergnügen an meiner Flucht. Ich sehe die Korruption der Natur und der Gesellschaft in hundert Todesmasken, und hänge an meinem armen bißchen Leben. Die Luft vom Meer, das grüne

Land mit den Apfelbäumen, und der Mond der überm Meer herauf-
kommt. Ich freue mich auf den Mond und die Sterne und – hündisch
wie ich bin – sogar auf mein Abendessen jetzt. So geht alles durcheinander in mir, die Trauer um Vater und Mutter und Claire, und die
Freude auf den Mond und das Abendessen, die Sorge um Europa,
und die ziehende Schulter, wo mich der Capo in Buchenwald
geschlagen hat. So ein Potpourri ist der Mensch: die Empfindung
neuer Ideale und das Verlangen nach neuen Mädchen und der Appetit auf Hummersalat."

„Du solltest nicht so viele Hummern essen, sie sind schwer ver-
daulich," mahnte Uli.

„Die ganze Welt ist unverdaulich," rief Alexander und küßte Ulis
Hand viele Male.

Es war schon dunkel geworden. Die Zeitungsjungen riefen den
Krieg in allen Gassen aus. Die Grillen zirpten durchdringend. Eine
Nachtigall begann zu schlagen. Die Hupen der Automobile sangen
wie Nachtlerchen. Plötzlich begann ein Pferd in der Nähe zu wiehern, dreimal, viermal, es hörte gar nicht mehr auf. Es klang, als
schrie der Gaul aus Angst vor dem Krieg, als ein Repräsentant der
Tiere, der unschuldigen, die im Krieg der Menschheit gegen die
Menschheit mitgerissen, mitgefangen, mitgehangen würden. Es
klang wie eine verzweifelte, eine fürchterliche Anklage

In der Nacht lagen die Brüder lange noch in ihren Betten und
redeten. Sie glaubten, kaum eingeschlafen zu sein, als ein krasser
Lärm sie weckte, der wie unter ihrem Bett hervor kam, ein schrilles
Pfeifen, Glockenläuten, und gellende Sirenen, gleich Pferde-
schreien.

„Hörst du?" fragte Alexander. „Ich träumte von Buchenwald. Was
ist das?"

„Fliegeralarm!" antwortete Cäsar, der aus dem Bett ans Fenster
gesprungen war. „Zieh dich an!"

„Wo willst du hin?"

„Vielleicht greifen die deutschen Flieger Le Havre an; so können
wir das Bombardement sehn."

Sie klopften ans Zimmer von Musiek. Er und Uli waren schon

angezogen. Zusammen gingen sie auf die Straße, zwischen andern Hotelgästen und den Zimmermädchen. Alle Straßen waren voller Leute.

Où aller? où aller? fragten sie.

Ein großer dicker Mann, nackt unter seiner lilafarbenen Baderobe, hatte eine Gasmaske vorgebunden und schien drunter zu ersticken. Keiner kam ihm zu Hilfe, da alle ihn um den Besitz der schönen Gasmaske beneideten. Frauen kamen in Pyjamas, Kinder in Nachthemden, viele barfuß. Man stolperte über Katzen, Hunde und Kinder. Où aller? où aller?

Die einen rieten, in die Hügel zu flüchten; sie wurden vor den niederschlagenden Bäumen gewarnt. Manche rieten, am Strand sich in den Sand einzugraben. Andere wollten bis zum Hals ins Wasser gehn. Aber die Unterseeboote? fragte eine mollige, junge Frau in einem schwarzseidenen Pyjama. Errötend schloß sie die obern Knöpfe des Pyjama, da stellte es sich aber heraus, daß er zu eng war.

Kaum schwiegen die Sirenen von Trouville, da heulten die Sirenen von Deauville und einem halben Dutzend andern Orten.

Le Havre ist in Flammen, erzählte eine würdige alte Dame im Bademantel, mit einem riesigen Blumenhut, und gelbledernen Schnürstiefeln. Der Augenschein sprach gegen sie.

Die Polen haben Berlin bombardiert, erzählte ein Greis, der jedem versicherte, er sei ein Bankier aus Paris, er müsse es schließlich wissen. Ein schlanke Blondine wußte es besser, die Engländer waren auf Helgoland gelandet, und Göring hatte Warschau und Prag dem Erdboden gleich gemacht. Ich versichere Sie, erklärte sie kleinen Ansammlungen von erschrockenen Neugierigen, dem Erdboden gleich, flach wie ein Teller.

Am Strand erkannte Musik einen dicken Mann, der sein Gesicht und seine Frau den Sand eingebuddelt hatte. Es war Professor Breslauer von der Frankfurter Universität, für angewandte Psychologie, der 1934 Deutschland und seine Karriere aufgegeben und an der Sorbonne Gastvorträge gehalten, und bei Grasset ein Buch über den Zusammenhang der Technik moderner Reklame und Diktatoren veröffentlicht hatte.

„Profesor Breslauer," rief Musiek, „Sie werden sich ein böses Rheuma im nassen Sand holen, das viel gefährlicher als die Bombe eines nicht vorhandenen Flugzeugs ist."

Professor Breslauer stand auf, außer dem Pyjama trug er eine gro-ße Aktenmappe, die er ängstlich an den Leib preßte.

„Die Juwelen Ihrer Frau oder das Manuskript Ihres neuen Buches?" fragte Musiek lächelnd.

„Geld? Manuskripte?" fragte Professor Breslauer. „Diese Mappe enthält unsern größten Besitz auf Erden, unser Leben, Herr. Sie ent-hält unsere amerikanischen Einwanderungsvisen, samt Affidavits und andern notwendigen Papieren und Dokumenten. Dreiundein-halbes Jahr haben wir daran gearbeitet. Der amerikanische Vizekon-sul bestand auf gewissen Vorbedingungen, ich mußte mir ein künst-liches Gebiß machen lassen, meine Frau sich einer Operation unter-ziehen, die nationalsozialistischen Heimatsbehörden in Merseburg und Frankfurt mußten uns, flüchtigen Antinazis, Sittenzeugnisse ausstellen, die Merseburger weigerten sich erst, ich stellte dem Kon-sul vor, ich könnte in Merseburg, wo ich geboren bin und nur sieben Kindheitsjahre verbracht habe, nicht viel gegen die guten Sitten ver-brochen haben, der amerikanische Konsul gab nicht nach, der Mer-seburger Polizeikommissar gab nicht nach, schließlich starb er nach drei Jahren, sein Nachfolger, ein Nazi hatte Mitleid mit einem geflüchteten Juden, und bestätigte mir, daß ich von meiner Geburt bis zum siebenten Lebensjahr nicht polizeilich vorbestraft worden sei. Da bekamen wir endlich die amerikanischen Visen. Sie gelten bis 1. Januar 1940. Unser Französisches Ausreisevisum läuft am 6. September ab, unser Schiff von Le Havre am 5. September, unsere Devisenausfuhrerlaubnis am 4. September, aber wir kamen bei der Banque de France um Verlängerung ein. Glauben Sie, das Schiff geht pünktlich ab, und von Le Havre? Unsere Reiseerlaubnis gilt nur für Le Havre, von Trouville aus. Eine neue erhalten wir nur in Paris, aber wir bekommen keine Rückreiseerlaubnis nach Paris mehr. Wenn unsere französischen Visen verfallen, so verfallen auch die amerika-nischen, bevor wir die französischen erneuern können, und dann müssen wir vielleicht wieder dreiundeinhalbes Jahr daran arbeiten, oder noch länger im Krieg, denn die Amerikaner verlangen alle Dokumente neu, neue Affidavits, neue Sittenzeugnisse aus Merseburg, ein neues Gebiß vielleicht, eine neue Operation... Wir sind verloren. Wenn uns die Nazis fangen, foltern sie uns zu Tode. Ich habe in meinem Buch bei Grasset eine Fußnote gegen Hitler, meine Frau sagte noch, lass' sie doch weg, Breslauer, aber nein, der Satan hat mich geritten, diese Fußnote wird uns das Leben kosten. Oder der dumme Krieg, wäre er nur eine Woche später ausgebrochen, so segelten wir schon ins neue Land, wo Freiheit und Gerechtigkeit auf uns warten, wo wir nach fünf Jahren schon Bürger sein werden, wo die Demokratie herrscht, und die Menschenrechte nicht verpönt sind, wo Juden noch Professoren werden können, wenigstens an den meisten Universitäten, und zu einem gewissen Prozentsatz, und keiner sie um ihrer Religion willen vergast, wenigstens schützt die Verfassung sie, sagt man mir, vor der Verfassung, sagt man mir, sind sie den Christen gleich. Und glauben Sie, das Schiff geht noch? Wenn nicht, so müssen wir von eigener Hand sterben. Nicht wahr, Caecilie?"

Spät abends stiegen Musiek und seine Familie im verfinsterten Bahnhof in einen rabenfinstern Zug. Die Männer standen zwischen Reservisten, die einrückten, Badegästen, die heimkehrten, und Soldaten, die nach Osten fuhren. Nur Uli hatte einen Sitzplatz bekommen, weil die Soldaten auf der Bank zusammenrückten. Kaum hatte der Zug die Station verlassen, blieb er eine Stunde lang auf offener Strecke stehn. Dann fuhr er so langsam, als wollte er irgendwelchen Fußgängern erlauben, Schritt zu halten.

Die Soldaten redeten wenig, und nicht vom Krieg. Sie fürchten Sabotage, sagte einer. Eine junge Frau weinte. Ein alter Mann schnarchte, schrak auf und fragte, ob sie schon in Paris seien, und begann wieder zu schnarchen. In allen Stationen, durch die sie kamen, war es stockfinster, und läuteten die Kirchenglocken oder schrillten die Sirenen. Der Zug stand schon wieder auf offener Strecke. Uli seufzte schwer. Musiek traute sich seines deutschen Akzents wegen nicht zu sprechen. Cäsar hielt den Arm um Alexander, um ihn zu stützen. Die Kirchglocken jammerten herzbrechend.

„Vor Paris, sagt man, seien die Gleise aufgerissen worden. Es wimmelt von deutschen Spionen. Wissen Sie wieviel Ausländer es in Frankreich gibt. Tous les métèques sont de traitres. Vier Millionen gibt es. Nein, sieben. Was? Neun Millionen. Meistens Italiener. Und die Spanier, Monsieur? Lauter Kommunisten, und Anarchisten. Die Juden haben den Krieg gemacht. Unsinn, Hitler. Das ist dasselbe. Nicht alles was Hitler gemacht hat, ist schlecht. Z.B. Kraft durch Freude, die Arbeiter fahren in Schiffen nach Italien. Und die pünktlichen Züge? Das kennen wir. Ich bin nämlich Italiener. Unsere Züge gehen pünktlich seit Mussolini; und unsere Freiheiten sterben pünktlich. Nicht alle Deutschen sind Boches. Alles Boches, besonders die Emigranten. Alle Ausländer erschießen, sage ich immer nur. Wenn sie alle dienen würden, könnte man das Blut manches Franzosen sparen. Nur Ausländer sollten an die Front gehen, unter französischen Offizieren natürlich, und mit afrikanischen Truppen zur Bewachung. Unsere Truppen der Fremdenlegion sind unsre besten Soldaten, der Stolz der Nation. Zum dritten Mal in hundert Jahren ist der Boche nun in Frankreich eingefallen. Mais, Monsieur! Monsieur! Der Boche ist diesmal noch nicht ins Land eingedrungen? Wie? Ach so. Warten Sie ab. Und überhaupt, Ihr Akzent. Ich bin bei den Croix de Feu. Ich habe vor Verdun gestanden. Du bist wohl einer von den Zehnten, die sie erschossen haben und du hast deinen Nachbarn um seinen Platz geprellt und dich gerettet. Mit was für Leuten man heute fahren muß. Warte ab, mit was für Leuten du erst fallen wirst. Eine Bombe. Das war keine Bombe. Ein Kanonenschuß. Das war kein Kanonenschuß. Und was war es sonst, Monsieur? Wein? Kann man hier nicht eine Minute lang ungestört schlafen? Sie meinen, schnarchen? Junger Flegel! Alter Ochse!"

Der Pariser Bahnhof war abgedunkelt. Sie mußten eine ganze Weile im Zug bleiben. Kaum waren sie durch die Sperre, wurde ein neuer Luftalarm gegeben. Sirenen heulten. Gendarmen trieben alle Reisenden und Passanten in die Métro hinunter. Im warmen Gewühl warteten sie eine Stunde. Endlich kam das zweite Signal, das Ende des Fliegeralarms.

Im Bon Hotel wuschen sie sich und gingen ins Café de deux Magots, um zu frühstücken. Sie waren zu erregt, um zu schlafen.

Paris war verändert. Die Männer waren verschwunden; drei Generationen von Männern, Großväter, Väter und Söhne hatten Uniformen angezogen und waren an die Grenzen ihres Landes gereist und warteten auf den Angriff des Feinds, der inzwischen ihren Bundesgenossen zusammenschlug.

Auch das Café des deux Magots sah verändert aus; statt nach Literatur und Künsten roch es nach Spitzeln und Chauvinismus. Nur der Kellner Victor, nur die zwei Götzen, nur die brioches hatten nicht ihre Qualität verloren. Die Kellner befestigten schwarze Papierrollen vor den Fenstern. Die Ladenbesitzer klebten Papierstreifen an ihre Schaufenster. Die Hausfrauen kauften Kaffee und Zucker, Reis und Tee auf. Die Ausländer mußten auf den Polizeiwachen sich registrieren lassen.

Der Beamte kannte Musik und stempelte freundlich die Cartes d'identité. Alexander hatte vor seiner Abreise nach Deutschland seine französischen Ausweispapiere in einem Kouvert den Eltern hinterlassen. Cäsar, dessen deutscher Paß ein gültiges französisches Visum aufwies, erhielt die Weisung, sich auf der Polizeipräfektur zu melden.

„Das ist Frankreich," sagte Musik auf der Straße, „noch der letzte Polizeikommissar ist zivilisiert."

Indes Uli und Musik ins Café zurückkehrten, um dort zu warten, auf die Entwicklung des Krieges, auf die ersten Schlachten, auf die Siege der Alliierten, auf den Sturz von Hitler und des Dritten Reiches, auf ein besseres Leben, auf irgend eine Veränderung, die endlich eintreten mußte, kurz, auf das Neue, – gingen die Brüder zu einem Meldebüro der französischen Armee. Nach Stunden kamen sie mit einem gestempelten Papier zurück. Man hatte sie notiert und ihnen Nachricht nach einiger Zeit versprochen. Inzwischen sollten sie sich ruhig verhalten.

Musik führte seine Familie in ein kleines Restaurant hinter dem Institut de France und später ins Café des deux Magots zurück. Es war, als hätten sie kein anderes Haus als ein Kaffeehaus.

Uli fragte Alexander nach seinen deutschen Erfahrungen. Er hatte ihr versichert, daß er nicht zur Partei gegangen war, und in Berlin glücklich mit Claire, und unglücklich ohne Uli und Musiek gewesen sei. Cäsar hatte vom Ende Claires, von Buchenwald und der Flucht erzählt, nur stückweis übrigens. Musiek und Uli schienen nur stückweis zuzuhören.

Es war schrecklich gewesen, es war vorbei. Ein neuer Vorhang war aufgegangen, über neuen, unerhörten Schrecknissen. Eine neue Welt erstand. Oder begann eine uralte Posse?

23. KAPITEL

DER JUDE AUS MALTA

*A*m andern Tag kamen zwei Freunde Musieks, deutsche politische Flüchtlinge ins Bon Hotel. Die ganze Familie mußte mit ihnen zur nächsten Mairie gehen. Da war ein großes, rotes Plakat angeschlagen, wonach les ressortissantes d'Allemagne, das heißt alle Deutschen, Österreicher, Saarländer und Staatenlosen, die aus Deutschland nach Frankreich gekommen waren, immédiatement, also unverzüglich mit Gabel, Löffel und Proviant für zwei Tage versehen in der Radrenn-Arena von Colombes sich einfinden sollten.

„Gottseidank gilt es nur für die Männer," erklärte Musiek. „Ulli wird uns für Kriegsdauer Briefe und Pakete schicken."

„Das ist von langer Hand vorbereitet und längst gedruckt," bemerkte einer der Freunde. „Und sie machen keinen Unterschied zwischen Nazis und uns politischen Flüchtlingen, Hitlers Feinden. Man gewinnt keinen Krieg, wenn man Freund und Feind verwechselt. Aber wenn sie sonst alles besser vorbereitet haben, unsere Freunde, die Franzosen, so will ich gern Gabel, Löffel und Mundvorrat sogar für drei Tage in die Arena von Colombes bringen."

„Wo ist Colombes?" frage Uli.

„In der Banlieue. Hinter Neuilly; gute Gegend für Konzentrationslager," erklärte der andre Freund, Mainzer, ein ehemaliger Redakteur der Vossischen Zeitung. „Aber laßt uns den Franzosen vertrauen! Sie sind keine Nazis. Seit sechs Jahren verhören sie uns politische Flüchtlinge, beobachten uns, kontrollieren uns: die Polizei, die Gendarmerie, das deuxième bureau, das Innenministerium, das Außenministerium, alle Concierges, alle Korsen, alle Enkel von Fouché, alle algerischen Cacahouèteverkäufer. Alle Welt hat Akten über uns angelegt, alle Welt führt Notiz über uns, über jedes Wort das wir veröffentlichen, jedes Wort das wir im Café äußern, jede Tat, die wir tun, und nicht tun. Wahrscheinlich wird man uns in der Arena nochmals sieben und uns die Möglichkeit geben, uns zu den regiments de marche, den speziellen Ausländerregimentern zu melden. Klar! Ein demokratisches Land! Liberté, égalité, fraternité. Vive la France!"

„Immédiatement," erklärte Musiek seinen Neffen, „bedeutet ‚möglichst bald'. Wir wollen uns nicht zu sehr beeilen."

Erst sieben Tage später gingen Musiek und seine Neffen nach Colombes. Sie gingen durchs offene Gatter – und waren gefangen.

Hinterm Gatter standen hunderte Gefangene in langen Reihen auf dem Gras; unter Aufsicht von Gendarmen warteten sie. Die Sonne ging unter. Es regnete. Der Regen hörte auf. Die Sterne schienen.

Die Gendarmen gestatteten ihnen schließlich, sich ohne die Reihe zu verlassen ins nasse Gras zu setzen oder zu legen. Die Sterne machten ihre Runde am Himmel. Die Vögel begannen, den Tag zu verkünden. Die Sonne ging auf.

Punkt sieben Uhr mußten sich alle stumm aufstellen und zwei Stunden stehn. Dann wurden sie durchs innere Tor gelassen.

Auf einer weiten Wiese standen unter hohen Bäumen größere Haufen von Schutzhäftlingen. In Abständen waren schmale Tische aufgestellt, hinter denen Offiziere und Unteroffiziere saßen. Wieder mußten die Häftlinge in langen Reihen warten, bis sie vor einem der Tischchen ihre Personalien angeben durften, worauf ihnen alle Papiere und alles Geld über fünfzig Francs abgenommen wurden.

Danach wurden sie von je zwei Soldaten einer körperlichen Untersuchung unterzogen, wobei viele Gefangene wunderbarerweise ihre Uhren, Brieftaschen, Ringe oder Taschenmesser verloren. Die Häftlinge wurden obenhin nach Staatsangehörigkeit und der Haltung zum Dritten Reich abgesondert.

Musiek und seine Neffen blieben zusammen.

Für jede Gruppe ward irgend ein beliebiger Häftling zum Gruppenführer über etwa fünfzig Mann bestimmt, der sollte für die Gruppe sorgen und verantwortlich sein, und die unzähligen künftigen Listen aufstellen, die alle Bürokraten freun; alle Lebensäußerung geht in die Akten, und die Akten sind unsterblich.

Danach mußten sie im Laufschritt über die ganze Wiese rennen, mit ihren Koffern und Mänteln, um vor einem andern Eingang zwei

Stunden zu warten. Schließlich ließ man sie in die Arena ein.

Um einen rechteckigen großen Rasenplatz stiegen einfache Holz-
bänke in Rängen an. Die ungedeckte Arena fasste etwa zwanzigtausend zwischen den Bänken zusammengepresste Häftlinge, während
auf dem Rasen die Gendarmen und die Soldaten mit Gewehren und
Stahlhelmen Wache standen. Kein Häftling durfte die Stelle ohne
Erlaubnis verlassen, wo er tags aß, saß, stand, und nachts schlief, wo
sein Koffer verstaut war, wo er lachte, schrieb, trübselig starrte. Die
Schläfer mußten nachts so eng beieinander liegen, daß es unmöglich
war, sich im Schlaf umzudrehn.

Indes die Gendarmen wie die Berserker brüllten, bewachten die
Soldaten, meist ältere Familienväter vom Lande, den Rasen und die
Bänke, die Ein- und Ausgänge, die Treppen und vor allem die Was-
serklosetts, die aus unerfindlichen Gründen abgesperrt blieben,
sodaß die 20.000 Gefangenen ihre Notdurft in 24 Kübeln entleeren
mußten, die in den vier Ecken verteilt nur durch den Gebrauch sich
von jenen Kübeln unterschieden, in denen alle Morgen der schwarze
Kaffee gebraut wurden.

Jeden Morgen schwappte schon nach wenigen Stunden die Kübel
über, sodaß man nur durch einen See von Unrat zu ihnen waten
konnte. Zweimal täglich wurden von je zwei Häftlingen die Kübel auf
einer Wiese außerhalb der Arena entleert, wobei die Kübel erst
durchs ganze Lager getragen wurden.

Einmal täglich bekamen die chefs de groupe Kommißbrote und
Blechdosen mit Leberpastete zur Verteilung, zweimal täglich durfte man an den Wasserhähnen Wasser trinken oder sich rasch
waschen. Den ganzen Tag stand man bereit, für immer neue Appelle,
für immer neue Listen, oder für Interviews der Offiziere des deuxième bureau.

Manchmal konnte man am Rand des Rasens stehn, oder mit einiger Kühnheit zu fernern Gruppen vorstoßen, um Freunde zu besuchen und die immer wildern Gerüchte auszutauschen. Jeder wußte
was andres: Man würde in drei Tagen, oder nach Kriegsende entlassen; käme an die Front, nach Afrika, würde den Nazis ausgeliefert.
Saarländer würden entlassen werden, Rheinländer, alle über 40 Jah-

ren, alle mit französischen Frauen, alle mit Söhnen in der französischen Armee oder in der Fremdenlegion... alle Österreicher, Bayern. Täglich wurden neue Listen angelegt, auf Weisung der Lagerbehörden oder aus Übereifer der Gefangenen. Listen nach Herkunft, Beruf, Parteizugehörigkeit, nach Art der französischen Ausweispapiere, Carte d'identité, recepissé, refoulement, expulsion. Die ganz Papierlosen waren die Parias. Die feinsten Unterschiede machten die Gefangenen selber, die Bayern verachteten die Preußen, die Preußen die Österreicher. Viele Häftlinge duzten einander. Andere saßen vor aller Augen mit herabgelassenen Hosen nebeneinander und titulierten einander, Herr Oberkonsistorialrat, Herr Landesgerichtspräsident, Herr Doktor.

Alexander nahm nicht an den endlosen Diskussionen im Lager teil. Stumm stand er neben Onkel und Bruder und zehntausend deutschen Leidensgefährten auf den stupiden Appellen, gegenüber den eingesperrten zehntausend Österreichern und Saarländern. Teilnahmslos saß er in Sonne und Regen.

„Hast du Schmerzen?" fragte Musiek. „Dr. Taube wird dich untersuchen." Taube war einer aus ihrer Gruppe, ein Chirurg.

„Das Leben tut mir weh," antwortete Alexander. „Warum bin ich nach Deutschland gegangen, und aus Deutschland geflohn? Um mich zu retten? Und die Folter der Erinnerungen..."

„Vergiß!" riet Cäsar.

„Rede davon!" riet Musiek.

„Wovon reden? Was vergessen? Ihr geht in diesem zusammengekehrten Menschenhaufen umher, als wäret ihr zu Zeugen Gottes bestellt, gebührenfrei, und könntet morgen die Gerichtsverhandlung verlassen. Und so habt ihr euch immer im Leben betragen, als seiet ihr nur Gäste auf Erden, und wohlwollende Zuschauer. Und nach dem Schauspiel des Tags und seines Grauens geht ihr schlafen und habt einen gesunden Schlaf."

Eines Nachts wurden die Gefangenen zweimal aus dem Schlaf geschreckt. Ein älterer Mann hatte beim Versuch, im Finstern auf allen Vieren von den obern Bänken herunterzukriechen, sich den Hals gebrochen. Offenbar hatte der Alte gegen das strikte Verbot zu den Kotfässern schleichen wollen. Ein Gefangener auf den er gefallen war, hatte aufgeschrien, un mort! un mort! war aber verstummt, als die aufgeschreckten Schläfer nah und fern brüllten: Maul halten! Gendarmen, die mit Taschenlampen zu zweit patrouillierten, schleppten den Kadaver fort.

Es war eine regnerische, finstre Nacht. Als ein neuer Lärm begann und jemand zu brüllen anfing: A l'aide! A l'aide!, ging es wie ein starkter Wind durch die Tausend und Zehntausend, ein Murmeln, Schelten, Rufe, Gelächter, Stöhnen und Worte in vielen Sprachen und Dialekten. Viele schrien: Es heißt au secours! Durch den sprachlichen Irrtum klang der Hilferuf des Einzelnen um so entsetzlicher. Manche fluchten durcheinander auf deutsch und französisch. Ein Bayer begann zu jodeln. Viele schrien entrüstet: Maul halten! Ruhe! Silentium! Silence!

Andre begannen aus pädagogischen oder philologischen Gründen im Chor zu rufen: Au secours! Gendarmen kreischten. Ein Schuß ertönte. Für eine halbe Minute ward es totenstille. Dann begann der fürchterliche Mensch irgendwo im Finstern mit gellender Stimme zu rufen: A l'aide! A l'aide! Und die Hölle brach los.

Tausend und Zehntausend schrien um Hilfe, heulten, imitierten Musikinstrumente und militärische Kommandos, begannen Chorlieder zu singen, es nahm kein Ende. Reihenweis begannen die Häftlinge zu lachen, andre hielten den Lachenden ihre Bosheit vor. Die Hysterie lachte aus den Tausend und Zehntausend. Aber mühelos besiegte sie der textlich falsche Hilferufer. Wie eine Lerche schwang sich sein Schrei in die Lüfte: A l'aide! A l'aide!

Die kleinen Taschenlampen der Gendarmen sahn wie die Augen der Finsternis aus, sie machten alles nur finsterer. Mit ihren Gummiknüppeln hieben die Gendarmen auf die Köpfe und Füße derer, die unter den untersten Bänken lagen. Diese drängten nach oben, die oben stießen nach unten. Das Gewirr, Gedränge und Geschrei wurden immer größer. Die Gendarmen trauten sich nicht zwischen die Bänke; im Finstern fürchteten sie, zerissen zu werden. Stundenlang heulten die Tausend und Zehntausend, angeführt von ihrem hysterischen Chorführer: A l'aide! A l'aide!

Es klang wie der symbolische Hilferuf aller Zivilisten gegen den Kriegsgott und seine Helfershelfer.

Die braven Bürger von Colombes standen in ihren langen Nacht-hemden an ihren nur noch halbverfinsterten Fenstern und lausch-ten dem grauenvollen Geheul der germanischen Bestien. Am andern Tag beschwerten sich die Bürger bei der Regierung in Paris. Der Hysteriker mit dem ungebräuchlichen Hilferuf kam in ein Hospital; man erzählte, es sei ein morphinistischer Arzt, der durch seine sen-sationelle Aufführung zu Morphiumspritzen hatte gelangen wollen, was ihm auch wahrscheinlich geglückt war. Unter die Häftlinge ver-teilte man frisches Stroh, als wollte man aufgebrachte Esel besänfti-gen.

Am Morgen fand die Gruppe Musieks ihren Gruppenchef nicht. Nach einigen Suchen entdeckte man seinen Leichnam hinter einem Treppenverschlag. Während der Höllennacht hatte er sich mit einem Brotmesser die Pulsadern aufgeschnitten, und war verblutet. Die Gendarmen schafften ihn fort.

Und er war im Konzentrationslager von Colombes glücklich gewesen. Als nämlich die Verordnung erschienen war, hatte er wie-der mal einen Ausweisungsbefehl erhalten und wäre binnen 24 Stunden ins Gefängnis gekommen, da er kein Land hatte, in das er ausreisen konnte. Er kannte bereits die Gefängnisse vieler Länder.

Aus einem deutschen Konzentrationslager war er entflohen und über die ‚grüne Grenze' nach Holland gegangen. Die Holländer hat-ten ihn scharf verwarnt und nachts an die belgische Grenze geführt. Als ihn die Belgier betrafen, hatten sie ihn für vierundzwanzig Stun-den bei Wasser und Brot eingesperrt und dann heimlich zur französi-schen Grenze gebracht, und ihn scharf verwarnt und abgeschoben. Die Franzosen, die ihn beim Versuch betrafen, ohne Visum ihr Land zu betreten, sperrten ihn für drei Wochen ins Gefängnis und brach-ten ihn dann schwarz über die Schweizer Grenze, nachdem sie ihn zuvor scharf verwarnt hatten. Die Schweizer sperrten ihn nur für vier Wochen ein, bei guter Kost, und brachten ihn dann heimlich über die französische Grenze. Als ihn die Gendarmen mitten in Frankreich fanden, ohne Papiere und Visum, verprügelten sie ihn, warfen ihn ins Gefängnis und ließen ihn bei armer Kost sechs Monate liegen, dann brachten sie ihn unter scharfer Verwarnung heimlich über die belgische Grenze. Die Belgier gaben ihm zwei Monate und Fußtritte und wenig Fleisch im Gefängnis, sie schoben ihn nach Holland. Die Holländer schoben ihn in derselben Nacht nach Belgien ab. Er sprang auf einen Güterzug und kam nach Frankreich. In Paris erwischten sie ihn und prügelten ihn halbtot; und sperrten ihn ein, bis ihn ein Flüchtlingskomitee befreite, und ihm ein ordentliches Refoulement verschaffte, mit fünf Tagen Frist, bis zum neuen Refoulement, und schließlich einer ordnungsmäßigen Expulsion. Dabei hatte der Arme noch Glück, daß die vier Länder nur Ball mit ihm spielten, ohne ihn an die Nazis abzuschieben, die ihn zu Tod geprügelt hätten.

Natürlich war der arme Teufel im Unrecht, und die unschuldigen Grenzbehörden in den verschiedenen zivilisierten Ländern im Recht.

Der arme Gruppenchef hatte einstmals eine starre preußische Natur besessen, er trug auch eine altpreußischen Namen, Theobald von Kleist. Als ihm seine Freunde in Deutschland geraten hatten, passe dich doch den Nazis an, wie wir alle, da hatte der treffliche Mann erwidert: „Ich soll tun, was der Staat von mir verlangt, und doch soll ich nicht untersuchen, ob das, was er von mir verlangt, gut ist? Zu seinen unbekannten Zwecken soll ich ein bloßes Werkzeug sein – ich kann es nicht."

Zu Colombes erzählte er jedem seine stolze Antwort. Wenn er merkte, daß viele ihm nicht glaubten, oder frechere ihn ungeduldig fragten, nun aber im Ernst, warum sind Sie eigentlich emigriert, da Sie doch kein Jud, kein Kommunist oder Sozialdekomkrat, kein Pazifist, kein Demokrat waren, da sagte er wehmütig: „Die Wahrheit ist, daß mir auf Erden nicht zu helfen war."

Als tapferer Mann hatte er Deutschland verlassen, aber das Exil war für ihn nur eine Folge von Fußtritten, Brotschnitten und Gefängnisstrafen samt nachfolgenden Zwangsabschiebungen und hatte ihn gegen alle Uniformträger unterwürfig gemacht. Um nicht wiederum aus einem Land buchstäblich hinausgetreten zu werden, war er schließlich bereit, alles zu tun, was man von ihm verlangte, sogar eine Kleinigkeit mehr. Die Mitglieder seiner Gruppe sagten ihm nach, der denunziere sie heimlich dem Leutnant von deuxième bureau, dem Spionageabwehrbüro der französischen Armee.

Einige aus seiner Gruppe hatten nun, wie sie nachträglich gestanden, die unruhige Nacht benutzt, um den armen Teufel jämmerlich zu verprügeln, bis er schwor, von seinem Posten als Gruppenchef am andern Morgen zurückzutreten. Um der öffentlichen Schande zu entgehn, hatte er auf seine Weise Wort gehalten.

Mit Genehmigung des französischen Leutnants wählte die Gruppe zum neuen Gruppenchef einen jungen Kommunisten, von dem jeder wußte, daß er Kommunist war, was er aber um keinen Preis zugeben wollte, weil er fürchtete, die Franzosen würden ihn wie alle zugestandenen oder mutmaßlichen Kommunisten in eines ihrer Straflager zu den Berufsverbrechern und Spionageverdächtigen stecken.

Trotz seiner unglücklichen Neigung, bei jedem Appell kernige Ansprachen zu halten, ward der neue Gruppenchef gleich beliebt. Musik und die andern ältern Herrn hatten es gut unter ihm, weil er sie nicht zu körperlichen Arbeiten heranzog. Er hieß Franz Müller, oder wie manche behaupteten, Franz Schulze. Ein Gewerkschaftssekretär und ehemaliger Freund Scheidemanns flüsterte aber jedem zu, ihr Gruppenchef heiße in Wahrheit Fritz Mayr.

Schon am zweiten Tag seiner Herrschaft rief der neue Gruppenchef Musik zu einem Gang in den äußern Hof mit. Solch ein Gang war im öden Einerlei ein Abenteuer ersten Ranges. Auf Befehl des französischen Leutnants begleitete der Gruppenchef einen Vater samt seine beiden Söhnen, zwei pickligen Jünglingen von achtzehn und neunzehn Jahren. Der Vater, ein freundlicher Herr mit Goldkneifer und einem paraten Zitatenschatz, war ein Gewürzgroßhändler aus Bremen namens Konrad Wurmer; dessen Frau hatte es verstanden, eine Begegnung mit ihrem Gatten und beiden Söhnen im äußern Hof durchzusetzen. Da stand sie auch schon, mit einem Pudel an der Leine, eine geschminkte, etwa vierzigjährige Dame mit Federhut und zwei blitzenden Goldzähnen. Sie winkte ihnen mit beiden Händen und eröffnete sogleich, sie habe bestimmte mündliche Zusage vom Lagerkommandanten erhalten, ihr Mann werde binnen wenigen Wochen entlassen werden, falss nur ihre beiden Söhne für fünf Jahre sich zur Fremdenlegion verpflichten möchten.

Die beiden pickligen Jünglinge glotzten ihre hübsche Mama an, und ihren Pudel, dann den Vater, und schließlich einer den andern, ja in ihrer äußersten Verlegenheit sogar den Gruppenchef und Musiek. Der Leutnant vom deuxième bureau hatte sich auch eingefunden; er stand paar Schritte abseits und guckte in die Luft, als verstünde er kein Deutsch (er verstand es, und war obendrein korrupt!).

Dann erklärte der ältere Bruder, Theo, er sei ja bereit, mit der Waffe in der Hand gegen die Nazis zu kämpfen und habe sich auch mit seinem jüngeren Bruder freiwillig zur französischen Armee gemeldet, zu den regiments de marche, den Ausländerregimentern. Der andere Jüngling nickte mit dem Kopf. Er hieß Max. „Theo hat recht," sagte er.

„Das ist ja Schwachsinn," erklärte die aufgebrachte Mama. „Die französische Armee hat wohl gerade auf euch gewartet. Nie, sagte mir eben der Herr Leutnant," (und sie schenkte ihm ein kokettes Lächeln), „nie kommt ein deutscher Flüchtling in die französische Armee."

„Nein?" fragte Theo. „Auch gut."

Und Max nickte dazu.

„Sprich du zu den Jungens," rief die Mama zum Papa, der schwer atmete, als fühle er sich nicht wohl.

„Wenn die Jungens kein Verständnis haben," sagte der Papa, „ich kann sie ja nicht zwingen. Wer nicht hören will, muß fühlen. Und ein Vater ernährt leichter sieben Kinder, als sieben Kinder einen Vater. Wenn sie erst vor meiner Leiche stehen werden..." Die Worte oder sein Gedächtnis verließen ihn.

„Hört ihr?" fragte die hübsche Mama. „Oder hat euch eine Wölfin geboren? Pappi wird in dieser Umgebung sterben. Erst vorigen Winter hat er die Grippe gehabt. Und Tag und Nacht liegt er in Sonne und Regen auf faulem Stroh und ißt seit vierzehn Tagen nur Leberkäs und Brot."

Sie wandte sich auf französisch zum Leutnant um Hilfe. „Die Jungens haben es mir selber geschrieben. Und sie könnten es nicht mitansehn, wie ihr Pappi leiden muß. Und ein Gendarm hätte ihren Vater wie einen Sack geschüttelt, weil er eines der Abtrittsfässer nicht schnell genug durchs Lager getragen hat, und der Dreck durchweichte seinen Anzug. Als die Jungens das zufällig sahn, und herbeiliefen und an seiner Stelle das Abtrittfaß tragen wollten, hat der Gendarm sie weggejagt, und als sie ihm sagten; Monsieur! Monsieur! Wir sind seine Söhne. Und Papa ist krank! – Da hat der Gendarm geäußert: Und warum seid ihr nicht alle bei eurem Hitler geblieben, und einmal boche immer boche. So haben sie es mir geschrieben. Ja, wollt ihr zusehn, wie sie euren Papa ins Abtrittfaß werfen? Sind das eure Ideale?" fragte sie, wieder auf deutsch. „Dazu haben wir die teure Erziehung bezahlt, Universitäten, und die Kost, primaprima, und Fahrräder und Taschengeld? Und jetzt wollt ihr euch beide drücken? Ihr seid keine anständigen Söhne. Vatermörder, das seid ihr, und Muttermörder! Eure beiden Kameraden da schämen sich für euch."

„Das ist der Schriftsteller Richard Musiek," sagte Theo. Und Max nickte und sagte: „Schulze ist unser neuer chef de groupe; den alten haben wir nämlich..." Er verstummte, unter einem fürchterlichen Blick des Bruders.

„Da seht ihr, wie euer chef de groupe kein gutes Wort für euch findet!" erklärte die Mama unbeirrt. Der Pudel bellte kurz und verachtungsvoll. Gewürzhändler Wurmer legte die Hand auf die Schulter der hübschen Gattin und bat: „Reg' dich nur nicht auf, Muttchen; sonst bekommst du wieder deine Zustände!"

Der Gruppenchef brummte, ihn solle die Dame gefälligst aus dem Spiel lassen. Er höre gar nicht auf das alles hin, was sie zusammenredeten. Überhaupt müsse er jetzt zur Postverteilung, sonst bekäme die ganze Gruppe heut keine Post mehr.

„Gewissenlos, das seid ihr," sagte die Mama zu ihren Söhnen, als habe sie jetzt erst das passende Wort gefunden. Sie kam langsam in Fahrt. „Gott hat gesagt, wer seinen Vater und seine Mutter nicht ehrt..."

„So," sagte Theo. „Ausführlich muß ich dir wohl zu Gemüte führen, was wir von dieser ganzen Affäre mit der Fremdenlegion eigentlich denken, Maxe und ich; und wie wir, denken viele in dem Scheißlager."

„Pst!" machte Max und wies mit dem Kopf auf den Leutnant.

„Der Leutnant versteht kein Deutsch," erklärte recht laut Theo. „Hat er selber gesagt. Und ein französischer Offizier lügt nicht; hat er selber gesagt. Und der chef de groupe denkt nur an seine Postverteilung, und ob ihm seine Luise wieder Hartwurst geschickt hat. So ist der. Und das ist nur eine gemeine Erpressung, was die mit uns treiben. Das sind nämlich die Söhne der Anti-Dreyfusards, lauter Antisemiten, Reaktionäre und Royalisten. Jedes Land sollte sich schämen, einen Ausländer kämpfen zu lassen, und ihn nicht einzubürgern. Das wollen die aber gerade, fallen sollen wir in der Fremdenlegion, wie Hunde in der Wüste verscharrt werden, aber ohne Anrecht. Und auf hungrige Araber schießen, die in den Oasen bei sich zuhause Datteln stehlen, von den Palmen herunter. Pappi hat gesagt, sein blühendes Geschäft in Bremen gibt er auf, samt Haus und Vaterland, Freunden und ihm noch zukommenden Steuerrückflüssen. Und darum tut er es, hat er gesagt: Damit seine Kinder nicht zu Mördern werden. Früher hieß es, bleibe im Lande und nähre dich redlich. Heut bleiben die Unredlichen im Lande und hauen die Redlichen zu Tode. Und bleibe er in Deutschland, hat Papa gesagt, so müsse er unvermeidlich seine Kinder in die Hitlerjugend senden, und von da kämen sie automatisch sozusagen zur S.S. oder Gestapo, den Schlächtern aus rassischen Gründen. So hat Papa gesprochen, so hat Papa gehandelt, dafür haben wir Papa respektiert. Und ein französischer Gendarm kann unsern Vater nicht demütigen, unter gar keinen Umständen. Der kann nicht ungeschehn machen, was Papa für uns getan hat."

„Kann er nicht?" fragte die hübsche Mutter. „Aber die allzuschweren Mistfässer tragen lassen, und euch wegschicken, wenn ihr eurem Vater beistehn wollt, – das kann er? Und wenn ihr ihn so in seinen frühen Tod treibt, so mache ich ein Ende mit Schrecken, und ich bringe mich um, das gebe ich euch schriftlich. Dann könnt ihr euch vielleicht aber nur gratulieren? Pappi ist gar nicht arm, und ihr seid die Erben. Vielleicht fungiert auch das irgendwo in euren ungeschriebenen Rechnungen, unterbewußt, wie euer Freud sagt."

„Unser Freud?" schrie voller Empörung Theo. „Wieso unser Freud? Laufen wir zu allen Psychoanalytikern?"

„Mutti," begann Max. „Du hast Theo bloß nicht verstanden. Wie Menschen wollen wir behandelt werden. Darum sind wir in das noble Frankreich geflüchtet, das Land der Menschenrechte. Und es ist ein hübsches Land, und ein zivilisiertes Volk. Und wir lieben das Land, und die Leute. Mit Frankreichs Söhnen wollen wir kämpfen, in Frankreichs regulärer Armee, und fallen, wenn es uns Gott bestimmt hat. Mutti, im Lager liegen neben uns ehemalige Fremdenlegionäre mit den höchsten Auszeichnungen und zeigen ihre Wunden und Orden – einer hat kein Bein, einer nur noch ein Auge, auf Frankreichs Schlachtfeldern verloren – und die Franzosen verachten sie ärger als uns – Mutti!"

„Das Testament eures Vaters liegt beim Anwalt René Grunspach auf dem Boulevard Montparnasse," sagte die Mutter und pfiff ihrem Hund.

Kurz, die Jungens gingen mit dem Leutnant vom deuxième bureau in die Baracke und unterzeichneten ihr Gesuch zum Eintritt in die Fremdenlegion für fünf Jahre. Dann kamen sie zurück, mit roten Augen, als hätten sie geweint. Mutter und Vater umhalsten und küßten sie, die Schlachtopfer aus Kindesliebe.

Dann trieb der Gruppenchef Schulze die Jungens und den Vater samt Musiek in die Arena zurück, zur Postverteilung. Vor dem Vater und den Söhnen sagte Schulze ungeniert zu Musiek: „Sie sind ja ein Schriftsteller. Passen Sie nur gut auf und vergessen Sie nichts. Wenn Sie nämlich noch mal rauskommen, und in ein Land, wo man Sie schreiben läßt, was Sie gesehen haben. Und jetzt frage ich Sie bloß: Sind Sie immer noch so ein Stockliberaler? Inmitten dieser bürgerlichen Gesellschaft, die am meisten stinkt, wo es so dekorativ ausschaut? Und unsere Brüder in allen Ländern dürfen sich keine Hand reichen? Und die Diktatur des Proletariats ist ein Verbrechen an Ihrer bürgerlichen Freiheit? Aber eure Fremdenlegionäre und kapitalistischen Kriege und internationalen Schlachtopfer sind keine

Anzeichen einer verkehrten Gesellschaftsordnung? Das sind nur so die regulären Arbeitsunfälle in eurer Zivilisationsfabrik?"

„Der Mensch ist ein mittleres Wesen, mit mittleren Idealen und mittleren Möglichkeiten," antwortete bedenklich Musiek. „Die Menschen sind schwer zu ändern, die Gesellschaft ist nur ein Notbehelf, kunstvoll, aber auf Sand gebaut. Übrigens gibt es verhältnismäßig selten wirklich böse Menschen. Die Umstände machen uns böse."

„Wollen wir vielleicht also die Umstände ändern?" fragte der Gruppenchef, und begann gleich darauf, maßlos zu fluchen. Es war natürlich schon zu spät zur Postverteilung. „Wartet!" rief er und ging in eine andre Baracke.

„Der kennt nämlich einen Unteroffizier, der ist von derselben Richtung," erklärte Theo dem ungeduldigen Musiek. „Die halten ja alle zusammen."

„Tun die das?" fragte Musiek. „Schön von denen."

Am andern Morgen kam der Befehl, in einer Stunde marschbereit zu sein. Die Gruppenführer riefen ihre Gruppenmitglieder bei Namen auf und zählten sie, und dann standen alle stundenlang herum, bis man sie wieder im Laufschritt zur Arena heraustrieb. Außen standen hunderte Autobusse bereit. Schwerbewaffnete Gendarmen verfrachteten die Gefangenen in die Autobusse und stiegen ein.

Mit Strohhalmen in den Haaren und verkrumpelten Kleidern und aufgequollenen Bündeln fuhren die Emigranten unter Polizeibedeckung zum letzten Male durch das schöne Paris, die Stadt die fast alle geliebt hatten, mit oder ohne Expulsion.

Es war so ein ängstliches Gefühl, die sonnigen Straßen unter den grünen Bäumen zu sehn, und Soldaten mit Kinderwagen, und Mädchen in Automobilen und all die freien Franzosen, die sich nach den Autobussen mit den Gefangenen umdrehten. Da war der Bois, da der Arc de Triomphe. Vor den Kaffeehäusern in den Champs Elysées saßen immer noch die Ausländer, nur die Deutschen und Österreicher und Saarländer fehlten. Von der Place de la Concorde sahn sie die Seine mit Brücken und Uferbäumen, und die Notre Dame. Schon waren sie am Hintereingang eines Bahnhofs. Ein paar Zivilisten blieben stehn und riefen: da bringen sie deutsche Spione, und: Hängt sie!

Rasch trieb man die Häftlinge in leere Waggons, die Gendarmen stießen und fluchten. Die Bahnsteige waren von Soldaten mit aufgepflanzten Bajonetten bewacht. Auf einem erhöhten Übergang standen freie Zivilisten und schüttelten ihre Fäuste gegen die gefangenen Zivilisten.

„So weit hast du es gebracht, lieber Onkel!" sagte Cäsar, der neben Musiek und Alexander am Fenster ihres verschlossenen und von Häftlingen überfüllten Abteils stand. „Die armen Leute halten dich für die Ursache ihres Unglücks. Und die Mächtigen verfolgen dich als ihren Feind. Erst geschah dir das in Deutschland, nun in Frankreich. Hast du dich darum von allen Radikalen ferngehalten? Man muß mit den Menschen Geduld haben, sagst du. Das eben macht die Leute ungeduldig, scheint es. Da bist du nun zum Spott geworden, mit deinem Weltruhm. Und warum hast du dich nie besser in Positur gesetzt? Du willst weder der Masse noch den Mächtigen schmeicheln? Lieber sagst du die Wahrheit als das Erfreuliche? Lieber schweigst du, als den Afterweisen zu spielen? Stolz in deinem Kämmerchen, warst du auf dem Markte bescheiden. Unter Kennern giltst du; aber mit der Kälte von Kennern überlassen sie dich dem Spott der Menge, da du mit deinen Talenten weder Geld noch Einfluß noch Macht erwerben wolltest. Dir bleibt das schiere, scheele, schale Schattenglück der Nachwelt. Armer Onkel Musiek! Wärest du weniger rechtschaffen gewesen..."

„Da ist Uli..." antwortete Musiek. Wirklich stand sie unter den drohenden Passanten auf der Eisenbahnüberführung. Wie kam sie hin? Vielleicht hatte sie vom Transport erfahren, oder die Autobusse zufällig gesehn, als sie dem Mann und Neffen ein Paket ins Lager hatte bringen wollen, und war ihnen in einem Taxi nachgefahren. Sie sahen Ulis Miene. Sie glaubten ein Lächeln und Tränen zu erkennen. Tapfer stand sie zwischen den ergrimmten Franzosen und winkte. Sie hatte einen Strauß mit Astern in der Hand. Als Musiek und Alexander und Cäsar ihr zuwinkten, ließ sie langsam eine Aster herunterfallen, und eine zweite und dritte, und zerpflückte den ganzen

Strauß so, als seien es Tage und Jahre, die sie herabfallen ließ, und jede einzelne Blume war wie ein Kuß, wie ein ganzer blühender Tag, wie ein schmerzlich versinkendes Jahr.

Ohne Vorbereitung begann der Zug zu fahren, die Gendarmen schrien, und im äußersten Moment begann Uli zu rufen. Musiek und seine Neffen sahn Ulis Rufe und verstanden sie, ohne sie zu vernehmen.

Nach einer Weile räumten Musiek und seine Neffen ihre Sitzplätze andern ein, die erschöpft schienen. Alle waren durstig, hungrig und müde. Der Zug fuhr und hielt und fuhr, niemand wußte wohin; nur daß sie in neue Konzentrationslager kamen, wußten sie, in ungerechtfertigte Gefangenschaft, und neuen Demütigungen und Plagen entgegen.

Die Nacht saß auf Äckern und Wäldern. Die Gendarmen gingen zur Kontrolle durch die Abteile. Der Zug fuhr, und außen lief der Mond mit, manchmal hinter Wolken. Es rüttelte stärker, es roch nach Sklaverei, die Räder und die Gefangenen stöhnten. Musiek und seine Neffen standen am Ende des Wagens und rauchten zusammen ihre letzte Zigarette.

Und Alexander sagte zu Cäsar: „Immer wirst du doch die Situation meines Vaters verkennen. Musiek ist jenen Gerechten verwandt, auf denen die sittliche Welt beruht. Ohne sie wäre die Menschheit ein Leviathan. Musiek ist ein Bildner des Schönen, ein Worteschöpfer und Sprachbauer. Und er ist ein guter Mensch. Seinesgleichen macht das Leben unter Menschen erträglich und zuweilen zu einer Wonne. Er ist ein trefflicher Vater. Ohne ihn gehörte ich heut zu den Unrechttuern, die sich des Unrechts noch berühmen, zu den anmaßenden Ideologen des Unrechts, den Systematikern der Ungleichheit unter Menschen, den Auslegern der Welt zu ihrem Vorteil. Ihm verdanke ich aber, daß ich stattdessen zu den Leidenden und Empörern gehöre, zu jenen, die nicht dem Unrecht zusehn wollen, das andre Menschen erleiden. Gott behüte uns davor, unter ungerechten Leiden zu Barbaren zu werden. Wir sind zur Glückseligkeit geboren. Da haben sie mich in Buchenwald beinahe erschlagen. Ich floh ins süße Frankreich zu meinem Vater Musiek, der für Frankreich und Deutschland war, nämlich fürs Gute in beiden Ländern. Und was tut Frankreich, wenn Deutschland in die Hände der Barbaren fällt? Es verfolgt die Verfolgten. Und es ist ein zivilisiertes Land, und die Franzosen sind gute Leute. Wo ist also der Unterschied zwischen Menschen? Wenn die Guten wie die Bösen handeln, und die Zivilisierten zu den Barbaren in die Schule gehen?"

„Ideale muß man in der Hölle haben," erklärte Cäsar lachend. „Auf Erden taugen nur die gemischten Naturen, die gemischten Gefühle und Ideen. Welch komisches Jahrhundert! Wie recht hatte mein Vater, daß er darüber gelacht hat!"

Es war hell geworden. Cäsar erklärte, das Gras auf den Wiesen sei grün wie nie zuvor, und der Himmel so blau wie nie mehr wieder. Schließlich hielt der Zug endgültig. Die Gendarmen sprangen vom Zug und brüllten. Langsam stiegen die Gefangenen aus, formierten einen langen Zug und begannen zu marschieren. Sie marschierten durch viele Dörfer, wo die Hunde und die Kinder ihnen eine Strecke weit folgten. Über den staubigen Landstraßen stieg die Sonne höher und brannte. Die schweren Packen drückten auf die Schultern der hungrigen Häftlinge, es zog ihre Arme herunter, ihre Sohlen und Schläfen brannten.

Endlich blieben sie vor einem großen Gehöft stehn. Ein Soldat öffnete ein Gatter. Man trieb sie in einen eingezäunten Hof hinter Stallgebäuden. Der chef de groupe verlas ihre Namen, ob ihm auch keiner fehle. Einer der Ställe wurde geöffnet. Einige Häftlinge mußten ihn säubern; andre zogen mit Eimern zum Dorfbrunnen um Wasser; andre in den Wald für Reisig. Das Dorf schien leer; die Bauern waren im Krieg oder bei der Ernte; nur paar alte Weiblein glotzten hinter Pfosten und Fenstern vor.

In diesem Hof und Stall blieben die Häftlinge drei Monate lang. Einige bekamen Briefe und Pakete dort, andre die Diarrhöe. Sie hatten auch eine Arzt in der Gruppe, einen Flüchtling, der nach Malta emigriert war, und dort ein britischer Bürger geworden war; er hatte schon geschworen, aber seinen britischen Paß noch nicht ausgefertigt bekommen; inzwischen war er nach England gefahren, um irgendwelche Familienmitglieder zu besuchen. Auf der Rückreise nach Malta war er in Paris vom Krieg überrascht worden; der Polizei-kommissar in seinem Arrondissement hatte ihn nach Colombes gesandt, für paar Stunden, hatte der Kommissar versichert. Nun war-tete er seit Monaten, sozusagen von Stunde auf Stunde, auf die Aner-kenntnis seiner britischen Staatsbürgerschaft. Auf britischem Boden war er Brite, aber die Franzosen waren Formalisten. Für uns, erklärten ihm die Offiziere, zu denen er vordrang, sind Sie ein boche.

Vergeblich versuchte er übrigens, bei den Offizieren Medizinen für seine Kranken zu erwirken, oder gar den Abtransport der schwe-ren Fälle in ein Militärspital. Schließlich bekam er selber die Diar-rhöe und fieberte in dem Ziegenstall, wo die Kranken neben den Gesunden lagen. Der chef de groupe ging zum Leutnant und bat, den Malteser Doktor in ein Spital zu überweisen, er werde täglich schwä-cher, und sein Gesicht immer gelber und spitzer. Der Leutnant lächelte maliziös und meinte, Diarrhöe, daran sterbe man nicht so geschwind, und im Krieg brauche man die französischen Spitäler für die französischen Soldaten.

Der Malteser Doktor starb.

Als ihn die Häftlinge neben sich im Stroh liegen sahen, tot aus Unverstand der Behörden, wollten sie rebellieren. Besonders erbit-terte sie der Umstand, daß er gar nicht mehr zu ihnen gehört hatte, er war ja schon ein Brite, ein Malteser. Der chef de groupe redete ihnen die Rebellion aus. Sie kämen nur alle in ein Straflager, und was hätte der Tote davon? Das spitze, gelbe Gesicht des Toten blickte fremd und streng. Jemand hatte ihm die Hände auf der Brust gefaltet, sie sahn erbarmungswürdig aus. Ein Rabbiner in ihrer Gruppe sprach ein Vaterunser. Musik mußte die Leichenrede halten.

Nur der Gruppenchef kannte den wahren Namen des Malteser Doktors, Friedrich Kammerer; er hatte ihn immer nur als Doktor Malta aufgerufen, so hatten ihn die Kameraden gekannt. Erst Musik fragte nun danach.

Niemand wußte die Adresse des Doktors. Nie hatte er Post erhal-ten. Niemand wußte, ob er verheiratet war oder Kinder hatte. Nur daß er Familie in England gehabt hatte, wußte man, aber wo und wen?

Die Häftlinge sagten vorwurfsvoll, man müsse doch jemanden benachrichtigen. Man könne einen Toten nicht einfach tot sein lassen. Er war so ein anständiger Mensch, sagten sie, mit so feinen und stillen Manieren, und schweigsam. Sein Lächeln war so sanft. Stets wußte er seinen Kummer zu verbergen, aber er hatte Kummer, jetzt schien es allen klar. Stets schien er nur für des andern Kummer sich zu interessieren. Allen half er, allen riet er, allen gab er seine Pillen und Tropfen und Pulver. Tag und Nacht saß er bei den Kranken. Und als er selber im Stall krank gelegen war, hatte er so herzlich für die geringste Handreichung gedankt, war klaglos dagelegen und hatte so sanft gelächelt.

„Ein Märtyrer," sagte Musik am Abend in seiner Totenrede im Hof, „ein Märtyrer, aber wider Willen. 1933 hat er Deutschland verlassen, aber warum? Nach England hätte er nicht fahren sollen, aber er wußte ja nicht, daß ihn der Krieg in Frankreich überraschen würde, und er kannte die Franzosen nicht, und wer von uns wußte schon vor dem Krieg, wie tief die Völker der Welt bereits gesunken waren, angesichts der düstern Beispiele der faschistischen Nationen. Wir haben neben ihm gelebt. Neben uns stand er an dem kleinen Bach, der mitten durch unsern Hof fließt, und entblößte den Oberkörper heimlich wie wir alle; denn die Bauern haben gegen unsern unsittlichen germanischen Drang protestiert, uns bis zum Gürtel zu waschen. Nachts lag der Malteser im Ziegenstall und hatte deine Füße im Gesicht, weil wir ja eng beisammen wohnen. Wir wissen, wie er saß und aß, wie er sich niederbückte und seufzte; und wie er aussah, wenn er nachdachte. Aber wir kennen seine Seele nicht, und auch seine Geschichte nicht. Das kränkt uns. Denn wir sind neugierig. Das ist uns vom äußern Leben geblieben. Wir wollen einander rasch einreihen können, um uns rasch von einander abwenden zu können. Schnell fertig mit einander, mit dem Leben der andern, und dem Tod der andern, wollen wir aber genau Bescheid wissen und unsere kleine, gemeine Ordnung haben. Unser Freund ist tot, so wollen wir die Witwe trösten. Aber wir werden sein Grab nicht sehn, und nicht erfahren, wen er hinterläßt. Einmal hat er von einem Zug gesprochen, den er in Paris versäumt hat, sonst hätte er den Schweizer Zug erreicht und wäre über Italien nach Malta entkommen. Da wäre er jetzt ein stolzer Brite! ein lebendiger! Und alle sagen, er war ein feiner Mann, alle haben ihn verloren, und einen Doktor obendrein; wer nun krank wird, muß vielleicht sterben, ohne einem Doktor die Zunge gezeigt zu haben. Und wen klagen wir an? Die Franzosen? Die Engländer? Oder uns? Und vielleicht werden wir alle in der Gefangenschaft noch daliegen wie unser Malteser Freund, Friedrich Kammerer; so hat er geheißen; nicht einmal das haben wir von ihm erfahren. Vielleicht aber werden wir gerettet werden, wenn nämlich unsere Freunde, die Alliierten, gegen unseren Feind Hitler siegen werden. Und dann werden wir vielleicht aus diesem Stall und hinter diesen Zäunen hervorkommen und werden unsere Plagen und Demütigungen vergessen und böse oder gleichgültig sein, wie wir es gewöhnlich sind. Aber vielleicht wird einer oder der andre auch draußen an die Füße dieses Toten denken, von denen ein Häftling oder ein französischer Soldat in der ersten Eile die wunderschönen, braunen Stiefel heimlich gezogen hat, weil sie im fetten Schlamm auf den Gütern an der Loire so nützlich sind. Und er wird an die Löcher in den grauen Socken dieses Toten denken, und an die gelben Zehen, die hervorguckten und so gelb und verraten aussahn, und er wird sich vielleicht geloben, daß er noch vor seinem Ende und ehe er so daliegen wird wie dieser Tote, so unbekannt und verlassen, zuvor nochmals rebellieren wird gegen die kalte, tötende Gleichgültigkeit der Menschen!"

Nicht einmal zum Grab durften ihn seine Kameraden tragen. In einem Kohlensack schleppten die Soldaten den Malteser Doktor ab, als wollten sie ihn stehlen. Ein paar Häftlinge standen herum und starrten hin oder blickten weg. Einer begann auf deutsch zu fluchen. Einer sagte zum Abschied: merde, Doktor! Das war ihm von sieben französischen Jahren geblieben: merde! Einer wischte sich mit dem Ärmel die Augen.

Später kam die Gruppe auf eines der Schlösser an der Loire, natürlich nur in die verfallene Scheune. Es hieß la Rocherie. Sie errichteten sich Mistgruben, und wurden zu den umliegenden Bauern geführt, zur Sklavenarbeit, unbezahlt, und mit bewaffneten Aufsehern, mit wenig Kost und in ihren zerschlissenen Zivilanzügen, die sie nicht wechseln konnten; sie hatten nur jeder einen Anzug bei sich. Die Anzüge wurden immer zerschlissener, wie ihre Seelen immer mehr zerfaserten.

Um neun Uhr trieb man sie in die Scheune, da lagen sie auf Stroh, ohne Licht und Decken und Hoffnung. Aber es waren Bäume um sie herum, und der Sternenhimmel über ihnen, und gegen das Verbot konnten sie im Schloßpark spazieren gehen. Und der Herbst an der Loire war königlich, mit blauen, strahlenden Himmeln. Und wenn ein Leutnant kam, fragten sie: Was sind wir? Zivilgefangene? Und schützt uns das Rote Kreuz?

Im Januar kam Musik, um zwanzig Kilo leichter, nach Paris zurück, dank den Bemühungen von Uli und des französischen P.E.N. Club. In Paris erfuhr Musik, daß manche Freunde es schlechter hatten, als er es gehabt hatte, sie lebten in Zelten auf sumpfigem Boden, oder hatten korrupte Kommandanten, die an ihren Suppen sich bereicherten, oder konnten sich von der Diarrhöe nicht erholen.

Cäsar war schon vor der Entlassung Musieks von ihm und Alexander getrennt worden. Von einem Tag zum andern kam er nach Le Vernet, ins Straflager, zu Kriminellen und Kommunisten, die bei Prügeln und Wassersuppen hinschmachteten.

Musik erlebte in Paris den Sitzkrieg, (drôle de guerre!) und den Beginn des Blitzkriegs, ab 10. Mai 1940.

Am 15. Mai 1940 kam er mit den letzten noch freien deutschen und österreichischen Flüchtlingen in neue Konzentrationslager, zuerst bei Paris, und als die Deutschen sich Paris näherten, in die Provinz. Am selben Tag mußte auch Uli in ein Konzentrationslager für deutsche und österreichische Emigrantinnen im Vel' d'Hiver.

Am Tag des Zusammenbruchs Frankreichs saß die ganze Familie in vier verschiedenen Konzentrationslagern, dem Zugriff der Gestapo preisgegeben.

Keiner kannte des andern Adresse. Keiner kannte des andern Schicksal.

24. KAPITEL

DIE RUINEN EUROPAS

„Wie liegt die Stadt so wüste, die voll Volks war!"
Die Klagelieder Jeremias

„By faith in what, then shall a man
endeavour to live at this present time?"
SAMUEL BUTLER, *The Way of all Flesh*

*A*n einem Sommertag im Jahre 1945 ging der Leutnant Lust gemächlich durch die Ruinen von Nürnberg.

Mitten auf dem ehemaligen Marktplatz blieb er stehn und sah sich um. Diese stinkenden Trümmer in den alten Städten Deutschlands – das waren die Monumente des sogenannten Führers – des Henkers Deutschlands.

Seufzend über die Verfinsterung seines Jahrhunderts und den hastig ängstlichen Rückschritt der Menschheit wandte sich Leutnant Lust um. Da gewahrte er eine elegante Deutsche, die ihn auffällig anstarrte. Trotz ihren schneeweißen Haaren hatte sie ein junges Gesicht mit strahlenden Augen. Ihr Lächeln schien geheimnisvoll. Die ganze Person hatte etwas ungemein Sprechendes, ja Theatralisches.

Leutnant Lust fürchtete sich in diesem Leben vor gar nichts mehr. Er hatte die Furcht in den Schlachten in Tunesien, in der Normandie und um Aschaffenburg gelernt und wieder verlernt. Aber jetzt schloß er seine Augen.

„Ist Ihnen nicht gut, Leutnant?"

Es war ihre Stimme. Lust sah sie wieder an.

Es war ihr Gesicht.

„Wie alt sind Sie, Leutnant? Ich hatte zwei Söhne, und Sie sehn wie einer von ihnen aus. Als der eine Bruder dem andern im August 1939 aus Buchenwald entfliehen half, wurden mir beide erschossen.

Alexander wollte weder lächeln noch sprechen. Er war um sechs

Jahre älter geworden, seit August 1939, und er war ein amerikanischer Leutnant. Aber eine Stimme erkennt man wieder, und auch ein Lächeln vielleicht.

Die Mutter lächelte nicht mehr. Ihre Lider zitterten. Es schien, als würde sie gleich weinen. Und jetzt streckte sie ihre Hand; vielmehr, sie begann, die Hand hinzustrecken.

Vielleicht war es der unheimlichste Augenblick ihres Lebens. Einen Toten, oder vermeintlich Toten, auferstehn sehn, ist grauenvoll.

Dieses Grauen verzerrte ihre Miene so sehr, daß der junge Leutnant Lust vor sich selber ergrauste, als wäre er wirklich von den Toten auferstanden. Er schien zu erstarren. Auch war er bange, ein Wort oder ein Lächeln würde die Erscheinung verscheuchen.

Das war aber nur zur Hälfte wahr. Oder wenn es ganz wahr war, so gab es daneben andre Motive und Gedanken in diesem gräßlichen und erschütternden Moment.

Eben jetzt erinnerte er sich recht scharf wieder, daß es seine Mutter gewesen war, die ihn nach Buchenwald verschleppt hatte, auf Umwegen und gegen ihre Absicht natürlich. Aber in seiner Rückerinnerung erschien ihm, alle Wege in Deutschland hätten nach Buchenwald geführt. Und wie Deutschland nun aussah, so hatte er seiner Mutter nicht zu danken, daß sie versucht hatte, ihn wieder zum Deutschen zu machen, nachdem er schon einmal glücklich dem ganzen Lande entlaufen war. Obendrein wußte er nicht aus noch ein. Der Schock dieses Wiedersehens traf ihn zu hart. Auch ohne diese gespenstische Wiederbegegnung war er nur obenhin mit dem Leben fertig geworden.

Plötzlich sah der junge Leutnant seine Mutter in Tränen ausbrechen. Ein ungeheurer Schmerz schien sich zu zeigen und zugleich aufzulösen. Eben als der junge Leutnant sich ermannte, und in ihre Arme rennen wollte, da rannte die Mutter davon, als ginge es um ihr Leben, und als der Leutnant ihr nachsausen wollte, kamen Tanks und ein Haufen vorwitziger Jeeps dazwischen, und ehe er durchbrechen konnte, war die Mutter spurlos verschwunden.

Trostlos ging der Leutnant in sein Quartier. Zwei Stunden später kam die Mutter in Begleitung eines M.P.

„Ihre Mutter?" fragte der M.P. Als er den Leutnant in den Armen der Deutschen, und beide lachen und weinen sah, ging er grinsend davon.

Primula war wie blind durch die Ruinen gerannt. Schließlich war sie umgekehrt, und hatte auf dem Hauptmarkt ihren Sohn gesucht, und hin und her in den ehemaligen Straßen, soweit sie passierbar waren. Dann war sie zur amerikanischen Kommandantur gegangen und hatte dem AMG-Offizier erklärt, sie habe auf dem Marktplatz von fern in einem amerikanischen Leutnant einen ihrer Zwillingssöhne erkannt, und habe ihn nicht mehr erreichen können. Nun wisse sie nicht genau, welcher ihrer Zwillingssöhne es war, Cäsar Lust oder Alexander Musiek. Der Offizier hatte sie mit unverhohlenem Mißtrauen gemustert. Jedoch sein Kollege kannte einen Leutnant Lust am Ort; der hieß aber Alexander Lust.

„Das ist er, sagte ich ihm gleich," berichtete Primula ihrem Sohn. „In der Aufregung habe ich ihre Vornamen verwechselt. Sie sind Zwillinge. Wir haben sie immer verwechselt. Seit sechs Jahren sah ich ihn nicht mehr. Ich wußte nicht mal, daß er noch lebt. Aber es ist mein Sohn. Und Sie machen ihn glücklich, wenn Sie ihm seine verlorene Mutter wiederschenken."

„Vielleicht, erwiderte dein Bekannter. Aber wieso haben Sie Zwillinge, wollte er wissen, und einer heißt Lust, und der andre heißt anders? - Ich erklärte ihm alles. Und er gab mir einen M.P. mit, als Führer, und vielleicht auch zu deinem Schutz."

„Und du hast mich nicht gleich erkannt?" fragte Alexander.

„Wieso heißt du Lust?" fragte Primula.

„Mein Vater hieß so. Und meine Mutter..."

„Aber du hast mir nicht die Hand gegeben? Du liebst mich nicht. Uli hat mir dich wieder gestohlen. Immer hat sie unter dem Vorwand mir zu helfen mich beraubt. Wir dachten, ihr seid tot, Cäsar und du. Euer Vater schrieb es mir."

„Ich weiß."

„Du weißt? Und auch wie er starb?"

Alexander brachte aus einem Koffer den letzten Brief Primulas an

Uli samt Lusts Brief.

„Warum gab dir Uli diese Briefe? Und lebt Cäsar? Sprich! Er ist gesund? Die Gestapo hat Lust angelogen? Ihr wurdet gar nicht auf der Flucht erschossen? Und Cäsar ist mit Uli? Natürlich. Und ihr seid alle eine einige und glückliche Familie? Und mich habt ihr verstoßen, vergessen. Natürlich? Du folterst mich, wenn du nicht sprichst."

„Cäsar ist tot."

„Er war mein wahrer Sohn, mein auserwählter. Was habt ihr ihm getan? Ich bin kein Richter. Ist Uli glücklich, daß ihr Sohn am Leben blieb, und mein Sohn starb?"

„Sie ist tot."

„Auch das hat sie mir vorweggenommen. Schade, daß die Toten nicht reden. Sonst würde sie mir vielleicht beweisen, daß sie nur starb, um mir zu helfen. Und ich habe sie geliebt! Guter Gott! Wie habe ich sie geliebt! Ist sie wirklich tot? Ist Cäsar tot? Und du lebst? Und bist ein Leutnant aus Amerika. Uli ist tot? Du hast es gesagt. Und Cäsar... nein! nein! Mit so was treibt man keinen Spaß. Ich habe geweint. Es ist in Ordnung. Was erwartest du noch vom Leben?... Musik lebt?"

„In New York."

„Schreibt er noch für die Bühne? Worüber weint man heutzutag zum Spiel? Uli und Cäsar sind tot, aber Musik lebt. Es ist in Ordnung. Ich bin ja glücklich, daß ich dich wiederhabe. Behalte ich dich auch? Antworte. Du kannst noch deutsch sprechen? Oder sprichst du nur amerikanisch, außer wenn du sagen darfst: tot, tot. Du willst nicht antworten? Ich sehe dich an, ich merke, jetzt habe ich dich erst verloren."

Sie schwieg, und Alexander hatte nichts zu sagen.

„Uli ist tot?" Primula weinte laut wie ein Kind. Als sie keine Tränen mehr hatte, schenkte Alexander seiner Mutter ein Glas Kognak ein und erzählte ihr von seiner Flucht aus Buchenwald im August 1939, und von der Ankunft in Paris und Trouville, und von den vier verschiedenen Konzentrationslagern, in denen er und Cäsar und Uli und Musik im Sommer 1940 geschmachtet hatten, einer dem andern fern, jeder mit dem Schicksal der andern unbekannt.

„So wart ihr alle unglücklich?" fragte Primula.

„Aber wir hatten ununterbrochen Glück. Wir begegneten an allen Ecken und Enden guten Menschen. Alle retteten uns ununterbrochen. In solchen zerissenen Zeiten braucht ein einzelner Mensch etwa ein halbes hundert Rettungen, um zu überleben. Wir vier waren ja schon alle in den Klauen unserer Feinde, der erbarmungslosesten, die es in der Geschichte gab. Und zwei von uns sind gerettet, Onkel Musiek und ich. Ist das nicht ein hoher Prozentsatz?"

Alexander begann, von ihren Abenteuern in Frankreich zu erzählen.

„Als die lieben Deutschen in Frankreich mit französischen Mädchen und Weinen sich zur Tafel setzten, und der tragische Oberkellner Pétain servierte, und Laval das schmutzige Geschirr wusch, und beide die Trinkgelder der Nazis kassierten, da kamen die effeminierten Folterknaben der Gestapo in die französischen Konzentrationslager auch im unbesetzten Gebiet und befreiten ihre Spießgesellen, und suchten ihre speziellen Feinde heraus, um sie auf langsamem Feuer zu rösten. Ein Leidensgefährte Cäsars im Lager von Vernet hatte ihn der Kontrollkommission der Gestapo denunziert. Sie schleiften Cäsar nach Paris, verhörten ihn auf ihre finstere Weise, und warfen ihn in ein französisches Gefängnis.

Onkel Musiek war indes aus seinem Lager herausspaziert und nach Gurs, einem Dorf nahe den Pyrenäen gefahren, zum Konzentrationslager der deutschen und österreichischen Frauen in Frankreich. Uli verließ ihr Lager als Frau und Mutter von Prestataires, Arbeitssoldaten, wie die Franzosen höflicherweise gewisse Konzentrationslagerinsassen hießen. Musiek und Uli fuhren nach Marseille, um vielleicht einen Platz auf einem Schiff nach Afrika oder ein Visum in ein exotisches Land zu kaufen.

Mein Konzentrationslager wurde von den Nazis überrannt, ehe wir entkommen konnten. Ein paar Gefangene schluckten Gift. Aber die deutschen Soldaten starrten uns neugierig an, gaben uns Brot und taten uns nichts. Erst zwei Wochen später kam die Gestapo und begann zu verhaften. Ich hatte einem Bauern ein Fahrrad abgekauft und radelte auf Frankreichs überfüllten Landstraßen zwischen flüchtigen Soldaten und fliehenden Zivilisten, zwischen toten Tanks und gebärenden Weibern, zwischen zertretenen Kindern in lahmen Kinderwagen und lebenshungrigen Greisen auf dem Rücksitz von Tandems, über nur halb gesprengte Brücken, und an beschossenen Häusern vorüber, deren nackte Eingeweide den ganzen Schrecken des heimisch Gemütlichen offenbarten. Hinter toten Pferden oder gestürzten Bäumen suchte ich Deckung vor dem boshaften Maschinengewehrfeuer der deutschen Flieger, die ganz niedrig herabkamen, bei ihrer muntern Treibjagd auf terrorisierte Zivilisten.

Eines Abends radelte ich traurig durch die Cannebière in Marseille. Ich lehnte mein Rad an einen der Kaffeehaustische auf der Straße an und trank ein Bier, da kamen Hand in Hand Uli und Musiek über die Straße, und sahn mich nicht, oder erkannten mich nicht; denn ich trug einen Bart. Ich rief sie an und umarmte sie. Auf Grund einer Aktion des Emergency Rescue Committee in New York hatten sie Visen nach den Vereinigten Staaten erhalten. Dieses Komitee war im Juni 1940 von amerikanischen Intellektuellen gegründet worden, um europäische Intellektuelle in allen von Hitler noch nicht besetzten Ländern Europas vor dem Tod zu retten. Das Visum galt auch für mich, den Adoptivsohn, aber nicht mehr für den Neffen Musieks, für Cäsar, der obendrein im besetzten Gebiet im Gefängnis saß. Am andern Tag erhielt ich mein amerikanisches Visum auf dem Konsulat.

Da waren wir alle drei beinahe gerettet. Wir brauchten noch das spanische und das portugiesische Transitvisum, und mußten dann heimlich über die Pyrenäen nach Spanien gehen, da die französische Polizei Exitvisen verlangte, aber nicht bewilligte. Mit einigem Glück konnte man es schaffen. Und später langten auch Musiek und ich in New York an, und als Amerika in den Krieg ging, wurde ich ein amerikanischer Soldat und Bürger und ein Leutnant, und es ist schon Frieden in Europa, oder kein Krieg mehr, bald gehe ich also nach New York zurück, falls ich nicht unabkömmlich wäre, aber warum sollte ich es sein, und Musiek hat ein neues Stück geschrieben, das übersetzt wurde und vielleicht auf dem Broadway gespielt werden wird, und wenn nicht, so wird er ein neues Stück schreiben."

„Und Uli ist tot," wiederholte Primula.

„Tante Uli ging natürlich nach Paris zurück, um zu versuchen, Cäsar zu befreien. Sie ging gegen das Verbot über die Demarkationslinie zwischen dem unbesetzten und besetzten Gebiet. Sie kam glücklich durch, ohne gefaßt oder abgeschossen zu werden. In Paris kaufte sie falsche Papiere für sich und Cäsar, für den Fall seiner Befreiung; er sollte Marc Grégoire heißen, und sie hieß Madame Renée Grégoire. Sie ging frech umher. Sie muß die Nazis bis zur Besinnungslosigkeit gehaßt haben; sonst wäre sie nicht so verwegen gewesen. Durch andre Flüchtlinge, die nach Marseille entkamen, sandte sie uns Botschaften, sie würde zu uns kommen, sobald Cäsar nur frei wäre. Sie habe ihm ein Visum nach San Domingo gekauft, und habe es ihn wissen lassen. Er fragte aber, was er in San Domingo tun solle, er sei nicht zum Pflanzer geboren. Er stehe im Krieg gegen die Nazis, und es sei vorläufig ein „Sitzkrieg". Aber komme er los, so werde er mit den freien Franzosen gegen Pétain und Darnand arbeiten. Und er sei niemals ein besserer Europäer gewesen. Und Uli schrieb, wir sollten nicht auf sie warten, sondern nach Amerika vorausfahren, es würde immer schwerer für Flüchtlinge, besonders für Männer im Militäralter, aber eine Madame Renée Grégoire käme immer noch durch. In New York würden wir uns wiedersehn. Und sie brauche Zeit, um Cäsar heil ins unbesetzte Gebiet zu schaffen. Natürlich warteten wir doch in Marseille auf sie. Aber wir sahn sie nicht wieder.

Eines Tages kam ein österreichischer Sozialist mit einem Brief Cäsars aus Grenoble. Er war an mich, es war ein langer Bericht. Hier ist er."

Alexander holte aus seinem Koffer ein blaues, kariertes Schulheft, mit französischen Kinderreimen und einem Dom auf dem Umschlag. Primula blätterte im Heft, sie las die letzten Seiten und mittendrin, und fing dann von vorne an und las der Ordnung nach.

Lieber Alexander! - schrieb Cäsar.

Lieber Alexander! Tante Uli ist tot; und ich bin − in aller Unschuld − schuld daran. Erwartest Du meine Selbstvorwürfe? Ich würde hundert Tode sterben, um Tante Uli wieder lebendig zu machen. Ich höre Dich schon wieder sagen: Das sind Worte. Mich abzuurteilen, darin warst Du immer sehr schnell. Erkennst Du wiederum mit hochmütigem Schauder, was ich von meinem Vater in dieser Hinsicht geerbt habe? Und daß ich Worte mache, wenn ich nicht mehr weiter weiß? Es ist wahr. In der Todesangst schreie ich. Statt ihr nachzusterben, wörtle ich und vernünftle. Nun ich mit ihr gelebt habe, begreife ich vieles besser, zum Beispiel, daß unsere arme Mutter nur eine Zweitausgabe von Tante Uli war. Wenn ich ihr Sohn, oder nur ihr Pflegesohn gewesen wäre, was wäre aus mir geworden! Und sie wolltest Du gegen unsere Mutter eintauschen? Sage unserm armen Onkel Musik, mit so einer Frau hätte ich gleichfalls an alle Ideale, sogar an seine altmodischen, liberalen Ideale geglaubt. Mit einer guten Frau ist es wunderleicht, an die Güte der Menschen zu glauben. Sage ihm, er war lange genug glücklicher als die meisten Gatten. Sie hätte nicht um meinetwillen sterben sollen; aber es war ihr vorbestimmt, um andrer willen zu sterben. Obwohl auch ein guter Mensch nicht zum Opfer werden will, scheint sich alle Welt zu verschwören, ihn zur Opferstelle zu schleifen. Sage ihm, jede Stunde in Paris hat Uli an ihn gedacht, und von Euch beiden gesprochen.

Ihr wißt, wie wenig Geld Uli bei sich hatte, als sie nach Paris kam, um mich zu retten, weniger als siebentausend Francs.

Ich habe viertausend Francs gekostet, nicht viel Geld für eine Bestechung; so billig sind Menschen heutzutag.

Er hieß Fritz Rückert, ein Major von der Gestapo. Er hatte die Frechheit, ihr zuzulächeln, im Café Weber in der Rue Royale. Sie dachte immer an mich, und lächelte um meinetwillen. Ihr liebes Gesicht, ihr furchtloser Blick, ihr süßes Lächeln betörten den Burschen, und er begann ein Gespräch mit ihr. Sie hatte die Keckheit, trotz den falschen französischen Papieren in ihrer Tasche ihm ihren wahren Namen zu nennen, und ihre Herkunft, und von ihrer Verwandtschaft mit dem Minister Kaiser, und der Schauspielerin Lust zu sprechen. Nur sagte sie, wahrheitsgemäß, sie lebe in Paris getrennt von ihrem Gatten.

Merkwürdigerweise fragte Major Rückert sie gar nicht aus. Er lud sie zum Abendessen ein, und danach ins Theater, oder zum Montmatre. Aber sie versprach ihm, sie würden sich schon im Café Weber wiederfinden. Sie trafen sich wieder. Sie erzählte ihm, daß ihr Sohn in einem Pariser Gefängnis saß, sie erzählte im wenig. Sie merkte sein Schwanken. Sollte er den Sohn abmachen oder der Mutter gefällig sein? Er unterlag ihrem Zauber, wie alle Menschen, die ihr nahekamen.

Natürlich versuchte er zunächst, mit ihr glatte Geschäfte zu machen. Er versprach, mich zu liefern; nur sollte sie andre Flüchtlinge in Paris denunzieren, oder überhaupt mit ihm zusammenarbeiten. Sie spuckte ihm beinahe ins Gesicht. Ihren Schrecken vor seinem Beruf schien er als eine ihm zukommende Schmeichelei aufzufassen.

Im übrigen versuchter er, sie zu belehren. Er hieß sie eine schwache Natur. Er fragte, wie eine originelle Frau zu so konventionellen Ansichten käme. Er hieß die Nazis Reformer der Gesellschaft. Die Christen hieß er Heuchler. Echte Christen habe es nie gegeben, außer einigen Heiligen. „Es gibt nur die christliche Heuchelei," sagte er. „Die Völker benehmen sich wie Verbrecher, und ihre öffentlichen Sprecher preisen diese Verbrechen als Tugenden an. Kolonien, soziale Vorrechte, die heiligen Privilegien der Kirchen und Könige, der Aristokraten, Autokraten, Bürokraten, Plutokraten, Großagrarier und Großindustriellen, sind das eure christlichen Ideale? Überall herrscht die nackte Gewalt, Eltern vergewaltigen Kinder, Geliebte die Liebenden, Starke die Schwachen, Boshafte die Gutmütigen, und Egoisten sogar sich selber, aus Spaß oder zum Vorteil. Übrigens habe ich einen Kollegen, der gegen viertausend Francs Ihren Sohn Cäsar aus seinem Kerkerloch auskaufen möchte. Natürlich ist das keine adäquate Bestechungssumme, und mein Kollege muß obendrein verschiedene kleine Summen verteilen, sogar an die französischen Wärter, und an Zwischenmänner in der Armee und Gestapo. Nehmen tut jeder gern. Wie mein Kollege heißt? Namen sind Schall und Rauch. Er heißt Rauch, Theobald Rauch aus Stettin, ein schlauer Bursche, er nimmt; die kleinsten Summen; das ist nur Sport; das ist nur, um zu nehmen; nur um nichts umsonst zu tun; etwas umsonst tun ist auch eine jüdische Erfindung: Rauch ist zuverlässig; sein Wort ist wie Gold, wie mein Wort. Ich habe ihm von Ihnen erzählt. Er weiß alles, und noch mehr. Er hat eine spontane Sympathie für Sie, halt eine Schwäche. Übrigens könnten Sie es auch billiger haben. Sie wissen schon, was ich meine."

Tante Uli wußte es. Der Lump hatte nie gewagt, es in dürren Worten auszusprechen, aber er hatte sich deutlich zu machen verstanden. Er wollte ein Verhältnis mit Tante Uli anfangen. Er erzählte ihr einen ganzen Roman über Rauch, schilderte Rauchs Jugend und Tugend, sein interessantes Seelenleben, und seine publiken Laster. Rauch war er. Tante Uli und Major Rückert wußten von dieser Personalunion. Aber keiner gab es offen zu. Dieses Spiel mit dem erfundenen Theobald Rauch machte ihre Gespräche zu einer Art epischen Schule, zu einer Drohung. „Rauch sah Sie in Ihrem blauen Kleid, mit den bloßen Schultern," erzählte ihr Major Rückert. „Rauch liebt Sie. Seien Sie doch nett zu ihm, und er tut alles für Sie. Rauch ist im Grunde ein feiner Mann – ganz wie ich."

„Sagen Sie Ihrem Parteigenossen Rauch, einmal werden andre Zeiten kommen, und es wird ihm gut tun, wenn er auf seinem Gewissen nicht nur Morde haben wird, sondern auch ein paar gute Taten."

Eines Tages ward ich um drei Uhr nachmittags aus der Santé geholt und in einem Taxi mit Bewaffneten zu einem neuen Verhör vor Major Rückert gerufen. Er sprach hauptsächlich über die Aufrichtigkeit. Sie sei eine speziell deutsche Tugend. Sie hätte die Reformation bewirkt, und Kants Kritik der Reinen Vernunft, und Nietzsches Zertrümmerung des neunzehnten Jahrhunderts, und Hitlers radikale Abfertigung der christlichen Heuchelei. Die deutsche Kunst sei durch ihr nackte Aufrichtigkeit, von andern nationalen Künsten unterschieden. Aufrichtigkeit, das heißt künstlerische Wahrheit sei die Erztugend von Dürer, Luther, Grünewald, Bach, Beethoven, Goethe und Goebbels. Mit ihrer Aufrichtigkeit würden die Nazis Europa gewinnen.

Ich hörte alles so geduldig an, wie er sonst mich angehört hatte, bis er mir schließlich mitteilte, auf Wunsch meiner Tante Uli sei ich frei, und er lasse sie grüßen. Daraufhin hätte ich ihn am liebsten umarmt – um ihm dabei bequemer ein Messer durch den Rücken zu rennen.

Ich war frei – für viertausend Francs. Ins Café Weber ist Tante Uli nicht mehr gegangen. Sie hat sogar die ganze Rue Royale vermieden. Wir wechselten unsere Wohnung, was nicht einfach war. Ich übernahm meinen neuen Namen, M. Grégoire, ich war meinen Papieren zufolge in Vittel geboren und hatte in Dax gelebt.

Unser wunderliches Leben in Paris! Wir hatten beschlossen, keine Angst zu haben; so hatten wir keine Angst, für eine Weile wenigstens. Mit unsern falschen französischen Papieren und echten deutsch-heimischen Gesichtern wandelten wir zwischen unsern unerträglichen Landsleuten in den Straßen Lutetias und spielten je nach Bedarf die gefälligen Franzosen, die blinden Zeitgenossen oder die munteren Kollaboratoren. In Kaffeehäusern plauderten wir mit deutschen Soldaten, in Kinos scherzten wir mit Gestapospitzeln. Und wir dachten wunders wie kühn wir waren.

Eines Tages kamen wir aus der Wohnung von französischen Gesinnungsfreunden, als wir im Bistro gegenüber dem Hauseingang Major Rückert sahen, mit dem Rücken zur Straße, aber vor einem der großen Wandspiegel, womit die Franzosen ihr tägliches Leben tapezieren. Wir schlichen davon in der Hoffnung, er habe uns nicht im Spiegel gesehn, und fuhren in einem Taxi in eine uns fremde Gegend, wo wir die Metro zu unserer Wohnung nahmen. Zuhaus gestanden wir uns ein, daß Major Rückert uns nicht nur dort gesehn habe, sondern auch nur unseretwegen dort gesessen war. Wir erschraken sehr. Von diesem Schrecken haben wir uns nicht mehr erholt. Von dieser Stunde an lebten wir konstant auf der Flucht. Alle paar Tage wechselten wir unsere Wohnung, einmal schliefen wir in einem Gartenhaus, das andre Mal in einem Kohlenkeller. Wir vermieden die Grands Boulevards, die Straßenkreuzungen, die Kinos und Kaffeehäuser, alle Orte, wo Geheimpolizisten sich bequem unter die Leute mischen und Razzien machen können, z.B. Bahnhöfe, Kirchen, Warenhäuser.

Wir bekamen einen spezifischen Blick für Häscher, wie alle Verfolgten von Beruf. Wenn wir uns einbildeten, Gestapoleute oder Vichyspitzel zu sehn, gingen wir in Läden und kauften, was wir nicht brauchten, oder schlüpften hinter Haustore, und standen mit kaltem Schweiß auf der Stirn, bis ein mißtrauischer Concierge nach unsern Wünschen fragte. Auf der Straße gingen wir Arm in Arm, und spielten Liebespaar, weil die Polizei hinter Verliebten nichts Böses sucht, oder wir spielten die Glücklichen und lachten zu laut und gebärdeten uns ein wenig auffällig, um weniger aufzufallen.

Am unerträglichsten ward unser Mißtrauen. Wir begannen, allen zu mißtrauen, sogar den Freunden und Gesinnungsgenossen, sogar den Toten. Wenn Menschen aus unserm Kreis verschwanden, begannen wir ihren Prozeß in absentia. Wir suchten in unserm Gedächtnis jedes Wort des Verschwundenen, jede Geste, jede Handlung. War er ein Verräter? War er verhaftet worden? Würde er sofort alles gestehn? Oder unter der Folter? Würde er erfinden? War er entflohen? Oder tot? Oder hatte er nur Angst vor uns bekommen, und mied uns?

Es war gut, mit Tante Uli zu leben. Sie war ihrer sicher und glaubte an andre, und hatte einen genauen und treffenden Blick für andre. Ich habe mich in sie verliebt, wie nie zuvor in meinem ganzen Leben. Wenn ich je eine Frau nehmen sollte, so müßte sie der Tante Uli gleichen. Ohne sie wäre ich in Paris umgekommen. Ohne sie wäre ich vielleicht wieder von mir abgefallen. Es scheint so bequem, sich selber zu verraten. Auf der Flucht vor den Verfolgern sieht es wie die große Erlösung aus, sich selber aufzugeben. Sie hielt mich auf dem guten Weg, auf meinem Weg. Sie bestärkte mich im Haß und in der Liebe. Keinem bessern Menschen bin ich je begegnet. Neben ihr habe ich gelernt, daß es gar nichts Schöneres gibt, als den freundlichen Umgang mit guten Menschen, und eine edle Seele, die sich dir eröffnet. Was für eine steinerne Natur hattest Du, Alexander, daß sie nicht einen guten Menschen aus Dir gemacht hat? Wo hast Du Deine Augen gehabt? Alexander? Es ist gut. Sie ist tot. Und sie starb um meinetwillen.

Eine Freundin von Tante Uli gehörte zu einer geheimen Gruppe von Franzosen, die sich auf Menschenschmuggel spezialisiert hatten. Sie schmuggelten amerikanische Flieger, die in Frankreich hatten notlanden müssen, nach Spanien; sie halfen englischen Geheimpolizisten in Paris verstecken; sie halfen spanischen Republikanern und polnischen oder deutschen Juden ins unbesetzte Gebiet von Frankreich; und transportierten französische Jünglinge, die lieber nach Savoyen als nach Bayern gingen, weil sie lieber Räuber als Sklaven wurden. Insbesondere schmuggelten sie jüdische Kinder ins unbesetzte Gebiet, ja bis nach Spanien und in die Schweiz, damit die Nazis nicht diese Kinder, deren Eltern sie zuvor oder danach abmachten, in die Schlachthäuser Polens sandten, zur Verbrennung, Vergasung, wissenschaftlichen Tötung oder zu einem andern bestialischen Ende. Sie versteckten die Kinder bei Bauern, in Waisenhäuser, in Klöster, im unbesetzten Gebiet, mit Hilfe von Quäkern und der OSE, einem jüdischen Kinder-Komitee.

Einmal war die Gestapo dieser Gruppe auf der Spur. Da verreckten die meisten. Es ging wie geschmiert. Die Gestapo verhaftete die damalige Leiterin der Gruppe, eine französische Journalistin, Ulis Freundin. Sie sah mit ihren grauen Haaren, der strengen Miene, und in ihren steten weißen Blusen mit Fischbeinstäbchen und Rüschen und Spitzenmanschetten und hohen Kragen wie die Vorsteherin eines katholischen Mädchenstifts aus, welchen Eindruck sie durch ein großes, goldenes Kreuz über ihrem guten Busen verstärkte. Sie war eine getaufte Jüdin, und ihr Gatte stammte aus einer kalvinistischen Familie, aber er war ein Freidenker aus Überzeugung, von Beruf Radiologe, ein lächelnder Mann, den Tante Uli seit 1933 gekannte hatte. Jedes Jahr hatte sie ihn ein oder zweimal gesehen. Jedesmal kam er mit einem freundlicheren Lächeln und einem Finger weniger an. Die Chirurgen schnitten ihm die Finger ganz oder halb oder viertelweis ab; es gab kein Absehn mit seinen Fingern, aber er sagte, andre alte Männer verlören ihre Zähne, einen um den andern, und das sei viel ungesünder, zahnlos sei schlimmer als fingerlos, und was sollte er mit seinen Fingern tun, wenn nicht arbeiten? Übrigens werde eine Zeit kommen, wo Radiologen keinen Schaden mehr nehmen würden. Und Glasbläser seien viel gefährdeter. Er war ein kleines, dünnes, agiles, feuriges Männchen, mit wehendem weißen Haar und stets vergnügten Mienen.

Seit vierzig Jahren war das Paar glücklich verheiratet, sie hatten nie Kinder gehabt. Unter der deutschen Besatzung bekamen sie fortwährend Kinder, es war zum Lachen. Ihre Kinder kamen im Alter von drei oder dreizehn Jahren an, manche waren schwarzlockig, manche blond, heut waren es Mädchen, ein ander Mal Knaben. Die Nachbarn sahen da eine Weile mal ruhig zu. Sie sagten, Monsieur und Madame Clochard sind so stille, feine Leute. Die trüben kein Wässerchen. Die tun keinem Kind was zuleide. Und das ist so mit Kindern. Kinder kommen und gehen. Nur kommen und gehen sie geschwinder bei den Clochards.

Eines Abends kam die Gestapo ins Haus. Erst nahmen sie sich den Alten vor. Seine Stummel examinierten sie mit beruflichem Interesse, als wären die Stummel eine Folge ihrer professionellen Tätigkeit. Danach drohten sie ihm, sie würden ihn foltern. Er lachte sie einfach aus, vergnügt und unschuldig, und erklärte ihnen, seine Ärzte gaben ihm noch ein Jahr, höchstens. Dann würden sie ihm beide Arme abnehmen, und die Folgen für ihn würde man ja dann sehn. Einen Radiologen foltern? Fragte er, und lachte vergnügt.

Dann schleppten sie die Frau in ihr Hauptquartier und holten ihr die Würmer aus der Nase. Als sie mit dem goldnen Busenkreuz und der Rechnung für ihre Einäscherung zum Professor kamen, und auch um die Kinder abzuholen, fanden sie die Wohnung leer, und standen mit langen Nasen und der unbezahlten Quittung dumm herum.

Der Professor hatte die Kinder fortgeschleppt, oder vielmehr die Kinder den Professor. Es waren drei aufgeweckte Kinder, seit acht Jahren auf der beständigen Flucht vor den deutschen Kopfjägern. Sie landeten alle bei einer litauischen Tanzlehrerin mit einer Wohnung und einer Querverbindung zur Gruppe. Sie steckte den Radiologen und die drei Kinder in ihr Badezimmer und sperrte es ab, als könnte die Gestapo es nicht ohne weiteres aufbrechen. Dann ging sie zu einem Antiquar in der Rue de Seine, dessen Tochter in Maquis gekämpft, von den Deutschen gefangen und zu Tod gehauen worden war. Zeitlebens war der Buchhändler ein begeisterter Schüler von Léon Daudet und Maurras, ein Leser der „Action Française", ein Royalist, Antisemit, Katholik und Steuerbetrüger. Aber der Tod der Tochter machte ihm zum wilden Deutschenhasser.

Die litauische Tanzlehrerin sagte ihm gleich: Sie müssen drei deutsche Judenkinder vor der Gestapo retten; sie sitzen in meinem Badezimmer. Der Buchhändler zuckte mit dem Gesicht, als hätte sie ihm zwei Peitschenhiebe versetzt, mit dem Wort Jude, und mit dem Wort Deutscher. Es tut nichts, sagte der Buchhändler; solange sie nur von der Gestapo verfolgt werden, tue ich alles. Die Tanzlehrerin versprach, sie zum Abendessen in sein Haus zu bringen. Und der Radiologe? fragte die Litauerin. Er ist Kalvinist, Freidenker, Republikaner, ein Todeskandidat, und eingeschriebenes Mitglied der S.F.I.O. Aber die Gestapo wird ihn töten.

Der Buchhändler musterte die bloßen Beine der Tanzlehrerin mit einer unendlichen Trauer. Sind Sie sicher, fragte er, daß ihn die Gestapo umbringen wird? - Absolut sicher! antwortete die Tanzlehrerin mit tödlichem Ernst. Bringen Sie ihn nur! Murmelte der Buchhändler. Aber nicht zugleich mit den Kindern, damit er sich nicht gefährdet.

Um es kurz zu machen: Die Gestapo tötete die litauische Tanzlehrerin, den royalistischen Buchhändler, und den Radiologen auf ihre langsame und gründliche Art.

Die Kinder entkamen wieder. Es waren zwei unternehmende Knaben, neun und dreizehn Jahre alt, und ein hübsches Mädchen von zwölf Jahren, Viktoria. Sie waren Geschwister. Ihr Vater, Oskar Wolfsohn, ein jüdischer Lederhändler aus Hanau, war schon im Herbst 1939 an Dysenterie in einem französischen Konzentrationslager gestorben. Die Nazis hatten die Mutter verschleppt.

Die Knaben hießen Fritz und Ernst. Sie sprachen vier Sprachen geläufig, erkannten Gestapos in Zivil aus hundert Metern Entfernung, liefen wie die Wiesel, logen wie die Angestellten des Propagandaministeriums, kletterten wenn nötig Hauswände hinauf und hinab, schlüpften durch Kellerfenster und liefen über schiefe Dächer, als wären sie Dachdecker. Kurz vor seiner Entdeckung hatte der Radiologe ihnen die Adresse von Tante Uli gegeben. Wir hatten schon zweimal die Adresse gewechselt, aber sie spürten uns aus, ohne uns in Verdacht zu bringen. Sie waren für den Kampf mit der Gestapo geboren, besonders Ernst, der Neunjährige. Er war der Führer der drei Kinder.

Wir hatten damals nur eine Kammer. Auch bestand die Möglichkeit, daß man die Adresse der Tante Uli bei der Frau des Radiologen gefunden hatte. Die Kinder kamen uns sehr ungelegen. Sie waren auffallend, und wir hatten auch keine Rationen für sie. Wir hatten sie nicht einmal für uns. Wir waren ja nicht angemeldet. Wir hungerten uns durch. Aber nun mit drei Kindern? Wir beschlossen also, ins unbesetzte Gebiet zu gehn, ohne auf eine ,sichere' Chance zu warten. Länger in Paris zu bleiben schien uns gefährlicher, als uns ins unbesetzte Gebiet durchzuschmuggeln. Das war nicht leicht, ohne Geld, und mit drei Judenkindern.

Es war schon ein Wunder, wie wir von Tag zu Tag unter unsern Bedrängnissen Geld aufgetrieben hatten. Nachträglich erscheint mir alles, wie man sagt, wunderleicht. Es ist bemerkenswert, wie langsam Menschen herabsinken und ganz untergehn. Man verhungert nicht an einem Tag.

Ein Weinhändler aus Versailles setzte uns schließlich alle in sein Lastauto, zwischen Weinfässer. In seinem Gartenhaus in Versailles übernachteten wir.

Was für Kinder! Ernst, der Neunjährige, war wie ein Vater; Fritz, der Älteste, wie eine Mutter zu dem Mädchen, einem hübschen Kind mit schwarzen Haaren, langen Beinen und traurigen, dunklen Augen. Die Kinder hatten angenehme, kleine Stimmen, im Chor sangen sie Lieder in vielen Sprachen, zuletzt weinten sie um ihre Eltern im Chor. Alle drei waren besinnungslos in Uli verliebt, und dachten sich hundert rührende und verrückte Dinge aus, um ihr zu gefallen, und waren eifersüchtig aufeinander und speziell auf mich. Uli küßte die Kinder in Schlaf, erzählte ihnen Geschichten, und weinte und lachte mit ihnen, wie ein Kind.

Arme, unglückliche Kinder! Sie wußten so vortrefflich Spaß zu machen. Sie imitierten alle Leute, die ihnen je begegnet waren, naturgetreu. Sie hatten einen scharfen Blick für die ausgefallenen Sachen und Mienen, und ein scharfes Gehör für die komischen

Sprechweisen. Sie agierten die litauische Tanzlehrerin, den ewig lächelnden Radiologen, seine strengblickende Frau, den royalistischen Buchhändler, die Gestapobeamten mit ihrem Schulfranzösisch und ihren harten, preußischen Ausdrücken, und mich. Sie führten ganze Theaterszenen auf, und stellten ihre Eltern und sich selber dar, ihr Leben und ihre Flucht, und ihr künftiges Leben in doppelter Fassung, wie sie es wünschten und wie sie es voraussahen, man konnte nur weinen oder lachen. Wir zogen das Gelächter vor, in Anbetracht unserer Umstände. Mir scheint, nie im Leben habe ich so viel und so heiter gelacht, wie mit diesen drei Kindern und Uli, auf unserer Flucht ums Leben.

Nach langen Überlegungen mit dem Weinhändler und insbesondre seiner Tochter, einer entschlossenen und wildblickenden Achtzehnjährigen, die ihre Lebenskenntnis aus den Romanen von Dumas père und Victor Hugo schöpfte, verkleideten wir uns als eine savoyardische Scherenschleiferfamilie, und beschlossen, zu Fuß nach Savoyen zu ziehn, und wenn möglich die Kinder in die Schweiz zu schmuggeln.

Sogar die Lumpen, in die wir uns kleiden wollten, waren schwer zu erlangen, aber des Weinhändlers Töchterchen schöpfte sozusagen aus der Requisitenkammer aller romantischen Romane. Wir wirkten schließlich so lächerlich verkleidet, daß wir wieder wie echt aussahn. Jeder vernünftige Mensch auf der Landstraße mußte sich sagen: So dumm verkleidet sich kein Mensch im Ernst.

Das war wohl auch der Grund, warum wir unbelästigt bis zur Demarkationslinie zwischen dem besetzten und unbesetzten Gebiet kamen. Oder ein Engel muß uns an der Hand geführt haben, aber dann war es ein boshafter oder nachlässiger Engel; denn im entscheidenden Moment schlief er.

Den ganzen Tag hatten wir im besetzten Gebiet in der Scheune eines Bauern namens Jean Jaques Rochfort gelegen und hatten auf einen politischen Menschenschmuggler gewartet, den man uns samt dem Bauern in Versailles empfohlen hatte. Der Schmuggler hieß de Thou, ich weiß nicht mehr, Jean, Pierre oder François de Thou. Zu unserm Erstaunen kannte der Bauer Rochfort ihn, und sagte, de

Thou lebe noch, sei noch frei, und er werde ihn benachrichtigen. Wir hatten dem Bauern fünfhundert Francs Weggeld für uns fünf gegeben. De Thou nahm kein Geld von Patrioten und Untergrundkämpfern, wie man uns gesagt hatte.

Am späten Nachmittag dachten wir schon, der Schmuggler käme an diesem Tag nicht mehr, und schlichen uns in ein nahes Gehölz hinter der Scheune, wo es von Schmetterlingen, Vögeln, und Schwarzbeeren wimmelte, und wir im warmen Laub lagen, und den Käfern und Wolken nachblickten. Die Kinder gingen auf Entdeckungsreisen im Gehölze aus, sie spielten Indianer und Trapper, oder Refugiés und Gestapo. Schließlich legten sie sich neben Tante Uli, und weil Viktoria am Knie blutete, und Tante Uli ein Taschentuch darum band, erinnerte sich Viktoria an ihre Mutter, und begann von ihr und dem Vater zu erzählen. Und Viktoria fragte uns, ob wir auch Juden seien, und warum wir Furcht vor den Leuten hätten, wenn wir nicht Juden seien, oder ob die Christen auch untereinander sich verfolgten. Dann fragte sie, warum es gerade ihnen auferlegt worden sei, als Judenkinder auf die Welt zu kommen, und gebe es nicht viele Kinder in der Welt ohne Angst, nämlich solche, die keine Juden seien.

Und Fritz fragte uns nach den Gründen, warum die Juden seit vielen tausend Jahren Juden geblieben seien? Die Heiden und die Christen hätten ihnen manche Chance gegeben, zu Heiden und Christen zu werden. Warum bleiben die Juden so eigensinnig Juden? Hängen sie an ihrem Gott? Die meisten glauben nicht an ihn. An ihre Sitten? Die meisten halten sich nicht an sie. Hebräisch ist ihre Sprache? Die meisten verstehen es nicht. Es gibt blonde Juden, schwarze Juden, chinesische, und negroide und blauäugige. Also haben sie keine gemeinsame Rasse. Unter allen Völkern leben sie und gleichen allen Völkern. Lassen sie sich gerne schlachten? Keineswegs. Sie weinen und schrein und lügen ihre Verfolger an und suchen zu entfliehn. Warum gibt es Juden auf der Welt? Ist es nicht das größte Unglück, ein Jude zu sein?

Könnt ihr nicht sagen, wir seien eure Kinder? fragte Ernst. Ihr liebt einander. Also heiratet einander, und adoptiert uns. Aber ich muß euch warnen, Viktoria und ich, wir sind nicht wie Fritz. Wir haben ein heiliges Gelübde getan, daß wir unter allen Umständen Juden bleiben wollen. Wir wollen nicht zu den Zuschauern gehören, wenn man Juden schlägt.

Und Fritz sagte, ihre Mama hätte nach dem Tode ihres Vaters gesagt, nun habe sie ihr Leben lang geglaubt, Vater sei ein kluger Mann, nun wisse sie aber, er sei nicht klug gewesen, sonst wäre er nicht ein einem französischen K.Z. gestorben. In einem deutschen K.Z. sind auch kluge Männer gestorben. Aber die Franzosen, sagte uns Mama, seien nur schlampig gewesen, und ein kluger Mann sterbe nicht an der Schlamperei eines andern. Unser Papa hat die Franzosen immer sehr geliebt. Aber die Franzosen liebten unsern Papa nicht. Und als der Krieg kam, sagten sie, Papa sei vielleicht die Fünfte Kolonne. Aber Papa sagte, er wisse es ganz genau, er sei es nicht. Und als er gestorben war, sagte Mama, Pétain und Weygand und die Cagoulards seien die Fünfte Kolonne, und sie würden sich alle nur hinter Papas Rücken verstecken. Und Ernst sagt, zwei Marschälle Frankreichs brauchten sich nicht hinter Papas Rücken zu verstecken. Überhaupt will Ernst immer alles besser wissen. Und er ist doch soooo jung!

Darauf begann Ernst sogleich zu weinen, und Tante Uli fragte ihn, warum er weine, und er antwortete schluchzend, weil er so jung sei, und darauf begannen auch Viktoria und Fritz zu weinen, und das Ende vom Lied war, daß auch Tante Uli mit ihnen weinte, und ich eine Zigarette rauchen mußte.

Es war eine Lichtung im Wald, eine gestürzte Fichte hing quer über einer andern, die grade Fichte schien die gefallene Schwester in ihren grünen Armen zu halten. Die abendlichen Sonnenstrahlen flirrten. Zwei Vögel sangen ein Duett, in drei oder in vier Tönen. Und diese Tränen um die allzu große Jugend des kleinen Ernst Wolfsohn füllten den letzten schönen Moment meines Lebens aus.

Der Bauer Rochfort kam, wir sahen ihn schon von fern; alle paar Schritte blieb er stehn und wieherte wie ein Pferd, das war das Zeichen, daß wir uns zeigen durften, und es war auch seine Weise gewesen, den Kindern zu gefallen.

In seiner Begleitung befand sich ein kleiner, dicker, blondhaariger Mann mit kleinen, funkelnden, schwarzen Augen. Er schien selbzweit zu wandeln, er und sein Bauch. Er trug einen Knotenstock wie ein wandernder Handwerksbursch, eine dicke, goldne Uhrkette um den Bauch wie ein Dorfbürgermeister, einen goldnen Kneifer wie ein französischer Kleinstadtadvokat, und eine goldene Krawattennadel. Das war Monsieur de Thou. Wenigstens sagte Bauer Rochfort: Da ist der Mann, auf den Sie warten.

Bon Soir, Monsieur de Thou, sagte Tante Uli und lächelte.

Bonsoir, Madame, sagte er mit großem Ernst, bonsoir, Monsieur, et mes enfants.

Er erklärte gleich darauf, sie hätten keine Eile, außerdem habe er für die Kinder Schokolade, für Tante Uli und mich Zuckerstücke, und für sich selber Kaffeebohnen zum Nachtmahl. Wir bräuchten nicht mehr in die Scheune zurück.

Tante Uli sagte, wir hätten einen Rucksack. Der Führer erwiderte, wir brauchen ihn nicht. Ihr seht schon wie für die Fastnach aus. Und wir sind auf dem rechten Weg, und müssen nur vorwärts gehn.

Es stellte sich bald heraus, daß er viele Sprachen sprach, und alle gebrochen, er mischte deutsch und flämisch, englisch und französisch, und alle sprach er im selben Dialekt, alles klang jiddisch.

Auf die inständigen Bitten der drei Kinder wieherte Bauer Rochfort nochmals wie ein Pferd, und brachte aus verborgenen Taschen einen Brotlaib, ein Stück Speck und eine Flasche Milch hervor; er gab sie den Kindern im letzten Moment, offenbar war er bis zuletzt nicht sicher gewesen, ob er diese Schätze weggeben sollte. Als die Kinder ihm dankten, wies er auf Tante Uli, und sagte, sie sollten Madame merci sagen. Und schon stapfte der Bauer davon, und alle sagten sich, er hatte sie bereits vergessen, vielmehr, er hatte sie nie gesehn, kein Gestapomann konnte etwas aus ihm herausholen, so einfältig sah er noch von hinten aus. Er war aber nicht einfältig genug, um nicht die Nazis wie den Teufel zu hassen.

Wir gingen später durch dichteres Gehölz, es war schon dunkel, wir mußten die Zweige und Büsche weghalten, um zu passieren.

Da saßen wir nochmals nieder, und die Kinder aßen ihre Schokolade, und wir unsre Zuckerstücke, und der Führer seine Kaffeebohnen, und Tante Uli sagte, sie kenne das erste Gesetz jeder geheimen Bewegung, nämlich keine persönlichen Fragen zu stellen. Aber wenn sie ihm ein persönliches Kompliment machen dürfte, so müsse sie sagen, seine Kunst, sich zu maskieren, sei vollkommen. „Niemand wird einen französischen Aristokraten in Ihnen vermuten, Monsieur de Thou."

„In Radom in Polen," antwortete Monsieur de Thou, „bin ich geboren, und mit Filmen handelte ich in Warschau. Meine Firma hat aus Geschäftspatriotismus auch polnische Filme fabriziert. Im Gegensatz zur Firma war ich persönlich nie stolz auf diese Filme. Mein Vorkriegsname war Dr. Marcel Gewürz. Noch früher hieß ich Moses Gewürz. Ich habe diese Eitelkeiten längst aufgegeben. Ein Name ist oft nur hinderlich. Ausweispapiere sind ein bürgerliches Vorurteil. Ich war immer, der ich sein wollte. Schon als Kind begann ich mich zu bilden. Alles Feine gefiel mir. Ich wollte mich selber verfeinern, meinen Namen, meine Vorgeschichte, mein künftiges Leben, meinen Geist, meine Sitten, in leichtfertigen Stunden sogar die Welt. Mein Unglück will, daß ich von Natur konservativ bin. Das führte mich durch eine Serie wütender Konflikte und mitten in diese gefährliche Situation. Als die Deutschen Warschau teils der Erde und teils ihrem eigenen nihilistischen Antlitz gleichmachen wollten, mit Hilfe ihrer leitenden Staatsmörder und hochtitulierten Regierungsdiebe, da machte ich mich kurzerhand aus dem Staube und reiste durch Rumänien, Ungarn, Italien, Frankreich, nach Belgien. In Brüssel war jedermann neutral, gleich fühlte ich mich wohl und heimisch, bis mir im wunderschönen Monat Mai, wie der Dichter sagt, die Deutschen nachgereist kamen, und da saß ich mit dem größten Teil meines Vermögens, das ich wunderbarerweise gerettet hatte, wie der Prophet Jonas im Bauche des Walfisches, oder Daniel in der Löwengrube. Auch in der Löwengrube will der Mensch weiterleben. Ich habe weitergelebt. Aber ich sah, infolge gründlicher Beobachtungen und genauer Nachforschungen, daß die Deutschen nachtragende Pedanten sind. Und sie haben ihre Häscher durch ganz Belgien ausgesandt, um die Juden zu fangen und zu töten. Warum? Was haben die belgischen Juden den Deutschen getan?

Weil ich von einer vorsichtigen Natur bin, habe ich mir ein zweites Zimmer genommen, und weil in solchen Situationen Geld bei mir keine Rolle spielt, ein drittes, und viertes, und fünftes Zimmer. Manchmal wohnte ich in keinem von allen fünf Zimmern.

Dann begann die Jagd der Deutschen auf die kleinen Kinder der Juden. Die deutschen kamen meistens am frühen Morgen, entrissen die Kinder den Vätern, Müttern, Tanten, mitleidigen Nachbarn oder Fremden, versammelten die Kinder und schickten sie nach Polen, in einen gewissen Tod.

Obwohl ich kein Kinderfreund bin, tat es mir im Herzen weh. Kein schöner Anblick, diese großgewachsenen, fettgefütterten deutschen Familienväter, die im fremden Land umhergehn und unglücklicher Leute Kinder, kleine, unschuldige Kinder zusammenschleppen und abschlachten.

Ich ging also zu einer Rechtsanwältin in Brüssel, die ich nicht kannte. Sie war die Leiterin aller Waisenanstalten in Belgien. Ich sagte ihr: Sie müssen diese Judenkinder retten. Ich sagte ihr, man hat mir vielfach erzählt, welche Absichten Hitler und seine Deutschen mit ihren Judenschlächterein eigentlich verfolgen, direkte und indirekte Absichten, ich finde keinen Sinn darin.

Herzbrechend, hat die Anwältin gesagt. Und sie kannte einen Professor an der Brüsseler Universität, einen Ophtalmologen, und frommen Katholiken. Ich sagte darauf, ich fürchte mich vor gar nichts. Das ist natürlich nicht wahr. Ich fürchte mich nämlich vor allem. Und kann nicht alles fürchterlich werden?

Schließlich bildeten wir ein Komitee, der Professor, die Anwältin und ich, ein geheimes, ohne Schreibmaschine, Tippmädchen und Büro, versteht sich, ich brachte die jüdischen Kinder, und jene brachten sie unter, als christliche Waisenkinder. Gottseidank gehen zwischen den Bösen und Denunzianten gute, mutige Leute umher. Tausende jüdische Kinder wurden so gerettet, bis auf weiteres, versteht sich, aber Gottlob und zu Ehren der Menschheit.

Eines Tages überwache ich, wie man Säcke mit Lebensmitteln in den Keller einer meiner Wohnungen schafft; denn die Kinder müssen ja auch essen. Und später erzählte man mir, mein Nachbar, ein

Flame, habe mich der Gestapo denunziert, weil er mich für einen Wallonen hielt.

Also die Gestapo kommt dreimannhoch, und nimmt mich in mein Zimmer, und da beginnen sie, mir die peinlichsten Fragen zu stellen, das nennen sie ein Verhör. Seit wann ich Lebensmittel schmuggle, wieviel mir der Schwarze Markt einträgt, und dergleichen Unsinn. Mit Geduld wiederhole ich zehnmal, diese Lebensmittel seien für das einzige amtlich gestattete jüdische Waisenhaus in Belgien bestimmt. Das müssen wir Ihnen erst glauben, sagen die Beamten unisono. Das haben sie gelernt, die amtlichen Skeptiker. Ich rede, sie reden, wir verstehn uns gar nicht, und manchmal nur zu gut. Einer zeigt sich endlich ermüdet und sagt, heut will er es mir glauben. Aber um neun Uhr morgen früh soll ich mich in den Gestapobaracken bei Hauptmann Dr. Schlemmer einfinden. Der wird entscheiden, ob ich die Konsequenzen meiner Lügen tragen muß, oder die Konsequenzen der Wahrheit.

Nun bin ich ein sehr ängstlicher Mensch. Ich sagte mir, in die Baracken kommst du leichter hinein, als wieder heraus. Sie sind dir aber auf der Spur, sagte ich mir, wahrscheinlich wissen sie bereits mehr, als du glaubst. Fliehst du jetzt, und sie erwischen dich, machen sie dich kaputt. Aber vielleicht ist der Hauptmann Dr. Schlemmer ein kapabler Mensch, und trätabel, und akzeptabel, und nimmt?

Die ganze Nach überlegte ich hin und her. Ich ging von einem meiner Zimmer ins andre, unter Lebensgefahr, wenn mich nämlich die Soldaten auf der Straße festgehalten hätten. Ich floh, ich packte, ich kam zurück, ich weinte aus Verzweiflung, weil ich mich nicht entschließen konnte. Aus Feigheit stand ich am andern Morgen punkt neun Uhr vor dem Hauptmann Dr. Schlemmer. Aus Feigheit brüllte ich ihn an. Wenn da ein vierjähriges Mädelchen vor Ihnen stünde, schrie ich, mit sanften Augen und blondem Haar, ein jüdisches Kind, würden Sie es mit Ihren Händen erwürgen? Dazu sind Sie nicht imstande, das sehe ich Ihnen an. Haben Sie kein Kind? Stellen Sie sich mal vor, da steht ein Russe – oder Brite und tötet Ihr Töchterchen. Sie haben eines? Dachte ich mir. Sie schlagen keine Kinder tot,

573

werden Sie mir sagen? Aber das tun Sie, wenn Sie sie nach Polen senden. Was? Sie müssen leben, sagen Sie? Ist es nur das? Wieviel Geld bringt Ihnen das ein? Soviel? Ich gebe Ihnen mehr. Und nicht nur einmal, ich bezahle für jedes Kind, das Sie nicht vorfinden. Sie haben am Abend eine Liste von Kindern, zu deren Adressen Sie Ihre Beamten aussenden? Geben Sie mir diese Liste am Vorabend. Für jedes jüdische Kind, das ich an der angegebenen Adresse vorfinde, und wegschaffe, zahle ich Ihnen diesen und diesen Betrag. Und das ist ein Geschäft am laufenden Band, und alles bleibt unter uns. Abgemacht. Schlagen Sie ein, Herr Hauptmann Doktor.

Er schlug ein. Die Deutschen sind noch als Verbrecher solid. Schlemmer konnte unter den neuen Deutschen für eine Art Ehrenmann gelten. Er lieferte, und empfing sein Geld. In den bessern Zeiten der Deutschen hätten sie den Lumpen geköpft, ohne viel Fackeln.

In welcher Sprache verhandelten Sie mit der Gestapo? fragte Uli. In allen meinen sieben Sprachen, sagte unser Führer. Für einen Menschen, der weiß, was er will, gibt es keine Sprachschwierigkeiten. Nur wer nichts zu sagen hat, weiß sich nicht verständlich zu machen. Inzwischen liefert uns Hauptmann Schlemmer nicht nur jüdische Kinder, sondern auch die Listen erwachsener Juden im vorhinein, und ich bezahle ihn. Das Komitee hat Millionen aufgebracht. Und hat die Juden auf dem Land und bei Christen versteckt.

Kürzlich kam Schlemmer zu mir, in Zivil. Gott, bin ich erschrocken. Man macht Geschäfte mit Klapperschlangen. Sie erscheinen wie gezähmt, die Bestien. Plötzlich beißen sie. Ich erschrecke und schreie also. Er sagt, morgen ist eine neue Razzia, aber keine Liste. So, sage ich, und frage, wieviel. Ich denke nämlich, der Lump will eine Preiserhöhung. Ist mehrmals vorgekommen. Diesmal nicht, sagte er, sondern er hat mit einer Gruppe von Killern den Auftrag bekommen, nach Dinant zu fahren und zehn belgische Bürger abzuholen und nicht mehr heimzubringen. Schüsse im Wald. Zehn Christen, diesmal. Aus Rache für die Erschießung irgend einer deutschen Klapperschlange in Gestapouniform in Dinant. Hauptmann, frage ich, haben Christen keinen Preis. Da ist ein andrer Leiter, antwortete er. Nimmt der kein Geld? frage ich. Er zuckt die Achseln. Ich will mit ihm sprechen, sage ich. Kurz, er kommt, er nimmt; er gibt mir die Liste, meine Mitttelsmänner warnen die zehn, neun entweichen; der zehnte, der Oberstaatsanwalt von Dinant, ein vormaliger Justizminister, ein frommer Katholik, sagt zu seiner Frau, ich bin kein Kommunist, ich bin kein Jud, ich habe nie öffentlich etwas gegen die deutsche Okkupation gesagt, warum sollen sie mich erschießen? Er bleibt zuhaus, am Morgen kommen sie dreimannhoch, nehmen ihn in ihr Auto, fahren in den Wald, auf der Flucht erschossen.

Sie schaun mich so betroffen an. Sie fragen sich vielleicht, liebe Frau, warum ich Ihnen diese Details erzähle? Das frage ich mich selber. Sie haben etwas Besonderes in Ihren Augen, im Gesicht, etwas Gutes, etwas Vertrauliches. Es ist wie ein offenes Buch, darin ich lese, und es ist ein gutes Buch. Die Leute glauben, Verschwörer oder Mitglieder von Untergrundbewegungen hätten alle Hände voll, ihre Pläne geheim zu halten. Praktisch läuft es darauf hinaus, daß Berufsverschwörer und professionelle Geheimnistuer mehr als gewöhnliche Menschen ihre Geheimnisse mit vielen, sogar wildfremden Leuten teilen müssen.

Kurz, ich habe meine Gründe, um den Monsieur de Thou, den es wirklich gibt, und der aus Patriotismus oder ähnlich eiteln Gründen einen Menschenschmuggler spielt, für einige Zeit zu ersetzen, und jetzt wollen wir uns auf den Weg machen, ehe die Kinder einschlafen. Und weil die Kinder gerade weghören, will ich Ihnen gestehn, ich habe kein gutes Gefühl. Ich hatte einen dummen Traum diesen Morgen. Wenn wir glücklich im unbesetzten Gebiet ankommen sollten, so will ich Ihnen schwören, daß ich nicht an Träume glaube".

Es war eine dunkle Nach. Unser Führer meinte, es sei gut so, und auch wiederum nicht gut. Überhaupt war er nun nervös, er zischte die Kinder an, still zu bleiben, stieß mich in den Rücken, als ich einen welken Ast zum Fallen brachte, und nur zu Uli blieb er sanft, aber wer wollte anders zu ihr sein.

Was für einen Zweck soll es haben, das Ende ausführlich zu schildern? Plötzlich hörten wir das Bellen von Hunden. Und unser Führer sagte, wir seien verloren, es seien die Polizeihunde der Gestapo, und wir sollten uns verteilen, weit genug auseinander, daß jeder Hund nur einen von uns decken könnte, und er wolle stehn bleiben, und wir sollten zu entkommen suchen, falls es nur e i n Polizeihund sei, und gleich darauf sagte er, es seien zwei Hunde, mindestens, und man hörte es am verschiedenen Bellen, und also seien mindestens zwei verloren, und Tante Uli sagte zu mir, laufe du mit den Kindern, und ich schrie, du mußt entkommen, Uli, und sie sagte, sie sei eine Frau, und weniger gefährdet, und lauft! zischte der Führer, und begann, selber langsam von den Hunden wegzulaufen, und Uli blieb stehn, und ich lief. Verstehst Du das, Alexander? Freilich hatten sich die Judenkinder an mich gehängt, sie schoben und stießen mich, sie zogen mich fort, und wir rannten zusammen und fielen und rannten und hörten Geheul und Geschrei, und es schien mein Herz zu zerreißen, aber so ein Herz hält stand!

Alexander! Wir entkamen. Wir blieben in einem Graben liegen, stundenlang.

Wir hatten eine Adresse im unbesetzten Gebiet. Wir erreichten sie. Und da wartete ich, sechs Tage und Nächte lang auf eine Nachricht von drüben. Am Morgen des siebenten Tages kam unser Führer, der falsche Monsieur de Thou, in einem desolaten Zustand. Sein Bauch schien fortwährend zu zittern. Er hatte weniger Zähne und Haare. Er war halbtot vor Prügeln und Schrecken. Als er mich sah, fing er zu weinen an.

Schließlich sagte er mir, bis zur Bekanntschaft mit Tante Uli, habe er nicht gewußt, wie stark eine gute Frau sein könne. Die Gestapo hatte sie nach Paris gebracht, vor einen gewissen Major Rückert. Der hatte beide zusammen verhört, und gemeinsam verprügeln lassen, und nackt ausziehn und foltern lassen. Der falsche Monsieur de Thou wäre schon bereit gewesen, alles herauszuspucken, sein belgisches Komitee, alle Judenkinder, und die französischen Geheimbeziehungen samt dem echten Monsieur de Thou und dem Bauern Jean Jaques Rochfort.

Aber der Anblick der gefolterten Frau, die kein Wort verriet, und im Krampf noch sanft blieb, gab ihm eine wunderbare Kraft, erklärte der falsche Herr de Thou.

Schließlich hätte man beide nach Brüssel geschickt, und beide wären wieder zugleich vor seinen Freund Hauptmann Schlemmer gekommen. Der hätte ihm gleich gesagt, diesmal könne er nichts für ihn tun. Er habe den strikten Auftrag aus Paris, und von höhern Orts, sie mit allen Mitteln zum vollen Geständnis zu bringen, oder sie umzubringen, mit oder ohne Geständnis.

Wieviel? Fragte de Thou.

Aber Schlemmer versicherte, das koste ihn selber den Kopf. Und Herr de Thou habe geschrien, und geheult, aber umsonst. Und Schlemmer riet ihm, zu bedenken, wie gut es sei, daß er Kraft genug gehabt, nicht ihn und nicht seine Organisation zu verraten, so habe er den Trost, daß er, Hauptmann Schlemmer, mit der Organisation weiterarbeiten könne, wenn er nur die Namen und Adressen der andern Leiter der Organisation zugänglich machen wollte; denn de Thou war bei aller Vertraulichkeit mit Hauptmann Schlemmer schlau genug gewesen, keine Namen zu nennen. Und der angebliche Monsieur de Thou war jetzt in seiner dummen Verzweiflung dazu bereit. Da habe ihm aber Tante Uli gesagt, das solle er um keinen Preis tun. Und sie habe eine Idee, um die Organisation zu retten, das heißt das Leben des sogenannten Monsieur de Thou im Interesse seiner Organisation; denn sie fürchtete, Monsieur de Thou sei unersetzlich. Mehr hatte sie nicht zu sagen gewagt, in Gegenwart des Herrn Hauptmann Schlemmer. Aber beide Ehrenmänner hatten sie verstanden.

Das war aber ihre Idee: Sie werde ein volles falsches Geständnis machen, womit sie ihre Leben verwirken werde, das ja sowieso schon verwirkt sei. Und ihr Geständnis werde Monsieur de Thou, oder was sein Name war, entlasten. Hauptmann Schlemmer solle sie dann mit dem Tod bestrafen, vielleicht mit einem nicht zu schmerzhaften, hingezogenen Tod, und seinen Geschäftsfreund entwischen lassen, als unbeteiligt.

Darauf hatten sich alle drei gleich niedergesetzt und zusammen eine gute Geschichte ausgekocht, hieb- und stichfest, sozusagen, ein feines Geständnis, dieser soidisant Monsieur de Thou erzählte mir ein Langes und Breites, aber was für einen Sinn hätte es, den Unsinn zu wiederholen.

Uli unterschrieb ihr Geständnis. Schlemmer ließ sie gleich fortschaffen.

Den Monsieur de Thou entließ er bald darauf und gab ihm sein Ehrenwort, er habe Uli auf dem Weg zum Keller schon erschießen lassen, schmerzlos, und sie sei schon tot gewesen, als Schlemmer dem andern sein Ehrenwort gab.

Ihr könnt die Geschichte glauben, wenn Ihr dem Wort von Monsieur de Thou und dem Ehrenwort vom Herrn Hauptmann Schlemmer glauben wollt.

Monsieur der Thou sagte, ich könne ihm die drei Judenkinder überlassen, er brächte sie nun sicher in die Schweiz. Ich sagte, ich ginge mit. Er schien gekränkt, wie über einen Akt des Mißtrauens, und es tat mir leid; denn der falsche Monsieur de Thou ist wohl einer der echtesten, besten Menschen in unserer Zeit. Wir brachten die Kinder glücklich über die Schweizer Grenze, ich kehrte nach Frankreich zurück, er wollte nach Brüssel zurückgehn. Wenn der Krieg aus ist, und für die guten Menschen gewonnen, so will ich nach Brüssel fahren und nachsehn, ob es den Herrn de Thou oder Marcel Gewürz oder wie er dann heißen wird, noch gibt.

Ich umarme Dich, lieber Alexander, und ich wünsche Dir und dem Onkel gute Zeiten in Amerika und einen bunten Lebensabend, und vielleicht besucht Ihr einmal Europa, und wir sehn uns wieder, vielleicht. Dein Bruder Cäsar.

P.S. Solltest Du je unsere Mutter wiedersehn, so sage ihr, ich sei im Herzen ein guter Deutscher geblieben. Darum arbeite ich mit den bittersten Deutschenhassern unter den Franzosen am Untergang des Dritten Reiches mit, so gut ich kann. Aus Patriotismus, sage ihr, schlage ich jeden Nazi tot, solang dieser Krieg dauert.

Primula hatte den Brief mit Tränen und Seufzern gelesen. Zuletzt weinte sie nicht mehr.

„Und?" fragte sie. „Und weiter?"

„Zwei Monate später," berichtete Alexander, „fiel uns eine dieser unterirdischen französischen Löschpapierzeitungen in die Hand. Da fanden wir die Nachricht, daß Marc Grégoire, einer der Helden des

Untergrund, einen guten Tod gestorben sei. Zum Teufel mit allen guten Todesarten! Es stand da auch, er sei ein deutscher Flüchtling gewesen, und heiße eigentlich Cäsar List oder Lust."

„Und?" fragte Primula. Sie sah zornig aus.

„Danach fuhren Onkel Musik und ich nach Amerika."

„Und weiter?" fragte Primula.

Aber Alexander schwieg.

Und Primula sagte: „Also habe ich einen Sohn behalten!"

Und Alexander schwieg.

Da sagte Primula: „Ich verstehe dich wohl. Darum hast du meinen letzten Brief an Uli aufgehoben, und diesen letzten Bericht über sie, nämlich zum Beweis, daß Uli besser war als ich war. Sie ist ein unschuldiges Opfer geworden. Diese behalten moralisch immer recht. Und weiter? Also Cäsar war in Uli verliebt. Soll ich eifersüchtig sein, mitten unter Toten? Und du liebst mich nicht. Und bist ein Amerikaner geworden, und kamst als ein Eroberer in die Heimat. Du und deine Freunde haben unsere schönsten Städte zerstört, von Hamburg bis Köln, von München bis Berlin, lauter Ruinen, und Kinderleichen, und bombardierte Zivilisten, und der Gestank eines zerbrochenen Reichs, eines geknechteten. Und du hast dich geschwind auf die Seite der Eroberer geschlagen."

„Ich habe mich geschlagen," erwiderte Alexander, „und zwar auf der Seite der Menschheit."

„Du hättest von deinen Angelsachsen ein wenig Lebensklugheit lernen sollen, ihre Heuchelei, ihren Hochmut, und ihre Maxime: Right or wrong, my country!"

„Ich bin nur zuhaus, wo das Recht heimisch ist," erwiderte Alexander. „Und wenn mein Land das Unrecht zur Maxime erhebt, hört es auf, mein Land zu sein."

„Du wirst weit genug damit herumkommen und von Land zu Land emigrieren können," erwiderte seine Mutter.

„In Amerika will ich bleiben. Es ist ein gutes Land. Und ich bin ein guter Amerikaner geworden, Mutter."

„So schnell macht man drüben die guten Amerikaner?"

„Und die Resultate sind nicht schlecht. Nach dem Krieg hole ich dich herüber, Mutter. Und wir leben alle in New York."

„Ich bin eine Deutsche. Ich bleibe eine Deutsche. Und im Unglück Deutschlands erst recht!"

„Und Großvater lebt noch?" fragte Alexander. „Er steht auf vielen Kriegsverbrecherlisten, vermute ich. Sollte ein Volk im Unglück wenigstens nicht versuchen, seine Sünden zu bereuen, seine Missetaten wieder gutzumachen, umzukehren und sich zu bessern!"

„Du hast also gar nichts gut zu machen, lieber Sohn?"

Wieder schwieg Alexander.

„Lebe wohl!" sagte Primula. „Und möge dein neues Vaterland dich nicht zu schnell enttäuschen! Und möchtest du deinen neuen Landsleuten gefallen! Gib mir nicht die Hand zum Abschied. Und schreibe mir nicht. Ich kann deinen Anblick nicht ertragen. Vergessen will ich das Gedächtnis meiner beiden Söhne und meiner Schwester Uli. Und ich liebe Deutschland mehr als meine beiden Söhne. Hörst du, mehr als euch alle!"

Als seine Mutter fortgegangen war, ging Leutnant Lust zum Fenster. Es regnete, und die Ruinen sahen definitiv aus. Und Alexander fühlte den Zwiespalt. War er nun ein verlorener Sohn – einer der verlorenen Söhne Europas?

Oder gehörte er schon zu den neuen Erben und war um so mehr ein Amerikaner, weil er einer der neusten Amerikaner war?

Und welchen Idealen sollte er folgen? Woran glaubte er?

Was sollte er aus seinem Leben machen. Und woran kann man glauben?

Als ein frischer Wind durchs offene Fenster strich, der nicht mehr den Gestank der Toten mittrug, da kam es dem jungen Leutnant Alexander Lust vor, als könne es noch mal einen guten Tag in der Welt geben, und eine vernünftigere Gesellschaft, und eine schönere Zukunft. Und Alexander fühlte sich getröstet und begann zu singen.

Schließlich war er erst fünfundzwanzig Jahre alt, und hatte den Krieg mit ganzen Gliedern überlebt, und hatte einen Onkel in Amerika.

Das war kein schlechter Anfang für ein neues Leben.

Wolfgang Buhl

NACHWORT
das als Vorwort zu lesen empfohlen wird

*P*ro captu lectoris habent sua fata libelli – Ganz wie der
Leser sie faßt, so haben die Büchlein ihr Schicksal.
Diese fast zweitausend Jahre alte Erkenntnis des Terentianus
Maurus lernten wir Junglateiner – lang lang ist's her – als eins der
ersten geflügelten Worte einer Sprache, deren Knappheit sie angeb-
lich für musische Übungen untauglich macht, was uns liebe Deutsche ermunterte, sie in diesem Falle nochmals zu verkürzen auf
lediglich vier Wörter: *Bücher haben ihre Schicksale.*

Das ist zwar im großen und ganzen, um nicht zu sagen: global
betrachtet, richtig und schließt alles Ungefähre aus, den Leser aber
wiederum nicht in jener Bedeutung ein, die ihm das Original ausschließlich beimißt. Jedoch was wäre ein Buch ohne ihn? Mehr als
der Geist des Autors, sein Gespenst, ein Nebel, in dem man sto-
chert? Unser vorliegendes Beispiel widerspricht nicht im geringsten,
sondern unterstreicht seine Berechtigung.

1946 erschienen bei A.A. Wyn in New York *The Twins of Nuremberg*, übersetzt von Andrew St. James und E.B. Ashton. In den Rezensionen, die in den großen amerikanischen Zeitungen herauskamen,
stellte das Lob, das der *German literary exile* erntete, die keineswegs
geringen Einschränkungen weit in den Schatten, wenngleich Orville
Prescotts Eloge, Kesten sei der bedeutendste Romancier nach Thomas Mann, vielleicht denn doch wegen Vergleichsmangels in der
Schwebe bleibt, zumindest außerhalb Amerikas. Über Kestens
Roman schrieb der unverwüstliche Kestenfan am 14. Mai 1946 in der
New York Times: „No novels about modern Germany have been any
more horrible than parts of ‚The Twins of Nuremberg', But, none has
ever so combined its horrors with fantasy and allegory. It's quite a
heady mixture."

Genau zwölf Tage später, am 26. Mai, schrieb David Maxwell Weil in der *Chicago Sun Book Week:* „The plot is incredible. It has the unreality of an opera libretto. Georg Grosz caricatures move in and out of the story without any seeming motivation." Auch dieser Herr hatte recht, selbst wenn er zwischen Wirkung und Absicht nicht zu unterscheiden vermochte.

Übrigens erschienen beide Rezensionen wie alle folgenden mit dem gleichen Foto: Kesten als schmucker, noch fast schwarzhaariger, kühnnasiger Vorwärtsgeist – „It is a forceful, brillantly written book which ranks Kesten with the foremost contemporary European writers", schrieb am 15. Juni der *Cansas City Star* – und auf dem Cover vor schwarzem Hintergrund präsentiert Richard Lindner zwei Schwestern mit großen Schleifen im Haar – in Hamburg nennt man sowas Butterlecker –, als wäre er in Bele Bachem verliebt gewesen, falls er sie gekannt hätte.

In diesem Zusammenhang ein Nebenbeiwort zu den Beziehungen dieser zwei berühmten Nürnberger, die beide keine geborenen Nürnberger waren, sich wahrscheinlich in ihrer Nürnberger Zeit wenn überhaupt, dann nur oberflächlich kennengelernt und erst in New York zueinander gefunden hatten, burschikose Gespräche und einen vereinzelten Briefwechsel führten, beide finanziell keineswegs sonderlich bemittelt, aber vielleicht gerade deshalb so vertraut miteinander, daß Kesten, wie er mir erzählte, von Lindner ein Bild geschenkt bekam, das dieser auf dem Weg zum Ruhm allerdings zur Hängung in einer Ausstellung vorübergehend wieder einforderte, aber nie zurückgab, was meine Frau zu der Frage veranlaßte: Und da haben Sie sich nicht gerührt, bei dem Wert?, worauf Kesten nur kurz und schmerzlich mit den Schultern zuckte – ähnlich lakonisch, wie er später, am 15. Juni 1978, von einem seiner regelmäßigen Ausflüge nach Amerika an seine späte Liebe Hilde Spiel schrieb: „In New York sah ich nur wenige Freunde, einige Witwen meiner Freunde, wie Richard Lindners junge Frau, er rief mich an, wir machten eine Verabredung, und bevor ich ihn treffen sollte, las ich in der *Times* schon den Nachruf auf ihn." – Was mit seinen *Twins* inzwischen geschehen war, läßt sich nicht in einem Satz erzählen. Ihre amerikanische Kritiken könnte man fast ohne Einschränkung in gute und sehr gute, will sagen in pauschale und ausführliche einteilen, wobei letztere meist von deutschen Emigranten stammten, denen der Autor schon eine feste Größe vorgab. Franz Schönberner in der *New Republic* verglich Szenen mit Daumier „Or, perhaps more often, of Goya's cruel realism and phantastic symbolism in the ‚Capriccios' and the ‚Desastros de la Guerra'", andere brachten *Gulliver, Candide, Gil Glas* und sogar Grimmelshausens Schelmenroman *Simplicissimus* in ihre Zeilen. Robert Breuer schwärmte in der deutschsprachigen *Neuen Volkszeitung*: „Es gibt Witze mit tödlichem Ernst. Und Parodien mit letalem Ausgang. Im Persönlichen kann Bajazzo-Spiel mit Eifersuchtsmord enden. Ins Bild eines Volkes übertragen zündet Zündeln in Weltenbrand. Hermann Kestens neuer, großartiger Roman ist *die Parodie Deutschland zwischen 1918 und 1945*. Aus lachenden glücklichen Augen werden tränenvolle Schalen von Betrübnis und Kummer. Grüne Wiesen, blühende Städte, zauberhaft-verträumtes Liebesspiel sinken zu versengten Stätten, Trümmerhaufen, Orgien von Haß und Brutalität. Wie war das alles gekommen?"

Einen Rüffel gab es von Heinrich Eduard Jacob am 31. Mai 1946 im ebenfalls deutschsprachigen *Aufbau*: „Biologisches Schicksal ist niemals Zufall; und ein paar Nachmittage in New Yorks herrlichen Bibliotheken hätten den Autor davon überzeugen können, daß Pathologie, Ethnographie und Anthropologie, seit Kleinwächter im Jahre 1871 die ‚Lehre von den Zwillingen' schrieb, höchst merkwürdige Dinge auf dem Gebiet der Zwillingsforschung zu Tage gefördert haben. Zwillingsgeburten sind nichts Willkürliches, sondern etwas Schicksalsgebundenes. Sie sind obendrein etwas so Geheimnisvolles, daß – man denke – gewisse Urvölker den einen Zwilling sofort nach der Geburt töten: Er scheint als Mörder der Lebenskraft des anderen Zwillings ihnen Unglück zu versprechen. Wenn Sie das gewußt hätten, lieber Kesten, hätten Sie sich's nicht entgehen lassen – man soll eben, wie Balzac, alles wissen, ehe man einen Stoff formt," Kestens alter Freund F.C. Weiskopf hingegen geht mitten hinein in *Germany's Double Soul*, „the black one of ‚Mein Kampf' and the white one of ‚Faust', perplexingly linked together by a common ori-

gin", und natürlich darf Thomas Mann nicht fehlen in schlackenlo-
sem Englisch: „I have read *The twins of Nuremberg* with great inte-
rest and great tension. It is the work of a talented author ... a fascina-
ting mixture of the elements of fantasy, grotesqueness, and fairy tale,
with the most glaring present reality. I believe that many thousand
readers will, with excitement and passionate sympathy, rush through
these pages which are filled with arresting events." Mag der „talen-
tierte Autor", über den er verschiedentlich schon geschrieben hat
und mit dem er gemeinsam im Rescue Commitee sitzt, noch so schal
schmecken, so verblüfft im *Aufbau* der schon zitierte A.E. Jacob
umso mehr: „Von Nürnberg, aus ‚Deutschlands Mitten' geht Ihre
Erzählung aus und greift nach den großen politischen Geschehnis-
zentren Berlin, Wien und Paris über – aber auf jeder Seite zeigen Sie,
daß sie selbst in Nürnberg geboren sind. Ihre Liebe zum Kleinen und
Ihre Kenntnis des handwerklichen Details verrät das. Die Nürnberger haben's nun einmal in sich. Von Peter Vischer bis zu Jakob Was-
sermann, Jahrhunderte hindurch, haben die Nürnberger mit klein-
meisterlicher Freude und mit einer gewissen symbolischen Kraft
Figuren um Figuren geformt. Und eine unvergleichliche Spielzeugin-
dustrie haben sie auch aufgezogen, aus Liebe zum Kind und zur Fülle
des Menschheitstrebens. Sie sind ein Nürnberger, Hermann
Kesten!"

Gegen so viel intime deutsche, ja sogar fränkische Kenntnisse –
wenn auch mit Fehlern, Kesten wurde in Galizien geboren und Was-
sermann in Fürth –, hatten es die einheimischen Kritiker ungleich
schwerer und begnügten sich mit den in aller Welt üblichen
Gebrauchsblumen für ihre Rezensionssträuße. Zwischen New York
und San Francisco, Los Angeles und Washington, zwischen Philadelphia und Chicago und Omaha wiederholten sich im Sommer 1946
Sprüche wie zum Beispiel „A long, extremely interesting work" *(The
New Yorker)* „it is a forceful, brillantly written book which ranks
Kesten with the foremost contemporary European writers" *(The Cansas City Star)*, „The whole product ist not hammock reading, but
should be a must for everyone who can take ideas and terrible realism
in the same dish" *(Philadelphia Record)*, „this novel has ... a certain

brilliant irony and is highly readable. Of its 600 pages, most of the second 300 are devoted to scenes of torture and obscene brutality" (Chicago Dailly News), „A new Vision of life demands a new style of expression. ,The twins of Nuremberg' is an unusual blend of the real and the fantastic. Only through such a mixture of realism, parable, and melodrama, one feels, can the essential complex of fascism be rendered" (Courier-Journal, Louisville), „... is unquestionably a remarkable performance ... displays the equipment of a novelist of the first rank. Wit an irony, humor and compassion lift the story along its way" (Harald Tribune). Unter fast dreißig Rezensionen, die Kesten gesammelt hat – sein Archiv befindet sich, vorbildlich betreut, in der Münchener Monacensia – ist unter zwei kurzen Ver- rissen des Buches zwar das eine oder andere Einschränkende zu fin- den, wird aber vom nahezu grenzenlosen Respekt vor einem der füh- renden europäischen Erzähler ins Bedeutungslose gedrängt. Drei- mal bei meinen Prüfungsgängen durch diese historischen Rezensio- nen stieß ich auf den Begriff Bestseller, der sicherlich nicht übertrie- ben war, zumindest im nördlichen Nordamerika, wo Kestens Erfolg geradezu sensationell zu nennen ist und beträchtlich dazu beitrug, daß seine Gesamtauflage sogar jene Bölls eine Zeit lang übertraf, obwohl er mit der Gruppe 47 und ihren Betreibungen jemals weder inneren noch äußeren Frieden schloß.

Ein Jahr später, 1947, erschienen die Twins beim vertrauten Amsterdamer Querido Verlag in der Originalsprache, also auf deutsch. Das Echo war null, oder ein bißchen mehr, was, wie man gleich lesen wird, vor allem auf die merkwürdigen Kontrollratsregeln zurückzuführen war. Am 11. Juni 1975 schrieb Hermann Kesten aus Interlaken an Hilde Spiel: „Wir wollen zur Buchmesse nach Frank- furt kommen, mein Verleger R.S. Schulz hat uns fürs Hotel Intercon- tinental eingeladen, er bringt zur Buchmesse meinen Roman Die Zwillinge von Nürnberg heraus, die seit 1947, wo Querido sie in Amsterdam brachte, nicht mehr da waren, und damals kaum nach Deutschland hereingekommen sind, da Holland nur soviel Bücher nach Deutschland exportieren durfte, als Holland deutsche Bücher nach Holland importierte. Auch erhielt das Buch kaum Rezensionen.

Es ist also de facto eine Novität. Ich schreibe eine kurze Einleitung." Es gab weder eine Einleitung noch eine Neuauflage, aber vielleicht denn doch die Erinnerung an seinem 70. Geburtstag, zu dem er nachträglich im Nürnberger Rathaus aus dem Buch vorgelesen und sich sein damaliger Verleger Kurt Desch zu einer Wiederauflage bereiterklärt hatte, falls ihm die Stadt 1000 Stück zu Geschenkzwecken abnähme, damit er beim Umfang von mehr als 500 Seiten auf seine Kosten komme. „Da sehen Sie, wie idealistisch deutsche Verleger sind.", schrieb er mir kurz darauf aus Rom, „und wie gefährlich es ist, ihnen irgendwas zu erzählen. Gleich denken sie an Literaturgeschäfte." Was, natürlich, auch R.S. Schulz in Percha am Starnberger See gedacht hatte, als er 1973 *Revolutionäre mit Geduld* veröffentlichte, sogar einen Kesten-Preis stiftete und die *Zwillinge* für die Buchmesse 1975 ankündigte, und nicht zuletzt, alles andere wäre doch wohl widernatürlich gewesen, mit Haupt und Haar er selbst.

Denn er liebte dieses Buch viel zu sehr. Längst vor Klaus Mann, dem Erzfreund in der Emigration, der von ihm übrigens zu seinem berühmten Gründgens-Roman *Mephisto* angeregt wurde, hielt er es, mit kleiner Einschränkung aus Höflichkeit vor sich selbst, für sein bestes. Anfang Juni 1947 schrieb er an den Ethnologen Oliver La Farge, mit dem er, seit dieser ihm „ein wunderschönes moralisches Affidavit" gegeben hatte, einen regelmäßigen Briefwechsel unterhielt: „Wenn man älter wird, vergißt man leicht die Erbsünde. Warum schreibe ich? Zuweilen sieht es aus, als schriebe man Bücher, weil ein Vertrag mit einem Verleger existiert, oder aus der Gewohnheit, dafür bezahlt zu werden, daß man Bücher schreibt, oder aus der Gewohnheit des Schreibens." Und weiter in diesem Zitat: „Aber ich erinnere mich, daß ich selten aus anderen Gründen geschrieben habe, als aus dem schieren Vergnügen am Schreiben, und aus der Lust am Leben, die danach verlangt, daß man sie niederschreibt, in seinen eigenen Worten, oder aus lauter Verzweiflung, die erträglicher wird, wenn man sie aufschreibt, oder zuweilen auch, weil ich dachte, niemand hat dies oder das gesagt, ich muß es also tun, oder weil man gerne zu Menschen spricht, und man sich schmeichelt, daß man von vernünftigen und guten Menschen vernommen werde, die man zu Freunden gewinnen wird, oder weil man glaubt, jemand müsse die Tyrannen aufzeigen, und das viele Unrecht, und jemand müsse von der Freiheit reden, und von dem Guten und von der Liebe und von der Sonne und von der Erde, oder aus vielen anderen Gründen, oder immer aus dem selben Grund.

Natürlich bin ich eigensinnig und vielleicht ein Narr. Ich verließ Deutschland im Jahre 1933, und einer der Gründe, warum ich es tat, waren die besseren und reicheren Möglichkeiten, über Deutschland zu schreiben. Ich war damals 33 Jahre alt, und ich hätte 1933 nach USA gehn und die englische Sprache lernen und die Kunst des Kurzgeschichten-Schreibens an der Columbia University von New York vielleicht, und mich sehr anstrengen sollen, um ein drittklassiger englischer Schriftsteller zu werden, wie manche meiner Kollegen voller Stolz es versuchten, und ich hätte glücklich für immer leben sollen. Jetzt aber erblicken sie mich, wie ich diese schöne englische Sprache auf barbarische Art zerstöre. Es ist schwer, über Leute zu schreiben, deren Sprache man so armselig handhabt, wie ich es nach sieben Jahren tue.

Ich wage die Behauptung, ich mache in der deutschen Sprache keinen Narren aus mir selber.

Übrigens glaubte ich immer an die Wahrheit von Gides Ausspruch: On n'écrit pas les livres qu'on veut.

Und ich glaube ganz aufrichtig und naiv, das beste Buch, das ich geschrieben habe, ist mein Roman ‚Die Zwillinge von Nürnberg‘, ein Roman über Deutschland und Frankreich zwischen 1919 und 1945. Aber ich dachte gewöhnlich mein neustes Buch sei mein bestes Buch."

Als einer er ersten neben Klaus Mann bestätigte Erich Kästner dieses Egovotum. „Ihre ‚Zwillinge‘", schrieb er ihm am 2. November 1947 aus Zürich, nicht ohne auf sein *Doppeltes Lottchen* hinzuweisen, „hab ich nun also auf deutsch bekommen und mit großem Interesse gelesen. Wie schön, daß Sie nicht ‚milde‘ geworden sind wie andere, von denen's man nicht erwartet hätte. Ja, es sind einigen Kollegen die Zähne ausgefallen! (Ich habe übrigens auch eine Zwilling-Geschichte vor, aber mit 9jährigen kleinen Mädchen, weil ich doch zuweilen ein Kinderonkel bin, wie Sie wissen)..."

Aber die Stille in den deutschen Zeitungen war so lange fast beängstigend, bis S. Fischer das Buch 1948, beinahe gleichzeitig mit seiner schwedischen Ausgabe, in Frankfurt herausbrachte, was die westdeutschen Feuilletons ab Herbst 1949 bis zum Sommer 1951 beschäftigte, im erwähnten Brief Kestens an Hilde Spiel vom 11. Juni 1975 merkwürdigerweise aber nicht erwähnt wurde. Allerdings sucht man darin die Hymnen auf die amerikanische Übersetzung vergeblich. Die beiden Sätze Orville Prescotts in der *New York Times* „Kein Roman hat den Schrecken so kunstvoll mit Phantasie und Allegorie gemischt. Es ist eine absolut berauschende Mischung" bleiben allein auf weiter Flur. Gewiß, Ferdinand Lion, den Kesten aus München kannte, lobte ihn in der *Zürcher Weltwoche* überschwenglich: „Kesten fügt Hundert, ja Tausende von Portraits, Aperçus, Art, sodaß sein Text an vielen Stellen vom Geist des 18. Jahrhunderts durchsprüht wird." Und er schließt seine Eloge: „Alles war nur ein stumpfes, plumpes Material, bis der Künstler kommt und aus allem Lebendigen einen einzigen Typus schafft: hier ist der Nazi an sich. Das Buch verdient wohl seine rasch in Amerika und in den Nordstaaten erreichte Berühmtheit. In jenem Typus steckt der alte komische Oberlehrer aus den ‚Fliegenden Blättern' und der Feldwebel aus dem ‚Simplicissimus' und der Landrat aus dem ‚Biberpelz' – alte Bekannte; Figuren, die Macht, die Allmacht erhielten, und dadurch jene Plebejer zur grotesken und erschreckenden Karikatur des Nietzscheschen Übermenschen wurden. Und das ist eine Wiedererkennungsszene von antiker Größe".

Aber anderes klingt schon eingeschränkter, und zwar desto deutlicher, je mehr die Jahre fortschreiten. Peter Silens, beispielsweise, schrieb im *Berliner Telegraf* im April 1951: „Wenn hier also auch das große Bild Deutschlands zwischen den beiden Weltkriegen nicht gelungen ist, so führt doch das Buch tief in den Kampf für und gegen die Barbarei hinein. Es schildert die Schrecken der Menschenverfolgung so rücksichtslos und brutal, um mit gleicher Leidenschaft nach neuer Menschlichkeit zu rufen. Ist wirklich Europa verloren, wie es manchmal auf diesen Seiten erscheinen möchte? Was kümmern wir uns dann noch darum? Wenn am Ende die Mutter, die ehemalige Staatsschauspielerin, und der Sohn, der amerikanische Leutnant, sich auf den Trümmern Nürnbergs begegnen, entscheidet sich die Mutter für Deutschland und der Sohn für Amerika. Ist das unsere Entscheidung, die Entscheidung der Generationen? Dieses Werk, aus vielen Schichten und Formen gemischt, voller Leidenschaft und Ironie, bleibt zwar Stückwerk, aber immer interessant und spannend."

Die Rezension freilich, auf die Kesten den größten Wert legte, kam von Hermann Linden in der Berliner Ausgabe der amerikanischen *Neuen Zeitung* vom 9. Oktober 1949, obwohl ihn bereits im Münchner Teil des gleichen Blattes Luise Rinser zum Rebellen erhoben hatte, „dessen Leidenschaft die Gerechtigkeit ist" – da hatte Kästner das Blatt als Feuilletonchef schon lange verlassen –, und ihm Alfred Döblin aus Baden-Baden hinüber nach New York zugerufen: „Alles viel zu gut für die Leute hier. Sie sollten Stifter abschreiben" – Lindens Besprechung also, aus der jene Stellen zitiert werden, die Kesten mit seiner eigenartigen, von einer Handverletzung in seiner Jugend entstellten Schrift, die Zeit seines Lebens der eines kindlichen Linkshänders glich, unterstrichen hatte, freihändig hat er das offensichtlich getan, also gewiß spontan, und man mag daraus schließen, worauf es ihm bei der Niederschrift selbst besonders angekommen war: „Fasziniert vom Schrecken ... jener Jahre, ... schrieb der Nürnberger seinen großen Roman ...– das ist ein düsterglitzerndes Gemälde ... ethischer und politischer Verwirrung – dieser Roman ... richtet den unerbittlichen Scheinwerfer auf die Jahre 1918–1945 – Kesten führt den Leser ins Deutschland zwischen den zwei Kriegen, ins ‚heimgeführte' Österreich, ins friedliche und ins besetzte Frankreich, in die deutsche Marterstätte Buchenwald und ins französische Interniertenlager in der Radrenn-Arena von Colombes. Im kunstvoll geflochtenen Schicksalsrahmen von zwei Zwillingspaaren erscheinen Szenen der Zeit, treten historische und erfundene Figuren auf. Wirklichkeit vermischt sich mit Phantasie zu künstlerischer Realität, zu gültiger Charakterisierung ... Hermann Kesten, ein geborener Erzähler, einer der produktivsten Romanciers seiner Generation, der schon ein Dutzend Romane hinter sich hat, bewältigt die schwere Aufgabe mit der Geschmeidigkeit eines immerwachen Intellekts ... stellt zudem hohe Anforderungen an stilistisches Können, die Kesten virtuos erfüllt ... ein Werk von unablässiger geistiger Spannung, ein bleibendes Dokument zur Zeitgeschichte, zur Geschichte einer Zeit der Habsucht und Herrschgier ... aber doch nicht ohne das blaue Licht der Hoffnung."

Das half ihm wohl auch, er lebte seinerzeit noch überwiegend in New York, über das erneut schwache Echo – kaum zehn Zeitungen nahmen, dem Monacensia-Archiv zufolge, vom deutschen Remake Notiz – über die fehlende Resonanz in der einstigen Heimat hinweg. Aber wenn man ihn später fragte, weshalb die *Zwillinge* denn so völlig untergegangen, spurlos vom Markt verschwunden und nicht einmal in der *Ullstein*-Gesamtausgabe vertreten seien, die ja immerhin im Januar 1984 begonnen wurde, dann zuckte er, beginnende Altersdemenz hin oder her, immer hilfloser mit den Achseln, berief sich anfangs auf Horst Bienek, der die Auswahl getroffen hatte, erinnerte sich später überhaupt nicht mehr und wich mir bei unserem Interview, das ich mit ihm am 29. Januar 1985 in einem Intervall völlig klaren Kesten-Verstandes führte, so elegant aus, daß man am Ende nicht minder ratlos war als zuvor.

Summa als Frage: Ist dieser Roman mit seinem Verfasser, damals Mitte der vierzig, als sein persönliches Bekenntnisbuch zu werten, wie sich das durchaus abzeichnet – hat der Leutnant Lust nicht ebensoviel mit ihm gemein wie jener Josef, der die Freiheit sucht, in seinem Erstling? – oder als Nebenbeiprodukt, als Irrtum gar, der ihm bisher den Zugang zur deutschen Literatur versperrte? Im Juni 1951 war in *Bücherei und Bildung* zu lesen: „In den Greuel- und Grauenszenen findet der Roman seine erzählerischen Höhepunkte, etwa in der detaillierten Darstellung der Werkstatt einer berufsmäßigen Abtreiberin in Berliner Hinterhöfen oder der peinlich genauen Schilderung eines Gestapoverhörs, bei der das weibliche Opfer nacheinander vergewaltigt, zertreten und zerschlagen wird (im wortwörtlichsten Sinne) und hier hört die Bewunderung für den Schriftsteller Kesten auf. Literarische Masturbation ist keine Methode historischer Darstellung. Der Anspruch auf geschichtliche Gültigkeit wird aber von dem Autor erhoben. Man verstehe mich nicht falsch: nichts gegen die Wahrheit und sei diese noch so beschämend für uns Deutsche, aber alles gegen die Erfindungen einer perversen Phantasie! Kogons ‚SS-Staat' erschüttert durch seine absolute Ehrlichkeit, Kestens ‚Zwillinge' vermögen im Leser bestensfalls Ekel zu wecken. *Dieses* Buch von Kesten hat jedenfalls in unseren Büchereien nichts verloren."

Statt als Fackel des Protestes zu dienen gegen den massenhaften Quatsch und Quark, der damals über die jüngste deutsche Vergangenheit verzapft wurde, erlitt es den Erstickungstod durch seine Verleger und, um es so drastisch wie möglich zu sagen, durch die eigene Kotze. Denn im Gegensatz zu Carl Zuckmayers *Teufels General*, der ihm zur selben Zeit die Schau stahl, und zwar nicht nur allein *Vonwejen Ritterkreuz erstmals wieder uff de Bühne, Pfoten an die rote Jeneralshosennaht und Staatsbejräbnis –*, nach Zucks eigener Auskunft das Zündwort für ihn, das Stück überhaupt zu beginnen –, war das bei Kesten, man nehme seinen Freund Erich Kästner beim Wort, alles viel direkter, bissiger und unversöhnlicher.

Zuckmayer im Ersten Akt seines Stückes, geschrieben 1942:

„HARRAS ... Da läuft so ein armer Junge mit einer unbestimmbaren Großmutter herum. *In aufsteigender Wut* Na, und was wissen Sie denn über die Seitensprünge der Frau Ururgroßmutter? Die hat doch sicher keinen Ariernachweis verlangt. Oder – sind Sie womöglich ein Abkömmling von jenem Kreuzritter Hartmann, der in Jerusalem in eine Weinfirma eingeheiratet hat?

HARTMANN *sachlich* So weit greift die Rassenforschung nicht zurück, Herr General.

HARRAS Muß sie aber! Muß sie! Wenn schon – denn schon! Denken Sie doch – was kann da nicht alles vorgekommen sein in einer alten Familie. Vom Rhein – noch dazu. Vom Rhein. Von der großen Völkermühle. Von der Kelter Europas! *Ruhiger* Und jetzt stellen Sie sich doch mal Ihre Ahnenreihe vor – seit Christi Geburt. Da war ein römischer Feldhauptmann, ein schwarzer Kerl, braun wie ne reife Olive, der hat einem blonden Mädchen Latein beigebracht. Und dann kam ein jüdischer Gewürzhändler in die Familie, das war ein ernster Mensch, der ist noch vor der Heirat Christ geworden und hat die katholische Haustradition begründet. – Und dann kam ein griechischer Arzt dazu, oder ein keltischer Legionär, ein Graubündner Landsknecht, ein schwedischer Reiter, ein Soldat Napoleons, ein desertierter Kosak, ein Schwarzwälder Flözer, ein wandernder Müllerbursch vom Elsaß, ein dicker Schiffer aus Holland, ein Magyar, ein Pandur, ein Offizier aus Wien, ein französischer Schauspieler, ein böhmischer Musikant – das hat alles am Rhein gelebt, gerauft, gesoffen und gesungen und Kinder gezeugt – und – und der Goethe, der kam aus demselben Topf, und der Beethoven, und der Gutenberg, und der Matthias Grünewald, und – ach was, schau im Lexikon nach. Es waren die Besten, mein Lieber! Die Besten der Welt! Und warum? Weil sich die Völker dort vermischt haben. Vermischt – wie die Wasser aus Quellen und Bächen und Flüssen, damit sie zu einem großen, lebendigen Strom zusammenrinnen. Vom Rhein – das heißt: vom Abendland. Das ist natürlicher Adel. Das ist Rasse. Seien Sie stolz darauf, Hartmann – und hängen Sie die Papiere Ihrer Großmutter in den Abtritt. Prost."

Hermann Kesten im 2. Kapitel seines Romans in einem Gespräch zwischen dem Leutnant Lust und seinem Freund Daisler in der Nürnberger Königstraße, nachdem sie die Lorenzkirche passiert hatten; Es schneit in dünnen Flocken:

„Ich liebe die Franzosen. Von Rabelais bis Anatole France, welche vernünftige Heiterkeit! Von Villon bis Verlaine, der witzige Gesang! Warum kamen Sie eigentlich zurück? Zog Sie das Reich an? Der germanische Urwald? Die deutsche Sprache? Sie lebten in Paris, der Kapitale der Welt. Trieb es Sie von Austern und Champagner zu Hering und Bier? Kennen Sie überhaupt die Deutschen? Vielleicht haben Sie die Germania des Tacitus gelesen? Oder Sie lieben Richard Wagner? Nein? Vor dem Krieg war es peinlich, eine emporgekommene Nation zu sehn, die das Glück schlecht trug. Nun wird unser Volk im Unglück würdelos. 1914 suffisant. 1919 larmoyant. Die Deutschen sind Idealisten ohne Geduld, und Zyniker aus Pedanterie. Sie denken langsam und mit Felsbrocken im Mund. Im Mondschein vergießen sie Tränen aus Rührung über sich selber. Am Morgen gehn

sie nüchtern ins Büro, arbeiten mit gründlichem Fleiß, ziehn die
Ärmelschoner aus, gehen zu Frau und Kindern, lassen ihre kleinen
Töchter auf den Knien reiten, gehn in eine Versammlung, geraten
angesichts einer ihrer miserabeln Redner in Ekstase, verlassen in
einer Gruppe von acht oder neun das Lokal, umzingeln im Dunkeln
einen einzelnen Juden, schlagen ihn zu Brei, tragen die Leiche an
den Straßenrand, um den Verkehr nicht zu stören, und gehn im
Mondschein ruhig ordentlich nach Hause, um nach ihres Reformators Luther Rezept zweimal wöchentlich beim Weibe zu liegen. Welch
große Nation! Sie machen schöne Musik, singen schwermütige Lieder, sind tiefsinnige Poeten und geniale Unteroffiziere. Sie haben
nichts erfunden und alles billiger nachgemacht. Mit dem Faust im
Tornister und der Faust im Sack! Untertanen aus Begeisterung, halten sie sich für eine Herrenvolk. Fachleute von der Wiege bis zur Bahre sind sie im Bett Dilettanten. Und wählen Scharlatane zu ihren
Führern. Im Grunde eine weibliche Nation! Eitel auf fremde Verdienste, schieben sie ihre Fehler auf Fremde. Die Revolution hassen
sie wie die Sünde. Aber politische Morde begehn sie bedenkenlos,
wenn nur ein Eroberer die Verantwortung übernimmt. Darum fallen
so wenige Opfer in der Revolution, und die fallen, sind von der Linken, die Revolutionären selber."

Vermag man sich vorzustellen, daß diese Sätze etwa zur gleichen
Zeit wie Zuckmayers Text geschrieben wurden, also 1942, auch wenn
es ans Unwahrscheinliche grenzt, daß die Übersetzung des 600-Sei-
ten-Wälzers ins Englische, denn sie erschien ja ein Jahr vorm deutschen Original, schon 1946 unter den deutschspröden Amerikanern
war, und es zumindest in den Nordstaaten der USA zum Bestseller
brachte, schlichtweg weil darin so viele Geschichten über das braune
Land jenseits des Atlantik enthalten sind, die Aufschluß über vieles
gaben, das denen drüben bis dahin rätselhaft geblieben war.

Und die Schnelligkeit? Fritz J. Raddatz pries zum Tode Hermann
Kestens im Mai 1996 zu Recht, „das Tempo eines schreibenden
Schnellzeichners", das Kesten vorgab, wo immer er lebte. In der Tat
war er einer von der schnellen Truppe. Ohne ihn wäre vieles, vor
allem manches Temporeiche, ohne Vermerk geblieben. Sätze, mit

denen er Geschwindigkeit erzeugte – man zähle sie spaßeshalber einmal passend zu diesem Buch der vielen Schauplatzwechsel, beginnen fast immer mit dem Adverb *schon*. Was nicht heißt, seine Bewegungen seien in der Ebene, auf der Oberfläche geschehen, er war nur bacchantisch rasch. Das mag ihn, der als Dramatiker begann, auch die Genugtuung verdorben haben, als er erleben mußte, wie sein Kollege Zuckmayer, der sehr wohl wußte, daß Kesten „der aktivste und energischste Helfer für unsere gefährdeten Freunde in Europa" war (wie er in einem Brief vom 3. Oktober 1940 aus Barnard im benachbarten Vermont schrieb), ihn mit seinem Stück beim Publikum so überrannte, daß Kay Lorentz, Gründer und Chef des *Düsseldorfer Kom(m)ödchens* unter dem Titel *Theaterkrise* schon 1947 in seinem Programm *Nicht Treffendes bitte streichen* chansonieren konnte:

„Zehn Intendaten, die konnten sich noch freu'n.
Der eine spielte Anouilh –
Das waren's nur noch neun!
Neun Intendanten, die wußten wie man's macht.
Der eine spielte surreal –
Da waren's nur noch acht!
Acht Intendanten, die kamen nicht vom Fleck!
Der eine spielte Bernard Shaw –
Dar war noch einer weg!
Sieben Intendanten versuchten's mit
existentialen Ismus,
das waren's nur noch sechs.
Sechs Intendanten, die spielten Girodoux.
Das paßte nicht dem Publikum –
Da macht' der sechste zu!
Fünf Indendanten, die waren drum pikiert.
Sie gingen zum Kulturausschuß –
da waren sie zu viert!
Vier Indendanten, die spielten Christoph Fry.
Das war dem Volk denn doch zu dumm –
Da waren's nur noch drei!

Drei Intendanten, die blieben auf der Höh!
Sie bauten auf die Subvention –
Schon waren sie à deux!
Deux Intendanten, die wollten weise sein.
Der eine, der nahm ‚Dresden' an –
Der and're blieb allein!
Ein Intendant, der hatte was gesehn,
Der spielte ‚Teufels General' –
Da waren's wieder zehn!"

Daß dagegen bis heute alle Vorhaben, die *Zwillinge* wieder zu beleben, Geschäftspapiergeburten blieben, lag einmal an Deschs kriminellem Konkurs und zum anderen wohl an der Einsicht, daß Literaten, als Eintagsfliege auf den Paragraphenhaufen eines juristischen Fachverlags gesetzt, im Odel einer völlig artfremden Umgebung keine Lebenschance haben. Jedenfalls erinnert sich heute niemand mehr in jenem Haus am Starnberger See an die bellestrische Abenteuerlust seines Chefs, die längst Vergangenheit geworden ist. Merkwürdigerweise aber hing Hermann Kesten dieser Titel weiterhin an wie seinem Freund Wolfgang Koeppen seine ungeschriebenen Romane, von denen es mindestens das Dreifache von dem gibt, was er je geschrieben hat. Obwohl oder weil es die *Zwillinge* nicht gab, flog ihnen ein Ruf voraus, der sie ebenso geheimnisvoll wie allein aufgrund ihres Ortes bekannt machte – man denke an die Nürnberger Parteitage, Gesetze und Prozesse –, Kesten, wo immer er war, konnte sie nicht abschütteln, sie verfolgten, ja plagten ihn und hoben das Buch auf eine Stufe, die es nie erreichen konnte. Nie?

Das wird so sein und bleiben. Aber ein Brocken aktueller Geschichte ist es aus erster Hand. Ein Fetzen Leben aus Systemzeit und Nazijahrzwölft. Eine geballte Faust Bildkraft und Dichterkunst und Kolportage und Parodie derselben, und das Ganze noch mal verkehrtrum und im Quadrat von vorn, weil es gar so gräßlich oder so schön ist.

Nie ins Kino gehe er, schreibt er seiner Kollegin Adrienne Thomas Mitte November 47 und vergißt, daß sein Buch jede Menge Chaplin ist, und alle Wetten auf sein schwarzes Satirehaupt, daß einer seiner ersten Gänge in New York in den *Großen Diktator* führte, der just im Moment seinen fulminanten Start in den Weltruhm erlebt, als Hermann Kesten das rettende Ufer der Neuen Welt erreicht.

Drei Werke der deutschen Kulturgeschichte führen die Stadt Nürnberg in ihrem Titel: das erste, Georg Philipp Harsdörffers *Poetischer Trichter* sogar nur im Spitz- oder Kosenamen, denn was heute als *Nürnberger Trichter* in aller Welt, sogar in Blei gegossen, sein verfälschtes Leben führt, hatte die Stadt nur als Ort seines Erscheinens am und im ellenlangen Untergestell *Die Teutsche Dicht= und Reimkunst / ohne Behuf der Lateinischen Sprache / in VI. Stunden einzugiessen,* das zweite und dritte sind Wagners *Meistersinger* und, eben, Kestens seit über fünfzig Jahren verschollene *Zwillinge.*

Seinen *Abschied von Rom,* einem vergessenen Aufsatz, den am 12. Juli 1975 die *Frankfurter Allgemeine* veröffentlichte, begann er mit den Sätzen: „Ich bin kein Freund des Abschieds, kein Freund der Feste, der Ferien, der Epochen eines Lebens oder gar der Grenzen des Lebens, der Geburtstage und der Begräbnisse, nicht einmal der Todesfeiern für Feinde. Wenn ich abreise, sehe ich mich schon wiederkommen. Beim Abschied von Freunden frage ich nach dem nächsten Rendezvous." Im 5. Absatz dieses Abschieds aber heißt es: „Schon als wir aus der Stadt meiner Kindheit und Jugend, aus Nürnberg, fortgezogen sind, 1927, war ich fest entschlossen, dahin nicht mehr zurückzukehren, wenn nicht zu kurzen Besuchen, und ich bin, außer in allzu häufigen Angstträumen, in diese Stadt von Albrecht Dürer und Hans Sachs und Julius Streicher, in diese Stadt der deutschen Reformation und der Nürnberger Parteitage und -gesetze nur tageweise zurückgekommen, im Februar 1933, um meine Freunde vor den Mördern zu warnen, 1949, da ich schaudernd die Stadt in Ruinen sah, und ein andermal, um Freunde wiederzusehen oder um für den ‚Nürnberger Kulturpreis' zu danken oder um meine ‚Nürnberger Rede' zu halten, in der ich meinen Nürnbergern gesagt habe, was ich von ihnen halte."

Wohlan, hier ist nach über fünfzig Jahren – nur die *Nürnberger Zeitung* veröffentlichte den Text inzwischen vom 9. Dezember 1996 bis zum August 1997 in Fortsetzungen – erstmals jenes Buch wieder nachzulesen, das ihn neben Thomas Mann und Lion Feuchtwanger in Amerika zum bekanntesten deutschen Dichter machte. In Gestalt seiner *Zwillinge von Nürnberg*, die er selbst schon verloren gab, ist er zurückgekommen. Man bereite ihm den Willkomm, nach dem er sich Zeit seines Lebens heimlich gesehnt hat.